当代破产法丛书

总主编／韩长印

执行主编／许德风 任一民

破产疑难案例研习报告
（2020年卷）

POCHAN YINAN ANLI YANXI BAOGAO (2020 NIAN JUAN)

主　编／韩长印
副主编／张旭东 何心月
编　者／韩长印　王家骏　张玉标　张旭东
　　　　何心月　师若文　张　文　王雯慧
　　　　王旭升　李奕恺　孙济民　施啸波
　　　　曹　越　沈博鸿　王文璐　张世龙
　　　　张音宜　陈　铭　廖慧蓉

中国政法大学出版社

2020·北京

图书在版编目（ＣＩＰ）数据

破产疑难案例研习报告.2020年卷/韩长印主编. —北京：中国政法大学出版社，2020.12
ISBN 978-7-5620-9756-3

Ⅰ.①破⋯　Ⅱ.①韩⋯　Ⅲ.①破产法－案例－中国　Ⅳ.①D922.291.925

中国版本图书馆CIP数据核字(2020)第231990号

出　版　者　　中国政法大学出版社

地　　　址　　北京市海淀区西土城路 25 号

邮　　　箱　　fadapress@163.com

网　　　址　　http://www.cuplpress.com (网络实名：中国政法大学出版社)

电　　　话　　010-58908435(第一编辑部) 58908334(邮购部)

承　　　印　　保定市中画美凯印刷有限公司

开　　　本　　720mm×960mm　1/16

印　　　张　　35.5

字　　　数　　695 千字

版　　　次　　2020 年 12 月第 1 版

印　　　次　　2020 年 12 月第 1 次印刷

印　　　数　　1~3000 册

定　　　价　　119.00 元

丛书编委会

王卫国　中国政法大学民商法学院教授，中国法学会银行法研究会会长
王欣新　中国人民大学法学院教授，北京市破产法学会会长
杨忠孝　华东政法大学经济法学院教授，上海市法学会破产法研究会常务副
会长
齐　明　吉林大学法学院教授，吉林省法学会破产法学研究会会长
徐阳光　中国人民大学法学院教授，北京市破产法学会副会长兼秘书长
刘　敏　最高人民法院民一庭副庭长，北京市破产法学会副会长
章恒筑　浙江省高级人民法院民四庭庭长，全国审判业务专家
季　诺　上海市方达律师事务所高级合伙人，上海市律师协会会长
陈　峰　北京大成（上海）律师事务所高级合伙人，全国优秀律师
池伟宏　北京市天同律师事务所管理合伙人，破产重组业务负责人
郑飞虎　广东金轮律师事务所高级合伙人，广州市破产管理人协会秘书长
童丽萍　上海电气集团首席法务官，全国优秀公司律师

总　序

毋庸置疑，我国已经进入了信用和风险一并快速扩张的时代。24%～36%民间借贷利率的合法化及诸多领域高负债基础上杠杆交易的实施，又进一步放大了此种风险。在政策性软预算约束的惯性下，政府或者准政府机构对大面积违约的刚性兑付，以及部分地区依靠行政力量对困境企业进行以强扶弱的治标做法，尽管能将某些债务风险暂时掩盖起来，但诸多领域内风险的积聚，无疑会成为酝酿新一轮经济和破产危机的量变因子。实际上，有信用关系存在的地方，就可能有破产。只不过，当代社会对于破产制度的需求比以往任何时候都更为迫切。

早在1992年我国确立市场经济体制改革目标之前，1986年《企业破产法（试行）》的制定、颁布就突破性地给自己贴上了这样的历史标签：第一次在电视上直播立法机关现场讨论法律草案的场面；第一次以尚未通过的法律（《全民所有制工业企业法》）的颁布实施作为自身生效实施的前提。除此之外，该法不仅是在生效之前周知时间最长的法律（1986年12月2日～1988年11月1日），也是迄今"试行"时间最长的法律（1988年11月2日～2007年5月31日）。

然而，有目共睹的是，此后长时期内，破产法的实施效果并不理想。各种制度性替代措施和政策性替代因素借助于传统经济危困化解手段的普遍采用，以及"维稳措施"对破产功能的消解，使当初为获取市场经济地位而出台破产法的初衷几度被人怀疑。或许，包括破产法在内的整个法制的命运某种程度上就是在这样一波三折的风雨历程中艰难前行的！

2016年是现行《企业破产法》颁布的第10个年头，对破产法实施的推进来讲，这也是值得纪念的一年。这一年，最高人民法院为回应国家供给侧结构性改革和僵尸企业处理的政策精神，改变破产法长期得不到有效实施的现状，推出了一系列促进破产法实施的措施，包括但不限于：在中级人民法院设立专门的清算与破产审判庭（直辖市至少须有一个中级人民法院设立，省会城市、副省级城市所在地中级人民法院均应设立，其他中级人民法院由各高级人民法院会同省级机构编制部门统筹安排）；建成并开始运营全国企业破产重整案件信息网，发布实施了《关于破产案件立案受理有关问题的通知》，实现了类似立案登记制的效应。此外，一些民间机构不失时机地建立了危困企业投资并购联盟、资产投资促进机构及信息共享平台等。通过学术论坛、微信群聊等正式或非正式方式，破产法学术交流、破产法理论与实务界的沟通均空前活跃，不少地方还成立了破产法研究会、破产管理人协会等学术和行业组织。我们欣喜地看到，政府、社会和市场终于认识到了经济发展对破产法不可或缺的内在需求以及破产法对社会与市场所具有的良性回应机能。

破产制度之于我国，无论其制度本身还是其文化内涵，严格说来皆属舶来品。1986 年《企业破产法（试行）》颁布至今虽已 30 年，但从其遭遇的多舛命运来看，难言其已达到"三十而立"的境界。破产程序的启动仍然较为依赖或许只是作为临时性措施的配套制度（例如"执转破"制度），而缺少必要的自洽机能（比如破产启动程序的常态化），现有规则对诸多疑难问题的应对，很难说达到了得心应手、运用自如的程度。应当说，任何一项法律制度的实施，都需要参与制度运作的机构和个人对相关制度要素的准确把握和透彻理解。因而，我们不仅需要学习和借鉴破产法制先进国家的立法例及经验，也要基于国内的既有实践，培育我们自己思考、应对和化解破产法疑难问题的能力。

应当承认，我国近年来破产法制实践的展开，离不开诸多一线商事法官、破产管理人苦心孤诣、不畏险阻、知难而上、孜孜以求的努力。他们无怨无悔地宣传着破产法的理念，钻研着破产法的精髓。这种坚持不懈地推动破产法实施的卓越智慧和勇气，或许会成为我国破产法艰难实施历史中至为宝贵的民间记忆。在他们这股力量的强大感召和无私激励下，我们没有理由充当破产法制建设的旁观者，没有理由不投入到已现端倪的破产法实施的澎湃激流中去。

本套丛书由上海交通大学法学院破产保护法研究中心（以下简称"中心"）组编。中心致力于推进破产法学的繁荣和破产法制的进步，自成立以来得到了破产法理论与实务界诸多机构和同仁的鼎力支持，尤其是上海市方达律师事务所与浙江京衡律师事务所的无私帮助。中心在锦天城律师事务所、方达律师事务所的支持下，截至 2015 年，先后举办了 4 届"企业破产法实务论坛"，编辑刊发了 10 期《破产法通讯》；在浙江京衡律师事务所的支持下，中心于 2014 年开办了"中国破产保护法律网"（同时作为浙江省律协企业破产管理专业委员会的官网）。

本套丛书的组编工作启动于 2014 年，前三部著作于 2015 年完成初稿并由中国政法大学出版社完成版权翻译许可合同的签署工作。组编工作启动伊始就得到了好友章恒筑、任一民、许德风、季诺等破产法同仁的诚心赞同和支持。中心期望通过丛书的出版，将境内外破产法方面的立法指南、改革报告、经典著作、学术新论、实务案例等素材陆续推出，以表明我们对破产法制事业一如既往的热爱和矢志不渝的信心。期待大家踊跃投稿，并欢迎大家不吝指正。

　　谨以本套丛书献给正在见证中国破产法制发展的人们。

韩长印

谨识于 2016 年 9 月 3 日

目　录

1

专题一 论破产界限与民法上债务不履行的界分

一、案件事实概要与问题的提出

本案破产申请人黄某某原系福建伊时代信息科技股份有限公司（以下简称"伊时代公司"）职工，2016 年 11 月 8 日与该公司解除劳动合同，并完成工作交接。黄某某因与伊时代公司发生劳动报酬争议，于 2016 年 9 月 21 日向劳动争议仲裁委员会申请仲裁，仲裁委于 2016 年 12 月 1 日裁决伊时代公司应向黄某某支付工资 75 821.96 元、经济补偿金 45 404.81 元。伊时代公司不服该裁决，于 2016 年 12 月 16 日向法院提起诉讼，法院于 2017 年 2 月 27 日判决伊时代公司应向黄某某支付工资 74 363.99 元、经济补偿金 45 400.91 元，合计 119 764.9 元。伊时代公司上诉后，二审法院于 2017 年 5 月 27 日判决驳回上诉，维持原判。黄某某于 2017 年 7 月 27 日向福州市马尾区人民法院申请强制执行，但至今执行未果。黄某某遂以伊时代公司拖欠其 74 363.99 元工资、经济补偿金 45 400.91 元及迟延履行期间的利息，且其申请执行而至今执行不能为由，向法院申请对伊时代公司进行破产清算。

一审法院认为：首先，启动破产程序事关企业的存亡，应当防止个别职工债权人滥用破产程序启动权影响企业的正常营业；其次，企业进入破产清算程序后可能影响到全体职工的生存利益，为避免此种情况的发生也应对职工债权人启动破产程序予以必要限制；再次，单个职工债权不能清偿与普通债权不能清偿，无论在规模还是在影响方面，都存在较为明显的差异，单个职工债权到期不能清偿的，不应认定为债务人企业具有破产原因；最后，现行法下个别职工债权人不能直接参与破产程序，同理亦不应允许个别职工债权人直接申请破产清算。法院遂裁定不予受理该破产申请。

本案引申出的问题是破产界限与一般债务的不履行行为应当如何界分。根据学界通说，破产原因（或称破产界限）是指法院对债务人开始破产程序或者宣告债务人破产的依据，是破产程序开始的实质要件。[1]一般而言，破产原因的核心要素是不能清偿，是指债务人对于已届清偿期而受请求的债务不能使之消灭的客观状态；

---

[1] 参见韩长印主编：《破产法学》，中国政法大学出版社 2016 年版，第 38 页。

而在衡量债务人是否构成不能清偿时，则又往往在不能清偿这一核心范畴之外引入停止支付（现金流标准）与债务超过（资不抵债标准）这两个概念。前者指债务人对到期债务积极地或者消极地、明示地或者默示地表示不能清偿的行为和状态，常被用作债务人不能清偿到期债务的推定原因；后者则指债务人的负债总额超过其积极财产总额的一种客观状况，通常适用于法人破产。[1]

尽管上述与破产界限有关的基本理论在学理上已较为成熟，但在我国现行的破产立法体系中，破产界限内涵的界定却仍然不甚清晰。具体而言，我国在《中华人民共和国企业破产法》（以下简称《企业破产法》）中将一般破产原因设定为"不能清偿且资不抵债"或"不能清偿且明显丧失清偿能力"，但又在司法解释中将"不能清偿"要件实质上解释为"停止支付"，[2]而将"明显丧失清偿能力"解释得更近于学理意义上的"不能清偿"。[3]然而，司法解释未一般性地明确"明显丧失清偿能力"（或言学理意义上的"不能清偿"）的内涵，只是对属于这一概念的事实情形作了有限列举。因此，面对现实中复杂的破产申请情形，法院在判断债务人究竟是否构成破产界限意义上的不能清偿时，缺乏较为统一的裁判标准，只能较多地依赖法官的自由裁量权，易造成实践中的混乱局面。[4]由是观之，在学理上明确破产原因意义上的不能清偿与一般性的、不应适用破产程序的债务不履行的界限，就显得十分必要。本文将首先对民法上债务不履行的准确形态与分类标准进行辨析，再检视比较法上各国对破产界限的规定，最终在应然层面上提出破产界限与民法上未达破产界限的债务不履行的区分标准。

二、民法上债务不履行的分类与标准

债务不履行是债法上的核心概念，系指债务人（或其应为之负责的履行辅助

---

[1] 参见韩长印："破产界限之于破产程序的法律意义"，载《华东政法学院学报》2006 年第 6 期。

[2] 《最高人民法院关于适用〈中华人民共和国企业破产法〉若干问题的规定（一）》（以下简称《企业破产法解释一》）第 2 条规定，《企业破产法》文本中的"不能清偿到期债务"有三个要件：债权债务关系依法成立、债务履行期限已经届满、债务人未完全清偿债务。可见，该规定强调的是未清偿债务的外部客观行为，而非债务人的客观财产状况，实际上是学理上的"停止支付"而非"不能清偿"概念。参见王欣新主编：《破产法原理与案例教程》，中国人民大学出版社 2015 年版，第 40 页。

[3] 《企业破产法司法解释一》第 4 条对构成"明显缺乏清偿能力"的情形，均采用了"无法清偿债务"的表述，这些情形实质上也均可以被统归于学理上的"不能清偿"概念之内，故应被认为是一种将"明显缺乏清偿能力"解释为"不能清偿"的处理。可参见许德风：《破产法论：解释与功能比较的视角》，北京大学出版社 2015 年版，第 102 页。

[4] 参见易仁涛："论我国破产原因之完善"，载《河南省政法管理干部学院学报》2011 年第 4 期；孙允婷："破产原因理论和实务问题探析——兼对《破产法司法解释（一）》的解读"，载《山西经济管理干部学院学报》2012 年第 2 期。

人）未履行约定的或法定的债务。[1]一般而言，债务不履行可分为履行不能、履行迟延、不完全履行与拒绝履行四种形态。[2]以下，本文将试对这四类不履行形态各自的内涵与区分标准逐一作出介绍与辨析。

（一）履行不能

履行不能，又称给付不能，是指作为债权之客体的给付不可能状态。传统民法理论上，履行不能常被分为不同类型，并根据类型赋予不同的法律效果，其中重要的分类包括自始不能与嗣后不能、永久不能与一时不能以及全部不能与一部不能等。在我国，通说认为履行不能的法律效果大致如下：首先，自始履行不能不影响合同效力，法律后果与嗣后不能一致；其次，履行不能（无论自始抑或嗣后不能）发生后，如其可归因于债务人，则债务人原给付义务消灭并转换为损害赔偿义务，如其不可归因于债务人，则依风险负担规则处理；再次，于一时不能场合，其相当于履行迟延，应适用迟延的相关规则；最后，于一部不能场合，尚能履行的债务仍应履行，而非直接转化为损害赔偿等违约责任。[3]

同时需要注意的是，对于种类之债与金钱之债，一般并不发生履行不能问题。就种类之债而言，由于债务人所需交付之物并非特定物，即使出现毁损灭失等问题，通常至多仅构成给付困难，而不至于发生履行不能；就金钱债务而言，由于债务人对金钱债务负无限责任，故此类债务之不履行，原则上亦仅发生迟延，法律上不构成履行不能。[4]当然，在种类物客观上确实无法生产，以及金钱债务双方当事人约定以债务人现存财产为限等特殊情况下，可以构成履行不能。根据现行《中华人民共和国合同法》（以下简称《合同法》）第 109 条、第 110 条的规定，一般也确认金钱债务不发生履行不能。[5]

---

[1] 参见韩世远：《合同法总论》，法律出版社 2018 年版，第 476 页。

[2] 就对债务不履行进行分类的立法构造而言，存在事实构成进路模式与法律效果进路模式之别。具体而言，"事实构成进路"以债的发展过程中遭遇的各种障碍为关注焦点，对履行障碍的各种具体形态分别加以规定并赋予不同的法律效果；"法律效果进路"则不区分各种具体的履行障碍类型，而统一采用"履行"或"不履行"的概念，进行概括性的规定。参见时明涛："论债务不履行的基本构造"，载《学习与实践》2019 年第 2 期。本文为方便起见，直接采"事实构成进路"模式指代该模式。

[3] 参见韩世远：《合同法总论》，法律出版社 2018 年版，第 522 页以下。

[4] 参见王泽鉴：《民法学说与判例研究》（第一册），北京大学出版社 2009 年版，第 235～236 页；史尚宽：《债法总论》，荣泰印书馆 1954 年版，第 364 页。当然，在种类物客观上确实无法生产，以及金钱债务双方当事人约定以债务人现存财产为限等特殊情况下，可以构成履行不能。

[5] 《中华人民共和国民法典》（以下简称《民法典》）第 579 条规定："当事人一方未支付价款、报酬、租金、利息，或者不履行其他金钱债务的，对方可以请求其支付。"第 580 条规定："当事人一方不履行非金钱债务或者履行非金钱债务不符合约定的，对方可以请求履行，但是有下列情形之一的除外：①法律上或者事实上不能履行；……"对比之下不难推论出，我国法对金钱债务并未规定履行不能的情形，债权人有权要求继续履行。

（二）履行迟延

履行迟延，又称债务人迟延或逾期履行，系指债务人能够履行，但在履行期限届满时却未履行债务的现象。履行迟延的构成要件一般有四：一是须有有效的债务存在；二是债务能够履行；三是债务履行期届满而债务人未履行；四是债务人未履行不具有正当事由。

不难发现，履行迟延与履行不能的区别主要在于，前者之履行行为可能，而后者之履行实为法律上或事实上不可能。须注意的是，针对确定与不确定期限的债务，履行迟延的成就条件有所不同：在债务有确定履行期限的场合，我国法采"期限代人催告"原则，期满之后无须债权人催告，债务人即陷入迟延，仅在往取债务与票据债权情况时有所例外；在债务无确定履行期限的场合，我国法认为唯有在债权人进行催告、并经过一段合理准备时间后，如债务人仍不履行，方陷入迟延。[1]构成履行迟延的债务人，将承担继续履行、赔偿损失等责任。

（三）不完全履行

不完全履行，又称不完全给付，指债务人虽已履行债务，但履行不符合债务之本旨，我国立法上称为"履行合同义务不符合约定"。一般认为，不完全履行可分为两大类：一是加害给付，即债务人在履行时损害了债权人履行利益以外的一般法益，如生命权、健康权、所有权等，近似于传统德国民法上所谓"积极侵害债权"概念；二是瑕疵履行，即债务人虽为履行，但其履行在标的物的品种、规格、数量、内在质量等方面不符合合同约定。[2]

从概念上看，不完全履行与履行不能、履行迟延以及下文将述的拒绝履行相比，前者的履行虽不完全，但尚有可认为履行的行为，而后三种不履行形态则属于无履行的消极状态。构成不完全履行的债务人，可能承担重做、修理、减价、损害赔偿等责任。不过需要注意的是，对于金钱之债或种类之债而言，有数量瑕疵的不完全履行实际上等同于一部履行迟延，债务人承担继续履行、赔偿迟延损害等责任。[3]

（四）拒绝履行

拒绝履行，指债务人能够履行而违法地向债权人表示不为履行。本质而言，拒绝履行是一种不履行合同的意思通知，[4]此种意思通知既可以是明示的，如以口头、书面等方式作出通知；亦可以是默示的，即以自己的行为表明不履行合同义务。[5]

---

〔1〕 参见韩世远："履行迟延的理论问题"，载《清华大学学报（哲学社会科学版）》2002年第4期。

〔2〕 参见韩世远：《履行障碍法的体系》，法律出版社2006年版，第108页。

〔3〕 参见史尚宽：《债法总论》，荣泰印书馆1954年版，第388、399页。

〔4〕 参见郑玉波：《民法债编总论》，中国政法大学出版社2004年版，第268页。

〔5〕 参见时明涛："论拒绝履行"，载《广西政法管理干部学院学报》2018年第1期。

与履行不能相比，拒绝履行一般并非无履行能力，只是有不履行之意思，而履行不能强调债务人客观上无能力履行，不问其主观意思，唯有在债务人故意使自己陷于履行不能之时，可构成拒绝履行与履行不能之竞合；与履行迟延相比，拒绝履行之形成不问时间点，债务到期前后均可构成拒绝履行，而履行迟延则必发生在履行期届满后，故债务到期前债务人不履行的意思通知构成拒绝履行，而债务到期后则同时构成履行迟延与拒绝履行；与不完全履行相比，拒绝履行既无给付之意思，亦无实际给付之行为，而不完全履行则是债务人确实已经履行，但履行不符合债之本旨。[1]

三、比较法上破产界限的检视

世界主要法域关于破产原因的立法大致可分为概括主义与列举主义两类，前者将债务人应进入破产程序的事实抽象为一个或几个"破产原因"，法官认定债务人符合"破产原因"时可以开始破产程序，主要为大陆法系国家所采；后者则对诸多"破产行为"进行列举，债务人具有列举行为之一即可开始破产程序，主要为英美法系国家所采。[2]不难想象，要对"不能清偿"的内涵外延作准确界定，主要参考依据是实行概括主义的大陆法系国家的相关立法。不过，鉴于美国在1978年、英国在1986年的破产法修改中都相继采取了概括主义立法模式，[3]本文认为，英、美破产立法仍可资借鉴，对本文论题亦实有助益。以下，本文将逐一检视德国、日本、英国、美国四国关于破产原因的立法，归纳各国立法上"不能清偿"的构成特点。

（一）德国法关于破产原因的规定

1999年《德国破产法》在第17条第1款中将"支付不能"规定为破产程序的一般开始原因，并在第2款中将支付不能定义为"债务人不能履行到期支付义务"。[4]对支付不能的判定，则应以债务到期日债务人所能支配的以及短期内可获取的资金与到期债务总额进行对比，分析不能履行债务是个案还是常态。[5]从定义看，德国法对"支付不能"这一概念的界定较为宽泛，这实际上也是立法者为保持判定支付

〔1〕　参见王泽鉴：《民法学说与判例研究》（第三册），北京大学出版社2009年版，第66页；韩世远：《履行障碍法的体系》，法律出版社2006年版，第97页。
〔2〕　参见韩长印："破产原因立法比较研究"，载《现代法学》1998年第3期。
〔3〕　参见汪世虎、陈英骅："论英国破产法对我国债权人申请破产之启示——兼论我国《破产法》第7条第2款之完善"，载《河北法学》2014年第4期。
〔4〕　参见《德国支付不能法》，杜景林、卢谌译，法律出版社2002年版，第10页。
〔5〕　参见何旺翔：《德国联邦最高法院典型判例研究：破产法篇》，法律出版社2019年版，第3～4页。

不能时法律适用的灵活性所刻意预留的立法空白。不过，德国立法、司法与学术界亦普遍认同，为区分"支付不能"和"一时支付困难"，支付不能除上述定义外还需满足以下条件：债务人应处于持续性地而不是暂时性地无能力偿还其并非很小部分的到期债务的客观状态。[1]概而言之，即支付不能必须同时具备"持续性"和"显著性"。

至于对"持续性"和"显著性"两大标准的具体认定，可参考德国联邦最高法院 2005 年的判决予以判断。就持续性要件而言，若债务人只是在一定期限内缺乏清偿资金，且该期限不超过正常商事主体获得贷款的通长期限，则为一时支付困难，反之则为支付不能；而这一必要期限的时长，过往判例中存在从 1 周到 3 个月的不同观点，联邦最高法院则在本案中确认合理的必要期间应为 3 周左右。[2]就显著性要件而言，若债务人仅存在小额度的资金缺口、不能偿还小额度的债务，则由于其有很大可能恢复履行能力，则不宜认定其构成支付不能并使用破产程序；在"小额度债务"的数值标准上，学界和司法界人士的看法从 5% 到 25% 不等，而联邦最高法院在该案中最终确定数值标准应为总债务数额的 10% 左右。[3]当然，针对以上这些数值化的标准，债务人仍可在具体个案中通过举证证明其事实上仍具有偿付能力进而推翻支付不能的判定。

（二）日本法关于破产原因的规定

2004 年《日本破产法》在第 15 条中同样将不能清偿列为启动破产程序的一般原因，并在第 2 条第 11 款中将不能清偿定义为"债务人由于缺乏支付能力，就其到期债务普遍并持续性地无法偿还的状态"。[4]从该定义中可以看出，日本法对不能清偿内涵的界定与德国法类似，亦要求不能清偿须具有"一般性"和"持续性"。所谓"一般性"，是指债务人的资金与财产不能清偿全部到期债务；若债务人只是由于某些原因对特定债务不能清偿，而非对全部的到期债务缺乏清偿能力，就不能认为债务人无法清偿。[5]所谓持续性，是指不能清偿必须处于持续状态，不包括因一时资金短缺而出现的支付不能。[6]不能清偿还要求债务人穷尽所有手段均不

---

〔1〕 参见［德］莱茵哈德·波克：《德国破产法导论》，王艳柯译，北京大学出版社 2014 年版，第 44 页。

〔2〕 3 周的期限也是《德国有限责任公司法》第 64 条中所规定的公司经理在发现债务无法清偿后，主动申请破产的期限。参见 BGH NJW 2005, 3062（3064－3065）。

〔3〕 法院认为，在债务人未偿付的比例高于 10% 标准时，债务人推定为支付不能，债务人欲抗辩则须举证证明其仍有能力偿债；而低于此标准时，破产申请人须提供其他充分证据，如债务人的经营不断恶化，方能证明债务人构成支付不能。参见 BGH NJW 2005, 3062（3066）。

〔4〕 参见李飞：《当代外国破产法》，中国法制出版社 2006 年版，第 713 页以下。

〔5〕 参见关效荣等主编：《中日企业破产法律制度比较研究》，辽宁人民出版社 1996 年版，第 149 页。

〔6〕 参见［日］石川明：《日本破产法》，何勤华、周桂秋译，中国法制出版社 2000 年版，第 25 页。

能清偿，即债务人无论以财产、劳务、信用等任何一种手段，都缺乏清偿债务的能力。因此，判断债务人是否处于上述不能清偿状态应综合其资产、负债、收入、支出、信用等情况进行判断：一方面，即使债务人拥有相当规模的财产，若其缺乏变现能力，也会被视为不能清偿；另一方面，即使债务人从资产和收益等角度看难以进行清偿，若债务人拥有足够的信用基础可获得新融资并延后清偿，则不应认定为不能清偿。[1]

由于日本法上证明债务人构成不能清偿状态难度较高，实践中债权人较常使用的做法是基于停止支付行为推定债务人不能清偿。根据日本法院的判例，停止支付最典型的表现是6个月内在票据交换所两次未能兑现其票据，由于此时债务人的银行交易将被停止，几乎等同于宣判经济上死刑，理性债务人必然会为兑现票据竭尽全力，故此种情况下只能视为债务人因确实无力清偿而停止支付。[2]

（三）英国法关于破产原因的规定

1986年《英国破产法》在第122条中将不能清偿（Unable to pay its debts）列为公司的一般破产原因，并在随后的第123条中规定了不能清偿的内涵。根据该法第123条（1）（a）~（e）的规定，构成不能清偿的情况主要包括：①对公司拥有750英镑以上到期债权的债权人，以法定形式发出书面的要求债务人偿付到期债务的请求，并送达公司的注册办公室，且公司在随后的3周内未支付该金额或提供担保或提出和解以合理满足债权人的；②公司不能履行法院判决、裁定、命令等执行依据的；③法院有足够证据认定公司在债务到期时无力清偿的。[3]不难发现，前两种情况属于法律明确列举的、可直接被认定为不能清偿的破产原因情形，而第三种情况则是在无列举情形产生时将判定是否存在不能清偿的裁量权交予法院。此时，法院会综合考虑债务人行为与经营状况等，根据每一个案的具体情况去具体分析判定是否构成不能清偿。[4]

根据判例法，英国法院在认定不能清偿时主要有以下要点。首先，债务人须是通过任何手段、在任何情况下均无法清偿债务。法院应从商业经营的视角出发，考察债务人当时的全部债务、全部资产、经营状况、盈利预期、潜在借款对象等因素，判断债务人是否确实不能清偿债务。[5]若债务人虽无足够的现金或资产用于清

---

〔1〕参见［日］山本和彦：《日本倒产处理法入门》，金春等译，法律出版社2016年版，第50页。

〔2〕参见［日］山本和彦：《日本倒产处理法入门》，金春等译，法律出版社2016年版，第51页。

〔3〕参见《英国破产法》，丁昌业译，法律出版社2003年版，第107页。

〔4〕See Venessa Finch, *Corporate Insolvency Law: Perspectives and Principles*（*2nd edition*）, Cambridge University Press, 2009, p. 147.

〔5〕See Royston M. Goode, *Principle of Corporate Insolvency Law*（*4th edition*）, Sweet & Maxwell, 2011, pp. 122 – 123.

偿，但其有"显著的可能性"（significant probability）能够在可预期的时间内获得借款或通过变卖资产筹措资金以清偿到期债务，则不构成不能清偿；当然，若可以证明债务人在新借贷合同到期后仍可预期地无力偿还该贷款，则仍构成不能清偿。[1]此外，若有证据证明债权人能够允许债务人对到期债务延期再做清偿，或是无证据表明债权人要求在债务到期后立即偿还的，则该笔债务将不被认定为不能清偿的债务。[2]其次，判断债务人的清偿能力，不仅需要考虑已到期的债务，还包括一定的还未到期的未来债务。如前所述，鉴于是否构成不能清偿依赖于对债务人整体资产状况的判断，故应考察的债务不仅限于破产申请受理之时到期的债务，还应考虑既存的未届清偿期的债务（existing debts payable in the future）以及或然与潜在的债务（contingent and prospective liabilities），若它们将在合理的未来（reasonably near future）到期且届时债务人无力清偿，则债务人构成不能清偿。[3]最后，在债权人获取债务经营信息较为困难时，可以依靠某些事由推定债务人构成不能清偿。一般而言，在债权人请求履行后债务人仍拒绝清偿一项无争议的债务，债务人即可推定为不能清偿，[4]除非债务人能证明其未清偿是基于其他原因。[5]其他推定事由包括债务人的管理人员承认其公司无可供债权人执行的资产、公司在运营费用之外无财产可提供给债权人进行清偿、存在其他多个债权人向同一债务人要求清偿等。[6]

（四）美国法关于破产原因的规定

美国自1978年《美国破产法》起即在第303条（h）中对强制破产程序设定了两项启动原因，一是债务人整体性未清偿到期债务（generally not paying its debts as they become due）；二是在程序启动前120日内对全部（或大部分）债务人财产指定了保管人（custodian）。[7]根据立法者的观点，前一项原因标志着债务人已全面陷入财产困境并影响债权人整体利益的情形，也即不能清偿的情形的出现，而后一项

---

[1] See Re A Company（No. 006794 of 1983）[1986] BCLC 261；MacPlant Services Ltd v. Contract Lifting Services（Scotland）Ltd [2009] SC 125.

[2] See Re Capital Annuities Ltd [1978] 3 All ER 704.

[3] See Re Cheyne Finance Plc [2008] 2 All ER 987；BNY Corporate Trustee Services Ltd v. Eurosail - UK Plc [2013] 1 WLR 1408.

[4] See Cornhill Insurance Plc v. Improvement Services Ltd [1986] 1 WLR 114.

[5] 例如，法院曾在一个案件中认定，当债务人在与债权人达成某些特定的协议条件后就将倾向于清偿时，未清偿的事实不能推定出债务人构成不能清偿。See Royston M. Goode, *Principle of Corporate Insolvency Law（4th edition）*, Sweet & Maxwell, 2011, p. 129.

[6] See Re Douglas Griggs Engineering Ltd [1963] Ch 19, [1962] 1 All ER 498；Re Chic Ltd [1905] 2 Ch 345；Re Tweeds Garage Ltd [1962] Ch 406, [1962] 1 All ER 121.

[7] See 11 U. S. C. §303（h）(2018).

原因则是表明前一项原因很可能成立的特定实例。[1]此外，美国法还对有资格申请强制破产的债权人范围作出了限制：一是申请人数须达到最低数量限制，若债务人的债权人总数超过12人，则至少应有3个共同申请人，反之则需要1个申请人即可；二是债权人申请的无担保债权额须达到最低金额限制，根据最新一次破产法的修改，申请人申请的无担保债权总额须超过15 775美元才允许进行破产申请；三是债权人申请的债权不得为"或然"（contingent）债权。[2]

那么，如何理解美国法上"整体性未清偿到期债务"的内涵？美国判例法上认为主要应对以下因素作出考量：未清偿债务的项数及在所有负债中的比例、未清偿债务的金额及在所有负债中的比例、未清偿债务的经常性程度、未清偿债务的平均拖欠时间、未清偿债务对债务人的重要程度、债务人的整体财产状况等。[3]当债务人未清偿的债务在数量和金额上较大（或至少相对于债务人的经营规模和资产金额而言较大），且不清偿的状态持续时间较长并呈现出一种有规律的状态，而从债务人的经营状况看其并不能通过足够的现金或是其他替代方式清偿债务，便应认定债务人构成"整体性未清偿到期债务"。[4]总而言之，法院应对债务人的融资与负债状况作出一种"整体性考察"（totality test），而不能仅因零星债务未清偿而认定债务人构成不能清偿。[5]

四、破产界限与一般债务不履行的应然界分

（一）构成破产界限的三项基本标准

综合上两节论述，本文认为，作为破产原因的"不能清偿"与民法上未达破产界限的债务不履行之间大致存在三项基本区别，也就是说，法院在判定债务人是否达到破产界限时，一般须考虑三项基本标准，其具体如下：

1. 不能清偿应具有显著性。作为破产原因，不能清偿不能仅是债务人对个别到期债务的不能清偿，否则无疑会导致对司法资源的浪费。[6]为确认不能清偿的此项特性，有的国家设定了债权人破产申请时主张的最低未清偿债权额，如英国法上750英镑、美国法上15 775美元的最低未清偿债权额规定；有的国家则设定不能清

---

〔1〕 参见［美］查尔斯·J. 泰步：《美国破产法新论》，韩长印等译，中国政法大学出版社2017年版，第178页。

〔2〕 See 11 U. S. C. §303（b）（2018）.

〔3〕 See, e. g., In re All Media Properties, Inc., 5 B. R. 126,（Bankr. S. D. Tex. 1980）; In re Edwards, 501 B. R. 666,（Bankr. N. D. Tex. 2013）.

〔4〕 See, e. g., In re CLE Corp., 59 B. R. 579（Bankr. N. D. Ga. 1986）.

〔5〕 See, e. g., In re Vortex Fishing Systems, Inc., 277 F. 3d 1057（9th Cir. 2002）; In re Focus Media, Inc., 378 F. 3d 916（9th Cir. 2004）.

〔6〕 参见王欣新主编：《破产法原理与案例教程》，中国人民大学出版社2015年版，第37页。

偿债务占总债务的最低比例，如德国法在司法实践中确定了所谓的"10% 标准"。英美两国的判例也确定，在个案中判断是否构成不能清偿时应考虑不能清偿债务在项数、金额上占全部负债或可支配流动资金的比例。相比而言，不论是民法上的履行不能、履行迟延、不完全履行还是拒绝履行，其均未对有关的未履行债务的数额大小或相对于债务总数的占比作出要求。不过，需要注意的是，显著性要求不意味着不能清偿的债务必须达到债务人全部（或主要）债务的程度，否则债务人就可能以其对部分或次要债务已作清偿作为对其发生破产原因的抗辩，使债权人的破产申请权无法正常行使。[1]

毫无疑问，对不能清偿加诸显著性这一特征是防止债权人滥用申请权损害债务人利益的必然要求。[2]不过，债权人对此进行举证的便利程度亦应纳入考量范围。应当看到，对于个别债权人享有的未清偿债权占债务人企业总债务的比例或其与现有流动资金的比例等信息，债权人在绝大多数情况下并不具有掌握此类信息的能力，故要求债权人在申请阶段即提交此类信息以证明不能清偿之显著性并不妥当。本文认为，债权人提出破产申请时，只要其未获清偿的债权数额并非明显过低，法院即可认为其申请满足显著性。[3]当然，债务人自然也可以在破产申请的异议期内提供证据证明未清偿的债权仅是其与特定债权人发生争议的结果，而非实际上缺乏清偿能力的证据，以促使法院最终不予受理破产申请，维护自身利益。[4]

2. 不能清偿应具有持续性。构成法院宣告债务人破产的原因，必须是债务人对到期债务持续地而非暂时地不能清偿。[5]为确认不能清偿的此项特性，许多国家设定了债权人破产申请时债务人不清偿债务的最低持续时间，如英国法上债权人发出书面清偿请求后须等待 3 周、如债务人仍未清偿或提供担保方能申请破产的规定，以及德国法上确定的 3 周左右的构成不能清偿的必要期限；美国法亦在判例中明确，未清偿债务的经常性程度与拖欠时间是判断是否构成破产原因的重要考量因素。2002 年出台的《最高人民法院关于审理企业破产案件若干问题的规定》第 31

---

〔1〕 参见王欣新："破产原因理论与实务研究"，载《天津法学》2010 年第 1 期。

〔2〕 参见卞爱生、陈红："司法实践中债权人申请破产的难题及对策"，载《政治与法律》2010 年第 9 期。

〔3〕 显然，要为债权人申请时的最低债权数额或比例划定数学意义上的最低标准是十分困难的事，我国现行立法似也并无对此进行规定之意。不过，具体到审判实践中，笔者认为在申请这一环节，从便利申请的角度考虑，法院还是应避免对债权数额的下限作过高的要求；当然，法院在决定是否受理时，还是需要结合债务人提供的信息，综合个案的种种背景情况，以确认不能清偿是否足够显著以至于达到破产界限。

〔4〕 2002 年《最高人民法院关于审理企业破产案件若干问题的规定》就在第 8 条第 2 项中规定，债权人申请破产后，法院可以通知债务人核对债权在债务人不能偿还的到期债务中所占的比例。

〔5〕 参见邹海林：《破产程序和破产法实体制度比较研究》，法律出版社 1995 年版，第 59 页。

条中亦曾规定，"债务人停止清偿到期债务并呈连续状态，如无相反证据，可推定为'不能清偿到期债务'"，该规定也从侧面体现了"持续性"这一要求。相比之下，若债务人不履行的行为并不具备持续性，则其应构成德国法上所谓的"一时支付不能"，也即相当于民法上的履行迟延或不完全履行，不应直接适用成本更高的破产程序。[1]

3. 不能清偿应具有客观性。不能清偿是指债务人在客观上无力支付，并非债务人不愿或出于恶意而拒绝支付的主观状态。[2]不能清偿亦指债务人不能以财产、信用或者技术等任何方式清偿债务，即不能清偿不能简单理解为"丧失货币清偿能力"。[3]相较之下，履行迟延与不完全履行等债务不履行状态仅须债务人不能依约履行即可构成，并不要求考察债务人替代履行的可能性。此外，由于不能清偿描述的是债务人的客观状态而非主观清偿意愿，其与拒绝履行这一对债务人主观履行意思的描述也存在根本区别。诚然，不能清偿的此项特性无疑与民法上的履行不能较为近似，但如前所述，民法理论普遍认同金钱债务不发生履行不能，考虑到破产法这一民商事特别法的性质，[4]应认为不能清偿亦不能完全等同于民法上之履行不能，而属于破产法上定义的新概念。

（二）构成破产界限的其他参考因素

实践中，由于破产程序的启动对债务人影响重大，某些债权人可能出于谋取不正当的竞争优势目的而恶意提起破产申请，具体情形可能包括债权人使用破产程序而不适当地取代（可能尚不完备的）索债强制程序、债权人试图把存活的企业排挤出市场或债权人试图通过胁迫债务人取得某种优惠付款等。对此类情况，法院在判断债务人是否达到破产界限时自然也必须有所考虑和回应。因此，除上述三项基本标准外，认定是否构成不能清偿还须参考以下因素。

第一，债权人是否已经对未清偿债务作出催告或请求，应是法院衡量是否构成不能清偿时的重要依据。尽管依照民法理论，对于有固定期限的债，债务人逾期不给付即可构成履行迟延或履行不能，但为了保证债权人申请的善意性、维护债务人的合法权益，有必要认为只有债权人经过对债务人支付债务的请求后，才能认定存在破产法意义上的不能清偿。[5]我国的相关立法也有过将催告作为不能清偿构成要件的立法尝试：比如，1991 年《最高人民法院关于贯彻执行〈中华人民共和国企业破产法（试行）〉若干问题的意见》（已失效）第 8 条曾规定，不

---

〔1〕 参见韩长印主编：《破产法学》，中国政法大学出版社 2016 年版，第 40 页。

〔2〕 参见李永军："试论破产原因"，载《政法论坛》1995 年第 6 期。

〔3〕 参见王欣新主编：《破产法原理与案例教程》，中国人民大学出版社 2015 年版，第 36 页。

〔4〕 参见王保树："商事通则：超越民商合一与民商分立"，载《法学研究》2005 年第 1 期。

〔5〕 参见程春华：《破产救济研究》，法律出版社 2006 年版，第 180 页。

能清偿到期债务是指：①债务的清偿期限已经届满；②债权人已要求清偿；③债务人明显缺乏清偿能力。然而，或是出于简化破产启动程序、方便提出破产申请的考虑，最高人民法院在 2002 年与 2011 年两次后续出台的规定中，均取消了不能清偿定义中对催告的要求。本文认为，要求债权人先行就债务催告、无果后方进行破产申请是基于诚信原则的应有之义，并不至于降低债权人提出破产申请的积极性，因此法院在审查债权人破产申请时，还是应将是否已经催告作为破产原因是否达成的要素为宜。

第二，针对不同性质的债务，判断是否成立破产原因的标准应根据特定债务的性质而有所不同。例如，在选择之债的情形下，债权人可选择多种不同的清偿方式，若债务人就债权人选择的清偿方式确实无力清偿，但可以通过其他清偿方式完成清偿，则法院原则上不应认为此时构成了破产原因。类似地，附担保债权人进行破产申请时，法院应审慎看待申请人此时的申请目的，在申请人存有其他救济手段时尽量避免认定构成破产原因，以保护债务人之利益（当然，不足额担保权人除外）。再如，职工之债主体较多、享有债权数额较小且结构较为分散，在对其是否构成不能清偿作判定时，一般应考虑清偿诉求是否具有集体性，若非职工代表大会或多数职工同意，一般不宜认为成立破产原因。[1] 此外，在某些存在季节性萧条的行业（例如建筑业、旅游业、季节性服饰装备等），债务人可能会面临长达数周乃至数月的资金瓶颈，并因此无法偿还债务。对此类债务，法院应考量行业特殊性，若债务人并非不能在可预料的旺季重回经营常态、并在履行迟延后恢复给付能力，则不应认定其构成不能清偿。

第三，需要注意的是，上述提及的破产原因需具备的三项特性，以及认定破产原因时需要考量的其他因素，均是法院在决定是否受理阶段方应考虑。在申请阶段，债权人仅须提供证据证明债务人发生停止支付之情形，即可令法院推定存在破产原因。否则，即使能够起到防止债权人滥用破产申请权的功效，其亦会使债权人遭受几乎无法克服的举证上的困难，也无异于实质上剥夺了债权人的破产申请权。[2]

回归到题首案例，本文认为原告的破产申请确实不应受理。一方面，从职工债权的特点看，为防止滥用破产申请的道德风险，同时保护多数员工的利益，一般只有集体性申请才可能构成破产原因。原告作为单个职工债权人就其单项债权进行申

[1]《北京市高级人民法院企业破产案件审理规程》第 9 条对此曾作出规定，可供示例："债务人出现企业破产法第 2 条规定的情形，经职工代表大会或者全体职工三分之二以上多数同意，债务人职工可以企业破产法第 113 条第 1 款第 1 项规定的债权申请债务人破产清算。"
[2] 参见韩长印："破产界限之于破产程序的法律意义"，载《华东政法学院学报》2006 年第 6 期。

请，并不符合多数职工或职代会的集体形式，一般不应认定构成不能清偿。另一方面，该债权的总额为 119 764.9 元，从本案发生的时间（2017 年）看，数额相对较小，其是否构成法院应予受理的"具有显著性的不能清偿"标准，存有较大疑问。因此，法院认定其不构成破产原因并裁定不予受理的结论应属合理。当然，公开的裁定书内容中没有包含债务人企业的抗辩以及其具体债务情况、现金流情况等，如能参考这些相关信息，认定是否存在破产原因结论的得出将更有说服力。

五、结语

破产原因的界定直接关系到法院受理破产案件门槛的高低以及企业破产率的比例、债权人与债务人之间的利益平衡、社会公共利益的协调等问题，是一国破产法制度的重要内容。[1]然而，我国破产法对破产原因的规定，尤其是对不能清偿这一核心概念及其与民法上一般债务不履行区别的规定较为模糊，不利于实务中的准确适用。本文从实务中一则因职工债权未清偿引发的破产申请案例出发，首先对民法上债务不履行的分类和标准进行了梳理，区分了履行不能、履行迟延、不完全履行、拒绝履行四种不履行形态；接下来梳理了德国、日本、英国、美国四国关于破产原因的立法，总结了其中规定的在认定不能清偿时须考虑的各类因素；最后提出对破产界限范畴内不能清偿与一般性的不履行进行区分的核心因素是显著性、持续性、客观性以及清偿方式穷尽性。在判断债务人企业是否具备破产原因时，法院应结合上述特性，同时依据申请前催告、债务的不同性质以及相应的清偿时的特点等因素，慎重判断被申请破产的债务人究竟属于破产法上的不能清偿，抑或只是构成民法上的债务不履行。

附件：裁定书全文

黄永权、福建伊时代信息科技股份有限公司仲裁程序案件破产民事裁定书
福建省福州市中级人民法院

（2017）闽 01 破申 8 号

申请人：黄永权，男，****年**月**日出生，汉族，住福建省南安市。

被申请人：福建伊时代信息科技股份有限公司，住所地福建省福州市马尾区星发路 8 号。

---

　〔1〕　参见韩长印主编：《破产法学》，中国政法大学出版社 2016 年版，第 38 页。

法定代表人：许元进。

申请人黄永权以福建伊时代信息科技股份有限公司（下称"伊时代公司"）拖欠其74 363.99元工资、经济补偿金45 400.91元及迟延履行期间的利息，且其向福州市马尾区人民法院申请执行而至今执行不能为由，向本院申请对伊时代公司进行破产清算。

本院查明：伊时代公司成立于2003年3月13日，住所地在福州市马尾区，登记机关为福建省工商行政管理局，注册资本4830.242万元。申请人黄永权原系伊时代公司职工，2016年11月8日与该公司解除劳动合同，并完成工作交接。黄永权因与伊时代公司发生劳动报酬争议，于2016年9月21日向福州经济技术开发区劳动争议仲裁委员会申请仲裁。福州经济技术开发区劳动争议仲裁委员会于2016年12月1日作出榕开劳仲案字〔2016〕第3078号裁决书，裁决伊时代公司应向黄永权支付工资75 821.96元、经济补偿金45 404.81元。伊时代公司不服该裁决，于2016年12月16日向福州市马尾区人民法院提起诉讼，请求判令其无须支付经济补偿金45 404.81元。福州市马尾区人民法院于2017年2月27日作出（2016）闽0105民初1527号民事判决，判决伊时代公司应向黄永权支付工资74 363.99元、经济补偿金45 400.91元，合计119 764.9元。伊时代公司不服该判决上诉至本院，本院于2017年5月27日作出（2017）闽01民终1862号民事判决，判决驳回上诉，维持原判。黄永权于2017年7月27日向福州市马尾区人民法院申请强制执行，目前该案尚在执行阶段。

本院认为，申请人黄永权以职工债权人身份申请伊时代公司破产清算，该申请是否符合法定条件，本院分析如下：

首先，从企业破产的功能出发，企业的破产清算或重整，旨在保障债务关系在债务人丧失清偿能力时得到有序、公平实现，并有助于完善优胜劣汰的市场竞争机制，优化社会资源配置，调整产业和产品结构。企业一旦进入破产程序，管理人将接管企业，破产企业的营业受到限制，职工劳动关系解除，债务人在特定期间内的个别清偿行为或不当减损债务人财产的行为将被撤销，涉及债务人的强制执行程序将中止等。故企业破产程序的启动，事关企业的存亡，对此，应当慎重并要求符合法定条件，同时亦应防止相关当事人滥用破产程序启动权，避免不具备破产条件的企业被他人滥用破产申请权而影响企业正常之营业，损害到社会经济秩序。现行企业破产法虽未禁止职工债权人申请企业破产清算，但由于职工债权人人数较多、享有债权数额较小且结构较为分散，若允许个别职工债权人随意提起破产申请，容易产生滥用破产申请的道德风险。

其次，从保障职工权益角度出发，《中华人民共和国企业破产法》第六条明确规定："人民法院审理破产案件，应当依法保障企业职工的合法权益。"因企业职工合法权益不仅包括职工债权，还包括通过劳动获得报酬的劳动就业权，而企业一旦进入破产清算程序，职工将面临失业，进而影响到全体职工的生存利益，为此《中华人民共和国企业破产法》第八条规定了债务人申请破产时应当提交职工安置预案，以确保职工劳动权益获得保障。故从保障职工劳动就业权这一合法权益出发，应当对于职工债权人启动破产清算程序予以必要之限制，不能为了实现个别职工债权而轻易启动破产清算程序从而牺牲全体职工的劳动权益。

再者，从破产原因角度来看，债权人或债务人申请债务人企业破产清算，应当符合《中华人民共和国企业破产法》第二条关于"企业法人不能清偿到期债务，并且资产不足以清偿全部债务或者明显缺乏清偿能力的，依照本法规定清理债务"之规定，具备破产原因。而职工债权不能清偿状态与普通债权不能清偿，无论在规模还是在影响方面，都存在较为明显之差异。故不论是在域外还是我国的司法实践情况，为确保企业破产法有效实施，避免相关当事人滥用破产申请权进而导致尚不具备破产原因的企业进入破产程序，从而浪费司法资源，均应当从源头上对于职工债权人提出破产申请应代表的最低债权数额、破产申请提出方式（如通过工会提起）等加以规制，不应允许单个小额债权人以个人名义提起破产清算申请。

最后，从职工参与破产程序角度来看，《中华人民共和国企业破产法》第八条、第十一条规定由债务人提交职工安置预案以及职工工资的支付和社会保险费用的缴纳情况；第四十八条第二款规定职工债权不必申报，由管理人调查后列出清单并予以公示；第五十九条第五款、第六十七条规定债权人会议和债权人委员会应当有职工或工会代表，由其代表职工行使权利。故职工债权作为一个整体，系通过债务人、管理人、职工和工会代表依法履职的方式得到实现，个别职工债权人并不直接参与到破产程序中。在个别职工债权人依法不能直接参与破产程序的情况下，同理亦不应允许个别职工债权人直接申请破产清算。故对于职工债权人申请破产清算，应参照《中华人民共和国企业破产法》第五十九条第五款、第六十七条规定之精神，由代表全体职工债权人利益的职工代表或工会代表提起申请，更符合企业破产法关于职工债权保障的立法本意。

另外，黄永权向福州市马尾区人民法院申请伊时代公司强制执行一案尚未终结，且伊时代公司的资产虽有被其他法院查封、冻结之情形，但并无确切证据证明该公司存在"不能清偿到期债务，并且资产不足以清偿全部债务或者明显缺乏清偿能力的"等《中华人民共和国企业破产法》第二条规定的破产清算条件。

综上，申请人黄永权系以其单个职工债权人身份申请伊时代公司破产清算，不符合上述条件，本院依法不予受理。综上，依照《中华人民共和国企业破产法》第二条、第十二条第一款之规定，裁定如下：

对黄永权的申请，不予受理。

如不服本裁定，可在裁定书送达之日起十日内，向本院递交上诉状，并提交副本，上诉于福建省高级人民法院。

审判长　吴　华

审判员　雷晓琴

审判员　王燕燕

二〇一七年十二月三十一日

法官助理　官永琪

书记员　郑菡君

专题二　分期借贷合同中破产原因的认定标准

一、案件事实概要与问题的提出

贵阳花溪建设村镇银行有限责任公司（以下简称"花溪村镇银行"）对贵州盛鑫矿业集团投资有限公司（以下简称"盛鑫矿业"）享有1千万元债权。双方约定借款期限为1年，但利息应当按月支付，如逾期3个月不支付利息，债权人有权要求债务人清偿全部贷款本金、利息及罚息。随后，在合同履行过程中，盛鑫矿业连续3月未支付花溪村镇银行的借款利息。除此以外，盛鑫矿业陷入多起重大诉讼，各类负债近10亿元，且已被列入失信被执行人名单，其所属煤矿均被执行，处于拍卖阶段。花溪村镇银行遂向法院申请对盛鑫矿业进行破产清算。

一审法院以"债权并未到期"为由裁定不予受理花溪村镇银行的破产申请；二审法院经审查，认为一审法院对重要证据未予审查，显属不当，遂裁定撤销原裁定，发回重审。

本案反映的焦点问题为，盛鑫矿业未支付分期贷款合同中的部分利息，是否已满足破产原因中要求的"未清偿到期债务"条件？

二、加速到期条款触发破产原因的理论基础

（一）加速到期条款的性质

加速到期条款是贷款人对债务人的消极行为或者履约状况实施约束的救济性措施，即当债务人出现"可能影响借款安全或者债务履行情形"或者"还款能力可能发生重大不利变化的情形"时，[1] 即使贷款期限尚未到期，出借人亦享有单方宣布债权本息提前到期的权利。如在本案中，因借款人逾期未支付出借人3个月的利息，因而债权人花溪村镇银行可依约单方宣布债权加速到期，并要求债务人盛鑫矿业一并清偿全部债务本息（包括应支付的罚息）。实践中，触发借贷合同加速到期的因素主要有以下三类：①违反合同约定的事由，如不按合同约定还款；②预期违约事件，即某一事件的发生使得借款人违反贷款协议成为必然或可能，而非借款人

---

〔1〕　参见南京市中级人民法院（2013）宁商终字第241号民事判决书。

违反借贷协议约定的条款；[1]③债务人的其他风险因素或者事件。[2]加速到期条款赋予了债权人较为优越的地位，主要表现为债权人享有终止合同的权利，并可以单方废除合同的履行期限，剥夺债务人的期限利益。由此，加速到期条款在维护债权人利益方面有极大的优势，但在另一方面也有极强的外部性，如加大债务人企业的破产概率、损害其他债权人的清偿利益、干预企业正常的经营活动等。

一般认为，加速到期条款是双方当事人之间的契约安排，此时尽管债权人实际合同地位在一定程度上获得提升，但债务人也因此获得融资，得以缓解经济困境，这并无碍于权利义务相一致的基本法律原则。因此，实务中对此类条款的效力一般都予以认定，如中国人民银行《贷款通则》第22条第5款规定："借款人未能履行借款合同规定义务的，贷款人有权依合同约定要求借款人提前归还贷款或停止支付借款人尚未使用的贷款。"再如上海市高级人民法院印发的《关于审理借款合同纠纷案件若干问题的解答》第5条规定："借款合同关于贷款人提前收贷有约定的，该约定只要不违反法律、法规的强制性规定，应认定有效。在贷款人主张借款人提前还款的条件成就时，贷款人据此诉请要求借款人提前还款的，法院应予支持。该诉请不以解除合同为前提，故贷款人无须主张解除合同诉请。"

综上，加速到期条款具有意定和法定之效力，其行使结果是使未到期债权加速到期，变为届期债权。

（二）加速到期条款触发企业破产的破产法依据

第一，加速到期的债权人与债务清偿期限届满的一般债权人具有相同法律地位，在清偿不能时可申请债务人企业破产。加速到期条款一旦将未到期债权变为届期债权，则此时债权人向债务人提出债务清偿的请求，将具有相应的法律依据。此时，如果债务人无法清偿到期债权，则债权人可据此向人民法院申请债务人企业破产。也就是说，加速到期条款并非直接构成破产原因，而是在履行过程中，该条款把权利义务不确定状态转换为确定状态，此时加速到期债权人与一般清偿期届满的债权人之身份地位并无区别。显然，加速到期债权人有权向人民法院申请债务人企业破产。

第二，债权人的破产申请之受理以债务人企业具备破产原因为前提条件。加速到期债权人申请债务人企业破产，法院并不必然受理该申请，而仍然应对债务人企业是否达到破产界限进行审查。这与普通的民事诉讼有很大差异。在普通民事诉

---

[1] 学界普遍认为，尽管"预期违约"制度产生于英美法系，但在我国实证法中亦有体现。如《合同法》第108条规定："当事人一方明确或者以自己的行为表明不履行合同义务的，对方可以在履行期限届满之前要求其承担违约责任。"（《民法典》第578条内容同此）关于预期违约作为触发加速到期的因素，可参见金明："国际贷款协议中的交叉违约条款"，载《比较法研究》1994年第3、4期。

[2] 参见韩长印、张玉海："借贷合同加速到期条款的破产法审视"，载《法学》2015年第11期。

讼中，只要符合起诉条件（原告主体适格、有明确的被告、具体的请求和事实依据、属于人民法院主管和受诉人民法院管辖），法院就应当对该案件进行受理，此时立案庭不做实体上的判断。然而，从程序意义上来看，《企业破产法》相较于《中华人民共和国民事诉讼法》（以下简称《民事诉讼法》）属于特别法与一般法的范畴，[1]故企业破产案件的受理应以《企业破产法》规定的条件为依据。关于破产原因，《企业破产法司法解释一》第 1 条规定了两种：①"债务人不能清偿到期债务"和"资产不足以清偿全部债务"；②"债务人不能到期清偿债务"和"明显缺乏清偿能力"。随后，该司法解释第 2 条、第 3 条、第 4 条分别对上述标准进行了解释，以便于人民法院操作。[2]实践中，如果严格恪守该标准，可能会因此影响当事人启动破产程序（尤其是启动破产预防程序）。故对债权人申请债务人企业破产的证明标准，实务中以《企业破产法》第 7 条的规定为依据，即债权人对债务人提出破产清算或重整申请，原则上需债务人符合"不能到期清偿债务"的标准。换言之，只要债权人到期债务不能获得清偿，就可以申请债务人破产。而与之相对应，人民法院对债权人的申请进行审核时，必须严格恪守是否达到企业破产界限的标准，以防债权人滥用破产申请权。

一般认为，构成破产原因的债务应符合"持续性"的时间要素和债权人提示等程序性要求。于此，本案属于金钱债权，债权人在行使其合同终止权时就应对债务人作出通知，但债权人是否还需要忍受已处于"持续性"未支付利息的等待期限？从本案的基本案情和判决结果来看，债权人在 3 个月（加速到期条款）期限届满后，就立刻提出了破产申请，可见"持续性"时间要素并非破产原因的必要条件。需要特别说明的是，在非金钱债权人提起破产申请的场合，债权人应先通过其他程序将非金钱债权转化为金钱债权后（此时必要的等待期限和债权人通知已暗含在该转化程序中），方可向人民法院提起。

第三，加速到期条款亦可能受到破产撤销权的限制，在清偿中不会产生偏颇性。加速到期债权人主张债权，带来的一个不利后果是，如果债务人企业在随后一

---

〔1〕《企业破产法》第 4 条规定："破产案件审理程序，本法没有规定的，适用民事诉讼法的有关规定。"

〔2〕《企业破产法司法解释一》第 2 条规定："下列情形同时存在的，人民法院应当认定债务人不能清偿到期债务：①债权债务关系依法成立；②债务履行期限已经届满；③债务人未完全清偿债务。"第 3 条规定："债务人的资产负债表，或者审计报告、资产评估报告等显示其全部资产不足以偿付全部负债的，人民法院应当认定债务人资产不足以清偿全部债务，但有相反证据足以证明债务人资产能够偿付全部负债的除外。"第 4 条规定："债务人账面资产虽大于负债，但存在下列情形之一的，人民法院应当认定其明显缺乏清偿能力：①因资金严重不足或者财产不能变现等原因，无法清偿债务；②法定代表人下落不明且无其他人员负责管理财产，无法清偿债务；③经人民法院强制执行，无法清偿债务；④长期亏损且经营扭亏困难，无法清偿债务；⑤导致债务人丧失清偿能力的其他情形。"

定期限内破产，该个别清偿行为是否会损害其他债权人的利益。在一般破产程序中，"破产撤销权之关注点仅在于偏颇期起算时点至破产程序启动期间，债权人之间的债权秩序是否会因债权人或债务人的行为而发生改变，而不考究此时段内债权人的债权是否确定或合法等问题"。[1] 也就是说，破产撤销权的行使，其目的在于尽力维持原有的债权债务秩序，使破产程序实现"概括清偿""公平清偿"的目标，破产法将破产原因出现之时反推到人民法院受理破产申请的一定期限之前。对此，《企业破产法》第 32 条规定："人民法院受理破产申请前 6 个月内，债务人有本法第 2 条第 1 款规定的情形，仍对个别债权人进行清偿的，管理人有权请求人民法院予以撤销。但是，个别清偿使债务人财产受益的除外。"也就是说，加速到期的债权与一般届期债权并无区别，当然受破产撤销权的约束，不会因其清偿而产生偏颇性。[2]

综上，债权人通过加速到期条款将未到期债权确定为到期债权，此时其即有权以"清偿不能"向人民法院申请债务人企业破产。同时，债务人企业是否达到破产界限，要以人民法院的最终审查结果为准，即使债务人此时根据加速到期条款对债权人进行了清偿，实践中也并不会因此破坏破产程序中债权的公平清偿秩序。

三、分期支付利息触发破产原因的考量

（一）分期支付的利息之请求权具有独立地位

利息是基于本金产生的一种收益，其以本金债权的存在为前提。一般而言，利息具有附属性，其是基于主债权的存在而产生的从债权，不能脱离主债权而单独存在。但在理论上，可依据利息支付方式的不同，将利息分为作为基本债权的利息和作为分支权的利息债权。[3] 其中，作为基本债权的利息具有附随性，主要表现为：其一，如无本金债权则利息债权不能成立；其二，如本金债权消灭则利息债权消灭，所以本金债权因时效消失而失去溯及力，利息债权也因之失去溯及力；其三，利息债权的处分伴随本金债权的处分而发生。[4] 而就作为分支权的利息债权而言，分支权的利息债权是以本金为基础的，以本金清偿期各期间为计算依据而产生的分期利息债权，"本金债权及作为基本债权的利息债权不存在，则分支权利息债权也将不存在；而分期利息一旦产生，分支权的利息债权将可独立存在，它不会因为本

---

〔1〕 韩长印、张玉海："借贷合同加速到期条款的破产法审视"，载《法学》2015 年第 11 期。

〔2〕 实践中，加速到期条款的金融机构债权人主张债务抵销时，会产生一定的偏颇性，但这不属于该文的讨论范围。关于偏颇性的规避，可参见韩长印、张玉海："借贷合同加速到期条款的破产法审视"，载《法学》2015 年第 11 期。

〔3〕 参见郑玉波：《民法债编总论》，中国政法大学出版社 2004 年版，第 206 页。

〔4〕 参见曹冬媛："论利息法律关系"，载《山东社会科学》2013 年第 2 期。

金债权的清偿或抵销而消灭"。[1]我国台湾地区"民法"第126条明确规定利息、红利、租金、赡养费、退职金及其他1年或不及1年之定期给付债权，其各期给付请求权，因5年间不行使而消灭。不难发现，分期利息具有独立性，其可由债权人单独主张。如果作用到破产程序中进行考量，对于分期支付的利息，债权人可单独向债务人主张利息，若债务人到期不能清偿，债权人据此向人民法院提起破产申请并无理论上的障碍。

具体到本案中，双方约定利息的支付方式是分期支付，此已构成理论上的"作为分支权的利息债权"。换言之，即使不考虑加速到期条款的作用，基于该利息的独立性定位，债权人亦可单独向债务人提起清偿请求。本案中债务人企业已逾期3个月未偿还利息，可以认为已经构成了《企业破产法》第7条的"不能清偿到期债务"，债权人有权向人民法院申请债务人企业破产。

综上，即使不考虑加速到期条款的作用，本案中分期支付利息可单独作为请求权，成为支持债权人向人民法院申请债务人企业破产的依据。

（二）预期违约与提起破产申请的契合路径

前文已述，在比较法视野下，预期违约在理论上可以成为触发加速到期的因素。关于预期违约，我国合同法理论中以承担"违约责任"作为债务人不履行义务的否定性评价。具体而言，《合同法》第108条规定："当事人一方明确或者以自己的行为表明不履行合同义务的，对方可以在履行期限届满之前要求其承担违约责任。"[2]对此，笔者认为，依照《合同法》第108条规定，在预期违约场合，当事人一方可主张在履行期限届满前请求对方承担违约责任，此时作为第一性义务的原给付义务转化为作为第二性义务（责任），若此时债务人仍拒绝履行，即构成对"已届期债务"（第二性义务）的不履行，此时债权人即可依照《企业破产法》第2条之规定，向人民法院提出破产申请。

四、代结语：适当对破产原因进行类型化区分

债务人企业能否破产，《企业破产法》的立法精神更多的是关注债务人整体清偿能力与负债总额的力量对比。而《企业破产法司法解释一》在对破产原因进行界定时，立法技术上过多采用"不能清偿到期债务"的术语，将焦点放在对单笔债务的支付不能上。但在实践中，大多继续性合同的履行也往往产生迟延履行、履行不能的法律后果。如果仅规定单笔债务的支付不能可触发破产原因，那么在继续性合同中，如果当事人双方未约定加速到期条款、合同解除条款，而违约程度又不足以

---

[1]　曹冬媛："论利息法律关系"，载《山东社会科学》2013年第2期。
[2]　《民法典》第578条内容同此。

达到法定合同解除要件的，此时债权人只能寻求合同法意义上的权利救济，这种救济仅限于私法范畴，作用有限。如果能在破产立法上，对此类事由进行提起破产申请的优化，或许能够使债权人的权利救济作用在组织法的范畴，获得一定的公法救济，于此立法保障债权人利益的水平将会得到提升，此也有助世界银行营商环境中"提起破产"方便程度的优化。

在立法技术上，当前采取的是概括主义立法模式，即法律规定抽象性的破产标准，再通过司法解释进行适用上的扩大。但是，这种立法技术的缺陷在于，无法精准涵盖每一种破产原因，实践中可能会不当减损破产程序对某些债权人的保护力度。此时如果能采取"列举＋概括"的立法技术，关注破产原因的多样化特点，或许更符合破产立法"公平清偿"的目的。但同时，也应避免对破产原因的"死搬硬套"，灵活掌握合同履行过程中通知权、解除权、催告权和预期期限等实际情况，此时交由破产法官结合具体的事由进行破产标准的判断，可能会使破产案件的办理效果达到新的高度。

附件：判决书全文

贵阳花溪建设村镇银行有限责任公司、贵州盛鑫矿业集团投资有限公司申请破产清算二审民事裁定书

贵州省高级人民法院民事裁定书

（2016）黔民终 360 号

上诉人（原审申请人）：贵阳花溪建设村镇银行有限责任公司。住所地贵阳市花溪区溪北路人武学院门楼。组织机构代码证：69273512－X。

法定代表人：覃波，该公司董事长。

委托代理人：南辉明，贵州乐正律师事务所律师，执业证号 15201201010532324。

被上诉人（原审被申请人）：贵州盛鑫矿业集团投资有限公司。住所地贵州省六盘水市水城县凉都大道一段。组织机构代码证：56500196－7。

法定代表人：何劲。

上诉人贵阳花溪建设村镇银行有限责任公司（以下称"花溪村镇银行"）因对其与被上诉人贵州盛鑫矿业集团投资有限公司（以下称"盛鑫矿业"）申请破产清算一案，不服六盘水市中级人民法院作出的一审裁定，向本院提出上诉，本院受理后，依法组成合议庭审理了本案，现已审理终结。

原审法院查明：花溪村镇银行于 2016 年 5 月 6 日申请盛鑫矿业破产还债。主要

理由是：1. 盛鑫矿业于 2016 年 1 月 28 日因重组贷款人民币 1000 万元整，约定贷款期限一年，按月付息，到期一次性还本，如逾期不还利息，经催收后仍不偿还的，应当立即清偿贷款本金、利息、罚息。贷款发放后，盛鑫矿业未能按约支付利息，经催收仍未偿还，依约定贷款本金、利息、罚息系应当偿还的债权，但盛鑫矿业至今未能偿还到期债务。2. 盛鑫矿业已经陷入多起重大诉讼，其所属煤矿均被执行，拖欠银行贷款、民间借贷等负债达数十亿元，盛鑫矿业的所有资产已明显不足以清偿全部债务，且据重庆市高级人民法院的拍卖公告，盛鑫矿业所属群力煤矿、营脚沟煤矿和金桥煤矿等主要资产已进入拍卖程序，盛鑫矿业已明显丧失偿债能力。对此申请，原审法院认为，根据《中华人民共和国企业破产法》第七条第二款"债务人不能清偿到期债务，债权人可以向人民法院提出对债务人进行重整或者破产清算的申请"和《最高人民法院关于适用〈中华人民共和国企业破产法〉若干问题的规定（一）》第一条第一款第（一）项、第（二）项"债务人不能清偿到期债务并且具有下列情形之一的，人民法院应当认定其具备破产原因……"的规定，结合花溪村镇银行提交的与盛鑫矿业签订的借款合同（合同编号：CBCH02J2016012001）第二条关于贷款期限的约定，贷款期限系从 2016 年 1 月 28 日至 2017 年 1 月 28 日止，同时贷款凭证显示的贷款期限也同合同相一致，因此申请人对盛鑫矿业的债权并未到期。

据此，原审法院依照《中华人民共和国企业破产法》第七条第二款、第十条第二款之规定，裁定：对贵阳花溪建设村镇银行有限责任公司的申请，不予受理。

该裁定宣判后，花溪村镇银行不服，向本院提起上诉，请求：1. 依法撤销贵州省六盘水市中级人民法院（2016）黔 02 民破 1 号民事裁定书；2. 依法裁定指令贵州省六盘水市中级人民法院受理申请人对被申请人的破产申请。主要理由是：

1. 原审法院于 2016 年 5 月 6 日收到《破产申请书》及证据材料，但未依法通知被申请人盛鑫矿业即径行裁定不予受理，严重违反法定程序。

2. 被申请人盛鑫矿业未按月付息，逾期已达三个月，依约应偿还全部贷款本金、利息及罚息，但被申请人盛鑫矿业至今未能偿还。原审法院将依约应当偿还的利息、本金及罚息认定为未到期债权，属事实认定错误。

3. 被申请人盛鑫矿业拖欠的银行贷款、民间借贷、工程款项、职工工资等负债已达数十亿元，仅未履行的判决金额就已超过 13 亿元，且被申请人盛鑫矿业及其所属的煤矿已被列入失信被执行人名单，被申请人盛鑫矿业所有的资产已经明显不足以清偿全部债务，已明显丧失偿债能力。如任由其持续恶化，将给各债权人造成更加巨大的损失。原审法院对此未依法履行审查职责错误。

二审经审查查明：原审法院在收到破产申请及相关证据材料后未通知被申请人盛鑫矿业且原审裁定未经在该裁定书上署名的合议庭合议。

本院认为，关于破产案件的受理程序和受理条件，依照《中华人民共和国企业破产法》（以下简称《破产法》）第四条关于"破产案件审理程序，本法没有规定的，适用民事诉讼法的有关规定"的规定，应按照特别优于普通的原则，不应按照《中华人民共和国民事诉讼法》第一百一十九条、一百二十三条、一百二十五条等规定，实行登记立案，而应适用《破产法》第十条"债权人提出破产申请的，人民法院应当自收到申请之日起五日内通知债务人。债务人对申请有异议的，应当自收到人民法院的通知之日起七日内向人民法院提出。人民法院应当自异议期满之日起十日内裁定是否受理"的受理程序，依法对破产申请是否符合《破产法》第二条第一款关于"企业法人不能清偿到期债务并且资产不足以清偿全部债务或者明显缺乏清偿能力的"破产原因进行实质审查。经合法程序的实质审查，符合破产原因的，决定立案受理，反之，则不予受理。人民法院审理破产案件，只有在《破产法》没有规定的情况下，方可适用民事诉讼法的有关规定。

综合上述，破产案件的立案审查，既有程序要求，又有实质审查内容；既要符合程序公正，又要符合实质公正。要依靠公正程序，保障实质正义的实现，要在公正程序的进行过程中实现实质正义。

本案为申请破产清算纠纷案件，属于破产案件范围。人民法院应按上述受理程序，紧紧围绕当事人申请的理由和主张，对被申请人是否具备破产原因进行实质审查。根据上述要求，原审裁定存在下列不当：首先，程序严重违法。理由是：未经合议，且未按《破产法》第十条的规定，通知被申请人盛鑫矿业（即使下落不明，亦应依法通知），一方面使被申请人盛鑫矿业失去异议机会，违法剥夺了被申请人盛鑫矿业的异议权、辩论权，另一方面使法院失去了在兼听的基础上查明事实，正确认定事实的前提或机会；再者，以合议庭为审判组织审查的破产案件，未经合议庭合议即径行署名裁定，严重违反审判组织行使审判权的规定，故上诉人花溪村镇银行关于原审裁定严重违反法定程序的上诉理由成立，本院予以支持；其次，仅对上诉人花溪村镇银行是否有到期债权即被申请人盛鑫矿业是否清偿到期债务进行审查，且认定债权未到期的证据不足，未对申请人主张的其他破产原因进行审查，尤其是对被申请人盛鑫矿业的资产是否足以清偿全部债务或是否明显缺乏清偿能力未进行审查，确有不当。理由有二：第一，上诉人花溪村镇银行在申请破产时提出了被申请人盛鑫矿业未按月付息，逾期已达三个月，依约应清偿全部贷款本金、利息及罚息的主张，原审未对此进行审查，仅以"贷款期限"未至为由，认定债权未到期的证据不足。上诉人花溪村镇银行关于该部分事实认定错误的主张，本院予以支持。第二，对于上诉人花溪村镇银行提出的被申请人盛鑫矿业拖欠的银行贷款、民间借贷、工程款项、职工工资等负债已达数十亿元，仅未履行的判决金额就已超过 13 亿元，且被申请人盛鑫矿业及其所属的煤矿已被列入失信被执行人名单，被申请人盛鑫矿业所有的资产已经明显不足以清偿全部债务且明显缺乏清偿能力的事实和理由主张，原审应当审查而未予审查，亦属不当。对上诉人花溪村镇银行上诉所称未履行审查职责的理由，本院亦予以支持。

综上，原审裁定存在违法剥夺当事人的辩论权、未经合议径行裁定等严重违反法定程序的情形，且认定债权未到期的证据不足、应当审查的事实未予审查不当，应当撤销。上诉人花溪村镇银行关于撤销原审裁定的上诉理由成立，本院予以支持。关于上诉人花溪村镇银行提出的依法裁定，指令原审法院受理破产申请的上诉请求，因本案二审查明的是原审程序违法、确认债权未到期的证据不足且应当审查的事实未予审查不当，至于被申请人盛鑫矿业是否符合《破产法》关于破产原因的规定，仍需原审法院依照合法程序对破产原因进行全面审查后，才能决定是否受理，故对上诉人花溪村镇银行的该项上诉请求不予支持。根据《中华人民共和国企业破产法》第二条、第十条和《中华人民共和国民事诉讼法》第一百七十条第一款第（二）项之规定，裁定如下：

一、撤销六盘水市中级人民法院 2016 年 5 月 13 日作出的（2016）黔 02 民破 1 号民事裁定书；

二、本案由六盘水市中级人民法院进行审查。

本裁定为终审裁定。

审判长　段建桦

代理审判员　雷　苑

代理审判员　谭董新

二○一六年六月三十日

书记员　潘　璐

专题三　职工债权人提出破产申请的
制度困境与可能出路

一、案件事实概要案情回顾与问题引入

申请人黄某某以伊时代公司拖欠其 74 363.99 元工资、经济补偿金 45 400.91 元及迟延履行期间的利息，且其向福州市马尾区人民法院申请执行而至今执行不能为由，向福州中院申请对伊时代公司进行破产清算。法院裁定黄某某系以其单个职工债权人身份申请伊时代公司破产清算，不符合《企业破产法》规定的受理条件，故裁定对黄某某的破产申请不予受理。

本案的焦点主要是申请人黄某某以个别职工债权人身份申请伊时代公司破产清算，是否符合法定申请条件。我国《企业破产法》明确规定债权人享有破产申请权，[1] 但对单个职工债权人是否享有破产申请权却语焉不详。尽管曾有个别职工债权人尝试提出破产申请，但实务中，法院多以驳回申请为原则，以有条件受理为例外。[2] 实践中，尽管个别省份法院出台了保障单个职工破产申请权的规定，[3] 但该肯定性做法仍未形成学界通识。于此，本文对现有理论与实务观点进行总结，评述各自的优劣，找出单个职工债权人破产申请权的理论难点与制度障碍，以期为我国《企业破产法》的完善提供些许帮助。

二、"限制说"的比较法考察及其本土化

（一）"限制说"的比较法考察

域外立法对单个职工债权人提起破产申请的限制，与我国限制的原因尽管并不

---

[1]《企业破产法》第 7 条第 2 款规定："债务人不能清偿到期债务，债权人可以向人民法院提出对债务人进行重整或者破产清算的申请。"

[2]《北京市高级人民法院企业破产案件审理规程》在"债权人申请人资格审查"中明确规定，需要经职工代表大会或全体职工三分之二以上多数同意才可申请企业破产；《深圳市中级人民法院立案规程》在"破产申请的提起"部分也规定，职工债权人提出破产申请的应当提供职工代表大会或工会的同意文件。

[3]《江苏省高级人民法院民二庭破产案件审理指南（修订版）》在"申请主体"部分明确了"职工债权性质上也是债权，企业破产法并未禁止职工债权人申请债务企业破产，为维护职工权益，规范市场推出，应当依法保障职工债权人申请企业破产的权利"。

完全一致，但反映的问题的是共通的。不同国家有不同的制度背景，同一问题放在不同视角考察，会存在些许差异。对域外相关理论和立法例，可能对我国"限制说"之理论基础提供借鉴。

第一，法律利益说。该学说以德国的破产立法为基础，《德国破产法》原则上对于债权人申请主体并无具体限制，但要求申请人需对破产程序的开始具有"法律上的利益"，而所谓"法律上的利益"可理解为"其债权的实现取决于债务人良好的资信状况"。[1]因而原则上取回权人、别除权人、附条件附期限的债权人、清偿期限尚未届至的债权人均可成为破产申请的债权人，因为这些债权人的受偿与债务人的资信状况息息相关。相反，对于职工债权而言，因其以劳动关系的建立为本质，而劳动关系具有高度的人身从属性、经济从属性和团体从属性。因此，这种从属性与债务人的资信状况并无关联，反而职工的命运与雇主的存亡紧密联系在一起。因此，《德国破产法》并不认为职工债权对债务人企业具有法律上的利益，是故职工债权人不得提出破产申请。对于企业欠薪问题，德国设立了专门的司法机构——德国劳动法院，以解决劳动争议问题。

第二，职工不享有强制破产申请权说。该原则主要体现在《美国破产法》中，尽管《美国破产法》对破产申请采取自动受理模式，但该法却在强制申请条件上做了限制。具体而言，强制破产救济申请人必须达到法定最少人数。若债权人总数不少于12人，则至少需要有3个共同申请人；若债权人总数少于12人，则1个申请人就可。但上述债权人人数并不包括职工债权人的数量，排除的理由在于"他们往往并不乐见破产程序的启动，更别说主动成为申请强制破产的一员了；因此，若把他们计算在债权人总数内，对其他有提出强制破产申请意向的当事人是不公平的"。[2]也就是说，如果将职工债权人的人数计算在债权人总人数中，则会使债权人总人数超过12人，对其他单个普通债权人申请强制破产造成了程序上的障碍。由于职工债权数额较小且结构分散的特性，根据美国司法实践中创设的"零散债权"例外规则，即将小额反复性债权持有人排除在债权人总数计算之外。[3]申言之，职工债权人并不不计算在美国法定意义上的"债权人"内，不享有普通债权人资格，自然也就无法提起破产申请，故此可推知《美国破产法》实际上并未承认职工债权人的破产申请权。

---

〔1〕　参见许德风：《破产法论——解释与功能比较的视角》，北京大学出版社2015年版，第113页。

〔2〕　[美]查尔斯·J.泰步：《美国破产法新论》，韩长印等译，中国政法大学出版社2017年版，第176页。

〔3〕　参见[美]查尔斯·J.泰步：《美国破产法新论》，韩长印等译，中国政法大学出版社2017年版，第176页。

第三，优先权期限说。不可否认，职工债权具有优先权的公共政策基础。[1]但基于部分企业多年拖欠职工工资的社会现状来看，如果过分要求职工债权的优先性，就可能损害普通债权人的利益。故此，一些国家都对职工工资的优先权期限进行了限制，如《法国民法典》第2101条第4项规定，受雇人享有优先权的债权为过去一年及当年的报酬，薪金雇员与学徒仅对最近6个月的工资享有优先权。《日本民法典》第308条则规定，受雇人报酬的先取特权就债务人的受雇人应受的最后6个月的报酬而存在。[2]也就是说，一旦超过上述期限，职工债权的优先受偿性将丧失，进而转化为普通债权。在立法未否认职工工资会因期限而丧失优先性的国家，尚否定职工债权人的破产申请权，依据"举重以明轻"的原则，在否定职工工资长期优先权的国家，其对职工的权益保护劣于其他国家，更能说明其否定职工债权人的破产申请权。[3]这是从时间上进行的限制。

一般而言，大陆法系国家采取破产申请法院裁定受理理论，不对普通债权人的破产申请进行限制，英美法系国家多采取破产申请自动受理模式，故在普通债权人申请条件上进行些许规范，以防止破产申请权的滥用。但无论考察以德国为代表的大陆法系国家立法，还是以美国为代表的英美法系国家制度，发现其均在职工债权人破产申请权上进行了限制。

（二）"限制说"理论的本土化

我国破产立法采取的"申请主义"，即只有债权人或其他利害关系人提出破产申请，法院才对该申请进行审查，以确定债务人企业是否进入破产程序。对职工债权人提出破产申请的，我国司法实践中亦多采取不予受理的方式。

1. 理论上的承继。当前学界主流观点对单个职工债权人的破产申请权持否定态度，但该主流观点又可细分为两类：职工大会或职工代表大会决议说、人数和数额限制说。其一，职工大会或职工代表大会决议说。该学说以王欣新教授和徐阳光教授为代表，主张应当对职工债权人申请破产作出一些限制，如此才能保障《企业破产法》的合理实施，避免司法资源的浪费。具体而言，应当从职工债权人提出破产申请的最低数额和提出方式等内容进行限制，比如职工债权人申请破产的应经过职工大会或者职工代表大会议决。这是因为，如果单个职工可以不经限制地提出破产

---

〔1〕 参见韩长印："破产优先权的公共政策基础"，载《中国法学》2002年第3期。

〔2〕 参见孙宏涛、田强："试析破产企业职工工资债权清偿优先的理由及其制度设计"，载《广东行政学院学报》2006年第1期（特别说明：该文从投稿至发表时，现行《企业破产法》尚未实施）。

〔3〕 需说明的是，本段论据实际上是说在《企业破产法》制定过程中，如何平衡职工债权人利益和银行担保债权人利益的关系问题。该问题已经在正式施行的《企业破产法》中予以解决了，《企业破产法》第109条规定："对破产人的特定财产享有担保权的权利人，对该特定财产享有优先受偿的权利。"

申请，可能导致"滥用破产申请"的道德危险；且职工债权的"不能清偿"和一般情形下的"不能清偿"具有质和量的差异。[1]其二，人数和数额限制说。持该学说的学者和实务界人士，总体上认为应当对职工债权人提出破产申请进行人数和数额的限制，以防止单个债权人滥用破产申请权，具体又分为"数额说"和"数额、人数双重说"。汪世虎教授等采"数额说"，认为我国《企业破产法》第7条第2款在债权人破产申请权方面缺乏细化规定，其后果是司法实践对是否限制申请债权人人数和债权数额及其比例产生争议，对此英国破产法上的规定可资借鉴。首先，为了避免数额极小的债权人也能申请破产，进而造成债务人声誉损失和司法资源浪费，债权人的债权数额应有最低额限制。其次，从各国立法的情形、保护全体债权人利益和我国资产管理公司的情形来看，对债权人的人数不应限制。再次，为了避免限制债权人的民事救济手段，到期债权占债务人到期不能清偿债务的比例不应受到限制。最后，我国应参考《英国破产法》的规定建立破产申请前置程序。[2]可以看出，该观点认为在债权人人数上不应做限制，而应该就具体的数额进行限制。

此外，卞爱生、陈红法官采"数额、人数双重说"，其认为我国破产法司法解释应对债权人申请破产作出限制，因为"破产法有被债务人利用余债免责的规定欺诈逃债的可能"。[3]首先应限制申请人为多数债权人，这是参考多国立法例、考量债权人会议组织的必要和避免司法资源浪费（单个债权人可透过普通民事程序获得清偿）得出的结论。其次应对债权数额作出限制，避免损害债务人商誉和浪费司法资源。最后还应限制债权占所有不能清偿债务的比例，避免小额债权申请破产导致"一只骆驼被最后的一根稻草压死"的窘境。[4]

2. 司法判决中的扩张。司法实践中，人民法院几乎都会对单个债权人提出的破产申请持反对态度。福州中院（2017）闽01破申8号民事裁定书对此进行了较为详细的论述，可视为对该问题较为典型的回应。

第一，允许单个债权人提起破产申请有破产申请权滥用的道德风险。企业破产的宗旨在于保障债权及时、公平清偿，企业破产程序的启动，关乎企业的存亡，应予慎重。同时，亦应防止相关当事人滥用破产程序启动权的倾向，避免不具备破产

---

〔1〕参见王欣新："破产法司法实务问题研究"，载《法律适用》2009年第3期；还可见王欣新：《破产法》，中国人民大学出版社2011年版，第48页；还可见王欣新："论中国大陆重整序的申请与受理"，载《月旦财经法杂志》2011年第1期（总第24期）。

〔2〕参见汪世虎、陈英骅："论英国破产法对我国债权人申请破产之启示——兼论我国《破产法》第7条第2款之完善"，载《河北法学》2014年第5期。

〔3〕卞爱生、陈红："司法实践中债权人申请破产的难题及对策"，载《政治与法律》2010年第9期。

〔4〕参见卞爱生、陈红："司法实践中债权人申请破产的难题及对策"，载《政治与法律》2010年第9期。

条件的企业被他人滥用破产申请权而影响企业正常之营业，损害到社会经济秩序。现行《企业破产法》虽未禁止单个职工债权人申请破产，但单个职工债权人债权数额较小且分散，若允许个别职工债权人随意提起破产申请，容易产生滥用破产申请的道德风险。

第二，保障全体劳动者的权益。单个职工债权人申请债务人企业破产，人民法院一旦裁定受理该企业的破产申请，则全体劳动者的劳动关系都会被解除，处于失业状态，这不利于劳动者权益的保护，且与《企业破产法》第 8 条规定的保障劳动者权益的立法宗旨相违背。因此，不应当为单个职工债权人的破产申请而损害到所有职工的利益。

第三，单个职工债权数额、人数达不到提起破产申请的要求。从破产原因角度来看，职工债权不能清偿状态与普通债权不能清偿，无论在规模还是在影响方面，都存在较为明显之差异。故此，域外立法中多对职工债权人的数额、破产申请提出方式进行限制，不应允许单个职工债权人提出破产申请。

第四，职工债权人的破产申请应由代表全体职工债权人利益的职工代表或工会代表提起申请。从《企业破产法》关于职工债权的保护来看，其都将职工债权作为一个整体，如债务人企业提交职工安置预案、职工债权不必申报由管理人列出清单公示等，这些都表明职工债权具有整体性。换言之，企业破产程序不允许单个职工债权人的参与。故此，如果职工债权人需提起破产申请，则应通过职工代表或工会代表提出。[1]

综上，该判决采取的观点实际上是对我国现有的理论进行总结提炼，在吸收德国、美国观点的基础上，从防止破产申请权滥用、保护全体职工就业权利、破产原因、职工债权整体性等角度对单个职工债权人不能提出破产申请进行了论证，上述理由也成为当前我国反对单个职工债权人提出破产申请的主流观点。

3. "限制说"理论的本土化再补强。除理论上对大陆法系、英美法系国家进行继承，司法实践中进行再扩张外，在本周讨论学习过程中，还有同学提出了新的理由，以支持"限制说"的合理性，这些观点实际上对该理论进行了再补强。其一，职工债权其具有非常显著的特殊性，除了公法意义上的保障属性外，还具有清偿上的优先性，依据我国《企业破产法》的规定，职工债权的受偿顺位优于普通债权，故此无需再通过赋予职工破产申请权来特别保护。其二，职工债权在一定程度上体现聚合属性，即企业的职工债权享有人应包括全体职工，破产申请应归属于职工整体。如我国《企业破产法》中规定，债务人企业提出破产申请的要提交职工安置预案，管理人接管债务人企业后，应将职工工资清单予以列明，不再由职工申报等，

---

[1] 参见福州市中级人民法院（2017）闽 01 破申 8 号民事裁定书。

都体现了职工债权的整体性。其三，容易引发职工债权人与其他债权人之间的利益对立。若职工代表大会怠于或不愿行使其"依法享有"的破产申请权，此时由单个职工提出申请，其背后即反映出相应职工主体的不同利益需求（如对于多数职工而言，企业的存续可能保障其社保费用和部分工资费用的按期获取），加之职工债权在企业破产清算时的优先受偿性，可能引发一般债权人与职工债权人群体的利益分化。

因此赋予单个职工以债权人身份提起强制破产申请的权利，有可能出现该职工与全部其他多数债权人之间的利益对立，以债权债务概括清偿为目的的破产法可能会最终沦为债权人个别债务清偿的工具。任何权利的行使都需要受到相应的限制，一般认为，权利限制理论的首要原则是公共利益原则。[1]于职工债权人破产申请权而言，考虑到全体职工以及企业这种组织体的稳定性，动辄破产并不足取。因此，职工债权人的破产申请权应有所限制，这符合权利限制的基本理论。

三、内涌式："支持说"的产生及发展

（一）"支持说"的立论依据

随着司法实践的发展，限制单个职工提起破产申请的传统做法逐渐受到质疑。特别是，对于离职后的职工债权人而言，其工资性报酬通过执行仍无法清偿时，如果秉持职工债权人不能申请债务人企业破产的观点，实际上是剥夺了职工获得清偿的最后一道权利。为此，支持单个职工债权人提起破产申请的学说逐渐从现行法律依据中找到立足之地，并对前述"限制说"的理由展开了批评。所谓"内涌式"，是指滋生于我国本土、由内到外逐渐扩大影响力的一种思维模式。

秉承"支持说"的学者试图从现行法律规定出发，找出支持其观点的上位法依据。《企业破产法》第7条第2款规定："债务人不能清偿到期债务，债权人可以向人民法院提出对债务人进行重整或者破产清算的申请。"尽管该条规定没有就职工债权人的破产申请权作出明确规定，但如果对该条规定进行文义解释，即只要是债权人，都可以提出破产申请，职工债权人同样属于债权人的范畴，应当具有提起破产申请的权利。此外，《最高人民法院关于破产案件立案受理有关问题的通知》第1条规定："不得在法定条件之外设置附加条件，限制剥夺当事人的破产申请权，阻止破产案件立案受理，影响破产程序的正常启动。"也就是说，人民法院在法律规定的条件之外，额外增加债权人身份的限制条款，实际上是违反了《企业破产法》和最高人民法院的基本精神。实践中，已有个别省份的法院试图受理单个职工债权人提出的破产申请，如江苏省高院曾出具文件表明职工债权性质上也是债权：《企业破产法》并未禁止职工债权人申请债务企业破产，为维护职工权益，规范市场退

---

〔1〕 参见周钟敏："基本权利限制理论正当性的根据"，载《社会科学家》2016年第6期。

出，应当依法保障职工债权人申请企业破产的权利。[1]

（二）"支持说"的驳论理由

"支持说"除了能在法律规范、最高院政策角度找到法律依据外，还秉持"不破不立"的原则，对"限制说"进行了逐一批判，以找到自身存在的合理性依据。从"限制说"的理论依据来看，其认为应当对单个职工债权人进行限制的主要依据在于：其一，劳动债权属于小额债权，赋予其破产申请权没有必要；其二，劳动债权虽然在破产程序中对债务人的财产一并进行清算，但其性质不属于民事债权；其三，劳动债权具有优先权属性，不应当再赋予劳动债权人破产申请权；[2]其四，职工债权在一定程度上具有聚合属性，破产申请权应属于全体职工行使；[3]其五，允许个别职工债权人进行破产申请，损害其他职工的权益。就"支持说"而言，其有着更为充分的合理性依据。

第一，小额债权人具有提起破产申请的当然权利。债权额度和分散度仅是特定债权的事实问题，并不会改变债权人在破产申请中的法律地位，为了避免小额债权人随意提起破产申请，域外立法中对债权占比和债权人数量确实有所限制。但应注意到的是，域外立法对申请破产债权的金额要求，系对所有债权人作出了无差别的限制。而且因为英美法系采取的是破产申请"自动受理"，与我国"申请审查"制度不全然相同，故有关制度设计逻辑也不同，不能一概而论。就我国的《企业破产法》而言，考虑到债权人申请债务人破产时，债权人提供的证据仅仅证明债务人存在到期债务没有清偿的事实，至于债务人是否达到破产界限以及未清偿债务原因等重要事实并不清晰，因而债务人享有异议权。债权人提出破产申请至人民法院受理之间有一段缓冲期，在此期间，债务人可对债权人提出的破产申请提出异议或抗辩，而法院则需要审慎判断被申请企业是否满足《企业破产法》第 2 条规定的破产原因，以及债权人的申请是否基于正当目的。所以，即使破产申请人是债权金额低、群体数量多的单个职工债权人，法院受理与否的标准仍然是企业是否达到破产界限，不受申请人的具体身份影响。只要异议得到法官认可，破产申请亦不会被法院受理。破产申请权作为保护债权的诉讼请求权，申请与否是债权人的权利，并不因债权额度小、分散度高而否认。故此，"限制说"中认为劳动债权属于小额债权，没有必要赋予其破产申请权的理由不能成立。

第二，职工债权的特殊性不影响破产申请权。2004 年 6 月 21 日《关于〈中华

---

〔1〕《江苏省高级人民法院民事审判第二庭关于印发〈破产案件审理指南（修订版）〉的通知》(2017) 第 4 节（申请主体）第 2 条规定："职工债权性质上也是债权，企业破产法并未禁止职工债权人申请债务企业破产，为维护职工权益，规范市场退出，应当依法保障职工债权人申请企业破产的权利。"

〔2〕参见韩长印主编：《破产法学》，中国政法大学出版社 2016 年版，第 46 页。

〔3〕"聚合性"概念主要用来形象说明职工债权的"整体性"特征。

人民共和国企业破产法草案〉的说明》中首次明确提出了劳动债权的概念：劳动债权即企业所欠职工工资和社会保险费用以及法律、行政法规规定应当支付给职工的补偿金等其他费用。从严格意义上讲，职工债权与劳动债权的内涵与外延略有不同，后者相对于前者更为宽泛。狭义的劳动债权之范畴主要规定在《企业破产法》第 48 条，该条文所称劳动债权包括如下内容："债务人所欠职工的工资和医疗、伤残补助、抚恤费用，所欠的应当划入职工个人账户的基本养老保险、基本医疗保险费用，以及法律、行政法规规定应当支付给职工的补偿金。"此处所谓"劳动债权"即是"职工债权"。而上述的职工债权均属于民事债权，与公法有密切关联的部分主要为所谓"五险一金"。在现行法规范框架下，住房公积金中企业未缴的部分无法由员工通过法律途径要求企业直接履行相应给付，仅能通过行政手段督促企业缴付，或对未缴付的企业施以相应罚款。因此，针对"非直接给付的公法债权"之说，可以得出以下结论：劳动者仅以住房公积金未缴部分的劳动债权未获清偿为由提起破产申请，此种情况尚有待商榷；劳动者以除住房公积金未缴部分之外的其他劳动债权未获清偿为由提起破产申请，应当不存在债权认定方面的障碍，人民法院不应以此为由裁定不予受理。

第三，职工债权的破产申请权与优先权并无冲突。职工债权优先受偿是相对于普通债权人而言的，[1] 是为了平衡劳动者在市场经济活动中的弱势地位而设置的；而职工债权人的破产申请权则是债权人在债权无法得到清偿时具有的法定权利，职工享有破产申请权，和职工债权在破产程序启动后获得的优先保护地位，都是国家政策保护劳动者的体现。根据台湾学者陈荣宗的观点：债权有优先权或有担保之债权人，亦有申请权。论者有谓，有担保之债权人无不能清偿之虞，无赋以破产申请权之必要者。此种说理有商榷余地。有担保之债权人，其债权如能自担保全部独获得满足者，实际上，不至于申请破产，惟若有担保不足以清偿全部债权之情形，自有申请破产之实益。何况优先权或担保，原为债权人之利益而设，债务人之一切财产既为总债权人之共同担保，即不能区分担保之有无，更不能以债权人有优先权或担保之故，反而夺取其申请破产之权。[2] 因此优先权的存在并不能否认职工债权人申请破产的权利。对于其他债权人来说，提起破产申请有可能遭致现有债权无法取得全部清偿，因而往往倾向于为取得全部清偿而不主动提起破产申请。但是，此种申请上的懈怠对于职工债权人来说并不存在，相反，职工或许是所有债权人中最有动力提出破产申请以清偿债务的群体。多数欠薪企业往往存在资产大幅质押、现金严重短缺等问题，由于优先清偿的制度设计，使得已经长久未获清偿的劳动债权人

---

〔1〕　参见《企业破产法》第 113 条之规定。

〔2〕　参见陈荣宗：《破产法》，三民书局 1986 年版，第 310 页。

能够在法律范围内最大限度地实现自身权利，此种"诱惑"显然能够赋予其极大动力提出破产申请，而对于这些长期存在的"僵尸"企业来说，未免不是幸事。

另外，职工债权作为一个整体，仅能在劳动合同未解除的情形下适用。《企业破产法》设定的语境是：如果债务人企业主动提出破产申请，则应当提交职工安置预案；若债权人提出破产申请，管理人需将债务人企业的职工债权明细列明公示，不再要求单个职工债权人申报。对以上两种情形进行解读，发现其只能在职工劳动合同未解除、劳动关系一直存续时实施。如果职工已经离职，劳动关系已经消灭，企业在破产时也不必再提交职工安置预案，管理人也无需制作工资明细。劳动法下职工构成破产法语境下的职工债权人，核心标准是债权形成之时，劳动者与用人单位是否形成劳动关系。若不允许离职职工单独提起破产申请权，这实际上是剥夺了绝大多数职工债权人的破产申请权。此外，类比债权人会议的投票模式，在分组表决中，以小组、团体方式行使权利是破产程序的重要运作方式，这与破产程序涉及广泛关系人的性质是密不可分的；但是分组的制度设计绝非旨在剥夺每位个体的合法权利，而是为了使破产程序有效进行，最终保护每一位个体的权利。因此，以职工债权的聚合性来否认个体的破产申请权并不合理。

第四，单个职工债权人申请破产与其他债权人申请破产对所有职工造成的后果一致。普通债权人申请债务人企业破产，人民法院如果受理该申请，则管理人将接管债务人企业，所有职工的劳动关系都将解除。当企业已经达到破产界限，所有债权均依法定清偿顺序实现。申请的职工个人与全体职工系同一清偿顺位，其内部按比例清偿。司法实践中认为，允许单个职工债权人提出破产申请，会造成其他劳动者的失业，这实际上有两点误读：一是破产申请与破产受理的适用条件存在差异；二是单个职工债权人与普通债权人在破产申请时法律地位并无明显差异。也就是说，债权人提出破产申请，只有人民法院受理该申请后，才会产生职工失业问题，如果该申请并未被受理，则不会产生这种后果。

（三）"支持说"的理论补强

第一，允许个别职工债权人提出破产申请是完善破产法职工债权权益保护制度的需要。职工债权不同于普通债权，具有人身从属性和团体从属性，若职工债权得不到合理受偿，不仅会使一些劳动者难以维系正常的社会生活，也会危害社会的稳定。为避免上述问题出现，破产法赋予了职工债权优先受偿的地位，但职工债权能否获得充分的受偿取决于企业破产财产的多寡，而据调查我国有相当部分企业申请破产时，其资产负债率已大大超过安全系数，债权受偿率一般仅在10%左右。[1]因

---

[1] 参见卞爱生、陈红："司法实践中债权人申请破产的难题及对策"，载《政治与法律》2010年第9期。

此仅有受偿上的优先顺位对职工权益的保护是不够的,赋予个别债权人破产申请权,有利于出现破产原因的企业尽早进入破产程序,方便后续破产撤销权和追回权的行使,对增加债务人财产具有积极意义。

第二,职工债权人相较于普通债权人更了解企业内部经营情况,肯定个别债权人的破产申请权契合破产法构建高效率市场退出机制的需要。根据《企业破产法》的规定,债权人申请破产的前提是债务人已达破产界限,但我国目前尚无企业破产原因的公示制度和企业破产的预警系统,外部债权人往往难以通过正常渠道了解企业资产负债状况。[1]企业职工作为内部工作人员能够及时、准确地了解到企业的真实情况,由他们提出破产申请可以加速市场优胜劣汰机制的运行,避免经营不善又扭转无望的企业长期占用和浪费社会资源。

第三,有利于解决债权人申请破产动因不足的问题,维护全体债权人的利益。在债务人具有破产原因时,担保债权人没有申请其破产的动因,因为债务人破产与否并不会对其担保债权的实现产生实质性影响;加之,普通债权人得知债务人濒临破产时,往往倾向于单独行动,从而在"勤勉竞赛"中抢得先机,实现个别清偿,而非提起强制申请。[2]故相比较而言,职工债权人最具有破产申请动因,一方面是因为其不像担保债权人享有别除权,另一方面是其在破产财产分配中有比普通债权优先的清偿顺位,由此应切实保障个别职工债权人的破产申请权,并鼓励单个职工债权人行使该项权利。

四、允许职工债权人提出破产申请的优化路径

通过前文分析,当前司法实践对职工债权人的认识尚处于初级阶段,即只要曾经建立过劳动关系,且以劳动债权为由主张破产申请的,一概不予受理。这种"以不变应万变"的做法显然无法机械地解决所有情况。尤其是职工离职后,其劳动报酬得不到合理清偿,人民法院再对其破产申请权进行限制,将造成极其不良的社会后果。但"限制说"也有其合理性,即劳动债权确实具有公共政策属性,如果允许任何职工债权人都提起破产申请,即使人民法院不予受理,但在对这些申请进行审查时,也会造成司法资源的巨大浪费。是故,职工债权人的破产申请权应有一定限制。探索职工债权人提出破产申请,需要达到单个职工债权人权利保护、公共政策考量,以及司法自愿有限性的多重平衡。

---

〔1〕　参见卞爱生、陈红:"司法实践中债权人申请破产的难题及对策",载《政治与法律》2010年第9期。

〔2〕　参见韩长印、何欢:"破产界限的立法功能问题——兼评《企业破产法》司法解释《规定一》的实际功效",载《政治与法律》2013年第2期。

第一，允许已经离职的单个职工债权人提出破产申请。根据《企业破产法》对职工债权设定的语境，如果职工已经离职，劳动关系已经消灭，企业在破产时也不必再提交职工安置预案，管理人也无需制作工资明细。然而，实践中大多单个职工债权人申请债务人企业破产，几乎都是职工离职后产生的纠纷，此时其已不属于严格意义上的"职工"，与原单位也无任何劳动关系，其只是普通债权人。此时，"限制说"中指出的令职工债权人通过职工大会或职工代表大会提出破产申请，显然不具有实践的可能性。

第二，对在职职工设定申请顺位限制。在职员工是指仍与债务人企业维持劳动关系的劳动者。劳动关系具有组织从属性，前文"限制说"将其视为一个整体，有特定的合理性。制度的设计和完善，应尽可能考虑所有情况，"限制说"中指出的破产申请道德风险、损害其他债权人利益等都有发生的可能性。故此，应当对在职员工的破产申请权进行限制。本文赞同王欣新教授等关于职工债权应通过职工大会或职工代表大会提出申请的主张。职工大会或职工代表大会认为员工的理由不适当的，员工可向工会申请复议一次。工会裁决认为职工理由正当，但职工大会或职工代表大会仍怠于履行该项义务的，职工债权人方可向人民法院提出破产申请。

综上，允许职工债权人提出破产申请，应区分员工是否在职：对离职员工，一律允许其提出破产申请；对在职员工，其先申请职工代表大会或职工大会代为提起，职工大会或职工代表大会怠于履行该项义务的，单个职工债权人方可提出破产申请。对其他事宜，仍可依照劳动仲裁、诉讼、执行的方法进行。

五、结语

当前社会中仍存在企业拖欠职工工资，且劳动者通过劳动仲裁、民事诉讼及司法执行后仍无法获得清偿的情况。此时若对职工债权人的破产申请权施加过多限制，就会阻塞劳动者通过合法途径维护其正当劳动权益的路径。[1]人民法院对职工债权人提出的破产申请予以特别对待，在初衷上并无错误。但在适用方面，存在不当扩大职工债权的特殊性、不当解读《企业破产法》的基本内涵、对职工债权进行法律外的限制等偏差。我国《企业破产法》并未对其进行主体或其他方面的限制，因此可以肯定职工债权人的破产申请权。在具体到个别职工时，尤其要分清"申请"与"受理"的界限，不能将破产申请的受理条件等同于享有破产申请权的条件，以滥用司法资源、保护其他职工利益为由来否定债权人的权利。同时，应以该员工是否在职为依据，作为其是否可单独提起破产申请的依据。

---

〔1〕 参见霍敏主编：《破产审判前沿问题研究》，人民法院出版社2012年版，第50页。

附件：判决书全文

黄永权等诉福建伊时代信息科技股份有限公司公司强制执行案

福建省福州市中级人民法院

民事裁定书

（2017）闽 01 破申 8 号

申请人：黄永权。

被申请人：福建伊时代信息科技股份有限公司。

法定代表人：许元进。

申请人黄永权以福建伊时代信息科技股份有限公司（下称"伊时代公司"）拖欠其 74 363.99 元工资、经济补偿金 45 400.91 元及迟延履行期间的利息，且其向福州市马尾区人民法院申请执行而至今执行不能为由，向本院申请对伊时代公司进行破产清算。

本院查明：伊时代公司成立于 2003 年 3 月 13 日，登记机关为福建省工商行政管理局，注册资本 4830.242 万元。申请人黄永权原系伊时代公司职工，2016 年 11 月 8 日与该公司解除劳动合同，并完成工作交接。黄永权因与伊时代公司发生劳动报酬争议，于 2016 年 9 月 21 日向福州经济技术开发区劳动争议仲裁委员会申请仲裁。福州经济技术开发区劳动争议仲裁委员会于 2016 年 12 月 1 日作出榕开劳仲案字〔2016〕第 3078 号裁决书，裁决伊时代公司应向黄永权支付工资 75 821.96 元、经济补偿金 45 404.81 元。伊时代公司不服该裁决，于 2016 年 12 月 16 日向福州市马尾区人民法院提起诉讼，请求判令其无须支付经济补偿金 45 404.81 元。福州市马尾区人民法院于 2017 年 2 月 27 日作出（2016）闽 0105 民初 1527 号民事判决，判决伊时代公司应向黄永权支付工资 74 363.99 元、经济补偿金 45 400.91 元，合计 119 764.9 元。伊时代公司不服该判决上诉至本院，本院于 2017 年 5 月 27 日作出（2017）闽 01 民终 1862 号民事判决，判决驳回上诉，维持原判。黄永权于 2017 年 7 月 27 日向福州市马尾区人民法院申请强制执行，目前该案尚在执行阶段。

本院认为，申请人黄永权以职工债权人身份申请伊时代公司破产清算，该申请是否符合法定条件，本院分析如下：

首先，从企业破产的功能出发，企业的破产清算或重整，旨在保障债务关系在债务人丧失清偿能力时得到有序、公平实现，并有助于完善优胜劣汰的市场竞争机制，优化社会资源配置，调整产业和产品结构。企业一旦进入破产程序，管理人将接管企业，破产企业的营业受到限制，职工劳动关系解除，债务人在特定期间内的个别清偿行为或不当减损债务人财产的行为将被撤销，涉及债务人的强制执行程序将中止等。故企业破产程序的启动，事关企业的存亡，对此应当慎重并要求符合法定条件，同时亦应防止相关当事人滥用破产程序启动权，避免不具备破产条件的企业被他人滥用破产申请权而影响企业正常之营业，损害到社会经济秩序。现行企业破产法虽未禁止职工债权人申请企业破产清算，但由于职工债权人人数较多、享有债权数额较小且结构较为分散，若允许个别职工债权人随意提起破产申请，容易产生滥用破产申请的道德风险。

其次，从保障职工权益角度出发，《中华人民共和国企业破产法》第六条明确规定："人民法院审理破产案件，应当依法保障企业职工的合法权益。"因企业职工合法权益不仅包括职工债权，还包括通过劳动获得报酬的劳动就业权，而企业一旦进入破产清算程序，职工将面临失业，进而影响到全体职工的生存利益，为此《中华人民共和国企业破产法》第八条规定了债务人申请破产时应当提交职工安置预案，以确保职工劳动权益获得保障。故从保障职工劳动就业权这一合法权益出发，应当对于职工债权人启动破产清算程序予以必要之限制，不能为了实现个别职工债权而轻易启动破产清算程序从而牺牲全体职工的劳动权益。

再者，从破产原因角度来看，债权人或债务人申请债务人企业破产清算，应当符合《中华人民共和国企业破产法》第二条关于"企业法人不能清偿到期债务，并且资产不足以清偿全部债务或者明显缺乏清偿能力的，依照本法规定清理债务"之规定，具备破产原因。而职工债权不能清偿状态与普通债权不能清偿，无论在规模还是在影响方面，都存在较为明显之差异。故不论是在域外还是我国的司法实践情况，为确保企业破产法有效实施，避免相关当事人滥用破产申请权进而导致尚不具备破产原因的企业进入破产程序，从而浪费司法资源，均应当从源头上对于职工债权人提出破产申请应代表的最低债权数额、破产申请提出方式（如通过工会提起）等加以规制，不应允许单个小额债权人以个人名义提起破产清算申请。

最后，从职工参与破产程序角度来看，《中华人民共和国企业破产法》第八条、第十一条规定由债务人提交职工安置预案以及职工工资的支付和社会保险费用的缴纳情况；第四十八条第二款规定职工债权不必申报，由管理人调查后列出清单并予以公示；第五十九条第五款、第六十七条规定债权人会议和债权人委员会应当有职工或工会代表，由其代表职工行使权利。故职工债权作为一个整体，系通过债务人、管理人、职工和工会代表依法履职的方式得到实现，个别职工债权人并不直接参与到破产程序中。在个别职工债权人依法不能直接参与破产程序的情况下，同理亦不应允许个别职工债权人直接申请破产清算。故对于职工债权人申请破产清算，应参照《中华人民共和国企业破产法》第五十九条第五款、第六十七条规定之精神，由代表全体职工债权人利益的职工代表或工会代表提起申请，更符合企业破产法关于职工债权保障的立法本意。

　　另外，黄永权向福州市马尾区人民法院申请伊时代公司强制执行一案尚未终结，且伊时代公司的资产虽有被其他法院查封、冻结之情形，但并无确切证据证明该公司存在"不能清偿到期债务，并且资产不足以清偿全部债务或者明显缺乏清偿能力的"等《中华人民共和国企业破产法》第二条规定的破产清算条件。

　　综上，申请人黄永权系以其单个职工债权人身份申请伊时代公司破产清算，不符合上述条件，本院依法不予受理。综上，依照《中华人民共和国企业破产法》第二条、第十二条第一款之规定，裁定如下：

　　对黄永权的申请，不予受理。

　　如不服本裁定，可在之日起十日内，向本院递交上诉状，并提交副本，上诉于福建省高级人民法院。

审判长　吴　华

审判员　雷晓琴

审判员　王燕燕

二〇一七年十二月三十一日

法官助理　官永琪

书记员　郑菡君

专题四　债权人对连带债务人的破产挑拣申请权问题

一、案件事实概要及问题的提出

吴某某系债权人，南京建维软件有限公司（以下简称"建维公司"）系主债务人，江苏华驰实业有限公司（以下简称"华驰公司"）及其他保证人对建维公司的债务承担连带担保责任。现主债务到期，华驰公司并未履行连带清偿责任，且经江苏省高级人民法院强制执行，华驰公司已无财产可供清偿该笔债务，债权人吴某某遂向法院提出对从债务人华驰公司的破产清算申请。

一、二审法院均驳回了吴某某对华池公司的破产申请。其中，两级法院的主要依据均是"主债务人未破产，从债务人不能破产"。对此，吴某某认为一、二审的裁判于法无据，遂向江苏省高级人民法院申请再审，但被驳回。吴某某继续向最高人民法院申请再审，理由如下：首先，华驰公司不能清偿到期债务且明显缺乏清偿能力，具备《企业破产法》第2条的情形，符合破产清算的条件；其次，根据《企业破产法司法解释一》第1条第2款的规定，"相关当事人以对债务人的债务负有连带责任的人未丧失清偿能力为由，主张债务人不具备破产原因的，人民法院应不予支持"，故主债务人建维公司的资产状况不应成为衡量华驰公司是否应当破产的原因。

最高人民法院再审驳回了吴某某的申请，理由如下：首先，主债务人建维公司并未进行破产清算，且其他公司作为建维公司的担保人，有可供执行的财产，故吴某某无证据证明其债务不能得到清偿；其次，《企业破产法司法解释一》第1条第2款中的"债务人"指"主债务人"，"连带责任人"包含负连带责任的保证人，现吴某某申请连带保证人华驰公司破产，而非主债务人建维公司破产，故该规定不适用。[1]

本案引申出的问题是：应当如何理解及适用《企业破产法司法解释一》第1条第2款的规定？从文意上来看，该规定明确指出，当（被申请破产的）债务人存在连带债务人时，即使该连带债务人具备（或可能具备）清偿能力，也不影响对债务

---

〔1〕　参见最高人民法院（2017）最高法民申3217号民事裁定书。

人是否满足破产原因的判断。换言之，债权人对债务人提出破产申请，不以穷尽对连带债务人求偿这一救济手段为前提（故本文称该规定为"债权人对连带债务人的破产挑拣申请权"，下文将之简称为"破产挑拣申请权"）。该规定的理论基础在于：由于民事主体资格互相独立，对每一个单独民事主体的清偿能力须分别审查，不同民事主体间不存在清偿能力或破产原因认定上的连带关系，其他主体对债务人所负债务负有的连带责任是其对债权人的自己责任，而不能视为债务人本人清偿能力的延伸或再生。[1]

然而在吴某某一案中，最高人民法院对该规定的阐释似乎了偏离了立法原意：一方面，当债权人申请连带保证人破产时，最高人民法院以主债务人的资产状况为由，认定债权人主张其债权未获清偿的依据不足，事实上已经将各连带债务人之间的清偿能力混同；另一方面，连带债务间的主从关系并不影响各债务人民事主体资格的独立性，故最高人民法院超越文义能够涵盖的范围，将该规定限缩适用于主债务人被申请破产的情形似乎缺乏合理依据。对此，唯一合理的解释是，在认定债务人是否具备破产原因时，完全排除对连带债务人清偿能力的考察在某些情况下并不合理——尽管这一做法能够最大程度上保护债权人的利益，[2]但却可能使存在生存机会的债务人被迫进入破产程序。因此，我国在破产立法上是否有必要专门对债权人的破产挑拣申请权进行规定，无疑成为一个值得探讨的问题。据此，本文将首先对我国破产法中与破产原因的相关规定进行归纳与整理，再对比较法上的破产原因进行简要分析，在此基础上，进一步分析我国破产原因中特有的债权人挑拣申请权的不合理处，并提出完善路径。

二、对我国立法中的破产原因及相关规定的厘清

破产原因，是指认定债务人丧失清偿能力，当事人得以提出破产申请，法院据以启动破产程序的法律事实。由于它是衡量债务人是否陷入破产境地的界限，故又称为破产界限。[3]针对连带债务人的破产，《企业破产法司法解释一》中对债权人破产挑拣申请权的规定，直接影响着法院对（被申请破产的）债务人是否满足破产原因的认定。因此，应当首先对我国破产立法中破产原因的一般规定进行梳理，并对其内涵与外延进行界定，进而再分析《企业破产法司法解释一》第1条第2款的合理性。

---

〔1〕　参见王欣新："破产原因理论与实务研究"，载《天津法学》2010年第1期。
〔2〕　参见袁定波："连带债务人未丧失清偿能力不妨碍破产"，载《法制日报》2011年9月26日，第5版。
〔3〕　参见霍敏主编：《破产前沿审判问题研究》，人民法院出版社2012年版，第3页。

目前，我国破产法建立了以《企业破产法》第 2 条为基础、《企业破产法司法解释一》为补充的破产原因识别制度。具体而言，我国企业的破产原因包括两类：其一，债务人不能清偿到期债务并且资不抵债；其二，债务人不能清偿到期债务并且明显缺乏清偿能力。然而，通说认为，破产原因的核心内涵为"不能清偿"，是指债务人对于已届清偿期且受请求的债务不能完成清偿的客观状态，除此之外，大陆法系还会使用"停止支付"和"债务超过"等概念来描述债务人的破产原因。比较我国立法与通说，不难发现我国立法下有三个重要概念，即"不能清偿到期债务""资产不足以清偿到期债务""明显缺乏清偿能力"，这与通说的"不能清偿"之关系不甚明了。对此，笔者试图结合《企业破产法司法解释一》的条款及我国破产立法的沿革，分别界定上述三个概念的内涵。

（一）对"不能清偿到期债务"的界定

《企业破产法司法解释一》第 2 条规定："下列情形同时存在的，人民法院应当认定债务人不能清偿到期债务：①债权债务关系依法成立；②债务履行期限已经届满；③债务人未完全清偿债务。"根据该规定，"不能清偿到期债务"的认定标准似乎已经得到了清晰的界定。

然而，《企业破产法司法解释一》对"不能清偿到期债务"的定义与 1986 年通过的《中华人民共和国企业破产法（试行）》（已失效，以下简称《企业破产法（试行）》）中"不能清偿到期债务"的定义似有偏差。《企业破产法（试行）》第 3 条规定："企业因经营管理不善造成严重亏损，不能清偿到期债务的，依照本法规定宣告破产。"《最高人民法院关于审理企业破产案件若干问题的规定》第 31 条对《企业破产法（试行）》中"不能清偿到期债务"作出的界定是："①债务的履行期限已届满；②债务人明显缺乏清偿债务的能力。债务人停止清偿到期债务并呈连续状态，如无相反证据，可推定为'不能清偿到期债务'。"可以发现，二者最大的区别在于，《企业破产法》中"债务人明显缺乏清偿债务的能力"系独立于"不能清偿到期债务"的概念，而在《企业破产法（试行）》中"债务人明显缺乏清偿债务的能力"则是"不能清偿到期债务"的构成要素之一。笔者认为，目前《企业破产法》及《企业破产法司法解释一》对"不能清偿到期债务"的定义，更类似于大陆法系破产原因中"停止支付"的概念，即债务人以口头、书面方式明示或以不作为、躲避债务方式表示其不能支付一般债务的行为。[1]

事实上，在《最高人民法院关于审理企业破产案件若干问题的规定》中，最高人民法院曾对"停止支付"和"不能清偿到期债务"作出过清晰的界定："债务人停止清偿到期债务并呈连续状态，如无相反证据，可推定为'不能清偿到期债务'。"从

---

[1] 参见韩长印主编：《破产法学》，中国政法大学出版社 2016 年版，第 40 页。

该表述中不难发现，"停止支付"是债务人的主观状态，而"不能清偿到期债务"则是债务人的客观状态；从"停止支付"这一主观状态可以推定出"不能清偿到期债务"的客观状态。因此，《企业破产法司法解释一》用学理上近似于"停止支付"的概念定义了"不能清偿到期债务"，[1]从概念的严谨性来看，其逻辑并不融洽。

不过，《企业破产法司法解释一》对"不能清偿到期债务"的重新定义有助于解决破产申请受理难的问题。我国《企业破产法》第7条第2款规定："债务人不能清偿到期债务，债权人可以向人民法院提出对债务人进行重整或者破产清算的申请。"如果严格适用"不能清偿到期债务"这一客观状态标准，将极大地增加债权人申请债务人破产的难度。《企业破产法司法解释一》对"不能清偿到期债务"的定义显然是考虑到债权人申请债务人破产时不应受到过于苛刻的限制，否则不利于对其合法权益的保护。[2]

（二）对"资产不足以清偿全部债务"的界定

"资产不足以清偿全部债务"，简称"资不抵债"，即"债务超过"，是指债务人的负债超过实有资产，消极财产的估价总额超过了积极财产的估价总额的客观状况。[3]《企业破产法司法解释一》第3条规定："债务人的资产负债表，或者审计报告、资产评估报告等显示其全部资产不足以偿付全部负债的，人民法院应当认定债务人资产不足以清偿全部债务，但有相反证据足以证明债务人资产能够偿付全部负债的除外。"从这一表述中可知，"资不抵债"的审查重点是债务人的资产负债表、审计报告、资产评估报告等财务报表。

（三）对"明显缺乏清偿能力"的界定

对于"明显缺乏清偿能力"，《企业破产法司法解释一》仅列举了特定的具体情形，即其第4条规定："债务人账面资产虽大于负债，但存在下列情形之一的，人民法院应当认定其明显缺乏清偿能力：①因资金严重不足或者财产不能变现等原因，无法清偿债务；②法定代表人下落不明且无其他人员负责管理财产，无法清偿债务；③经人民法院强制执行，无法清偿债务；④长期亏损且经营扭亏困难，无法清偿债务；⑤导致债务人丧失清偿能力的其他情形。"事实上，上述列举的情形可总结为债务已届清偿期而不能清偿的客观状态，与通说中"不能清偿"这一概念的内涵更为相符。由此可知，我国立法下的"明显缺乏清偿能力"更接近于破产原因的核心内涵，即"不能清偿"。

---

〔1〕　至少从《企业破产法司法解释一》的表述中看不到"持续状态"这一停止支付的构成要件。

〔2〕　参见《〈中华人民共和国企业破产法〉释义及实用指南》，中国民主法制出版社2006年版，第49页。

〔3〕　参见［日］石川明：《日本破产法》，何勤华、周桂秋译，中国法制出版社2000年版，第27～28页。

（四）《企业破产法司法解释一》第 1 条第 2 款与破产原因的关系

如前所述，为了降低破产申请的门槛，《企业破产法司法解释一》借用大陆法系国家"停止支付"的概念来定义"不能清偿到期债务"的内涵，即仅要求债务人存在未清偿的行为，而不要求其存在"持续性的而不是仅暂时性地无能力偿还他的并非很小部分的到期且被正式追讨过的金钱债务"的客观支付不能状态。[1]因此，连带债务人丧失清偿能力与否，与债务人是否"不能清偿到期债务"无关，其对债务人是否满足破产原因的影响，应当结合"资不抵债"或"明显丧失清偿能力"两个因素进行考量。

事实上，"资不抵债"或"明显缺乏清偿能力"作为破产原因，其立法的根本目的在于判断债务人是否实质上具有清偿能力，从而使得债权人能够充分受偿。是故，在判定企业是否存在"资不抵债"或"明显缺乏清偿能力"之情形时，不仅需要考察企业的财产状况，而且应当将企业信用、企业盈利能力等因素予以纳入综合考量的范围。譬如，在企业的负债大于资产的情况下，如果其具有优良的信用记录或者广泛的客户资源，且具有良好的发展前景，能够在将来实现稳步盈利，从而清偿现有债务，那么就不应当将企业认定为存在"资不抵债"或"明显缺乏清偿能力"之情形；反之，即使企业的资产大于负债，但由于企业已经逐步出现财务危机，且其信用记录很差、发展前景堪忧，或者其管理人员决策有明显失误，难以在未来实现盈利的，那么该企业也有可能被认定为存在"资不抵债"或者是"明显缺乏清偿能力"之情形。

三、比较法上破产原因的制度考察

为更严谨地探讨上文提出的问题，本文将进一步对比较法上的破产原因立法进行研究，并探寻比较法上债权人破产挑拣申请权的相关规定，从而判定《企业破产法司法解释一》第 1 条第 2 款的设置是否妥当。

就目前而言，世界主要法系关于破产原因的立法大致可以归纳为两种体例，即列举主义与抽象主义（又称概括主义）。前种立法模式主要为英美法系国家所采纳，是对债务人应受破产宣告事实的一一列举，并称之为"破产行为"，只要债务人具有这些行为之一，利害关系人即可据以提出破产申请，开始破产程序；后种立法模式主要为大陆法系国家所采纳，是将债务人应受破产宣告的事实抽象为一个或几个法学概念范畴，并称之为"破产原因"，对它们的具体表现行为则不作一一列举。[2]由此可知，如欲对我国破产挑拣申请权的立法进行妥当性分析，应当着重参考采抽象

---

[1]　参见［德］莱茵哈德·波克：《德国破产法导论》，王艳柯译，北京大学出版社 2014 年版，第 44 页。

[2]　参见韩长印："破产原因立法比较研究"，载《现代法学》1998 年第 3 期。

主义立法模式的大陆法系国家的相关立法。然而，考虑到近年来大陆法系和英美法系相互借鉴，逐步形成融合的立法例，譬如英、美等国相继修改破产法，开始采取列举和概括并用的折中主义立法模式，[1]可以认为，大陆法系、英美法系的立法例对于我国立法均具有一定的参考意义。

（一）以德国为代表的大陆法系

以德国为代表的大陆法系国家，如日本、意大利等国对破产原因的规定均采概括主义，且标准基本相似，其中又以德国立法最为全面和严密——德国现行破产立法于 1999 年 1 月 1 日生效，该法明确将破产原因分为三种类型：一般财产原因，即支付不能；特殊原因，即濒临支付不能；以及法人特殊原因，即资不抵债。[2]其中"支付不能"，即"债务人不能履行到期支付义务"，作为破产程序的一般开始原因，被列入了第 17 条第 1 款。[3]"支付不能"指债务人因丧失清偿能力而无法偿还到期债务的客观财产状况，其法律着眼点是能否正常维系债务关系。具体而言，其构成要件有四：其一，债务人欠缺清偿债务的能力；其二，债务人不能清偿的是已届偿还期限，且债权人提出清偿要求的无争议或已具有确定力的债务；其三，债务类型不限于金钱支付的标的，但必须是能以金钱清偿的债务，否则因其债务形式在破产程序中无法受偿，宣告破产无实际意义；其四，债务人对全部或主要债务在相当期限内或可预见的相当期限内持续性、一般性地不能清偿，而不是因一时资金周转困难出现的暂时中止支付。其中，对于第一项要件"债务人欠缺债务能力"标准的确定，将决定德国的破产法体系中是否存在破产挑拣申请权。[4]对此，传统理论认为，清偿债务能力由资金、信用（借新债换旧债或延期还债）和生产力（劳务、服务清偿）组成，因而欠缺清偿债务能力是指债务人的财产、信用和能力均不足以清偿债务。另从大陆法系国家对于"信用"一词的适用和发展路径来看，可以确定

---

〔1〕　参见李曙光、贺丹："破产法立法若干重大问题的国际比较"，载《政法论坛》2004 年第 5 期。

〔2〕　参见《德国支付不能法》，杜景林、卢谌译，法律出版社 2002 年版，第 10 页。

〔3〕　《德国破产法》第 16 条规定："［开始的原因］破产程序的开始以具备开始原因为要件。"第 17 条规定："［支付不能］①程序开始的一般原因是支付不能。②债务人不能够履行到期支付义务的，其为支付不能。债务人已停止支付的，通常即认为是支付不能。"第 18 条规定："［行将出现支付不能］①债务人申请开始支付不能程序的，行将出现支付不能亦为程序开始的原因。②预期债务人在到期之前不能够履行现有支付义务的，其即构成行将出现支付不能。③法人的申请或无法律人格的合伙或公司的申请非由代表机关全体成员、全体无限责任股东或全体清算人提出的，仅以申请人有权代表法人或有权代表合伙或公司为限，适用第 1 款的规定。"第 19 条规定："［资不抵债］①对于法人，资不抵债亦为程序开始的原因。②债务人拥有的资产不足偿付其现有债务的，即为资不抵债。③在无法律人格的合伙或公司中没有无限责任股东为自然人的，准用第 1 款和第 2 款的规定。有另一合伙或公司属于无限责任股东，且在该另一合伙或公司有无限责任的股东为自然人的，不适用此种规定。"

〔4〕　参见齐明："美国破产重整制度研究"，吉林大学 2009 年博士学位论文。

其内涵应指"为得到或提供货物或服务后并不立即而是允诺在将来付给报酬的做法"，"一方是否通过信贷与另一方做交易，取决于他对债务人的特点、偿还能力和提供的担保的估计"。[1]而从法律效果来看，连带责任人的存在无异于为债务人的债务提供了相应担保，使得债务具有履行的可能。

此外，针对"资不抵债"这一破产原因，德国法也作出了补充规定。《德国破产法》第 19 条第 2 款规定，当债务人财产不能满足现存所有债务时，便构成资不抵债。但如果依据特定情况，可以确定继续经营企业具有极大的盈利可能性，则在评估债务人财产时，应考虑企业继续经营的价值。之所以作此规定，是因为德国的中小企业在很大程度上依赖银行贷款，而德国学者认为，不能仅仅因为某个企业主要以信用贷款运作就将这一健康的企业从市场中清除出去。[2]同样地，无论是因连带债务人的存在为债务人提供了担保，还是连带债务人可能的偿债行为对债务人经营状况的直接影响，连带债务人的偿债能力都可以在一定情况下被纳入对债务人经营价值的考量范畴。

基于上述两点可推知，尽管德国法并未明确承认或否认债权人的破产挑拣申请权，但立法并未排除在判断债务人是否满足破产原因时，将连带债务人偿债能力作为具体的影响因素之一予以考察的基础。故应当认为，当存在连带债务人时，德国法下的债权人申请债务人破产时，并不享有破产挑拣申请权。

（二）以英国、美国为代表的英美法系

以英国、美国为代表的英美法系国家采列举主义，其中英国法中破产原因的核心概念是"无力偿债"（insolvent），它是所有破产法律问题背后的基石性概念。无力清偿债务即不能清偿，[3]《英国破产法》第 267 条第 2 款规定，债权人申请债务人破产时，应当向法院说明以下情况的现实存在："①单项债务的数额或者数项债务的总额达到或者超过了破产水平；②该项债务或者该数项债务中的各债务，有应向该申请人或者该数个申请人中的一人或数人立即支付或者于将来某一时刻支付的确定数额，并且没有财产担保；③该项债务或者该数项债务中的各债务，是该债务人显然不能支付或者没有能够支付之合理希望的债务。"[4]1978 年《美国破产法》很大程度上淡化了破产原因作为破产案件受理条件的意义，即对于债务人申请破产的案件，法律没有规定任何实质要件；对债权人申请破产的案件，法律将债务人未偿付到期债务作为条件。"无力清偿"的概念在美国法上具体表现为，债务人已经一般地停止支付到

---

　〔1〕　参见吴汉东："论信用权"，载《法学》2001 年第 1 期。.

　〔2〕　参见何旺翔："《德国破产法》'资不抵债'条对我国《企业破产法》的立法启示"，载《徐州师范大学学报（社会科学版）》2010 年第 1 期。

　〔3〕　See Kenneth Smith and Denis Keenan, *Mercantile Law*, Pitman, 1982, pp. 338 – 341.

　〔4〕　参见李曙光、贺丹："破产法立法若干重大问题的国际比较"，载《政法论坛》2004 年第 5 期。

期债务，或在120天内已受到监管人监管，也即停止偿还或不能偿还债务。[1]

由此，如对于上述列举主义体例下的破产原因作概括性提炼，可以大致对映为债务人存在的以下事实：债务人财产状况恶化的事实（包括消极的和积极的）、债务人信用动摇的事实以及债务人转移财产的事实。[2]此外，在英美法系国家，信用被称之为"credit""trust"或者"reliance"。美国《布莱克法律辞典》从法学、会计学、财税学等多方面阐述了"credit"的基本含义，主要包括两方面内涵：一是指商家或个人贷款或取得货物的"能力"，这是依据美国福特总统的政令所作的解释；二是指债权人赋予债务人延期支付或承担债务且缓期偿还的"权利"。[3]由此，同样从效果的角度来看，应当认为连带责任人的存在无异于为债务人取得贷款能力进行了扩充，故英美国家的破产法理论实际上同样排除了债权人的破产挑拣申请权。

四、《企业破产法司法解释一》第1条第2款的分析和批判

正如前文的分析，债权人对连带债务人的挑拣申请权应否存在，关键在于连带债务人的偿债能力是否可能对债务人的偿债能力产生影响。对于这一问题，无论是以德国为代表的大陆法系，还是以美国为代表的英美法系，都在一定程度上作出了认可，至少从相关立法的原意来看，其明确排除了挑拣申请权存在的空间。然而，我国《企业破产法司法解释一》第1条第2款却基于民事主体资格独立的理论，否认了连带债务人间偿债能力的相互影响，确立了债权人的破产挑拣申请权。基于此，我国的立法上至少存在以下两方面问题，值得进一步探讨。

（一）从立法技术角度对该规定的分析和批判

第一，就理论层面而言，连带债务人的偿债能力事实上会对原债务关系的清偿情况产生影响，这是连带债务的特殊性质所引发的必然结果。因而，在分析债务人是否满足破产原因时，应对连带债务人的偿债能力予以考量。立法不能仅根据民事主体资格理论作出对主债务人偿债能力的价值判断，而应当注意到连带债务的特殊性质——"连带"的含义即为各债务人对债务的清偿具有连带关系，相互承担履行债务的担保责任。[4]同时，实务中债务人企业的连带债务人、尤其是担保人的存在，往往是有对价的，即使没有对价，也是企业基于其自身信用而作出的担保。由此，应当认为现行《企业破产法司法解释一》的规定不仅忽视了债务所附担保作为对价的财产价值，而且事实上抹杀了企业之"信用"作为清偿能力的合理性。因

---

[1]　参见潘琪："美国破产法概述"，载《法学研究》1987年第5期。

[2]　参见韩长印："破产原因立法比较研究"，载《现代法学》1998年第3期。

[3]　See Black's Law Dictionary（Fifth Edition），West Publishing Co.，1979，p. 331.

[4]　参见俞巍："关于连带责任基本问题的探讨"，载《华东政法大学学报》2007年第4期。

而，《企业破产法司法解释一》第1条第2款的立法理由是不充分的，且存在不合理之处。合乎法理的做法应为，将连带债务人的存在视为对债务人的信用资产或者风险的保证，从而将其清偿能力纳入到对债务人偿债能力的考量范畴中。

第二，对我国《企业破产法》及相关法律规范进行体系解释，应当认为现行立法已经部分肯定了连带债务人偿债能力对判断债务人偿债能力的作用。譬如，根据《企业破产法》第108条的规定，在破产宣告前，第三人为债务人提供足额担保的，法院应当裁定终结破产程序，此处的"第三人为债务人提供足额担保"，显然包括第三人作为连带保证人而承担连带债务的情形。由此，可以认为，该条规定事实上已经承认了，司法机关在考察债务人是否具有清偿能力时，应当同时对连带债务人的清偿能力予以充分考量。考虑到《企业破产法》与《企业破产法司法解释一》在立法上的冲突，以及前者更高的效力位阶，为维护法律规范体系的一致性，在适用《企业破产法司法解释一》第1条第2款时应当抱以充分谨慎和保守的态度，以避免法律的整体性和统一性遭到破坏。

第三，回到文首案例中，最高人民法院在吴某某案的再审裁定中指出，《企业破产法司法解释一》第1条第2款中所称"债务人"是指主债务人，"负有连带责任的人"即包含有负连带责任的保证人。按此理解，当被申请破产的企业系连带债务人，而主债务人尚有清偿能力时，法院将对前者的破产申请不予支持。由此可知，法院此时已经承认了主债务人偿债能力对连带债务人偿债能力的影响，这实际上是对《企业破产法司法解释一》第1条第2款"民事主体偿债能力互相独立、不能延伸"的立法原意的一种突破。最高人民法院的这一做法，也许意味着我国一定程度上承认了连带债务关系中多个债务人对彼此偿债能力的客观影响和实际补足效果，也即对《企业破产法司法解释一》第1条第2款立法基础的突破。那么，我国在立法上自然也并无必要设立单向的"连带债务人不应被认为债务人清偿能力延伸"的禁止性规定。

（二）从价值取向上对该规定的分析和批判

《企业破产法司法解释一》第1条第2款呈现出降低破产原因[1]的门槛以保障债权人平等受偿权利的价值取向。保障债权人公平、及时、便利地获得救济，避免个别强制执行的不当实施固然是破产制度的主要功能。然而，不可否认的是，防止有盈利能力和发展前景的企业被无辜取缔，保障债务人的合法权益同样是破产制度的应有之义。我国《企业破产法》第1条立法目的明确指出了债权人和债务人的合法权

---

[1] 有学者指出，破产原因一词至少有三个不同的语境层次：其一，作为当事人提出破产申请的理由的破产原因；其二，作为启动破产程序的破产原因；其三，作为法院据以宣告破产清算的破产原因。参见韩长印："破产界限之于破产程序的法律意义"，载《华东政法学院学报》2006年第6期。本文所称破产原因指启动破产程序的破产原因。

益应当得到保护，其中，对于"债务人的合法权益"的保护不仅体现于受理破产申请后重整、和解或清算的过程，还应当在破产程序的启动环节有所映射。然而，降低破产原因的门槛会导致部分尚有良好发展前景和盈利空间的债务人企业陷入破产的困境，使其蒙受巨大不利。因此，设定破产原因的判断标准时，应当综合分析破产原因门槛背后的利弊，尽可能以接近客观真实的视角来观察企业的实态。

第一，《企业破产法司法解释一》第 1 条第 2 款对于相关债务人不能以负有连带责任的人未丧失清偿能力为由主张抗辩的规定，虽在一定程度上降低了法院受理破产申请的门槛，但全体债权人平等受偿的权利是否因此得到充分的保护值得商榷。《企业破产法》第 51 条规定："债务人的保证人或者其他连带债务人已经代替债务人清偿债务的，以其对债务人的求偿权申报债权。债务人的保证人或者其他连带债务人尚未代替债务人清偿债务的，以其对债务人的将来求偿权申报债权。但是，债权人已经向管理人申报全部债权的除外。"若依《企业破产法司法解释一》第 1 条第 2 款的规定，债权人在未向连带债务人求偿的情况下，申请债务人破产并申报全部债权，则在破产程序结束后，其仍可就该笔债务未清偿之部分，向连带债务人求偿。连带债务人在向债权人清偿后，基于连带债务关系理应享有对债务人的求偿权。然而，由于债务人企业在破产程序结束后主体资格已经消灭，故连带债务人的求偿权失去了义务对象，即连带债务人永远丧失了实现追偿的机会。这一法律后果无论从民法的公平原则角度，抑或是连带债务的内部位阶角度来看，都是不合理的。类似于《企业破产法》第 51 条中提到的"将来求偿权"，连带债务人在债权债务关系中扮演的恰是债务人"将来债权人"的角色。《企业破产法司法解释一》第 1 条第 2 款的规定在保障现有债权人利益的同时，却忽视了连带债务人这一"将来债权人"。从破产法的立法功能来看，很难说保护了"全体"债权人的利益。在笔者看来，《企业破产法》第 51 条之所以规定"将来求偿权"，其显然是意识到了连带债务人不应因债权人申报债权的疏漏而丧失求偿权，应当认为破产法考虑到了保护连带债务人求偿权的重要性。然而，如前所述，《企业破产法》第 51 条对连带债务人的保护仍存在不全面之处。事实上，若准许债务人以负有连带责任的人未丧失清偿能力为由提出抗辩，则可以有效地解决这一问题。债权人仅当在向连带责任人主张清偿债务，且连带责任人清偿后，方可申请债务人破产，此时连带债务人自然在破产程序中享有对债务人的求偿权并可以进行申报获得清偿。

第二，从风险承担的角度观察《企业破产法司法解释一》第 1 条第 2 款的规定，债权人和债务人各自承担的风险并未得到有效的平衡。在债权债务关系中，债权人最大的风险是债权无法实现。诚然，《企业破产法司法解释一》第 1 条第 2 款一定程度上降低了债权无法实现的风险，但是连带责任人所承担的连带责任实际上已经有效降低了债权不能实现的风险。在此基础上，若再赋予债权人直接申请债务人破产的权利，对于债权实现风险的降低效果并不明显。相反，这种做法却使得债务人承担了破产的风险，即使最终债务人企业未进入破产清算程序，但只要法院裁定受理了破产申请，债务人的经营发展无疑将受到巨大的不利影响。利弊权衡后，应当认为，为了降低债权人之债权不能实现的风险，而使债务人承担巨大的破产风险是不符合公平原则的，也是有悖于《企业破产法》的立法宗旨的。

综上所述，我国《企业破产法司法解释一》第 1 条第 2 款未能有效保障连带债务人作为"将来债权人"的利益，且以债务人进入破产程序为代价来降低附保证债权不能实现的风险，代价过高，成本与收益不成比例。故笔者建议应当删除该款规定，以充分契合《企业破产法》的立法目的和立法价值，满足公平正义的制度需求。

五、结语

本文首先对我国破产立法中的"破产原因"进行了简要的梳理，并从破产原因构建的原理出发，尝试厘清"缺乏清偿能力""不能清偿""资不抵债"等概念的内涵。其次，本文从比较法上进行了考察，对以德国为代表的大陆法系和以英国、美国为代表的英美法系破产立法中关于破产挑拣申请权的法律规定进行了搜寻和探讨。最后，从学理推论和逻辑构建的角度出发，对破产挑拣申请权的法理基础和适用的实际效果进行了讨论，最终得出结论如下：我国在《企业破产法司法解释一》中对破产挑拣申请权的规定，不仅有悖于《企业破产法》的立法宗旨，而且同域外通说不兼容，在国外立法例中亦难以找到相似的成文法规或者立法取向，同时其实际的适用效果也存在巨大争议。因而，本文认为未来立法应当适当考虑对《企业破产法司法解释一》中第 1 条第 2 款中破产挑拣申请权的规定予以删除，以切实平等保护各中小型企业的利益，彰显社会公平正义。

附件：裁定书全文

吴根全与南京建维软件有限公司申请破产清算上诉案

江苏省南京市中级人民法院

民事裁定书

（2016）苏 01 破终 5 号

上诉人（原审申请人）：吴根全。

委托诉讼代理人：吴伟。

委托诉讼代理人：孙君平，江苏金港律师事务所律师。

被上诉人（原审被申请人）：南京建维软件有限公司。

法定代表人：陈健，该公司董事长。

委托诉讼代理人：董必正，江苏泓远律师事务所律师。

委托诉讼代理人：席超，江苏泓远律师事务所律师。

上诉人吴根全因对其与被上诉人南京建维软件有限公司（以下简称建维软件公司）申请破产清算一案，不服南京市江宁区人民法院（2016）苏0115民破18号民事裁定，向本院提出上诉。本院于2016年11月1日立案受理后，依法组成合议庭进行了审理。本案现已审理终结。

吴根全上诉请求：撤销一审裁定，裁定受理吴根全对建维软件公司的破产清算申请。事实及理由：吴根全提供的江苏省高级人民法院关于案涉执行情况的说明中显示，尽管建维软件公司有土地等不动产，但均因轮候查封而无法执行，故建维软件公司应当被认定为不能清偿到期债务。且江苏省高级人民法院（2016）苏执6号之一裁定书载明，由于被执行人无银行存款可供执行……设立抵押，因此现暂无财产可供执行而终结执行。建维软件公司2016年9月底的财务报表亦显示其已经资不抵债。另外，根据南京市江宁区人民法院（2014）江宁开执字第391号执行裁定书的内容，建维软件公司已停业，不能履行南京合众冷气设备工程有限公司100余万元到期债务，经强制执行仍不能履行导致执行终结。

建维软件公司辩称：一、建维软件公司具备履行债务的能力。吴根全对建维软件公司享有2.6亿元债权，对价正是吴根全应向建维软件公司转让的南京建维房地产开发有限公司（以下简称建维房地产公司）49%的股权，即建维软件公司实际拥有建维房地产公司100%股权，而建维房地产公司拥有价值5亿元的地块，另有50套市值约3亿元的待售别墅，建维软件公司具有完全的清偿能力。案涉债务之所以尚未清偿，是因为吴根全拒绝配合办理建维房地产公司名下地块对外出让手续。二、南京君泰置业有限公司（以下简称君泰公司）70%股权已变更登记至吴根全指定的江苏金智集团有限公司（以下简称金智公司）名下，作为案涉债权的质押担保，相关质押手续已办理完毕，君泰公司拥有8.4亿元左右的资产，远超吴根全享有的债权。三、江苏省高级人民法院（2016）苏执字第6号执行裁定书程序性终结案涉债权执行程序，系吴根全申请，不能据此证明建维软件公司具备破产原因。四、建维软件公司已就案涉债权所涉民事案件向最高人民法院申请再审，最高人民法院已立案受理，一旦建维软件公司进入破产，将无法执行回转。综上，请求驳回上诉，维持原裁定。

一审法院查明：建维软件公司设立于2007年5月8日，注册资本50万美元，股东为南京立信投资管理有限公司（以下简称立信公司）、VILLEAARCHITECTVRE INC.、ZTEsoft（BVI）Ltd.、MCMILLAN INVESTMENT INC.、TOP CONCEPT INTERNATIONAL INVESTMENT LIMITED。

吴根全与建维软件公司、金智公司、江苏华驰实业有限公司（以下简称华驰公司）、君泰公司、南京瑞景房地产开发有限公司（以下简称瑞景公司）、立信公司、马捷、韩力、陈健、南京威士腾贸易实业有限公司（以下简称威士腾公司）、上海特姆实业有限公司（以下简称特姆公司）、李仁美股权转让纠纷一案，江苏省高级人民法院于2015年3月3日作出（2014）苏商初字第21号民事判决书，判决：一、吴根全作为甲方，建维软件公司、华驰公司、瑞景公司、立信公司、君泰公司、马捷、韩力、陈健、威士腾公司、李仁美作为乙方，金智公司作为中立托管方，于2012年12月15日签订的协议书合法有效；二、建维软件公司于判决生效之日起10日内向吴根全支付股权转让价款2.6亿元及相应利息（自2013年7月1日起至2013年12月30日止以1.8亿元为本金按中国人民银行同期一年期贷款基准利率的2倍计息，自2013年12月31日起至实际给付之日止以2.6亿元为本金按中国人民银行同期一年期贷款基准利率的4倍计息）；三、建维软件公司于判决生效之日起10日内向吴根全支付违约金500万元；四、华驰公司、君泰公司、瑞景公司、立信公司、马捷、韩力、陈健、威士腾公司、特姆公司、李仁美对建维软件公司的上述付款义务承担连带清偿责任；五、华驰公司、君泰公司、瑞景公司、立信公司、马捷、韩力、陈健、威士腾公司、特姆公司、李仁美对建维软件公司的上述付款义务承担连带保证义务后，有权向建维软件公司追偿；六、吴根全在收到前述款项后10日内配合办理建维房地产公司49%股权的变更登记手续；七、驳回建维软件公司的其他诉讼请求；八、驳回吴根全的其他反诉请求。判决后，建维软件公司不服，向最高人民法院提起上诉，该院于2016年2月14日作出（2015）民二终字第190号民事判决书，判决：一、驳回建维软件公司上诉；二、维持原审判决主文第一、二、四、五、六、七、八项；三、撤销原审判决主文第三项。同年3月14日，吴根全就上述案件向江苏省高级人民法院申请强制执行，该案目前正在执行，该院执行局于2016年6月3日出具执行情况说明，查明君泰公司、立信公司、瑞景公司等被执行人名下均有大量不动产。

一审法院认为：法律规定，企业法人不能清偿到期债务，并且资产不足以清偿全部债务或者明显缺乏清偿能力的，依照《中华人民共和国企业破产法》的规定清理债务。吴根全与建维软件公司股权转让纠纷一案已进入执行程序，该案被执行人众多，资产总量大，尚未结案。根据吴根全的举证不能证明债务人建维软件公司的资产不足以清偿全部债务或者明显缺乏清偿能力。依照《中华人民共和国企业破产法》第二条、第十二条之规定，一审法院裁定：不予受理吴根全的破产清算申请。一审裁定查明的事实属实，本院予以确认。

二审中，本院查明，江苏省高级人民法院于2016年9月19日作出（2016）苏执6号之一执行裁定书，载明因该院查封到的财产为轮候查封等原因，裁定终结该次执行程序。

本院经审查认为，当事人互负债务，有先后履行顺序，后履行方以先履行方客观上无法履行债务为由申请先履行方破产的，先履行方因客观履行不能，承担的约定义务将相应转化为基于履行不能形成的违约之债，后履行方以先履行方未履行约定义务为由申请先履行方破产的，不应受理。本案而言，依照生效判决，主债务人建维软件公司虽负有支付股权转让款的在先义务，但吴根全亦负有配合办理股权变更登记的在后义务，可见，建维软件公司与吴根全之间系双务有偿合同关系，现吴根全以建维软件公司未能履行在先义务为由申请建维软件公司破产清算，依照前述分析，破产清算申请不应受理。并且，江苏省高级人民法院在执行最高人民法院（2015）民二终字第190号民事判决过程中虽作出终结该次执行程序的裁定，但系因相关债务人财产被轮候查封所致，并非无财产可供执行，且建维软件公司持有的建维房地产公司股权亦尚未执行，不足以认定主债务人及保证人无法清偿案涉债务。据此，一审法院未予受理吴根全针对建维软件公司的破产申请并无不当。依照《中华人民共和国民事诉讼法》第一百七十条第一款第一项、第一百七十一条之规定，裁定如下：

驳回上诉，维持原裁定。

本裁定为终审裁定。

审判长　薛　枫

审判员　荣　艳

审判员　张　静

审判员　黄建东

代理审判员　蒋　伟

二〇一七年四月二十六日

书记员　唐姮鑫

吴根全再审审查与审判监督民事裁定书

（2017）最高法民申 3217 号

再审申请人（一审申请人，二审上诉人）：吴根全，男，1940 年 8 月 24 日出生，汉族，住江苏省南京市秦淮区。

委托诉讼代理人：吴伟（吴根全之子），1967 年 11 月 20 日出生，住江苏省南京市玄武区。

委托诉讼代理人：孙君平，江苏金港律师事务所律师。

被申请人（一审被申请人，二审被上诉人）：江苏华驰实业有限公司，住所地江苏省南京市江东中路 222 号。

法定代表人：李仁美，董事长。

再审申请人吴根全因与被申请人江苏华驰实业有限公司（以下简称华驰公司）破产清算一案，不服江苏省高级人民法院（2016）苏破终 1 号民事裁定，向本院申请再审。本院依法组成合议庭进行了审查，现已审查终结。

吴根全申请再审称，原审裁定存在《中华人民共和国民事诉讼法》第二百条第六项规定之情形，应予再审。再审请求：撤销原审裁定，改判依法受理吴根全的破产申请。主要事实和理由如下：

一、华驰公司符合破产条件，吴根全申请应予支持。根据《中华人民共和国企业破产法》第二条规定，企业法人不能清偿到期债务，并且资产不足以清偿全部债务或者明显缺乏清偿能力的，依照本法规定清理债务。吴根全系华驰公司债权人，华驰公司对其债务未作任何偿还，华驰公司已不能清偿到期债务。经江苏省高级人民法院强制执行，华驰公司已无财产偿还吴根全，明显缺乏清偿能力。另根据吴根全在二审提供的华驰公司资产负债表，华驰公司资产已不足以清偿全部债务。因此，华驰公司已完全符合破产清算的法律规定。

二、一、二审法院均认为吴根全的申请应不予受理，于法无据。一审法院认为"主债务人未破产，从债务人不能破产"，严重违法。最高人民法院《关于适用〈企业破产法〉若干问题的规定（一）》第一条第二款规定："相关当事人以对债务人的债务负有连带责任的人未丧失清偿能力为由，主张债务人不具备破产原因的，人民法院应不予支持。"根据上述规定及相关意见，本案中建维软件公司和君泰公司的资产状况均不应成为法律衡量华驰公司是否应当破产的原因。二审法院以互负债务的先后履行为由驳回吴根全上诉，没有法律依据。根据法律规定，对于破产申请人的债权审查以及被申请人破产原因的审查，并不涉及债权形成的原因以及是否存在其他合同义务的履行。吴根全的债权系经最高人民法院民事判决所确认，付款期限早已届满，经强制执行后债权仍无法实现，完全符合破产清算条件，二审法院的裁判理由没有法律依据。

华驰公司未提交答辩意见。

本院经审查认为，本案的争议焦点是吴根全能否申请对华驰公司进行破产清算。《中华人民共和国破产法》第二条规定："企业法人不能清偿到期债务，并且资产不足以清偿全部债务或者明显缺乏清偿能力的，依照本法规定清理债务。企业法人有前款规定情形，或者有明显丧失清偿能力可能的，可以依照本法规定进行重整。"根据上述规定，企业法人不能清偿到期债务，且资产不足以清偿全部债务或者明显缺乏清偿能力的，债权人可以向人民法院申请破产清算。本案中，华驰公司作为吴根全对建维软件公司债权的担保人，对建维软件公司的债务承担连带担保责任，与其他保证人一并对吴根全承担清偿责任。吴根全申请华驰公司破产，需证明其债务不能得到清偿。根据本案查明的事实，作为主债务人的建维软件公司并未进行破产清算，且针对君泰公司的执行终结，系因轮候查封所致，并非因君泰公司无财产可供执行，故吴根全并无证据证明其债务不能得到清偿，吴根全申请华驰公司破产没有事实和法律依据，原审法院对吴根全的破产申请裁定不予受理，并无不当。

最高人民法院《关于适用〈企业破产法〉若干问题的规定（一）》第一条第二款规定："相关当事人以对债务人的债务负有连带责任的人未丧失清偿能力为由，主张债务人不具备破产原因的，人民法院应不予支持。"对于该条规定中所称"债务人"是指主债务人，"负有连带责任的人"即包含有负连带责任的保证人。本案中，主债务人为建维软件公司，华驰公司为负连带责任的保证人，现吴根全申请华驰公司破产，而非申请建维软件公司破产，故本案并不能适用该条司法解释的规定。

综上，吴根全的再审申请并不符合《中华人民共和国民事诉讼法》第二百条第六项规定之情形，依照《中华人民共和国民事诉讼法》第二百零四条第一款，本院《关于适用的解释》第三百九十五条第二款规定，裁定如下：

驳回吴根全的再审申请。

审判长　虞政平

审判员　马东旭

审判员　张爱珍

二〇一七年八月二十五日

法官助理　夏根辉

书记员　杨九如

专题五　破产管理人在债权确认程序中的职权与责任

一、案件事实概要与问题的提出

原告林某系破产企业云鹏控股集团有限公司（以下简称"云鹏公司"）的债权人，被告浙江鼎联律师事务所（以下简称"鼎联律所"）系破产企业的管理人。2016年1月8日，云鹏公司召开第一次债权人会议，其中在提请会议核查债权的报告中，被告鼎联律所共对35户债权人的债权予以"确认"，而对包括原告林某在内的共计22户债权人（占债权人总人数比例41%）的总计171 191 410.78元债权（占债权总额比例47.5%）暂不予确认，其后，第一次债权人会议经审议核查通过了前述债权表。2018年3月7日，被告鼎联律所对原告26.51万元的债权最终予以"确认"。

原告林某认为，破产管理人对包括自己在内的22位债权人申报的合法债权以暂不确认为由，任意剥夺其债权人身份和表决权长达两年半之久，属违法侵权行为。同时，因为第一次债权人会议召开时41%的债权人身份没有得到确认，故该会议所作出的决议无效，遂诉至法院请求撤销第一次债权人会议的决议并追回被告违法处理的破产企业的财产。两审法院均认为，依据《企业破产法》第64条规定，林某应以申请的方式而非起诉的方式请求法院撤销债权人会议的决议，故驳回了林某的诉讼请求。

本案主要反映了破产债权确认程序中管理人的职权范围与责任承担所引发的争议，具体包括以下问题：其一，破产债权确认是否为管理人的法定职权，如何理解《企业破产法》第57、58条对管理人职权的规定；其二，依据管理人的职权范围，在其否认或延迟确认某些合法债权时，是否可认定其构成对勤勉义务的违反，如何认识破产管理人勤勉义务的判断标准；其三，债权人能否因其破产债权未被确认或迟延确认而主张管理人对其异议权、表决权等程序性权利乃至实体权利构成损害，从而主张管理人承担赔偿责任，其责任性质如何；其四，那些债权未被确认的债权人，在之后获得合法的债权人资格确认后，能否请求撤销先前已经作出而其未曾参与表决的债权人会议决议。本文将综合运用法解释学方法、比较分析法，对上述问题展开研讨。

二、破产管理人对破产债权的审查权限

本案纠纷的根源在于破产管理人对 22 户债权人的债权"不予确认"（其实，管理人确认债权的表述方法并不准确，下文将作进一步说明）。债权确认是破产法上的一项重要制度，它直接关涉到债权的真假有无、数额多少、性质如何；同时，债权确认也是破产法上的专有术语，"是指那些在破产程序中经过审查，被认定为具有正当依据的权利"。[1]可见，债权确认是债权人参与破产程序、获得破产债权人地位并行使其合法权利的基础。我国《企业破产法》专设"债权申报"一章，其中第 57、58 条对破产债权的确认程序作出了具体的规定，根据规定，除破产管理人外，债权人会议和法院也在债权确认程序中扮演着重要的角色。因此，有必要进一步讨论三者在债权确认程序中的职权边界，以明晰破产管理人的职权范围。

（一）破产管理人对申报债权的"形式审查权"

1. 形式审查的法律依据。我国《企业破产法》第 57 条第 1 款规定："管理人收到债权申报材料后，应当登记造册，对申报的债权进行审查，并编制债权表。"第 58 条第 1、2 款同时规定："依照本法第 57 条规定编制的债权表，应当提交第一次债权人会议核查。债务人、债权人对债权表记载的债权无异议的，由人民法院裁定确认。"由此可见，破产债权的确认至少需要经过三个机构的三道程序，三个机构的职权并不相同，即破产管理人对利害关系人申报的债权具有"审查权"[2]，第一次债权人会议对登记在债权表中的债权具有"核查权"，而人民法院对债权表中无异议的债权具有"确认权"。这里，立法分别用"审查""核查"和"确认"三个不同的用语，将管理人、债权人会议和法院在破产债权确认上的权限划分开来。

对于管理人来说，其首先要做的工作是接受债权申报。债权申报是指法院受理破产案件后，债权人在法律规定或法院指定的期限内主张并证明其合法债权的制度。虽然进行债权申报是债权人要求参加破产程序的单方意思表示，并不当然代表其已经取得破产程序的参与权以及破产财产的分配权，但债权人通过有效的申报可以取得形式意义上的破产债权人地位，并期待其债权的合法性最终能够通过管理人的审查和法院的确认。破产管理人对债权的审查权在《最高人民法院关于适用〈中华人民共和国企业破产法〉若干问题的规定（三）》（以下简称《企业破产法司法解释三》）第 6 条中有具体规定，即管理人需对债权的性质、数额、有无财产担保、

---

〔1〕　[美] 查尔斯·J. 泰步：《美国破产法新论》，韩长印等译，中国政法大学出版社 2017 年版，第 705 页。

〔2〕　此处虽以权利相称，但管理人对债权的审查更具有义务和职责的性质。

是否超过诉讼时效期间、是否超过强制执行期间等情况作出审查判断，并根据审查的结果编制债权表，而后将债权表提交债权人会议核查。

债权人会议在债权确认程序中的主要作用是对管理人呈交的债权表进行核查。在这一过程中，所有申报债权的证明材料必须向全体债权人出示，供债权人会议成员阅览，并由出席会议的债权人对已申报债权的成立与否、数额多寡，以及有无财产担保、债权的性质和顺位等证明材料的真实性、合法性作出进一步的判断，发表意见并提出必要的异议。对于核查中出现的异议，管理人可以据此对债权表作出相应的修改，也可根据情况允许不同的异议主体依法提出不同的确认之诉。最终，在债权人会议审核通过债权表后，管理人需将债权表呈交法院加以确认。

在债权确认程序中，法院在某种程度上扮演着"一锤定音"的角色，对于债权表中记载的债权人和债务人均无异议的债权予以裁定确认。对此，有学者将其总结为是一种"无异议确认"的债权确认模式。[1] 不过，虽然法律规定法院应对"无异议"的债权表作出确认裁定，但这并不意味着法院可以对其内容不加审查而直接确认。如果法院发现管理人制作并提交裁定的债权表存在错误，即使是债务人、债权人因信息不全面和不对称等原因未提出异议，法院也可行使监督权，要求管理人予以纠正。[2] 若债权人或债务人对债权表上记载的债权仍有异议，则可向法院提起债权确认之诉。

通过上述分析可知，我国现行《企业破产法》并未赋予管理人以直接确认债权的权力，管理人在破产债权确认程序中的职权仅为债权审查权，法院才是最终确认债权的主体。

2. 形式审查的实践考察。除法教义学上可将破产管理人的债权审查解释为形式审查外，有些法院基于破产案件的办理实践，对债权申报的"形式审查"规定了更精细化的操作规范。从其文件要旨上看，管理人有义务接受债权申报，并且对形式符合要求的债权登记造册。也即，在管理人制作债权表时，似乎不需要对债权的内容进行审查，而是根据相关材料予以登记。这在《深圳市中级人民法院破产案件管理人工作规范》[3] 中有更加细化的表述，该规范第22条第1款规定："管理人接收债权申报材料后，应当登记造册，对申报的债权进行审查，并将债权审查结论书面

---

[1] 参见付翠英："论破产债权的申报、调查与确认"，载《政治与法律》2015年第2期。付翠英教授认为，"现行破产法采用了异议确认和无异议确认两种方式，具体程序是：管理人对申报的债权进行形式审查，编制债权人表；然后交由债权人会议核实调查，债权人、债务人无异议的，法院裁判确认；有异议的，法院诉讼确认"。

[2] 参见王欣新："论破产债权的确认程序"，载《法律适用》2018年第1期。

[3] 深圳中院：《深圳市中级人民法院破产案件管理人工作规范》，深证法庭官网信息：http://www.szft.gov.cn/xxgk/ztbd/yshj/zcwj/yd/201907/t20190703_18032876.htm，2020年3月24日访问。

通知申报人。"第 23 条规定："债权人申报债权材料不全的，管理人应当允许债权人在指定的期限内补正、补充。"虽然上述规定中使用了"审查"一词，但管理人审查的标准是"材料齐全"，当可解释为形式审查。此外，即使存在形式上的瑕疵，管理人也只需及时告知债权人，给予债权人补正的合理机会。

应予说明的是，所谓管理人的形式审查权，并不意味着管理人不享有任何审核债权内容的权力，只是这种调查权应与债权人会议协同行使，"对债权审查的权力，并不仅在于管理人一人之手"。[1]管理人接收债权申报后制作的仅是初步债权表，"主要用于债权人查阅、债权调查确认后作为债权人会议表决分组的参照"，[2]管理人应全面、客观地反映债权申报的情况，不得虚报和瞒报。债权人会议的职责是核查该初步债权表，而且在核查中有权提出异议，并对管理人的初步审查结果进行复核与纠正。对此，也可以借鉴日本、德国有关债权审查确认的立法模式，组织专门的债权调查会议，由债权人、破产人、其他利害关系人及管理人等参加。

综上，无论是立法，还是地方法院的操作指引方面，其目的都是为了更好地保障债权人会议的核查权和异议权，故对管理人接收申报时的审查权限进行限制，不允许管理人径直判断债权的有效性，继而保障债权人会议对债权的最终核查权。

（二）破产管理人事实上的"实质审查权"

然而，如果管理人对债权人申报的债权仅具有"形式审查权"，又何来其对债权人承担债权确认方面的责任之说呢？实际上，尽管立法和有些地方法院的操作规范上都明确破产管理人的债权审查权为形式审查，但在债权申报、确认的过程中，管理人的行为已体现其极为明显得具有事实上的"实质审查权"属性，这与债权人会议的非专业化核查、法院的非争讼式裁定有很大关系。

第一，债权人会议对债权的核查实质上只能是是形式审查。《企业破产法》第 58 条第 1 款规定，管理人在编制债权表后需提交第一次债权人会议核查，[3]但作为债权人的意思自治机关，第一次债权人会议是由所有依法申报债权的债权人组成的，这些债权人并不具有对债权进行实质核查的能力，同时由于他们自身与自己的债权以及他人的债权确认有着密切的利害关系，让其对债权成立与否进行判定也有违"任何人均不得成为自己案件的法官"这一基本法理。[4]因此，结合《企业破

---

〔1〕　王欣新："论破产债权的确认程序"，载《法律适用》2018 年第 1 期。

〔2〕　付翠英："论破产债权的申报、调查与确认"，载《政治与法律》2015 年第 2 期。

〔3〕　《企业破产法》第 58 条规定："依照本法第 57 条规定编制的债权表，应当提交第一次债权人会议核查。债务人、债权人对债权表记载的债权无异议的，由人民法院裁定确认。债务人、债权人对债权表记载的债权有异议的，可以向受理破产申请的人民法院提起诉讼。"

〔4〕　参见邹海林、周泽新：《破产法学的新发展》，中国社会科学出版社 2013 年版，第 222 页。

产法》第23条〔1〕的规定，债权人会议的"核查"只是对管理人先前履职行为的监督，难以涉及实质方面的内容。此外，在第一次债权人会议期间，个别债权人或债务人对债权真实性和数额等有异议的，也可提出异议，管理人可根据债权人或债务人提出的异议，对债权表作出相应修改。

其二，法院对债权的确认只能是形式审查。根据《企业破产法》第58条第2款的规定，法院需以裁定的方式对债权进行确认，但其确认的仅是债务人和债权人都无异议的债权，对于有异议的债权，法院并不会做出处理，而是要求异议人另行提起异议债权确认之诉。因此，法院并不会像在债权确认之诉的个案程序中那样对债权进行实体的审查和裁决，否则，异议债权确认之诉就失去了其独立存在的价值。故法院所作出的裁定，只是对债权进行程序上的确认，无关实质审查，尽管这一确认是依非诉讼程序作出的，但只要无债权人提出异议即具有确定力。可见，在债权确认程序中，债权人会议难以对申报的债权进行实质核查，法院也主要是对无异议的债权进行司法程序上的确认，而非实质性的审查。由此，对申报债权进行实质审查的重担实际上落在了管理人身上。

结合前述分析，管理人、债权人会议、法院三方主体的具体分工为：①管理人对所有申报的债权进行实质审查，根据审查结果编制债权表；②债权人会议核查债权表并可提出异议，管理人回应异议并决定是否对债权表进行修改；③法院对管理人提交的债权人和债务人均无异议的债权表裁定确认，对于有异议的债权则告知利害关系人另行起诉确认。

不仅如此，管理人对债权的实质审查在实践中也得到了越来越多的印证。2009年中华全国律师协会发布的《破产管理人业务操作指引》第31条第1款规定："管理人对所有申报债权的真实性、合法性和时效性等内容进行实质审查。"除此之外，最高院发布的《管理人破产程序工作文书样式（试行）》文书样式第31部分"关于提请债权人会议核查债权的报告"的表述如下：对编入债权表内的债权，管理人认为成立的共×户……；对编入债权表内的债权，管理人认为不成立的共×户……这说明，在破产债权确认程序中管理人要通过实质审查，对债权成立与否提供意见，并履行在债权表中记载合法真实债权的义务。若管理人违反上述义务，在有关债权没有记载而对债权人造成不利后果时，可能需要承担相应的责任。

综上，虽然对破产债权予以确认并非管理人的法定职权，但有异议的债权人仍可对管理人的履职行为提起诉讼。这是因为，实践中管理人往往会对债权进行实质

---

〔1〕《企业破产法》第23条规定："管理人依照本法规定执行职务，向人民法院报告工作，并接受债权人会议和债权人委员会的监督。管理人应当列席债权人会议，向债权人会议报告职务执行情况，并回答询问。"

的审查，从而决定是否以及以何种形式把某一债权人申报的债权编入债权表。实践中，管理人最终提交给法院的债权表所记载的债权，往往系其认为应当被确认的债权（即便债权人和债务人存有异议）。[1]管理人在债权表中对债权的"确认"虽不属于破产法意义上的债权确认，[2]但却是其行使法定职权的一部分，并能从事实上影响某一债权的"命运"。

三、破产债权确认中管理人的勤勉义务及其责任认定

题首案例中，原告为异议债权人，管理人接收了其债权申报，但是在提请第一次债权人会议核查的债权报告中，管理人将包括原告在内的 22 户债权人的债权列为"暂不予确认"。本案并未说明管理人对申报材料的补正作出了何种通知，或者对不予确认作出了何种解释，但债权人会议却直接表决通过了管理人制定的债权表，并以此作为债权人参与破产程序的基础。若原告曾对该债权明细表提出异议，而管理人既未作出合理解释和复核纠正，也未在呈交法院的债权报告中反映出该实际情况，可以认为管理人未真实、全面地编制债权表。此时，管理人就有可能违反了破产法第 27 条[3]规定的勤勉尽责义务，并需要承担相应的责任。

（一）破产管理人的勤勉义务

1. 与公司法董事、高管勤勉义务之区别。破产管理人的勤勉义务来自于公司法理论中董事和高管的勤勉义务，并以侵权责任构成要件作为判断该义务是否履行的标准，这也在诸多司法判决中被予以承认和适用。[4]但破产管理人的勤勉义务与公司董事高管的勤勉义务在权利主体、价值取向和义务内容等方面均存在差异。

第一，义务的指向对象存在差异。在公司正常经营过程中，公司的董事高管作为忠实勤勉义务的主体，原则上仅对公司负有义务（包括对选任其担任董事的股东之利益），而不包括公司外第三人（如公司债权人）。此时，可认为其权利义务的行使仅受公司组织法约束（由此《中华人民共和国公司法》，以下简称《公司法》，其上对有关董事高管的赔偿请求权的行使主体限于公司内部的相关主体[5]）。相反，学界通说认为破产管理人具有独立的法律地位，非为债务人抑或债权人单方利益服务，而为"破产财团代表"，故其"权能不以特定关系人为背景"。因此，管

---

〔1〕　参见王欣新："论破产债权的确认程序"，载《法律适用》2018 年第 1 期。

〔2〕　为行文方便，本文暂不对此两种"确认"在表述上作出区分。

〔3〕　《企业破产法》第 27 条规定："管理人应当勤勉尽责，忠实执行职务。"

〔4〕　参见淮安市区中级人民法院（2019）苏 08 民终 2876 号民事判决书、北京市高级人民法院（2017）京民终 287 号民事判决书。

〔5〕　如在美国法上，非破产公司董事亦不对债权人负担下文所述的信托义务。但是在破产临界期内，董事会产生对债权人的信义义务，但此非本文讨论的范围，此处不再赘述。

理人的勤勉义务指向的应为破产事务执行、破产财产处置等行为（包括债务的公正清偿），故原则上与之相关的利害关系人都是管理人勤勉义务所指向的对象（这也是《企业破产法》第 130 条对债权人、债务人乃至第三人赋予赔偿请求权的原因）。简言之，主体地位和利益趋向的差异，使得董事和破产管理人的勤勉义务相对方（权利请求主体）存在明显差别。

第二，义务的具体内容存在差异。由于破产管理人的任职标准和职责与公司法中的董事高管有明显不同，故二者在义务内容方面亦存在些许差异。对此，《企业破产法》第 24 条明确规定，破产管理人主要由有关部门、机构的人员组成的清算组或者依法设立的律师事务所、会计师事务所、破产清算事务所等社会中介机构担任。尽管在实践中二者可能存在竞合，但在绝大多数情形下，破产管理人系由企业外部人员担任，此时若完全比照适用《公司法》上有关董事高管任职的规定，将会造成适用上的极大障碍。并且，直接考察《公司法》与《企业破产法》的条文内容，亦不难发掘上述二者的区别：《企业破产法》第 130 条对管理人勤勉义务的描述采取的是"本法规定"这一用语，也就是管理人履职的勤勉义务仅限于《企业破产法》本身的规定；相反，基于《公司法》条文的文义解释，董事高管的义务原则上限于违反《公司法》上明确规定的义务（依《公司法》第 147 条，主要是指法律、行政法规以及公司章程规定的义务）且造成公司损失的情形，而不包括其业务执行对有关注意义务的违反，[1]虽然理论上对于公司法的董事高管义务体系已经进行了填补和扩充，但这可能已经超过了《公司法》法律文本所局限的范围。据此，公司董事高管与破产管理人的勤勉、忠实义务在履行内容上有一定的区别。

第三，履行义务的理念不同。《公司法》中规定的勤勉义务，一般被认为是鼓励董事、高管进行适当风险决策和经营的体现。而在破产法视野下，破产管理人所负有的勤勉义务更重要的是保证破产财产的保值和全部破产债务的公平清偿。显而易见，二者在业务理念上存在明显区别。在此语境下，即便仍由清算组担任破产管理人（董事高管很大可能是清算组成员），其在执行破产事务（或其他清算业务）时亦应与执行公司正常经营业务时所负担的勤勉、忠实义务有所区别。《公司法》上真正与破产管理人勤勉、忠实义务相近的应为清算人员的相关义务。《公司法》第 189 条对此进行了规定，就其内容来看，将《公司法》第六章以及《企业破产法》相比较，主要存在两方面差别：其一，在责任构成上，清算组成员赔偿责任的承担被明确限于故意和重大过失情形；其二，在请求主体层面，其可被公司和债权人主张（宽于公司董监高赔偿责任的请求主体，但窄于破产法上的相关规定）。

---

〔1〕 参见佐藤孝弘："董事勤勉义务和遵守法律、公司章程的关系——从比较法的角度"，载《时代法学》2010 年第 3 期。

综上，在组织法语境中存在两套勤勉、忠实义务的话语体系，即公司运营状态下董事高管的勤勉、忠实义务与公司清算、破产状态下相关清算义务主体的勤勉、忠实义务。在这两套话语体系背后伴随着的是公司决策权的转移，而隐含着的是公司经营目标和理念的区别，因此可以说，在一定程度上公司法中的勤勉义务体现出更强的组织法属性。

2. 管理人勤勉义务的一般认定标准。我国《公司法》虽然采纳了勤勉义务这一术语，但是并未对其具体构成要件进行描述。《企业破产法》同样未明确管理人勤勉义务的具体内容及评价标准，司法实践中也未对勤勉义务的认定形成固定化的操作规范。对此，参照美国公司法相关规定，或许可以发现解决上述问题的具体路径。

美国 1998 年版的《商事公司示范法》对勤勉义务之认定采取了三要件说：①善意；②尽到处于相似位置的普通谨慎人在类似情况下所应尽到的注意；③须合理地相信其行为是为了公司的最佳利益。[1]值得注意的是，相比于此前 1984 年的版本，新版的示范法改正了旧有的"谨慎的普通人"标准，而采取"一名在同样职位上的人理应相信的在类似情形下应有的注意"，形成了与一般侵权法中"一般理性人（reasonable person）"显著不同的注意义务标准。[2]显然，公司法语境中的注意义务，更加注重公司运营实际、管理岗位的具体情况，是一种更具有弹性、灵活性的标准，其理由在于：其一，过于苛刻的注意义务标准不利于更多有技能的人担任董事；其二，法院认为他们并非是公司管理者决策行为适格的审查主体，应尽量避免司法权的不当干预（second guessing）。总体而言，公司法为董事高管设定的注意义务并不严苛。

具体到文首案例中，管理人未及时将原告所申报的债权编入债权表，也未提交法院确认的行为是否构成对其一般注意义务的违反？本文认为，对此行为的认定可结合美国《商事公司示范法》中设定的三个标准予以考虑。特别是对其主观要件的认定，要严格控制，甚至有观点认为勤勉义务在管理人员责任中，其主观认定已经通过程序化标准实现了客观化转变。[3]也就是说，对管理人主观要件的认定，采取的是客观化标准。因此，即使管理人接受债权申报的行为发生在 2 年前，债权人依旧可以根据当时的客观证据，证明管理人是否达到了一般注意义务的标准。

3. 管理人勤勉义务的部分豁免：商业判断规则的借鉴。由于勤勉义务在一定程度上为董事高管设定了较高的行为注意义务，故为进一步体现对公司经营和股东盈

---

〔1〕　MBCA § 8.30. 转引自施天涛：《公司法论》，法律出版社 2014 年版，第 413～414 页。

〔2〕　参见王军：《中国公司法》，高等教育出版社 2015 年版，第 353 页。

〔3〕　参见施天涛：《公司法论》，法律出版社 2014 年版，第 408 页。

亏自负的尊重态度，在一般注意义务基础之上，美国公司法理论还采纳了商业判断规则。该规则认为，只要管理人员从事的商业决策满足以下要件要求，即使公司经营失败，也不宜认为管理人员违背注意义务：①他与所进行的商业决策事项不存在利害关系；②他对所进行的商业决策是了解的，并合理地相信在该种情况下是适当的；③他理性地相信其商业决策符合公司的最佳利益。该判断标准在一般的注意义务之上，更强调管理人员作出决策时符合标准化程序即为合理，这进一步脱离了传统侵权责任的主、客观要件标准，成为法定的责任豁免理由。

显然，商业判断规则再次降低了董事高管勤勉义务的标准。但仍应注意到，这一豁免有特定的适用前提。具体到破产法语境中，该规则的适用应以管理人作出"商业决策"为前提，旨在降低管理人的决策风险，并体现股东的风险自担的原则。[1]在破产程序中，管理人负责企业破产程序期间的全部事务，其身份与原企业的董事、高管并无本质区别，故可以借鉴商业判断规则。此外，管理人还负责一些专属于破产法的程序性事项，如本案中管理人编制债权表、召集债权人会议等事务，此类事项不属于企业经营活动的范围，管理人此时的职权内容已由破产法予以详尽规定，管理人应严格遵守相关程序性事项的要求，并不存在受市场不可预测性之影响而过度承担责任的个人风险情况。故针对本案中债权确认的情况，本文认为不存在商业判断规则适用的余地。但由于案情特殊，这并不影响在其他案情中适用前述规则对管理人的责任予以豁免。

有鉴于此，对管理人是否适用商业判断规则予以责任豁免，应该依照管理人从事的工作内容的不同区别对待：若管理人从事的是组织债务人企业进行经营生产（尤其在重整程序中）等业务，应以该规则认定管理人的勤勉义务；而对于内部的、专属于破产程序的工作，应采取较严格的注意义务标准。

（二）破产管理人在债权确认程序中的责任及其豁免

对于实践中债权人以管理人迟延确认或否认其破产债权为由提起的管理人责任之诉，管理人可以通过证明自己尽到勤勉义务而免责，否则，受到损害的债权人可以管理人违反勤勉义务为由要求其承担相应的责任。

1. 管理人承担的责任。

（1）管理人民事责任的认定要件。在我国，管理人责任之诉往往被视作是侵权诉讼的一种，需结合侵权责任的四要件来判断。从比较法视野来看，英美法系国家更倾向于将破产管理人的勤勉、忠实义务视为信托义务，且将该种信托义务定性为

---

[1] 在 Joy v. North 一案中，法官指出商业判断规则的正当性基础：①公司股东应自愿承受董事错误决策的风险；②事后诉讼不是一个评价商业决策优劣的适当机制；③潜在的利润总是与潜在的风险相连，仅因一笔交易的损失就要求董事承担个人责任，不利于董事发挥其才能。See 692 F. 2d 880.

推定信托（非基于当事人意思自治而存在）的一种。[1] 依照推定信托理论，基于对信托财产的照管义务，管理人（托管人）应对破产财产享有所有权抑或所有权预期的利害关系人负担信托义务（即勤勉、忠实义务）。在破产程序中，债务人一般享有财产所有权，而债权人和股东的财产分配权则被视为具有潜在的所有权预期。由此，管理人对上述主体负担信托义务，在其履职行为违反勤勉义务时，上述主体得主张损害赔偿请求权。但很显然，即便是管理人（托管人）违反信托义务之认定，仍然需要借助侵权责任的构成要件来判断。[2] 按照英美法系对信托义务的规定，管理人（托管人）违反信托义务，被视为主观上具有过错，且其行为本身即具有违法性。

　　然而，我国《企业破产法》第 130 条未对破产管理人忠实勤勉义务的类型予以明确，由此导致管理人责任之诉的主观过错要件很难予以客观判断。不仅如此，理论和实践上对管理人过错的主观要件认定亦十分混乱。依照我国《公司法》的有关规定，清算组成员仅在故意和重大过失情形下才承担相应的赔偿责任。从比较法视域进行考察，美国破产法审查委员会在其报告中亦推荐采用相似"严重过失"的标准来判断托管人是否具有主观过错。此外，《德国破产法》规定破产管理人承担责任的前提是因"疏忽"或"过失"而违背法定义务，且在理论上管理人对包含破产人和破产债权人在内的全体当事人承担赔偿责任。[3]《英国破产法》对管理人是否违背注意义务，通常有两种判断方法：其一，主体标准，即要求管理人须以谨慎商人的注意标准行事，即管理人做出任何决策行为时，必须尽到注意及谨慎义务，标准相当于一个谨慎商人以自己的成本和风险处理自己的事务；其二，行为标准，即从管理人行为本身来判断该行为是否理性及合理。[4] 通过上述标准的考察，不难发现，如管理人故意违反上述义务，由其承担相应的民事责任自无可非议；唯就"过失"情形下，如何认定管理人是否具有主观过错，存在一定的理论争议。

　　在侵权法上，由于过失要件本身极其抽象，无法直接为具体案件提供可适用的判断要件，因而学者多主张，可通过对违反注意义务的判定来界定过失，而注意义务本质是法律对社会交往中不同类型的人所设定的行为规范。故在破产程序中，原

---

　　〔1〕　参见李江鸿："论破产管理人的民事责任——以英美法之借鉴为视角"，载《政治与法律》2010 年第 9 期。

　　〔2〕　此时，权利人不但要证明管理人（托管人）违反了信托义务，还要证明确实发生了损失、因果关系等。

　　〔3〕　参见张艳丽："破产管理人的法律责任"，载《法学杂志》2008 年第 4 期。

　　〔4〕　参见李江鸿："论破产管理人的民事责任——以英美法之借鉴为视角"，载《政治与法律》2010 年第 9 期。

则上应以有关商事主体进行破产程序的客观标准，来界定破产管理人的注意义务，其原因大致包括：首先，注意义务采取客观标准对社会交往（特别是商事领域中以信用为基础的商行为）的规范具有必要性。对有关破产行为"标准人"的构造，将为有关债权人、债务人等利害关系人提供事前判断的行为指南。[1] 其次，管理人具有更高的专业性，可以对其设定较高的义务标准。《企业破产法》及相关司法解释对破产管理人的任职资格等方面作出了十分高标准的规定，其必然的结果是相关破产管理人在专业能力等方面远远高于社会一般群体，因而有必要为其设置更高的注意义务标准。

综上，对管理人责任的认定，要以侵权责任构成要件为基础，把衡量重点放在其主观构成要件上。特别是对于过失的认定，可采取客观标准予以判断。

（2）管理人其他责任的适用。司法实践中，法院通常将管理人责任定性为侵权责任，并依据侵权行为、损害后果、因果关系和主观过错来判定管理人是否需承担责任。但在涉及破产债权确认问题时，是否确认债权所可能引发的损害后果具有一定的特殊性，往往无法像普通侵权一样确定具体的损失数额。[2] 此时，若一概将管理人责任定性为侵权责任，最终的结果很可能是债权人无法证明损害后果的发生，进而管理人无需承担任何责任。因此，为了督促管理人勤勉履职并防止其恶意拖延确认债权，依据《企业破产法》第130条的规定，[3] 在管理人因未勤勉尽责导致破产债权被否认或延迟确认时，权利受到损害的债权人可以请求法院对其处以一定数额的罚款。除此之外，债权人还可请求法院对未能尽职尽责的管理人减少报酬或予以更换。

2. 管理人责任的豁免路径。上文提到的标准系原告如何举证证明管理人违背勤勉义务，主要是基于债权人的视角。从管理人的角度看，为保障其正常履职，管理人也应注意程序要求和证据留存，以在管理人责任之诉中证明自己已经尽到合理的勤勉义务。

第一，债权人会议的决议或者人民法院的许可并不能当然证明管理人履行了勤勉义务。有观点认为，"并不能把人民法院的许可作为破产管理人免责的依据"，"否

---

[1] 事实上，"理性人"假设在我国侵权法、公司法等领域也多有适用，故在此处设定"标准人"概念也具有一定的合理性和可执行性。

[2] 不难想象有这样的观点，损害后果可以被认定为诉讼费和债权迟延履行的利息，但案例中债权人主要主张的是表决权受到侵害（破产财产尚未分配），此种因程序性权利而导致的侵害很难认定。因为破产程序处于进行当中，相关的决议往往都已经得到了执行，债权人具体是否因此产生了损失以及损失数额的多少是很难判断和证明的，这也涉及了破产程序是否可逆的问题。

[3] 《企业破产法》第130条规定，"管理人未依照本法规定勤勉尽责，忠实执行职务的，人民法院可以依法处以罚款"。

则，破产管理人就有可能利用人民法院的非专业来逃避自己应尽的义务"。[1]同样，债权人会议的决议也无法成为管理人勤勉尽责的充分理由。原因在于管理人是独立于债权人、债务人之外的中立第三方，不代表任何一方的利益。而债权人会议行使表决权，其决议之达成需依靠有表决权的债权人。此时，债权人会议的决议就有可能存在损害债务人、其他利益相关方合法权益的风险。对此，管理人应该进行独立的判断和审查，必要时可提请法院作出决定，于此方能证明自己切实尽到了勤勉义务。

第二，管理人应保障其履职的程序合法性，有效留存能够表明其已尽到勤勉义务的证据。针对本案的债权确认程序，管理人在制作债权表并提交法院审核的过程中，有必要注意以下几个方面的文书工作：其一，管理人对申报的债权经形式审查合格的，应进行登记并出具债权申报回执，对不合格的债权申报，应及时告知债权人并要求其补正；其二，管理人应将体现出完整申报情况的债权报告提交债权人会议核查，记录债权人会议的核查意见；其三，针对债权人异议和复核纠正的请求，管理人应及时作出回应，并将异议情况在债权表中作出附注说明，以便法院对债权表审查监督。

综上，若管理人在制作债权表并提请法院审查的过程中，做到了及时告知、及时记录的工作要求，即使最终法院裁决管理人所"确认"的债权确实存在与事实不符的情况，管理人也可以证明自己已尽勤勉义务而免责。可见，债权表的准确性并不是检验管理人勤勉义务的核心标准，管理人严格履行其登记义务、配合债权人会议完成审核任务，并制作客观、完整的债权表，才是其免除管理人责任的有效证据。

四、破产债权人撤销债权人会议决议的路径

前述案例中，债权人对管理人进行追责，并非其提起诉讼的根本目的。在本案第一次债权人会议召开时，原告因未被"确认"债权而无法行使表决权，在债权人看来，债权人会议通过了损害其权益的决议。其后，原告债权人资格一经确认，其最直接的诉求是撤销原债权人会议的决议，重新参与表决。故此，债权人会议的撤销制度成为债权人表决权救济的重要一环。

（一）现状：债权人在一定期限内提起

《企业破产法》第 64 条第 2 款规定："债权人认为债权人会议的决议违反法律规定，损害其利益的，可以自债权人会议作出决议之日起 15 日内，请求人民法院裁定撤销该决议，责令债权人会议依法重新作出决议……"此外，《企业破产法司法解释三》第 12 条第 3 款规定："债权人申请撤销债权人会议决议的，应当提出书面申请。债权人会议采取通信、网络投票等非现场方式进行表决的，债权人申请撤

---

[1]　樊云慧："破产管理人的义务和责任探究"，载《中国商法年刊（2007）》，第 386 页。

销的期限自债权人收到通知之日起算。"对上述条文进行解读，债权人认为债权人会议决议违反法律规定，损害其利益的，可以向人民法院申请撤销。但是这种权利必须在一定期限内行使，《企业破产法》给出的期限是15日，对于采取非现场表决方式形成的决议，起算日可适当推迟，即以收到通知之日起算，仍以15日为限。

从立法目的来看，《企业破产法》设定15日的期限，一是为了督促权利人尽快行使权利，二是为了快速推进破产程序，减小成本损耗，提高清偿率。对该条文进行目的解释可以发现，上述两条规定中的重要主体——"债权人"，通常限于两类：一是债权人资格在债权人会议召开之前就被确认，且参加债权人会议表决，但在嗣后发现该债权人会议存在程序违法、决议事项违法等事由，且有损自身利益的，可以提起撤销债权人会议决议的申请；二是债权人资格在会议召开之前未被确认，但在会议召开后15日内，其债权人资格被确认，此时其可提起申请。除以上两种情形外，超过15日才被确认资格的债权人，即使其权益确实遭到侵害，也无法提起撤销申请。由此就带来一个极不公平的法律适用场域：若债权人资格在会议结束后15日内被确认，债权人尚有提出撤销申请之资格；对于15日后确认的债权人，则因时效原因，不再享有申请的资格。对于这两种情况，或许过错不在债权人，而在管理人，但却因立法设定问题，权利救济的结果差异甚大。如本案中的原告（上诉人），其债权人资格在两年半后才被确认，此时，已经错过了撤销第一次债权人会议决议的法定期限，故其权利很难再获得救济。

（二）债权人会议之决议撤销的可能路径

正如前文所述，对于第一次债权人会议决议作出15日后才被确认资格的债权人，即使其权益受到侵害，似乎也无法通过《企业破产法》第64条予以救济。于此，应当探索对前文所述情形的债权人权利保护的其他措施。

第一，法院可根据其对破产案件的了解，在发现债权人会议程序违法时，主动依职权予以撤销。结合《企业破产法》第64条与《企业破产法司法解释三》第12条的规定，可发现立法所设定的15日期限仅对债权人提起申请的情况形成约束。值得注意的是，《企业破产法司法解释三》第12条第2款规定："人民法院可以裁定撤销全部或者部分事项决议，责令债权人会议依法重新作出决议。"该条司法解释传达了两个信号：一是司法解释已经突破了《企业破产法》第64条的主体限定，将有权提起撤销的主体从债权人扩大到法院；二是对于法院依职权撤销债权人会议决议的情形，没有附加期限的限制。于此，如果由人民法院依职权主动撤销严重违反法定程序的决议，似乎在制度上具有实施的可行性。但这种程序的运用需要解决的问题是，法院如何发现本应参加债权人会议的债权人未参与表决（特别是债权人数量、所享有债权人数额的比例足以推翻已有表决的，如本案的情况）的事实？对此，本文认为法院对破产案件的进展应予以充分的了解和关注，并非受理破产申请后听之任之，由管理人随意履职。因此，法院在与管理人沟通或者听取债权人的意见时，能够知晓债权人会议的召开情况。如果发现原来未被确认资格的债权人，确实没有参加债权人会议，其所占比例足以影响决议的结果，且已作出的决议对该债权人产生实质性权益影响的，法院可依职权撤销原债权人会议决议，并责令重新作出决议。对于已经按照原决议执行的财产分配措施等，要按照"能恢复的予以恢复"的原则行事，对于不能恢复的，要充分向债权人说明。本文认为，债权人的债权未被确认，未必完全是管理人的疏漏或者过错，不排除债权人本人在证据提交等方面存在一定的过错。故此，对不能恢复的已执行计划之部分不予恢复，更符合权责一致原则。至于我们担心的，管理人故意对债权人的债权不予核准、不予确认等事由，债权人自可通过破产管理人责任之诉追责，不影响其权利保护。

第二，对管理人不予确认的债权，法院经债权人申请后应尽量确认其临时份额。《企业破产法》第59条第2款规定："债权尚未确定的债权人，除人民法院能够为其行使表决权而临时确定债权额的外，不得行使表决权。"也就是说，对于管理人未确认的债权，债权人可通过提起债权确认之诉，请求人民法院对其享有的债权予以确认，如果法院来不及作出最终判决，可以确定其享有债权的临时数额，由债权人按照法院临时确认的数额行使权利。《企业破产法》第45条规定："债权申报期限自人民法院发布受理破产申请公告之日起计算，最短不得少于30日，最长不得超过3个月。"同时，《企业破产法》第62条第1款规定："第一次债权人会议由人民法院召集，自债权申报期限届满之日起15日内召开。"结合该法第64条关于撤销决议的15日期限的规定，未被确认资格的债权人至少有60日以上的时间充分行使权利。[1]此时，对未被确认债权的债权人，其如果行权及时，请求人民法院确认其临时债权份额，在时间上难言不够宽裕。故此，若管理人对债权人申报的债权未予确认，债权人可立即向人民法院起诉请求确认其临时份额，以保障其表决权的正常行使。

第三，对于无过错、且未被确认债权人资格的债权人，可在立法中设定"未被确认资格的债权人，认为债权人会议有《企业破产法司法解释三》第12条规定的情形的，可自其债权人资格确认后15日内申请人民法院撤销该债权人会议决议，是否撤销由人民法院裁定"的规定。之所以设置"无过错"的前提条件，是为了防止债权人滥用撤销权，阻碍破产程序的正常运行。关于本条建议的合理性，似乎可从学术观点中寻找依据，如有学者曾指出"对违法决议申请撤销不应受期限的限

---

[1] 需要指出的是，结合实务经验，即便是普通的民事诉讼（非特别重大、复杂的案件），在60日的期限内，也大多已经举证完毕，等待开庭审理。

制，得于程序进行中的任何期间提出"。[1]对此，本文认为保护债权人的权利显属破产法的重要价值目标之一，但该权利的行使应当具有一定的限制，债权人行使权利不应肆意拖沓破产程序的进行。特别是，近年来世行营商环境评估报告中显示，破产案件的办理期限越短，则债务执行效率越高。故此，结合《企业破产法》中关于期限的基本理念，本文认为以"15 日"为期限较为适合，即对于未被确认资格的债权人，自身没有过错的，可自其债权人资格被确认后 15 日内，向人民法院依法申请撤销第一次债权人会议的决议。[2]

综上，《企业破产法》要兼顾效率与公平的双重价值目标，破产程序不能被肆意延误耽搁，但是债权人的权利也应获得充分的尊重。对未被确认资格的债权人嗣后权利之保护，实际上是对期限利益、已执行决议的可恢复性、其他债权人利益平衡以及管理人履职保障等诸多价值目标的权衡。

五、结语

破产管理人是破产程序中最重要的机构之一，在确保破产程序能够公正、公平和高效地进行与终结上起着关键作用。[3]我国《企业破产法》第三章对管理人的选任与更换、机构组成和职务履行等问题进行了详细的规定，并赋予了管理人在破产程序中广泛的职权。本文从实务中一则因破产债权确认引发的纠纷入手，首先明确了管理人在破产债权确认程序中的职权，并论述了管理人债权审查义务中"形式审查说"与"实质审查说"的内容与区别，明确了管理人对债权的审查为事实上的"实质审查"；其次，本文分析了管理人在破产确认程序中的责任，具体包括管理人勤勉义务的判定以及违反勤勉义务时管理人的责任承担问题；最后，除管理人责任之诉外，本文进一步探讨了受损的债权人可采取的其他救济手段—申请撤销债权人会议决议的路径。通过对上述内容的研究和整合，以期对研讨案例所引发的争议问题作出全面的回应。

---

〔1〕 邹海林：《破产程序和破产法实体制度比较研究》，法律出版社 1995 年版，第 156 页。

〔2〕 这里，对申请撤销决议与债权确认之诉，也可提出以下疑问：①依照法条及文义解释，对债权人同时提起诉讼和裁定并无明文禁止，同时亦不构成民事诉讼法意义上的重复起诉，那么此种"双管齐下"是否在一定程度上为债权人提供了滥诉的空间？②若在撤销裁定之申请中，债权人的主张得到人民法院支持，则此时由于会议决议已经撤销，债权人未获确认的债权待由债权人会议重新核查，那么债权人另行提起的债权确认之诉应当由债权人撤诉，还是由法院裁定不予受理或驳回起诉，又或继续审理？若采继续审理说，则在法院裁定与债权人会议核查结果间产生冲突时，又当如何决断？

〔3〕 韩长印主编：《破产法学》，中国政法大学出版社 2016 年版，第 73 页。

附件：裁定书全文

林美桂、浙江鼎联律师事务所管理人责任纠纷二审民事裁定书——浙江省台州市中级人民法院民事裁定书

（2019）浙 10 民终 3136 号

上诉人（原审原告）：林美桂，男，1953 年 12 月 4 日出生，汉族，住温岭市。住所地：台州市黄岩区桔乡大道银茂大厦 6 楼 602 室。

被上诉人（原审被告）：浙江鼎联律师事务所。

负责人：周兴。

委托诉讼代理人：杨常彩，浙江鼎联律师事务所律师。

委托诉讼代理人：王敏，浙江鼎联律师事务所律师。

上诉人林美桂因与被上诉人浙江鼎联律师事务所（以下简称鼎联所）与破产有关的纠纷一案，不服浙江省温岭市人民法院（2018）浙 1081 民初 14186 号民事裁定，向本院提起上诉。本院于 2019 年 11 月 25 日立案后，依法组成合议庭对本案进行了审理，现已审理终结。

林美桂上诉请求：1. 撤销（2018）浙 1081 民初 14186 号民事裁定；2. 改判支持上诉人一审提出的诉讼请求；3. 被上诉人承担一、二审诉讼费用。事实和理由：一、一审法院超过法定期限违法作出裁判。2018 年 12 月 7 日，上诉人向一审法院提起诉讼，一审法院适用简易程序于 2019 年 1 月 22 日进行开庭审理，后以原、被告协调为由推迟三个月审理，应当于 2019 年 7 月 22 日作出判决，但一审法院在无正当理由的情况下，违法超过法定期限于 2019 年 11 月 11 日通知上诉人领取裁定书。二、一审法院对上诉人提供的证据不予认定，枉法作出判决。被上诉人于 2015 年 10 月 26 日被温岭法院指定担任云鹏控股集团有限公司破产管理人期间，对上诉人以及 22 位债权人申报的 17 119.141 078 万元的合法债权，以暂不予确认为由，任意剥夺诸多债权人的身份和表决权长达两年半之久。因此，对于在 2016 年 1 月 8 日召开的第一次债权人会议，以及未经合法的债权人会议选举推荐出的债委会成员，包括被上诉人违法变卖债务人财产的行为都是属于无效的。故上诉人依法向温岭市人民法院提出诉讼，请求撤销违法无效的第一次债权人会议决议，以及推翻违法推荐出的债委会成员的决议和追回违法变卖债务人的财产。为支持上诉人的主张，上诉人向一审法院提供四组证据予以证明。第一组证据为：三份债权审查告知书，拟证明原告等三位债权人自申报债权之日起至二年半后的 2018 年 6 月 8 日才予以确认债权的事实。第二组证据为：债权人会议资料，拟证明对会议资料中记载反映出占有债权总额比例 47.5% 和占有债权人总人数比例 41% 的债权人暂不予确认的事实。

第三组证据为：被上诉人变卖债务人财产的清单，拟证明被上诉人违法处置变卖债务人财产的事实。第四组证据为：破产债务人原法定代表人林大云出具的情况说明以及在法庭上的证言，拟证明债委会成员名单并不是依法在债权人会议上选举产生，而是私下推荐不合法成立的事实。基于以上的四组证据足以证实，（一）云鹏控股集团有限公司召开的第一次破产债权人会议，有41%的债权人和47.5%的债权额没有得到确认，因而没有表决权。故召开会议自然是违法无效的。（二）未经合法的债权人会议召开选举出的债委会成员所作出的决议自然是违法无效的。（三）被上诉人违法变卖债务人的财产。因此，上诉人请求依法撤销与追回债务人的财产，有事实可据，有法可依。被上诉人对上诉人提供的四组证据，在质证时也没有全部异议和完全否认，而一审法官却否认上诉人提供的所有与本案被诉事项紧密相关且强有力的证据。相反，被上诉人提供的三组证据材料与本案被诉事实毫无关联，却被错误予以认定。至于一审法院错误地适用企业破产法第六十四条的规定，认为债权人认为债权人会议的决议违反法律规定，损害其利益的，可以自债权人会议作出决议之日起十五日内，请求人民法院裁定撤销该决议，责令债权人会议依法重新作出决议。由此可见，债权人认为该会议的决议损害其合法权益，才有权依据上述法条请求撤销。而本案上诉人在召开涉案债权人会议之时，已被被上诉人任意剥夺债权人的身份和表决权。此时上诉人既不是债权人又没有表决权，因此，一审适用的企业破产法第六十四条规定与本案侵权纠纷实质上不相符。而本案是因被上诉人在担任管理人期间，未依法公正、勤勉尽责、忠实执行职务，任意对47.5%的债权额和41%的债权人申报的债权长达两年半不予确认的侵权行为，上诉人才请求撤销违法无效的债权人会议，以及推翻违法推荐的债委会成员和违法变卖债务人财产的行为。所以，一审法官对本案诉请的性质和举证责任分配认定不清，故导致认定事实、适用法律均存在明显的错误，作出错误的裁定结果。综上，请求支持上诉人的诉讼请求。

林美桂向一审法院起诉，请求：1. 依法撤销违法召开的云鹏控股集团有限公司第一次债权人会议的决议；2. 依法撤销由被告违法处理云鹏控股集团有限公司财产的行为并予以追回相关财产；3. 判令由被告承担诉讼费。

一审法院认定事实：2015 年 10 月 10 日，该院作出（2015）台温破（预）字第6号民事裁定，受理云鹏公司的重整申请，并于同年10月26日作出（2015）台温破字第6号决定书，指定本案被告鼎联所担任该公司的管理人，再于2015年11月3日向债权人及债务人云鹏公司发出通知并公告，告知云鹏公司的第一次债权人会议召开的时间、地点及债权申报的期限和债务人的相关义务等内容。2016 年 1 月 8 日，云鹏公司的第一次债权人会议在该院主持下召开。于会期间，被告提请会议审核管理人执行职务的工作报告、云鹏公司财产状况的报告、云鹏公司是否继续营业的报告、提请核查债权的报告等，并将是否继续营业、核查债权、选举债委会成员以及对债委会委托授权方案等事项交会议进行表决。其中在提请核查债权的报告上，被告将对云鹏公司的特定财产享有担保权的 2 户债权人的债权（债权额合计 30 032 106 元）、1 户税收债权人的债权（债权额 218 651.33 元）、27 户普通债权人的债权（债权额合计 111 908 167.32 元）、5 户担保债权人的债权（债权额合计 39 710 160.16 元）予以确认，而对共计 22 户债权人（包括林雪佳、林美桂、金君）的债权（债权额总计 171 191 410.78 元，其中 18 户债权人的债权为普通债权，债权额合计 85 872 847.88 元；4 户债权人的债权为担保债权，债权额合计 85 318 562.90 元）暂不予确认；被告向会议推荐的债委会成员候选人系浙江鑫明水产食品有限公司、陈明方、牟永钢、中国民生银行股份有限公司台州分行、吕招虎；被告提交会议表决的对债委会委托授权方案为审议并通过债务人的财产管理方案、财产变价方案和决定继续或停止债务人及其分支机构的营业，以及审议并通过管理人实施的对债权人利益有重大影响的财产处分行为。当日，云鹏公司的第一次债权人会议经审议，表决通过了被告提交的关于核查债权的报告以及云鹏公司应当继续停业（不包括该公司的相关分公司）、对债委会委托授权等方案。会议选举浙江鑫明水产食品有限公司、陈明方、牟永钢、中国民生银行股份有限公司台州分行、吕招虎为债权人委员会成员。2016 年 1 月 11 日，该院作出（2015）台温破字第 6-1 号及（2015）台温破字第 6-2 号决定书，认可云鹏公司的第一次债权人会议选举的债权人委员会成员名单，以及指定牟永钢担任债权人会议主席。2016 年 7 月 16 日，该院根据云鹏公司重整一案审理的相关情况依法作出（2015）台温破字第 6-3 号民事裁定，终止云鹏公司的重整程序并宣告该公司破产。2016 年 10 月 11 日，云鹏公司债权人委员会召开会议，与会成员一致同意由管理人采取灵活方式直接在现场变卖处置云鹏公司的动产（包括设备、办公设施等）。之后，被告根据上述授权处置了云鹏公司的相关动产。后被告根据相关债权人提供的证据又进行了债权确认，其中分别于 2018 年 3 月 7 日确认林美桂的债权金额为 26.51 万元、2018 年 3 月 20 日确认林雪佳的债权金额为 2496 万元、2018 年 6 月 8 日确认金君的债权金额为 250 万元。

一审法院认为，原告的第一项诉请系要求撤销云鹏公司债权人会议的相关决议，第二项诉请系要求撤销被告处置云鹏公司财产的行为并追回财产，但原审被告作为管理人是根据云鹏公司债权人委员会的授权而处置企业的相关财产，且该债权人委员会是由第一次债权人会议选举产生，并由此次会议决议授权而行使本案相关的职权。因此，原告的第二项诉请系建立在其第一项诉请之上，亦即第一项诉请所要求裁决的事项得到支持是其进行第二项诉请的前提和基础，而《中华人民共和国企业破产法》第六十四条规定："……债权人认为债权人会议的决议违反法律规定，损害其利益的，可以自债权人会议作出决议之日起十五日内，请求人民法院裁定撤销该项决议，责令债权人会议重新作出决议；债权人会议的决议，对于全体债权人均有约束力"，由此可见，原告现主张的撤销云鹏公司第一次债权人会议决议的请求，并非适用民事诉讼程序。故此，原告在本案中所提出的请求事项，应寻求其他合法途径予以主张。综上，依照《中华人民共和国企业破产法》第六十四条、《中华人民共和国民事诉讼法》第一百一十九条之规定，裁定如下：驳回原告林美桂的起诉。

本院二审期间，当事人没有提交新的证据。

本院对一审查明的事实予以确认。

本院认为，上诉人的诉讼请求有两项，一是请求撤销第一次债权人会议决议，二是请求追回依据债权人会议决议已分配的财产。其第二项请求是建立在第一项请求基础上。上诉人的第一项请求，其法律依据是《中华人民共和国企业破产法》第六十四条第二款的规定，应由债权人依申请方式向人民法院提起，由人民法院以裁定方式作出处理，并且裁定作出之日即发生法律效力。现上诉人以起诉方式提起，不符合法律规定，上诉人应当另行以申请方式提起。依照《中华人民共和国民事诉讼法》第一百七十条第一款第（一）项、第一百七十一条规定，裁定如下：

驳回上诉，维持原裁定。

本裁定为终审裁定。

审判长　钱为民

审判员　叶　翔

审判员　王晓婷

二〇一九年十二月二十三日

代书记员　洪　叶

专题六　担保物权人和保证人对破产费用的承担问题

一、案件事实概要和问题的提出

2011 年 10 月 27 日，中国银行湛江分行（以下简称"湛江分行"）与第三人湛江市城乡建设实业有限公司（以下简称"城乡公司"）签订借款合同，约定湛江分行向城乡公司提供人民币 39 亿元贷款，由借款人城乡公司用其开发的"汇景蓝湾"房产提供最高额抵押担保，并办理了抵押担保手续；同时，城乡公司的母公司嘉粤集团有限公司、广东明兴建筑集团有限公司及朱某明、朱某慷提供连带责任保证担保。同年 11 月 21 日，城乡公司以不能偿还到期债务为由，与嘉粤集团有限公司及关联的 33 家公司联合向湛江市中级人民法院提出破产重整申请。

2011 年 12 月 12 日，湛江中院裁定受理该重整申请，同时宣告将 34 家公司合并重整。2014 年 5 月 30 日，管理人提出的《嘉粤集团有限公司及其关联企业等 34 家公司重整计划》获得表决通过。重整计划确认破产费用 1850 万元，由全体抵押债权人承担，其中 11 033 400 元由湛江分行等四家抵押债权人按可优先受偿金额比例承担。《可实现优先受偿抵（质）押债权情况表》显示，湛江分行抵押债权金额为 292 369 460.33 元，抵押物评估价为 692 059 300 元，变现价值为 481 503 956.92元，可优先偿付金额为 292 369 460.33 元。同年 6 月 5 日，湛江中院作出裁定，批准重整计划并终止重整程序。据此，管理人向湛江分行发出《债权受偿确认书》，确认其债权及应分配的优先清偿额为 292 369 460.33 元、担保债权承担的破产费用为 2 793 721.51 元、担保债权承担的管理人报酬为 2 923 694.60 元，已清偿的债权额为 6 424 997.55 元、可领债权清偿款净额为 280 227 046.67 元。对此，湛江分行认为其已承担的破产费用及管理人报酬，应由保证人负责偿还，遂向原审法院提起诉讼。

法院认为，城乡公司提供的抵押物的变现价值已超出湛江分行所享有的债权，湛江分行的债权在城乡公司的重整中应能得到全部的优先受偿，故保证人对城乡公司的该债务不再承担保证责任。而对于包括原告在内的四家银行分担的破产费用和管理人报酬，均由债权人会议讨论通过，亦经原告确认同意，具有协商自愿分担的性质，不属于破产程序中未受清偿的债权部分。现湛江分行在破产重整得以优先受偿债权后，再要求保证人承担破产费用与管理人报酬，没有事实和法律依据，应不予支持，据此驳回原告诉讼请求。

本案引出的争点问题有三：①担保债权人因承担破产费用导致主债权未获全额清偿的部分，能否请求债务人的其他保证人承担，换言之，破产重整中保证人保证责任是否包含对所有可能出现风险的弥补；②针对本案出现的混合共同担保，法院指出重整计划中就破产费用的承担属于担保债权人对其物的担保的放弃，据此适用《中华人民共和国担保法》（以下简称《担保法》）第 28 条第 2 款[1]的规定，判决免除保证人在相应数额内的责任，法院的这一认定是否与重整计划作为集体决议的性质相符；③重整计划要求担保债权人承担破产费用的内容设计、分组表决和法院批准是否合法，该计划的内容是否又具有保障重整制度价值的现实合理性。

二、破产程序对保证责任的影响

保证债务的产生、效力、抗辩、消灭均从属于主债权债务关系，从属性系保证责任的基本属性，或称附从性，是指如果"没有主合同、主债权，担保合同、担保权利就没有了实现的可能和存在的意义"。[2]若以从属性作为界定保证责任范围的核心，那么在债务人进入破产程序后，债权人的债权在破产程序中作出的让步，会对保证责任的实现产生一定的程序性影响；在实体效果上，破产法对保证责任从属性的规定虽然有一定突破，但这种突破是极其有限的，并未根本改变担保责任的从属性本质，如本案中法院认为破产费用的承担超出了保证人责任的合理范围。由此，保证责任的从属性是否因破产程序的特殊性而改变？破产程序对保证责任的承担有何影响？

（一）破产法视域下保证责任的从属性辨析

1. 保证责任的从属性质。《担保法》第 21 条规定，"保证担保的范围包括主债权及利息、违约金、损害赔偿金和实现债权的费用。保证合同另有约定的，按照约定。当事人对保证担保的范围没有约定或者约定不明确的，保证人应当对全部债务承担责任"。[3]我国对保证范围采取列举式立法，对该条进行体系解释和比较法上的考察，可以对保证责任的范围作出如下认定。

---

[1] 《担保法》第 28 条规定："同一债权既有保证又有物的担保的，保证人对物的担保以外的债权承担保证责任。债权人放弃物的担保的，保证人在债权人放弃权利的范围内免除保证责任。"另见《民法典》第 392 条。

[2] 曹士兵：《中国担保制度与担保方法》，中国法制出版社 2015 年版，第 40 页。

[3] 《民法典》第 691 条规定："保证的范围包括主债权及其利息、违约金、损害赔偿金和实现债权的费用。当事人另有约定的，按照其约定。"

第一，保证责任不得超过主债务的合理范围。保证合同的目的旨在保障主债权的实现，因此，"保证的范围和强度原则上与主合同债务相同，不得大于或强于主合同债务"。[1]对此，即使当事人在保证合同中约定大于主合同债务的保证责任，也应以从属性为遵循，将其缩减至主合同债务的范围。并且，还有观点进一步指出，在归责方式上，保证责任也应当与主债务关系相一致，当主债务约定债务人仅承担重大过失的责任时，保证人也仅对其重大过失负责。[2]这在《意大利民法典》中已经明确规定："保证不得超过债务人应当承担的债务范围，亦不得附有重于主债务人的条件通过担保。"[3]

第二，保证人对从债务进行的赔偿，仅限于可控制、可预期的范围，排除惩罚性赔偿等其他不可预估的费用。《担保法》对属于保证责任范围的从债务作了列举式规定，如违约金、损害赔偿等。《法国民法典》的规定更具有普适性，"对主债务的无限制的保证，及于该主债务的所有附带债务"。[4]可见，保证责任包含了对从债务的赔偿，但是该条对保证人还应承担的"附带债务"却未作出进一步解释。在这一认定上，鉴于保证合同系单务合同、无偿合同的性质，有观点指出，"保证人的利益是法律优先考虑的对象"。[5]根据这一性质，保证责任所保障的从债务应有两方面的限制：其一，应限于根据主债务的性质和类型可以推断出来且其金额和费用可预估的部分，如债务人与债权人私自约定的利息、违约金就不构成保证债务的范围，以防止债权人和债务人约定高额的违约金欺诈保证人的道德风险；其二，应限于针对债务人的非惩罚性债务，"惩罚的前提是被惩罚人有过错，而保证人显然不符合这样的要求"。[6]《担保法》虽然对违约金系保证责任范围作出了规定，但仍应结合从债务、附带债务的属性，对个案中发生的从债务是否属于担保责任作出判断。

总体来看，保证责任以保障主债权的实现为核心，同时也为合理的从债权提供保障，但应将该从债权限定在可控、可预期的范围。结合前述对"从属性"概念的分析，以及保证责任的立法例，不难得出保证责任具有从属性的基本特征。本案中，当事人签订的《保证合同》第2条约定，"主合同项下发生的债权构成本合同之主债权，包括本金、利息（包括法定利息、约定利息、复利、罚息）、违约金、赔偿金、实现债权的费用（包括但不限于诉讼费用、律师费用、公证费用、执行费

〔1〕　崔建远、韩世远、于敏：《债法》，清华大学出版社2010年版，第85页。
〔2〕　参见史尚宽：《债法总论》，荣泰印书馆股份有限公司1978年版，第830页。
〔3〕　参见《意大利民法典》第1941条。
〔4〕　参见《法国民法典》第2016条。
〔5〕　费安玲：《比较担保法》，中国政法大学出版社2004年版，第59页。
〔6〕　费安玲：《比较担保法》，中国政法大学出版社2004年版，第57页。

用等）、因债务人违约而给债权人造成的损失和其他应付费用"，从文义本身来看，该约定与《担保法》中保证责任范围的规定是一致的。因此，债务人进入破产程序后产生的破产费用是否属于保证责任范围，可以《担保法》的基本规则加以审视。

2. 破产程序对保证责任的程序性影响与实体尊重。破产程序系总括清偿程序，虽然我国《企业破产法》规定了保证责任不受破产程序的影响，但债务人一旦进入破产程序，主债权的期限、范围发生变化，使得债权人对连带保证人权利的行使受到一定的影响。

第一，破产程序对保证责任的履行期限产生程序性的影响。主要表现为以下两个方面：其一，若破产程序导致债务加速到期的，保证人的保证责任也将因此提前到期，债权人可以直接向保证人主张权利；[1] 其二，不论债权人是否已向债务人申报债权，其起诉要求保证人承担保证责任的，法院均应当受理。[2] 但是，若债权人已经向债务人申报债权，为防止债权人双重受偿，最高人民法院作出了特别规定："在具体审理并认定保证人应承担保证责任的金额时，如需等待破产程序结束的，可依照《中华人民共和国民事诉讼法》第 136 条第 1 款第 5 项的规定，裁定中止诉讼。人民法院如径行判决保证人承担保证责任，应当在判决中明确应扣除债权人在债务人破产程序中可以分得的部分。"可见，虽然《企业破产法》规定保证责任不受和解、重整程序影响，但是在实际审判程序中，法院仍可能采取中止保证责任之诉以防止债权人双重受偿。

第二，破产程序可能改变保证责任的内容，主要表现为主债务和从债务的变更。①主债务可能因破产程序而改变。《企业破产法》第 46 条第 2 款确立了停止计息规则，这一规定是否也适用于保证人责任的减免，学界存在争议。司法实务中，已经有法院指出，在主债务不计息的情况下，保证责任也不应包含借款利息，保证人对该部分得以免责。[3] ②从债务可能因破产程序而改变，尤其是"实现债权的费用"可能因破产程序的启动而增减。《企业破产法》规定，因破产程序而产生的管理人报酬等破产费用，由债务人财产随时清偿。表面来看，该条规定似乎与债权实现并无直接关系。但是，通过这一分配顺位的设计，一般债权的劣后属性导致破产程序所产生的费用实质构成债权人"实现债权的费用"，债权人因此未获清偿的部分最终将由保证人承担。

---

〔1〕《最高人民法院关于适用〈中华人民共和国担保法〉若干问题的解释》（以下简称《担保法司法解释》）第 44 条规定："保证期间，人民法院受理债务人破产案件的，债权人既可以向人民法院申报债权，也可以向保证人主张权利。"

〔2〕《最高人民法院对〈关于担保期间债权人向保证人主张权利的方式及程序问题的请示〉的答复》指出，"对于债权人申报了债权，同时又起诉保证人的保证纠纷案件，人民法院应当受理"。

〔3〕 参见浙江省台州市中级人民法院（2016）浙 10 民终 1872 号民事判决书。

需要特别指出的是，尽管破产程序会不可避免地对保证责任产生些许程序上的影响，但如果对《企业破产法》采取体系解释和目的解释的方法，可以发现破产程序并没有改变保证责任的内容实质。对此，可类比《企业破产法》对担保物权优先权保障的规定加以证明：其一，担保物权人在破产程序中仅就其"变现权"的行使受到一定限制，"但对担保财产变现后价款的优先受偿权并不停止行使"；[1]其二，担保责任的范围依物权法定原则，担保物权人若未在破产程序中获得足额清偿，还应该得到其他形式的公平补偿。《企业破产法》第87条规定，物权担保债权"因延期清偿所受的损失"应得到公平补偿。有观点据此认为，"得到公平补偿"是指按月支付债权延期清偿的约定或法定利息。[2]可见，担保物权所保障的债务范围不宜因破产程序而改变。相比之下，尽管《企业破产法》并未对保证责任的限制作出特殊规定，但根据"尊重非破产法规范原则"，破产法"不应当、事实上也不能自行创设"[3]当事人的实体权利义务。因此，保证责任的认定应以《担保法》的相关规则为准，以保障债权的完全受偿为核心，其本质并不受破产程序的影响。

总体来看，债务人进入破产程序后，担保债权的实现将受部分程序性的限制，但是其实体内容并未改变，仍以保障债权的完全受偿为核心。本案中，原告正是以其债权未在重整程序中得到完全清偿为由要求保证人承担保证责任。对此，应以《担保法》中的相关规则来判断该破产费用、管理人报酬是否属于保证责任范围内的费用。

3. 破产程序对保证责任从属性的有限突破。独立担保的出现，引出了保证责任的从属性能否被突破的问题。在破产法领域，《企业破产法》的相关规定已开始对保证责任的从属性加以突破。

第一，从立法内容来看，我国《企业破产法》承认了保证责任具有独立性。依据《企业破产法》第124条[4]的规定，债务人破产时，债权人通过破产程序未能实现的债权，保证人仍然承担清偿责任。且依《企业破产法》第92条第3款[5]、第101条[6]之规定，债权人对保证人享有的权利不受重整计划或和解协议的影响。

〔1〕 王欣新："论破产程序中担保债权的行使与保障"，载《中国政法大学学报》2017年第3期。
〔2〕 参见王欣新："重整制度理论与实务新论"，载《法律适用》2012年第11期。
〔3〕 许德风："破产法基本原则再认识"，载《法学》2009年第8期。
〔4〕 《企业破产法》第124条规定："破产人的保证人和其他连带债务人，在破产程序终结后，对债权人依照破产清算程序未受清偿的债权，依法继续承担清偿责任。"
〔5〕 《企业破产法》第92条第3款规定："债权人对债务人的保证人和其他连带债务人所享有的权利，不受重整计划的影响。"
〔6〕 《企业破产法》第101条规定："和解债权人对债务人的保证人和其他连带债务人所享有的权利，不受和解协议的影响。"

《企业破产法司法解释三》第 5 条第 2 款[1]关于一方获得破产清偿，另一方债权额不作调整的规定，似乎都在说明债务人于破产、重整、和解程序中，保证责任的从属性有所突破，其范围与数额可大于主债务。对以上条文进行归纳总结，不难发现，破产程序中的权利义务让步、重新构建，并没有将其效力扩大至保证责任。显然，《企业破产法》实际上已经阐明，保证人的责任并不会因破产程序而获得任何减免。"破产程序的法律效力不是消灭全部破产案件所涉及的债权债务关系，而是切断包围债务人的全部债权债务关系。"[2]有学者认为上述规定基于破产程序的特殊要求，对保证责任的从属性明确予以限制，可以视为担保责任从属性受限的一个特例。[3]保证责任在破产案件中的这一特点，对维护当事人的权利是非常有必要的。因为，在主债务人破产时，债权人享有先直接向保证人追偿的选择权，则保证人此时承担的保证责任应该是《担保法》规定的全部保证责任，这原本就是其分内之事。[4]

第二，从法律的价值取向来看，《担保法》的首要价值是保护债权人，而非保证人，《企业破产法》对此应予尊重。担保的首要价值目标是确保债权的实现，用法经济学的观点来说，出借人在自由市场中并无法获取借款人的信誉资质，故借款人通过提供抵押（或第三人保证）来弥补信息上的不对称，以此获得资金融通。《担保法》在一定程度上确实也保护保证人的利益，如关于保证期限的规定等，但这并不能否认其保护债权人利益的基本立场。具体到《企业破产法》上来，破产程序实际上是免除债务人的一部分清偿压力，但这免除的部分恰巧是保证责任价值得以体现的根本之所在。换言之，如果债权人明知自己的债权在债务人破产后，实际所得的债权额并不会因保证人的存在而获得任何增加，那么此时保证的设立将会极大增加社会成本，且不会产生任何社会效益，这与法的基本精神和价值是违背的。

综上，我们认为破产程序下保证责任的从属性应受到适当限制。从债权人实现债权的角度来看，连带担保人始终负有全面偿还债务的义务，受破产程序影响，担保人或许承担了比其本应当承担的保证责任份额更大的责任，然而破产已经成为市场经济中普遍存在的商业风险，担保制度正是分散这种风险的有效工具。

---

[1] 《企业破产法司法解释三》第 5 条第 2 款规定："债权人向债务人、保证人均申报全部债权的，从一方破产程序中获得清偿后，其对另一方的债权额不作调整，但债权人的受偿额不得超出其债权总额。保证人履行保证责任后不再享有求偿权。"

[2] 齐明：《中国破产法原理与适用》，法律出版社 2017 年版，第 210 页。

[3] 参见夏群佩、洪海波："主债务人进入破产程序后连带保证人的责任范围"，载《人民司法（案例）》2017 年第 14 期。

[4] 参见贾林青、杨习真："保证责任在破产程序中的特点研究与处置对策"，载《法学杂志》2007 年第 6 期。

（二）破产费用不属于保证责任从属性的范围

本案中，保证人认为造成债权人未获足额清偿的破产费用并非保证责任的范围，故其不应当承担保证责任。显然，破产费用不属于主债务，保证人承担该部分责任应以从债务的标准认定。

从程序来看，破产费用是为满足主债权的清偿而必须支出的费用。从债务应具有辅助主给付义务的功能，其存在是为了确保债权人利益能获得最大的满足。[1]本案发生在重整期间，债权人担保物权的效力已"中止"，其债权的实现有赖于重整计划的分配和执行，重整计划要求其承担的破产费用构成其实现债权的前提条件。从这个角度来看，破产费用在程序上符合从债务的定义。

从实体内容来看，并非所有的从债务都构成保证的责任范围，需要检视该费用是否符合保证人的预期，即保证人的责任不应超过其在原担保合同中的合理预期。对此，《法国民法典》中"附带债务"的定义可资借鉴："附带债务，其中包括最初的诉讼费用以及向保证人通知之后发生的一切费用。"[2]可见，保证人并非对实现债权的一切费用都承担责任，而仅对债权人进入相关诉讼程序之后并履行相应的通知义务后发生的费用承担责任。然而，本案的事实并未体现债权人在同意重整计划之前是否通知了保证人。除此之外，保证人追偿权的丧失也可构成其对赔偿责任的抗辩。本案的另一重要事实在于，《重整计划》同时规定，优先受偿的抵押债权已清偿完毕后，即使有剩余费用，抵押权人也无权再参加分配。依此约定，债务人对抵押权人进行首次分配后得以免除其债务。此时，若债权人在重整计划结束后要求保证人承担责任，保证人将无法向债务人实施有效的追偿。总体来看，重整费用已经超出了保证人的控制范围和合理预期，鉴于保证合同的单务、无偿属性，有必要对保证责任进行一定的限缩解释，避免债务人、债权人将赔偿责任不当地转嫁给保证人。

我国的司法实践对债权实现所生费用的保证责任多采限缩解释。实践中以律师费用产生的担保范围纠纷较多，人民法院对律师费用是否属于保证责任范围的观点可归纳为：有约定时从其约定，未有约定直接适用法定担保规定；若仅约定包括实现债权的费用，则不足以认定属于担保范围。若主债务中关于违约责任范围的约定中不包含律师费用，即使保证合同中明确约定，基于保证的从属性，亦不认定属于担保范围。[3]包括本案破产费用在内的其他关于实现债权费用的解释问

---

〔1〕　参见王泽鉴：《债法原理：基本理论债之发生》，台湾三民书局1996年版，第25页。

〔2〕　参见《法国民法典》第2016条。

〔3〕　参见高圣平：《担保法前沿问题与判解研究（第四）——最新担保法司法政策精神阐释》，人民法院出版社2019年版，第41~43页。

题，可资参照。

从本案的争议焦点来看，本案纠纷在于债权人与保证人之间的法律关系，非属《企业破产法》调整，因而采《担保法》的一般法立场保护保证人应属合理。从保证自身的性质而言，相较于物保，保证的担保效力较弱，且在未公示的前提下产生的信息不对称问题，都在一定程度上决定了保证责任无法包含对所有可能存在风险的弥补，尤其是在当下金融贷款等活动日益发达，母子公司之间相互保证以降低借款成本，获得较其积极财产过高贷款数额的现象层出不穷的背景下。[1]保证制度的效用与风险管控的功能之间并无画等号的可能，保证责任本身仅属代负履行责任或是承担债务不履行的赔偿责任，除此之外在这一过程产生的风险并非保证制度所能弥补，这也是保证人代偿金额不得超过主债务的重要原因。而本案中破产费用自不属于债务人承担的范畴，其应属全体债权人承担，因而也不属于保证责任的范畴，当然若对此明确约定则属私法自治问题。

综上所述，本案中导致债权人未获足额清偿的破产费用，确实构成债权人在重整程序中实现债权的必要程序性支出。但是，该费用已经超出了原担保合同的合理预期范围，案件资料亦未显示债权人与保证人就该费用的承担进行了事先的协商，而且保证人的追偿权已因重整计划的通过而陷于事实不能，法院据此认定保证责任无法覆盖该破产费用，符合《担保法》的相关规定。

三、重整计划对担保债权人的拘束力

本案涉及混合共同担保，即主债务同时有物的担保和人的担保，且物的担保来自于债务人所有的不动产。因此，法院在说理中还结合了混合担保的规则，认为重整计划对抵押权优先受偿的限制性规定，系债权人会议通过，对所有债权人生效，构成债权人对担保物权优先受偿的放弃，因而构成对保证人相应责任的免除。对此，有必要结合重整计划作为社团决议的特殊法律性质，考察重整计划对混合担保效力的影响。

（一）重整计划决议的形成及其拘束力

1. 重整计划决议形成的立法考察。重整计划是指由经管债务人或管理人拟定，以进行债务的概括清理、维持或恢复债务人业务的继续经营为目的，经利害关系人（不限于债权人）分组表决通过和法院批准的一揽子方案。[2]本质上系债权人、债

---

〔1〕 参见许德风：《破产法论——解释与功能比较的视角》，北京大学出版社 2015 年版，第 349 ~ 352 页。

〔2〕 参见韩长印主编：《破产法学》，中国政法大学出版社 2016 年版，第 255 ~ 256 页。

务人以及债务人的出资人之间达成的一种新的特殊合同。

为提升重整计划的表决效率，重整计划的表决采多数决方式。多数决规则系破产重整计划的核心规则，联合国国际贸易法委员会《破产法立法指南》指出："关于持异议的债权人，务必规定一种方法，将所商定的计划强加给某类债权人中持异议的少数债权人，以增加重组获得成功的机会。"[1]就重整计划表决通过的具体规则而言，比较法采两种立法模式。一是表决权额决定说，即各组同意的债权人所代表的表决权额超过一定比例时，则认定草案表决通过。如我国台湾地区"公司法"第302条规定："关系人会议分组行使表决权，其决议经各组表决权额1/2以上同意，即为通过。"二是人数和债权额双重决定说，即各表决组同意草案的人数和所代表的债权额都达到法定比例时，重整计划方可视为通过。如我国《企业破产法》第84条第2款规定："出席会议的同一表决组的债权人过半数同意重整计划草案，并且其所代表的债权额占该组债权总额的三分之二以上的，即为该组通过重整计划草案。"

2. 重整计划决议不能推定异议债权人放弃异议。一般认为，重整计划体现着债权人、债务人以及债务人出资人之间（若对出资人权益调整）的合意，故一旦被法院批准，则对全体利害关系人产生一定的法律效力。其对债权人的法律效力主要表现为以下方面：其一，约束力。一旦重整计划被批准执行，该计划对全体债权人具有约束力，无论其在表决过程中是否持赞同意见，都不得在重整计划执行期间提出相异的意见。其二，执行力。重整计划具有执行力，否则法院的裁定就无法起到作用，在比较法上，大陆法系国家和地区普遍认为重整计划中所载明的给付义务，能够产生强制执行的效力[2]。其三，重整程序终止的效力。所谓重整计划一旦批准，重整期间即宣告终止，重整程序也即结束，债务人企业进入重整计划执行阶段。可见，尽管多数决规则（决议行为）是集体行动的关键手段，设置在重整程序中有其必要性，但其与行为法上代表全体成员完全意思自治的（共同）法律行为规则，仍有一定的差异，[3]因此重整计划中的担保物权限制性约定也不能代表异议债权人作出了放弃通过其他途径实现权利的承诺。

（二）本案中重整计划对担保债权的拘束力判断

重整计划的约束力并非绝对，一般认为，债权人在重整计划作出让步而未受偿

---

〔1〕　参见联合国国际贸易法委员会，2004年《破产法立法指南》第一和第二部分。

〔2〕　我国台湾地区"公司法"第305条第2款规定："法院认可之重整计划，对于公司及关系人均有拘束力，其所载之给付义务，适于为强制执行之标的者，并得径予强制执行。"

〔3〕　对于决议行为的组织法属性，以及其与行为法规则的区分，可参见周淳："组织法视阈中的公司决议及其法律适用"，载《中国法学》2019年第6期。

的部分，在重整程序结束后仍可请求保证人和连带债务人清偿。[1]在债权人并未明确表示放弃其债权的担保时，其在重整计划作出的让步应视为仅针对破产债务人，而并不影响破产程序之外的担保债权。

本案两级法院均认为，重整计划经债权人会议讨论通过，原告对其确认同意，因而其对破产费用和管理人报酬的负担具有协商自愿的性质。但说理过程似乎回避了以下两方面问题：其一，原告的确认盖章仅是对管理人依据已获批准的重整计划作出的债权受偿确认书的承认，经法院裁定批准的重整计划对全体债权人均有约束力，债权人此时并无其他选择，盖章行为本身并未代表其在重整计划表决时投了赞成票；其二，即便原告确实在债权人会议中明确投了赞成票，这也仅代表债权人同意在自身受偿的债权额中优先扣除破产费用和管理人报酬，但对该部分费用的承担并不代表其放弃了相应的担保债权。

为主张其对重整计划的确认并非其放弃担保债权的意思表示，债权人可以证明自己在重整计划表决时并未以明示的意思表示放弃。担保债权人自证曾经在债权人会议中作出反对，以证明其不曾放弃物上担保，可以考虑为保护此类债权人权利的一种方法。美国一些法院曾有过类似的观点，对于不同意有关重整计划的债权人，可支持其继续向保证人主张权利，若连带债务人满足以下部分或全部条件，方可对债权人的权利予以限制：①连带债务人的利益和主债务人具有一致性，要求连带债务人承担责任最终会导致破产财团的减少；②连带债务人已为重整贡献了数量显著的财产；③此种限制对破产重整的进行至关重要，如避免主债务人被连带债务人追偿；④绝大多数受影响的债权人都同意接受有关重整事项；⑤有关重整计划确立了支付全部或绝大部分债务的机制；⑥重整计划为相关的不同意该计划的相关权利人提供了就全部债权获得清偿的机会等。[2]可见，重整计划的通过并不一定会对债权的其他连带责任人产生实质性影响。

反过来看，保证人若主张重整计划表明担保债权人对其物上担保权利的放弃，必须证明债权人在重整表决中曾明确同意放弃抵押权或免除保证人的清偿义务，才能在重整程序之外产生约束担保债权人的效力。对于"民事权利的放弃必须明示"，最高人民法院也持赞成态度，最高人民法院发布的第57号指导案例指出："民事权利的放弃必须采取明示的意思表示才能发生法律效力，默示的意思表示只有在法律有明确规定及当事人有特别约定的情况下才能发生法律效力，不宜在无明确约定或

---

〔1〕 参见许德风："破产中的连带债务"，载《法学》2016年第12期；李永军主编：《破产法》，中国政法大学出版社2017年版，第235页。

〔2〕 参见许德风："破产中的连带债务"，载《法学》2016年第12期。

法律无特别规定的情况下，推定当事人对权利进行放弃。"[1]重整计划的表决也当同理，除债权人明示放弃权利的情况外，不论债权人在表决中投反对票、弃权票还是未参加表决，均可推定担保债权人具有保留权利的意思。

综上，我们认为只有担保债权人在重整计划的表决中明确表示放弃物上担保的权利，否则其对保证人的权利不受重整计划的影响。从重整计划约束力的相对性出发，原告承担相关破产费用的行为当属一种让步和妥协，但这种妥协仅在重整程序中具有效力，并不应影响其作为担保债权人依据《担保法》的相关规定主张权利。因此，原告在重整程序中接受未就抵押物价值实现完全受偿的结果，并不意味着其自愿放弃了重整程序之外尚存的担保债权。因此，本案中法院若要否决保证人责任，应以保证人责任的范围加以论证；法院此时援引《担保法》第28条中免责的相关规定，疑为对重整计划拘束力的误读，构成对少数异议人享有的担保权的不当限制。

四、本案中重整计划的合法性检视

虽然原告债权人提起的是保证合同之诉，但究其起因，债权人利益受损是因为重整计划对抵押权人的受偿范围作出了特别规定，要求抵押权人承担所有破产费用。这一做法是否符合《中华人民共和国物权法》（以下简称《物权法》）、《企业破产法》对担保物权的保护精神？重整计划的表决中，分组表决方式是否合法？人民法院批准通过该重整计划，是否合乎《企业破产法》对破产程序的相关规定？

（一）本案重整计划内容的合法性分析

1. 担保权人优先受偿的法制保障。保护债权人特别是担保权人的权益，是商事法律制度所所应遵循的基本规则之一。就我国现行法而言，抵押物权人在《物权法》《企业破产法》中均有特定的权利保障机制。

第一，一般情形下抵押权人享有优先受偿权。《物权法》第179条第1款规定，"债务人不履行到期债务或者发生当事人约定的实现抵押权的情形，债权人有权就该财产优先受偿"。[2]物权法对抵押权的实现与消灭也有具体的规定，有以下三种方式：①抵押物所担保之债权消灭，在担保债权因清偿、提存、抵销等原因消灭时，具有从属性的抵押自然消灭；②抵押权实行后，债权人因抵押权的行使而获得优先受偿；③其他原因，如抵押物灭失、抵押权与所有权混同等。[3]非经以上三种法定方式，应认定担保物权未实现，债权人有权要求担保人履行责任。

---

[1] 参见浙江省宁波市中级人民法院（2014）浙甬商终字第369号民事判决书。
[2] 参见《民法典》第386条、第394条。
[3] 参见刘家安：《物权法论》，中国政法大学出版社2015年版，第176~177页。

第二，破产程序中担保权人享有别除权。依据我国《企业破产法》的有关规定，抵押物权在债务人进入破产程序后表现为别除权，担保权人可在破产程序中就债务人的特定财产优先受偿。主要依据为：其一，《企业破产法》第109条规定了担保债权人对特定财产的优先受偿权；其二，针对法院强制批准的重整计划，《企业破产法》第87条还规定，相应债权就担保财产应获得"全额清偿"，并且其因延期清偿所受的损失将得到公平补偿，其担保权最终不应受到实质性损害；其三，《企业破产法》还规定，债权未就抵押物获完全清偿的部分，可作为普通债权继续申报，参与分配。

2. 本案重整计划不符合破产费用的法定清偿规则。本案重整计划对担保物权人的权利一定程度上作出削减，系为了清偿破产费用、管理人报酬等，然而这两项费用的支出方式，已由我国《企业破产法》《最高人民法院关于审理企业破产案件确定管理人报酬的规定》中的有关规定予以确立。

第一，破产费用应由未设担保物权的债务人财产清偿。我国《企业破产法》规定，破产费用和共益债务由债务人财产随时清偿。因此，有必要界定可用于清偿破产费用的"债务人财产"的范围。《企业破产法》第30条规定，"破产申请受理时属于债务人的全部财产，以及破产申请受理后至破产程序终结前债务人取得的财产，为债务人财产"，该规定似乎并未区分有无担保物权的财产；《最高人民法院关于适用〈中华人民共和国企业破产法〉若干问题的规定（二）》（以下简称《企业破产法司法解释二》）第3条第1款对此则进一步明确，有担保物的财产也属于债务人财产。据此，是否可认为设定担保物权的财产亦属于破产财产，因此可用来"随时清偿"破产费用？答案是否定的，《企业破产法司法解释二》第3条第2款规定了担保物优先受偿权与破产费用之间的先后顺序，[1]应以此为基准，推定破产费用、共益债务应从无担保的债务人财产中提取。

第二，若就担保物变价所得清偿管理人报酬的，其应低于无担保财产分配时的报酬比例。《最高人民法院关于审理企业破产案件确定管理人报酬的规定》第13条规定："管理人对担保物的维护、变现、交付等管理工作付出合理劳动的，有权向担保权人收取适当的报酬。管理人与担保权人就上述报酬数额不能协商一致的，人民法院应当参照本规定第2条规定的方法确定，但报酬比例不得超出该条规定限制范围的10%。"

本案中，重整计划对担保权人的优先受偿权增设了"担保债权承担的破产费

---

[1] 《企业破产法司法解释二》第3条规定："债务人已依法设定担保物权的特定财产，人民法院应当认定为债务人财产。对债务人的特定财产在担保物权消灭或者实现担保物权后的剩余部分，在破产程序中可用以清偿破产费用、共益债务和其他破产债权。"

用"和"担保债权承担的管理人报酬"的内容；同时约定，抵押权人就未获清偿的部分不得继续参与普通债权的分配。可见，该重整计划与现行的《企业破产法》《物权法》的相关规定相比较，有以下值得推敲之处：其一，重整计划要求由四位担保权人承担所有的破产费用和管理人费用，违背了破产费用支出、管理人报酬提取的规则；其二，重整计划对担保权人的优先受偿权作出了实质的限制，违反了担保物权的充分保护规则；其三，重整计划还剥夺了债权人在未获足额清偿的情况下，继续申报普通债权的权利，与《企业破产法》规定不符。

（二）合法化的可能路径：重整计划分组表决的优化[1]

本案的重整计划不仅严重限制了原告债权人的利益，还限制了重整程序中所有抵押债权人的权利。对此，可以作出合理假设，所有抵押债权人均对该重整计划表示反对，但即便如此，如果所有抵押债权所代表的债权额在担保债权中未占到形成反对意见的有效比例（未达到三分之一的比例），因此被其他类型的担保债权人所裹挟，无法有效反对该重整计划。因此，有必要探讨该重整计划在表决通过时，分组方式和表决方式是否合法。

1. 分组表决应采"实质相似"的分组标准。重整计划中债权人会议不采取集中表决，而采用分组表决的方式，这是由重整计划的特殊性所决定的，其对于债权人利益保障具有重要作用。分组表决是指"按照不同的标准，将债权人分为若干小组，再以小组为单位分别进行表决，然后按各组表决的结果计算债权人会议表决的结果"。[2]其保障债权的制度价值，体现在防止债务人优待某类债权人或者使某类债权人的投票权无效。比如，若某类债权人的债权额和人数都低于法律规定的形成有效反对意见之界限，此时集中表决将实质剥夺该类债权对重整计划表达意见的机会。

分组表决应采同一组内债权人利益"实质相似"标准。各国法律对分组表决的立法模式可大致分为概括式和列举式，而其核心做法都是按照债权在破产程序中的地位和获得清偿的顺序进行分组，使每一组内所有成员的权益实质上相同。[3]联合国国际贸易法委员会《破产法立法指南》亦指出："对债权实行分类的首要目的是要达到给予债权人公平和公正待遇的要求，对类似情形的债权同等处理，确保重整计划对某个特定类别的所有债权给予一系列同样的条件。"

对此，我国《企业破产法》所采的是列举模式，根据该法第 82 条及第 85 条规

---

〔1〕　本部分为设想情形，仅为对重整计划分组表决的制度优化提供些许思考和建议，不代表本案案情中真实情况。

〔2〕　韩长印主编：《破产法学》，中国政法大学出版社 2016 年版，第 152 页。

〔3〕　《美国破产法》第 1122 条（a）就规定，只有"基本类似"的债权或股权才能置于同一组别之中。

定，重整计划的表决组可分为优先债权组、劳动债权、税收债权组、普通债权组、小额债权组和出资人组，其中前四项为强制性分组，后两项为任意性分组。但问题在于，这六组内是否存在进一步细化的可能？列举模式不能穷尽所有分组表决的情况，分组的细化是可能且必要的。譬如针对不同类型的担保物权（优先权内部存在不同的清偿顺序时），以及出资人中存在优先股和普通股的区别时，既有进一步分组的必要。[1]可见，应该对现行破产法中分组的规范进行扩大解释，纳入"实质相似"的标准，当案情显示组内存在受偿利益的显著差别时，应细化分组方式。当然，这种细化的手段也不能走向另一个极端，若在表决时，所设定的分组足够小，以至于将每一个债权人都视为一个组，则第86条第1款将成为纯粹的"全体一致"规则，[2]反而不利于重整计划的顺利通过。

而在本案中，四位抵押债权人被要求承担所有破产费用，可见其担保物权相较于同时处于优先债权组的其他优先债权人，可能受到了更为严苛的限制。若该重整计划的通过仅是因为四位抵押债权人在优先债权中债权比例不足，导致其一致的反对意见被其他不需要负担破产费用的优先债权人所裹挟，应认为该分组方式不合法，所产生的决议效力亦存在瑕疵。

2. 特定内容的分组表决应对多数决予以限制。重整中表决通过规则的设计，对债权人利益的保障也十分关键。《企业破产法》对重整计划的表决通过在人数标准和债权额标准方面分别实行一般多数和特别多数决规则。然而，这一规则是否可以无差别地适用于所有小组的表决？有理由认为，当特定组别在重整计划中得不到任何利益，应当推定该组反对重整计划。重整计划需要该分组的所有债权人一致同意方可通过。故此，应当对重整计划表决分组中的多数决进行一定的限制。

第一，当重整计划对特定类型的债权人不产生任何利益（如本案中的抵押权人组）时，继续适用少数服从多数决规则，无法体现出少数债权人对其利益明示放弃的真实意思表示。如前所述，虽然重整计划可能对担保权人的优先权作出限制，但是该特定权利人对其权利放弃的意思表示应以明示的方式作出，而不能采取推定的方法予以认定。因此，即使特定组别中的多数人赞成重整计划，这种权利的放弃"仅对明确投票作出同意表示的个体权利人有效，而不适用组别内少数服从多数的原则"。[3]

第二，少数人的异议权也可以反证应对多数决规则进行适当的限制。联合国

---

〔1〕 对不同股权类型的分类，可参见汤维建："我国破产法草案在重整程序设计上的若干争议问题之我见"，载《法学家》2005 年第 2 期。

〔2〕 参见许德风：《破产法论——解释与功能比较的视角》，北京大学出版社 2015 年版，第 495 页。

〔3〕 王欣新："重整制度理论与实务新论"，载《法律适用》2012 年第 11 期。

《破产法立法指南》第4章"重整"第58条指出，异议人对重整计划提出质疑的理由包括："计划中的建议对持异议者的利益造成不当损害，或计划中对债权的处理不符合破产法规定的债权排序方法（除非已达成协议同意更改该排序）。"可见，对于在重整计划中受损的少数债权人，即使其在表决中的债权占比并未达到有效反对的标准，仍可对重整计划提出异议，而不受该计划的约束。

本案中，即使原告之外的其他抵押权人"自愿"承受破产费用的分摊责任并且对重整计划投出了赞成票，但基于重整计划系对担保权人的担保权作出调整，不应否认少数异议人可以提出异议，以否认该重整计划对其担保债权的损害。

（三）法院形式审查批准重整计划的合法性存疑

该重整计划不仅由债权人会议表决通过，而且经法院批准生效。值得反思的是，法院对管理人提交的、已经表决通过的重整计划，是否具有实体审查的义务，如果有，其标准是什么？本案中法院批准重整计划的行为，是否符合《企业破产法》的相关规定？

第一，法院有必要对重整计划进行实质审查。法院批准重整计划分为正常批准和强制批准，《企业破产法》第87条对法院强制批准重整计划的标准进行了规定，上述标准多侧重对重整计划的实质审查。而对于正常批准程序，法院的实质审查职能亦不可忽视。其必要性在于，即便是经多数决表决通过的重整计划，也存在债务人与债权额占优势的债权人合谋，以不正当的方式谋求重整计划的通过，进而侵害少数债权人利益的情况。

第二，我国现行法已经认可了法院在正常批准中实质审查的权力。我国《企业破产法》第86条第2款规定："自重整计划通过之日起10日内，债务人或者管理人应当向人民法院提出批准重整计划的申请。人民法院经审查认为符合本法规定的，应当自收到申请之日起30日内裁定批准，终止重整程序，并予以公告。"该规定没有从正面规定法院对重整计划予以批准的任何实质性标准或规则。最高人民法院发现了这一法律漏洞，故在《全国法院破产审判工作会议纪要》中作出了有效补充，该纪要第17条规定，法院应对重整计划关于企业重新获得盈利能力的经营方案的可行性、表决程序合法、内容不损害各表决组中反对者的清偿利益等方面进行审查。显然，即使在一般审查批准程序中，法院也有职权适度介入重整计划的实质审查。

第三，我国法院一般审查批准的标准，部分融合在《企业破产法》第87条中，部分以法律原则的方式体现。其一，《企业破产法》第87条的规定系关于部分小组未通过重整情形的审查标准的"杂糅"式规定，并非是针对强制批准的审查标准的专门规定。也就是说，第87条中规定的标准并不完全适用于强制批准程序，其中一些标准只能适用于一般审查批准程序。如第87条第2款第1项所规定的情况，是担保债权小组通过或被视为通过了重整计划，此时仅适用于正常批准程序。[1]其二，除了对现行法的体系解读之外，重整计划还应满足法律原则的要求。对此，《美国破产法》已将原则性标准成文化，其对重整方案标准的规定可资借鉴，即重整计划应当符合可行性标准、最大利益标准、填满标准和绝对优先原则等接受标准。正如有学者指出，不论是重整监督人审查重整债权，或是重整人拟定重整计划，又或是法院裁定认可重整计划时，都应将公正合理原则奉为最高原则。[2]

本案中，法院批准重整计划的合法性存在疑问：其一，以承担破产费用和管理人报酬为由扣减担保权人依担保物权所能获得的清偿份额，难谓符合"各项债权所具有在法律上及契约上优劣次序"的原则，重整计划并未保障本案原告债权人的最大利益；其二，重整计划是在限制担保权人表决权的情况下通过的，存在滥用多数决的嫌疑，法院对上述事由推定担保权人在重整计划表决过程中有机会充分表达反对立场，并据此推定该重整计划经原告债权人赞成，有违反公平合理原则的嫌疑。

由此可见，本案原告债权人未能就其合法成立的担保物权获得完全清偿的根本原因，并非保证人责任，而在于重整计划对其抵押物权的不当剥夺。债权人起诉保证人系错选了追责对象，若该债权人在重整计划的表决通过后，立刻对法院提出异议申请，或许才是保障其担保物权最直接、有效的手段。

五、本案中重整计划的正当性审视

虽然保障担保债权优先性是破产规则的基调，但破产程序中担保债权的绝对优先性并非牢不可破。破产法的立法目的、具体规则，均已从实质上构成对担保债权的限制。表面来看，本案中重整计划确实构成对抵押权人权利的损害，但从企业负债情况、破产重整推进的现实需求来看，该重整计划的特殊安排可能又具有一定的合理性，若对破产制度的价值、体系、理念等进行解释，或许可以证成该重整计划的正当性。

（一）破产法对担保物权的行使施加的必要限制

担保物权的限制不仅体现在破产法的制度价值中，还广泛体现在破产程序的实体性规范和程序性规范中。

第一，重整程序对特定财产的变价权具有"冻结"效力。《企业破产法》第75条第1款规定："在重整期间，对债务人的特定财产享有的担保权暂停行使。但是，担保物有损坏或者价值明显减少的可能，足以危害担保权人权利的，担保权人可以

---

〔1〕 参见韩长印主编：《破产法学》，中国政法大学出版社 2016 年版，第 156 页。

〔2〕 参见王志诚："重整计划对有担保重整债权之处理原则"，载《月旦法学教室》2017 年第 10 期（总第 180 期）。

向人民法院请求恢复行使担保权。"可见，在重整期间，担保权人原则上不能在重整程序开始后通过变价、作价等处分方式对其享有担保物权的特定财产优先获得清偿。重整期间担保权的暂停行使目的是给企业重整提供良好的外部条件，以免担保财产变现而影响企业生产经营。由此来看，担保权的暂停行使应确立适当的期间，根据重整对其实际需要的时间来确定，同时也对担保权的行使给予必要保障。对保障性规定，我国《企业破产法》并未给出明确的答案，仅设定在担保物有损坏或价值明显减少可能并足以危害担保人权利时始得恢复，但对于行使的期限却未予规定，此时就有可能异变成让担保权人"永久"停止行使担保物权。因此，相关规则应作出适当补充，以防对担保物权的冻结过度限制，损害其合法权益。

第二，《企业破产法》对担保债权的行使规则的限制，亦体现在强制批准程序上。该法第 87 条确立了重整计划的强制批准规则，在担保债权表决组未通过重整计划时，债务人或者管理人可以同其进行协商，并可在协商后再行表决一次。若担保债权组拒绝再次表决或再次表决后仍未通过，则在担保债权"因延期清偿所受的损失将得到公平补偿"且"未受到实质性损害"的情况下，法院可强制批准该重整计划。若重整计划中设定了限制担保物权正常行使的条款，那么该规定是当前《企业破产法》对担保债权受偿规则的直接否定。

就本案而言，尽管原告债权人在表决权的行使上并未受限，但是从重整计划的通过和最终呈现的结果来看，原告的真实意思表示仍然在一定程度上受到了限制。这种情形的出现，恰恰反映出破产重整程序中长期存在的手段与目的间的博弈。这一博弈具体体现在以下方面：破产重整程序实施的意图在于给予已经达到破产界限的企业以喘息的机会，通过整理和清理现有债权债务关系，以实现"凤凰涅槃"。为实现这一目标，债务人与管理人通常需要尽可能地保留破产企业的财产，否则仅剩一副空壳的破产企业将无力再投入到继续生产经营之中；甚至在特定情况下，破产重整制度为拯救企业，还会要求债权人对债务人的清偿限额作出一定的宽限或免除。可见，重整计划适当限制异议担保债权人的意思表示自由，系该制度的内在价值和必然结果。

（二）以担保物变价款补偿破产费用的现实需求

如前所述，现行破产法对担保债权的行使已经作出了诸多限制，本案则体现出司法实践中形成的另一典型限制手段，即要求担保债权人以其担保物的变价款优先补偿破产费用，而后就剩余的部分予以受偿。这一限制具有其产生的现实基础：实践中濒临破产的企业往往已经将其多数财产设置了担保物权，于此情形，若一味地坚持绝对顺位原则，破产重整程序的推进将步履维艰。

一方面，设定抵押的财产几乎覆盖企业的所有财产。"在绝大多数国家，随着担保制度的完善和担保物范围的扩张，企业破产时，其绝大多数资产上通常都会附有各种各样的担保物权。"[1]考察域外立法例，各国破产法的诸多重要变革都开始对占比过大的担保债权予以限制，如 1999 年《德国破产法》的最重要变革之一，便是限制担保物权在破产程序中的实现。

另一方面，在现行破产制度中，管理人的报酬取得存在制度性障碍。漫长的破产程序可能导致管理人自身经营和业务开展的困难（如管理人可能为相关程序的进行先行垫付相关费用），也可能促使管理人通过其他路径寻求"自我救济"，如草率处理重整事务以加速重整程序等，从而损害有关破产关系人的利益。对此，现有制度（特别是《企业破产法司法解释二》第 3 条的引入）使得相应破产程序在一定程度上陷入僵化，其背后的制度逻辑不仅剥夺了破产管理人的现实利益，甚至在一定程度上导致整个破产程序走向"深渊"。

有鉴于此，在企业大部分财产均已设置担保物权的情况下，破产程序将难以推进。其一，管理人报酬过低或无法受偿。根据《最高人民法院关于审理企业破产案件确定管理人报酬的规定》第 3 条规定，管理费用的计算中并不包含担保债权的价值，因此对于管理人来说，为担保债权人进行破产管理工作可谓"义务劳动"。同时，当部分破产企业的财产总额较低时，在扣除担保债权后，债务人企业的剩余财产可能归零，甚至不排除有负值的情况，这直接导致管理人获取报酬无门，甚至存在无法清偿的可能性，不利于管理人勤勉尽责地履行其职务。其二，破产重整程序名存实亡。随着越来越多的债权人要求在债务人财产上设置担保物权以确保优先受偿，清算式重整的引入将直接导致担保物权额占财产总额比例过高，甚至溢出破产企业，企业将因无剩余财产再组织生产而无法适用重整程序进行处理。根据《企业破产法》第 43 条第 4 款的规定，"债务人财产不足以清偿破产费用的，管理人应当提请人民法院终结破产程序"，若企业的无担保财产过少会直接导致不足以清偿破产费用，管理人将不得不在企业尚存大量设有担保物权财产时，向法院申请终结破产程序。

（三）本案中重整计划正当性证成："公平原则"

为缓解担保债权与破产费用之间的紧张关系，有观点指出应对现行法中担保债权的优先受偿作出变通规定，如王欣新教授提出以"公平原则"来对待担保物权的处理，即"当担保物覆盖债务人全部财产时，破产程序已是为担保债权人的利益而进行，尤其是破产清算程序，所以担保债权人应承担无担保财产不足以支付的全部破产费用和共益债务，包括合理的管理人报酬"。[2]同时，还有观点比照《日本破产法》采纳的"相对优先原则"，指出"按照优先权顺位分配公司剩余价值时，即

---

〔1〕 许德风："论担保物权在破产程序中的实现"，载《环球法律评论》2011 年第 3 期。
〔2〕 王欣新："论破产程序中担保债权的行使与保障"，载《中国政法大学学报》2017 年第 3 期。

使清偿顺位在先的利益相关人未获得完全清偿时，顺位在后的利益相关人也可以根据公平、公正的原则获得一定的清偿"。[1]

值得说明的是，上述"公平原则"在破产重整程序中的适用，尽管具有积极的实践功效（即使"破产费用和共益债务"有了着落），但在理论层面，其并非"无懈可击"。由于企业重整的受益者在宏观上是整个社会，在微观上则主要是债权人和债务人，然而担保债权人通过破产重整程序所受之利益很难与普通债权人相比拟。担保债权人不但被要求暂停行使担保债权，甚至在重整程序中的表决权都受限。同时，基于重整程序挽救债务人的制度目的，一般认为，"重整程序通过挽救债务人企业而提升的重整价值与利益主要归属于普通债权人，可能还包括股东，而担保物权人通过重整得不到什么利益"。[2]而对于担保债权人，由于其行权方式受到限制，获偿期限被延迟，重整计划对其反而可能是不利的。在这种情况下启动重整程序并让担保债权人承担破产费用，显然违背了"谁受益谁付费"的原则，难谓合理公平。

结合本案的情况，如果企业确实存在大部分财产均已设置抵押、破产费用难以支付的情形，债务人企业确实有可能通过重整计划获得挽救的，重整计划根据公平原则要求抵押权人以特定财产承担破产费用，应是有利于债权人、债务人双方的整体利益。但是，本案中重整计划进一步规定抵押权人就未足额获偿的部分丧失作为普通债权参与分配的权利，对主债权、抵押权均构成了不当限制。若该计划规定重整终结后，抵押权人就未受偿的部分仍保有受偿权利，甚至对迟延受偿的利息也可予以补偿，则该计划暂时限制个别抵押权人的分配方式将更符合公平原则，因此更具有合理性。

六、结语

本案虽然是保证责任纠纷，但原告债权人的优先受偿权受到限制的根源系重整计划对抵押债权人负担破产费用的特殊安排。本案案情表明，重整程序中担保债权的优先性与重整制度价值具有内在冲突。一方面，若司法实践仍采取对破产程序中"担保物权不受约束"的基本立场，则其预示着现有破产法制度规范中可能存在相应的逻辑不清、体系混乱以及利益失衡的缺漏，主要表现在对债权人会议的表决权，债务人、管理人的变现权等方面，应于立法构建担保物权的保护与限制的平衡。另一方面，破产法对担保物权的实现进行适当限制，目前已成为学界和实务界的共识，但破产立法的相关规定与物权法定原则的内在冲突、债权债务公平清偿的

---

[1]　丁燕、黄涛周："绝对优先原则的重新审视"，载《东方论坛》2017年第1期。

[2]　王欣新："论破产程序中担保债权的行使和保障"，载《中国政法大学学报》2017年第3期。

制度价值与异议表决人意思表示自由的矛盾等，仍值得进一步研究。

本案是重整程序中担保债权优先受偿与破产费用公平清偿之矛盾的集中体现。诚然，企业重整确实需要抵押权人作出妥协和让步，达到债权人与债务人双赢的局面。我们认为，在破产重整程序中对担保债权的实现进行适当的法律规制具有一定的理论合理性，然而这并不意味着破产重整程序可完全忽视担保债权人的优先受偿权。对此，应结合前文所述的程序合法、实质合理要求，在立法层面补足担保债权人在重整程序中权利行使的边界，在司法层面提高法院对重整计划分组模式、表决方式以及重整计划内容的实质审查，以期达到担保债权在重整程序中保障与限制的合理平衡。

附件：判决书全文

中国银行股份有限公司湛江分行与朱兴明、王正芳保证合同纠纷二审民事判决书

湛江市中级人民法院

民事判决书

（2016）粤 08 民终 1072 号

上诉人（原审原告）：中国银行股份有限公司湛江分行。住所地：湛江市人民大道北 71 号。

负责人：江伟涛，行长。

委托代理人：叶翠芬，该行员工。

委托代理人：谢东方，该行员工。

被上诉人（原审被告）：朱兴明，男，1968 年 9 月 2 日出生，汉族，住湛江市霞山区。

委托代理人：黄彦，广东正大方略律师事务所律师。

被上诉人（原审被告）：王正芳，女，1974 年 5 月 26 日出生，汉族，住湛江市霞山区。

被上诉人（原审被告）：朱晃慊，男，1976 年 11 月 18 日出生，汉族，住湛江市霞山区。

委托代理人：黄彦，广东正大方略律师事务所律师。

原审第三人：湛江市城乡建设实业有限公司。住所地：湛江市坡头区灯塔路嘉兴公寓 A 栋 201 房。

诉讼代表人：湛江市城乡建设实业有限公司管理人。住所地：湛江市赤坎区军

民路 19 号荣基大厦 1021 房。

负责人：林峰。

委托代理人：林亮，广东粤海律师事务所律师。

委托代理人：麦韦宁，湛江市信达会计事务所会计师。

上诉人中国银行股份有限公司湛江分行（以下简称中国银行湛江分行）因与被上诉人朱兴明、王正芳、朱晁慷及原审第三人湛江市城乡建设实业有限公司（以下简称城乡公司）保证合同纠纷一案，不服广东省湛江市赤坎区人民法院（2014）湛赤法民三初字第 643 号民事判决，向本院提起上诉。本院于 2016 年 6 月 27 日受理后，依法组成由审判员陈建业担任审判长，审判员杜友裕、李建明参加的合议庭对本案进行了审理，书记员梁玉靖担任记录。上诉人中国银行湛江分行的委托代理人叶翠芬、谢东方，被上诉人朱兴明、朱晁慷的共同委托代理人黄彦，原审第三人城乡公司管理人的委托代理人林亮到庭参加诉讼。被上诉人王正芳经本院传票传唤，无正当理由不到庭参加诉讼。本案现已审理终结。

中国银行湛江分行向原审法院起诉称：中国银行湛江分行与第三人城乡公司分别于 2011 年 10 月 27 日、2012 年 5 月 21 日签订编号为 GDK476300120110092 号《固定资产借款合同》与编号为 GDK476300120110092-1 号《固定资产借款合同补充协议》，约定中国银行湛江分行向城乡公司发放固定资产贷款人民币 390 000 000 元用于"汇景蓝湾"项目的开发建设。2011 年 10 月 27 日，朱兴明、王正芳、朱晁慷分别与中国银行湛江分行签订编号为 GRBZ476300120110085 号、GRBZ476300120110086 号《保证合同》，为城乡公司在中国银行湛江分行的贷款承担连带责任保证。2012 年 11 月 21 日，城乡公司以其不能偿还到期债务为由，向湛江市中级人民法院申请破产。2012 年 12 月 12 日，湛江市中级人民法院裁定嘉粤集团有限公司（借款人城乡公司成立于 1985 年 2 月 12 日，2009 年 6 月被嘉粤集团有限公司收购，是一家三级资质的房地产开发商）等 34 家公司进行合并重整。2014 年 6 月 5 日，湛江市中级人民法院作出终审裁定：（1）批准嘉粤集团有限公司及其关联企业共 34 家公司重整计划；（2）终止嘉粤集团有限公司及其关联企业共 34 家公司重整程序。中国银行湛江分行应分配的优先债权清偿额为：292 369 460.33 元，扣减担保债权承担的破产费用 2 793 721.51 元、管理人报酬 2 923 694.60 元、已清偿的债权 6 424 997.55 元，中国银行湛江分行最终领取债权受偿款 280 227 046.67 元。根据《嘉粤集团有限公司及其关联企业共 34 家公司重整计划》第三部分第（七）点 3 款的说明："重整计划执行完毕后，各项费用若有剩余的，将向普通债权人追加分配。"优先受偿的抵（质）押债权已清偿完毕后，即使有剩余费用，中国银行湛江分行也无权再参与分配。至此，中国银行湛江分行尚有 5 657 485.72 元未受偿。根据中国银行湛江分行与朱兴明、王正芳、朱晁慷签订的《保证合同》第二条规定：

主合同项下发生的债权构成本合同之主债权，包括本金、利息（包括法定利息、约定利息、复利、罚息）、违约金、赔偿金、实现债权的费用（包括但不限于诉讼费用、律师费用、公证费用、执行费用等）、因债务人违约而给债权人造成的损失和其他所应付费用。因此，中国银行湛江分行承担的破产费用及管理人报酬是属于合同约定的主债权，此部分费用中国银行湛江分行尚未受清偿。又根据《最高人民法院关于适用〈中华人民共和国担保法〉若干问题的解释》第四十四条规定：保证期间，人民法院受理债务人破产案件的，债权人既可以向人民法院申报债权，也可以向保证人主张权利。债权人申报债权后在破产程序中未受清偿的部分，保证人仍应承担保证责任。债权人要求保证人承担担保责任的，应当在破产程序终结后6个月内提出。所以，朱兴明、王正芳、朱晁慷应对中国银行湛江分行实现债权的费用人民币5 657 485.72元承担保证责任。为了保护中国银行湛江分行合法权益，保护国家信贷资金不受损失，请求判令：1. 朱兴明、王正芳、朱晁慷共同偿还中国银行湛江分行实现债权的费用人民币5 657 485.72元；2. 朱兴明、王正芳、朱晁慷共同承担本案诉讼费、执行费。

朱兴明、朱晁慷辩称：一、本案适用破产法，因为本案是因中国银行湛江分行依破产法受偿债权，因破产程序所产生的法律关系，应由破产法调整。二、依《可实现优先受偿抵（质）押债权情况表》反映，中国银行湛江分行债权额为292 369 460.33元，抵押物估值为692 059 300元，变现的价值为481 503 956.92元。据此，债务人若依正常程序偿还中国银行湛江分行债务尚有余额189 134 496.59元，因而不存在由保证人履行保证责任，代债务人履行债务之问题。三、中国银行湛江分行主张按合同约定，保证人应对实现债权的费用承担保证责任是没有法律根据的。理由：1. 据前述，破产费依破产程序产生，应适用破产法调整。在该破产程序中，法院已明确该费用由债权人承担，且法院、债权人已就此达成协议，现债权人在承担破产费用之后，却起诉保证人请求偿还破产费用，显然于法无据，且违反诚信原则。进而言之，在该破产程序中，法院未通知保证人参与处理涉案债务事宜，朱兴明、王正芳、朱晁慷作为保证人不应对破产费用承担保证责任。2. 破产程序中，由债权人承担破产费用，有法律规定及法院确认，而由保证人承担破产费用，则没有法律依据。3. 破产费用不属《保证合同》约定的"实现债权费用（包括但不限于诉讼费用、律师费用、公证费用、执行费用等）"，且若依正常途径，则以债务人的抵押财产偿还全部债权尚有余额。因此，由于破产程序，破产费用之产生已溢出"实现债权费用"的边界，不为该合同所约束，而应依破产法以及法院确认，债权人、债务人之约定，由中国银行湛江分行承担，故保证人无需对破产费用承担保证责任，依法应驳回中国银行湛江分行的请求。

王正芳未作应诉答辩。

　　第三人城乡公司管理人辩称：本案中，管理人是按照法律规定收取了中国银行湛江分行破产费用及管理报酬，管理人收取中国银行湛江分行这两项的费用是经过湛江市中级人民法院的批准及中国银行湛江分行的同意，也经过债权委员的讨论通过，管理人收取上述费用符合法律的规定。

　　原审法院经审理查明：第三人城乡公司是嘉粤集团有限公司下属一家从事房地产开发的子公司。2011年10月27日，中国银行湛江分行与第三人城乡公司签订编号为GDK476300120110092号的《固定资产借款合同》，约定中国银行湛江分行向第三人城乡公司发放固定资产贷款人民币390 000 000元用于"汇景蓝湾"项目的开发建设，借款期限为自实际借款日起36个月，由城乡公司提供最高额抵押担保（抵押担保合同为GRY476300120110076号），嘉粤集团有限公司、广东明兴建筑集团有限公司及朱兴明、朱晁慷提供保证担保。签订上述借款合同的同时，朱兴明、王正芳夫妻及朱晁慷分别与中国银行湛江分行签订编号为GRBZ476300120110085号、GRBZ476300120110086号《保证合同》，为第三人城乡公司向中国银行湛江分行的贷款承担连带责任保证。《保证合同》的第二条约定："主合同项下发生的债权构成本合同之主债权，包括本金、利息（包括法定利息、约定利息、复利、罚息）、违约金、赔偿金、实现债权的费用（包括但不限于诉讼费用、律师费用、公证费用、执行费用等）、因债务人违约而给债权人造成的损失和其他所应付费用。"此外，中国银行湛江分行还与第三人城乡公司办理了有关"汇景蓝湾"房产的抵押担保手续。中国银行湛江分行依合同于同年11月1日放款给第三人城乡公司2亿元，2012年2月29日放款1亿元。同年5月21日，中国银行湛江分行与第三人城乡公司签订编号为GDK476300120110092－1号《固定资产借款合同补充协议》，就抵押和保证的各担保合同编号进行说明。同年5月24日，中国银行湛江分行再放款9000万元给第三人城乡公司。上述借款，第三人城乡公司均出具了《借款借据》给中国银行湛江分行。同年11月21日，第三人城乡公司以其不能偿还到期债务并继续恶化为由，与嘉粤集团有限公司及同为嘉粤集团有限公司相关联的33家公司向湛江市中级人民法院提出破产重整申请。同年12月12日，湛江市中级人民法院裁定受理第三人城乡公司的重整申请，并宣告该司进入重整程序。湛江市中级人民法院将第三人城乡公司与嘉粤集团有限公司等33家公司进行合并重整。2014年5月30日，嘉粤集团有限公司等34家公司管理人作出《嘉粤集团有限公司及其关联企业等34家公司重整计划》，并经债权人会议通过。重整计划确认破产费用1850万元，由全体抵押债权人承担，其中11 033 400元由中国银行湛江分行等四家银行抵押债权人按可优先受偿金额比例承担。而根据《可实现优先受偿抵（质）押债权情况表》反映，中国银行湛江分行抵押债权金额为292 369 460.33元，抵押物评估价为692 059 300元，变现价值为481 503 956.92元，可优先偿付金额为292 369 460.33

元。同年6月5日，湛江市中级人民法院作出终审裁定：（1）批准嘉粤集团有限公司及其关联企业共34家公司重整计划；（2）终止嘉粤集团有限公司及其关联企业共34家公司重整程序。同年6月18日，嘉粤集团有限公司管理人向中国银行湛江分行发出债权受偿确认书，确认中国银行湛江分行债权及应分配的优先债权清偿额为292 369 460.33元、担保债权承担的破产费用为2 793 721.51元、担保债权承担的管理人报酬为2 923 694.60元，已清偿的债权额为6 424 997.55元、可领债权清偿款净额为280 227 046.67元。中国银行湛江分行次日盖章进行了确认。中国银行湛江分行认为其已承担的破产费用及管理人报酬，应由保证人负责偿还，遂于2014年8月20日向原审法院提起诉讼。

原审法院审理认为：第三人城乡公司经批准破产重整，中国银行湛江分行是对第三人城乡公司抵押物享有优先受偿的债权人，在其292 369 460.33元担保债权中，抵押物估值为692 059 300元，变现价值为481 503 956.92元，均超出享有的债权。《中华人民共和国物权法》第一百七十六条规定："被担保的债权既有物的担保又有人的担保的，债务人不履行到期债务或者发生当事人约定的实现担保物权的情形，债权人应当按照约定实现债权；没有约定或者约定不明确，债务人自己提供物的担保的，债权人应当先就该物的担保实现债权；第三人提供物的担保的，债权人可以就物的担保实现债权，也可以要求保证人承担保证责任。提供担保的第三人承担担保责任后，有权向债务人追偿。"《中华人民共和国担保法》第二十八条第一款规定："同一债权既有保证又有物的担保的，保证人对物的担保以外的债权承担保证责任。"第二款规定："债权人放弃物的担保的，保证人在债权人放弃权利的范围内免除保证责任。"根据抵押物的评估情况，中国银行湛江分行的债权在重整中可得到完全优先受偿，故保证人不应再承担保证责任。重整计划中关于中国银行湛江分行等四银行分担破产费用的事项，由债权人会议通过，破产费用与管理人报酬两项的负担均经中国银行湛江分行确认同意，具有协商自愿分担性质，不属于破产程序中未受清偿的债权部分，中国银行湛江分行在破产重整得以优先受偿债权后，再要求朱兴明、王正芳、朱晁慷承担5 657 485.72元的破产费用与管理人报酬，显然理据不足，不予支持。王正芳不到庭参加诉讼，视为放弃抗辩权。依照《中华人民共和国物权法》第一百七十六条、《中华人民共和国担保法》第二十八条、第四十六条、《中华人民共和国民事诉讼法》第一百四十四条的规定，判决：驳回中国银行股份有限公司湛江分行的全部诉讼请求。案件受理费51 402元，由中国银行股份有限公司湛江分行负担。

中国银行湛江分行不服原审判决，向本院上诉称：一审判决认定事实部分不清，适用法律错误，依法应予纠正。具体表现在：1. 一审法院适用"债权人放弃物的担保的，保证人在债权人放弃权利的范围内免除保证责任"的规定且认定"根据抵押评估情况，原告的债权在重整中可得到完全优先受偿，故保证人不应再承担保证责任"的做法是错误的。如果仅凭抵押物价值的情况，上诉人的债权是完全可以得到受偿的。但是上诉人的债权不是通过普通的处置抵押物来获得受偿的，而是通过借款人城乡公司申请破产清算，在债权人会议通过的方案统一调配下而获得受偿，上诉人不是放弃物的担保。所以一审法院适用"债权人放弃物的担保的，保证人在债权人放弃权利的范围内免除保证责任"的规定是错误的。2012 年 11 月 21 日，借款人城乡公司以其不能偿还到期债务为由，向湛江市中级人民法院申请破产。2012 年 12 月 12 日，湛江市中级人民法院裁定嘉粤集团有限公司（含借款人城乡公司）等 34 家公司进行合并重整。2014 年 6 月 5 日，湛江市中级人民法院作出终审裁定：（1）批准嘉粤集团有限公司及其关联企业共 34 家公司重整计划；（2）终止嘉粤集团有限公司及其关联企业共 34 家公司重整程序。上诉人应分配的优先债权清偿额为：292 369 460.33 元，扣减担保债权承担的破产费用 2 793 721.51 元、管理人报酬 2 923 694.60 元、已清偿的债权 6 424 997.55 元，上诉人最终领取债权受偿款280 227 046.67元。可见，上诉人顺利受偿到该笔债权 280 227 046.67 元，是按照债权人会议方案的统一分配而受偿的，如果没有按规定缴纳破产费用和管理人报酬，上诉人的该笔债权 280 227 046.67 元就无法顺利得到受偿。况且，上诉人的债权金额较小，上诉人投票情况无法左右债权人会议投票结果。所以说，上诉人要获得债权受偿，就要按债权人会议通过的债权分配方案统一分配，而不能自行随意处置抵押物从而使上诉人的债权完全得到优先受偿。最后，上诉人还有 5 657 485.72 元未得到优先受偿。所以一审法院认定"根据抵押评估情况，原告的债权在重整中可得到完全优先受偿，故保证人不应再承担保证责任"的做法是错误的。且《嘉粤集团有限公司及其关联企业共 34 家公司重整计划》第三部分第（七）点 3 款的说明："重整计划执行完毕后，各项费用若有剩余的，将向普通债权人追加分配。"优先受偿的抵（质）押债权已清偿完毕后，即使有剩余费用，上诉人也无权再参与分配。而上诉人与被上诉人签订的《保证合同》第二条规定：主合同项下发生的债权构成本合同之主债权，包括本金、利息（包括法定利息、约定利息、复利、罚息）、违约金、赔偿金、实现债权的费用（包括但不限于诉讼费用、律师费用、公证费用、执行费用等）、因债务人违约而给债权人造成的损失和其他所应付费用。因此，上诉人承担的破产费用及管理人报酬是属于合同约定的主债权，此部分费用上诉人尚未受清偿。又根据《最高人民法院关于适用〈中华人民共和国担保法〉若干问题的解释》第四十四条规定：保证期间，人民法院受理债务人破产案件的，债权人既可以向人民法院申报债权，也可以向保证人主张权利。债权人申报债权后在破产程序中未受清偿的部分，保证人仍应承担保证责任。债权人要求保证人承担担保责任的，应当在破产程序终结后 6 个月内提出。上诉人还有 5 657 485.72 元未得到受偿，所以被上诉人应承担保证清偿责任。2. 一审法院认定"破产费用与管理人报酬两项的负担均经原告确认同意，具有协商自愿分担性质"属认定事实有误。破产费用与管理人报酬两项费用不是上诉人自愿协商分担的，而是按照管理人与债权人会议通过的方案进行缴纳的。管理人报酬是管理人按照最高人民法院法释（2007）9 号《关于审理企业破产案件确定管理人报酬的规定》，按担保债权总额的 1.5% 收取。而破产费用也是按照相关收费的标准收取的。上诉人为了保证自己的债权得以实现，只能依照债权人通过的方案缴纳相关费用，而不是上诉人协商自愿承担的。综上所述，一审法院对本案部分事实认定有误，适用法律不当，恳请二审法院查明本案事实，正确适用法律，撤销一审判决，支持上诉人一审的全部诉讼请求，并判令被上诉人承担本案的一、二审全部诉讼费用。

针对上诉人中国银行湛江分行的上诉请求及理由，被上诉人朱兴明、朱晃慷共同答辩称：一、一审判决认定事实清楚，适用法律正确，审判程序合法，应予维持。二、本案应适用破产法，因为本案肇因于上诉人依破产法受偿债权，因破产程序所产生的法律关系，应由破产法调整。三、依《可实现优先受偿抵（质）押债权情况表》反映，上诉人债权额为 292 369 460.33 元，抵押物估值为 692 059 300.00 元，变现价值为 481 503 956.92 元。据此，债务人若依正常程序偿还上诉人债务尚有余额 189 134 496.59 元，因而不存在由保证人履行保证责任，代债务人履行债务之问题。四、上诉人主张按合同约定，保证人应对实现债权的费用承担保证责任，是没有法律依据和事实依据的。理由：1. 据前述，破产费是依破产程序产生，应适用破产法调整。在该破产程序中，法院已明确破产费用由债权人承担，且法院、债权人已达成协议破产费用由债权人承担，现债权人在承担破产费用之后，却起诉保证人请求偿还破产费用，显然于法无据，且违反诚信原则。进而言之，在该破产程序中，法院未通知保证人参与处理涉案债务事宜，被上诉人作为保证人不应就破产费用承担保证责任。2. 在破产程序中，由债权人承担破产费用，有法律规定及法院确认，而由保证人承担破产费用，则没有法律依据。3. 破产费用不属《保证合同》约定的"实现债权的费用（包括但只限于诉讼费用、律师费用、公证费用、执行费用等）"。且若依正常途径，则以债务人的抵押财产偿还全部债权尚有余额，因此，由于破产程序，破产费用之产生已溢出"实现债权的费用"的边界，不为该合同所约束，而应依破产法以及法院确认、债权人、债务人之约定，由上诉人承担，故保证人毋须对破产费用承担保证责任。综上所述，请求合议庭依法驳回上诉人的上诉请求。

被上诉人王正芳二审不参加开庭，亦没有提交答辩意见。

原审第三人城乡公司述称：管理人是按照法律规定收取中国银行湛江分行破产费用及管理报酬的，管理人收取中国银行湛江分行该两项费用是经过湛江市中级人民法院的批准及中国银行湛江分行的同意，也经过债权委员的讨论通过，管理人收取上述费用符合法律的规定。

二审期间，上诉人中国银行湛江分行和被上诉人朱兴明、王正芳、朱晁慷及原审第三人城乡公司均没有提供新证据。

本院经审理查明：原审判决认定事实清楚，本院予以确认。

本院认为：本案属保证合同纠纷。根据《中华人民共和国民事诉讼法》第一百六十八条"第二审人民法院应当对上诉请求的有关事实和适用法律进行审查"的规定，本院对中国银行湛江分行上诉请求的有关事实和适用法律进行审查。根据上诉人中国银行湛江分行的上诉理由和被上诉人朱兴明、朱晁慷及原审第三人城乡公司的答辩意见，本案当事人二审争议的焦点问题是：中国银行湛江分行请求朱兴明、王正芳、朱晁慷共同偿还破产费用和管理人报酬共计 5 657 485.72 元是否应获支持。《中华人民共和国物权法》第一百七十六条规定："被担保的债权既有物的担保又有人的担保的，债务人不履行到期债务或者发生当事人约定的实现担保物权的情形，债权人应当按照约定实现债权；没有约定或者约定不明确，债务人自己提供物的担保的，债权人应当先就该物的担保实现债权；第三人提供物的担保的，债权人可以就物的担保实现债权，也可以要求保证人承担保证责任。提供担保的第三人承担担保责任后，有权向债务人追偿。"《中华人民共和国担保法》第二十八条规定："同一债权既有保证又有物的担保的，保证人对物的担保以外的债权承担保证责任。债权人放弃物的担保的，保证人在债权人放弃权利的范围内免除保证责任。"本案中，上诉人中国银行湛江分行是对原审第三人城乡公司抵押物享有优先受偿的债权人，在中国银行湛江分行享有的 292 369 460.33 元担保债权中，城乡公司提供的抵押物估值为 692 059 300 元，变现价值为 481 503 956.92 元，均已超出中国银行湛江分行所享有的债权。根据上述抵押物的评估、变现情况，中国银行湛江分行的债权在城乡公司的重整中应能得到全部的优先受偿，故保证人对城乡公司的该债务不应再承担保证责任。对于重整计划中提出的中国银行湛江分行等四家银行分担的破产费用和管理人报酬，均由债权人会议讨论通过，且该破产费用与管理人报酬两项的负担亦经中国银行湛江分行确认同意，具有协商自愿分担的性质，不属于破产程序中未受清偿的债权部分。现中国银行湛江分行在破产重整得以优先受偿债权后，再要求保证人朱兴明、王正芳、朱晁慷承担 5 657 485.72 元的破产费用与管理人报酬，显然理据不足，不予支持。据此，原审判决驳回中国银行湛江分行的全部诉讼请求并无不当，本院予以维持。

综上所述，原审判决认定事实清楚，适用法律及实体处理正确，应予维持。上诉人中国银行湛江分行上诉无理，应予驳回。依照《中华人民共和国民事诉讼法》第一百七十条第一款第（一）项之规定，判决如下：

驳回上诉，维持原判。

二审案件受理费 51 402 元，由中国银行湛江分行负担。

本判决为终审判决。

审判长　陈建业

审判员　杜友裕

审判员　李建明

二〇一六年九月十九日

书记员　梁玉靖

专题七　债权人会议相关问题研究

一、案情概要与问题的提出

2013 年 12 月 16 日，大连经济开发区法院作出裁定，宣告被告大连齐化化工有限公司（以下简称"齐化化工"）破产。原告中国信达资产管理有限公司辽宁分公司系该企业担保债权人。在破产财产已经过八次拍卖均流拍的情况下，2018 年 5 月 24 日，齐化化工制作了第五次变价方案。主要内容为：编号为 80 的某地块即主厂区在第八次流拍价格基础上再次降价 30%。6 月 14 日，管理人通过邮箱向原告发送《关于大连齐化化工有限公司破产财产变价方案（第五次）表决情况的通报》：齐化化工 91 名债权人中，除 7 名债权人查无下落退件以外，实际收回表决票 55 份，其中 44 名债权人同意，11 名反对，剩余 29 名债权人未在表决时限内回复意见，视为弃权，第五次变价方案经债权人会议表决通过。同年 7 月 18 日，变价方案所涉破产财产拍卖成交。

原告认为，6 月 14 日管理人发送的通报表没有债权额通过比例的体现，所以在 7 月末要求管理人提供整个表决票中债权额的统计情况。8 月 6 日，管理人通过邮箱向原告发送"大连齐化化工有限公司第五次财产变价方案表决统计""关于大连齐化化工有限公司破产财产变价方案（第五次）表决情况的通报"和"第九次拍卖公告"。8 月 17 日，原告向受理破产案件的法院提出撤销第五次变价方案申请，认为第五次变价方案因管理人存在统计错误而并未获得通过。法院以原告请求超期为由，未予受理。故原告于 2019 年 2 月 28 日提起诉讼，请求撤销第五次变价方案，并确认该变价方案既未成立，也未生效。

一审法院认为：原告收到被告发送的通报表决票后，尽管对债权人会议决议有异议，但既未在 15 日内向管理人提出，亦未按规定向人民法院请求撤销，已超出法律规定的时效规定，故驳回原告诉讼请求。二审法院认为，上诉人若认为债权人会议的表决违反法定程序或债权人会议的决议内容违法，应在收到管理人通知之日起 15 日内向受理破产申请的一审法院提出撤销申请，由一审法院在破产程序中予以审查，并作出相应裁定。上诉人提出撤销之诉、确认无效之诉不具有法律依据，故裁定撤销一审判决并驳回起诉。[1]

本案的争点和值得探究的问题有三：①非现场表决时申请撤销债权人会议决议期间的起算时点；②债权人会议决议的效力瑕疵形态；③债权人会议决议存在瑕疵时债权人的救济渠道。

二、非现场表决时债权人行使撤销权的起算时点

《企业破产法》第 64 条第 2 款[2]规定，债权人申请撤销债权人会议决议的期间起算点为决议作出之日。然而，随着信息科技的发展，网络表决等非现场表决方式逐渐受到青睐，特别是对于债权人人数众多的破产案件，采用非现场表决的方式既可以极大地节省时间与程序成本，也契合破产法对程序效率的要求。因此，《企业破产法司法解释三》[3]第 11 条第 1 款[4]、第 12 条第 3 款[5]规定了通信、网络投票等非现场表决方式，并明确在此种表决方式下，管理人应以信函、电子邮件、公告等方式将表决结果告知相关债权人，债权人申请撤销决议的期限自债权人收到通知之日起算。然而，文首案例中法院的判决却引出一个新的问题：在非现场表决方式下，如何界定债权人"收到通知之日"？

（一）非现场表决时债权人"收到通知"的立法解读

债权人收到完整、准确的通知是"债权人收到通知之日"的应有之义，15 日期间的起算点应为债权人收到"完整通知"之日。否则，在非现场表决方式下，管理人在统计工作中出现的纰漏很难被及时发现，甚至有可能出现故意隐瞒表决情况或捏造表决结果的现象。

在采取通信或网络投票等方式进行表决的情况下，债权人获取决议的内容与结果将完全依赖于管理人对信息的整理与传递：管理人先对表决结果进行统计，再依据法律规定将统计结果告知债权人。此时，债权人收到的通知内容应与现场表决下

---

〔1〕 参见大连经济技术开发区人民法院（2019）辽 0291 民初 1718 号民事裁判书。

〔2〕《企业破产法》第 64 条第 2 款规定："债权人认为债权人会议的决议违反法律规定，损害其利益的，可以自债权人会议作出决议之日起 15 日内，请求人民法院裁定撤销该决议，责令债权人会议依法重新作出决议。"

〔3〕 需要说明的是，《企业破产法司法解释三》是 2019 年发布实施的，严格说来并不适用于本案。

〔4〕《企业破产法司法解释三》第 11 条第 1 款规定："债权人会议的决议除现场表决外，可以由管理人事先将相关决议事项告知债权人，采取通信、网络投票等非现场方式进行表决。采取非现场方式进行表决的，管理人应当在债权人会议召开后的 3 日内，以信函、电子邮件、公告等方式将表决结果告知参与表决的债权人。"

〔5〕《企业破产法司法解释三》第 12 条第 3 款规定："债权人申请撤销债权人会议决议的，应当提出书面申请。债权人会议采取通信、网络投票等非现场方式进行表决的，债权人申请撤销的期限自债权人收到通知之日起算。"

其能够获知的信息相一致，一般包括决议的具体内容、参加投票的人数和债权额占比情况以及决议的最终结果。唯此，债权人行使其申请法院撤销债权人会议决议的权利，才不会因表决方式的变化而受到影响。

另需注意的是，"完整通知"并不等同于一般文意中的"全部通知"，管理人无须对债权人会议全部事项进行通知，但对于可能影响债权人申请撤销决议的内容，则必须包含于"完整通知"之中。需要强调的是，管理人的通知行为重在对实质内容的传送，确保债权人收到"完整通知"，旨在保障债权人的权利不因债权人会议的形式变更而受到不当损害。对于传统债权人会议方式下，本就不在意的非必要内容或决议结果的形式，不应归入"完整通知"的范围之中。否则，单个债权人可能会有滥用权利之嫌，不断要求管理人补充传送非必须的决议内容，徒增管理人的工作量，且迫使 15 日期间的起算点不断延后，阻碍破产程序的正常进行。

本案中，原告在 2018 年 6 月 14 日第一次收到《第五次变价方案表决情况通报表》时，其内容并未体现债权额通过的比例。然而，债权额比例是决定决议是否通过的双重标准之一；[1] 况且，债权人在核对补送的债权额通过比例时发现，工作人员由于统计错误将本不应通过的决议误认为通过，故债权人据此向法院提出异议。显然，通知中是否包含债权额比例的内容，对本案中债权人撤销权的行使起着决定性作用。因此，应当认定，当债权人第二次收到补充材料时才符合"收到完整通知"的要件要求，故 15 日期间的起算点应为此日。

（二）"15 日"期间起算点的界定

1. "15 日"期间的法律性质。《企业破产法》第 64 条所规定的法定 15 日期间，一般解释为除斥期间。虽然该申请撤销的权利是兼具请求权能与形成权能的综合性权利，但根据传统民法法理，撤销权属形成权范畴，并无例外。因而即便因其兼有请求权的属性，而不足以认定其属于形成权的下位概念，但究其根源，亦是以形成权为核心的外延性权利。因此，若必须对期间性质的认定作出选择的话，因其主要以形成权性质为主，故宜将其认定为形成权。诚如邹海林教授所言："债权人逾此期间未向法院请求撤销债权人会议决议的，不得再向法院提出撤销债权人会议决议的请求；债权人在法定 15 日期间经过后请求法院撤销债权人会议决议的，法院应当径行裁定驳回债权人的请求。"[2] 对于准法律行为而言，原则上可类推适用关于法律行为的规定，但以法律明文规定法律后果者为限。[3]

2. 管理人通知行为的法律性质。管理人的通知行为应定性为准法律行为，属于

---

〔1〕　参见《企业破产法》第 64 条第 1 款。

〔2〕　邹海林：《破产法——程序理念与制度结构解析》，中国社会科学出版社 2016 年版，第 231 页。

〔3〕　参见［日］山本敬三：《民法讲义 I·总则》，解亘译，北京大学出版社 2012 年版，第 85 页。

积极保护债权人的通知。准法律行为的法律效果由法律规定，行为人表示行为的真实目的对法律效果没有意义。[1]换言之，准法律行为存在行为人的意志，但意志内容与法律效果的发生之间缺少内在关联。例如，《合同法》第 47 条第 2 款首句[2]规定了效力待定民事法律行为中善意相对人向法定代理人的追认催告权，该催告行为就是典型的准法律行为。在这一行为中，催告虽含有当事人的意思，但它只表示一个月期间的开始，期间届满后，当事人未追认的视为拒绝追认。该后果系基于法律规定而发生，并不依赖催告人的意思。

管理人将债权人会议的决议结果以电子邮件、信函、公告等方式告知参会债权人的行为，属于管理人的依法履职行为，[3]并不包含希望债权人申请撤销债权人会议决议的意思表示，而债权人请求管理人补送内容也仅关注于破产程序中自身利益的保护，防止信息不对称引发的不当损失。然而，"完整通知"到达债权人时却基于法律的规定启动了 15 日除斥期间的计算，"债权人请求人民法院裁定撤销债权人会议作出的决议，可以自债权人会议作出决议之日起 15 日内"，逾期不行使，该撤销请求权自动消灭。从管理人角度考虑，其自然希望破产程序高效推进；从异议债权人权利保护的角度考虑，其更希望有充足的提出异议的时间。因此，"完整通知"之法律效果的发生并非基于管理人与债权人的意志追求，而是基于破产法规定产生的法定效果，属于准法律行为。

3. 通知行为采"到达主义"生效规则。《中华人民共和国民法总则》（以下简称《民法总则》）规定，以非对话方式作出的意思表示，到达受领人支配范围且受领人通常能了解时即生效。若对《企业破产法司法解释三》第 12 条中的"自债权人收到通知之日起算"进行文义解释，发现其亦采取"到达主义"。关于意思表示到达的规定，并不与管理人履行通知义务的目的相冲突。故在参照适用意思表示到达规定的情况下，恰好能够更为体系化地对债权人在"收到通知"过程中的一系列实践障碍予以规范，且一定程度上也可为"收到通知"的规定提供理论支撑。界定"15 日"除斥期间的起算点，关键在于对决议通知到达生效时点的认定，"收到通知之日"不应局限于债权人阅读到决议内容之日，其内涵需借助法律行为的"到达主义"加以理解。

（1）债权人支配范围的界定。意思表示规则中，受领人的支配范围可划分为空间上的支配领域与人员上的支配领域，但对于非现场表决方式下的债权人会议决议的通知，一般只需考虑空间上的支配领域。

---

[1] 参见常鹏翱："对准法律行为的体系化解读"，载《环球法律评论》2014 年第 2 期。
[2] 《民法典》第 145 条第 2 款第 1 句内容同此。
[3] 参见《企业破产法司法解释三》第 11 条。

管理人通过电子邮件发出的决议通知，若已进入到债权人指定的电子邮箱中，即进入其空间上的支配领域；管理人以传真的方式发出通知，当传真件由债权人传真机打出或储存时视为到达其支配范围；管理人以电话方式通知债权人，尽管拨打电话时债权人未接听，但若自动应答功能开启，通知内容在自动应答后被储存，也可满足到达的条件；管理人以信函的方式发出通知，当信函到达债权人指定的信箱后视为到达。[1]

（2）债权人"具有了解可能性"的界定。意思表示的到达，除须满足受领人可支配外，尚须受领人通常能了解意思表示的内容。在这里，"通常"不包括受领人的意外情况，如出门度假或住院接受治疗。债权人若于债权人会议前后有出门度假、住院治疗等可归责于自身的原因，同时应负有与管理人说明情况并关注通知到达的责任。若债权人未能证明其就无法及时了解通知内容曾与管理人进行过沟通，那么15日期间的起算点应为通知到达债权人"空间支配范围"之日。

（3）通知到达的障碍。若债权人以可归责于自身的方式阻止通知的到达，那么在债权人本应能够受领通知的时刻即拟制为通知到达。在发生非归责于债权人情况下的到达障碍，即客观的到达不能时，管理人应承担相应的责任，如管理人以信件的方式寄送决议结果，但信件于途中丢失的情况就属此类。另在责任不明的情况下，如管理人以电子邮件的方式发送的通知被债权人的电子邮箱自动归于"垃圾邮件"之中，致使管理人误以为债权人收到通知并对此没有异议，此时依照对现行法律的理解，不应认定为管理人的履职失误，但就此认为除斥期间经过对债权人也略显不公。为避免此类情况的发生，仍有待于债权人与管理人之间多样化联络沟通的增强。

以上规则有其应用于《企业破产法司法解释三》第12条"收到通知"的价值，但在一般民事行为中，它们可能会造成事实到达日期与法律到达日期相差较大的情况，再考虑到本文已经运用法律方法将"收到通知"解释为"收到完整通知"，在另一方面又增加了延长起算点的可能性。因此，正确理解、适用上述规则，需要从破产程序整体角度酌定这些规则具体适用的可能性。

4. 破产程序中"15日"异议期间的起算时点。国内外不少破产法都为债权人会议的决议设立了异议救济机制，但异议期间各有长短。我国《企业破产法（试行）》曾将该期间规定为7天；[2]《日本破产法》规定，利害关系人对法院的有关

---

〔1〕 然而，若通知已经到达债权人的支配范围，但因债权人无法及时获取通知内容，直至除斥期间经过，此时债权人能否主张通知未曾到达呢？从当前的法律规定来看，该主张很难获得支持。但如果基于实体正义的角度考虑，该主张似乎又具有一定的合理性。毕竟，较一般民法上的除斥期间，《企业破产法》中规定的15日期间较短，债权人丧失撤销请求权的风险偏高。

〔2〕 参见《企业破产法（试行）》第16条第3款。

裁定不服，可提起即时上诉，上诉特定期间为公告之日起两星期内。[1]横向比较，我国现行破产法所规定的异议期间"15日"显得较为适中；纵向比较，我国立法者有意延长异议期间，充分保障了债权人权利行使的期限利益。

本文认为，我国现行破产法所规定的除斥期间已较为宽松，况且决议内容的复杂性及审核的困难度远不及管理人编制债权表，而后者的异议期间规定也为15日。所以，在法律规定没有瑕疵的情形下，需要对法律适用的方法进行优化，即"15日"起算点的界定要遵循一定的原则与例外：债权人收到完整的决议通知之日起计算15日，此为原则；对于实践中可能存在的到达障碍，法院在判定除斥期间是否经过时，可依照"到达主义"规则，结合具体案情适当放宽15日的限定，但法官的自由裁量不可严重阻碍破产程序的正常进行。

基于以上分析，本案例中，2018年8月6日，管理人通过邮箱向原告补发相关文件才符合债权人"收到完整通知"的认定标准，若从此日开始计算15日的除斥期间，原告在8月17日提出申请并未逾期。然而结合案情事实可知，从管理人首次发送决议结果至债权人向法院申请撤销决议之时已有两个月之久，若其申请被支持，将会严重影响破产程序的推进。事实上，在债权人第二次提出补送材料时，案涉变价方案所涉及的破产财产已经拍卖成交，若法院判定除斥期间未经过，变价方案极可能被撤销，进而影响已经拍卖成交的财产。债权人的行为动机由此值得怀疑：债权额比例如此重要内容的缺失，为何在变价方案实行后才引起注意？是否是因对拍卖结果不满而企图通过撤销决议使其失效，从而挽回损失？不得而知。鉴于此，法院以原告请求超期为由不予受理的做法，亦有其合理之处。

（三）非现场表决制度的完善与改进

为避免非现场表决方式影响债权人提出异议的权利，我们认为，应当完善非现场表决方式下的决议通知制度，改进管理人与债权人之间的权利义务配置。

第一，《中华人民共和国电子签名法》第10条规定："法律、行政法规规定或者当事人约定数据电文需要确认收讫的，应当确认收讫。发件人收到收件人的收讫确认时，数据电文视为已经收到。"在非现场表决情况下，可引入这一收讫确认制度，即当管理人未将决议结果完全告知债权人时，债权人提出完整结果告知请求的，可视为未收讫；当债权人通过已收到的决议结果了解全部所涉事项时，再确认收讫。

第二，在非现场表决方式下，管理人在以信函、电子邮件、公告等方式通知债权人决议结果时，应选择适合双方的通信工具，一次性向债权人传达完整的债权人会议信息，一并告知其可向法院申请撤销决议的期限；在尽到通知义务后还需要求

---

[1] 参见陈国奇："日本破产法最新修改"，载《厦门大学法律评论》2005年第2期。

管理人履行一定的附随义务，即积极对债权人是否收到通知进行确认，[1]以免因技术等原因导致债权人未按时收到通知而错过申请救济的期限。

第三，债权人应在债权人会议结束后及时催告管理人传送决议结果，尽量在管理人可能送达决议结果的期间内处于可联络状态。若债权人因故出现决议接收障碍，应主动与管理人联络，及时消除障碍。

（四）小结

非现场表决的债权人会议因灵活高效、节约成本、顺应时代发展而成为破产程序中的新趋势。《企业破产法司法解释三》第 11 条、第 12 条也对此做了明确规定。然而，对于其中规定的"收到通知之日"的具体含义有待进一步研究。

第一，对于"收到通知"应解释为"收到完整通知"。由于债权人行使申请撤销的权利不应受到表决方式变化的影响，因此债权人收到的通知内容应与现场表决下其能够获知的信息相一致。但需注意的是，管理人无须对债权人会议全部事项进行事无巨细的通知，传统债权人会议方式下的非必要内容或形式，不应当归入"完整通知"的范围之中。简言之，当债权人未收到的信息不会影响其申请撤销权利的行使时，应从其最后一次收到通知之日作为申请撤销的起算点。

第二，法定"15 日"期间起算点还会由于管理人通信工具的选择而发生变化。管理人通知行为是准法律行为，可参照意思表示的"到达主义"规则，来界定 15 日除斥期间的起算点。一般情况下，通知到达债权人空间上的可支配领域且债权人具有了解可能性之日，视为通知到达之日。但同时需要注意，该规则的适用不可严重阻碍破产程序的正常进行。

第三，为避免非现场表决方式影响债权人提出异议的权利，应进一步完善非现场表决方式下的决议通知制度，引入"确认收讫"规则促使管理人传送完整通知；同时加强管理人履行附随义务的意识；此外，增强债权人的注意义务，使其具有主动与管理人联络的意识，亦有助于前述目的的实现。

三、债权人会议决议效力瑕疵的形态辨析

按照《企业破产法》第 64 条第 2 款[2]的规定，债权人会议的决议违反法律规定，损害债权人利益的，债权人可以请求法院裁定撤销该决议，并责令债权人会议

---

[1] 虽然法律对此没有明确规定，但我们认为这是《企业破产法》第 27 条"管理人应当勤勉尽责，忠实执行职务"的内在要求。

[2] 《企业破产法》第 64 条第 2 款规定："债权人认为债权人会议的决议违反法律规定，损害其利益的，可以自债权人会议作出决议之日起 15 日内，请求人民法院裁定撤销该决议，责令债权人会议依法重新作出决议。"

依法重新作出决议。《企业破产法司法解释三》第 12 条第 1 款[1]进一步规定了法院可撤销债权人会议决议的四种具体情形，同时还规定了法院如何撤销会议决议，以及债权人向法院申请的方法。进一步分析可以发现，《企业破产法》采取的是广泛的"可撤销"的概念，其列举的可撤销决议的形态其实包含了决议不成立和无效的情形，例如：会议的召开违反法定程序实际上包括并未召开会议的情况，后者本应归类于决议不成立；会议决议的内容违法时，其中违反效力强制性规定的部分应属无效等。对此，有论著认为，该条列举的部分事由的确属于决议不成立或无效的内容。[2]

本案中，原告的诉讼请求是"撤销债权人会议决议；确认决议无效或者不成立"。由此产生的问题是，债权人会议决议的效力瑕疵形式，是否真的如上述司法解释之文意，仅有"可撤销"一种形态？换言之，若债权人会议形成的决议，不符合人数要件或债权额要件等，是否可借鉴《公司法》中公司决议"不成立""可撤销"和"无效"的三种情形，来认定债权人会议决议的"不成立"或"无效"？

（一）公司决议的性质与瑕疵形态考察

1. 民法上的"决议行为"。民法理论上，基于法律行为所需的意思表示数量和方向，"将法律行为分为单方法律行为、契约行为与共同行为"。[3]其中，共同行为是指就同一方向的多个一致的意思表示而成立的行为。共同行为具有意思表示同向性、身份一致性、效力整体性、关系团体性、合作长期性、目标涉他性等特征。[4]典型的共同行为，作用到公司法领域，表现为公司的设立协议与股东会决议。以股东会决议为例，事关股东会权责范围内的事项，都必须遵循股东表决权集体行使主义原则，故此类行为属于股东共同行为的范畴。按照《民法总则》的规定，决议行为是两个或两个以上的当事人基于共同的意思表示，而意图实现一定法律效果的行为，其满足民事法律行为的要件，是一种民事法律行为。决议行为的根本特征在于其根据程序正义的要求采取多数决的意思表示形成机制，决议结果对团体全体成员

---

　　[1]《企业破产法司法解释三》第 12 条第 1 款规定："债权人会议的决议具有以下情形之一，损害债权人利益，债权人申请撤销的，人民法院应予支持：①债权人会议的召开违反法定程序；②债权人会议的表决违反法定程序；③债权人会议的决议内容违法；④债权人会议的决议超出债权人会议的职权范围。"

　　[2] 最高人民法院民事审判二庭编著：《最高人民法院关于企业破产法司法解释（三）理解与适用》，人民法院出版社 2019 年版，第 241 页。

　　[3] 韩长印："共同法律行为理论的初步构建——以公司设立为分析对象"，载《中国法学》2009 年第 3 期。

　　[4] 韩长印："共同法律行为理论的初步构建——以公司设立为分析对象"，载《中国法学》2009 年第 3 期。

都具有法律约束力。[1]

2. 公司决议瑕疵的形态——从"二分法"到"三分法"的转变。公司法上决议的效力瑕疵形态经历了一个从"二分法"到"三分法"的转变，在《最高人民法院关于适用〈中华人民共和国公司法〉若干问题的规定（四）》（以下简称《公司法司法解释四》）出台前，我国借鉴传统大陆法系国家的"二分法"立法例，将公司会议决议的效力瑕疵区分为程序瑕疵和内容瑕疵，并分别认定其为可撤销和无效。[2]"二分法"区分决议的"无效"或"可撤销"情形，[3]并未采纳公司决议的"不成立"事由，德国和我国台湾地区亦采此法。"二分法"主要关注决议的程序瑕疵和内容瑕疵两个方面：违反决议程序，即构成程序瑕疵，依法可予以撤销；决议内容违反法律规定或公司章程，即构成内容瑕疵，决议无效。

不难发现，"二分法"主要是从决议瑕疵的外观形式出发，对决议效力进行区分。此外，还有一种被称为"三分法"的理论标准，该说法把"决议行为属于法律行为"作为出发点，即"股东会、股东大会决议就是两个以上民事主体基于平行一致的意思所形成的共同法律行为"。[4]因此，公司决议的成立和生效也需与法律行为的理论相吻合，当其欠缺成立要件时，应视为决议不成立。故"三分法"是在前述"二分法"的基础上，增加了公司决议"不成立"的情形。事实上，决议行为的成立必然要求其程序上符合多数人原则，否则就不能视为共同意思的表达。对"二分法"的适用进行探究，无论是决议的"无效"或者"可撤销"，其前提都是决议已经成立。如果股东会或董事会的决议根本不存在，则无检讨决议是否为可撤销或无效之必要。[5]此外，撤销决议的请求权受除斥期间限制，如我国《公司法》将其限制为 60 日。实际上，在决议具有不成立事由时，权利人往往无法知晓决议的相关事实，难以获得有效救济，一旦除斥期间经过，即使是不成立的决议也同样受到法律保护，不利于社会稳定。为此，我国公司法理论急需对上述"二分法"的不足予以回应。

随着司法实践中新问题的出现，越来越多的学者赞成在"二分法"之外，增加"决议不成立"这一新的决议瑕疵类型，这一观点也最终被《公司法司法解释四》

---

[1]　王雷："论民法中的决议行为——从农民集体决议、业主管理规约到公司决议"，载《中外法学》2015 年第 1 期。

[2]　薛波："《民法总则》对商事关系的包容性及表现——兼论决议行为立法问题"，载《中南大学学报（社会科学版）》2016 年第 1 期。

[3]　参见《公司法》第 22 条。

[4]　柯芳枝：《公司法论》（上），中国政法大学出版社 2004 年版，第 274 页。

[5]　柯芳枝：《公司法论》（上），中国政法大学出版社 2004 年版，第 239 页。

所采纳。《公司法司法解释四》在第5条规定了公司决议不成立的情形,[1]标志着我国开始由"二分法"转向"三分法"。具体而言,公司决议不成立的,主要包括：未对事项表决就形成决议、出席人数不符合法定或公司章程规定的条件、持有表决权的股东不符合法定或公司章程规定的条件、会议表决结果未达到法定或者公司章程规定的条件等情形。决议"不成立"这一独立瑕疵类型的确立解决了先前机械划分程序瑕疵和内容瑕疵所产生的弊端,使得存在严重程序瑕疵的决议有了合适的处理方案。[2]然而,"二分法"到"三分法"的转变并未消除学界对于决议效力瑕疵形态的争议,相反学者们围绕决议不成立独立存在的正当性,决议不成立、可撤销和无效的具体区分等问题展开了一系列讨论。[3]

决议不成立与决议可撤销的事由都为程序瑕疵,两者最主要的区别为瑕疵严重程度的强弱,后者的瑕疵一般可予以补正,而前者则因为瑕疵的严重性,以至于无法在法律上承认决议的存在。[4]对此,有学者认为,决议不成立之诉与可撤销之诉在本质上是相同的,而与决议无效之诉相异。[5]也有学者表示,决议不成立只是填补决议无效事由过窄的漏洞的方法,并非是逻辑上的必然选择。对于严重的程序瑕疵,实际上还有其他两种可能的选择：一是坚持用可撤销来处理,让股东选择是否消灭决议的效力;二是扩张决议无效的事由。[6]由此,决议不成立是为解决撤销之诉救济不利、无效事由限定过窄难以提供救济等问题而出现的补救方案,但其并非是唯一可选的方案。同时,即便没有决议不成立,也并不代表股东没有任何其他救济手段,股东仍可通过侵权之诉或转让股权、退出公司等方式获得救济。[7]

总的来说,公司决议瑕疵"三分法"划分的主要根源,在于决议行为的法律行为属性。尽管该观点之前多见于理论中,但《民法总则》生效后,我国实际上已经确立了决议行为属于民事法律行为的基本立场,《公司法司法解释四》正是在这个基础上,确立了公司决议划分的"无效""可撤销""不成立"三种类型。

---

[1]《公司法司法解释四》第5条。

[2] 参见殷秋实："法律行为视角下的决议不成立",载《中外法学》2019年第1期。

[3] 参见胡晓静："德国学理及司法实践中的股东会决议不成立——兼评《公司法司法解释（四）》第5条",载《山东大学学报（哲学社会科学版）》2018年第3期;殷秋实："法律行为视角下的决议不成立",载《中外法学》2019年第1期;周翠："公司决议诉讼的功能定位与程序机制",载《中外法学》2019年第3期;周淳："组织法视阈中的公司决议及其法律适用",载《中国法学》2019年第6期;等等。

[4] 参见王雷："公司决议行为瑕疵制度的解释与完善——兼评公司法司法解释四（征求意见稿）第4~9条规定",载《清华法学》2016年第5期。

[5] 参见施天涛：《公司法论》,法律出版社2018年版,第392页。

[6] 参见殷秋实："法律行为视角下的决议不成立",载《中外法学》2019年第1期。

[7] 参见殷秋实："法律行为视角下的决议不成立",载《中外法学》2019年第1期。

3.《企业破产法》与《公司法》的关联考察。债权人会议的决议瑕疵类型，与公司法理论中的股东会决议制度，有较大不同。尽管股东会决议采取"三分法"来判断瑕疵的具体类型，但债权人会议制度似乎并未有如此完备的实然法规定。如果对《企业破产法》第64条和《企业破产法司法解释三》第12条的可撤销事由逐一分析，并与公司决议瑕疵类型相比较时，会得出以下结论。

第一，债权人会议的召开违反法定程序。此种情形，主要表现为管理人未在法定期限内通知，或债权人未参加会议的情形。公司法上，对未发出股东大会通知，或者股东未参加股东会的事由，有"无效"与"可撤销"两种情形（如下表）。比较起来，《企业破产法司法解释三》第12条显然并未对事由进行明显区分，而直接以撤销作为救济路径。

序号	瑕疵情形	决议效力	特别说明
1	根本未发出会议通知，且股东未参加	无效[1]	
2	未在规定期限内发出通知，但股东参加且没有表示异议	一般情况下有效	若明确表示异议，且拒绝表决并执行的，可撤销[2]
3	未在规定期限内通知，股东未参加	公司证明股东收到通知的，可撤销；公司不能证明股东收到通知的，无效	股东对通知时间有异议的，必须明确提出
4	在规定期限内通知，但地点、时间有误	可撤销	若恶意提供虚假的通知或其错误明显不合理的，视为未通知，决议无效

第二，债权人会议的表决违反法定程序。主要表现为未达到表决的法定人数、持有表决权的债权额未达到法定比例。此种事由，类比到公司法层面，可直接推出决议不成立。[3]然而，《企业破产法》仍未对此事由予以区分，还是以"撤销"作为单个债权人的救济路径。

---

〔1〕　参见上海市第一中级人民法院（2009）沪一中民三（商）终字第954号民事判决书。该判决认为，公司未通知股东即召开股东会作出决议的行为，系对公司法强制性规定的违反，亦系对股东基本权利的严重侵害，应直接以否定方式而非仅以是否可撤销来评判。

〔2〕《最高人民法院关于审理公司纠纷案件若干问题的规定（一）（征求意见稿）》（2003年11月4日）第41条规定："股东参加了股东会议且对会议召集程序未表示异议，或者虽对决议召集程序表示异议但对决议事项投票赞成，或者虽投票反对但已以自己的行为实际履行了股东会议决议，其提起诉讼，请求撤销股东会会议决议或者认定股东会会议决议无效的，人民法院应当驳回其诉讼请求。"

〔3〕　参见《公司法司法解释四》第5条第1款第3项。

第三，内容违法或超出职权范围的决议。在公司法上，前者违反了法律法规的强制性规定，后者超出了其行为能力，自然无效。同理，《企业破产法》仍未对其事由进行区分，仅假以"撤销"的路径来进行救济。

（二）债权人会议决议的瑕疵形态："三分法"与"统一论"之争

从前述对现行法律法规的分析可知，现行《企业破产法》及相关司法解释采纳的是"统一论"，即债权人会议的瑕疵形态仅有"可撤销"一种形态。对此，有论著认为："由于债权人会议决议事项涉及的仅是债权人之间的私权利，并不涉及公共利益，所以关于债权人会议决议仅设置了决议撤销之申请权利，而没有设置决议不成立之诉、决议无效之诉或者决议撤销之诉。"[1]

1. "三分法"的理论依据。反对"统一论"而支持"三分法"的理由有以下几点。

第一，立法者关于不涉及公共利益的说法似乎前后矛盾。"从司法实践来看，债权人会议决议内容违法包括多种情形，凡是决议内容违反法律、行政法规强制性规定或者违反公共利益、公序良俗等情形均适用。"[2]从中不难发掘，该条司法解释起草者的说法似乎前后矛盾——既然有关债权人会议决议"内容违法"包括有关"违背公共利益、公序良俗"情形，又何谈其不涉及"公共利益"？

第二，对于不成立的行为，无从评价其效力。就程序瑕疵的事由来看，可撤销决议的程序瑕疵严重程度较弱，但决议不成立的程序瑕疵十分严重。从瑕疵的补正可能性来看，前者的程序瑕疵事后可治愈，而后者的程序瑕疵无法治愈。而且，决议不成立的独立制度价值是决议无效、可撤销所不能取代的。[3]由此来看，至少决议"不成立"具有区别于决议"可撤销"以及"无效"的独特品质，对其区分仍有一定理论基础。

第三，就债权人会议决议的性质而言，债权人会议在破产程序中系为债权人的意思表达机关[4]——同企业正常经营过程中的股东大会（股东会）、董事会一样，在公司意思形成时具有相似地位，故类推适用《民法总则》中有关民事法律行为效力或者《公司法》中公司决议瑕疵形态的规定具有合理性。

---

〔1〕 参见最高人民法院民事审判第二庭编著：《最高人民法院法院〈关于企业破产法司法解释（三）〉理解与适用》，人民法院出版社 2019 年版，第 241 页。

〔2〕 参见最高人民法院民事审判第二庭编著：《最高人民法院法院〈关于企业破产法司法解释（三）〉理解与适用》，人民法院出版社 2019 年版，第 237 页。

〔3〕 参见李建伟："论公司决议可撤销的适用事由——基于司法适用立场的立法解释"，载《浙江社会科学》2009 年第 8 期。

〔4〕 参见韩长印主编：《破产法学》，中国政法大学出版社 2016 年版，第 218～219 页。

第四，从比较法角度而言，大陆法系立法例——如俄罗斯，[1]对于债权人会议决议无效制度亦予以明确规定。不仅如此，德国破产法学说和实践对确认债权人会议决议"无效"的适用亦予以了肯定，[2]甚至"任何人于任何时刻均可主张债权人会议决议的无效性"；[3]台湾地区有些学者也持此种观点。[4]

第五，考虑到我国《民法总则》《公司法》及相关司法解释事实上对于上述决议行为采取了"三分法"的立法体例，破产法如对债权人会议决议采取"三分法"的规范模式，将有助于促进我国立法体系和理论研究的整体完善。

2. 选择"统一论"的主要理由。基于以下几点考量，本文主张，"统一论"的观点更值得肯定。

第一，有益于减少诉讼成本、维持商事交易的效率。债权人会议决议不同于自然人的意思表示，其必须依赖于程序规定作出。共同法律行为所形成的意思表示，牵扯诸多主体的利益，故对于存在瑕疵的决议，严格适用撤销程序、无效程序等，无疑会有助于实现程序正义，防止对债权人的侵害。但应当注意的是，若对决议行为过分严格化处理，一方面影响商事交易的效率，另一方面也会导致决议成本的增加，特别是，破产程序启动的前提是债权得不到有效清偿。破产程序的目标是对债务进行最大化、最高效的概括清偿，减少成本损耗，提高债务执行率。我国《企业破产法》并未对"劣后债权"进行规定，债权人参与破产程序的费用，往往由自己负担，若决议成本增加，则进一步会减少债权人的最终受偿额。尽管依据"状态相依所有权"理论，债权人会议所形成的决议可类比于股东会决议，其救济路径自然也可以嫁接适用，但仍应注意破产立法的特殊性，采取审慎的态度。

第二，即使决议存在一定的程序瑕疵，并不必然导致权利人的实体权利受损。换言之，即使撤销原决议，实践中重新作出的决议很大可能还是同一结果，故撤销此类决议可能不产生实际利益。所以，应当对撤销持谨慎态度。更进一步而言，如果对撤销都持审慎态度，那么对已经作出的决议进行无效、不成立之认定，在适用上应当更加严格。所以，在众多利益价值需要平衡的情形下，考虑到决议的共同行为属性，以及重新作出决议的成本问题，司法倾向于对存在瑕疵但对决议实体结果影响不大的事由，由法院裁定驳回，以此保证决议的稳定性。基于这种理念，采取"三分法"来识别债权人会议决议的效力形态，似乎有画蛇添足之嫌。

---

〔1〕 参见最高人民法院民事审判第二庭编著：《最高人民法院法院〈关于企业破产法司法解释（三）〉理解与适用》，人民法院出版社 2019 年版，第 244 页。

〔2〕 参见［德］莱因哈德·波克：《德国破产法导论》，王艳柯译，北京大学出版社 2014 年版，第 37 页。

〔3〕 何旺翔：《德国联邦最高法院典型判例研究·破产法篇》，法律出版社 2019 年版，第 84 页。

〔4〕 参见陈计男：《破产法论》，三民书局 2009 年版，第 141 页。

第三，就对债权人提供救济的效果而言，"统一论"和"三分法"的划分尽管有无效行为不受时效期间限制的长处，但也会出现债权人在选择否认决议效力的类型方面的困难，以及一旦选择错误只能等待前一程序终结之后方能启动另一诉讼类型加以否认的繁琐和风险。但最重要的是，由于《企业破产法》中存在特殊制度可以愈合决议的瑕疵，贸然采用"三分法"将不利于后续程序的衔接。有关救济效果和程序衔接的分析论证请见后文，此处暂不赘述。

（三）小结

本文认为，债权人会议的决议瑕疵形态只做一种效力否定的选择，即《企业破产法》规定的"可撤销"形态更为妥当。《公司法》上的"三分法"不宜移植适用于《企业破产法》之中：首先，透过对《民法总则》及《公司法》的分析可以发现，公司决议的效力瑕疵与民事法律行为的瑕疵理论一脉相承，然而，这样的理论不宜借鉴到《企业破产法》当中；其次，从成本和债权人权利保护的角度而言，债权人会议决议适用"三分法"缺少必要性；最后，从诉讼法和程序衔接角度而言，"三分法"的采用未必符合法理，具体请见第四部分论述。

四、债权人会议决议瑕疵时债权人的救济路径——从"决议不成立"切入

文首案例中，《企业破产法》第 64 条不能成为原告诉请的法律依据。根据该规定，债权人对会议的撤销申请应该在决议作出后的 15 日内提出，而原告提起本次诉讼时显然已经超过该除斥期间的要求；同时，第 64 条所规定的撤销是一种申请权，并未赋予当事人诉讼请求权。对此，有论著解释："对于债权人提出的申请撤销债权人会议决议的请求，应当由受理破产案件的合议庭直接作出裁定，而不是债权人另行提起诉讼，通过审判程序解决。"[1]债权人提出的撤销申请被驳回后，若不服法院的裁定，可以向受理破产案件的法院申请复议，但不能提出上诉。[2]

因此，本案原告的诉讼请求不是撤销决议，而是确认决议不成立，因此该决议未产生效力。如前所述，《企业破产法》不宜采行债权人会议决议效力瑕疵形态的"三分法"。但是，若异议债权人提起诉讼，要求法院确认表决时同意票数从未达到法定比例、债权人会议决议不成立时，应如何评价此类决议的效力，又如何在现行破产法中为当事人寻求救济路径？

我们认为，此问题可从三个层次展开分析：其一，针对决议不成立，可以借鉴

---

[1] 最高人民法院民事审判第二庭编著：《最高人民法院关于企业破产法司法解释（三）理解与适用》，人民法院出版社 2019 年版，241 页。

[2] 邹海林：《破产法——程序理念与制度结构解析》，中国社会科学院出版社 2016 年版，第 232 页。

公司决议的法律性质以及公司法中的决议不成立之诉；其二，落实在破产程序中，鉴于破产程序的每个环节多经法院裁定确认、债权人委员会审核机制，决议不成立之诉并未有合理的存在基础；其三，从诉权的角度来看，决议不成立之诉在破产程序中也缺乏可诉的"确认利益"，现行法规定的申请权更加符合破产程序的性质与目的，结合破产的未来发展趋势，这种决议不成立之诉不应被立法所认可。

（一）决议不成立之诉的公司法借鉴

尽管前文已经否定了《企业破产法》采取债权人会议决议效力瑕疵"三分法"的可能性，但本案中原告律师主张借助公司法的相关内容填补破产法只规定了决议可撤销的"法律漏洞"。故以下探讨，仍然以公司法理论作为比较基础，来研究决议不成立的法律效力。

1. 未经多数决的决议不成立。企业进入破产后，债权人会议是全体债权人作为一个整体，并就他们的权利行使和处分作出共同的意思表示的议事机构；[1]而企业尚未进入破产时，企业的最高意思决定机关是股东会，公司的重大决策均应由股东会以决议的形式作出。由此可见，股东会与债权人会议的决议机制具有类似的法律定位。

第一，团体的意思形成采多数决的方式。考虑到团体的本质，"由于全体一致性是不可能的，并且共同的意见总是意味着多数人的赞同，因此不言而喻，少数人受到多数人的支配"，[2]这就是团体行为的逻辑。而公司作为一个社团法人，也遵循团体意思决定的规则和方法，决议结果体现出多数表决者的意愿。

第二，程序正义系团体意思的成立基础。合法的表决程序是公司决议成立的必要条件，"股东会之决议乃公司之意思决定，然不似自然人之意思决定，仅系一种心理之过程而已，其本身即系一种法律程序。从而，其决议须基于适法之程序而形成时，始能发生公司意思决定之效力"。[3]正因决议并非个人的意思表示的简单相加，决议中产生的意志不同于参与形成这一意志的参与者的意志，然而决议最后之所以对所有参与者产生拘束力，是基于对程序正当价值的尊重。

第三，未达多数决要求的决议不成立。股东大会决议不成立的原因是因为决议欠缺成立要件，属于程序上的瑕疵，某种意义而言，"决议是否成立属于事实问题，

---

〔1〕 参见李曙光、宋晓明主编：《〈中华人民共和国企业破产法〉制度设计与操作指南》，人民法院出版社 2006 年版，第 108 页。

〔2〕 ［美］丹尼斯 C. 缪勒：《公共选择理论》，杨春学等译，中国社会科学出版社 1999 年版，第 73 页。转引自钱玉林："'资本多数决'与瑕疵股东大会决议的效力——从计算法则的视角观察"，载《中国法学》2004 年第 6 期。

〔3〕 柯芳枝：《公司法论》（上），三民书局 2004 年版，第 250 页。

而非法律价值的判断问题"，[1]而同意的多数决正是决议成立的事实前提，未达多数决的决议不成立。一方面，从意思表示的能力来看，参与者对决议事项的表决同意数未达最低表决权数，相当于欠缺法律行为中的意思表示要素，决议不成立；另一方面，从多数决的设计目的来看，"如将当场未达多数决的股东大会决议视为可撤销，就意味着先承认该决议是成立的、在被撤销之前是有效的，而且可能因可撤销除斥期间的经过而成为永久有效的决议"，[2]多数决原则就被架空而失去其意义。

综上，团体意思的形成能力和决议成立的事实基础，其核心在于有效的多数表决。一旦表决比例未达到法定的债权或股权份额，应视团体欠缺意思表示中的表示要素，决议不成立。

2. 依据不成立决议产生的外部行为性质及法律效力。多数决规则仅是企业意思表示形成的特点，而企业意思表示的另一特点在于其形成与表示的相对分离。基于分离理论，企业代表根据瑕疵决议对外作出的执行行为，应参照表见代理或者表见代表规则予以解决。

企业的治理结构决定了分离性是企业意思表示的重要特点。公司机关之间的权能分化使不同的机关在公司意思表示中发挥不同的作用，公司的意志并非取决于单一的机关，其中，股东会作出的决定只具有意思形成的效力。甚至有观点指出，股东会区别于公司其他的机关，不在于其具有决定公司意思的职能，而在于它仅有决定公司意思的职能。[3]从意思表示理论角度来看，股东会是意思的形成机关，仅负责形成公司的内部意思，所形成的公司内部意思需要借助于其他机关或人员的对外表示行为才能实现司法上的效果，[4]而这种由于机关设置造成的意思形成与表示的分离性，在破产程序中依旧是存在的。具体而言，债权人会议虽然具有确定破产中各项事务的决定权，但是它并不能对外代表债务人企业参与诉讼、执行变价和分配，这些事项均由管理人实施。债权人会议作出的决议，仅在破产企业内部形成意思表示。如本案中，债权人会议通过网络表决的方式形成的变价方案，是破产企业处分破产财产的内部意思，其决议本身不具有对外的效力。

正因为分离理论带来的内外差异，公司代表人未经有效决议而作出的代表行为，应认定为广义无权代理中的表见代表行为。我国公司法语境中，公司代表人未经决议的行为与超越权限而订立合同的行为并无区别，这体现在《合同法》第50

［1］ 钱玉林："股东大会决议瑕疵的救济"，载《现代法学》2005年第3期。
［2］ 李建伟："公司决议效力瑕疵类型及其救济体系再构建——以股东大会决议可撤销为中心"，载《商事法论集》2008年第2期。
［3］ 参见王保树、崔勤之：《中国公司法原理》，社会科学文献出版社1998年版，第190页。
［4］ 何健：《公司意思表示论》，法律出版社2019年版，第182～183页。

条,[1]"法人或者其他组织的法定代表人、负责人超越权限订立的合同,除相对人知道或者应当知道其超越权限的以外,该代表行为有效"。可见,代表行为对第三人具有推定效力,除非相对人不是善意的。尤其在公司法定代表人登记制度下,其代表身份具有公示力,司法实践中有必要保护善意第三人的信赖利益,此即我国审判实践中形成的"内部决议程序不得约束第三人"[2]规则。

对应到破产程序中,管理人系企业具体事务的执行人,其身份经法院选任后,同样具有对外的公示力,其变价、处分财产的行为对破产企业有拘束力。结合本案案情,第三人系通过拍卖流程取得该不动产,决议不成立不影响受让人有效取得所有权。

3. 公司法中的决议不成立之诉。在明确了公司意思表示的形成与表示、内部与外部的效力后,有必要讨论内部的瑕疵是否还有纠正的必要,即决议参与人对决议不成立是否享有确认无效的诉权,这种诉讼的效果如何。

第一,股东大会决议不成立作为独立的诉由,是法律行为理论的推导结果。股东大会决议是一种法律行为,而法律行为的成立和生效是两个不同的概念,因此,股东大会决议的成立和生效也应与法律行为的理论相吻合。具体而言,法律行为欠缺成立要件时,法律行为不成立;同理,当股东大会决议欠缺成立要件时,应称为"决议不成立"。法律行为欠缺成立要件时,并无讨论法律行为无效或撤销的余地;同样,必须符合成立要件的股东大会决议,才有进一步探究股东大会决议有无无效或撤销原因的必要。[3]所以,"决议不成立"是法律行为理论在团体行为中的映射。

第二,决议不成立之诉与其他决议瑕疵之诉的效果不同。撤销决议之诉有特定的行权期限,但是确认决议不成立、决议无效之诉并无限制。《公司法》第 22 条对撤销决议作出了 60 天的限制,但是《公司法司法解释四》对决议不成立的情况并未作出限制。对此,一般均认为决议不成立时,"只要当事人不积极追认,即不受拘束"。[4]同时,决议无效系法律对其内容的价值评价,而决议不成立系欠缺事实上的构成要件,因此决议无效不可弥补,而决议不成立可以修正。

第三,决议不成立之诉作为确认之诉,符合民事诉讼法理。确认之诉,是指原告请求法院确认其主张的法律关系存在或不存在的诉讼。[5]而决议不成立之诉属于确认之诉,符合确认之诉的一般特点,并可进一步划分为消极的确认之诉,而我

[1] 另见《民法典》第 504 条。
[2] 该规则被法院在说理部分广泛使用,参见最高人民法院(2014)民提字第 132-1 号民事裁定书。
[3] 钱玉林:"股东大会决议瑕疵的救济",载《现代法学》2005 年第 3 期。
[4] 徐银波:"决议行为效力规则之构造",载《法学研究》2015 年第 4 期。
[5] 参见王福华:《民事诉讼法学》,清华大学出版社 2015 年版,第 133 页。

国《公司法司法解释四》更是明文规定了决议不成立之诉，将其与无效之诉、撤销之诉明确区分开来。从司法实践来看，虽然决议不成立之诉与决议无效之诉均以"公司决议效力确认之诉"立案，但是法院已经普遍以该案由作出决议不成立的判决，[1]决议不成立之诉亦有充分的审判实践支持。

第四，即使决议不成立之诉已由明文法确立，但仍有观点指出，不成立之诉受到效率、法的安定性等因素的限制，同时域外立法中存在诸多否认决议不成立之诉的做法。现行破产法并未设立决议不成立之诉，因此，可以借鉴公司法对决议不成立之诉的限缩解释事由以及域外立法不支持决议不成立之诉的理由，探讨破产中的债权人决议与股东会决议有何不同，以及现行破产法是存在法律漏洞，还是决议不成立之诉本就无法与破产程序相适？

（二）破产程序中的特殊决议机制导致不成立之诉丧失基础

相较于公司决议的形成机制，破产程序中债权人会议决议并非仅涉及形成与表达这两个步骤，其间还存在法院的确认裁定与债权人委员会的审查监督。可以认为，经过这些特定流程后，不受期限限制的决议效力确认之诉只能失去其独立存在的基础。

1. 不成立的决议经过法院确认后即具有决议形式。《企业破产法》规定，债权人会议通过的和解协议草案、重整计划草案、破产财产分配方案必须经人民法院以裁定的方式予以确认。可见，破产中决议的成立和生效还加入了法院的确认裁定作为前提要件。若法院批准的决议本身存在不成立等效力瑕疵，当事人也将丧失提起决议不成立之诉的基础。

第一，破产受理法院确认债权人会议决议后，当事人无法提起撤销申请。《企业破产法》第 64 条释义指出，经由法院确认后的债权人会议不适用撤销申请，"债权人会议的决议，是债权人团体一致表示的意思，对全体债权人均有约束力，除法律特别规定债权人会议决议须经法院许可外，决议一经作出就对全体债权人产生约束力，无须法院的特别许可，因此，债权人认为债权人会议的决议违反法律规定，损害其利益的，可以在法定期限内，请求人民法院裁定撤销该决议，责令债权人会议重新表决"。对该因果关系进行反面解释可知，对于法律规定需要法院许可的决议，一经许可即产生拘束力且不可被撤销申请所推翻。对此，《上海市高级人民法院破产审判工作规范指引（试行）》更是作出了明文规定："债权人会议决议已经人民法院裁定确认的，债权人不得申请撤销。"这说明，即使是债权人会议决议存在"统一论"下的效力瑕疵，只要经过人民法院的确认，即具有终局效力。

第二，在我国台湾地区的"立法"中，法院的裁定认可强于股东会主席确认的

---

〔1〕 参见北京市第三中级人民法院（2019）京 03 民终 9482 号民事判决书。

效力，经法院裁定确认后的决议具备决议形式要件。公司法理论上，即使是不成立的决议，一旦经过股东会主席的确认，即具有成立的外观，当事人仅能提起撤销之诉。在公司法中，一般认为若股东会出席股东所代表的股份数已达法律或章程所定的最低数，惟同意股东的表决权数未达法定或章程所定数，但主席仍宣告决议成立时，股东大会会议在外观上已合法召开，从意思的形成能力来看，股东会因出席数符合数额已具有决议的能力，仅因表决时其同意数不足法律或章程所定的数额，仅构成决议方法违法，成为股东会决议撤销的原因。[1]若参照域外公司法，在德国的公司决议形成中，还存在股东会主席确认决议这一程序，而主席对于错误的决议确认后，利害关系人只能通过撤销的方式进行救济。德国早期判决认为该种情况下的决议构成所谓的表见决议而没有效力，[2]但现在的主流观点则区分决议是否经过了形式上的确认并予以公告。此外，德国联邦最高法院在某判决中指出，如果在一个规范召集的股东会上进行了表决，并将特定的决议作为表决结果由会议主席予以公布，由记录员予以记录，则不考虑真实的多数比例，视为股东会决议存在。[3]德国联邦最高法院的这一事实认定是符合法理的，即不能为了法律的确定性而简单排除会议主席确认的效力。相较之下，由法院作出的确认裁决显然具有比股东会主席作出的确认证明更高的法律确定效力，此时应视决议已具有成立的外观，当事人仅能提起撤销申请。

第三，法院裁定所产生的公示公信力，可以类比于公司中商事登记的效力。商事登记所依据的决议即使存在效力瑕疵，当事人也不得对此提出确认无效之诉。依据《德国股份法》第 242 条的规定，几乎所有的瑕疵均可以因为商事登记而在法律上排除决议无效之诉。法院作出的确认裁决，虽然与商事登记仍有些许区别，但是其公示效力并不低于商事登记：任何人均可在裁判文书网等信息公开网站查找到法院的裁定结果，而商事登记还要求查阅人前往专门机构，提供身份信息后方可查阅。对比可知，当事人不能以确认之诉推翻法院裁决确认的决议。

第四，法院裁决作为一种司法确认，还可以与民事调解合同的司法确认效力相对比。依《中华人民共和国人民调解法》和相关司法解释的规定，人民法院依法确认的人民调解协议有效，一方当事人拒绝履行或者未全部履行的，对方当事人可以向人民法院申请强制执行。即对人民调解书的效力予以确认的司法确认书具有强制执行力。"司法确认制度确认的是人民调解协议的效力，而赋予执行力的是司法确

---

〔1〕 参见杨建华："浅论公司股东会决议之无效与撤销"，载《辅仁法学》1983 年第 2 期。

〔2〕 BGHZ11，231，236；51，209，211f.

〔3〕 参见胡晓静："德国学理及司法实践中的股东会决议不成立——兼评《公司法司法解释（四）》第 5 条"，载《山东大学学报（哲学社会科学版）》2018 年第 3 期。

认书。通过司法确认人民调解协议的效力，赋予确认书执行力的正当性产生。"[1]然而，即使司法确认的调解协议本身存在瑕疵，现行法也没有赋予当事人提出异议的诉权。有学者呼吁在未来的民诉法修改中，针对可能存在错误的司法确认加入撤销之诉的程序安排。[2]相关理论也说明，即使是对于确认依据错误的司法确认行为，当事人也只享有撤销权，而没有确认不成立或无效的诉权。

总体来看，由法院裁定确认的决议，具有高度的公示公信力，可以补足不成立决议的形式。而根据我国现行法律的规定，法院作出裁定后，当事人不得提出撤销申请，更无从提出不成立、无效的确认诉讼。

2. 债权人委员会的审核可"治愈"决议瑕疵。并非所有决议都需要法院确认，本案中决议所涉的内容仅是财产的变价方案，无需由法院裁定批准。但破产法对管理人处分重大财产的行为还作出另一重限制，即除处分前需征得债权人会议同意外，管理人实施处分行为时应及时向债权人委员会报告。根据《企业破产法》第69 条规定，管理人对重大财产的处分均应向债权人委员会报告，没有设置债权人委员会的，也应提交法院审查批准。法院审查的效力如前所述，不再赘述。接下来讨论债权人委员会审查对瑕疵决议的补足效力。

应予明确的是，债权人委员会是全体债权人的代表机构，在破产程序中代表债权人的全体利益监督破产程序的进行。[3]其选任、议事规则和职责范围均能表明，债权人委员会系债权人会议的常设代表机关，正因如此，债权人委员会对决议的认可，具有补正其效力瑕疵的作用。

第一，债权人委员会亦采多数决议事规则，其效力独立且不受前序决议瑕疵的影响。因此，债权人委员会的决议与债权人会议的决议之间的效力衔接问题，就可转化为依据瑕疵决议作出的其他决议的效力问题。这一问题在公司法中已有广泛讨论，一般集中于基于瑕疵董事会决议召开的股东大会的效力问题。一般认为，两个决议是互相独立的，后者遵从自身的决议要件要求，一旦根据法定程序召开并完成表决，已经由其程序正义补足了欠缺要件，当属有效。[4]由此类推，管理人基于存在瑕疵的债权人会议决议作出的变价方案，经过债权人委员会的有效决议表决认可通过后，即形成独立于前序决议的有效决议，补足了该变价方案的有效性。

第二，不成立的决议瑕疵可以被"追认"所治愈，而债权人委员会可以代表所有债权人作出此种追认。追认制度在决议中的适用，来自于民法理论中对可撤销行

[1] 潘剑锋："论司法确认"，载《中国法学》2011 年第 3 期。
[2] 潘剑锋："论司法确认"，载《中国法学》2011 年第 3 期。
[3] 李永军：《破产法——理论与规范研究》，中国政法大学出版社 2013 年版，第 152 页。
[4] 何健：《公司意思表示论》，法律出版社 2019 年版，第 266 页。

为和无效法律行为的追认规则。《德国股份法》对此规定："如果股东大会已经通过一项新决议来确认一项可撤销的决议，并且在提出撤销请求的期限内没有人对该决议提出撤销请求，或者撤销请求已被合法地驳回，则不得再提出撤销请求。"[1]我国也有学者指出，将追认规则引入公司决议效力瑕疵的愈合机制，有其合理性与必要性。当股东大会决议存在瑕疵但可以被补救时，应当允许股东大会重新作出决议，以治愈先前决议的效力瑕疵。具体而言，"如果股东大会决议内容违反强行法规范，则该瑕疵是不可治愈的，不适用追认制度；如果股东大会决议因程序违法而导致的瑕疵，则可以适用追认制度"。[2]具体到破产案件中，若认为债权人委员会作为常设机构，在债权人会议未召开时，其审查和同意能够代表全体债权人的意志，则债权人委员会审查通过的行为可以构成对未成立决议的有效追认。虽说"债权人委员会履行职责受债权人会议的决议约束，债权人会议凌驾于债权人委员会之上"，[3]但是在债权人会议并未作出明确相反的意思表示时，以债权人委员会的决议补足先前决议的效力瑕疵，有利于尽早使决议效力处于确定状态，使相关权利义务关系得以稳定。

总体来看，债权人会议决议的效力瑕疵可以被债权人会议所产生的内部机关债权人委员会的决议予以补正和更改，由于债权人委员会本就代表全体债权人的利益，债权人会议又可以选举和替换债权人委员会成员，故这一结论也不会显著偏离全体债权人的意志。

（三）破产中的决议不成立之诉违反诉权理论

从民诉法中诉权的性质和定位来分析，即使在公司法语境中，决议不成立之诉也遭到了诸多挑战与质疑；鉴于破产决议内容的特殊性，单独构建决议不成立之诉与破产程序具有极大的不契合性。将债权人对决议的异议视为一种准诉权，并以申请的方式提出是恰当的。

1. 公司法中决议不成立之诉的诉权性质存疑。虽然在法律行为理论中，决议不成立与决议可撤销、决议无效具有本质区别，但在司法实践中，其适用场景、诉权性质等都尚不明朗，即使在公司法理论中也并非泾渭分明。

第一，决议不成立与决议可撤销、决议无效之诉，在适用场景上存在一定的重合，这将带来较高的司法审查成本。尤其是导致决议不成立与可撤销的事由均系程序瑕疵，在伪造股东签名而形成的多数决、召集程序违法而形成决议的案件中，其程序瑕疵究竟将导致决议不成立还是决议可撤销，理论界虽然试图作出区分，但司

---

〔1〕《德国股份法》在 1965 年的修正时部分引入了决议追认制度，规定于第 244 条。

〔2〕钱玉林："股东大会决议瑕疵的救济"，载《现代法学》2005 年第 3 期。

〔3〕邹海林、周泽新：《破产法学的新发展》，中国社会科学出版社 2013 年版，第 144 页。

法判决并未与理论界体现出协同性。[1]

第二，决议不成立之诉作为确认之诉，其性质更接近于形成之诉。诉的分类中，形成之诉单独存在的意义在于民事诉讼程序对法律明定性的要求，即"以丧失法律变动之机动性为代价"而以作出判决的程度来追求法律关系的明确性。[2]以此为区分标准，则决议不成立之诉具有形成之诉的特质：决议效力确认之诉具有对世的效力，这种诉讼在法律明定上有非常高的要求。在定义上，此类诉讼虽然属于确认之诉，但究其实质又存在着接近形成之诉的一面。[3]

第三，决议不成立之诉可以被特殊的新型诉权所吸收。针对公司决议特点，民诉法理论中已经产生了新的诉权类型。如日本法中颇具影响力的"一元化理论"，认为确认决议无效、不成立与撤销决议之诉之间并不存在不同的诉讼标的，而由原告负担选择成本并不合理，因此可以将三者合并，形成一种既不是确认之诉也不是形成之诉的特殊种类之诉。[4]又如采决议效力"二分法"的德国，其民诉法理论中亦发展出"最优惠视角理解"，[5]针对未成立的决议，该理论认为其无论如何都是无效或者可撤销的，当事人可选择提起决议瑕疵之诉。德、日的民诉法理论发展出的新的诉讼类型表面上旨在给予原告更多救济路径，其实质混合了决议不成立、决议可撤销和决议无效的诉讼类型，这将从本质上动摇决议不成立之诉独立存在的必要性。

第四，从我国的司法实践来看，即使在《公司法司法解释四》确立了决议不成立之诉的独立地位后，在案由中也是将其和决议无效之诉合并列为"决议效力确认纠纷"，这说明二者的界分不具有急迫的现实意义。

综上所述，决议不成立之诉，即使在公司法领域中也频频招致挑战。

2. 破产法中决议不成立之诉不符合诉权要求。在破产领域中，决议不成立之诉就更缺乏单独设立的必要性。这需要从破产的特殊流程、债权人会议决议的内容性质加以论证。

（1）决议的外部效力无法被溯及。决议撤销和无效后是否具有溯及力，应以其

---

〔1〕 如北京市第二中级人民法院（2013）二中民终字 05629 号"谷某诉北京康弘娱乐有限责任公司确认公司决议效力案"，法院认为在股东未参会的情况下通过伪造签名作出股东会决议属于可撤销，而徐银波教授认为属于无效。

〔2〕 ［日］高桥宏志：《民事诉讼法制度与理论的深层分析》，林剑锋译，法律出版社 2003 年版，第 62～63 页。

〔3〕 参见［日］新堂幸司：《新民事诉讼法》，弘文堂平成 10 年版，第 180 页。

〔4〕 参见［日］坂井芳雄："以股东大会决议为标的之诉的性质"，载《松田法官在职四十年纪念论文集——公司与诉讼》（上），有斐阁昭和 43 年版。

〔5〕 参见胡晓静："德国学理及司法实践中的股东会决议不成立——兼评《公司法司法解释（四）》第 5 条"，载《山东大学学报（哲学社会科学版）》2018 年第 3 期。

是否具有外部性作为考量因素。一般认为，公司决议无效、被撤销时，不具有溯及既往的效力。决议作为共同行为，其"目标大多是为共同目的而建立起长期性的'合作'关系，且会涉及目标实体和众多行为人的切身利益，甚至牵涉到所谓的'外部关系'，若该共同行为被确认无效、被撤销之后赋予其溯及既往的效力，则势必从根本上导致法律关系的溯及性变动，从而给持续较久的法律秩序带来极大的负面影响"。[1]因此。决议无效、被撤销的效果应受到严格的限制。

在破产程序中，决议的外部性特征更强，其被撤销或宣告无效后，几乎不存在对外的溯及力。一方面，管理人外部行为的特征导致其效果难以被撤销或否认。在破产清算程序中，管理人重要的外部职能系处分和变卖财产，而破产中的财产变价又以拍卖为主，因此受让破产财产的第三方往往是善意的，管理人的外部行为即使欠缺有效的内部决议，其结果也将难以改变。另一方面，不同于公司的法定代表人，管理人的权限均为法定的，其对外代表企业的执行行为具有更高的效力背书。因此，企业纠纷中经常出现的法定代表人超越股东大会决议或公司章程限制方面的效力纠纷，在破产程序中将不会出现。这是因为，管理人基于破产法的明确规定和法院的补充性授权代表企业参与诉讼、决定经营和管理方式，其权利的来源和边界十分明确。

综上所述，即使债权人会议决议确实缺乏成立的事实要件，就决议所产生的外部行为而言，其撤销和无效一般不具有溯及力，故此也就不具有可诉的价值。

（2）债权人会议决议的内部效力无需以不成立之诉的方式加以改变。实际上，债权人会议决议的内部效力亦难以被推翻。破产程序中，决议涉及的内部法律关系以财产分配为主，其一经完成便难以更改。一方面，如前所述，所有财产分配方案，包括破产清算、和解、重整三大程序，均以法院的批准为必要条件，一经批准则无法以诉讼程序变更之；另一方面，内部分配具有广泛性的特点，分配一旦完成，其涉及主体同样具有十分广泛的问题，分配结果的撤销或无效，在实践层面难以落实。

诚然，债权人会议决议的内部效力还涉及其他方面，而《企业破产法》已经为这些内部事务的规范和调整作出了单独的规定，无需再借助于决议的不成立之诉进行救济。公司法中，决议不成立的对内调整作用一般体现在董事选任、确认股东地位等，因为这些内部事项对公司未来的经营将产生持续性影响，因此即使决议无效不具有溯及力，仍有必要提出决议的效力确认之诉。但对应到破产法中，其对内调整的决议有债权人委员会的设定与人选、管理人的更换以及债权的核查等，而《企

---

〔1〕 韩长印："共同法律行为理论的初步构建——以公司设立为分析对象"，载《中国法学》2009年第3期。

业破产法》对这些内部事务已作出了专门规定：针对债权确认专设了债权确认之诉，因为确认之诉具有独立存在的价值，将会影响到债权人在未来破产程序中所有的权利义务，因此法院应以判决的方式加以审查和确认；针对管理人的更换、债权人委员会成员的选任，其结果均由法院书面确认，有异议的债权人可以促成债权人会议通过新的决议替换之，或者向法院提出更换申请而不是提起决议不成立之诉。

结合破产中决议事项的内、外效力来看，决议的确认之诉不具有溯及力；而在对未来产生影响的内部事务上，破产法已有专门的规则，无需以单独的决议不成立之诉为之。

（3）债权人缺乏诉的确认利益。如前所述，债权人会议决议效力的确认之诉，对内、对外均不具有改变法律关系的现实价值。此外，根据诉权的基本定义，债权人可因缺乏"确认利益"而不享有确认之诉的诉权。

以确定私权为目的，诉权在理论上具有极大的现实意义。大陆法系国家对"诉"通常做如下定义：以原告向法院提出的诉状作为其外在形式，并被表示为诉状中记载的原告对于被告的特定权利主张之请求以及要求法院作出对此予以承认之胜诉判决之请求。[1]简言之，诉应该是原告向法院提出的请求，这一请求应具有现实的价值和内容，否则就是对司法审判资源的浪费。

诉的利益在德国民诉法中有成文法的表达。针对确认之诉，《帝国民事诉讼法》第256条规定，"当原告存在法律上的利益，则可通过诉请确认"。这被视为一种特殊的诉的前提条件，即对诉讼法所要求的具体诉讼法律关系而言，原告对该确认判决的作出是存在足够的利益的。[2]也有观点将此总结为当事人在提起确认之诉时，应该具有确认利益，体现在其在与被告的关系上，唯有现实的不确定性危险威胁到原告的权利或者权利状态时，法院的立即确认才存在法律上的利益。[3]显然，在决议不成立的确认之诉中，其适用也需要判定原告对这一法律关系不存在确认存在法律上的利益。

这种诉的利益，在我国现行的民诉法规定中可体现为当事人的适格。当事人适格不仅要求当事人与诉的标的具有关联性，其功能更在于判断何人享有相应诉讼权利或承担相应诉讼义务，也即，只有民事权利的享有者和义务的承担者才享有对权利义务的处分权能，在诉讼上才有权对因该权利义务关系发生的争议起诉或者应诉。[4]

---

〔1〕 参见王福华：《民事诉讼法学》，清华大学出版社 2015 年版，第 128 页。

〔2〕 [德] 康拉德·赫尔维格：《诉权与诉的可能性》，任重译，法律出版社 2018 年版，第 114 页。

〔3〕 参见胡晓静："德国学理及司法实践中的股东会决议不成立——兼评《公司法司法解释（四）》第 5 条"，载《山东大学学报（哲学社会科学版）》2018 年第 3 期。

〔4〕 参见王福华：《民事诉讼法学》，清华大学出版社 2015 年版，第 90~91 页。

　　然而，在破产程序中提起决议不成立之诉，单个债权人缺乏这种诉的利益，即确认其不成立的裁判结果，并不会引起原告享受权利或承担义务。如前所述，确认债权人会议决议不成立无法对外、对内产生实质效力，债权人的确认行为不具有现实的利益关联。实际上，即使在公司法中，当事人单独提起的决议不成立之诉也可能因缺乏"确认利益"而被法院驳回。如日本最高法院的裁决就曾指出：在新股已经发行后，仅提起有关新股发行的股东大会决议无效之诉被认为欠缺确认利益，在承认合并合同的股东大会决议中有瑕疵时，也不允许单独对上述决议的无效确认提起诉讼。[1]

　　综上，在破产程序中，债权人提出的决议效力确认之诉，对外无法改变受让人取得财产的事实、对内无法改变分配事实，而其他内部事务已经有破产法的特殊规定。因此，法院针对债权人会议决议的确认裁判无法引起当事人权利义务的改变，可以认为这种诉讼请求不具有可诉的确认利益，设定债权人会议决议不成立这一单独的诉讼类型，将浪费有限的司法资源。

　　3. 债权人的异议权符合准诉权的性质。虽然异议债权人对债权人会议决议提出单独的效力确认之诉不具有诉的利益，但债权人对于有瑕疵的决议并非没有提出任何异议的可能性。对于前述异议的救济手段，目前规定在《企业破产法》第64条的债权人撤销申请权中，如前文所述，本文认为其属于一种准诉权。具体到本案中，纠纷并非是上诉人信达公司与被上诉人大连齐化化工之间的民事权益争议，而是确认第五次变价方案不发生法律效力。换言之，本案所争议的撤销第五次变价方案属于准诉权。

　　第一，破产程序系非讼程序，应适用准诉权。与应用于诉讼程序中的诉权相对应，准诉权是指"在非讼程序或执行程序中，当事人享有启动和参与非讼程序或执行程序并要求法院依法行使审判权或执行权的权利"。[2]根据我国现行法对诉讼、非讼的划分，破产程序属于非讼程序应属无疑，除由破产法明文规定的某几项特定诉权（如前诉的债权确认之诉）外，[3]对破产程序中产生的任何异议，均应以准诉权的方式行使。

　　第二，法律原则层面上准诉权更符合破产程序的特点。准诉权遵循的法律原则包括：不实行对审原则和辩论原则，而强调法院依职权的积极探知主义；当事人的处分原则受到限制，法院不受当事人意志的左右而依职权控制程序的进行；原则上

---

〔1〕　参见日本最高裁判所判决，昭和三年（1958年）10月3日民集第12卷第14号。

〔2〕　田平安、柯阳友："民事诉权新论"，载《甘肃政法学院学报》2011年第5期。

〔3〕　与破产有关的二级案由有16个，其中可以由债权人自行提起的有：申请破产清算、申请破产重整、破产债权确认纠纷、取回权纠纷、破产抵销权纠纷、别除权纠纷、管理人责任纠纷，除此之外债权人不具有法律承认的诉权。

不公开审理，采取书面审理，不需要质证和进行言词辩论；强调程序的简捷性和经济性。[1]破产程序中，法院多扮演着主动审查、控制程序进行、依职权确认具体内容的角色。同时，程序的经济性和效率性也是破产制度的目的。

第三，准诉权具有非对抗性，注重当事人之间的沟通与协商，寻找最合适的替代解决方案。比起诉讼中原被告双方的激烈对抗，非讼程序申请权之目的是确认某种法律事实或权利，而不是解决民事权益实体争议，因此其申请过程重在申请人与法院之间的沟通。而在法院对决议效力的审查中，一般认为法院应该调查事实，在穷尽所有合法手段仍不能使其程序瑕疵愈合的情况下，始得认定决议无效。实际上，我国现行《公司法》已经采取了决议撤销的自由裁量权，即对那些程度轻微而未对决议结果产生实质影响的决议瑕疵，法院不予支持。[2]可见，在决议效力瑕疵诉讼中，法院应审查其瑕疵程度和可弥补性，不到"万不得已"时不以公权力否定私权的意思自治，体现出非讼程序中协商、调整的机动性，这正符合准诉权的特征。

综上所述，根据现行民诉法理论对诉权、准诉权的划分，规定当事人对破产中决议效力瑕疵的异议以申请权的方式为之，可能与破产作为非讼程序的运行机制和制度目的相吻合。

五、结论

本文通过对债权人会议决议与股东决议瑕疵类型的比较研究，在考察诉权、准诉权基本理论的基础上，认为当债权人会议的决议存在效力瑕疵时，当前《企业破产法》的规定能够给予其足够救济，无须通过诉讼的方式寻求救济。具体说来：首先，鉴于债权人会议决议和公司决议在某些程度上的相似性，在处理债权人会议决议效力瑕疵的问题时，有分析和借鉴公司法理论的必要性。通过对股东会决议之诉的考察可以发现，即使是在公司法语境下，"决议不成立之诉"也有明显局限性。其次，破产程序中债权人会议决议的性质具有不同于公司决议的特征。尤其是在有破产法庭、债权人委员会及特殊程序存在的前提下，决议"不成立"的瑕疵另有补正的途径；债权人据此能够得到充分救济。最后，将现行破产法中撤销债权人会议决议的申请权视为准诉权，更加符合破产程序的性质与目的，故基于准诉权的性质，异议债权人对债权人会议"决议不成立"没有提起诉讼的必要。

---

〔1〕 参见邵明：《民事诉讼法理研究》，中国人民大学出版社2004年版，第298页。
〔2〕 参见《公司法司法解释四》第4条。

附件：裁定书全文

中国信达资产管理股份有限公司辽宁省分公司、大连齐化化工
有限公司与破产有关的纠纷二审民事裁定书

大连市中级人民法院

民事裁定书

（2019）辽 02 民终 6900 号

上诉人（原审原告）：中国信达资产管理股份有限公司辽宁省分公司。住所地：辽宁省沈阳市浑南区营盘北街＊号＊层＊＊＊＊＊＊＊室＊＊层＊＊＊＊＊＊＊室。

负责人：于苓，该公司总经理。

委托诉讼代理人：赫智兰，男，该公司职员。

委托诉讼代理人：张林玉，北京德恒（大连）律师事务所律师。

被上诉人（原审被告）：大连齐化化工有限公司。住所地：辽宁省大连经济技术开发区80#小区（自有）。

法定代表人：许廷源，该公司董事长。

诉讼代表人：大连齐化化工有限公司管理人。

负责人：高正科。

委托诉讼代理人：刘畅，辽宁法大律师事务所律师。

委托诉讼代理人：姜爱剑，辽宁法大律师事务所律师。

上诉人中国信达资产管理股份有限公司辽宁省分公司（以下简称信达公司）因与被上诉人大连齐化化工有限公司（以下简称齐化化工）与破产有关的纠纷一案，不服大连经济技术开发区人民法院（2019）辽 0291 民初 1718 号民事判决，向本院提起上诉。本院依法组成合议庭对本案进行了审理。本案现已审理终结。

信达公司上诉请求：1. 撤销一审判决，改判支持上诉人诉讼请求或发回重审；2. 本案诉讼费用由被上诉人承担。事实与理由：1. 一审法院对于第五次变价方案是否成立或生效未进行审理并作出认定。上诉人在提起本案诉讼时，诉讼请求中包括依法撤销第五次变价方案，确认第五次变价方案未成立、未生效或无效。而一审法院仅对撤销第五次变价方案的诉讼请求作出认定，而对于"确认第五次变价方案未成立、未生效或无效"这一诉请未进行审理并作出认定。第五次变价方案因管理人存在统计错误而并未获得通过，该变价方案因此未成立，对于全体债权人不发生法律效力，管理人亦不应执行该方案。一审法院在判决书中未对管理人的计算方法是否正确、是否符合法律规定，变价方案是否实质通过等作出分析和判断。2. 一审法院以破产法第六十四条第二款方面的法律规定，驳回上诉人要求确认第五次变价

方案未通过未生效这一诉讼请求，属于法律适用错误。一审法院认为撤销第五次变价方案应属于超期申请，从而对上诉人这一诉请未予支持，但应当看到，一审法院以同样的理由将上诉人要求确认第五次变价方案未通过或未生效的诉讼请求也一并驳回。一审法院以撤销方面的法律规定来裁判确认之诉纠纷属严重适用法律错误。上诉人提出的要求确认第五次变价方案未通过或未成立的诉请，与破产法第六十四条第二款规定的撤销方面的规定并无程序或实体上的关联性，被上诉人以此条文应对上诉人的诉请系混淆视听。3. 一审法院认为上诉人撤销申请超期属于认定事实错误。一审法院作出上述认定的法律依据是破产法第六十四条第二款，但该条表述的要义是债权人会议的决议违反法律规定，损害债权人利益的情况。而本案债权人会议的决议，即第五次变价方案，因管理人统计错误而实质并未获得债权人会议通过。该类情形不能适用于上述十五日这一规定。即债权人会议决议并不能因超过十五日提出而改变其未获得通过的实质。4. 破产法及相关法律法规并未禁止上诉人通过确认第五次变价方案未成立或未通过这一方式来主张权利。破产法是特殊法，对于该法没有明确规定的事项，可以通过适用民法总则、公司法、合同法、民事诉讼法等方面的规定来进行补充和完善。本案虽与破产案件有关，但本案上诉人提出的诉讼请求在破产法院不予受理的情况下，完全可以通过适用公司法或民法总则等相关法律规定来主张权利。这一点并未被破产法及其他相关法律规定所禁止。管理人认为所有与破产案件有关的诉讼仅可以通过破产法院在破产程序中解决的理解是错误、不全面的，其实质是为管理人在破产程序中未尽到忠实勤勉义务而试图逃避应承担相应法律责任寻求借口，不应予以支持。

齐化化工辩称，不同意上诉人的上诉请求及理由。其主要答辩观点为：1. 上诉人提起本案诉讼不符合现行法律规定。破产法作为特殊法，已对本案情形下债权人权益保护问题作出了明确规定，即上诉人可在债权人会议作出决议之日起十五日内请求人民法院裁定撤销该决议，责令债权人会议重新作出决议。2018 年 8 月 17 日上诉人曾向破产法院递交了申请撤销变价方案的申请，破产法院在破产程序中予以审查后作出了相应回复。破产法并未赋予上诉人享有起诉撤销债权人会议决议的权利，且其他民事法律制度也未赋予债权人起诉撤销债权人会议决议之权利，故上诉人无提起本案诉讼的法律依据。2. 关于破产法第六十四条第二款的法律适用问题。变价方案是债权人会议决议的内容，如上诉人对此决议有异议，破产法第六十四条明确给予了债权人救济途径。事实上上诉人已援引此规定来主张撤销，但上诉人的诉请中既有撤销，又有确认未成立、未生效或无效，在一审庭审中，法庭明示上诉人起诉应有明确的诉请，上诉人当庭要求法庭根据案件事实进行选择并判决。那么，在一审法院根据案件事实和上诉人主张适用的法律依据作出判决后，上诉人却上诉称一审判决存在"未进行审理并作出认定"的漏判部分，系请求与理由的自我矛盾。一审庭审中，上诉人明确其诉请撤销第五次变价方案的法律依据是破产法第六十四条第二款，但上诉理由中却主张本案不适用该条款中"十五日"的规定，系法律适用的自我矛盾。破产法第六十四条第二款中的"十五日"期限，不因任何条件或理由中止、中断或延长。上诉人强调变价方案的表决通过系管理人计算错误而导致，但即便是计算方法错误，也是违反法律规定的一种行为，也当然适用破产法第六十四条第二款。3. 本案诉请有悖破产法的程序公平原则，且上诉人应自行承担怠于行使权利所造成的法律后果。在诉前对上诉人的复函及一审庭审中，管理人均根据破产法第六十四条第一款规定对变价方案的计票方法作出了解释。截至 2018 年 7 月末上诉人要求管理人提供债权额表决票统计情况时，变价方案已依法执行完毕。现上诉人主张撤销或确认未成立、未生效或无效，若此时被法律认可，则法律后果将推翻已经成立并实现的债权人会议决议，由此会造成任一债权人均可超期主张撤销或确认债权人会议决议未成立、未生效或无效，将极不利于保证破产程序的稳定和全体债权人、破产财产买受人的合法权益。管理人在 2018 年 5 月 24 日将变价方案提请债权人会议进行表决，同年 6 月 14 日向包括上诉人在内的各债权人通报上述变价方案经债权人会议决议通过的结果。2018 年 7 月 18 日变价方案所涉破产财产拍卖成交。一审庭审中上诉人自认其于 6 月 14 日收到管理人发送的通报表决结果，于 7 月末要求管理人提供债权额表决票的统计情况。2018 年 8 月 6 日管理人按照上诉人要求进行了回复。根据以上事实和一审庭审中上诉人的自述内容可知，上诉人在债权人会议决议结果通报后，一月余才要求管理人提供表决票有关债权额的统计情况，并在此后提出撤销主张，明显超过了破产法第六十四条第二款规定的"十五日"法定期间。上诉人因其自身原因怠于行使权利造成的法律后果，应由其自担。

信达公司向一审法院起诉请求：撤销《大连齐化化工有限公司破产财产变价方案（第五次）》，确认《大连齐化化工有限公司破产财产变价方案（第五次）》未成立、未生效。

一审法院认定事实：2013 年 12 月 16 日，大连经济技术开发区人民法院作出 (2012) 开民破字第 1 - 4 号裁定书，宣告大连齐化化工有限公司破产。原告系破产企业担保债权人，债权本息总金额为人民币 82 784 938.98 万元，抵押财产为大连齐化化工有限公司名下 80#地块主厂区的部分土地使用权及地上房屋。破产财产已经过八次拍卖均流拍。2018 年 5 月 24 日，被告制作第五次变价方案，主要内容为：80#地块即主厂区，在第八次流拍价格基础上降价 30%，本次拍卖价为 9016.194 293 万元；78#地块在第八次流拍价格的基础上降价 20%，本次拍卖价格为 3002.424 991 万元；82#地块在第八次流拍价格基础上降价 20%，本次拍卖价格为 1187.136 万元。本次拍卖方式为整体打包拍卖，拍卖价格为 13 205.755 284 万元。2018 年 6 月

14 日，管理人通过邮箱向原告发送《关于大连齐化化工有限公司破产财产变价方案（第五次）表决情况的通报》，主要内容：大连齐化化工有限公司 91 名债权人中，除 7 名债权人查无下落退件以外，实际收回表决票 55 份，其中 44 名债权人同意，11 名反对，剩余 29 名债权人未在表决时限内回复意见，视为弃权。根据《破产法》第六十一条、第六十四条第一款之规定，第五次变价方案经债权人会议表决通过。2018 年 7 月 18 日，变价方案所涉破产财产拍卖成交。庭审中，原告陈述 6 月 14 日在收到管理人发送的通报表决票后，该表决票没有债权额通过比例的体现，所以原告在 7 月末要求管理人提供债权额整个表决票统计情况。2018 年 8 月 6 日，管理人通过邮箱向原告发送"大连齐化化工有限公司第五次财产变价方案表决统计"（下称：第五次表决统计表）、"关于大连齐化化工有限公司破产财产变价方案（第五次）表决情况的通报"（下称：第五次表决通报）和"第九次拍卖公告"。2018 年 8 月 17 日，原告向破产法院申请撤销第五次变价方案。法院以原告请求超期为由，未予受理，原告于 2019 年 2 月 28 日向该院提起撤销之诉。

一审法院认为，依据《中华人民共和国企业破产法》第六十四条规定，债权人认为债权人会议的决议违反法律规定，损害其利益的，可以自债权人会议作出决议之日起十五日内，请求人民法院裁定撤销该决议。本案中，原告于 2018 年 6 月 14 日在收到被告发送的通报表决票后，对债权人会议决议有异议，既未在 15 日内向管理人提出异议，亦未向人民法院请求撤销，已超出法律规定的时效规定，故原告申请撤销《大连齐化化工有限公司破产财产变价方案（第五次）》，确认《大连齐化化工有限公司破产财产变价方案（第五次）》未成立、未生效的诉讼请求，不予支持。综上，依照《中华人民共和国企业破产法》第六十四条规定，一审法院判决如下：驳回原告信达公司的诉讼请求。案件受理费 100 元，由原告负担。

本院经审查，对一审查明的事实予以确认。

本院认为，债权人会议是代表全体债权人整体利益的意思表示机关，破产程序中设立债权人会议的宗旨，在于赋予全体债权人以适当的自治权，以维护全体债权人的共同利益。通过破产财产的变价方案属于债权人会议行使的职权，债权人会议的决议对于全体债权人均有约束力。债权人会议作出的任何决议，均应符合债权人会议的宗旨，不得损害部分债权人的合法权益，否则，利益受到损害的债权人有权对债权人会议作出的决议提出异议，要求撤销该决议。《中华人民共和国企业破产法》第六十四条第二款对此作出了相应规定，即"债权人认为债权人会议的决议违反法律规定，损害其利益的，可以自债权人会议作出决议之日起十五日内，请求人民法院裁定撤销该决议，责令债权人会议依法重新作出决议"。这里的违反法律规定，包括决议的实体内容违反破产法或者其他法律的规定，也包括作出决议的程序违反破产法的规定，使得提出异议的债权人的合法权益受到损害。《最高人民法院关于适用〈中华人民共和国企业破产法〉若干问题的规定（三）》第十二条对此进一步规定，"债权人会议的决议具有以下情形之一，损害债权人利益，债权人申请撤销的，人民法院应予支持：……（二）债权人会议的表决违反法定程序；（三）债权人会议的决议内容违法；……债权人申请撤销债权人会议决议的，应当提出书面申请。债权人会议采取通信、网络投票等非现场方式进行表决的，债权人申请的期限自债权人收到通知之日起算"。申请裁定撤销债权人会议决议的，应当自债权人会议决议通过之日起十五日内向人民法院提出。期限过长，将会延误破产程序的进行，于债权人不利。债权人会议的决议是否应予撤销的情形，由人民法院裁量，据以作出撤销该决议或者驳回申请的裁定。对该项裁定不得上诉。

本案中，案涉破产财产变价方案系采取非现场方式进行的表决，齐化化工管理人于 2018 年 6 月 14 日已向包括上诉人在内的各债权人通报了上述变价方案经债权人会议表决通过的决议结果。2018 年 7 月 18 日该变价方案所涉财产拍卖成交。被上诉人作为债权人，若认为债权人会议的表决违反法定程序或债权人会议的决议内容违法，应严格依照前述破产法及其司法解释的规定即在收到管理人通知之日起十五日内向受理破产申请的一审法院提出撤销申请，由一审法院在破产程序中予以审查，并作出相应裁定。破产法并未赋予此类异议债权人起诉撤销债权人会议决议的权利，其他民事法律制度亦未赋予债权人此项权利，且破产法第六十四条第二款规定的债权人提出异议的期间为法律规定债权人行使权利的期间，在超过该法定期间后，债权人提出该异议的权利消灭。上诉人于 2018 年 8 月 17 日向受理破产申请的一审法院申请撤销案涉破产财产变价方案被一审法院以超期为由未予受理后，又于 2019 年 2 月 28 日向一审法院提起撤销债权人会议决议之"诉"，其起诉缺乏法律依据，应裁定驳回其起诉。至于上诉人在一审所提"确认第五次变价方案未成立、未生效或无效"的诉请，根据上诉人在一审提交的书面起诉书的内容，其撤销案涉破产财产变价方案的请求实质上系基于其提出的该变价方案因管理人计算表决票通过比例计算错误导致未成立、未生效或无效的理由，"确认第五次变价方案未成立、未生效或无效"本质上也属于对案涉破产财产变价方案提出的异议，破产法亦未赋予债权人就本案案情下此类异议享有起诉确认破产财产变价方案未成立、未生效或无效的权利。上诉人提起该所谓确认之诉，于法无据。关于上诉人提出管理人在计算案涉破产财产变价方案表决票通过比例时计算方法错误一节，即使属实，也应归于作出债权人会议决议的程序违反破产法规定或债权人会议的表决违反法律程序的范畴，仍应适用破产法第六十四条第二款规定。

另，破产程序作为清理债权债务关系的非诉讼程序，不涉及对实体权利的裁判问题，当事人对实体权利存在争议的应当通过另行起诉解决。根据《中华人民共和国企业破产法》第二十一条的规定，破产申请受理后有关债务人的实体权利义务等发生争议的，均应另行向受理破产申请的人民法院提起诉讼，即为破产衍生诉讼。破产衍生诉讼案件作为《中华人民共和国企业破产法》施行后出现的新类型案件，独立于破产案件，系普通民商事案件。根据上诉人的诉讼请求，本案不属于破产法规定的因对有关债务人的实体权利义务发生争议而提起的破产衍生诉讼。基于此，上诉人的起诉亦缺乏法律依据，一审法院将本案作为普通民商事案件进行审理并作出判决有违破产法规定，应予纠正。

综上所述，依照《中华人民共和国民事诉讼法》第一百一十九条第四项、第一百六十九条及《最高人民法院关于适用〈中华人民共和国民事诉讼法〉的解释》第三百三十条规定，裁定如下：

一、撤销大连经济技术开发区人民法院（2019）辽0291民初1718号民事判决；

二、驳回上诉人中国信达资产管理股份有限公司辽宁省分公司的起诉。

一审案件受理费100元，退还上诉人中国信达资产管理股份有限公司辽宁省分公司；上诉人中国信达资产管理股份有限公司辽宁省分公司预交的二审案件受理费200元予以退还。

本裁定为终审裁定。

审判长　林荣峰

审判员　赵　虹

审判员　何　川

二〇一九年九月九日

书记员　李　波

专题八　破产受理后未分配执行款的
权利归属问题

一、案情简介与问题提出

因苏州大地置业有限公司（以下简称"大地公司"）未履行生效法律文书确定的义务，苏州协和担保投资有限责任公司（以下简称"协和公司"）向法院申请强制执行。经查，被执行人大地公司名下除被设置多个查封的某处房产外，无其他可供执行的财产。执行过程中，法院依法拍卖该处房产，得款于2018年3月21日转入执行法院代管款专户。2018年5月4日，执行法院以被执行人所欠债务巨大，所涉款项有待统一处置，且协和公司同意本次执行程序终结为由，裁定终结本次执行程序。2019年2月19日，协和公司就上述终结执行的裁定提出执行异议，要求就拍卖款优先受偿。同年5月6日执行法院书面告知其大地公司已经进入破产清算程序，财产分配问题应当向破产管理人提出。但大地公司破产管理人告知协和公司，法院执行账户的财产属于债务人财产，将在所有债权人中统一分配，协和公司无权主张优先受偿。协和公司遂起诉要求确认其就该执行款享有优先受偿权。一审法院认为，在法院受理大地公司破产清算时，房屋拍卖款尚未向协和公司发还，财产所有权未发生变动，仍属于被执行人大地公司所有，协和公司主张将拍卖款自大地公司财产中别除，不能成立，拍卖款应在破产程序中统一处理。协和公司提起上诉，二审法院认为一审认定事实清楚、法律适用正确，判决驳回协和公司的上诉请求。

本案争议的焦点是，破产申请受理后，法院代管款账户中的执行款应否属于债务人财产。理论上需要探讨的是，在资金已经从债务人账户转移到法院执行款专户后，是否发生所有权的转移，能否按照"占有即所有"的规则认为法院代申请执行人占有，强制执行导致的款项转移与平等主体间的交付行为对动产物权变动的影响有何不同。另一个需要讨论的问题是，在被执行企业即将破产的情况下，执行款应在何时停止发还，或者说因为被执行人破产而导致的中止执行的时点以何为准，在执转破情形和当事人直接申请破产的情形中，中止执行的时点因何不同。

二、未发还执行款权属的立法认定

执行款是人民法院在执行过程中通过扣划、提取、划拨存款、收入以及通过拍卖、变卖或者是其他方式将被执行人的财产变现并转至法院账户或者被执行人向人民法院缴纳所得的款项。关于被执行企业的破产案件受理后，人民法院执行款专户中尚未发还的执行款归谁所有的问题，实践中有三种意见：申请执行人所有、法院所有和归债务人所有。伴随这一争议的不仅是实践中的争议，也体现在立法和司法政策变迁过程中的不同价值倾向。在未发还执行款的所有权确定标准上，我国的立法和司法政策经历了两个阶段。

（一）以丧失占有作为判断标准的阶段

2002 年 7 月发布了《最高人民法院关于审理企业破产案件若干问题的规定》（以下简称《审理破产案件若干规定》）第 68 条明确规定，债务人的财产被采取民事诉讼执行措施的，在受理破产案件后尚未执行的或者未执行完毕的剩余部分，在该企业被宣告破产后列入破产财产。这是我国第一次通过司法解释的方式，确立了未发还执行款的所有权界分标准和时点——以破产案件受理后该项财产是否执行完毕为标准。然而，一项财产是否执行完毕并非一个客观标准，例如究竟以执行款物交付申请执行人作为执行完毕的标准还是以财产在变现后交付买受人作为一项财产执行完毕的标准，实践中认识不一，也因此产生诸多困惑。2004 年 12 月，针对河北省高级人民法院关于个案法律适用问题的请示，最高人民法院作出《最高人民法院关于如何理解〈最高人民法院关于破产法司法解释〉第六十八条的请示的答复》[1]（已失效，以下简称《答复》），该《答复》曾分两种情况对执行完毕的认定标准作了细化：其一，执行程序作出了生效裁定，且已就被执行财产实行了必要的评估拍卖程序，相关人已支付了对价，此时虽未办理变更登记手续，且非该相关人的过错，应视为执行财产已向申请人交付，该执行已完毕，该财产不应列入破产财产；其二，被执行财产因被采取相应执行措施而脱离债务人实际控制的，视为已向权利人交付，该执行已完毕，该财产不应列入破产财产。该《答复》以被执行人丧失对被执行财产的控制和占有作为执行完毕的判断标准，进一步说，该《答复》认为在被执行人丧失对标的物的占有时，即丧失所有权。一般认为，《答复》解决的是执

---

〔1〕《最高人民法院关于如何理解〈最高人民法院关于破产法司法解释〉第六十八条的请示的答复》指出："一、正在进行的执行程序不仅作出了生效的执行裁定，而且就被执行财产的处理履行了必要的评估拍卖程序，相关人已支付了对价，此时虽未办理变更登记手续，且非该相关人的过错，应视为执行财产已向申请人交付，该执行已完毕，该财产不应列入破产财产；二、人民法院针对被执行财产采取了相应执行措施，该财产已脱离债务人实际控制，视为已向权利人交付，该执行已完毕，该财产不应列入破产财产。"

行标的物何时属于被执行人，与何时不再属于被执行人的问题，并非专门针对执行款的权属认定。但在第一种情形当中，《答复》使用了"执行财产"一词，并未对金钱与其他执行标的物作出区分，因此在实践中也常常被认为不仅是物的交付，还包括物的转化形式——执行款的交付。同时，从《答复》的字面表述来看，执行财产向买受人交付以后，则视为执行财产已经向"申请人"交付，因为被执行人向申请人交付正是强制执行的目的，更进一步强化了包含金钱的效果。当然，《答复》是在个案请示这一具体情况中作出的，目的在于解决个案问题，不应将其与立法规范的严谨性与普适性进行对比。但不可否认的是，虽然最高人民法院明确答复属于具体个案的请示答复，其法律拘束力仅限于个案本身，不具有普遍的法律效力，在案件审理中法官不能将答复直接作为其他案件的裁判依据，但虽然答复仅在性质和功能上是有些接近或类似于司法解释的，[1]事实上对审判（执行）实践发挥着不可替代的影响和指导作用。诚如有观点认为，"上述答复对于解决当时审判实践当中存在争议的执行完毕和财产权属变动标准认定问题发挥了积极作用"。[2]

（二）以交付作为判断标准阶段

随着《物权法》等相关法律制度的完善，上述判断标准与现行的法律规定已不匹配。2017 年 1 月，《最高人民法院关于执行案件移送破产审查若干问题的指导意见》（以下简称《执转破指导意见》）改变了前述《答复》中关于未发还执行款权属的认定标准，根据其第 16 条的规定，执行法院收到受移送法院受理裁定后，应当于 7 日内将已经扣划到账的银行存款、实际扣押的动产、有价证券等被执行人财产移交给受理破产案件的法院或管理人。同时，根据第 17 条的规定，执行法院收到受移送法院受理裁定时，已通过拍卖程序处置且成交裁定已送达买受人的拍卖财产，与通过以物抵债偿还债务且抵债裁定已送达债权人的抵债财产，以及已完成转账、汇款、现金交付的执行款，因这些财产所有权已经发生变动，不属于被执行人的财产，故无需再移交破产企业。前述两条规定虽然没有直接规定破产案件受理后人民法院未发还的执行款归被执行人所有，但根据法律解释的基本逻辑，我们依然可以得出前述结论。该条规定分类明确了向破产法院移交财产的标准，与《物权法》规定的物权变动规则是一致的。就执行款的权属变动规则，该条规定明确以向申请人交付作为判断标准，已交付的，财产所有权已经发生变动，不再属于被执行人；相反，如果还没有发还交付申请执行人的，财产的所有权则没有发生变动，当

---

〔1〕　参见黄玉寅："论地方行政机关对'行政一体'原则的摆脱"，载《政治与法律》2013 年第 4 期。

〔2〕　王富博："关于《最高人民法院关于执行案件移送破产审查若干问题的指导意见》的解读"，载《法律适用》2017 年第 11 期。

然仍属于被执行人所有。

2017 年 12 月，《最高人民法院关于对重庆高院〈关于破产申请受理前已经划扣到执行法院账户尚未支付给申请执行人的款项是否属于债务人财产及执行法院收到破产管理人中止执行告知函后应否中止执行问题的请示〉的答复函》（〔2017〕最高法民他 72 号）〔1〕（以下简称《答复函》），第一次从正面明确了人民法院裁定受理破产申请时已经扣划到执行法院账户但尚未支付给申请人执行的款项，仍属于债务人财产，若符合执行回转条件的，适用破产程序执行回转。同时，《答复函》废止了上述《答复》确定的处理原则，这一用"新法"替代"旧法"的做法，也让我们推知，前文《答复》回答的不仅仅是实物财产的所有权归属问题，其中还包括了执行款。

《执转破指导意见》与《答复函》确定执行款物所有权的标准与《物权法》规定的动产和不动产物权的变动标准完全一致。根据这一标准，在文首案例中，执行法院暂管的执行款并未在破产申请受理时交付给申请执行人，所以其所有权仍属于被执行人，一审和二审法院也正是基于这一原则确定大地公司的房屋拍卖款仍归该公司所有，应当纳入破产财产的范围，由破产管理人按照《企业破产法》的有关规定进行分配，而不是由执行法院个别清偿。

三、执行款权属变动的法理分析

执行款在从控制到发还的过程中，其占有经历了两次变动，第一次变动是从被执行人处转移到法院，第二次是从法院转移到申请执行人。在第一次占有转移中，所有权是否转移到法院呢？法院是代替申请执行人行使占有吗？虽然已有的司法解释和司法政策回答了关于未发还代管款所有权归属的争论，但是执行款已经转移到法院账户的情况下为什么仍然属于被执行人所有的原理却鲜有论述。有观点认为，执行款作为特殊的动产，应当遵循"占有即所有"的规则，进而认为执行款从被执行人或者第三人账户中转移到法院账户的一刻，即不再属于被执行人所有，甚至得出应该属于法院所有的结论。而申请执行人往往以法院没有在规定的时间及时发还为由，而主张执行款所有权在应当发还时转移到申请执行人，或者认为法院是依申请启动执行，所以法院占有执行款是代替申请人占有，进而主张由执行法院发还或

---

〔1〕 该《答复函》指出："人民法院裁定受理破产申请时已经扣划到执行法院账户但尚未支付给申请人执行的款项，仍属于债务人财产，人民法院裁定受理破产申请后，执行法院应当中止对该财产的执行。执行法院收到破产管理人发送的中止执行告知函后仍继续执行的，应当根据《最高人民法院关于适用〈中华人民共和国破产法〉若干问题的规定（二）》第 5 条依法予以纠正，故同意你院审判委员会的倾向性意见，由于法律、司法解释和司法政策的变化，我院 2004 年 12 月 22 日作出的《关于如何理解〈最高人民法院关于破产司法解释〉第六十八条的请示的答复》（〔2003〕民二他字第 52 号）相应废止。"

者在破产分配时别除。笔者认为，上述观点均不能成立，本文主张人民法院执行款专户中未发还的执行款应当归被执行人所有，为解释这一结论，可以从私法和公法两个维度加以观察。

（一）执行款权属的私法考察

《物权法》第 23 条规定："动产物权的设立和转让，自交付时发生效力，但法律另有规定的除外。"这一规定确定了动产物权的变动以交付作为公示方法和生效要件。那么，执行款从被执行人处转移到法院这一过程，应将其视为所有权的转移，还是仅为占有的转移？解释这一疑问，可以从该转移行为是否符合动产物权交付的要件加以分析。根据《物权法》第 23 条的规定，如果认为执行款所有权已经发生变动，则其必然已经在客观上完成交付；相反，如果这一转移不符合交付的构成要件，则其必然未发生所有权的变动。所以，我们只需要判断这一转移是否构成物权法上的交付即可。

关于交付的构成要件，有学者将其概括为三个要件：让与人对占有的放弃、受让人对占有的取得、受让人取得占有系让与人的意愿促成。[1]也有学者概括为主客观两个要件，一是客观条件，即占有的得丧。二是主观条件，即交付的意思表示。[2]上述两种观点比较来看，两种概括方法实则只是形式上的区分，本质上完全一致。前述要件中，让与人丧失占有是指全部、彻底、永久地放弃，而非暂时、部分或者有条件地放弃，并且必须是依自己的意愿放弃。受让人的取得占有则是获得对动产的事实上的管领力，换言之，受让人只要获得随时行使管领力的状态即可。但交付并非简单的占有之得丧，还必须包含当事人的意思要素。学界有代表性的观点认为，"同时具备让与人放弃占有和受让人取得占有两项要素的事实未必能构成交付……前手的放弃占有与后手的取得占有必须体现双方的共同意愿，或者说让与人放弃占有的目的就是让受让人取得对物的占有"；[3]"交付应当突出当事人意思在其中的作用，而非无意识的纯粹客观行为"；[4]"交付在法律上是一种透明无色的行为，它根据行为实施时的具体情况得到法律上的颜色"。[5]例如，在盗窃和抢劫的场合，尽管占有发生了转移，但所有权人丧失占有并非基于自己的意愿，该"占有"的转移因缺乏意思要件，所以并不构成交付。但值得说明的是，这里当事人的意思是事实

---

〔1〕 参见刘家安："论动产所有权移转中的交付——若干重要概念及观念的澄清与重构"，载《法学》2019 年第 1 期。

〔2〕 参见庄加园："动产所有权变动中的'交付'"，载《环球法律评论》2014 年第 3 期。

〔3〕 刘家安："论动产所有权移转中的交付——若干重要概念及观念的澄清与重构"，载《法学》2019 年第 1 期。

〔4〕 庄加园："动产所有权变动中的'交付'"，载《环球法律评论》2014 年第 3 期。

〔5〕 ［英］巴里·尼古拉斯：《罗马法概论》，黄风译，法律出版社 2000 年版，第 123 页。

行为中的自然意思，并非法律行为上的意思表示，与当事人的行为能力无关。这种意思自然地包含在事实行为中，无需明示即可推知，例如抛弃物品的行为，不需要明确表示所有权人要放弃所有权，仅从外观即可推知。

文首案例中，从让与人丧失占有的角度来看，除了被执行人主动缴纳的执行款以外，其他执行款的占有转移均非被执行人自愿放弃对资金的占有，而是人民法院强制剥夺其占有的行为。基于受让人获得占有的角度分析，资金从被执行人或者第三人处转入人民法院执行专户后，人民法院即取得了对资金的事实上的管领力，例如随时可以发还申请人。但是从主观要件观察，人民法院并非以将资金据为己有的意思来行使对资金的管领。恰恰相反，最高人民法院专门制订了《最高人民法院关于执行款物管理工作的规定》，要求执行法院在规定的时间内及时发还执行款，并且要求各级人民法院按照"一案一账号"的要求设立专门账户，对执行款实行专项管理、专款专付，以区别于自有资金。综上所述，执行款从被执行人或者第三人处转移到人民法院执行款专户的行为不构成动产所有权转移意义上的交付，只不过是纯粹的占有的转移，不发生物权变动的效力。执行制度设立的目的是使用国家公权力来强制保障债务的有效清偿，债权债务的消灭必须发生在适格的债权人和债务人之间，而不可能发生在债务人与法院之间。从这个意义上说，资金占有的转移不可能构成所有权变动意义上的交付。

但金钱是特殊动产，是否可以按照"占有即所有"的规则确定执行款所有权，学界亦有不同观点。[1]本文对此持否定观点，认为执行款应当归入"占有即所有"的例外情形。通说认为，货币"占有即所有"是"由货币的性质和职能所决定，货币所有权不得与对货币的占有相分离。凡占有货币者，不分合法、非法，均取得货币所有权；凡丧失对货币的占有，不论是否自愿，均丧失货币所有权"。[2]而事实上，从历史渊源来看，将货币占有即所有这一推定绝对化的做法与该规则的原始意旨并不相符，与这一规则有关的判例最早发生于 16 世纪的英国。[3]在理论上对此问题进行的系统阐述，则始于德国学者马克斯·卡塞尔于 1937 年发表的《物权法上的货币》一文，但他并未绝对认为货币应当"占有即所有"，[4]后经日本学者改造继受，发展为绝对化的"占有即所有"的理论，并为我国民法理论所追随。但这一原则在实践中不断地遇到挑战，理论界也越来越多地反对形而上学地适用这一原

---

［1］ 相关探讨可见孙鹏："金钱'占有即所有'原理批判及权利流转规则之重塑"，载《法学研究》2019 年第 5 期。

［2］ 梁慧星：《民法总论》，法律出版社 2001 年版，第 156～157 页。

［3］ 参见孙鹏："金钱'占有即所有'原理批判及权利流转规则之重塑"，载《法学研究》2019 年第 5 期。

［4］ 参见朱晓喆："存款货币的权利归属与返还请求权"，载《法学研究》2018 年第 2 期。

则，主张限制其适用范围。"货币的特殊性并不表明在货币的占有与所有问题上法律必须采取所谓'占有即所有'的原则。"[1]例如不适用于占有辅助情形，比如职工、受雇的收款人占有货币；不适用于以封金形式特定化的货币，比如专用资金账户中的钱款等。[2]也有学者从司法实践中归纳出借用账户、错误转账的情形也应纳入到排除适用的范围。[3]本文认为，执行款所有权的认定即属于排除适用的范围。原因在于：其一，金钱是可以特定的。金钱"占有即所有"的核心意旨在于确保其作为一般等价物的天然属性——流通性和可替代性，这一属性决定了金钱难以特定化，转移占有以后容易与占有其他资金发生混同而无法识别，原权利人就因为无法满足物权的公示条件而不能对抗第三人。但是金钱的高度可替代性并不必然排除其特定性，而一旦金钱或者存款在特定的情况下，即可以与其他的金钱识别开来，从而为不依赖"占有即所有"的规则来讨论货币所有权提供了可能。例如信托财产和捐赠财产，[4]再例如以封金、保证金、专户形式特定化的资金，均无需借助"占有即所有"的规则确定其所有权。《担保法司法解释》第85条规定："债务人或者第三人将其金钱以特户、封金、保证金等形式特定化后，移交债权人占有作为债权的担保，债务人不履行债务时，债权人可以以该金钱优先受偿。"根据这一规定推知，金钱可以以特户或者专户的方式特定。此外，《最高人民法院关于执行款物管理工作的规定》（法发〔2017〕6号）第2条规定："执行款物的管理实行执行机构与有关管理部门分工责任、相互配合、相互监督的原则。"可见，法院执行款正是以专户的形式将原属于被执行人的金钱予以特定化的情形。其二，抛开学界对"占有即所有"规则是否绝对化的争论，我们可以货币是否处在流通领域加以观察。在货币流通领域，应当根据商业外观主义，按照"占有即所有"的规则，而不论占有人在使用货币的时候是否拥有所有权，都应当推定其拥有所有权。而在非流通的领域，则需要根据将货币特定化的具体情形判断货币所有权的归属，此时无需适用"占有即所有"的规则。在强制执行的场合，人民法院执行财产的目的在于实现当事人之间债权债务的强制清偿，而非将其适用于流通领域，或者说人民法院不是将其作为流通的手段而予以占有。不仅如此，国家从立法层面已经对执行款的特定用途加以明确，社会公众无需法律常识即可判断执行款不属于法院所有，否则这必将动摇法

---

〔1〕 其木提："货币所有权归属及其流转规则——对'占有即所有'原则的质疑"，载《法学》2009年第11期。

〔2〕 参见其木提："货币所有权归属及其流转规则——对'占有即所有'原则的质疑"，载《法学》2009年第11期。

〔3〕 参见朱晓喆："存款货币的权利归属与返还请求权"，载《法学研究》2018年第2期。

〔4〕 参见李锡鹤："作为种类物之货币'占有即所有'无例外吗——兼论信托与捐赠财产的法律性质"，载《法学》2014年第7期。

院执行行为的正当性基础。所以，在强制执行这一特定场合，不需要借助流通领域的货币所有权评价规则教条地进行评价，"占有即所有"的规则不适用于对执行款的所有权进行认定的情形。

基于上述分析，法院占有执行款并非基于被执行人的交付，同时也不适用"占有即所有"的规则，不发生所有权转移的法律后果。换言之，执行过程中，被执行人所有的金钱转移到法院执行款专户的事实，不属于民法意义上的交付，也不适合以"占有即所有"的规则进行判断。此种情形下，金钱只是发生了占有的转移，而非权属的变化。

（二）执行款权属的公法探讨

如果说通过民法上交付以及"占有即所有"规则的适用与否来解析执行款权属尚显不足的话，那么从公法维度进行的探讨可能更有说服力。考察人民法院执行措施对执行款所有权变动产生什么影响，需要结合强制执行的特点展开。一般而言，强制执行行为具有以下特征：①主体的不平等性。强制执行的主体是人民法院，它借助国家强制力对执行对象采取执行措施，因此，强制执行法调整的是不平等主体之间的法律关系。而民法上的交付，只能发生在平等主体之间，这也是为什么执行款在从被执行人处转移到法院占有，不构成民法上交付的原因。②手段的强制性。基于国家公权力的强制执行超越或者凌驾于财产所有者的意思表示之上，迫使被执行人履行义务，或者直接对其财产的占有、所有等状态进行调整。对被执行人而言，占有的丧失并非基于交付的意思，而是被国家公权力强制剥夺。对于法院来说，取得占有并非是将被执行人的财产据为己有或者宣示所有，而意在通过剥夺被执行人对财产的占有权能来控制和限制被执行人对财产的自由处分，并在需要的时候，按照法律规定，来代替被执行人的意志对特定物进行处分。被人民法院剥夺占有以后，就该部分款项，被执行人已经无法根据自己的意志选择清偿，但其本身并不失去所有权。如果被执行人通过其他的方式履行了生效法律文书确定的义务，则人民法院应当将款项退还被执行人，以恢复其占有。③目的的特定性。就金钱的执行而言，人民法院采取执行措施的目的在于强制实现债务清偿，而清偿的行为只能发生在债权人和债务人之间，即便第三人代为清偿，也必须以被执行人名义进行，如果把强制清偿作为替代交付的话，那就是交付只能发生在债权人和债务人之间。清偿完成的标志是人民法院将执行款发放申请人，债权人因为受领而取得所有权，否则无法消灭原有的债权债务关系。这就是强制执行这一公法行为所引发的民法上的后果，即在民事法律关系失范的时候，通过国家公权力强制恢复这一民法秩序。但我们应当高度警惕运用民法的逻辑来评价公法行为，因为这种评价方法往往会得出错误的结论。比如民法上的一个重要原则是意思自治，而启动强制执行必须依据生效法律文书，服从债务清偿的目的，它的启动是被动的，目的是法定的。在此情况下，如果形而上学地用民法的交付以及"占有即所有"的理论来评价执行款占有的转移，进而得出执行款属于法院所有的结论，显然是错误的。债权债务只能在当事人之间清偿，如果一定要使用交付的概念，只能说强制执行发挥的作用就是用强制的手段代替被执行人实施交付。也正是基于债务清偿这一目的，人民法院设立专门账户对执行款进行专门保管，将其特定化，以区别于其他资金。从财务会计的记账规则上来看，这部分资金体现为负债，也就是人民法院有义务在一定的时间内将其支付给特定对象。④程序的法定性。人民法院必须严格按照法律规定的步骤和程序，采取强制措施或者实施执行行为。可以说法不授权即禁止，这也是公权力行为区别于私法行为"法无禁止即可为"的行为准则。需要注意的是，以上并非执行程序的全部特点，笔者只是基于论证的需要对其部分特征进行了概括。

实践中还有一点需要解释的问题是，根据《最高人民法院关于执行程序中计算迟延履行期间的债务利息适用法律若干问题的解释》第 3 条第 2 款的规定，人民法院划拨、提取被执行人的存款、收入、股息、红利等财产的，相应部分的加倍部分债务利息计算至划拨、提取之日；人民法院对被执行人财产拍卖、变卖或者以物抵债的，计算至成交裁定或者抵债裁定生效之日；人民法院对被执行人财产通过其他方式变价的，计算至财产变价完成之日。为什么法院提取、扣划、划拨之日或者拍卖成交裁定、抵债裁定生效之日或者变价完成之日，迟延履行期间的债务利息就中止计算，如果不是认为所有权已经转移给申请执行人，为什么不是款项交付申请执行人之日才中止计算？事实上，迟延履行期间的债务利息终止计算的原因不在于所有权是否发生转移，而是和迟延履行期间的债务利息之性质有关。一般认为，迟延履行期间的债务利息具有惩罚性和强制性、补偿性，[1] 是为了强化执行威慑而给被执行人设定的经济制裁，是程序法上的利息，并非是纯粹基于民事法律关系而产生的利息。它在生效法律文书确定的履行期满后，被执行人仍不履行义务的时候起算，在被执行人清偿完毕时终止。在提取、划拨之日，抵债裁定、拍卖、变卖成交裁定生效之日，或者变价完成之日，该部分财产通过人民法院的强制执行，已经从不确定的状态转变为确定的、具体的、可履行的状态，对应金额的民事义务随时可以得到清偿，所以计算至上述节点，无须再对被执行人继续实施公法设定的制裁和惩罚，这与执行款所有权的转移与否没有关系。

四、执行法院停止发还执行款的时间界定

执行款所有权的转移的标准时间是以向申请人发还作为分界点的。如果被执行

---

[1]　刘贵祥、王宝道："《关于执行程序中计算迟延履行期间的债务利息适用法律若干问题的解释》的理解与适用"，载《人民司法》2014 年第 17 期。

企业进入破产程序的，执行款何时发还这一时间节点，决定了该款项是否属于破产财产。从学理上对这一问题进行抽象分析，其实际上表现为企业破产阶段哪一时间节点可以产生中止执行的效力。根据破产启动方式的不同，我国立法和司法解释确定了两个不同的中止执行时间，且在实践操作上使用多种表述方式，容易引发争议。

（一）当事人申请破产时的中止执行时间

在当事人申请破产的情况下，法律规定以人民法院受理破产申请作为中止执行的时间。《企业破产法》第 19 条、《最高人民法院〈关于人民法院执行工作若干问题的规定（试行）〉》第 102 条规定的中止执行时间均属这一情况。可以说这一标准是科学合理的，虽然破产程序与执行程序都是特殊的偿债手段，且都通过公权力的介入强制性地实现债权人的债权，[1]但二者致力于不同的价值目标，执行程序以实现债务的个别清偿为己任，强调效率优先。破产程序则致力于所有债权的公平清偿，强调公平优先。公平原则是破产程序最为重要的价值目标，也是破产程序贯穿始终的基本原则。[2]二者在价值目标上存在的差异，决定了二者在程序上不可能同时并存，所以破产申请被受理的同时应当中止执行。人民法院受理破产申请后，再进行的个别清偿无效，应当执行回转。

（二）执行不能转破产时的中止执行时间

在案件执行不能转破产的时候，司法解释规定，执行法院应在移送破产的决定作出以后中止执行，也就是在破产受理之前即已中止。《执转破指导意见》第 8 条规定，执行法院作出移送决定后，应当书面通知所有已知执行法院，执行法院均应中止对被执行人的执行程序。虽然此种情况下中止执行的时间早于受理债务人破产的时间，但其背后理论基础完全一致。"执行法院决定将案件移送破产审查，则意味着执行法院认为已经出现破产原因，同意通过破产这一概括执行程序对所有债权人进行公平清偿。根据同一财产之上不能同时并存两种性质冲突的执行程序的一般法理，执行法院有关债务人财产的个别执行程序应当中止。"[3]之所以同一原理产生不同的结果，主要源于破产法院知悉企业破产条件的信息及传导路径不同。在当事人直接申请破产的情况下，破产受理信息的传导方向是从破产法院传向执行法院，因此破产导致的中止执行的时间不可能早于破产受理时间。但在执行不能转破产的场合，启动破产程序的信息的传导方向则是从执行法院传向破产法院，从执转破的决定过程和启动路径来说，中止执行的时间可能也应当早于破产受理的时间。

---

〔1〕 参见程春华：《破产救济研究》，法律出版社 2006 年版，第 38 页。

〔2〕 参见郁林："破产清算程序的制度价值与规范完善——《全国法院破产审判工作会议纪要》的解读（三）"，载《人民法院报》2018 年 4 月 4 日，第 7 版。

〔3〕 王富博："《关于执行案件移送破产审查若干问题的指导意见》的理解与适用"，载《人民司法》2017 年第 10 期。

虽然执行不能转破产的启动也遵循当事人申请主义，但它不是由当事人直接申请，而是执行法院在发现被执行企业资不抵债或者明显缺乏清偿能力情形后，在申请执行人之一或者被执行人同意的前提下，经由执行法院内部决定程序后，作出书面移送破产的决定，并移送破产法院审查。

根据《执转破指导意见》的规定，不仅作出决定的执行法院要中止执行，如果同一被执行人有其他的执行案件，则执行法院要通知所有已知的执行法院，且所有执行法院均应中止执行。一个值得探讨的问题是，执行法院作出决定的同时要中止执行，而其他受通知的执行法院何时中止执行？如果通知到达之前，其他执行法院个别清偿的，在法律上是何效力？如果个别清偿有效，对作出移送决定的法院则会产生极大的不公，就会出现其他执行法院的申请人在个别清偿以后，就未受清偿部分的债权在破产程序中与其他所有债权人继续按比配分配的情况。本文认为，在执转破的情形下，也应当统一中止执行的时点，推定在移送决定作出时，所有执行法院都应当中止执行。如果移送破产的案件被受移送法院最终裁定受理，那么在移送决定作出后所作的个别清偿都应当执行回转，而不宜像《答复函》中的处理措施一样，以通知到达作为判断标准。而如果最终未被裁定受理，则按照执行的规定处理。鉴于中止执行的时点对破产财产范围上的认定上产生的重大影响，同时为了更好地做好执行和破产程序之间的衔接，本文建议在《企业破产法》修订过程中，将执转破的规定纳入修订范围，以提高立法层级，便于在法律层面上明确时间标准，同时规范使用法律术语，避免出现误读。例如，前文最高人民法院对重庆高院的《答复函》中，最高人民法院则同时使用了受理破产申请和执行法院收到中止执行告知函两个时间标准，该函明确人民法院裁定受理破产申请时，已扣划未发还的执行款属被执行人所有，破产申请受理后，执行法院应当中止对该财产的执行。执行法院收到破产管理人发送的中止执行告知函后，仍然继续执行的，应当执行回转。显然，破产受理与通知到达并非同一时间，如何适用让人无所适从。

实践中，引起担忧的不仅是"先下手为强"引发的抢发执行款的现象，还有怠于或者迟延发还执行款的情形。如果执行款应当发还但因为法院的原因延迟发放而致该财产纳入破产财产的，申请人可否以执行款在应当发还的时候已转移所有权而主张别除？本文认为，所有权转移与否的标准是客观的，延迟发还的原因不影响对事实的判断。文首案例中，一审和二审法院根据破产受理时执行款的状态认定其属于被执行人所有，事实清楚，法律适用正确。唯一需要讨论的是，法院在近半年的时间内没有发还执行款是否符合强制执行的规定，执行法院因何原因中止执行，如果不是因为破产导致的中止执行，在申请人要求恢复执行并要求发还执行款的时候，人民法院应作何处理？对这些问题，因案件的细节不得而知，本文不作评价。但可以肯定的是，即便法院存在怠于发还执行款的行为，也不影响进入破产程序后对未发还执行款的权属的认定，申请人应当通过执行异议或者国家赔偿的方式请求救济。

附件：判决书全文

苏州协和担保投资有限责任公司与苏州大地置业有限公司
别除权纠纷二审民事判决书

江苏省苏州市中级人民法院

民事判决书

（2019）苏 05 民终 11620 号

上诉人（原审原告）：苏州协和担保投资有限责任公司。

法定代表人：李吉萍，该公司执行董事。

委托诉讼代理人：陈建，江苏兰创律师事务所律师。

委托诉讼代理人：姜壮志，江苏剑桥颐华律师事务所律师。

被上诉人（原审被告）：苏州大地置业有限公司。

诉讼代表人：江苏简文律师事务所，该公司破产管理人。

委托诉讼代理人：陆扬，江苏简文律师事务所律师。

委托诉讼代理人：朱丽晴，江苏简文律师事务所实习律师。

上诉人苏州协和担保投资有限责任公司（以下简称协和担保公司）因与被上诉苏州大地置业有限公司（以下简称大地置业公司）别除权纠纷一案，不服苏州市吴中区人民法院（2019）苏 0506 民初 6257 号民事判决，向本院提起上诉。本院于 2019 年 12 月 5 日立案后，依法组成合议庭进行了审理。本案现已审理终结。

协和担保公司上诉请求：1. 撤销一审判决，改判支持协和担保公司的诉讼请求；2. 上诉费用由大地置业公司负担。事实和理由：一审判决适用法律错误，在大地置业公司房产被拍卖的情况下，协和担保公司作为首封权利人应享有优先受偿权。一、在取得拍卖款 3 840 000 元后，一审法院应在执行程序中进行处置，执行案件不具有终结的条件。案涉房屋于 2018 年 3 月拍卖成交，款项已至一审法院账户，理应在三十日内将拍卖款发放给协和担保公司，协和担保公司为此于 2018 年 3 月 15 日向一审法院提出意见，但后者未予理涉。一审法院于 2018 年 5 月 4 日出具（2018）苏 0506 执恢 70 号之一执行裁定书所列理由均非终结执行的法定理由，属于执行错误。二、被执行人未进入破产清算程序前，首封权利人具有优先受偿权。一审法院以被执行人是否具有偿付能力作为判断首封权利人是否应享有优先受偿权的标准，缺乏法律依据。一审法院在条文本身并无明确规定的情况下，对《最高人民法院关于执行工作的若干问题的规定（试行）》第八十八条第一款进行了限制性解释，不当地为首封权利人行使权利设置了附加条件，于法无据。退一步讲，大地置业公司的房屋拍卖款 3 840 000 元已由一审法院保管，应认定大地置业公司具有偿付能力，在其他债权人均不申请大地置业公司破产的情况下，协和担保公司应享有优先受偿权。一审法院认为因被执行人资不抵债，普通债权的清偿原则应为参与分配、按比例受偿，缺乏法律依据。法律设定首封权利人优先受偿权已然体现了立法者对基本价值的抉择和各方权利的取舍，一审法院重新做出选择存在牵强。三、因一审法院不当执行行为导致法院裁定受理被执行人破产申请时，案涉款项仍未得到分配的，该款项不应被纳入破产财产。根据《最高人民法院关于执行案件移送破产审查若干问题的指导意见》第四条规定，执行法院采取财产调查措施后，发现作为被执行人的企业法人符合破产法第二条规定的，应当及时询问申请执行人、被执行人是否同意将案件移送破产审查。申请执行人、被执行人均不同意移送且无人申请破产的，执行法院应当按照《最高人民法院关于适用〈中华人民共和国民事诉讼法〉的解释》第五百一十六条的规定处理，企业法人的其他已经取得执行依据的债权人申请参与分配的，人民法院不予支持。根据现有材料反映，一审法院在未征求申请执行人和被执行人意见的情况下，无故逾期发放案款长达八个月之久，直至 2018 年 11 月 5 日才根据案外人苏州市吴中区城南农村小额贷款有限公司的申请裁定受理大地置业公司破产清算案，执行行为违反了法律规定，具有不正当性。因一审法院存在逾期发放款项的行为导致大地置业公司在八个月之后被裁定进入破产清算程序，协和担保公司不能因法院执行行为违法而权利受损。从立法原意上进行分析，《最高人民法院关于执行案件移送破产审查若干问题的指导意见》第六十八条是为保证所有债权人的合法权益、防止人民法院滥用执行权对部分债权人个别清偿所确立，该条规定予以适用的前提仍应为民法的公平原则，且不得违背民诉法司法解释第五百一十六条所确立的清偿顺序。一审法院不顾公平原则、不顾协和担保公司为保障案涉房屋而付出巨大成本的情况下，违反上述法律规定的清偿顺序、以非法定理由终结对大地置业公司财产的执行，案涉款项属于应交付而未交付的状态，应视为已经完成对协和担保公司的交付。

大地置业公司辩称：一、协和担保公司主张在本案中适用《最高人民法院关于执行工作的若干问题的规定（试行）》第八十八条不正确，大地置业公司本身是一个已经具备破产条件的企业，在执行过程中涉及大量案件和债务，一审法院以其偿付能力作为判断标准，并无不当。二、拟破产企业偿债能力有限，只有通过破产程序才能够做到公平，一审法院未向协和担保公司发放案涉房屋的拍卖款没有错误。综上，协和担保公司的上诉理由不能成立，请求驳回上诉请求。

协和担保公司向一审法院诉讼请求：确认金山路333号2123号房产的拍卖款3 840 000元不属于大地置业公司财产，将上述财产从债务人财产中别除，向协和担保公司优先受偿。

一审法院认定事实：协和担保公司与大地置业公司、苏州中创煤炭销售有限公司（以下简称中创公司）、苏州信联投资担保有限公司（以下简称信联公司）、苏州万通投资担保有限公司（以下简称万通公司）、苏州银湖建材有限公司（以下简称银湖公司）、陈震界、沈永岚、沈乐秋、朱汝珍追偿权纠纷一案，经苏州市姑苏区人民法院主持调解，双方当事人达成调解协议，该院于2013年4月23日作出的（2012）姑苏商初字第0213号民事调解书予以确认。根据该调解书，中创公司应向协和担保公司支付代偿款4 429 915.30元，于2013年5月20日前支付1 000 000元，于2013年6月20日前支付2 000 000元，于2013年7月20日前支付剩余的1 429 915.30元；中创公司并于2013年7月20日前向协和担保公司支付代偿违约金400 000元及律师费100 000元；负担诉讼费29 376.50元；信联公司、万通公司、大地置业公司、银湖公司、陈震界、沈永岚、沈乐秋、朱汝珍对中创公司上述债务承担连带保证责任。因上列义务人未履行法律文书确定的义务，协和担保公司向苏州市姑苏区人民法院申请执行，该院立案受理后根据本院指定移送一审法院执行。一审法院立案案号为（2013）吴执字第2183号，执行标的4 959 591.80元，执行费51 996元。因万通公司名下存款60 147.41元需统一分配，大地置业公司债务巨大，名下房屋均被查封，其中包含涉案的坐落于苏州市吴中区房屋（所有权证号00285933，建筑面积251.58平方米，下称2123号房屋），当前处于拍卖程序中，其余被执行人无银行存款、车辆及房产等可供执行的财产，故一审法院于2014年7月14日裁定终结苏州市姑苏区人民法院（2012）姑苏商初字第0213号民事调解书的本次执行程序。（大地公司2013年起即背负巨大债务）

因2123号房屋被先后多次查封，其中一审法院于2012年12月10日出具的（2012）吴执督字第689-2号裁定首查封，2013年1月22日苏州市虎丘区人民法院因（2012）虎执字第0899-3号裁定首轮候查封，2013年1月24日苏州市姑苏区人民法院因（2012）姑苏商初字第0213号裁定为次轮候查封，查封权利人即协和担保公司。2016年12月16日，案外人耿文韬向一审法院提出执行异议，认为2123号房屋系其出资购买，应当停止执行。至该日，上述首查封及首轮候查封已查封到期，苏州市姑苏区人民法院因（2012）姑苏商初字第0213号案件的次轮候查封转为首查封。2017年1月9日，一审法院作出（2016）苏0506执异43号执行裁定，驳回耿文韬的执行异议。耿文韬不服该执行裁定，遂向一审法院提起执行异议之诉。一审法院于2017年4月10日作出（2017）苏0506民初1174号民事判决书，判决停止对2123号房屋的执行。协和担保公司不服判决，上诉至苏州市中级人民法院，后者于 2017 年 8 月 31 日作出（2017）苏 05 民终 5081 号民事判决，撤销一审法院作出的（2017）苏 0506 民初 1174 号民事判决并驳回耿文韬的诉讼请求。

经协和担保公司申请，一审法院于 2018 年 1 月 29 日立案恢复执行，案号为（2018）苏 0506 执恢 70 号。经一审法院在淘宝网司法拍卖网络平台上公开拍卖，2123 号房屋于 2018 年 3 月 13 日由苏州市吴中天灵建设投资发展有限公司以人民币 3 840 000 元的价格竞买成交。拍卖成交款于 2018 年 3 月 21 日汇入一审法院执行款账户。2018 年 5 月 4 日，一审法院作出（2018）苏 0506 执恢 70 号之一执行裁定书，以被执行人所欠债务巨大，所涉款项有待统一处置，且协和担保公司同意本次执行程序终结为由，裁定终结本次执行程序。后协和担保公司多次向一审法院提出，其对该 3 840 000 元拍卖款享有优先受偿权，要求进行分配。2019 年 2 月 19 日，协和担保公司提出执行异议，要求撤销（2018）苏 0506 执恢 70 号之一执行裁定书，并就上述 3 840 000 元拍卖所得价款优先向其支付。一审法院于 2019 年 5 月 6 日书面告知其大地置业公司已破产清算，相关执行程序中止，有关优先受偿问题请在破产分配时提出，由管理人依法处理。2019 年 6 月 13 日，协和担保公司向大地置业公司管理人发函，要求将 3 840 000 元从破产财产中别除。2019 年 6 月 19 日，管理人回复《通知书》称，截至破产案件受理日尚未分配完毕的执行款项，理应属于债务人财产，统一划入管理人账户用于后续分配。

一审另查明，经债权人苏州市吴中区城南农村小额贷款有限公司申请，一审法院于 2018 年 9 月 11 日决定将大地置业公司移送破产审查。2018 年 11 月 5 日，一审法院作出（2018）苏 0506 破申 17 号民事裁定书，裁定受理大地置业公司破产清算，并指定江苏简文律师事务所担任破产管理人。

一审法院认为，根据《最高人民法院关于执行案件移送破产审查若干问题的指导意见》第十七条之规定，执行法院收到受移送法院受理破产清算裁定时，已完成转账、汇款、现金交付的执行款，因财产所有权已经发生变动，不属于被执行人的财产，不再移交给受理破产案件的法院或管理人。最高人民法院在对重庆高院《关于破产申请受理前已经划扣到执行法院账户尚未支付给申请执行人的款项是否属于债务人财产及执行法院收到破产管理人中止执行告知函后应否中止执行问题的请示》的答复函（[2017] 最高法民他 72 号）中明确指出：人民法院裁定受理破产申请时已经扣划到执行法院账户但尚未支付给申请人执行的款项，仍属于债务人财产，人民法院裁定受理破产申请后，执行法院应当中止对该财产的执行。因此，对于大地置业公司名下位于金山路 2123 号房屋的拍卖所得款 3 840 000 元，因在一审裁定受理破产清算时，尚在一审法院执行款账户中，并未办理支付手续，故该 3 840 000 元拍卖款应属于大地置业公司的债务人财产。《最高人民法院关于执行工作的若干问题的规定（试行）》第八十八条第一款规定，多份生效法律文书确定金钱给付内容的多个债权人分别对同一被执行人申请执行，各债权人对执行标的物均无担保物权的，按照执行法院采取执行措施的先后顺序受偿。据此，首查封权利人可以在执行程序中获得优先受偿权，但前提是作为被执行人的企业法人具有正常偿付能力或虽无清偿能力，但债务人或其他的申请执行人、债权人均不愿意申请或启动破产清算。本案中，针对大地置业公司名下金山路333号2123室房屋，若大地置业公司具有偿付能力，协和担保公司作为首查封的申请执行人，理所当然在执行程序中对该房屋的拍卖或变卖所得可以优先受偿，但同期大地置业公司对外债务金额巨大，债权人众多，一审法院经苏州市中级人民法院指定集中执行的案件近90件，已属于资不抵债之情形，此时普通债权清偿的基本原则应当是参与分配，按比例受偿，如果仍坚持查封优先，从而使协和担保公司先获得清偿，将对其他多数债权人不公平。况且，查封在先的债权优先受偿仅在执行程序中发挥作用，于被执行人进入破产清算程序时丧失，即使协和担保公司享有优先权，在一审法院受理大地置业公司破产清算后，该优先权已经丧失，协和担保公司在破产程序中不享有别除权。综上，协和担保公司要求确认涉案房屋拍卖所得款3 840 000元不属于债务人财产并主张别除的诉讼请求，一审法院依法不予支持。依照《中华人民共和国企业破产法》第三十条，《最高人民法院关于适用的解释》第五百零八条、第五百一十三条，《最高人民法院关于执行案件移送破产审查若干问题的指导意见》第十六条、第十七条之规定，判决：驳回协和担保公司的诉讼请求。案件受理费人民币37 520元，由协和担保公司负担。

二审中，双方当事人未提交新证据。

二审经审理查明，2018年5月4日一审法院执行人员李晓东就（2018）苏0506执恢70号执行案件，向协和担保公司委托代理人肖启雄所作执行笔录载明："李：因大地置业涉及案件较多，要把所涉案件一并参与分配。肖：可以的，之前的参与分配是可以的，但2123应该由我们受偿。李：本案如何处理？肖：先终结吧，我们参与分配。我们的分配意见同之前邮寄给法院的那份材料，我们认为2123这套房屋的分配上我们有权优先受偿。"

本院二审查明的其他事实与一审一致，本院予以确认。

本院认为，根据《最高人民法院关于执行案件移送破产审查若干问题的指导意见》第十七条规定，执行法院收到受移送法院受理破产清算裁定时，已完成转账、汇款、现金交付的执行款，因财产所有权已经发生变动，不属于被执行人的财产，不再移交给受理破产案件的法院或管理人。本案中，案涉房屋的拍卖款在一审法院出具受理大地置业公司破产清算裁定时，尚未完成向协和担保公司的交付，财产所有权未发生变动，仍属于被执行人大地置业公司的财产，协和担保公司主张将拍卖款自大地置业公司财产中别除，不能成立，拍卖款应在破产程序中处理。因大地置

业公司同期所欠债务巨大,涉案众多,执行款项有待统一处置,一审法院作出
(2018)苏 0506 执恢 70 号之一执行裁定书裁定终结本次执行程序,协和担保公司
在执行笔录中对此亦予以认可。协和担保公司以未及时分配拍卖款是不当执行行为
导致为由,主张拍卖款已完成交付从而不属于大地置业公司财产,缺乏法律依据。

综上所述,协和担保公司的上诉请求不能成立,应予驳回;一审判决认定事实
清楚,适用法律正确,应予维持。依照《中华人民共和国民事诉讼法》第一百七十
条第一款第一项规定,判决如下:

驳回上诉,维持原判。

本判决为终审判决。

审判长 王蔚珏

审判员 谢 坚

审判员 水天庆

二〇一九年十二月二十三日

法官助理 夏玉琴

书记员 邹 娜

专题九　破产撤销权对“贷款平移”行为的撤销问题

一、案件事实与问题的提出

自 2012 年 2 月 22 日始，浙江佳路利印染有限公司（以下简称“佳路利公司”）与交通银行股份有限公司湖州分行（以下简称“交行湖州分行”）签订多份借款合同。该借款由浙江吉昌化学有限公司（以下简称“吉昌公司”）、杨某某、许某某在最高额 2300 万元范围内承担连带清偿责任。随后，2012 年 7 月 23 日～2013 年 6 月 21 日，由于佳路利公司未按约还款，交行湖州分行多次从佳路利公司账户中划走贷款本息。2013 年 3 月 8 日、8 月 15 日，佳路利公司以自有厂房和土地抵押，分别向第三人施某某（其身份也为吉昌公司的法人代表）借款 3 252 271.81 元、440 万元，其中 440 万元用于清偿尚欠银行的债务。银行划扣款项与佳路利公司清偿的 440 万元，合计为 7 940 668.4 元。

另查明，2012 年 9 月，佳路利公司称因资金枯竭而停产，遂向吴兴区环渚街道要求成立清算组进行清算。2012 年 10 月 20 日，吴兴区环渚街道筹备组依佳路利公司申请，成立佳路利公司清算委员会（即清算组）。2012 年 12 月，佳路利公司清算委员会以佳路利公司不能清偿到期债务，且资产不足以清偿全部债务为由，向湖州市中级人民法院申请对佳路利公司进行破产重整，湖州市中级人民法院将该案交由吴兴区人民法院审查立案。2013 年 1 月 23 日，吴兴区人民法院裁定受理佳路利公司清算委员会的重整申请。施某某以担保债权人的身份，向管理人申报了债权。管理人认为，佳路利公司前述 7 940 668.4 元对交行湖州分行的个别清偿行为已侵害其他债权人权益，应予返还，故诉至原审法院。

一审法院认为，讼争的两笔扣款发生于法院受理破产申请后，该清偿行为无效，无效的民事行为自行为开始时就没有法律约束力，当事人因该行为取得的财产，应当返还。对于交行湖州分行辩称的施某某向佳路利公司还款系替代吉昌公司履行担保责任一节，因与该款由施某某账户支付至佳路利公司账户，所涉资金系佳路利公司以自有财产设定抵押后向施某某借款所得、施某某作为有担保物权的优先债权人进行了破产债权申报的事实不符，不予采信。二审法院予以维持。

本案反映了破产法对贷款平移现象能否适用破产撤销权问题，具体包括：其一，何为贷款平移，如何确认讼争的两笔扣款系贷款向担保人平移还是向案外第三人平移；其二，若认为该扣款是原债权的连带担保责任人吉昌公司履行担保责任的行为，其是否应受到破产撤销权的调整；其三，若认为该扣款系佳路利公司向案外第三人施某某借款以抵偿旧债的行为，是否应受到破产撤销权的调整；其四，贷款平移被撤销的法律效果如何，如何界定扣款的追回对象以及债权的申报主体，管理人应如何应对同一债权被双重申报的困境。

二、"贷款平移"的概念与规范依据

（一）"贷款平移"的含义

"贷款平移"产生于银行借贷实务中，并非准确的法律概念。从金融学视角看，"贷款平移"可归为商业银行实施信贷退出的一种微观形式，可将其理解为"债权转移"信贷退出方式的"异化"。即当发生困难但具备部分优良资产的企业被重组或合并，商业银行的债权转移到新的法人企业；[1]"贷款平移"是指经营发生困难的企业无力偿付债务时，商业银行授信给担保人贷款，再由担保人借款给债务人，用以偿还银行贷款，进而达到债权从银行债权人到担保人的"转移"。可见，所谓"贷款平移"，是金融机构为避免坏账风险而推行的一种互保制度，即担保人向该债权人银行申请一项新的贷款来代替债务人进行清偿，并由债务人就担保人的借款提供新的担保，以此来维系债务人企业的现金流转。所谓"平移"，即是将本属于银行的坏账风险，转移给担保人，并在短期内化解债务人的清偿风险。实践中，金融机构向担保人发放新增贷款，由担保人通过专用账户，将该笔贷款精准地回流到债务人的账户上，以此来解决坏账风险的问题。

"贷款平移"对三方当事人均将产生显著的融资效果：债务人免于在官方征信中留下不良记录，且可在短期内缓解债务偿还不能的风险；金融机构则收回不良贷款，降低金融风险，与此同时还新增了贷款授信；担保企业在成功满足资金运转需求的同时，也产生一项针对原债务人企业的债权。甚至可以认为，贷款平移是一种以债权为主要标的的买卖行为，即债权人由金融机构更换为担保人，原银行债权人作为债权让与人，新债权人即担保人作为受让人；在此基础上还需要原债权人的信贷行为加入买卖标的。作为对价，担保人即受让人需要支付与原债权等额的金钱，并以转入原债务人账户由银行扣划的方式进行给付。至于从属于该债权的担保，基于担保人成为该债权的债权人，在无其他担保人或涉及第三人利益的前提下，则因

---

〔1〕 王曲华："商业银行实施信贷退出的意义、难点和对策措施"，载《金融论坛》2001 年第 12 期。

广义上的混同而消灭。[1]

（二）"贷款平移"的现有调整方法

显然，"贷款平移"具有金融性特征，其产生和发展受到当事人意思自治和国家金融监管规范的双重规制，由此也就使"贷款平移"具有了私法和公法的双重意蕴。

第一，若债务人企业未进入破产程序，即在"生存期"或"营业期"，平移贷款对债务人企业或担保人而言，均是获得信贷资金的一种商事交易方式，法律不予禁止；但于商业银行而言，该行为会受到银保监会监管。营业期的"平移贷款"因不涉及债务人企业的其他债权人，主要对商业银行产生影响："平移贷款"通过"变相"展期的方式，最直接的法律后果是掩盖了"真实不良"，而不良贷款隐患的产生会直接影响到整个金融行业的稳定，甚至还会在一定程度上减弱银行业本身对于我国经济发展的重要支持功能。[2]不良贷款率的失真或者隐瞒，一方面降低了信贷资产的使用效率，影响了银行业的整体形象；另一方面不良贷款的持续累积和不良贷款率的持续"隐瞒式"上升，可能会爆发"挤兑危机"，甚至是系统性风险。可见，处于"营业期"的债务人企业，其采用"平移贷款"方式缓解债务危机的，需受到国家有关部门的监管，以防止发生金融风险。但是，部分商业银行为满足资本充足率（资本/风险资产）的要求，往往采取"平移贷款"的形式撑过"监管期"。近年来，银保监管机构已多次对此种行为进行行政处罚，以遏制"平移贷款"这一违规操作。[3]

第二，若债务人企业进入破产程序，即在"濒死期"或"破产期"，平移贷款对于商业银行而言，除了继续受金融监管机构的监管外；其不仅影响到债务人企业和担保人，还会波及债务人企业的所有债权人。由于债权人系私主体地位，故对其权利进行保护主要借助私法方式来实现。可见，"濒死期"或"破产期"的"平移贷款"，不仅属于公法调整的范畴，还属于私法约束的范畴。申言之，对于"破产期"的债务人企业而言，贷款平移发生后，债务人企业既是商业银行与原担保人之间信贷的担保人，又是原担保人的债务人。此时，债务人企业一旦进入破产程序，商业银行和原担保人都可向管理人申报债权，可见，"平移贷款"会产生贷款金额放大一倍的不良后果，一旦允许其全部申报，必然稀释其他债权人的获偿比例。是故，必须从管理人能否行使破产撤销权的角度，来探讨"平移贷款"的调整路径。

---

[1] 参见韩世远：《合同法总论》，法律出版社2018年版，第734页。

[2] 郑宇芳："我国商业银行不良贷款的成因与改革"，载《财经问题研究》2015年第6期。

[3] 可参见许银保监罚决字〔2019〕1、2号处理决定，二者违法违规事实均为"平移贷款，掩盖真实不良"，前者罚款30万，后者处以警告。

（三）"贷款平移"的不同类型及其识别

通过以上分析可知，"贷款平移"是债权转移的特定类型，其与"借新还旧"有所不同：前者的清偿行为系由原担保人作出，而"借新还旧"中的清偿主体则为债务人本人。为行文方便，下文将使用广义的"贷款平移"概念，既包括向原担保人的平移，也包括向案外第三人的平移。

尽管两种"平移"方式产生的融资效果类似，但破产法对其规制的方式却存在显著不同。贷款平移后产生"抵旧还新"的效果，从破产法角度来看，两类平移方式均可能受破产撤销权的调整，但调整结果有所差异。如本案中，债权人银行主张该扣款系对原担保人的"平移"因而不可撤销，破产管理人则主张该扣款系对案外第三人的"平移"因而可撤销。由此可见，对"平移"类型的判断，是破产法需要着力关注的争点问题。

有法院在类似案件中曾总结过对"平移"类型的"表征"判断规则。在台州德力奥汽车部件制造有限公司、浙江建环机械有限公司管理人浙江安天律师事务所、中国光大银行股份有限公司台州温岭支行请求撤销个别清偿行为纠纷一案中，就原债权连带担保责任人的陈某向债权人清偿是否构成履行担保的行为（陈某同时是破产企业的财务主管），产生了激烈探讨。该案中，两审法院均认为应"以民事法律行为发生时当事人的行为表征加以综合争议",[1]因陈某并未在债务人破产后向破产债务人主张债权，最后也未参与债权分配，所以陈某仅在名义上是清偿行为的实施者，却不能将该行为认定为其个人行为，自然也不构成担保清偿。

同理，具体到本案中，判断案涉两笔贷款的清偿行为究竟是为吉昌公司或者是其法定代表人施某某发生时，要综合考量该"借贷平移"行为发生时当事人的行为表征。本案中，施某某以自己的名义而非吉昌公司的名义签订的《借款抵押保证合同》，故在名义上是施某某而非吉昌公司为贷款提供者；并且，在提供借款给破产债务人后，施某某也以自己的名义向破产管理人申报债权，而不是以公司的名义申报。可见，施某某是在为其自己主张权利，与前述案件中陈某的行为正好相反，施某某提供贷款的行为并不同于吉昌公司承担保证责任的行为。

就债权申报与确认的事实部分，银行作出了如下抗辩：其一，债权申报的主体有误。银行提交了公证书用以证明施某某确认讼争款项应属吉昌公司代佳路利公司偿还银行贷款，自己申报债权错误。银行认为，"施某某系吉昌公司的法定代表人，施某某向交行打款是基于他的特殊身份。吉昌公司已经履行了担保责任，具有了追偿权，其作为权利人，自己行使或者让与自己的法人代表施某某行使，都是合法有效的"。其二，申报债权的性质有误。银行认为施某某与佳路利公司的抵押借款合

---

[1] 参见浙江省高级人民法院（2019）浙民终330号民事判决书。

同无效，而施某某在二审中已经不再主张优先债权，管理人也未确认施某某的优先债权，因此该普通债权对破产企业及其他债权人没有造成任何损害。

对此争议焦点，两审法院均认为该借款行为，并非保证人履责而是案外第三人的独立行为。法院的认定或许有事实支撑，但是就其审查范围与结果来看，仍需反思的是，法院是否可以在"贷款平移"的破产撤销权纠纷中，对债权的申报和债权的性质作出确认？《企业破产法》规定，对债权主体和债权性质的确认，均属于债权确认之诉的内容，涉及实体权利争议，而债权确认之诉在程序上并不属于破产撤销权之诉的审理范围。本案的审理结果表明，法院通过对特定债权的主体和性质进行判断，分析了"平移贷款"的类型，这为学术研究和审判实践的开展提供了新的思路。

综上，"贷款平移"的类型在破产法规范中尤为重要，关系到该清偿行为是否被管理人撤销的结果。至此，不同类型的"贷款平移"，从破产法角度看将产生何种破产撤销权效果则需做进一步分析。

三、贷款向担保人"平移"的破产撤销权分析

《企业破产法》第 92 条第 3 款规定："债权人对债务人的保证人和其他连带债务人所享有的权利，不受重整计划的影响。"可见，无论是债务人企业在破产受理前的偏颇清偿期，还是进入到重整程序后，债权人都可以根据原担保合同要求债务人企业的连带责任人对其承担担保责任，破产法对此并无限制。

（一）保证人履责不构成偏颇清偿

破产撤销权的制度目的在于解决债务人的有限财产所引发的债权人利益的公平分配问题。[1]债务人的行为是否打乱了处在清理程序中的法定债权分配顺序、是否使债权人或保证人处于比原来更有利的地位，[2]是偏颇清偿的检验标准，也是破产撤销权不同于民法中债权人撤销权"颠倒乾坤"的威力之所在。正因如此，《企业破产法》第 32 条规定的偏颇清偿行为，其实质上破坏了破产法所确立的债权分配秩序，即同顺位债权人之间公平受偿。不同于该法第 31 条对破坏民法基本交易秩序的欺诈行为的调整（但第 31 条也包含了偏颇清偿的行为类型，将在后文论证），第 32 条显然是破产法的特殊规则，目的在于避免债权人利益流失和各债权人内部利益失衡。破产撤销权对偏颇清偿行为的"偏颇性"要求，可以从破产企业财产状况和债权人受偿结果两方面加以分析。

---

〔1〕 韩长印："破产撤销权若干疑难问题研究"，载《月旦民商法杂志》2006 年第 4 期（总第 14 期）。

〔2〕 沈达明、郑淑君：《比较破产法初论》，对外贸易教育出版社 1993 年版，第 192 页。

第一，从破产企业的财产状况来看，被撤销的行为应属减损破产财产的行为，进而对全体债权人产生了不公正的影响。具体言之，偏颇清偿在债权人之间设置了厚此薄彼的歧视性待遇，破坏了债权人之间既定的平等分配规则，使部分债权人利益遭受了损失。[1]而当连带担保责任人对破产企业的债权人承担责任时，原债权债务关系归于消灭，并产生新的追偿法律关系，保证人将替代原债权人对债务人企业申报债权。此时，债务人企业的资产负债表和债权申报情况均未发生改变，其他债权人的受偿范围和顺位自然也不受影响，故不产生偏颇后果。

第二，从债权人受偿结果来看，"贷款平移"产生的100%受偿率似乎显著优于其按照"清算程序中的法定分配顺序"的可能受偿比例，但该结果并非是对债务执行的"勤勉竞赛"所致。破产撤销的前提是特定债权人享受了"偏颇效果"，而对该债权人清偿地位予以优待的比较对象，是假定公司进入破产程序后可产生的实际分配比率。[2]与此类似的是，《美国破产法》采取了"模拟企业破产清算标准"，即由法院对比特定债权人实际得到或将要得到的清偿额，与该特定债权人在模拟第七章破产清算中能够得到的清偿额，来判断债权人是否受到了"偏颇清偿"。[3]本案中，虽然银行就其债权获得了100%的清偿，但其在重整程序中也可能获得100%的清偿。这是因为，一方面，实务中大量存在债权人参加破产程序并同时起诉担保人的情形，法院可能"直接判决保证人承担保证责任，在债权人得到实际清偿后，再把破产中申报的债权人变更为保证人"，[4]这使有担保债权人在破产程序中可能直接获得全额清偿；另一方面，即使该债权人未在破产程序中对保证人提出清偿要求，依据《担保法司法解释》第44条的规定，债权人申报债权后在破产程序中未受清偿的部分，保证人仍应当承担保证责任，但是债权人应当在破产程序终结后6个月内提出。可见，即使在破产程序终结后，债权人就其未受偿的部分，还保留向保证人继续主张连带责任的权利。概言之，对有保证人担保的债权而言，只要保证人具有偿还能力，债权人便有充分的依据获得全额清偿。

(二) 专项资金不属于债务人财产

前述分析系基于担保法律关系作出，而保证人代为清偿的行为，还可以结合"专项资金"规则，直接将保证人用于还款的资金排除在企业的破产财产之外，自然将免于破产撤销权的调整。

专项资金规则是指，用于个别清偿的财产是债务人财产时才有可能引起破产撤

---

[1] 韩长印主编：《破产法学》，中国政法大学出版社2016年版，第73页。

[2] 参见李永军：《破产法——理论与规范研究》，中国政法大学出版社2013年版，第275页。

[3] 参见《美国破产法》第547条（b）(5)。

[4] 张凤翔："企业破产案件中涉担保债权问题的处理"，载《人民司法》2013年第7期。

销权。尽管我国破产法未明确将"债务人财产"列为破产撤销权的要件，但个别清偿的偏颇效果内在地要求该清偿必须来自于债务人财产——如果仅是由他人财产引起的清偿效果，即使破产企业的个别债权人由此获利，破产企业也未受不利影响，破产管理人便不能行使撤销权。对此问题，"债务人财产"在《美国破产法》中有更加明确的要件地位：管理人仅可以将"对债务人财产利益的交易"作为偏颇行为予以撤销，如果被交易利益不属于债务人财产，那么偏颇撤销的理由自然就不存在。[1]

专项资金，又称"指定用途资金"，可构成债务人财产的例外。"指定用途资金"规则发源于美国的司法判例，系指如果任意第三人向债务人提供"指定用途"的、对特定债权人进行清偿的资金，那么债务人将这笔资金用于对该债权人的清偿就不构成应予撤销的偏颇行为。[2]若借鉴该"指定用途资金"规则，对本案中的扣款性质可做如下分析：

第一，借款合同将该还款资金定义为"指定用途资金"。该抵押借款合同第一条第1款规定，"该借款只能用于乙方偿还银行贷款及正常经营，不得挪作他用"，且提供借款的银行对此也是明知的，即贷款平移的三方当事人对还款资金的特定目的均是明知且认可的。

第二，债务人对该资金不具有控制力。追溯该资金的划扣流程和时间，可以发现债务人对该资金难以"支配与控制"。该资金在银行、施某某和破产企业账户中的流转、划扣仅在一天之内完成，债务人的"还款"系被动扣款，可见破产企业对该资金的使用方式和时间均不具有控制力。同时，该两笔还款发生于债务人企业已经进入重整程序之后，而重整中企业的银行账户应由管理人控制（即使是债务人自行管理的场合，大额还债也应符合重整计划的要求）。[3]显然，管理人事后对该扣款提起撤销之诉的行为，就说明该清偿行为发生之时，管理人对该扣款不具有控制力。正如本案审理法官所认定的，企业进入破产程序之后便不具有个别清偿的能力，这更说明该笔还款并非依债务人"指示"发生，而是施某某的个人行为。就该还款可能产生的法律效果而言，根据指定用途资金规则，简单的债权人替代并不会导致破产财团价值的任何贬损，也不涉及债务人财产的转让，破产撤销权自然也无适用的余地。

但需特别注意的是，上述结论仅在代位债权人是债务人企业的无担保债权人时方可成立。如果代替债务人清偿债务的第三人（或保证人）获得了对债务人的担保

---

〔1〕 参见美国《破产法典》第547条（b）。

〔2〕 ［美］查尔斯·J. 泰步：《美国破产法新论》，韩长印等译，中国政法大学出版社2017年版，第551页。

〔3〕 参见《企业破产法》第25条。

物权，这种代位就将构成偏颇行为。[1] 显然，新担保权的加入将导致该代位债权人获得优先清偿，债务人的其他债权人的利益将因此受到损害。在此情况下，管理人主张撤销的清偿范围，应以该代位债权人新获得的担保范围为限。而本案中，鉴于施某某获得的抵押担保价值远高于其对破产企业享有的债权额，即使在保证人还款规则或"指定用途资金"规则得以适用的情况下，该还款行为也应被管理人全部撤销。

（三）抵押合同系事后担保可撤销

当代替债务人清偿债务的第三人（或保证人）做出偿还行为，同时获得了债务人提供的抵押担保时，嗣后管理人可否对上述还款行为进行撤销，有赖于对该抵押协议性质的认定。若从债权主体的替换、债权性质的"升级"来看，可以将其定性为对在先债务的事后担保，属于可撤销的偏颇清偿行为。

事后担保属于偏颇清偿行为，这在法理上不难理解。我国《企业破产法》对偏颇行为规定在其第32条"到期债务的清偿"中，而《企业破产法》上的偏颇行为至少还包括第31条第3项规定的"对没有财产担保的债务提供财产担保"以及第4项规定的"对未到期债务提前清偿"两种情况。[2]

从事后担保的行为性质来看，其并不符合无偿属性：担保权的设定本身不会导致债务人财产的直接减损，若担保权实现时债务人企业资信良好，即便从债务人的其他债权人角度来看，事后担保也并未对其造成任何损害；[3] 事后担保的"危害"仅在债务人陷入破产时方得体现，此时属于偏颇行为。从比较法来看，《德国破产法》对于可撤销行为造成的"不利益"划分为"直接不利益"与"间接不利益"。"间接不利益"包含：债务人搁置对待给付或消耗对待给付；给付和对待给付之间的价值比如今已经变得不利于财团；由于某个撤销法律行为导致更多破产债权人出现，以致财团不得不为更多人分配所用；某无担保债权被有担保债权取代。如果对事后担保进行分析，发现其实质上对破产企业造成了间接不利益。此时，管理人能否对其行使撤销权，应从偏颇行为的构成要件对其进行分析：

第一，该借款抵押担保合同给予了保证人偏颇性优待。传统意义上，保证人在履行保证责任后，仅能基于代位权，取代原债权人地位对企业申报普通债权；[4] 而本案中，保证人凭借新的抵押协议获得了优于原债权人的受偿顺位，其他债权人的

---

〔1〕［美］查尔斯·J.泰步：《美国破产法新论》，韩长印等译，中国政法大学出版社2017年版，第550页。

〔2〕参见韩长印："破产撤销权行使问题研究"，载《法商研究》2013年第1期。

〔3〕参见许德风：《破产法论——解释与功能比较的视角》，北京大学出版社2015年版，第380页。

〔4〕程啸："混合共同担保中担保人的追偿权与代位权——对《物权法》第176条的理解"，载《政治与法律》2014年第6期。

受偿地位自然受损。

第二，该借款抵押合同签订于清算委员会成立的前3天，双方根据该合同办理抵押权登记的时间为清算委员会成立的前2天，显然符合偏颇清偿期的时间要求。

第三，抵押协议成立和抵押登记办理，临近清算组成立时间，能够说明彼时债务人企业必然已达到破产界限，且协议双方的主观恶性也十分明显。

第四，保证人不存在抗辩事由，即该抵押协议不符合商业惯例，债务人企业也并未获得新对价，不存在豁免事由。因此，该抵押借款协议属于可撤销的偏颇清偿行为。

综上所述，若在事实部分认定"贷款平移"系保证人或代偿人的清偿行为，扣款本身不应被撤销。与此明显不同的是，本案中破产企业还对该还款事后提供了物上担保，且抵押金额大于债权本身，使得该还款产生了偏颇清偿，应当被全部撤销。

四、贷款向第三人"平移"的破产撤销权分析

若采两审法院的立场，该贷款系向第三人的平移，则本案中的扣款事实应分别从两个行为的角度加以分析：一是债务人对银行的清偿行为，二是企业向案外第三人的借款行为。

（一）还旧贷的行为可撤销

1. 被动扣款构成个别清偿。破产企业通过被动扣款的方式对银行成立在先的到期债务进行清偿，显然属于可撤销的行为。然而，讼争扣款发生于重整程序中而非偏颇期内，因此法院作出了"无效"的认定。但结合该个别清偿系案外第三人履行其于破产开始前与企业达成的合同义务所致，可以认为债务人对银行还款的意思表示、指示和安排已于破产程序开始前形成和作出，将其作为破产撤销权纠纷未为不可。

同时，偏颇清偿中的"清偿"亦包含破产企业被动扣款的情况，即清偿行为包括被动清偿。我国法律对"清偿"没有准确的定义，对此可以借鉴美国的主流观点，认为"给付的定义也包括强制性给付，即由作为受让人的债权人发起，而非债务人主动发起的给付"。[1]甚至，《美国破产法》第547条规定，管理人可以撤销债权人在破产申请前实施的债权追偿行为，包括为执行判决而对债务人财产进行的扣押。对此，虽然我国的执行行为是否可被撤销存在既判力约束的问题，[2]但是当债

---

〔1〕　［美］查尔斯·J.泰步：《美国破产法新论》，韩长印等译，中国政法大学出版社2017年版，第548页。立法资料显示，国会对破产法中"给付"的定义采"尽可能广泛"立场。

〔2〕　王欣新："破产撤销权研究"，载《中国法学》2007年第5期。

权人依其交易优势（如银行）迫使债务人被动清偿时，应属于破产撤销权的调整范围。

2. 债权人不存在主观善意的抗辩条件。我国《企业破产法》"对撤销权采取形式主义判断原则"[1]对此，有学者指出，这种纯粹的客观标准固然具有制约恶意优先清偿的作用，但同时也会使债务人在此期间内所有的自愿或非自愿的清偿行为面临可能全部被撤销的风险，损害善意第三人的权益，甚至会会严重影响交易的安全和经济秩序的稳定。[2]

因此，在破产撤销权中加入主观要件已是理论界的主流倾向。诚如许德风教授指出，为了有效区分无偿行为和偏颇清偿行为，有必要在后者对债权人的主观善意予以一定的保护：因为债务人的个别清偿，对于该特定债权人而言甚至是诚实守信的体现，"对债权人受偿时善意的状态予以直接或间接的保护，更加符合企业破产法的内在规则"；[3]就法律适用效果来看，完全不考虑主观要件可能构成"打击面过广"、不利于交易安全的后果。而在我国的司法实践中，已有不少法院将债权人对债务人确已陷入破产是否善意作出要求，以此保护"善意"的个别受偿人。[4]参考比较法，多个国家均将受益人恶意作为撤销有偿行为的必要条件，如《日本破产法》规定行为的不当性以及有害性便包含了受益人的恶意条件，《德国破产法》要求债权人为恶意，即债权人知悉债务人支付不能或者破产申请的事实；[5]即使是在日益"抛弃"主观要件的《美国破产法》中，其新采取的"常规交易习惯"也被视为融合了主观因素。[6]

据此，本案中债权人银行提出抗辩，"现有证据表明佳路利公司对各银行的金融债务基本上都能正常还本付息，即使从六和所提交的证据来看，最多也就是资产不足以清偿全部债务"，以此提出其对破产事实不具有主观恶意。然而，在对破产事实的主观判断中，往往还涉及当事人的"商业判断"，[7]即不仅债权人一方可能对债务人企业是否将陷入破产不知情，就连债务人自己对此都可能难以察觉。因此，仅在事实层面未明确获悉债务人企业资不抵债的事实，并不能否认银行作为精明的借贷者应具备的商业判断义务，也就是说，此时银行应对其善意负有更高的举

---

〔1〕 王欣新：《破产法》，中国人民大学出版社 2019 年版，第 142 页。

〔2〕 王欣新："破产撤销权研究"，载《中国法学》2007 年第 5 期。

〔3〕 许德风：《破产法论——解释与功能比较的视角》，北京大学出版社 2015 年版，第 408～409 页。

〔4〕 参见浙江省温州市中级人民法院（2019）浙 03 民终 5350 号民事判决书，该案对清偿行为时债权人对"资不抵债"的明确认知作为破产撤销权的前提要件，间接地认可了债权人善意的抗辩。

〔5〕 参见《德国破产法》第 130、131 条。

〔6〕 许德风：《破产法论——解释与功能比较的视角》，北京大学出版社 2015 年版，第 411 页。

〔7〕 许德风：《破产法论——解释与功能比较的视角》，北京大学出版社 2015 年版，第 409 页。

证责任。

3. 还旧贷未使债务人财产受益。我国破产法对偏颇清偿仅规定了"使债务人财产受益"的抗辩事由，有观点认为这一例外性规定不具有现实意义，"在债务人已知其不能清偿到期债务时对个别债权人进行的清偿，基本上是不可能使债务人财产受益的"。[1] 本案中，银行若主张还款使债务人财产受益，必须提供充分的理由来支持其观点。

及时偿还银行债务对破产企业有融资、信用资质等方面的好处。在分析债务人财产情况时，应当注意债务人对资金占有和使用的期限利益，其原因在于牵涉到破产撤销权的企业，往往在破产申请经人民法院受理前就已遭遇财务困境，若在此时能就旧债获得展期，对于破产企业，特别是进入重整程序的破产企业来说，无疑是一场及时雨。本案中银行提出抗辩理由，认为债务人佳路利公司依照金融借款合同还本付息，不仅维持了公司正常的经营运作，同时也避免了因债务违约而被银行起诉的后果，因而属于《企业破产法》第 32 条但书规定的"使债务人财产受益"的情形。

然而，金融学意义上的宽限与"债务人财产受益"仍是两个问题。实际上，企业的多种挽救机制均涉及资金的通融手段，其中典型如庭外重组机制。本案中，新借款合同签订于企业破产被正式受理之前，可以认为该"贷款平移"亦属庭外重组的一种具体方式。由于庭外重组的快捷灵活、保护名誉的特性，困境企业通常会首先采取这种方式。但是，庭外重组在本质上仍是对债务的一种偏颇清偿，庭外重组原则上也涉及破产撤销权的调整可能性。

对"个别清偿使债务人财产受益"的理解应符合破产撤销权的立法目的，即实现破产财产在全体债权人之间进行公平且有序的分配。因此，"受益"的判断也应立足于其行为是否直接造成全体债权人的不利益。本案中银行的抗辩理由应是从债务人企业自身的立场出发，而在企业尚未破产清算的前提下，债务人企业的立场显然不能完全等同于全体债权人的立场。因此，该抗辩仅揭示了庭外重组较之于破产重整对于"债务人企业"维系生存的有益面，并未真正指出对于"债务人财产"的受益或是受损之实际情况，该抗辩没有足够的理论支撑。

4. 还旧贷不构成常规营业付款的例外。考虑到"贷款平移"是处理不良贷款的常见手段，仍有必要对该扣款是否符合常规营业进行探讨。此时需解决的问题是，"贷款平移"是否可以作为一种信贷机构的"替代解决方案"，进而得以豁免破产撤销权的行使。

本文第二部分已有论及，我国法律并未明确禁止"贷款平移"行为，只是在一

---

[1] 王欣新："破产撤销权研究"，载《中国法学》2007 年第 5 期。

定程度上受到国家金融规则的监管，但监管并不等于禁止。从各地文件和传统经济学观点来看，"贷款平移"可能构成"盘活"企业的重要手段。如温州政府出台的政策表明：对民生影响较大、有市场影响力且受当地政府重视的企业，在授信敞口内继续给予支持；对生产正常，资金周转暂时有困难的企业，因化解不良贷款需要新增信贷业务投放的客户进行贷款平移。[1]而就平移的方式和类型来看，银行可以采取关联企业债务平移、分期偿付等方式化解担保代偿风险，对积极履行代偿责任的担保企业，在利率优惠、利息减免、信用评级等方面给予支持。[2]这些措施均从一定程度上鼓励了贷款平移在民间的产生和适用。

在《美国破产法》中，银行采取的贷款平移等授信措施，也可免于破产撤销。如《美国破产法》第547条第h款规定，依照经批准的非营利预算和信用咨询机构拟定的替代还款方案进行的给付行为也得免于撤销（立法名为"替代争议解决方案的促进"）。该规定实际上是为了给债权人同意替代还款方案提供激励，因为只要同意该方案，即使债务人进入破产程序，其根据该方案所得到的清偿也能免于作为偏颇给付而撤销。

可见，当企业还存在挽救可能性时，银行继续授信是盘活企业的重要措施，应予鼓励。然而，当企业确已达到破产界限后，银行无限度的授信就可能超出常规的商业惯例，产生"贷款平移"行为被管理人撤销的不利后果。结合本案的时间背景，应认为银行向第三方授信已经不存在盘活企业的可能，银行免于撤销的抗辩不成立。

（二）借新贷的行为可撤销

至于本案中企业向第三人的借贷系通过抵押借款合同达成，因为该合同签订于偏颇清偿期内（而非还旧债），此新成立的借贷关系是否可撤销？可从时间要素、价值要素两个方面进行分析。

1. 借款人未对破产企业授信。偏颇清偿期内，债务人新签订的合同若满足"同时性"要求，属于即时交易，也即不存在债权人授信情况，此时可作为破产撤销权的例外。在本案中，该抵押借贷合同确实不存在新的授信。

第一，该抵押协议与抵押登记具有同时性。同时性合同的特殊性，可与"事后担保"对比说明：事后追加担保的场合，就担保行为的提供与债权债务的形成而言，两个意思表示的时间是分开的，一旦新设担保发生在偏颇期内，就会使该特定

---

〔1〕　徐亦军、廖晓佳："温州银行业不良贷款的形成原因及解决对策"，载《对外经贸》2013年第7期。

〔2〕　刘淑春、林汉川："化解企业资金链与担保链风险的难点与对策建议"，载《经济纵横》2017年第4期。

债权人产生优于其他债权人的受偿顺位，故而应予撤销；"但如果两个意思表示是同时进行的，即使发生在破产前 1 年的危机期内，也不能撤销，这种情形又被称为对新生债务提供担保"，[1]符合同时交易的要求。《美国破产法》对同时交易例外的适用提出了较为明确的要件要求：一是债务人和债权人的意图必须是进行新对价的同时交易；二是该转让必须事实上属于真正的同时交易，即同时交易的意图和事实要件，二者缺一不可。此外，《日本破产法》第 164 条也规定，在新设担保的场合，立法仅对权利设定、变更或转移超过 15 日的担保关系才认为是恶意的清偿而作出否认。从本案事实来看，该抵押协议签订后，当事人于次日完成抵押权登记，应当认定其符合同时性要求。

第二，债务人履行在先交易的交易中，债权人未做信用授予，因此不应被撤销。破产撤销权的本质在于债权人对债务人作出信用授予后应自担风险，"对于债权人而言，风险始终是存在的，因为这种给予信用的基础并非是完全可靠和永久不变的"。[2]偏颇清偿期内债权人不得接受个别清偿的内在逻辑也在于此：债权人率先完成了履行且根据合同安排，对债务人在后的履行可能性授予了信用，当债务人破产时，其应当承担债务人失信的不利后果。相反，债务人在先履行的交易中，债权人并未授予债务人信用或信赖，反而是债务人要对债权人的破产承担风险（此时债权人、债务人的身份倒置）。具体到本案，企业的抵押登记义务履行在先，施某某提供借款的义务履行在后，实质上是企业对施某某能够及时提供借款授予了信用，施某某无需对企业的资信状况承担风险。

综上所述，从该借款抵押担保合同的订立方式、履行顺序和履行时间来看，似乎符合同时交易和"无授信则无偏颇"的规则。

2. 抵押借款合同不符合对价要求。诚然，重整程序中借新债是现实需求。在破产挽救机制中，债务人往往需要新的资金救助，但是新资金的投入往往又需要债务人提供充足的担保以使债权人获得资金安全的法律保障。[3]因此，新借款欲得到破产法的"认可"，应符合对价的合理要求。在认定某个合同是否具有合理对价时，要考虑到市场定价，更要结合企业是否已达到破产界限的实际情况。结合上述标准，本文尝试对文首案例分析如下：

第一，该抵押协议与担保权的设立，与企业的实际经营情况不符。若债权人明知债务人企业已经处于挽救无望的状态，还对企业提供"慷慨"的借款并获得足额的担保，不应认为这符合等值的要求。

---

〔1〕 张凤翔："企业破产案件中涉担保债权问题的处理"，载《人民司法》2013 年第 7 期。

〔2〕 李世刚：《法国担保法改革》，法律出版社 2011 年版，第 29 页。

〔3〕 参见王欣新：《破产法》，中国人民大学出版社 2019 年版，第 287 页。

　　第二，该抵押协议未增加破产企业的积极财产，仅在客观上产生消极财产减少，一般不属于合理对价。对于仅导致债务人消极财产减少的交易，即便其对价数目相当，也不构成真正的合理对价，因为企业已经达到破产界限，其消极财产的获偿率本就不再是百分之百。[1]李永军教授也指出，"受益"不仅指"对价"，而且包括这种支付是否具有偿还以外的利益，[2]这种偿还以外的利益便是指积极财产的增加。比较法上，《美国破产法》设置的"担保贷款"作为偏颇清偿的撤销例外，要求该贷款用于企业购买特定财产，这就产生了财产上的积极增加，而非仅仅是先前债务的消极减少。

　　第三，不存在后续的新价值。银行虽然前后为企业提供了多笔借款，但是相关证据材料并未显示案涉的个别清偿能为企业带来后续的新价值。本案中，债权人接受旧债之清偿后不再发放新的贷款，此举将使破产企业经营状况严重恶化，短期内将极大丧失继续经营的可能。

　　第四，从交易目的、借贷效果来看，"借新债还旧债"与"还旧债借新债"亦有期限利益的本质不同。对于前者，借款和还款的最终目的在于清偿已到期的债务，以避免债务违约带来的不利后果，期限利益并非债务人所欲达成之目的；而对于后者，先还旧债、再添新债的目的在于继续使用贷款所得资金，而不论这一资金为虚拟贷款额度或现实金钱给付。因此，债务人"还旧债借新债"时，其主要追求的目标是期限利益，债务人可以使用贷款资金以努力保持企业的正常运转。而从行为的履行顺序上来看，交易双方最终期望达成的交易结果是订立一份新的借贷合同。为实现这一交易结果，原债权债务关系中的债务人需先清偿现有债务，然后才能进一步发生后续交易。故从实践要素的角度来看，对"还旧债借新债"行为中债权人受偿的结果当予以肯定，使其免于破产撤销权的行使亦具有合理性。总体来看，本案属于"借新债还旧债"，债务人未获新的期限利益，该借款合同未提供合理的新对价。

　　综上所述，虽然"同时交易"和"新对价"是《美国破产法》中并列规定的两个例外，但在我国破产法语境下，应遵循时间因素和价值因素的双重标准来判断某一商业行为是否合乎对价要求。依前论述，本案中的抵押贷款协议显然违反了对价要求，属于应该撤销的范围。

　　3.抵押借款合同可能归于无效。我国立法对贷款平移中借新贷协议的私法性规范，除破产法中的系统性规定外，已出台的各类政策文件亦体现出依据《合同法》

────────

〔1〕　许德风：《破产法论——解释与功能比较的视角》，北京大学出版社2015年版，第397～398页。
〔2〕　李永军：《破产法——理论与规范研究》，中国政法大学出版社2013年版，第274页。

第52条〔1〕来直接否认借贷协议的规范趋势。

目前，关于贷款平移的金融监管规定见于《金融企业不良资产批量转让管理办法》《关于地方资产管理公司开展金融企业不良资产批量收购处置业务资质认可条件等有关问题的通知》以及《关于商业银行向社会投资者转让贷款债权法律效力有关问题的批复》等。这其中，第一项文件仅规定银行只能将不良贷款转让给国有资产管理公司；第二项文件对此予以扩张，将不良资产的受让对象扩张至地方资产管理公司；而第三项文件则明确，商业银行可以向社会投资者转让贷款债权而无需获得法律法规的特别授权，该转让合同具有合同法上的法律效力，但唯一的限制在于，向社会投资者转让也只能以公开拍卖的方式，且不得批量转让，如果批量转让的，只能转让给资产管理公司。由此可见，国家对银行债权转让并未完全放开，其目的就在于防止银行资产的流失，降低可能发生的金融风险。但根据2009年发布的《关于审理涉及金融不良债权转让案件工作座谈会纪要》（以下简称《纪要》）的第3条"关于债权转让生效条件的法律适用和自行约定的效力"之规定，"不良债权成立在合同法实施之前，转让于合同法实施之后的，该债权转让对债务人生效的条件应适用于合同法第80条第1款的规定"，似乎可以认定该《纪要》所持的观点在于其中的债权转让只需要依照合同法中关于债权让与的规定办理即可。而且根据《纪要》第6条"关于不良债权转让合同无效和可撤销事由的认定"的内容，"金融资产管理公司转让不良债权存在下列情形的，人民法院应当认定转让合同损害国家利益或社会公共利益或者违反法律、行政法规强制性规定而无效"，从字面含义上看其应属《合同法》第52条第4或5款〔2〕关于合同无效事由的具体化。除此之外，《中国银监会关于进一步加强信用风险管理的通知》第6条〔3〕、《中华人

---

〔1〕 鉴于《民法典》"合同编"删除了《合同法》第52条，此时根据《民法典》第508条的规定，应适用《民法典》第一编第六章"民事法律行为"部分的相关规定内容。

〔2〕 该两款规定已为《民法典》所吸收，《民法典》第153条规定："违反法律、行政法规的强制性规定的民事法律行为无效。但是，该强制性规定不导致该法律行为无效的除外。违背公序良俗的民事法律行为无效。"

〔3〕 《中国银监会关于进一步加强信用风险管理的通知》（银监发〔2016〕42号）第6条规定："提高贷款分类的准确性。银行业金融机构应加强贷款分类管理，定期开展贷款分类政策、程序执行情况内部审计，对在贷款分类中弄虚作假掩饰贷款质量的，要严格实施问责，加大处罚力度。应明确上调贷款分类的标准和程序，审慎实施贷款分类中不良贷款上调为非不良贷款的操作。只有符合所有逾期的本金、利息及其他欠款已全部偿还，并至少在随后连续两个还款期或6个月内（按两者孰长的原则确定）正常还本付息，且预计之后也能按照合同条款持续还款的不良贷款，才能上调为非不良贷款。不良贷款分类的上调应由总行或由总行授权一级分行审批。银行业金融机构可根据实际情况明确不良贷款上调为非不良贷款的具体标准和认定程序，但不得低于前述要求。各级监管机构要加强对银行业金融机构资产转让行为的监管，对借助通道转出但信用风险仍保留在原机构的资产，须按原风险形态进行分类。"

民共和国银行业监督管理法》第 46 条[1]等法律规定和内部文件对银行贷款转移亦起到指导性作用。

因此，银保监会实际上已经承认《合同法》第 52 条可用于对"平移贷款"效力的否认。从金融监管实践来看，我国近年来愈来愈多的民商事案件，尤其金融领域的案件，尽管一些行为不违反法律法规的规定，但却在一定程度上与"行政规章"的规定相违背，司法裁判中倾向于认定该类合同无效，这种裁判趋势与我国金融监管趋势是相一致的。[2]

五、"贷款平移"被管理人撤销的法律后果

虽然本案管理人仅对扣款行为提起了撤销之诉，但如前所述，《借款抵押担保合同》也应成为被撤销的对象。当一笔借款导致两个给付行为均被撤销时，有必要研究撤销权的法律后果。

（一）破产撤销权的法理争鸣与"责任说"的采纳

《企业破产法》未就破产撤销权的行使方式、时间和法律效果作出明确规定，理论界对破产撤销权的行使方式、法律效果等存在不同观点。总结起来，在行使方式上，有"单方行为说""形成权说"与"形成诉权说"；在法律效果上，存在"债权说""物权说"与"责任说"。由于破产撤销权一般均由管理人通过破产撤销诉讼方式行使，前一问题不存争议。而关于其法律效果，"物权说"认为，一旦撤销权生效，依债权人的意思而使债务人与第三人之间法律行为（诈害行为）的效力绝对地消灭，即撤销权本身足以产生物权变动；"债权说"则认为，将撤销权解释为纯粹的债权请求权，是债权人请求返还因债务人诈害行为而脱逸的财产的权利，并非对于诈害行为效力的直接否认，即撤销权行使的效果是相对的无效。[3]"责任说"认为，债权人撤销权是一种伴有"责任上的无效"效果的形成权。根据责任说，撤销权的法律效果是使撤销的相对人处于以其取得的财产对债务人的债务负责的状态。易言之，撤销的相对人只是被置于一种物上保证人的地位，不必将脱逸财

---

[1]　《中华人民共和国银行业监督管理法》第 46 条：银行业金融机构有下列情形之一，由国务院银行业监督管理机构责令改正，并处 20 万元以上 50 万元以下罚款；情节特别严重或者逾期不改正的，可以责令停业整顿或者吊销其经营许可证；构成犯罪的，依法追究刑事责任：①未经任职资格审查任命董事、高级管理人员的；②拒绝或者阻碍非现场监管或者现场检查的；③提供虚假的或者隐瞒重要事实的报表、报告等文件、资料的；④未按照规定进行信息披露的；⑤严重违反审慎经营规则的；⑥拒绝执行本法第 37 条规定的措施的。

[2]　参见李建伟："行政规章影响商事合同效力的司法进路"，载《法学》2019 年第 9 期。

[3]　参见韩世远："债权人撤销权研究"，载《比较法研究》2004 年第 3 期。

产实际归还给债务人。[1]责任说的效果在于，撤销相对人破产时，脱逸财产不可作为其破产财产分配给债权人，破产管理人对脱逸财产具有"责任法层面的取回权"。本文认为，这种观点是中肯的，且具有极大的实践价值。

根据责任说，破产撤销权作出之后，被撤销的负担行为、处分行为仍然有效，不直接产生物上请求权，破产企业享有"责任法层面的取回权"，即撤销相对人受让的财产在破产程序开始后自动成为破产财产的一部分，破产债权人可对此直接请求强制执行。

（二）个别清偿中"追回权"客体的多重性

根据责任说，管理人对个别清偿做出的处分行为具有"责任法层面的取回权"，而这种取回权在贷款平移被撤销的情况下，可能产生多个取回对象。

第一，管理人自然可以对获得个别清偿的银行追回该扣款。

第二，管理人可以对保证人追回其所获得的个别清偿。个别清偿不仅对债权人本人造成偏颇优惠，还会对其保证人产生间接的优惠。典型如董事为公司债务担保的情况下，债务人对某债权人的偏颇清偿并非意在基于该债权人优惠，而是针对间接债权人施以优惠。[2]《美国破产法》中，偏颇清偿行为可以分为两类：直接偏颇行为（"对特定债权人所作"）和间接偏颇行为（"对特定债权人有利"）。对受益"债权人"作出此种扩大解释后，可以发现债务人对债权人的清偿同时是对一般保证人有利的，属于对一般保证人的间接偏颇行为。[3]正因如此，在追回偏颇清偿财产时，管理人既可以向偏颇行为的直接受益人，也可以向间接受益人提起追回诉讼。当然，不论管理人向哪一方提起追回诉讼，从结果来看，破产企业都仅有权获得单一赔偿，[4]否则将构成不当得利。

第三，管理人在理论上还具有对设定担保的借款合同相对人追回的权利，但是这一"追回"是没有必要且无法实施的，因为该第三人企业仅获得了抵押担保的权利，此时管理人仅需要涂销该抵押权登记即可。在《美国破产法》中，这属于给付行为本身"无需追回"的情形，这类案件中，没有必要进行"追回"，只需将担保权的相关完善措施予以撤销就可以了。[5]

---

[1] 参见［日］下森定："关于债权人撤销权的一个考察"，载《法学志林》第57卷第2号、3、4合并号（1959～1960年）。

[2] 沈达明、郑淑君：《比较破产法初论》，对外贸易教育出版社1993年版，第197页。

[3] ［美］查尔斯·J.泰步：《美国破产法新论》，韩长印等译，中国政法大学出版社2017年版，第503～504页。

[4] 参见《美国破产法》第550条（d）。

[5] ［美］查尔斯·J.泰步：《美国破产法新论》，韩长印等译，中国政法大学出版社2017年版，第561页。

（三）申报债权的多重主体

依据责任说的观点，银行、案外第三人和保证人与债务人之间的合同关系、处分行为本身均是有效的，这将导致"贷款平移"行为被撤销后，三方当事人均有可能对企业申报债权。

第一，银行可以申报债权，即使其获得的个别清偿被追回，银行并不丧失其基于原合同申报债权的权利。承认受个别清偿债权人继续申报债权的权利，说明偏颇清偿的撤销旨在维护公平分配的最终结果，而非威慑、惩罚个别清偿行为。从结果来看，偏颇撤销的唯一制裁就是受益债权人须返还债务人已经交付的款项、财产或其他财产性利益；债权人在返还后，与从未得到偏颇利益相比，除了为取得偏颇利益而承担的费用外，并不会承担其他不利后果。[1]债权人因此反而有动力在偏颇期内孤注一掷，因为撤销权的顺利行使还存在管理人履职等其他不确定因素。

第二，保证人可以申请债权，但是不得与债权人重复申报。根据《企业破产法》第51条的规定，债务人的保证人或者其他连带债务人已经代替债务人清偿债务的，以其对债务人的求偿权申报债权；债务人的保证人或者其他连带债务人尚未代替债务人清偿债务的，以其对债务人的将来求偿权申报债权。但基于追偿权的附属性，债权人已经向管理人申报全部债权的，保证人不得重复申报。

第三，借款合同的相对人可以申报债权。虽然依该合同作出的抵押登记将被涂销，但是该借款合同本身是有效的，借款人自然有权就其向企业提供的借款取得债权人地位，申报普通债权。

（四）管理人应以破产抵销权对待债权的双重申报

基于债权申报主体的多样性，有必要探讨"贷款平移"导致的银行债权人与新债权人双重申报的问题。

实务中发现，同一项"平移"债权在破产程序中获得重复清偿，显然有失公允，而破产中抵销权或许可以化解这一双重债权申报的矛盾。具体而言，因银行已取得具备执行力的受领权，此时债务人的追偿权不再是期待权，管理人代为向承担"平移贷款"的第三人行使抵销权以消灭互负的债务。我国《企业破产法》第40条规定："债权人在破产申请受理前对债务人负有债务的，可以向管理人主张抵销。"但是，原保证人在破产受理之后才可能因债务人承担保证责任而对债务人负有债务，与第40条并不符合。值得注意的是，破产法并未禁止债权人以外的人行使抵销权，且有论著认为："在债权受偿方案已裁定认可的情形下，管理人可据此确定的可受领分配额为限抵销该债权人对债务人所负债务。此时不仅不会减少可供债

---

[1]　[美]查尔斯·J.泰步：《美国破产法新论》，韩长印等译，中国政法大学出版社2017年版，第486页。

权人清偿的债务人财产，反而还可以简化破产清偿程序，从而节约相应的清偿成本。"[1]具体到"平移债权"问题中，债务人在分配阶段代为清偿将造成债权人对债务人负有债务，与上述第二类情形是相通的。因此，在今后的破产实务中，适当允许管理人主动提出债务抵销，或许是应对平移贷款导致的分配问题的最直接方案。

六、代结语：破产法和金融监管法协同规制"贷款平移"现象

"贷款平移"这一金融行为发生在企业破产偏颇期内时，对破产法的解释和适用提出了新的挑战。在诉讼程序中亦对当事人的举证责任提出了较高的证明标准。

从实体法的效果来看，当事人对还款主体的争议缺乏现实意义。在贷款平移的银行金融业务中，要确认每一笔还款的主体是十分困难、甚至是不可能的。特别是保证人系相关企业法定代表人的案件在企业贷款中反复出现。此时要求当事人举证证明还款的主体和目的缺乏实际意义，况且法院在审查中也会面临无法分辨的困境，徒然浪费司法资源。经前文分析，虽然银行和破产管理人对贷款平移的事实认定上存在重大分歧，但无论将该借款视为向担保责任人平移，还是向案外第三人平移，最终均将因为新加入的超额抵押担保而被全部撤销；除此之外，虽然管理人仅对银行提起了破产撤销之诉，但债务人企业达到破产界限后新签订的《借款抵押保证合同》因缺乏合理对价将同时受破产撤销权的约束。就撤销还款、涂销抵押权登记最终的法律效果来看，双方当事人的抗辩思路并无区别。由此看来，司法实践中产生的大量与"借旧还新""连环贷"相关的破产撤销权纠纷，似乎还体现出破产法与金融监管规则如何衔接适用的问题。

破产撤销权在此类案件中的适用有赖于金融监管规则的补充和完善。为保障破产程序的高效进行，在与贷款平移相关的破产撤销权纠纷中，可以考虑在金融监管法律框架和破产法律框架的双重约束下，探讨此类金融案件的审理方法，并总结经验。在金融纠纷案件中，法院对贷款的性质认定已经形成了较为完善的标准和裁判模式；而在破产撤销权纠纷中，若固守民商法语境下偏颇清偿的构成要件，如偏颇性、时间要素和对价要素等，则难以对构造复杂的金融交易进行"对症"分析，极易导致累诉（本案后又进入再审）。此时，若在破产审判中参照金融监管准则的指导精神，加入"实质大于形式""商业判断"等规则，或许对快速解决纠纷并达到公平裁判结果会有所帮助。

反过来看，在出台金融监管规则时亦应顾及破产程序的影响。银行债权让与多属金融监管规范体系的调整范围。然而考虑到当银行需要反复转移债权、持续授信时，债务人企业很有可能已濒临破产界限；监管规范对不良资产处理的规定，很有

---

[1] 王帅："论破产抵销权的利益权衡"，载《社科纵横》2011年第3期。

可能受到企业日后进入破产程序的重新调整。因此，在制定金融监管规定时，可将破产撤销权的"溯及力"纳入考量范围，以达到不同法律部门之间体系上的一致性和稳定性。

附件：判决书全文

浙江六和律师事务所与交通银行股份有限公司湖州分行破产撤销权纠纷二审民事判决书

湖州市中级人民法院

民事判决书

（2015）浙湖商终字第 669 号

上诉人（原审被告）：交通银行股份有限公司湖州分行，住所地：湖州市人民路 299 号。

代表人：蔡建军，该分行行长。

委托代理人：刘杰，浙江凯富律师事务所律师。

委托代理人：章喆蓉，浙江凯富律师事务所律师。

被上诉人（原审原告）：浙江六和律师事务所，住所地：杭州市西湖区求是路 8 号公元大厦北楼 20 楼，系浙江佳路利印染有限公司管理人。

诉讼代表人：商金玉，管理人负责人。

委托代理人：王振翔，浙江六和律师事务所律师。

委托代理人：孙子斌，浙江六和律师事务所律师。

上诉人交通银行股份有限公司湖州分行（以下简称交行湖州分行）为与被上诉人浙江六和律师事务所（以下简称六和所）破产撤销权纠纷一案，不服吴兴区人民法院作出的（2015）湖吴商初字第 588 号民事判决，向本院提起上诉。本院于 2015 年 12 月 29 日立案受理后，依法组成合议庭，并于 2016 年 1 月 27 日公开开庭进行了审理。上诉人交行湖州分行的委托代理人刘杰，被上诉人六和所的委托代理人王振翔、孙子斌到庭参加诉讼。本案现已审理终结。

原审法院审理认定：一、浙江佳路利印染有限公司（以下简称佳路利公司）与交行湖州分行之间的借款关系。

1. 2012 年 2 月 22 日，佳路利公司与交行湖州分行签订《小企业打包贷款合同》一份，佳路利公司向交行湖州分行贷款 161 万元，贷款期限为 2012 年 2 月 22 日至 2012 年 8 月 22 日，贷款利率为 6.56%。该贷款由浙江吉昌化学有限公司（以下简称吉昌公司）、杨利民、许向梅在最高额2300万元范围内承担连带清偿责任。当天，交行湖州分行依约发放了贷款。2012年7月23日，2012年8月21日，2012年9月21日，交行湖州分行分别从佳路利公司账户扣划8713.87元、4947.34元、72.59元，用于支付该贷款的利息。现六和所要求撤销该三笔共计13 733.8元还款。

2.2012年3月7日，佳路利公司与交行湖州分行签订《小企业打包贷款合同》一份，佳路利公司向交行湖州分行贷款119万元，贷款期限为2012年3月7日至2012年7月7日，贷款利率为6.56%。该贷款由吉昌公司、杨利民、许向梅在最高额2300万元范围内承担连带清偿责任。当天，交行湖州分行依约发放了贷款。2012年7月7日，贷款到期后，佳路利公司还清了贷款本金，尚余该贷款6月的利息未支付。交行湖州分行于2012年7月23日，从佳路利账户中扣划2055.46元用于还清该款项。现六和所要求撤销该笔2055.46元还款。

3.2012年8月9日，佳路利公司与签订《小企业流动资金借款合同》，佳路利公司向交行湖州分行贷款330万元，贷款期限1年，贷款利率为6.9%，由吉昌公司、杨利民、许向梅在最高额2300万元范围内提供连带保证担保。当天，交行湖州分行依约发放了贷款。2012年8月21日，9月21日，10月23日，交行湖州分行分别从佳路利公司账户扣划7590元、19 507.5元、18 985.91元用于支付上述贷款利息。该贷款到期后，2013年8月15日，交行湖州分行通过向施细毛抵押贷款，由施细毛个人账户向佳路利贷款账户转账3 252 271.81元，用于归还该贷款本息。现六和所要求撤销上述四笔3 298 355.22元还款。

4.2012年5月24日，佳路利公司与吉昌公司签订《开立银行承兑汇票合同》一份，约定交行湖州分行同意为佳路利承兑的汇票金额总计150万元，承兑手续费按汇票票面总金额的0.5‰计收，保证金为75万元。保证金及利息作为佳路利公司履行合同的担保。吉昌公司、杨利民、许向梅为上述贷款在最高额2300万元范围内承担连带清偿责任。同日，交行湖州分行依约向佳路利公司开具了11张，总金额为150万元银行承兑汇票。汇票到期日均为2012年11月24日。汇票到期后，交行湖州分行分次从佳路利公司账户扣划保证金用于归还垫款。并于2012年11月30日，12月13日分别从佳路利公司账户扣款190 492.92元、36 014.84元用于归还未清偿部分垫款。现六和所要求撤销该两笔共计226 507.76元还款。

5.2012年5月24日，佳路利公司与交行湖州分行签订《开立银行承兑汇票合同》一份，约定交行湖州分行同意为佳路利公司承兑的汇票金额总计150万元，承兑手续费按汇票票面总金额的0.5‰计收，保证金为75万元。保证金及利息作为佳路利公司履行合同的担保。吉昌公司、杨利民、许向梅为上述合同在最高额2300万元范围内承担连带清偿责任。同日，交行湖州分行依约向佳路利公司开具了11张总金额为150万元银行承兑汇票。汇票到期日均为2012年11月24日。

2012 年 6 月 8 日，佳路利公司与交行湖州分行签订《开立银行承兑汇票合同》一份，约定交行湖州分行同意为佳路利公司承兑的汇票金额总计 232 万元，承兑手续费按汇票票面总金额的 0.5‰计收，保证金为 116 万元。保证金及利息作为佳路利公司履行合同的担保。吉昌公司、杨利民、许向梅为上述合同在最高额 2300 万元范围内承担连带清偿责任。同日，交行湖州分行依约向佳路利公司开具了 23 张，总金额为 232 万元银行承兑汇票。汇票到期日均为 2012 年 11 月 24 日。

2012 年 6 月 28 日，佳路利公司与交行湖州分行签订《开立银行承兑汇票合同》一份，约定交行湖州分行同意为佳路利公司承兑的汇票金额总计 300 万元，承兑手续费按汇票票面总金额的 0.5‰计收，保证金为 150 万元。保证金及利息作为佳路利公司履行合同的担保。吉昌公司、杨利民、许向梅为上述合同在最高额 2300 万元范围内承担连带清偿责任。同日，交行湖州分行依约向佳路利公司开具了 20 张，总金额为 300 万元银行承兑汇票。汇票到期日均为 2012 年 12 月 28 日。

2012 年 8 月 1 日，佳路利公司与交行湖州分行签订《开立银行承兑汇票合同》一份，约定交行湖州分行同意为佳路利公司承兑的汇票金额总计 338 万元，承兑手续费按汇票票面总金额的 0.5‰计收，保证金为 159 万元。保证金及利息作为佳路利公司履行合同的担保。吉昌公司、杨利民、许向梅为上述合同在最高额 2300 万元范围内承担连带清偿责任。同日，交行湖州分行依约向佳路利公司开具了 28 张，总金额为 338 万元银行承兑汇票。汇票到期日均为 2012 年 8 月 1 日。

上述银行承兑汇票到期后，交行湖州分行扣除了佳路利公司交付的保证金后，垫付了剩余本金 4 315 408.17 元及相应利息。2013 年 3 月 8 日，佳路利公司用向施细毛的借款 440 万元归还了前述银行承兑汇票部分垫款。现六和所要求撤销该笔 440 万元还款。

6. 2013 年 6 月 21 日，交行湖州分行从佳路利账户扣划 16.16 元管理费。现六和所要求撤销该笔 16.16 元扣款。

关于前述第 3 笔，第 5 笔扣款中，佳路利公司向施细毛借款还贷情况：2012 年 10 月 17 日，佳路利公司、湖州佳路利进出口有限公司与案外人施细毛签订《借款抵押保证合同》一份，由施细毛分别向佳路利公司提供借款 830 万元，向湖州佳路利进出口有限公司提供借款 755 万元，佳路利公司以其自有财产即工业厂房和土地使用权为上述借款提供抵押担保。借款期限为 2012 年 10 月 7 日至 2014 年 10 月 16 日。嗣后，各方当事人对上述协议办理了公证。2012 年 10 月 18 日，依据上述借款抵押保证合同，佳路利公司、施细毛又办理了湖房他证湖州市字第 110062464、110062465 号他项权证，他项权证的权利人为施细毛，房产所有权人为佳路利公司、担保债权金额为 15 850 000 元。2013 年 3 月 8 日、8 月 15 日，施细毛按照签订的抵押借款合同，向佳路利公司提供借款 3 252 271.81 元、440 万元，嗣后，施细毛将该债权作为有抵押担保的优先债权在佳路利公司破产案中予以申报。

二、佳路利企业破产重整一案的情况。

2012年9月，佳路利公司称因资金枯竭而停产，向吴兴区环渚街道要求成立清算组进行清算。2012年10月20日，吴兴区环渚街道筹备组依佳路利公司申请，成立佳路利公司清算委员会（即清算组）。2012年12月，佳路利公司清算委员会以佳路利公司不能清偿到期债务，且资产不足以清偿全部债务为由，向湖州市中级人民法院申请对佳路利公司进行破产重整，湖州市中级人民法院将该案交由吴兴区人民法院审查立案。2013年1月23日，吴兴区人民法院认为佳路利公司清算委员会的申请理由成立，裁定受理佳路利公司清算委员会对重整的申请。2013年5月13日，吴兴区人民法院作出（2013）湖吴破字第1-3号决定书，指定佳路利公司清算组为佳路利管理人。2014年5月9日，吴兴区人民法院审理后认为佳路利公司的资产、负债状况不明，裁定驳回申请。后佳路利公司清算委员会提起上诉，2014年8月22日，湖州市中级人民法院裁定吴兴区人民法院继续审理该案。2015年1月5日，吴兴区人民法院作出（2014）湖吴破字第1-1号决定书，解除佳路利公司清算组的管理人职务，指定六和所为佳路利公司新任管理人。

六和所认为2012年7月23日至2013年8月15日期间佳路利公司存在7 940 668.4元对交行湖州分行的个别清偿行为已侵害其他债权人权益，应予返还，故诉至原审法院。

六和所在原审期间的诉讼请求为：1. 撤销交行湖州分行扣除佳路利公司存款21 374 512.28元的个别清偿行为；2. 交行湖州分行返还21 374 512.28元；3. 诉讼费用由交行湖州分行承担。审理过程中，六和所经核对，变更诉讼请求为：1. 撤销交行湖州分行扣除佳路利公司存款7 940 668.4元的个别清偿行为；2. 交行湖州分行返还7 940 668.4元；3. 讼费用由交行湖州分行承担。

交行湖州分行原审辩称：扣划金额属实。佳路利公司在争议的还款期内，不存在不能清偿到期债务的事实。扣划行为不是佳路利公司的主动还款，而是交行湖州分行作为债权人主动划款或是担保人代偿，并不存在债务人恶意的情形。还款不仅维持了佳路利公司的正常运作，也避免了因债务违约被追究违约责任的后果，该行为使佳路利受益，六和所无权要求撤销。本案应适用两年的诉讼时效，2013年5月11日之前的款项往来在2015年5月11日之后已超出了诉讼时效。

原审法院认为：根据破产法相关规定，人民法院受理破产申请前六个月内，债务人因不能清偿到期债务并且资产不足以清偿全部债务的，除对以自有财产设定担保物权的债权进行清偿外，仍对其他个别债权人进行清偿，管理人有权请求人民法院予以撤销。人民法院受理破产申请后，债务人对个别债权人的债务清偿无效。有上述情形的，债权人取得债务人的财产，管理人有权追回。六和所诉请撤销的还款金额中有 288 380.43 元，系法院受理破产申请前六个月内，佳路利公司对交行湖州分行进行的清偿，佳路利公司没有以自有财产设定担保物权，该清偿行为损害了其他债权人的利益，六和所作为佳路利公司的管理人有权申请撤销该清偿行为。六和所诉请撤销的还款金额中有 7 652 287.97 元发生于法院受理破产申请后，该清偿行为无效，无效的民事行为自行为开始时就没有法律约束力，当事人因该行为取得的财产，应当返还。对于交行湖州分行辩称施细毛为佳路利公司还款系吉昌公司履行担保责任一节，与该款由施细毛账户支付至佳路利公司账户，所涉资金系佳路利公司以自有财产设定抵押后向施细毛借款所得，施细毛作为有担保物权的优先债权人进行了破产债权申报的事实不符，不予采信。关于交行湖州分行辩称其他款项系其主动扣划不应撤销一节，因佳路利公司与交行湖州分行是借款合同关系，是平等的主体，交行湖州分行只是佳路利公司的债权人，无论是交行湖州分行按合同扣划还是佳路利公司主动归还，均是对双方形成的债权债务的一种清偿方式，目的为了消灭双方的债权债务关系，因此，该辩称于法相悖，不予采信；对于交行湖州分行提出应适用两年的诉讼时效，2013 年 5 月 11 日之前的款项往来在 2015 年 5 月 11 日之后已超出了诉讼时效的辩称，与破产法的立法本意不符，破产法设定管理人有撤销权，取回破产企业财产，目的是为了破产企业资产实现最大化，最大程度的实现债权人公平受偿权，该期间应适用《中华人民共和国民法通则》第 137 条规定的 20 年期间，自权利被侵害之日起开始计算，本案权利侵害之日为 2013 年 1 月 16 日，六和所在 2015 年 1 月接管后，发现清偿行为已侵害了其他债权人的权益，在知道后两年内提出，未过诉讼时效，故对交行湖州分行的辩称，不予支持。据此，依照《中华人民共和国破产法》第二条、第三十二条、第十六条、第三十四条、最高人民法院关于适用《中华人民共和国企业破产法》若干问题的规定（二）第十四条之规定，判决：一、撤销佳路利公司 2012 年 7 月 23 日至 2013 年 1 月 23 日期间对交行湖州分行的还款中的 288 380.43 元个别清偿行为；确认佳路利公司 2013 年 3 月 8 日、2013 年 6 月 21 日、2013 年 8 月 15 日向交行湖州分行的还款 7 652 287.97 元的清偿行为无效；二、交行湖州分行返还佳路利公司管理人六和所 7 940 668.4 元，限于判决生效之日起七日内付清。交行湖州分行未按判决指定的期间履行给付金钱义务，应当依照《中华人民共和国民事诉讼法》第二百五十三条之规定，加倍支付迟延履行期间的债务利息。本案受理费 11 740 元，由交行湖州分行负担。

交行湖州分行不服原审法院上述民事判决，向本院提起上诉称：一、一审认定事实错误。1. 法院受理佳路利公司破产申请的时间应当是 2014 年 8 月 22 日，此前破产申请受理裁定并未生效，包括交行湖州分行在内的佳路利公司债权人既不知道法院受理破产申请，也没有收到法院发出的破产受理通知，不应当承担由此造成的不利后果。2. 2013 年 3 月 8 日、2013 年 8 月 15 日，吉昌公司分别向交行湖州分行借款 440 万元、325 万元用于代偿佳路利公司在交行湖州分行的到期贷款。根据借款合同约定，平移贷款资金专项用于代偿佳路利公司到期贷款，对此吉昌公司、施细毛（吉昌公司法定代表人）明知并有义务确保资金按约定用途使用。交行湖州分行根据吉昌公司委托支付通知，将发放的贷款转入指定的施细毛账户，施细毛将该笔资金转入交行湖州分行内部还款账户，交行湖州分行按照平移贷款约定作为吉昌公司对佳路利公司贷款代偿处理。因此，吉昌公司、施细毛均明知所涉资金用途、性质，资金的具体放款流程、流转没有改变资金性质，不因经过了施细毛账户而变为施细毛代佳路利公司偿还贷款。六和所提交的证据也没有反映上述两笔款项被施细毛列入了对佳路利公司借款债权申报范围。六和所提交的公证抵押借款合同也不能证明上述两笔资金是在履行相应的款项出借。进一步说，即使施细毛将两笔款项作为对佳路利公司出借债权进行申报，未经法定程序对破产债权确认并经司法认定，有关债权的真实性也是不确定的。施细毛对佳路利公司借款是否真实发生是六和所能否主张撤销权的基本前提，一审判决在未将施细毛追加为第三人或作为证人出庭作证的情况下，将上述两笔资金往来认定为施细毛对佳路利公司借款并实质上作了破产债权确认，属于程序不当。二、一审判决法律适用与程序错误。1. 一审判决部分超越了六和所诉请范围。六和所根据企业破产法第 32 条规定行使个别清偿行为的撤销权，一审法院应当根据该规定审查六和所诉请是否具有事实与法律依据。但一审判决对部分发生在破产申请受理后的还款认定为无效，超出了六和所的诉请范围。2. 本案争议还款不符合破产法第 32 条规定可撤销的情形。首先，六和所没有提供证据证明佳路利公司在争议还款期间内存在不能清偿到期债务。现有证据表明佳路利公司对各银行的金融债务基本上都能正常还本付息，即使从六和所提交的证据来看，最多也就是资产不足以清偿全部债务。其次，还款不属于债务人个别清偿。佳路利公司依照金融借款合同还本付息，不仅维持了公司正常经营、运作，也避免了因债务违约而被银行起诉的后果，属于破产法第 32 条但书条款规定的使债务人财产受益的情形，管理人无权要求撤销。3. 一审判决认定六和所撤销权适用 20 年诉讼时效期间没有法律依据。破产管理人撤销权的行使期间，在破产法没有特别规定的情况下，应当适用两年的普通诉讼时效，不能因管理人更换而发生时效中断重新起算的法律效果。综上，一审判决认定事实错误，适用法律及程序错误，请求二审法院依法撤销一审判决，改判驳回六和所的一审诉讼请求，一、二审诉讼费用由六和所承担。

针对交行湖州分行的上诉，六和所答辩称：佳路利公司与施细毛之间存在借款合同。诉讼时效应为法律规定的知道或应当知道之日起两年内。交行湖州分行无法解释贷款资金走向，根据合同用于归还贷款为何会同意吉昌公司转账给施细毛，交行湖州分行负有审查义务，完全有能力全程监控款项去向。施细毛与吉昌公司之间的款项转化全部都是在交行湖州分行的账号间进行，所以交行湖州分行完全有能力了解到款项用途，按常理应当第一时间还入佳路利公司账户。综上，请求二审法院驳回上诉，维持原判。

二审中，交行湖州分行向本院提交公证书一份，用以证明吉昌公司以担保人身份代佳路利公司偿还交行湖州分行贷款，款项虽经施细毛个人账户，但并非施细毛个人向佳路利公司出借资金，施细毛明确以书面方式申请撤回错误的债权申报。六和所经质证对公证书的真实性没有异议，但认为施细毛前后陈述差异很大。

六和所向本院提交询问笔录一份，用以证明施细毛陈述还款与吉昌公司没有关系，是个人借款。交行湖州分行经质证认为该询问笔录不属于二审新证据，不具备证明力，施细毛关于债权的陈述意见是在债权申报前作出，最多是债权申报文书的补充，没有超出债权申报的意思表示范围，此后施细毛对有关错误陈述进行纠正，是很正常的。且无法确认询问笔录上施细毛本人签名的真实性。

本院经审核认为，交行湖州分行虽对六和所提交的询问笔录上"施细毛"的签名提出异议，但未申请笔迹鉴定，亦未有反驳证据，故本院对双方提交的证据材料的真实性予以确认，至于案涉 3 252 271.81 元及 440 万元款项的性质，两份证据材料中施细毛前后陈述不一，本院将结合在案证据及当事人陈述综合分析认定。

本院二审查明事实与原审一致，对原审已作认定的事实，本院予以确认。

本院认为，本案二审争议主要涉及佳路利公司向交行湖州分行归还 3 252 271.81 元及 440 万元的行为性质认定，关键在于审查上述款项到底是吉昌公司履行担保责任还是施细毛个人出借。

综合已查明的事实及在案证据，本院难以认定上述两笔款项为吉昌公司履行担保责任，理由如下：一、从债权申报情况分析，若讼争款项属于吉昌公司履行担保责任，则其应当向管理人申报债权。但至二审庭审辩论终结，管理人六和所陈述吉昌公司尚未申报债权，交行湖州分行虽认为吉昌公司已申报债权，但未提交证据证明。相反的，施细毛于 2015 年 4 月 10 日向管理人进行了债权申报，共计 15 872 062.81 元（其中本金 15 638 271.81 元），交行湖州分行认可该款项包含当前讼争的 3 252 271.81 元及 440 万元。二审中，交行湖州分行提交公证书用以证明施细毛确认讼争款项应属吉昌公司代佳路利公司偿还银行贷款，自己申报债权错误。但施细毛作为完全民事行为能力人，当时又是吉昌公司的法定代表人，对债权归属应有充分的、理性的判断，其已申报的债权无论是否经法院确认，都不影响其本人确认享有债权的意思表示。因此，施细毛在已将讼争款项作为自己对佳路利公司的债权进行申报的情况下，再指称债权归属吉昌公司，有悖常理。二、从还款过程分析，根据已查明的事实，2013 年 3 月 8 日、8 月 15 日，佳路利公司归还交行湖州分行的 3 252 271.81 元、440 万元系施细毛个人账户转入，虽当日施细毛个人账户有吉昌公司转账汇入的 325 万元、440 万元，但在施细毛与佳路利公司抵押借款合同成立且施细毛以自己的名义就讼争款项申报债权的情况下，吉昌公司与施细毛之间为何存在款项划转，并不影响讼争债权的归属。若吉昌公司确为履行担保责任，依常理无必要将款项经由施细毛账户进出，更何况吉昌公司与施细毛之间、施细毛与佳路利公司之间在资金往来的具体金额上也不一致。

此外，交行湖州分行上诉对佳路利公司破产申请受理时间持有异议，认为应以 2014 年 8 月 22 日为准，系对法律错误理解，一审认定并不不当。交行湖州分行上诉提出管理人主张撤销权已过时效的问题，一审认定适用 20 年最长时效期间，确有不当，依据破产法立法精神，并结合企业破产法的相关规定，管理人行使破产撤销权的期间贯穿于破产程序始终，在破产程序终结后 2 年内，若发现存在因债务人可撤销行为应予追回的财产，债权人也可请求法院追回，进行追加分配。至于交行湖州分行上诉认为一审判决超越六和所诉请的问题，本院认为，相关行为无论是被认定为可撤销还是无效，归根结底是为了追回破产企业由此流失的财产，这也是六和所履行管理人职责、提起本案诉讼的根本目的。一审法院经审查对六和所原主张的破产可撤销行为直接认定为无效行为，并未超越六和所诉请范围，且有利于减轻当事人讼累、节约司法资源。

综上，交行湖州分行的上诉理由不成立，对其上诉请求，本院不予支持。一审认定事实清楚，实体处理妥当。依照《中华人民共和国民事诉讼法》第一百七十条第一款第（一）项之规定，判决如下：

驳回上诉，维持原判。

二审案件受理费 11 740 元，由交通银行股份有限公司湖州分行负担。

本判决为终审判决。

审判长　江啸啸
审判员　闵海峰
代理审判员　郑　扬
二〇一六年三月二十二日
书记员　丁晓岚

专题十　偏颇清偿行为免于撤销的认定标准

——以短期无息借款的偿还为例

一、案情事实概要与问题的提出

2012 年 3 月 19 日，宁波全力机械模具有限公司（以下简称"全力公司"）通过宁波银行网上银行将借款 200 万元转账给象山医药药材有限公司（以下简称"医药公司"）。同年 3 月 26 日，医药公司通过交通银行宁波分行向全力公司归还借款 150 万元；3 月 28 日，医药公司归还剩余借款 50 万元。2012 年 9 月 25 日，浙江省象山县人民法院裁定受理债权人对医药公司的破产申请。随后，医药公司管理人以上述两笔共计 200 万元清偿构成个别清偿为由，请求人民法院予以撤销。全力公司抗辩称：医药公司的清偿行为并非出于恶意，其自身也属于善意受偿人；同时，全力公司出借 200 万元以及医药公司归还 200 万元，均让医药公司受益，系正常清偿行为，应予以保护。

一审法院认为：管理人未能证明医药公司存在恶意清偿且损害全体或者多数债权人利益，且未提供足够证据证实医药公司在支付本案款项时已存在"不能清偿到期债务且资产不足以清偿全部债务或者明显缺乏清偿能力"的情形；医药公司的清偿行为使其获得了无息借款，系受益行为，且医药公司系正常的归还借款行为，债权人主观善意。遂判决驳回管理人的诉讼请求。

二审法院认为，医药公司管理人在一、二审中未提供足够证据证实医药公司在归还本案借款时已存在"不能清偿到期债务且资产不足以清偿全部债务或者明显缺乏清偿能力"的事实，故不符合个别清偿予以撤销的实质要件，判决驳回上述，维持原判。

本案值得探讨的问题是：①破产企业在偏颇清偿临界期内偿还短期无息借款的行为是否应予撤销，也即医药公司的行为是否满足偏颇清偿可撤销的构成要件；②该清偿行为是否属于"个别清偿使债务人财产受益"的撤销权例外情形。[1]

---

〔1〕　参见浙江省宁波市中级人民法院（2017）浙 02 民终 1827 号民事判决书。

二、偏颇清偿的含义与构成要件

（一）偏颇清偿的含义

破产撤销权，又称破产否认权，是指破产管理人对债务人在破产申请受理前法定期间内实施的有害于债权人利益的行为，于破产程序开始后申请法院予以撤销并将所得利益归于破产财产的权利。一般认为，破产撤销权的行使对象包括欺诈破产行为和偏颇清偿行为。偏颇清偿行为和欺诈破产行为不同，后者往往是债务人恶意以无偿或低价交易等方式突击转移财产，逃避应当履行的债务，造成破产财产的不当减损。而前者主要是债务人优先清偿个别债权人，从而侵害了其他债权人平等受偿的利益。我国《企业破产法》规定的偏颇清偿行为主要有三种：对未到期的债权提前清偿、对没有财产担保的债务提供财产担保和对到期债务进行个别的清偿，[1]本文讨论的主要是第三种偏颇清偿行为。

（二）偏颇清偿的构成要件

《企业破产法》第 32 条规定："人民法院受理破产申请前 6 个月内，债务人有本法第 2 条第 1 款规定的情形，仍对个别债权人进行清偿的，管理人有权请求人民法院予以撤销。"根据该条的规定，偏颇清偿行为须同时满足：一是时间要件，即清偿行为发生在破产申请受理前 6 个月内；二是破产原因要件，即清偿行为发生时债务人已经达到破产界限。除此之外，许多学者认为偏颇性清偿还需满足"给债权人造成不利益"[2]或"可撤销行为的后果具有偏颇性"[3]等，而是否要考虑债权人和债务人的主观要件则尚存争论。

1. 破产原因要件与偏颇行为的撤销。对于破产原因要件的探讨可延伸出以下三个问题：破产原因的形成时间与 6 个月临界期之间的关系、债务人形成破产原因的判断标准以及由谁承担存在破产原因的证明责任。[4]

第一，如果债务人的破产原因形成于 6 个月临界期内，则在临界期起算日至破产原因形成阶段，应认为破产债务人的个别清偿行为与一般到期债务清偿无异，不应被予以撤销。换言之，相关债权人享有对撤销权抗辩的法定事由。

第二，法律赋予管理人破产撤销权的目的在于防止债务人实施损害或欺诈全体债权人的行为，以实现债权人整体利益保护的最大化和债务人财产的最大化。基于此，若债务人在资不抵债的情形下仍对部分债务进行清偿，将减少其自身的责任财

---

[1] 参见韩长印主编：《破产法学》，中国政法大学出版社 2016 年版，第 125 页。

[2] 许德风：《破产法论——解释与功能比较的视角》，北京大学出版社 2015 年版，第 377 页。

[3] 韩长印主编：《破产法学》，中国政法大学出版社 2016 年版，第 119 页。

[4] 参见韩长印："破产撤销权行使问题研究"，载《法商研究》2013 年第 1 期。

产，有损债权人的整体利益。故即便此时债务人暂未出现任何的债务清偿不能情形，也应对该类清偿行为进行限制。正如有学者指出："只要债务人出现资不抵债的情形，不管其是否有能力对日常债务（如水、电、煤、气等能源供应合同）实施清偿，均应认为已达到撤销权的追溯时点。因为此时债务人企业投资者的剩余索取权已丧失殆尽，全体债权人的债权额已经超过债务人的全部净资产，债务人此后对任一到期债务的全额清偿本身都会直接导致其他债权人未来受偿数额的不足。"[1]因而，对此处的"具备破产原因"宜采"资不抵债"标准。

第三，破产法学界主流学说认为，鉴于管理人在实践中举证的困难，故就有关"破产原因存在"的举证宜采取推定或"举证责任倒置"的做法。还有学者将《企业破产法》第32条的规定解读为"程序判断原则"，即以立法限定的特定时期内进行的相应行为为撤销权行使对象，原则上不再对该行为实施时债务人是否发生破产原因、是否实际损害债权人的利益做实质判断。[2]这样的观点显然是受到了美国的影响，《美国破产法》规定："在破产申请提出后的法定期间内，债务人被假设失去清偿能力。"[3]对此，本文认为从法理层面认同此类观点并无不妥，然就程序规范层面，上述观点宜作进一步的区分：若认为"具备破产原因"系破产撤销权的构成要件（即"适用排除要件"），则应采取"推定"或"举证责任倒置"的方式加以理解；而若认为"不具备破产原因"系债权人主张的"抗辩事由"，而非破产撤销权的构成要件，则并不存在上述理论的争论——因为本身即应由债权人进行主张。如有学者主张破产立法于6个月临界期内附加破产原因要件，就是为债权人提供一个"债务人并未达到破产界限"的例外抗辩事由。[4]

具体到文首案例，虽然债权人全力公司在一审中提供了另案判决，且该判决书的相关内容能够证明医药公司在偿还借款的临近时间段内银行账户及经营活动运转正常，并且还有大额款项出借他人，但这只能说明债务人不符合现金流标准下的"不能清偿到期债务"，并不能证明债务人在此时"资大于债"。依据"举证责任倒置"或"推定"的认定方法，在没有其他相反证据的情况下，应认为债务人已经具备破产原因。

2. 偏颇行为撤销的主观构成要件。破产撤销权源于民法上的债权人撤销权。我

---

〔1〕　韩长印："破产撤销权行使问题研究"，载《法商研究》2013年第1期。

〔2〕　参见王欣新：《破产法》，中国人民大学出版社2013年版，第119页、第139～140页。

〔3〕　《美国破产法》曾经规定，管理人必须证明可撤销行为是在债务人已丧失清偿能力的情况下发生的，但由于司法实践中很难做到的。因此，美国国会在修改破产法的一项报告中说道，每一个破产案件在涉及偏颇清偿时，失去清偿能力总是存在的，但又几乎总是无法确切证明。参见王欣新：《破产法》，中国人民大学出版社2013年版，第119页、第139～140页。

〔4〕　参见韩长印："破产撤销权行使问题研究"，载《法商研究》2013年第1期。

国《合同法》第74条对债权人撤销权进行了详细的界定，[1]其中债务人以明显不合理低价转让财产，且相对方为恶意的，债权人可以请求人民法院撤销该行为，但如果受让人为善意，该行为就不能被撤销。由此带来的问题是，既然债权人撤销权允许受让人以善意抗辩，那么在破产撤销权行使中，受偿的个别债权人可否以该要件进行抗辩？对此，实务中做法不一，主流观点倾向于不区分债权人的主观要件。如在"中国建设银行股份有限公司绍兴分行等诉浙江保达机电环保包装有限公司管理人请求撤销个别清偿行为纠纷案"中，浙江省高级人民法院认为，"债务人濒临破产状态下的债务抵销行为，有可能损害债权人的整体的公平清偿利益，实质是一种偏颇性清偿行为"，"对于偏颇性清偿行为的规制，都是以债的合法存在为前提，而对于行为人的主观状态（善意或恶意），则无特别的要求"。[2]与此不同的是，亦有判决对受偿人的主观状态予以区分，在"威海市商业银行股份有限公司张村支行等诉威海绿能供热有限公司管理人破产撤销权纠纷案"中，威海中院认为，"企业破产法第三十二条的规定，是为了赋予获得受偿权的债权人以善意抗辩权，即只有当债权人明知债务人出现了企业破产法第二条第一款规定的破产原因而仍然为个别受偿时，人民法院才能依据管理人的申请对其进行撤销"。[3]在文首所引案例中，一审法院亦以债权人"善意"作为判断该清偿行为不属于个别清偿的辅助要件。

就破产撤销权的构成是否需要具备主观要件，不同学说和比较法立法例存在较大差别。考虑当事人主观态度的国家有英国、德国等，而以美国、俄罗斯为代表的国家则不考虑当事人的主观态度，即当事人的恶意不是偏颇行为的构成要件，当事人的善意、无辜不能成为撤销权的抗辩理由。[4]此外，还需指出的是，部分国家和地区根据行为类型的不同，将破产撤销权是否需具备主观要件进行了区分，如日本和我国台湾地区，将清偿行为区分为有偿行为和无偿行为。对无偿行为采恶意推定原则，即凡无偿行为均推定为债务人以恶意为之而可予以撤销；对有偿行为则视有无主观上的恶意而定。[5]在有些国家，即使针对同一种行为，亦得区分不同的情形予以认定。如在德国，偏颇性清偿行为又可以分为：同等担保、不同等担保以及故意使债权人受到不利益的情况。对于前两者，管理人无需证明债务人有使债权人受

---

[1]《民法典》第538条规定："债务人以放弃其债权、放弃债权担保、无偿转让财产等方式无偿处分财产权益，或者恶意延长其到期债权的履行期限，影响债权人的债权实现的，债权人可以请求人民法院撤销债务人的行为。"

[2] 参见浙江省高级人民法院（2016）浙民终523号民事判决书。

[3] 参见山东省威海市中级人民法院（2014）威商终字第318号民事判决书。

[4] 参见刘黎明、田鑫："美国破产法之偏颇清偿制度及对我国的借鉴意义——兼论我国新破产法第32条及相关条款"，载《法学评论》2008年第3期。

[5] 参见汪世虎："试论破产法上的撤销权"，载《现代法学》1998年第3期。

到不利益的主观过错，但第三类则须提供相关证明。除此之外，德国法对主观要件的考量，还需综合考虑临界期的长短、行为时债务人是否已陷入支付不能，以及是否与关系人进行交易等因素。[1]

总的来看，我国《企业破产法》第 32 条之规定，与美国、俄罗斯等国立法的规定基本保持了一致，即不考虑当事人主观上是否具有恶意。主要的原因在于，"偏颇清偿的本质在于转让行为改善了债权人在偿债秩序中的地位，'实际上是防止债务人在濒临破产或破产程序开始时，对某些强悍或与之有亲近关系的债权人给予好处，以损害其他债权人'。故对偏颇行为的撤销并不需要证明当事人明知或应当明知，只需要确定债权人是否得到优惠即可"。[2]采取这种"客观主义"立法例也极大地减少了管理人的举证难度，便于破产撤销权的行使。

但需要指出的是，"客观主义"立法例并非"无懈可击"，具体说来：

第一，"客观主义"立法例本身存在桎梏。主要表现为：①客观主义将所有的在一定期间内与债务人所为的交易均归入破产撤销权的范围，有违法律的正义价值。②客观主义不利于维护交易安全，增加了交易成本。如果已受偿债权人在接受清偿时无任何程序和实体上的瑕疵，那么，该债权人就有理由相信其接受的清偿利益应该受到法保护。假如法律不给予保护，肆意剥夺没有任何过错的交易相对人之应得利益，交易安全将不复存在，交易秩序也难以维系。③客观主义既未赋予行为人以抗辩权，也未设置例外规定，使得在破产临界期内与债务人进行正当的、属于债务人的正常经营所必须的交易也列入破产撤销权之范围，这不但会影响债务人的正常经营活动和自救行为，也会对交易的相对人造成不公。[3]

第二，尽管《美国破产法》采取了"客观主义"的立法例，但其对偏颇清偿行为的撤销设置了诸多的"安全港"规则，比如"同时实施的交易例外"和"常规营业中的付款例外"等。同时，1978 年《美国破产法》规定，虽然当事人的主观状态不再像过去那样具有直接决定性，但只有当债务人或债权人具有破产程序中的"选择退出"行为时，清偿行为才可被撤销。"选择退出"行为主要有两种：其一，债权人"最后一刻的抢夺行为（last minute grab）"，[4]即债权人在债务人即将破产时对债务人财产的抢夺；其二，对先前设立的秘密担保权最后一刻进行完善和

---

〔1〕 参见李小宁：《涉债权人团体利益保护之董事义务与责任法律制度研究》，法律出版社 2018 年版，第 156 页。

〔2〕 刘黎明、田鑫："美国破产法之偏颇清偿制度及对我国的借鉴意义——兼论我国新破产法第 32 条及相关条款"，载《法学评论》2008 年第 3 期。

〔3〕 崔艳峰、房绍坤："论主观意思在破产撤销权中的地位"，载《贵州社会科学》2015 年第 4 期。

〔4〕 See id. at 760. 转引自〔美〕查尔斯·J. 泰步：《美国破产法新论》，韩长印等译，中国政法大学出版社 2017 年版，第 537 页。

公示。这两种行为，都使债权人在债务人破产前一刻不当抬高了自己的受偿地位，因此应当被依法撤销。相比之下，我国立法并无上述配套制度，导致实践中出现了一刀切的情况，这不仅不利于对个别债权人的利益提供保护，还会使得制度规则与其设置的初衷相背离。

第三，由于不同的偏颇清偿行为具有不同的"特征"，若采取"一刀切"的规定，可能造成对其他同类债权人的不公正。例如，就本案所涉之"危机期间的个别清偿行为"，有观点认为，"严格实施此规定，债务人陷入财务困境后只要对某一债权人清偿，其他未得到清偿的债权人马上就会提出破产申请，并在案件受理之后，立即要求撤销对该债权人的清偿。所有债权人依法本应得到的安全清偿都将变成不确定的，这对人们的经济活动预期将产生严重的不良影响，正常的债务清偿活动将无法进行"。[1]除此之外，相较于《企业破产法》第 31 条规定的"对没有财产担保的债务提供财产担保"以及"对到期的债务提前清偿"两类偏颇清偿行为，债务人的主观"过错"明显较轻，予以优待并无法益考量上的困难。

综上，针对客观主义立法例带来的问题，可考虑以下两种解决思路：一是在对偏颇清偿行为进行认定时，强化对债权人主观状态的审查，债权人恶意的，应当予以撤销；债权人善意的，应当谨慎撤销。对此，有学者提出了恶意推定制度，即推定转让行为发生时双方当事人主观上即存在恶意，撤销权的权利人无需负法律上的证明责任，转让行为的当事人要推翻管理人的撤销主张就必须证明自己主观为善意，否则转让行为将被纳入撤销行为之列。[2]二是借鉴美国破产法上的偏颇清偿"安全港"规则，对偏颇清偿的例外情形作出详细的规定。

三、偏颇清偿行为撤销的例外情形

（一）我国法上偏颇清偿行为撤销的例外规定

破产撤销权行使的主要目的在于减少债务人财产的不当减损，使其恢复至尚未处分时的状态。所以，如果债务人的处分行为既对债务人有利，又对全体债权人有利，则无须主张撤销。否则，不仅与破产撤销权的立法目的相违背，而且会危害市场交易的安全与稳定。因此，《企业破产法》第 32 条后半段[3]及《企业破产法司法解释二》第 16 条[4]规定了对到期债务清偿行为可撤销的例外情形，主要包括三

---

[1] 王欣新："破产撤销权研究"，载《中国法学》2007 年第 5 期。
[2] 参见李永军等：《破产法》，中国政法大学 2017 年版，第 76 页。
[3] 参见《企业破产法》第 32 条。
[4] 《企业破产法司法解释二》第 16 条规定："债务人对债权人进行的以下个别清偿，管理人依据企业破产法第 32 条的规定请求撤销的，人民法院不予支持：①债务人为维系基本生产需要而支付水费、电费等的；②债务人支付劳动报酬、人身损害赔偿金的；③使债务人财产受益的其他个别清偿。"

类：其一，债务人的清偿系维系基本生产需要的水电费等；其二，债务人支付劳动
报酬和人身损害赔偿金的；其三，清偿行为有益于债务人财产的。

本案中，破产债务人向债权人清偿的是无息借款，从表面上看似乎并不符合撤
销的例外情形。一则本案中的清偿借款不在列举的两种具体事由中，二则本案中债
权人的借款行为发生在前，债务人的还款行为发生在后，债务人的清偿只可能减损
而非增加自身的财产总量。但是，从偏颇清偿可撤销例外条款的设立目的出发，将
清偿无息借款的行为纳入其中后，仍有一定的解释空间。具体而言：

第一，司法解释将债务人为维持生产经营需要所支付的费用表示为"水费、电
费等"，因此不应狭义的将相关费用仅理解为水电费，而应当遵循同类解释的规则，
对其他与维系经营具有紧密联系的费用支出，也应包括在内。本案中若债务人能够
提供证据证明借款是保持自身正常运营所必需的，例如企业陷入资金周转困境或者
为保证生产继续借款清偿员工工资等，那么该借款可以被为认定为保护生存利益所
必需的费用进而免于被撤销。

第二，对债务人财产受益的判断不应仅从清偿行为出发，而应把债务人的交易
行为视为一个整体，在本案中即把借还款行为进行一体化分析。债权人为债务人提
供无息的短期周转借款，债务人在 10 日内进行了偿还，有理由认为债权人的借款
缓解了债务人资金短缺的燃眉之急，双方的借还款行为并未不当减损债务人的既有
财产，反而使得债务人脱离经营困境，得以继续运营。从长远角度看，这一借还款
行为还有利于留存债务人的运营价值，甚至增加破产财产的总量。因此，从上述两
个角度进行解释，债务人清偿短期无息借款的行为可以被认定为偏颇清偿的例外。

（二）比较法上偏颇清偿行为撤销的例外规定

1. 美国法上的撤销例外。美国法中特定债权人的受偿地位是否因某项行为得到
个别的改善，是判断是否构成优惠性清偿的重要标准，[1]这一要求准确地阐释了偏
颇清偿制度中"偏颇"的含义。具体到《美国破产法》中，其第 547 条（b）规
定，"给付使债权人所得的清偿额大于其在模拟第 7 章破产清算中可得的清偿额"，
这也是其在偏颇清偿行为构成要件上不同于其他国家规定的特别之处。

不过，《美国破产法》的偏颇清偿制度最具借鉴意义的地方在于其规定了广泛详
细的可撤销之例外情形。其中比较典型的是"同时实施的交易例外"和"常规营业中
的付款例外"。对于前者，即便某项交易行为符合撤销条件，只要交易基本上是同时
发生且交易目的能够为债务人增加新价值，该项交易行为就可以被免于撤销；[2]对于
后者，属于常规财务往来或依照常规交易条件实施的付款行为，也不受破产撤销权

---

〔1〕　参见李永军等：《破产法》，中国政法大学出版社 2017 年版，第 95 页。
〔2〕　韩长印主编：《破产法学》，中国政法大学出版社 2016 年版，第 129 页。

的影响。[1]对于"同时实施"的理解，有学者指出，"如果非价款担保权益是在担保利益转让后 10 日内被完善，这种转让就被认为是基本同时发生的"。[2]据此，本案中的还款行为可以归属为美国法上的"同时交易行为"而受到保护。这是因为，一方面债权人和债务人的借还期间未超过 10 日，另一方面债务人将借款用于后续经营能够为企业带来新的价值。

不过，也有观点认为，债务人清偿无息借款的行为应被认定为"常规营业中的付款例外"，这一例外规定与我国《企业破产法司法解释二》第 16 条之一的"债务人为了维系基本生产需要而支付水费、电费等"有相似的立法旨意，它们都是为了保持债务人营业的连续性。《美国破产法》第 547 条（c）（2）规定了常规营业的判断要件：①债务对于双方当事人而言，都是在正常商事活动、财务事项中发生的；②对债务的支付行为本身是依据正常商业规则在正常商业活动期间进行的。债务人的支付只需要符合上述两个要件之一即可。[3]本案中借款还款的行为属于正常的资金周转，在中小企业经营中较为常见，因而属于企业的"常规营业行为"。

2. 日本法上的撤销例外。按照《日本破产法》的规定，撤销权的行使需要具备三个要件：其一，行使对象具有"有害性"，即被拟撤销的债务人行为导致全体破产债权人的利益受损害，而撤销相关行为后破产债权人的地位可以得到明显的改善；其二，行使对象应当是破产人的行为，若不存在债务人的行为，如对于破产债务人的抵销，虽然可产生与偏颇清偿相同的效果，但由于不存在债务人的行为，不能被撤销；其三，破产人的行为不具有正当性（即行为的正当性构成撤销权行使的一般阻却事由），即破产人实施该行为没有正当的理由，如果行为的目的是为维持破产人的生活或筹措资金以支付劳动者薪金的，该行为可因保护了比破产法秩序更高价值层次的利益而被正当化。[4]

虽然最后一个要件因标准过于模糊和不确定，在日本法学界存在较大的争议，但本文认为该要件存在较大的价值判断空间，有利于平衡全体债权人的利益与个别受偿债权人以及交易安全之间的冲突。参照《日本破产法》规定，文首案例中的偿还无息借款的行为并不具有"有害性"，其避免了债务人的财产因营业中断而减损，进而有益于全体破产债权人的利益。除此之外，债务人的借还款行为是为了保护自身的生存利益，在其进入破产程序之前，该生存利益仍处于显要的位置，故清偿无

---

〔1〕 韩长印主编：《破产法学》，中国政法大学出版社 2016 年版，第 130 页。

〔2〕 [美] 大卫·G. 爱泼斯坦、史蒂夫·H. 尼克勒斯、詹姆斯·J. 怀特：《美国破产法》，韩长印等译，中国政法大学出版社 2003 年版，第 326～330 页。

〔3〕 最高人民法院民事审判庭第二庭：《最高人民法院关于企业破产法司法解释理解与适用》，人民法院出版社 2017 年版，第 238 页。

〔4〕 [日] 山本和彦：《日本倒产处理法入门》，金春等译，法律出版社 2016 年版，第 85～88 页。

息借款的行为可以获得正当性支持。

综上，不论在我国立法还是比较法上，清偿短期无息借款的行为都能被纳入偏颇清偿的例外而免受破产撤销权的"威胁"。但相比于美国法上的具体列举和日本法上的详细构成要件，我国破产撤销权行使的例外规则——"使债务人财产受益"的规定过于抽象和模糊，无法为法院的裁判提供明确的指引，因而有必要确立偏颇清偿撤销例外的认定标准。

四、重构偏颇清偿撤销例外的认定标准

在债务人发生破产原因时对个别债权人进行的清偿，一般是不可能使债务人财产受益的，因此，《企业破产法》第 32 条中"清偿—受益"的表述存在自我矛盾。若严格依此进行解释，在任何债权人先为给付而债务人后为对待给付的场合，管理人都可以行使破产撤销权，因为后给付必然会导致债务人的财产因给付减少，而非增加。但这样的结果并不合理：一方面此结果会导致偏颇清偿撤销制度的波及范围过大，危害市场应有的交易秩序；另一方面也不利于维护债务人在破产前的生存利益，危及企业的生产经营秩序。因此本文建议将"个别清偿使债务人财产受益的除外"的表述改为"受益性交易的清偿除外"，同时对该例外的判断要满足价值要件和时间要件。

（一）价值要件——有益于破产财产

对价值要件的判断在于对"受益性"的理解，如果遵循文义解释的方法，"受益"必须使财产总额有数学上的增量。这种解释方法在我国司法判决中也有体现，即将"受益"解释为"积极增加"，使债务人财产增加，直接获得利益。[1]此外，第二种解释法方法是，将"受益"解释为"消极增加"，即在客观上达到避免债务人财产减少的目的。[2]第三种解释方法是，将"受益"解释为"无损"，包括财产的持平与消极增加。[3]

对此，有学者认为只要交易行为是等值交易且无损于破产财产即可，[4]但本文认为受益性交易不能严格限制为等值交易，而应结合实际情况允许一定的浮动。主要理由如下：其一，"等值交易"的"对等性"在快速变化的市场中是较难判断的，尤其是在破产受理后、管理人行使撤销权时，相关的市场行情很可能发生了变

---

〔1〕　参见浙江省丽水市莲都区人民法院（2016）浙 1102 民初 6917 号民事判决书。

〔2〕　李鸣捷："论破产危机期间个别清偿撤销的'受益除外'规定"，苏州大学 2019 年硕士学位论文。

〔3〕　参见王洪平、房绍坤："破产撤销权行使的实体条件释论——以《破产法》第 31、32 条的规定为分析对象"，载《中国商法年刊（2007）》，北京大学出版社 2007 年版，第 473 页。

〔4〕　参见许德风：《破产法论——解释与功能比较的视角》，北京大学出版社 2015 年版，第 396～399 页。

化，此时仍要推定交易时的市场价格，实践上较为困难；其二，债务人的一些交易行为即便不满足等值的要求，也能够为破产财产带来利益从而不应被撤销。就前述第二种理由，如甲企业以10万元的价格向乙企业出售一批价值9万元的原材料，但乙企业能够提供证据证明其将加工后的产品卖出了15万元的价格，从中获利4万元，那么该交易虽不等值却属于债务人正常生产经营范畴之内，而且有益于破产财产的增加，故债务人的清偿行为不应被撤销。

除此之外，本文赞同"无损于破产财产"的解释方法，即债务人的交易行为至少未使破产财产的价值明显减少即可。此时，对使破产财产获得积极利益的交易行为，自然也属于"无损于破产财产"的范畴。例如债务人通过互易以其价值为100元的货物A换得价值100元的货物B，[1]由于债务人转移货物A的行为并未使破产财产的价值减少，将其撤销也不会使全体债权人获益，故为了保护交易的稳定和安全，不应予以撤销。

（二）时间要件——在合理的交易周期之内

《美国破产法》对"同时交易"的规定一定程度上体现了对交易周期的要求，笔者认为可以借鉴这一规定，将受益性交易的周期认定为10日内。这是因为：一方面，"在双方进行即时交易时，债权人并未对债务人进行信用授予，那么法律就不应让债权人承担债务人破产的风险，而应保护其取得的财产不受破产撤销权的影响"，[2]但是若完全要求双方按照"一手交钱，一手交货"的方式进行交易，难免过于苛刻，因而10日内的期限是较为合适的；另一方面，即便债务人从事某一交易行为对债务人财产有利，但是该债务的成立时间较早而债务人清偿时间较晚时，仍应对其行使撤销权，常见的交易模式为该债务在破产申请受理6个月前成立，但债务人至法院受理前1个月才予以清偿。之所以设定交易周期的限制，是因为越接近破产申请受理日，债务人清偿的"偏颇性"就越强，债务人和债权人主观上存在恶意的可能性也就越大，故在交易行为不满足时间要件时，即便满足价值要件也不能免于撤销。

回到文首案例，本文认为该无息借还款行为不应当被撤销。理由在于：①债务人清偿短期无息借款的行为符合受益性交易的价值要件。因为借款本身具有"无息性"和"临时性"，此类短期无息借款并不会对债务人责任财产产生实质性影响，甚至在"起初—结果"意义层面进行考量，可以说借款本身并不构成债务人的责任财产（原即非其所有，最后亦返归他人）。②借款行为使得债务人具有了资金临时周转的实际利益，有利于债务人摆脱经营困境，通过继续营业以获得后续的财产价值增量。③债务人的还款行为符合撤销权例外的时间要件。本案中债权人和债务人

---

〔1〕 参见许德风：《破产法论——解释与功能比较的视角》，北京大学出版社2015年版，第397页。

〔2〕 许德风：《破产法论——解释与功能比较的视角》，北京大学出版社2015年版，第396～399页。

之间的借还款行为发生在 10 日之内，从交易习惯来看，并不构成所谓的"信用授予"，而更接近即时交易行为。若将该交易行为撤销，不仅有损于交易的安全与稳定，还会导致债务人企业本就经营困难时，出现无人愿意与其进行交易的局面，加剧债务人企业资金流转困难，使其极大可能走向破产的"深渊"，有违当代破产法"企业拯救"的基本理念。因此，债务人清偿短期无息借款的行为不应被撤销，而应属于偏颇清偿撤销权适用的例外。

五、结语

破产撤销权制度的设立使债务人企业在破产申请受理前一定时期内的欺诈破产行为与偏颇清偿行为得以撤销，以实现破产财产的价值最大化和全体债权人的公平清偿。但是并非债务人的任何交易行为都会损害破产财产和全体债权人的利益，若严格按照现行立法关于撤销权的构成要件，则债务人一旦陷入财务困境后只要对某一债权人进行清偿，其他未得清偿的债权人就能提出破产申请，并在案件受理后由管理人撤销该单个清偿行为。由此，所有债权人依法本应得到的清偿都将变成不确定的债权，极大地损害了交易的安全和稳定，是故有必要设置偏颇清偿撤销的例外情形。

然而，我国破产法上对偏颇清偿可撤销例外的规定过于抽象和模糊，不利于实践操作。本文以债务人清偿短期无息借款的行为为例，首先探讨了偏颇清偿的含义与构成要件，着重对破产原因要件和主观要件进行了论述；接下来梳理了我国法和比较法上有关偏颇清偿撤销例外的规定，指出清偿短期无息借款的行为在我国法和比较法上都可以被纳入偏颇清偿的例外而免于撤销；最后提出应以"受益性交易的清偿除外"这一本文所建构的撤销权例外规则来替代原先《企业破产法》第 32 条和第 16 条中的相关规定，同时要结合价值要件和时间要件两个维度，来判断债务人的某一交易行为是否属于"受益性交易"的例外范畴。

附件：判决书全文

象山医药药材有限公司管理人等与宁波全力机械模具有限公司请求
撤销个别清偿行为纠纷上诉案

浙江省宁波市中级人民法院

民事判决书

（2017）浙 02 民终 1827 号

上诉人（原审原告）：象山医药药材有限公司管理人。

诉讼代表人：曹小明，该管理人负责人。

委托诉讼代理人：何晓艳，浙江金汉律师事务所律师。

被上诉人（原审被告）：宁波全力机械模具有限公司。

法定代表人：陈行全，该公司董事长。

委托诉讼代理人：嵇思涛，北京炜衡（宁波）律师事务所律师。

上诉人象山医药药材有限公司管理人（以下简称医药公司管理人）因与被上诉人宁波全力机械模具有限公司（以下简全力公司）请求撤销个别清偿行为纠纷一案，不服浙江省象山县人民法院（2017）浙0225民初861号民事判决，向本院提起上诉。本院于2017年6月2日立案受理后，依法组成合议庭，经阅卷并询问当事人，决定不开庭审理。本案现已审理终结。

医药公司管理人上诉请求：撤销原判，并依法支持医药公司管理人在一审的全部诉讼请求。事实和理由：1. 象山医药药材有限公司（以下简称医药公司）在法院受理破产申请前六个月内，已存在《中华人民共和国企业破产法》第二条第一款规定的情形，而一审法院以医药公司在法院受理破产申请前六个月内，不存在《中华人民共和国企业破产法》第二条第一款规定情形为由，驳回医药公司管理人的诉讼请求属认定事实不清；2. 医药公司与全力公司的主观因素非本案应予考虑的要素，一审法院以医药公司管理人未提供证据证明医药公司发生清偿行为时存在恶意，而全力公司收款时是善意的，作出驳回医药公司管理人的诉讼请求属适用法律错误；3. 设置破产撤销权的目的是为了实现各债权人之间的公平清偿，而且都是以债的合法存在为前提，故不能以交易正常合法作为排除适用的理由。

全力公司辩称：1. 本案债务人医药公司在清偿时不具有《中华人民共和国企业破产法》第二条第一款规定的情形，医药公司管理人也未举证证明；2. 医药公司并非恶意清偿，全力公司受让清偿时，也不知道医药公司具备破产的原因，应属善意受偿；3. 全力公司出借给医药公司200万元以及医药公司归还200万元，均让医药公司受益，系正常归还行为，应予以保护。综上，一审判决认定事实及适用法律均正确，请求驳回上诉。

医药公司管理人以医药公司支付款项给全力公司构成个别清偿为由，请求判令：1. 撤销医药公司于2012年3月26日、3月28日向全力公司支付款项150万元、50万元合计200万元的个别清偿行为；2. 判令全力公司向医药公司管理人返还清偿款200万元。

一审法院审理认定：1. 2012年3月19日，全力公司通过宁波银行网上银行（凭证号98181522）将借款200万元同城转账给医药公司；2. 2012年3月26日，医药公司通过交通银行股份有限公司宁波分行向全力公司归还借款150万元，票据号码：54889084；3. 2012年3月28日，医药公司通过交通银行股份有限公司宁波分行向全力公司归还借款 50 万元，票据号码：55322239；4. 2012 年 9 月 25 日，浙江省象山县人民法院作出 (2012) 甬象商破字第 1-1 号民事裁定书，受理徐海鹰等 16 人对医药公司的破产清算申请；5. 2012 年 10 月 10 日，浙江省象山县人民法院作出 (2012) 甬象商破字第 1-3 号决定书，指定浙江金汉律师事务所和象山天象会计师事务所担任象山医药药材有限公司管理人。

　　一审法院认为，第一，破产撤销权是为了防止债务人在丧失清偿能力的情况下，通过无偿转让、非正常交易或者偏袒性清偿债务等方式损害全体或者多数债权人利益，破坏公平清偿原则而设立的特殊制度，破产撤销权主要是针对恶意清偿且损害全体或者多数债权人利益的行为。而医药公司管理人未提供相应证据证明本案中"医药公司向全力公司借、还款项的行为"系恶意清偿且损害全体或者多数债权人利益的行为。第二，人民法院受理破产申请前六个月内，企业法人在不能清偿到期债务，并且资产不足以清偿全部债务或者明显缺乏清偿能力的，仍对个别债权人进行清偿的，管理人有权请求人民法院予以撤销。但本案医药公司管理人未提供足够证据证实医药公司在支付本案款项时已存在"不能清偿到期债务且资产不足以清偿全部债务或者明显缺乏清偿能力"的事实。第三，正常、合法的交易应该受到法律的保护，这是我国法律鼓励交易、维护交易安全和经济秩序稳定的必然要求，也是我国立法的本意和司法的宗旨。本案中全力公司与医药公司发生的短期周转借款，借、还期间未超过 10 日，全力公司出借资金、医药公司归还借款均是履行各自的义务，没有违反法律规定，也没有证据能够证明该履约行为使医药公司的利益受到损害；相反，医药公司管理人、全力公司提供的证据均未证明为有息借款，因此应认定全力公司无息借款给医药公司，该行为明显使医药公司受益。第四，医药公司是通过银行转账的方式向全力公司归还借款，当时医药公司的银行账户运转应属正常；结合医药公司管理人向该院申请撤销的类似情形的 20 余起案件综合考量，全力公司取得本案款项时，医药公司尚在正常经营，全力公司取得本案还款应属善意。综上所述，本案涉及的支付行为虽然发生在人民法院受理医药公司破产申请前 6 个月，但不符合可撤销情形，故医药公司管理人诉请缺乏事实和法律上的依据，该院依法不予支持。依照《中华人民共和国合同法》第一条、第八条、一百三十条、第一百五十九条，《中华人民共和国企业破产法》第二条、第三十二条，《中华人民共和国民事诉讼法》第六十四条第一款和《最高人民法院关于民事诉讼证据的若干规定》第二条之规定，作出判决：驳回医药公司管理人的诉讼请求。案件受理费 22 800 元，减半收取 11 400 元，由医药公司管理人负担。

　　二审中，医药公司管理人围绕上诉请求向本院提供浙江省象山县人民法院 (2012) 甬象执民字第 1718 号民事裁定书（复印件）一份，拟证明在法院受理破产申请前六个月内，医药公司在清偿全力公司债务时已经具备破产法第二条第一款规定的情形。经质证，全力公司认为该证据不属于二审新的证据，而且该份证据作出的时间是 2012 年 7 月 20 日，医药公司的还款行为发生在 2012 年 3 月 26 日、28 日，也就是说该证据无法证明在还款时医药公司是否具有破产原因。本院认为，全力公司质证异议成立，根据该裁定书作出时间及医药公司还款日期，本院对医药公司管理人主张的拟证明事实不予确认。

本院经审理对一审法院查明的事实予以确认。另查明，全力公司在一审中向一审法院提供浙江省象山县人民法院（2013）甬象商初字第 161 号民事判决书一份，该判决认定：2012 年 3 月 19 日，宁波南方野生动物养殖有限公司向医药公司借款 700 万元，医药公司通过银行转账的方式交付了借款；同日，宁波南方野生动物养殖有限公司通过银行转账的方式汇入医药公司账户 138 万元，同年 3 月 26 日宁波南方野生动物养殖有限公司通过案外人以转账方式汇入医药公司账户 250 万元、汇入医药公司关联企业 300 万元。

本院认为，双方当事人的争议焦点为：医药公司于 2012 年 3 月 26 日、28 日向全力公司归还借款的行为是否构成个别清偿，并依法予以撤销。根据《中华人民共和国企业破产法》第三十二条之规定：人民法院受理破产申请前六个月内，债务人有本法第二条第一款规定的情形，仍对个别债权人进行清偿的，管理人有权请求人民法院予以撤销。该法第二条第一款规定：企业法人不能清偿到期债务，并且资产不足以清偿全部债务或者明显缺乏清偿能力的，依本法规定清理债务。按照该法第三十二条规定的构成个别清偿并应予撤销的须同时满足以下两个要件：一是形式要件，即债务人向债权人个别清偿的时间为人民法院受理破产申请前六个月内；二是实质要件，即必须存在债务人不能清偿到期债务，并且资产不足以清偿全部债务或者明显缺乏清偿能力时仍对个别债权人进行清偿的行为。本案中，根据查明的事实，全力公司于 2012 年 3 月 19 日，通过银行转账借款 200 万元给医药公司，2012 年 3 月 26 日及同月 28 日医药公司归还借款 150 万元及 50 万元，至浙江省象山县人民法院 2012 年 9 月 25 日作出（2012）甬象商破字第 1－1 号民事裁定书（受理徐海鹰等 16 人对医药公司的破产清算申请），医药公司向全力公司归还借款的时间确实在人民法院受理破产申请前六个月内，符合个别清偿予以撤销的形式要件。医药公司的借、还款均是通过银行转账的方式进行，结合（2013）甬象商初字第 161 号民事判决认定的事实，医药公司在该时间段内的银行账户及经营活动运转正常，并有大额款项出借他人，且全力公司支付借款与医药公司归还借款期间未超过 10 日，医药公司管理人在一、二审中未提供足够证据证实医药公司在归还本案借款时已存在"不能清偿到期债务且资产不足以清偿全部债务或者明显缺乏清偿能力"的事实，故不符合个别清偿予以撤销的实质要件。综上，本案涉及的支付行为虽然发生在人民法院受理医药公司破产申请前 6 个月内，但不符合可撤销情形，故医药公司管理人提出的撤销医药公司个别清偿行为，并判令全力公司向医药公司管理人返还清偿款 200 万元请求，本院不予支持。

综上所述，医药公司管理人的上诉请求不能成立，应予驳回；一审判决认定事实清楚，适用法律正确，应予维持。依照《中华人民共和国民事诉讼法》第一百七十条第一款第（一）项之规定，判决如下：

驳回上诉，维持原判。

二审案件受理费 22 800 元，由上诉人象山医药药材有限公司管理人负担。

本判决为终审判决。

审判长　孔　华
代理审判员　朱　静
代理审判员　施　晓
二〇一七年七月三日
书记员　夏晶晶

专题十一　银行就其占有的专户保证金行使破产抵销权问题

一、案情概要与问题的提出

2011 年 8 月 23 日，STX（大连）造船有限公司（以下简称"STX 造船公司"）向中国银行股份有限公司辽宁省分行（以下简称"中行辽宁分行"）提交《开立税款保付保函申请书》，申请就大连港湾海关开具《银行保证金台账开设联系单》项下应缴税款 4 411 116.87 元及相应缓税利息开具不可撤销、不可转让的担保函。同年 8 月 24 日，中行辽宁分行向大连港湾海关开具了 918 号税款保函，用以担保 STX 造船公司因加工贸易而可能发生的税款及缓税利息，保函有效期至 2013 年 1 月 3 日，后又延长有效期至 2013 年 7 月 6 日。2013 年 3 月 15 日，STX 造船公司再次向中行辽宁分行申请延长 918 号税款保函有效期，同日，双方签订《保证金质押确认书》，约定 STX 造船公司在中行辽宁分行设立保证金专户，缴付保函保证金人民币 200 万元，用于为 918 号税款保函提供反担保，同时约定如上述保证金的担保责任经中行辽宁分行确认已解除的，中行辽宁分行应当按其存入路径返还。2013 年 3 月 18 日，STX 造船公司如约向上述保证金专户缴付了保证金人民币 200 万元。同日，中行辽宁分行将 918 号税款保函的有效期延长至 2014 年 1 月 2 日。有效期届满后，大连港湾海关并未向中行辽宁分行提出索赔，但中行辽宁分行亦未按约定将 200 万元保证金按其存入路径返还给 STX 造船公司。另查明，2014 年 3 月 13 日，大连中院作出（2013）大民三初字第 160 号民事判决书，判决 STX 造船公司给付中行辽宁分行欠款 61 129 602.31 元及相应利息。

2014 年 6 月 6 日，大连中院裁定受理 STX 造船公司的重整申请，并指定了管理人。2014 年 7 月至今，管理人代表 STX 造船公司多次向中行辽宁分行提出返还反担保资金的主张，但一直未果。2015 年 1 月 29 日，STX 造船公司管理人收到中行辽宁分行签署日期为 2015 年 1 月 27 日的《债权抵销通知书》，载明："将依法行使抵销权，以 STX 造船公司缴付的保证金人民币 200 万元及期间活期利息抵销中行辽宁分行对 STX 造船公司的相同数额债权。"管理人对此存在异议，提起本次破产抵销权诉讼。

　　大连中院认为，该笔保证金是区别于普通银行存款的专用款项，STX 造船公司对此享有物上请求权，中行辽宁分行就本案争议的保证金无权向 STX 造船公司管理人主张抵销。二审中辽宁高院认为，当 918 号税款保函至 2014 年 1 月 2 日担保期限届满后，该保证金担保功能丧失，不再具有特定物之属性，其性质应转为普通存款。货币占有与所有是同一的，一旦交付即发生所有权的移转。因此，STX 造船公司就案涉 200 万元及其利息对中行辽宁分行享有债权。又因 STX 造船公司对中行辽宁分行负有债务，故中行辽宁分行可主张相互抵销。因此，二审法院依法撤销一审裁判，驳回了管理人的诉讼请求。

　　本案反映出的核心争点是，破产程序中债权人可否就其占有的债务人企业缴纳的保证金，主张破产抵销权的问题。一方面，破产程序中可用于抵销的债务类型有所扩张，虽然一、二审法院对质押期届满后保证金的性质作出了不同认定，但结合现行破产法规定，无论采两种性质的哪一种，其论证思路均可证成破产抵销权的成立；另一方面，破产抵销权的行使需受到一定的限制，包括当事人主观善意、债务取得时间以及抵销方式等，而本案中银行获得被动债权的时间是否在一年的不可抵销期内尚需进一步论证，且其主张抵销的时间可能已超过重整程序中可抵销的期限。并且，本案还反映出破产抵销权与其他特殊商事规则的潜在竞合问题：银行扣留企业存款的行为与商事留置的构成要件相符，且银行以划扣方式抵销其对企业的债权还可能受到破产撤销权约束，因此有必要考虑破产法律制度与商事留置制度适用的衔接问题，避免债权人利用法律漏洞获得不合理的优先受偿地位。

二、破产抵销权的扩张：与民事抵销权的比较分析

　　质押合同有效期内，保证金具有动产质物的属性，一、二审法院对此不存争议。然而，质押合同期满后，该特定账户内的保证金就难以再具有质物的属性。此时，需要对该保证金的性质进行重新认定。特别是，中行辽宁分行在主张行使破产抵销权时，该保证金能否成为可抵销的被动债权，尚存疑问。本文认为，对该问题的分析，应当注意到破产抵销权对传统民事抵销权的扩张。

（一）物上返还请求权可构成被动债权

　　根据银行与企业签订的《保证金质押确认书》，质押期间届满后，银行应当将该保证金"按其存入路径返还"。一审法院据此认为企业对特定账户中的保证金享有原物返还请求权，属物权请求权，因此不得与银行的金钱债权相抵销。然而，一审法院似乎并未充分认识到破产抵销权在被动债权中适用的扩张。

　　依传统民法视角，原物返还请求权与金钱返还请求权不能互相抵销。《合同法》

第 99 条〔1〕、第 100 条〔2〕规定了法定抵销权及意定抵销权，前者要求双方当事人互负债权债务，并且"给付种类相同，并均届清偿期者，始得为抵销"。〔3〕可见，在缺乏当事人明确约定时，"能进行抵销的只限于种类之债，其中主要是金钱之债"。〔4〕显然，返还原物之债与金钱给付之债并非同类型的种类之债，在民法语境下，银行是不能主张抵销的。

然而，在破产法视角下，抵销权可以突破"同类之债"的限制，对不同种类的债权进行抵销。首先，法定抵销权对"标的物品质、种类相同"的要件要求根源于其"便利结算"的功能；〔5〕然而，破产程序中抵销权的担保功能更加突出，即一方当事人财务状况恶化时，对方当事人仍可通过抵销而获得对应债权的受偿。〔6〕其次，破产抵销权更强调公平原则，王志诚教授就指出："鉴于破产债权人于破产宣告时，对于破产人负有债务须为全额向破产财团清偿，而对破产人之债权，应依台湾地区'破产法'第 99 条〔7〕规定循破产程序行使致只能列为破产债权，依比例受清偿，将生不公平之现象。"〔8〕最后，破产抵销权对债权类型的突破系金钱分配原则的必然结果，即破产程序中，所有类型的债权在计算其债权额时，均"质化为金钱"，〔9〕债之品类的限制不具有价值。因此，破产程序放宽了实体法对抵销权的要件要求。该结论也可从《企业破产法司法解释二》第 43 条得到证实，该条指出："债权人主张抵销，管理人以下列理由提出异议的，人民法院不予支持：……③双方互负债务标的物种类、品质不同。"

我国台湾地区"破产法"同样采取放宽类型限制的做法，其第 113 条规定："破产债权人于破产宣告时，对于破产人负有债务者，无论给付种类是否相同，得不依破产程序而为抵销。破产债权人之债权为附期限或附解除条件者，均得为抵销。"相比较而言，《德国破产法》对破产抵销权中双方债权种类的突破较为谨慎，债权人若主张抵销的，"有关的请求权或者可以通过同样的强制执行方法加以实现，

〔1〕 《民法典》第 568 条内容同此。
〔2〕 《民法典》第 569 条内容同此。
〔3〕 1935 年《中华民国破产法草案初稿说明书》，转引自陈计男：《破产法论》，三民书局 2009 年版，第 268 页。
〔4〕 崔建远、韩世远等：《债法》，清华大学出版社 2010 年版，第 166 页。
〔5〕 许德风：《破产法论——解释与功能比较的视角》，北京大学出版社 2015 年版，第 457 页。
〔6〕 参见王家福主编：《中国民法学·民法债权》，法律出版社 1991 年版，第 202 页。
〔7〕 我国台湾地区"破产法"第 99 条规定："破产债权，非依破产程序，不得行使。"
〔8〕 王志诚："企业集团破产法制比较——解构与建构"，载《政大法学评论》2014 年第 139 期。
〔9〕 李永军：《破产法——理论与规范研究》，中国政法大学出版社 2013 年版，第 290 页。

或是虽需要采取不同的强制执行方法，但强制执行的结果相同"。[1]可见，《德国破产法》中的抵销权更加尊重破产程序外的实体法依据及其执行效果。在题首的案件中，即使认为保证金返还请求权具有物上请求权的性质，但是其强制执行的内容仍是返还金钱。因此，即便采德国法中较为严格的破产抵销标准，本案仍能得出可以相互抵销的结论。

综上，在破产抵销权对债权种类已经突破的状况下，即使认为保证金具有物权属性，一审法院也不应以此直接否认银行的抵销行为，而是根据管理人提出的异议，审查该抵销行为是否存在不可抵销的情形。

（二）存款返还请求权可构成被动债权

不同于一审思路，二审法院明确指出，质押合同届满后，该特定账户资金已自动转化为存款，故可以成为抵销的对象。

对货币存款的权属性质存在不同学说，二审法院显然采取了金钱货币"存款人债权说"。不同于"存款人所有权说"，"存款人债权说"认为，货币为一般等价物和高度替代物，存款人将货币存入银行即失去所有权，而仅得对银行享有提取存款和收取利息的债权。[2]若采此观点，则银行的金钱债权与存款债权间可相互抵销不证自明：存款人与银行间以金钱给付为内容的债权债务关系与本案中经裁判文书确认的主动债权属于同类债权，自然属于抵销权的范畴。

但是，考虑到银行是特殊的贷款人，其与存款人之间的债权债务关系还应受《中华人民共和国商业银行法》（以下简称《商业银行法》）的调整。依据《贷款通则》第 22 条的规定，商业银行的权利包括：根据贷款条件和贷款程序自主审查和决定贷款，除国务院批准的特定贷款外有权拒绝任何单位和个人强令其发放贷款或者提供担保，还可"依合同约定从借款人账户上划收贷款本金和利息"。[3]但这种直接划收本息的行为，针对的是约定抵销。对法定抵销权而言，我国商业银行法律制度中尚未明确承认银行的此类权利。参考域外立法，在普通法系国家，一般规定银行行使抵销权应符合三个条件：一是互负债务，客户在银行的一般存款是银行对客户的负债，当客户也对银行负有债务时，双方互负债务的关系就形成了；二是被抵销的债务是到期且未付的；三是被抵销的存款必须属于存款人所有，如果账户中是信托财产就不能被抵销。[4]可以发现，普通法系国家的银行抵销权与一般的法定抵销权没有本质区别。

---

〔1〕　参见许德风：《破产法论——解释与功能比较的视角》，北京大学出版社 2015 年版，第 457 ~ 458 页。

〔2〕　参见史尚宽：《债法各论》，中国政法大学出版社 2000 年版，第 538 页。

〔3〕　中国人民银行《贷款通则》（中国人民银行令〔1996 年 2 号〕）。

〔4〕　参见刘少军、张桐："银行抵销权的认定标准研究"，载《经济法论坛》2010 年第 1 期。

以上是对银行抵销权的一般性分析，然而，当债务人企业进入破产程序后，银行对债务人存款行使抵销权是否会受到更多的限制？韩长印教授认为，银行不得划扣破产企业在其账户上的存款用于抵销破产企业对其所欠的借款和利息。[1]美国法中，银行对储蓄账户中存款的抵销可能受到法院冻结令的限制，联邦最高法院于 1995 年的一个判决中指出："债权人对债务人账户管理性的'扣留'或'保全'以行使其抵销权并不构成对冻结禁令的违反，也不需要向管理人归还财产，但其也不得实际进行抵销，除非破产法院解除了冻结。"[2]我国对破产企业的银行账户也有类似限制，如《最高人民法院关于审理企业破产案件若干问题的规定》第 15 条规定，人民法院决定受理企业破产案件后，应当组成合议庭，并在 10 日内通知债务人的开户银行停止债务人的结算活动，并不得扣划债务人款项抵扣债务。但经人民法院依法许可的除外。该条表明，法院对破产企业的银行账户有冻结职能，银行不能行使民法中的抵销权，而只可依据破产法的有关规定行使破产抵销权，但破产抵销权的行使需经法院的特别许可。

综上所述，即使依照二审法院对保证金的物权属性认定逻辑，但因债务人在银行的存款并非普通的债权债务关系，银行对破产企业的普通存款行使抵销权不仅缺乏法律明文授权，而且在理论上也存在争议，还有可能受到破产程序的特殊限制。在缺乏抵销的明确约定时，银行未必享有对债务人存款的法定抵销权，二审法院的论证尚有值得商榷之处。

（三）质押期届满后保证金的权属

行文至此，有必要对一、二审法院就保证金物权属性认定的不同态度作出些许回应。

第一，在质押期内，特定化资金的所有权仍属于出质人，但其权能受限，不能对抗质权人的占有。实务中，账户质押系指担保人据其与债权人的约定，以自己在银行开立的某些或全部账户及账户中的资金向债权人质押。[3]账户质押有三种情形：一是向开户行质押，此时满足金钱的特定化要求；二是向开户行质押，但不将质押款特定化，即账户资金实际上处于"浮动"状况；三是向开户行以外的第三人质押，其并不实际控制账户。[4]这其中，仅第一种情况构成保证金质押。本案中，STX 公司在银行指定的特定账户中依约注入保证金的行为，符合我国《担保法司法解释》第 85 条中规定的金钱"特定化"要求，是故该保证金构成动产质物，但其

---

〔1〕 参见韩长印主编：《破产法学》，中国政法大学出版社 2016 年版，第 102 页。

〔2〕 ［美］查尔斯·J. 泰步：《美国破产法新论》，韩长印、何欢等译，中国政法大学出版社 2017 年版，第 476 页。

〔3〕 参见董翠香："账户质押论纲"，载《法学论坛》2006 年第 5 期。

〔4〕 参见曹士兵：《中国担保制度与担保方法》，中国法制出版社 2017 年版，第 334～335 页。

所有权仍归于出质人。我国司法实践上一般对金钱质押持肯定态度，如"王皓、王军等申请执行案外人承认与执行法院判决、仲裁裁决案"[1]中，西安中院认为，根据《担保法》的规定，质押分为动产质押和权利质押两种形式。由于金钱属于特殊的动产，因而金钱质押属于动产质押的一种形式。仍需注意的是，金钱质权的性质也受到诸多争议，有债权质押说[2]、让与担保说[3]、约定抵销说[4]、新型商事担保说[5]等不同观点，其中部分反对观点认为，保证金账户不应被区别对待，因为债务人缴存的保证金都将被纳入由银行控制的资金大循环流转中，[6]并不符合动产质押仅转移占有的条件。

第二，质押合同一旦届满，出质人的所有权即刻恢复，其可主张原物返还请求权。我国《物权法》第 177 条[7]规定："有下列情形之一的，担保物权消灭：①主债权消灭；②担保物权实现；③债权人放弃担保物权；④法律规定担保物权消灭的其他情形。"同时，《担保法》第 74 条规定："质权与其担保的债权同时存在，债权消灭的，质权也消灭。"本案中，截至 918 号税款保函的有效期届满时，担保函之受益人大连港湾海关并未要求中行辽宁分行承担责任，是故该保函所担保的主债权，即 STX 造船公司的税款债务已经消灭。所以，根据《物权法》第 177 条[8]和《担保法》第 74 条的规定，918 号担保函规定的担保已自然失效，而设立在 200 万元之上、用以为 918 号税款保函提供反担保的质权自然消灭。从质权的基本原理来看，质押期间，"他物权的效力优先于所有权的效力"，所以出质人的所有权不得对抗质权人的占有权，"否则，他物权就会徒有其名"。[9]但质押期届满后，出质人对金钱质物的所有权即完全恢复，此时可以对抗原质权人，要求原物返还，这种推论也即一审法院的结论。

第三，质物的货币属性改变了二审法院的判断。如二审法院所述，货币的所有权采"占有即所有"的规则，虽然质押合同期间届满，但银行仍旧是该特定货币的

〔1〕 参见西安市中级人民法院 (2018) 陕 01 民终 5540 号民事判决书。

〔2〕 参见方建国、蒋海英："商业银行保证金账户担保的性质辨析"，载《金陵法律评论》2013 年第 2 期。

〔3〕 参见孙宪忠：《德国当代物权法》，法律出版社 1997 年版，第 340 页。

〔4〕 参见徐化耿："保证金账户担保的法律性质再认识——以《担保法司法解释》第 85 条为切入点"，载《北京社会科学》2015 年第 11 期。

〔5〕 参见张志坡："物权法定缓和的可能性及其边界"，载《比较法研究》2017 年第 1 期。

〔6〕 方建国、蒋海英："商业银行保证金账户担保的性质辨析"，载《金陵法律评论》2013 年第 2 期。

〔7〕《民法典》第 393 条内容同此。

〔8〕《民法典》第 393 条内容同此。

〔9〕 崔建远：《物权法》，中国人民大学出版社 2014 年版，第 39 页。

所有权人，这涉及货币的特殊权属规则。马克思在《资本论》中对货币作出了经典定义："作为价值尺度并因而以自身或通过代表作为流通手段来执行职能的商品，是货币。"[1]正是货币的本质、价值和交易的需求等要素，形成了"货币属于其占有者"这一法谚。[2]金钱"占有即所有"规则的适用关键在于，其可以排除当事人主观意思对金钱权属认定的决定性作用。[3]然而，存款货币是否仍以"占有即所有"作为黄金法则，尚值商榷。针对不具有"物"的形态的存款货币，存款货币的所有权归属理论不宜完全照搬"占有即所有"规则。[4]具体而言，存款货币的所有权移转不应忽视当事人的真实意思，如在错误汇款中，不能因汇款人的错误而将该风险转嫁给汇款人。[5]学界对存款货币"占有即所有"的批评声音，鲜明地指出存款货币的所有权移转，应符合当事人的真实意思。

在文首的案例中，STX公司在支付该保证金时是否有转移所有权的意思表示？在质押合同到期后，也即二审法院认为的存款形成日之前，STX公司交付保证金的意思表示仅体现在《保证金质押确认书》中。但显然，合同对"存入路径返还"的要求无法体现出STX公司转移金钱所有权的意思表示；甚至相反，该约定体现出合同到期后STX公司有权主张返还原物。换言之，STX公司自始没有转移金钱所有权的主观意思。

但需要说明的是，二审法院的裁判观点亦有其自身道理。一方面，STX公司没有明示其只转移金钱的占有，而非所有权，在传统货币"占有即所有"的原则下，将该笔保证金认定为存款亦有合理性；另一方面，依商业惯例亦能说明该笔款项具有存款的性质。与此相似，一般认为同样具有担保效力的定金，其所有权于成立时转移，因为接受方收取定金后，"一般可以任意消费和为法律上的处分，显现出所有权的性质和效力"。[6]并且，结合银行与企业间开户存款的普遍商业惯例，亦可推定质押合同到期后，当事人之间自然形成了默示性的存款合同。

---

〔1〕 参见［德］马克思：《资本论》，中共中央马克思恩格斯列宁斯大林著作编译局译，人民出版社2004年版，第152页。

〔2〕 郑玉波：《民法物权》，三民书局1988年版，第417～418页。

〔3〕 参见孙鹏："金钱'占有即所有'原理批判及权利流转规则之重塑"，载《法学研究》2019年第5期。

〔4〕 参见朱晓喆："存款货币的权利归属与返还请求权——反思民法上货币'占有即所有'法则的司法运用"，载《法学研究》2018年第2期。

〔5〕 参见其木提："委托银行付款之三角关系不当得利——以错误汇款为研究对象"，载《法学》2014年第11期。

〔6〕 崔建远、韩世远等：《债法》，清华大学出版社2010年版，第166页。

三、行使破产抵销权的特殊限制

前文已述，破产法扩张了民事抵销权的适用范围。但破产抵销权的扩张亦受到破产法规则的特殊限制，这主要体现在《企业破产法》第 40 条规定的三类例外。破产撤销权的行使，必须要求"债权债务于破产受理前已存在"。与民事抵销权相比，破产法对抵销权人的主观状态、被动债权（债务）的取得时间以及抵销方式均作出了特殊要求。

（一）债权人的主观善意要件

《企业破产法》第 40 条规定，"债权人已知债务人有不能清偿到期债务或者破产申请的事实"时取得的债权或负担的债务不可被抵销。

主观善意是破产法对抵销权的特殊限制。在民法中，主动债权必须是已届期的债权债务关系，主动债权人对债务人不能清偿到期债务自然是明知的，但其仍可以依法定要件对债务人主张抵销，而不论被动债权取得的时间和条件。然而，破产法对主动债权人的主观状态增加了限制，即其在行使抵销权时，无法得知债务人企业已具有破产原因或已申请破产的事实。该主观状态的限制是破产程序公平分配原则的必然要求：一方面，若将主动债权作为普通债权参与破产程序分配，则很大可能使债权人因分配不当受到损失；但另一方面，若无限制行使抵销权，"实际上是对债权人百分之百的全额清偿"，[1] 又有违于概括清偿的破产制度目的，甚至会激励债权人人为地创造抵销"适状"。[2] 故此，破产抵销权"实有扩张范围之必要，但债权人恶意取得之债权，则无许其抵销之理"。[3]

债权人明知债务人不能清偿到期债务这一主观认知，对管理人赋予了较高的举证责任。对此，在比较法上，很多国家的破产立法直接采取了"怀疑期间"的规定，即在破产申请前 6 个月内成立的债权债务关系或债的概括转移而取得的债权债务，权利人不得抵销。尽管该"怀疑期间"也为 6 个月，但其与《企业破产法司法解释二》第 44 条规定的 6 个月完全不同：后者需管理人证明《企业破产法》第 40 条第 2、3 款所规定的事实存在；相反，前者则具有推定效力，即"在破产申请前一定期间内所为的债务负担及债权取得行为均将被推定为优化自身地位为目的的恶意，不得主张抵销"。[4] 比较法上的"怀疑期间"的制度设定，在一定程度上能够减少管理人的举证责任，可资借鉴。

---

〔1〕　李永军：《破产法——理论与规范研究》，中国政法大学出版社 2013 年版，第 295 页。

〔2〕　韩长印主编：《破产法学》，中国政法大学出版社 2016 年版，第 102 页。

〔3〕　1935 年《中华民国破产法草案初稿说明书》，转引自陈计男：《破产法论》，三民书局 2009 年版，第 268 页。

〔4〕　蓝邓骏、杜敏丽："破产抵销权新论"，载《河北法学》2004 年第 2 期。

本案中，银行是否存在明知且故意抵销的情况？如果从现有证据来看，显然无法认定该事实存在。但可以肯定的是，银行确实违反了其与破产债务人的约定，未将保证金按其存入路径返还。银行的不作为一直持续到债务人企业进入破产，人民法院受理破产申请后，银行债权人又积极行使破产抵销权，其主观恶意不能完全被排除，两审法院对此缺乏充分论证。

（二）不得主张抵销的危险期间

《企业破产法》第 40 条规定，若被动债权（债务）取得于破产受理 1 年前，则不考虑债权人主观状态，均可被抵销。该 1 年期限的规定与破产撤销权中的偏颇期间相类似，即通过立法技术拟制了一段"危险期间"，在危险期间外的个别抵销或清偿行为即使具有偏颇效果，为维护正常的商事交易秩序，破产法对此也不应过度干预。

1. 银行取得被动债权的时间似乎落入危险期间。本案还需解决的一个问题是，银行对 STX 公司所负的被动债权是否成立于破产受理前一年，故此可以不受无效抵销的限制？从《保证金质押确认书》来看，被动债权的形成有三个时间点：合同签订日（2013 年 3 月 15 日）、STX 公司支付保证金日（2013 年 3 月 18 日）、质押合同期满日（2014 年 1 月 2 日）。根据 STX 公司的破产受理时间来看，前两个期日在破产申请受理 1 年之前，后一个期日则在 1 年内。案件审理过程中，二审法院直接以 2013 年 3 月 18 日即 STX 公司转入保证金的时间点，作为被动债权取得时点，该做法是否合理，仍有必要对其进行深入分析。

若认为该被动债权债务关系"脱胎于"原质押关系，那么就不应将交付质押物的时间与存款债权取得的期日相混淆。质押期间，该保证金属于特定化的质押物，此时银行享有的仅是对保证金的质权，并未取得该款项的所有权。从权利类型来看，"物债二元区分"是大陆法系国家民法理论的基石。[1] 据此，物权、债权两者之间应有严格的界限，难以相互包容，担保物权作为一种物权，其本身难以和债权同时存在。此外，从该保证金的目的来看，STX 公司提供的反担保，意在为银行向第三人清偿债务的行为进行担保，以确保银行支付钱款后，能保证自身债权的实现。显然，这种反担保并非债务人直接对银行负有债务，若允许银行对该款项主张抵销，那么保证金的担保功能随即丧失，保证金质押合同的目的亦无从实现；从抵销要件来看，质押期内，主债权有效存续，此时该保证金还不具备债权属性，新的债权债务关系尚未成立，也不属于一种附停止条件的债权。若此时出质人破产，质权人不能行使破产抵销权而只能行使别除权。据此，该保证金仅在质押期届满后才转变为一般存款，银行此时将负有返还义务，这实际上是银行对破产企业负有一定

---

[1] 参见梁慧星、陈华彬：《物权法》，法律出版社 2016 年版，第 17 页。

的债务。因此，二审法院对保证金性质的认定，与其对被动债权取得时间节点的判断，似乎存在逻辑上的矛盾。

2. 银行可以主张的其他抗辩理由。依破产抵销权原理，银行还可以根据其他合法理由，来主张划扣该专款账户中的保证金。首先，银行可以基于银行业务的"自然的、经济上的关联"，主张两笔债权债务之间系"抵扣"关系而非抵销。我国民法虽然没有对同一交易的内、外抵销进行区分，但在法理上，若两笔交易构成一个不可分割的整体，则当事人的"抵扣权"不应受到破产抵销权的时间限制。在美国法上，对于"同一交易"采取更为宽松的认定态度，"即便有关交易涉及多个指向相对的债权，也可能因为其均属于某一项交易的有机组成部分而构成'抵扣'"。[1]虽然本案事实未说明STX公司对银行的欠款是出于什么原因，但是银行或许可基于其为企业提供的业务具有连续性、不可分性，主张行使这种"抵扣权"。其次，因担保关系而产生的抵销权，其成立时间的认定也存在不同的观点。有观点认为，连带债务人行使"追偿权"而产生的"求偿之债"可用于抵销，且该求偿之债"成立于保证合同生效或物上担保设定之时，于担保人承担担保责任后正式生效"，[2]同时应以保证合同生效日作为判断是否落入破产抵销权1年危险期间的根据。这一学说与附条件债权在破产程序中的特定法律效果是一脉相承的，即破产债务人的债务人于破产开始前便取得对破产债务人的债权，但该债权为附条件生效债权，而有关条件确实在破产程序开始后方成就，此时通常以债权成立而非条件成就作为债权产生的时点，故只要在破产程序开始后，该债权先于破产债务人对次债务人的债权到期，便可主张抵销，这在《德国破产法》中已经有明确规定。[3]但另一方面，德国法对此也有所限制，即在破产程序开始时，主动债权与被动债权均附条件的，则必须在条件成就之时方可主张抵销。[4]比较而言，《日本破产法》对附条件债权抵销的限制更少，该法第67条第2款规定，被动债权附停止条件的，程序开始后条件成就的也可视为债权抵销的对象。[5]本案中，银行对STX公司负担的债务虽并不等同于担保责任人的"追偿权"，但该义务直接来源于质押合同，因此将其成立时点向前延伸至合同签订之时，亦是合理的类推适用。

综上所述，破产抵销权给予了抵销权人更加有利的受偿地位，然而抵销权并非担保物权，不具有特定的公示效力，故在行使时应有所限制，如现行法要求可抵销

〔1〕　许德风："破产视角下的抵销"，载《法学研究》2015年第2期。
〔2〕　许德风："破产视角下的抵销"，载《法学研究》2015年第2期。
〔3〕　参见《德国破产法》第95条第1款。
〔4〕　参见［德］莱因哈德·波克：《德国破产法导论》，王艳柯译，北京大学出版社2014年版，第147页。
〔5〕　参见［日］山本和彦：《日本倒产处理法入门》，金春等译，法律出版社2016年版，第81页。

的债权或债务应产生于破产受理前。本案中，二审法院对债权人主观状态以及被动债权的取得时间之说理并不充分，不能完全排除《企业破产法》第 40 条不可抵销的例外。

（三）破产抵销权的特定行使方式

民法视角下的抵销权系典型的形成权，根据《合同法》第 99 条第 2 款[1]的规定，抵销权人单方意思表示到达相对人即产生抵销效果。这意味着抵销权的行使无需与相对人达成合意，但由于破产程序的特殊性，前述形成权的特性在破产程序中会受到一些约束。

1. 行权程序。破产抵销权的行使可能需要管理人的同意。一般认为，在非属《合同法》规定的法定抵销场合，债权人不得仅以单方意思表示的方式直接抵销，（破产程序中）而应经管理人同意，由管理人对此进行评估、折算，[2]这也体现在《企业破产法解释二》第 42 条第 2 款规定的管理人异议之诉中。立法者对此特殊限制的解释为，"由于破产抵销权在破产程序中发挥的特殊作用，其结果将直接导致债务人财产的减少以及其他使得普通债权人清偿数额降低的情形发生，因此也应对他方的利益进行考量，即抵销的意思表示到达管理人时并不必然发生效力，还需要经过管理人的审查程序"。[3]

在重整程序中，管理人的同意可能表现为债务人的同意，但债务人的同意还不足以发生完全承认抵销的效果。债务人自行管理模式下，债务人成为企业的实际掌控者，但债务人对抵销权的承认并非不具有终局性效力，也应在一定程度上考量其对于企业正常生产经营状况的影响，必要时应由管理人提出异议之诉。

除此之外，破产抵销权的行使应以债权申报为前提。依《企业破产法》对债权确认的特别规定来看，债权人主张行使抵销权的债权也应首先向管理人申报债权，并经过管理人的核查和确认，否则债权人主张抵销的，缺乏事实依据。对此问题，比较法上有不同的立法例，如《日本破产法》第 67 条第 1 款规定，破产债权人于宣告进入破产程序之时，对于破产人负有债务者，可以不依破产程序而实行抵销；[4]又如《德国破产法》第 53 条规定，债权人在抵销权的范围内，无需申报债权。但由于我国破产法的规定不同，债权人在行使破产抵销权时仍应先遵循债权确认程序，但若债权人抵销通知在先，债权确认在后的，也应认为该程序上的瑕疵并不构成破产抵销权行使的实质障碍。

---

〔1〕《民法典》第 568 条内容同此。
〔2〕参见韩长印主编：《破产法学》，中国政法大学出版社 2016 年版，第 103 页。
〔3〕最高人民法院民事审判第二庭编著：《最高人民法院关于企业破产司法解释理解与适用：破产法解释（一）、破产法解释（二）》，人民法院出版社 2017 年版，第 453 页。
〔4〕参见[日]山本和彦：《日本倒产处理法入门》，金春等译，法律出版社 2016 年版，第 81 页。

2. 行权期限。破产法对抵销权的行使时间有特别限制，这种限制在重整程序中更为突出。破产清算程序和破产重整程序的目的不同，前者主要目的在于分配财产；后者则更倾向于公司重生再建。基于保存债务人财产的目的，重整程序对债权人抵销权的行使，设定了较为严格的限制。[1]有鉴于此，王志诚教授认为重整程序中抵销权的行使期限，"解释上应当于债权申报期限届满前为之"。[2]

本案中，银行作出抵销通知的期日为 2015 年 1 月 29 日，而法院受理破产重整申请为 2014 年 6 月 6 日。《企业破产法》第 45 条规定："人民法院受理破产申请后，应当确定债权人申报债权的期限。债权申报期限自人民法院发布受理破产申请公告之日起计算，最短不得少于 30 日，最长不得超过 3 个月。"依据本案事实，中行辽宁分行主张行使抵销权是在法院受理破产重整申请后的第 8 个月，明显超过了法定债权申报的最长期限。如果仅从抵销通知时间与债权申报期限的角度来看，中行辽宁分行于起诉时已超过抵销权的行权期限。

四、破产抵销权与相关制度的衔接

本案的事实与争议焦点，同时反映出破产抵销权与商事留置权可能在适用时发生竞合；此外，破产抵销的效果亦可能受到破产撤销权的调整。因此，本文有必要对破产抵销权与其他制度的衔接问题进行些许探讨。

（一）商事留置权与破产抵销权的竞合与衔接

虽然银行未主动提出该抗辩，但若将商事留置规则引入，则无需考虑主、被动债权间抵销的要件限制，银行可直接基于其合法占有的动产优先受偿。留置权"是指债权人占有其债务人的动产而具备法定条件的，在其债权未受清偿前，得留置该动产的法定担保物权"。[3]留置权属于法定担保物权，在具备法律规定的要件时当然成立，而无需考虑当事人的主观意思。但是，留置权可被当事人的约定予以排除。这是因为，法律设立留置权的目的在于保护债权人自身的利益，并未涉及公共利益或第三人的利益，故当事人的意思自治不应受到限制。[4]

因此，在当事人未作相反约定的情况下，动产质权可以成为留置权的占有依据，中行辽宁分行可以主张商事留置。但由于我国商事留置的法律规定较为简单，就留置权构成要件中的"牵连关系"存在不同理解。实务中较赞同各国的通行做法，采"商行为"标准，认为商事留置权只存在于商事主体从事双方商事行为的场

---

〔1〕　参见王志诚："重整程序中债权人行使抵销权之期限"，载《月旦法学教室》2014 年第 3 期（总第 137 期）。

〔2〕　王志诚："重整程序中债权人抵销权之行使"，载《月旦法学教室》2008 年第 2 期（总第 64 期）。

〔3〕　刘家安：《物权法论》，中国政法大学出版社 2015 年版，第 185 页。

〔4〕　参见王利明、尹飞、程啸：《中国物权法教程》，人民法院出版社 2007 年版，第 541～542 页。

合。[1]但学界主流观点认为，商事留置必须是基于营业关系而占有他人动产，留置物和被担保债权的牵连性体现为"营业关系"。[2]因我国采民商合一的立法模式，立法中对"商行为"的种类缺乏准确定位；相反，我国商事立法中多处存在"经营活动"的表述，是故采"营业关系"的认定标准对商事留置进行认定，更具有借鉴意义。还有观点采更广义的"集合体"模式，若"两个债权请求权集合体分属于两个多次从事经营性交往活动的商人"，则"在更为宏观的层面上体现出了债权与留置物之间的内在关联性"。[3]但无论采何种观点，考虑到本案海关独立保函产生的债权债务关系，银行与造船企业之间可能满足商事留置的要件要求。

以商事留置制度分析银行"扣留"保证金行为的特殊价值在于，若认为银行在动产质权消失后对债务人负担的不是原物或存款返还义务，而是享有法定的商事留置权，此时可产生排除抵销权一年的行使期间限制，银行可随时向债务人主张优先受偿权。若中行辽宁分行在 2014 年 1 月 2 日之后作出对该 200 万元保证金行使商事留置权的意思表示，由于"抵押权、质押权和留置权构成别除权的权利基础当属无疑"，[4]该 200 万元资金就可以在破产程序开始后成为别除权的客体，中行辽宁分行的优先受偿权将得到破产法律制度的支持。

留置制度与抵销制度的重合似乎很少发生在民法语境中。民法中的留置权与抵销权确有相通之处：留置权是担保物权，抵销权也有间接地担保债权实现的作用，且二者都涉及双方当事人互负的两组权利义务关系。但它们的相异之处更明显：①目的不同，抵销权虽有担保功能，但其主要目的仍在于避免无益的给付交换；[5]②成立两个法律关系的前提不同，"留置权要求所担保的债权与留置的动产属于同一法律关系，而抵销权的着眼点在于二人所负的债务在种类方面相同"；[6]③效力和实行方式不同，留置物可由债权人暂时占有一段时间后拍卖，并就该拍卖所得优先受偿，而抵销权作为形成权可使债权债务关系消灭，也就是说，留置物的交换价值需要经过折价或变价的程序，而抵销权在意思表示到达相对人时便可生效。

但是，在破产法对抵销权作出特殊规定后，留置权和抵销权的界限似乎并不那么明显了，尤其在商事留置的场合（企业破产所涉及的留置主要为商事留置）。原

〔1〕 参见最高人民法院物权法研究小组编著：《〈中华人民共和国物权法〉条文理解与适用》，人民法院出版社 2007 年版，第 678 页。

〔2〕 参见梁慧星主编：《中国民法典草案附理由：物权编》，法律出版社 2004 年版，第 402～403 页。

〔3〕 熊丙万："论商事留置权"，载《法学家》2011 年第 4 期。

〔4〕 韩长印主编：《破产法学》，中国政法大学出版社 2016 年版，第 154 页。

〔5〕 参见谢在全：《民法物权论》（下册），中国政法大学出版社 1999 年版，第 386 页。

〔6〕 崔建远：《物权法》，中国人民大学出版社 2014 年版，第 584 页。

因在于：其一，如前所述，抵销权在破产法语境中的担保功能更为突出，制度的目的与效果更接近担保物权；其二，抵销权对债务种类的同一性要求已被破产法突破，商事留置亦突破了同一法律关系要求，二者成立的基础相似；其三，二者行权方式的差异性在破产程序中减少，抵销权和担保物权的行使均以债权申报为基础，且需要作出行权的意思表示并与管理人进行协商。

本文所选案例反映出留置权与抵销权在破产程序中可能存在的竞合问题。此时可能产生实践上的矛盾：某债权根据商事留置规则可以获得优先清偿，但该优先权可能本应受到破产抵销权的特别限制，如果片面要求保障此债权人的优先权，这显然是不合理的。因此，应警惕企业对商事留置的"滥用"，必要时，以破产抵销权对其作出目的性限缩解释。

（二）破产撤销权对银行划扣行为的约束

本案中银行对企业特定资金的"扣押"系为其日后抵债做准备。因此，有必要对银行在破产临界期内扣划债务人存款以清偿自身债权的行为进行研究，判断其是债务抵销的合法行为，还是应予撤销的个别清偿行为。最高人民法院民二庭第 7 次法官会议纪要指出，在人民法院受理破产申请的前 6 个月内，银行债权人利用其对债务人银行账户的控制地位扣划债务人银行账户资金清偿其债务的，属于《企业破产法》第 32 条规定的"对个别债权人进行清偿"的行为，管理人请求人民法院撤销的，人民法院应当予以支持，但符合《企业破产法》第 32 条规定的使债务人财产受益的除外。[1] 最高院之所以对上述扣划行为持否定态度，是因为若允许银行可以不受限制地划扣破产企业账户中不同来源、性质的钱款，相当于赋予其无条件地获得优先受偿权的地位，从而侵害了其他债权人公平清偿的利益，[2] 除此之外，也会变相鼓励和纵容银行在债务人出现破产原因时，依靠其优势地位径直获得个别清偿。

但公平原则应与商业交易的稳定相平衡。在债务人企业破产前的偏颇期内，银行私自扣划钱款的行为是否应被撤销不能一概而论。若银行的扣划行为满足破产抵销权的条件和要求，则其行为属于破产法框架内的合法行为而不应被撤销，具体而言：其一，银行扣划的应是债务人普通储蓄账户中的存款，而非保证金专户等有特定用途并进行专项管理的资金；其二，银行用以抵销的债务不能是在破产临界期内新产生的债务，尤其不应是债务人企业恶意负担的债务。除此之外，在不违反法律

---

〔1〕　参见贺小荣主编：《最高人民法院民事审判第二庭法官会议纪要：追寻裁判背后的法理》，人民法院出版社 2018 年版，第 174 页。

〔2〕　参见陈学箭、黄丽君："银行作为债权人行使破产抵销权的要件"，载《人民司法》2015 年第 6 期。

明文规定的情况下，不应过度干预破产程序外银行对其意定抵销权、法定抵销权的正当行使。

五、结语

破产抵销权系债法理论中的抵销权在破产程序的自然延伸，但鉴于破产程序的集体清偿属性以及其对公平分配的要求，破产抵销权存在一定的扩张，但同时又有特殊的限制：扩张体现在可抵销的债务不受其类型的限制，这是因为抵销权在破产程序中具有更强的担保效力；与此同时，抵销权人不能任意地在破产程序中获得优先受偿，破产法需对此进行一定的限制，防止当事人人为地创造抵销条件。

本文结合一起银行对专门账户中保证金主张抵销的案件，分析抵销权在破产程序中的扩张与限制。结合该案的裁判思路可发现，一、二审法院对质押期限届满后保证金性质的争论，并不会对破产抵销权的成立产生实质性影响。破产抵销权是否成立的核心在于，被抵销的债权债务是否"成立于破产受理前"。但较为可惜的是，两审法院对银行何时获得可抵销的被动债权以及在债务人企业进入重整程序后 8 个月才发出抵销通知是否符合破产程序（尤其是重整程序）对抵销的时间限制要求，并未进行详细的论证说理，这或许是本案判决的不足之所在。此外，本案还反映出破产抵销权与商事留置制度、破产撤销权制度的潜在竞合关系，故在实践中有必要区分这些权利适用的范围和构成要件，尽可能地使传统的民事法律制度与破产制度实现融合，减少理论上的障碍，一致服务于破产程序的制度目的。

附件：判决书全文

上诉人中国银行股份有限公司辽宁省分行与被上诉人 STX（大连）造船有限公司管理人破产抵销权纠纷二审民事判决书

辽宁省高级人民法院

民事判决书

（2017）辽民终 157 号

上诉人（一审被告）：中国银行股份有限公司辽宁省分行。住所地：大连市中山区中山广场 9 号。

负责人：黄志强，该行行长。

委托代理人：王琦，辽宁知本律师事务所律师。

委托代理人：李冲，辽宁知本律师事务所律师。

被上诉人（一审原告）：STX（大连）造船有限公司管理人。住所地：大连长兴岛临港工业区兴港路 309 号。

负责人：张德才。

委托代理人：江子洋，该公司管理人工作人员。

上诉人中国银行股份有限公司辽宁省分行（以下简称中行辽宁分行）因与被上诉人 STX（大连）造船有限公司管理人（以下简称 STX 造船公司管理人）破产抵销权纠纷一案，不服大连市中级人民法院作出的（2015）大民三初字第 280 号民事判决，向本院提起上诉。本院立案后，依法组成合议庭进行了审理。中行辽宁分行的委托代理人王琦、STX 造船公司管理人的委托代理人江子洋到庭参加了询问。本案现已审理终结。

中行辽宁分行上诉请求：一审判决错误，适用法律不当，请求撤销（2015）大民三初字第 280 号《民事判决书》，确认中行大连分行对 STX 造船公司 200 万元及期间利息行使的抵销生效。

事实与理由：一、中行辽宁分行对 STX 造船公司享有的债权合法有效。已经生效的（2013）大民三初字第 160 号《民事判决书》判令 STX 造船公司应当给付中行辽宁分行 61 129 602.31 元及相应利息、复利，中行辽宁分行对 STX 造船公司享有经判决确认的到期债权，债权数额具体、明确。不论 STX 造船公司破产程序进行到何种阶段或破产管辖法院是否以裁定方式确认，上述债权均合法有效、客观存在。二、STX 造船公司存于中行辽宁分行处的 200 万元及其利息系该行对 STX 造船公司负有的债务。该笔 200 万元系 STX 造船公司为 2011 年 8 月 23 日在中行辽宁分行处申请开立的税款保付保函经过两次展期而于 2013 年 3 月 15 日通过其开立在中行辽宁分行处的另一存款账户划转而来的，是对中行辽宁分行开具保函提供的保证金质押担保。在保函担保期届满、中行辽宁分行的担保责任免除后，该笔保证金所担保的主债权消灭，则作为动产质押性质的 200 万元保证金之上的质权消灭，该笔 200 万元存款已经丧失了质物的属性，成为 STX 造船公司在中行辽宁分行处的普通存款。中行辽宁分行与 STX 造船公司之间存在的是储蓄存款法律关系，是典型的债权债务关系。故 STX 造船公司在中行辽宁分行处的 200 万元存款，是中行辽宁分行对 STX 造船公司负有的债务。三、中行辽宁分行提出的抵销符合法律规定。依据《破产法》第四十条及《最高人民法院关于适用〈破产法〉若干问题的规定（二）》第四十一条、四十二条，债权人在破产程序中主张抵销的条件是"债权人在破产申请受理前对债务人负有债务的"，本案中 200 万元保证金的缴存时间是 2013 年 3 月 15 日，依据 2011 年 8 月 23 日开立的关税保付保函，而 STX 造船公司破产重整时间是 2014 年 6 月 6 日，破产宣告时间是 2015 年 3 月 10 日。中行辽宁分行不存在法律规定的不得抵销的情形，中行辽宁分行提出抵销是破产法赋予债权人的合法权利，符合法定条件和法定程序，应当依法得到保护。一审判决没有依据《物权法》及《担保法》的规定，确定在主债权消灭的情况下担保物权消灭，即该笔保证金已经丧失了质物的性质，没有正确判断其已经转化为普通企业存款；即使中行辽宁分行如一审判决所述按照《保证金质押确认书》所载明的返还方式履行协议，则该笔资金依然应当存于 STX 造船公司开立在中行辽宁分行处的账户内，对中行辽宁分行主张和行使撤销权不发生任何影响。综上，一审判决没有依法保障中行辽宁分行的抵销主张及合法权益，应予撤销，并确认中行辽宁分行的抵销发生法律效力。

STX 造船公司管理人答辩称，中行辽宁分行的上诉缺乏法律依据，请求依法驳回其诉讼请求，并承担本案全部诉讼费用。

理由是：一、STX 造船公司就案涉保证金对中行辽宁分行享有的是所有权，而非债权，中行辽宁分行无权主张抵销。根据《最高人民法院关于适用〈担保法〉若干问题的解释》第八十五条规定，金钱可以通过特户、保证金等形式予以特定化。案涉保证金系 STX 造船公司设立在专户下作为反担保的质物出质的，所以中行辽宁分行对该保证金享有的是质权，而 STX 造船公司对该保证金享有的是所有权。二、主债权消灭后，质押保证金应当依法返还所有权人，而不能转为 STX 造船公司的普通存款。中行辽宁分行在其提交的《上诉状》中亦承认，案涉保证金在主债权存续期间内的性质为质物，在此期间内 STX 造船公司对案涉保证金享有所有权。双方的争议焦点在于当主债权消灭后，案涉保证金是否自动转为企业存款。管理人认为，主债权消灭后，案涉保证金应当原物返还，此时的保证金仍然具有特定物之属性，并未转为普通存款。根据《物权法》第一百七十七条以及《担保法》第七十四条之规定，主债权消灭的，担保物权随之消灭。案涉 918 税款保函已于 2014 年 1 月 2 日到期失效，承担保证责任期限届满，这意味着被答辩人在反担保中的主债权也随之消灭，因此，中行辽宁分行应承担返还质物的义务。而截至今日，中行辽宁分行仍没有向 STX 造船公司返还质物，同时 STX 造船公司从未作出任何要将案涉保证金直接变成企业存款的意思表示，且中行辽宁分行亦未出具任何存款凭证予以证明储蓄关系的存在。可见案涉保证金质物的属性并未改变，应与一般金钱存款区分，管理人得以依据所有权要求中行辽宁分行返还质物，中行辽宁分行不得在其未履行返还义务的违约行为下还进一步基于其违约行为再主张权利。三、中行辽宁分行所述案涉保证金返还后还能继续主张抵销的意见与本案无关。本案为抵销权异议之诉，目的在于解决中行辽宁分行以其对 STX 造船公司的债权与负担的返还原物的义务主张抵销的效力问题，与中行辽宁分行就案涉保证金返还至 STX 造船公司开立在中行辽宁分行处的××××××××××账户后其还能继续主张抵销的上诉意见不具有关联性。事实上，因 STX 造船公司已进入破产清算程序，STX 造船公司原账户均已停用，管理人已依据破产法之规定在中国建设银行开立了 STX 造船公司管理人账户用于统一归集 STX 造船公司在破产程序中的资金，故案涉保证金应当返还至 STX 造船公司管理人账户，管理人不存在抵销事由。综上，STX 造船公司就案涉保证金享有所有权，中行辽宁分行不得以其享有的债权主张抵销。且即使 STX 造船公司就案涉保证金对中行辽宁分行享有的是债权，中行辽宁分行在明知 STX 造船公司资不抵债濒临破产的情形下，仍在 STX 造船公司破产申请受理前一年内主动负担对 STX 造船公司债务，亦属《企业破产法》第四十条第二款不得抵销的情形，依法不得主张抵销。

STX 造船公司管理人向一审法院起诉请求：1. 确认中行辽宁分行于 2015 年 1 月 27 日向管理人就 200 万元作出的抵销无效，自始不发生法律效力；2. 判令中行辽宁分行承担本案全部诉讼费用。

事实及理由：2011 年 8 月 23 日，STX（大连）造船有限公司（以下简称 STX 造船公司）向中行辽宁分行提交《开立税款保付保函申请书》，申请就大连港湾海关开具 CO91145271300 号《银行保证金台账开设联系单》（以下简称海关联系单）项下应缴税款 4 411 116.87 元及相应缓税利息开具不可撤销、不可转让的担保函，申请担保期限自开立日至 2013 年 1 月 3 日。2011 年 8 月 24 日，中行辽宁分行向大连港湾海关开具了 GC0481111000918 号不可撤销税款保付保函（以下简称 918 号税款保函），受益人为大连港湾海关，担保 STX 造船公司因加工贸易而可能发生的税款共计人民币 4 411 116.87 元及缓税利息，保函有效期为自开立之日至 2013 年 1 月 3 日。中行辽宁分行于 918 号税款保函中明确声明，"本保函自开立之日起生效，至 2013 年 1 月 3 日失效"。2012 年 8 月 10 日，STX 造船公司向中行辽宁分行提交了 2011 结保字 918—修改 1 号《保函/备用信用证修改申请书》，申请延长 918 号税款保函有效期。2012 年 8 月 13 日，中行辽宁分行向大连港湾海关作出《关于我行 GC0481111000918 号税款保付保函的第一次修改》，延长 918 号税款保函的有效期至 2013 年 7 月 6 日。2013 年 3 月 15 日，STX 造船公司再次向中行辽宁分行提交 2011 结保字 918—修改 2 号《保函/备用信用证修改申请书》，申请延长 918 号税款保函有效期。同日，STX 造船公司与中行辽宁分行签订《保证金质押确认书》，约定 STX 造船公司在中行辽宁分行设立保证金专户，并向该保证金专户缴付保函保证金人民币 200 万元，用于为 918 号税款保函提供反担保。2013 年 3 月 18 日，STX 造船公司如约向上述保证金专户缴付了保证金人民币 200 万元。同日，中行辽宁分行向大连港湾海关作出《关于我行 GC048111000918 号税款保付保函的第二次修改》的函，将 918 号税款保函的有效期最终延长至 2014 年 1 月 2 日。2014 年 6 月 6 日，一审法院作出（2014）大民三破字第 1－1 号《民事裁定书》裁定受理 STX 造船公司的重整申请。2014 年 6 月 9 日，法院作出（2014）大民三破字第 1－1 号《决定书》，指定北京市中伦律师事务所为管理人，负责 STX 造船公司重整工作。2014 年 7 月至今，管理人代表 STX 造船公司多次向中行辽宁分行就资金归集提出返还的主张，并于 2014 年 11 月 5 日向中行辽宁分行寄送了《STX（大连）造船有限公司管理人函》，然而中行辽宁分行一直拒不返还 STX 造船公司在《保证金质押确认书》项下缴付的保证金人民币 200 万元。2014 年 11 月，STX 造船公司就中行辽宁分行未能按照《保证金质押确认书》之约定，于保证期限届满后拒不返还 STX 造船公司保证金行为向法院提起返还原物纠纷诉讼，要求中行辽宁分行向 STX 造船公司返还《保证金质押确认书》项目下保证金本金人民币 200 万元及向 STX 造船公司支付自 2014 年 1 月 3 日起至实际足额给付之日（暂计至 2014 年 10 月 31 日）之应付利息人民币 100 333.33 元。该案已由法院受理，案号为（2015）大民一初字第 12 号。2015 年 1 月 29 日，管理人收到中行辽宁分行签署日期为 2015 年 1 月 27 日的《债权抵销通知书》，中行辽宁分行通知管理人，"将依法行使抵销权，以 STX 造船公司缴付的保证金人民币 200 万元及期间活期利息抵销该行对 STX 造船公司相同数额债权"。

中行辽宁分行辩称：一、提起抵销无效诉讼主体应当是 STX 造船公司，而非 STX 造船公司管理人。管理人仅在破产程序中作为破产企业的管理主体，而不能直接作为诉讼主体。对于破产企业在破产环境中的诉讼，权利义务最终由破产企业直接承受。二、中行辽宁分行与 STX 造船公司之间就 200 万元保证金的法律关系是明确的债权债务关系，因为依据物权法及担保法的规定，在主债权消灭的情况下，担保物权消灭，也就是说，在该关税保函失效的情况下，200 万元保证金丧失了担保物权的属性，从质押的动产变成了 STX 造船公司在中国银行的普通存款，中行辽宁分行与 STX 造船公司存在的仅仅是储蓄关系，中行辽宁分行对 STX 造船公司履行的义务是 STX 造船公司基于对该笔款项所有权产生的返还义务，而非 STX 造船公司管理人主张的质物的返还义务，所以中行辽宁分行根据破产法关于抵销的规定，用确凿无疑的债权抵销对 STX 造船公司的债务，完全符合法律规定。三、2014 年 3 月 13 日，STX 造船公司破产重整裁定下发之前，中行辽宁分行已经收到了大连市中级人民法院作出的（2013）大民三初字第 160 号判决书，其中判决 STX 造船公司应当在本判决生效 10 日内给付中行辽宁分行欠款本金 61 129 602.31 元。通过该证据可以证明中行辽宁分行对 STX 造船公司的债权是明确的，而且是具有法律效力的。四、中行辽宁分行行使抵销权的程序符合破产法规定，行使抵销权的依据完全符合《破产法》第四十条及《最高人民法院关于适用〈中华人民共和国企业破产法〉若干问题的规定（二）》第四十一条、第四十二条的规定。STX 造船公司管理人在诉状及其庭审中提出的所谓不得抵销的除外条款，STX 造船公司管理人的情况并不符合破产法不得抵销情形。《破产法》第四十条关于不得抵销的情形第二项指债权人有主观恶意的情况下，对债务人负有债务，中行辽宁分行并不存在该情况，中行辽宁分行形成该笔债务的时间是 2011 年开具的关税保函，因两次展期在 2013 年 3 月 15 日收到的 200 万元保证金，符合《破产法》四十条第二项，完全符合法律规定，是在破产申请一年前就已经出现了导致后来存在债务的事由。五、中行辽宁分行收取保证金的依据是海关总署和中国银行联合下发的《关于加工贸易企业以多种形式缴纳保证金实施细则》，所以中行辽宁分行收取保证金并不是和 STX 造船公司之间的简单民事行为，是由部门规章规定的。六、按照破产法的规定，STX 造船公司管理人应该是自收到债务抵销通知之日起三个月内向人民法院起诉，STX 造船公司管理人已经自认 1 月 29 日就收到中行辽宁分行的抵销通知，其 2015 年 5 月 7 日提起诉讼超过法定期间，应驳回 STX 造船公司管理人的诉讼请求。

一审法院审理查明：2011 年 8 月 23 日，STX 造船公司向中行辽宁分行提交《开立税款保付保函申请书》，申请就大连港湾海关开具 CO91145271300 号《银行保证金台账开设联系单》（以下简称海关联系单）项下应缴税款 4 411 116.87 元及相应缓税利息开具不可撤销、不可转让的担保函，申请担保期限自开立日至 2013 年 1 月 3 日。同年 8 月 24 日，中行辽宁分行向大连港湾海关开具了 918 号税款保函，受益人为大连港湾海关，担保 STX 造船公司因加工贸易而可能发生的税款共计人民币 4 411 116.87 元及缓税利息，保函有效期为自开立之日至 2013 年 1 月 3 日，中行辽宁分行于 918 号税款保函中明确声明，"本保函自开立之日起生效，至 2013 年 1 月 3 日失效"。

2012 年 8 月 10 日，STX 造船公司向中行辽宁分行提交了 2011 结保字 918—修改 1 号《保函/备用信用证修改申请书》，申请延长 918 号税款保函有效期。同年 8 月 13 日，中行辽宁分行向大连港湾海关作出《关于我行 GC0481111000918 号税款保付保函的第一次修改》，延长 918 号税款保函有效期至 2013 年 7 月 6 日。

2013 年 3 月 15 日，STX 造船公司再次向中行辽宁分行提交 2011 结保字 918—修改 2 号《保函/备用信用证修改申请书》，申请延长 918 号税款保函有效期，同日，STX 造船公司与中行辽宁分行签订《保证金质押确认书》，约定 STX 造船公司在中行辽宁分行设立保证金专户，并向该保证金专户缴付保函保证金人民币 200 万元，用于为 918 号税款保函提供反担保，同时约定如上述保证金的担保责任经中行辽宁分行确认已解除，请中行辽宁分行按其存入路径返还。2013 年 3 月 18 日，STX 造船公司如约向上述保证金专户缴付了保证金人民币 200 万元。同日，中行辽宁分行向大连港湾海关作出《关于我行 GC048111000918 号税款保付保函的第二次修改》的函，将 918 号税款保函的有效期最终延长至 2014 年 1 月 2 日。有效期届满，大连港湾海关并未向中行辽宁分行提出索赔。中行辽宁分行亦未按约定将 200 万元保证金按其存入路径返还给 STX 造船公司。

2014 年 3 月 13 日，一审法院作出（2013）大民三初字第 160 号《民事判决书》，判决：STX 造船公司给付中行辽宁分行欠款 61 129 602.31 元及利息。

2014 年 6 月 6 日，一审法院作出（2014）大民三破字第 1-1 号《民事裁定书》，裁定受理 STX 造船公司的重整申请。2014 年 6 月 9 日，一审法院作出（2014）大民三破字第 1-1 号《决定书》，指定北京市中伦律师事务所为管理人，负责 STX 造船公司重整工作。2014 年 7 月至今，管理人代表 STX 造船公司多次向中行辽宁分行就资金返还提出主张，并于 2014 年 11 月 5 日寄送了《STX（大连）造船有限公司管理人函》，然而中行辽宁分行一直拒不返还 STX 造船公司在《保证金质押确认书》项下缴付的保证金人民币 200 万元。

2014 年 11 月，STX 造船公司就中行辽宁分行未能按照《保证金质押确认书》之约定，于保证期限届满后拒不返还 STX 造船公司保证金行为向一审法院提起返还原物纠纷诉讼【案号为（2015）大民一初字第 12 号】。

2015 年 1 月 29 日，STX 造船公司管理人收到中行辽宁分行签署日期为 2015 年 1 月 27 日的《债权抵销通知书》，通知 STX 造船公司管理人，"将依法行使抵销权，以 STX 造船公司缴付的保证金人民币 200 万元及期间活期利息抵销中行辽宁分行对 STX 造船公司的相同数额债权"。

2015 年 3 月 10 日，一审法院作出（2014）大民三破字第 1-4 号《民事裁定书》，裁定终止 STX 造船公司的重整程序；宣告 STX 造船公司破产。同日，一审法院作出（2014）大民三破字第 1-9 号《决定书》，决定临时确定中行辽宁分行的债权数额 106 800 871.52 元。

另查，2015 年 4 月 24 日，STX 造船公司管理人向一审法院申请缓交本案诉讼费，一审法院于 2015 年 4 月 28 日批复，同意缓交诉讼费至一审宣判前。

上述事实，有保证金质押确认书、借记通知书、贷记通知书、本院民事裁定书、本院民事决定书、债权抵销通知书、缓交诉讼费决定书及庭审笔录等在案为凭，一审法院查证属实，予以采信。

一审法院认为：STX 造船公司已通过设立保证金专户的形式将案涉资金特定化，将其作为提供反担保的质物出质。因此，该笔保证金是区别于普通银行存款的专用款项，STX 造船公司就案涉保证金与中行辽宁分行产生的是物权法律关系，STX 造船公司对此享有物上请求权，中行辽宁分行就本案争议的保证金无权向 STX 造船公司管理人主张抵销。诉争 200 万元是 STX 造船公司为中行辽宁分行提供的反担保资金，担保事项解除后，中行辽宁分行应按约定存入路径返还给 STX 造船公司。STX 造船公司破产后，中行辽宁分行向 STX 造船公司管理人行使破产抵销权违反 STX 造船公司与中行辽宁分行签订《保证金质押确认书》的约定，一审法院不予支持。关于中行辽宁分行提出 STX 造船公司管理人提起诉讼超过法定期间，应驳回 STX 造船公司管理人的诉讼请求一节，2015 年 4 月 24 日，STX 造船公司管理人向一审法院申请缓交本案诉讼费之日为行使权利之时，STX 造船公司管理人提起本案之诉并不违反《最高人民法院关于适用〈中华人民共和国企业破产法〉若干问题的规定（二）》第四十二条第二款的规定。关于中行辽宁分行提出 STX 造船公司管理人主体不适格的问题，中行辽宁分行向 STX 造船公司管理人主张破产抵销权，STX 造船公司管理人作为破产管理人对抵销主张有异议向人民法院提起诉讼符合法律规定，STX 造船公司管理人主体适格。综上，中行辽宁分行抗辩理由不成立。依照《中华人民共和国合同法》第八条、《最高人民法院关于适用〈中华人民共和国企业破产法〉若干问题的规定（二）》第四十二条第二款之规定，判决：确认中行辽宁分行于 2015 年 1 月 27 日向 STX 造船公司管理人就 200 万元作出的抵销无效，自始不发生法律效力。一审案件受理费 100 元，由中行辽宁分行负担。

本院经审理，对一审法院查明的事实予以确认，双方当事人对一审判决认定的事实均无异议。另查明：一审法院于 2017 年 1 月 11 日作出（2014）大民三破字第 1-15 号民事裁定书，确认 39 家债权人的债权，其中中行辽宁分行普通债权为 73 741 980.71 元，有财产担保债权为 33 058 890.81 元。

本案争议的焦点问题在于中行辽宁分行就案涉款项 200 万元及期间利息是否有权行使破产抵销权。

《中华人民共和国企业破产法》第四十条规定："债权人在破产申请受理前对债务人负有债务的，可以向管理人主张抵销。但是，有下列情形之一的，不得抵销：（一）债务人的债务人在破产申请受理后取得他人对债务人的债权的；（二）债权人已知债务人有不能清偿到期债务或者破产申请的事实，对债务人负担债务的；但是，债权人因为法律规定或者有破产申请一年前所发生的原因而负担债务的除外；（三）债务人的债务人已知债务人有不能清偿到期债务或者破产申请的事实，对债务人取得债权的；但是，债务人的债务人因为法律规定或者有破产申请一年前所发生的原因而取得债权的除外。"依据法律规定，具体到本案中，债权人中行辽宁分行行使破产抵销权应当符合以下条件：1. 双方存在互负债权债务关系，且中行辽宁分行据以主张抵销的债权在破产程序中必须依法申报并经人民法院裁定确认；2. 时间上债权人中行辽宁分行应当是在破产申请受理前对债务人 STX 造船公司负有债务；3. 虽然债权人中行辽宁分行在已知债务人 STX 造船公司有不能清偿到期债务的事实，但该债务是因为法律规定或者有破产申请一年前所发生的原因而负担的债务，即对于特定期限内成立的债务，债权人主观上需无恶意。

首先，辽宁分行与 STX 造船公司是否互负债权债务问题。

根据已查明的案件事实，中行辽宁分行对 STX 造船公司享有的债权已经过管理人审查确认，并经一审法院裁定予以确认，故中行辽宁分行对 STX 造船公司享有债权的事实明确。中行辽宁分行对 STX 造船公司是否享有债权，双方存在争议。中行辽宁分行认为，在主债权消灭的情况下担保物权消灭，该笔保证金已经丧失了质物的性质，已经转化为普通企业存款，因而属于对 STX 造船公司的负债。STX 造船公司管理人则认为，中行辽宁分行对该保证金享有的是质权，主债权消灭后，保证金仍然具有特定物之属性，并未转为普通存款，STX造船公司就该保证金仍享有所有权，是物权而非债权。本院认为，《最高人民法院关于适用〈中华人民共和国担保法〉若干问题的解释》第85条规定："债务人或者第三人将其金钱以特户、封金、保证金等形式特定化后，移交债权人占有作为债权的担保，债务人不履行债务时，债权人可以以该金钱优先受偿。"本案STX造船公司提供的用于反担保的200万元是由该公司在中行辽宁分行普通银行账户中转入到保证金账户，符合特定化并转移占有的保证金账户质押的法律要件，二者之间形成了动产质押的合同关系。但是，当918号税款保函至2014年1月2日担保期限届满后，大连港湾海关并未向中行辽宁分行提出索赔，中行辽宁分行的担保责任得以免除，该笔保证金所担保的债权消灭。《中华人民共和国物权法》第一百七十七条规定："有下列情形之一的，担保物权消灭：（一）主债权消灭；（二）担保物权实现；（三）债权人放弃担保物权；（四）法律规定担保物权消灭的其他情形。"《中华人民共和国担保法》第七十四条规定："质权与其担保的债权同时存在，债权消灭的，质权也消灭。"本案中，因中行辽宁分行的主债权消灭，则设定于该保证金之上的质权也消灭，该保证金担保功能丧失，不再具有特定物之属性，其性质应转为普通存款。货币作为一种特殊动产、种类物，其占有与所有是同一的，一旦交付，即发生所有权的移转。对中行辽宁分行占有的该保证金，STX造船公司只能请求返还同等数额的钱款，而不能够根据物权请求权要求中行辽宁分行返还原物，因而，STX造船公司就案涉200万元及期间利息对中行辽宁分行享有债权。

其次，关于中行辽宁分行对STX造船公司负有债务的时间及原因，该债务是否符合法律规定不得抵销的除外情形。

2014年1月2日918号税款保函担保期限届满，中行辽宁分行的主债权消灭，该保证金不再具有特定物之属性，其性质转为普通存款，因而，自2014年1月2日起，中行辽宁分行对STX造船公司负有债务。一审法院于2014年6月6日作出（2014）大民三破字第1-1号民事裁定书，受理STX造船公司的重整申请，从时间上看，中行辽宁分行在STX造船公司破产申请受理前对该公司负有债务。

中行辽宁分行对STX造船公司的债务是基于STX造船公司向中行辽宁分行申请延长918号税款保函有效期，双方签订《保证金质押确认书》后，STX造船公司于2013年3月18日缴付保证金用于为918号税款保函提供反担保而形成的，STX造船公司向一审法院提出破产申请的时间是2014年5月23日，故该项债务的形成事由在时间上早于破产申请一年以上。即使中行辽宁分行在该债务形成时已知STX造船公司有不能清偿到期债务的事实，也是因破产申请一年前所发生的原因而负担的，并非在明知STX造船公司资不抵债濒临破产的情形下所负担，主观上并无恶意，因

而，中行辽宁分行提出的抵销主张符合《中华人民共和国企业破产法》第四十条第
（二）项的规定，合法有效，应予支持。

综上所述，中行辽宁分行与 STX 造船公司互负债权债务，中行辽宁分行对 STX
造船公司的债权数额远大于 STX 造船公司对中行辽宁分行的债权数额，中行辽宁分
行就案涉款项 200 万元及期间利息行使破产抵销权具有事实依据和法律依据，不存
在法律规定的不得抵销情形。STX 造船公司管理人认为该 200 万元仍然具有特定物
之属性，该公司仍享有物权而非债权的主张不能成立。一审法院认定事实清楚，但
认为 STX 造船公司对案涉保证金享有物上请求权，中行辽宁分行无权向 STX 造船公
司管理人主张抵销，与相关法律规定不符，适用法律错误。依照《中华人民共和国
企业破产法》第四十条、《中华人民共和国民事诉讼法》第一百七十条第一款第
（二）项之规定，判决如下：

一、撤销大连市中级人民法院（2015）大民三初字第 280 号民事判决；

二、驳回 STX（大连）造船有限公司管理人的诉讼请求。

一审案件受理费 100 元，二审案件受理费 100 元，合计 200 元，由 STX（大连）
造船有限公司管理人负担。

本判决为终审判决。

审判长　张　昕
审判员　谭　弘
审判员　陈　建
二〇一七年六月二十六日
书记员　刘　妍

专题十二 "买卖型担保"的性质及其在破产程序中的效力

一、案情概要与问题提出

周某某分别于 2011 年 11 月 27 日、2011 年 12 月 21 日，以每次 200 万元的数额，向大庆市仁和房地产开发有限公司（以下简称"仁和公司"）提供借款共计 400 万元。此两笔借款的期限均为 4 个月，并约定按月利率5%支付利息。为担保该债权的实现，仁和公司从其正在开发的房地产项目中选出 37 套房产，与周某某签订了不动产买卖合同，约定到期不能还款的，将以上述房屋抵债，双方当事人随后办理了预告登记。

2013 年 11 月 2 日，法院受理了案外人对仁和公司提出的破产申请，并于同日指定了破产管理人。随后，周某某向管理人申报债权，管理人将该债权列为普通债权。周某某不服，认为其已与仁和公司签订了房屋买卖合同，且办理了预告登记，有权就该房产优先受偿，双方争执不下，因此成讼。该案两审法院均认为，涉案房屋买卖合同"名为买卖，实为担保"，应属一种非典型性担保。尽管其具有合法形式，但因该担保并不产生物权效力，周某某不享有别除权。

对于此类协议，司法实践中，不少法院将其认定为"担保借款人债权的实现"，[1]又称"买卖型担保"。理论上有观点将其界定为"债权人享有担保标的物优先受偿的一种非典型担保物权"，[2]即"后让与担保"；另有学者将其界定为抵押的一个变形，而主张"后让与担保"本身并无独立存在的价值；[3]还有学者主张，这种协议实际上违背了《物权法》对流押条款的禁止设定精神，存在规避法律适用

---

〔1〕 最高人民法院民事审判第一庭编著：《最高人民法院民间借贷司法解释理解与适用》，人民法院出版社 2015 年版，第 410 页。

〔2〕 参见杨立新："后让与担保：一个正在形成的习惯法担保物权"，载《中国法学》2013 年第 3 期。

〔3〕 参见董学立："也论'后让与担保'——与杨立新教授商榷"，载《中国法学》2014 年第 3 期。

的风险。[1]

对这种协议性质认定的不同观点，实际上反映了学界对该问题认识过程中存在较大的理论分歧。此外，在非破产案件审理过程中，这种纠纷的案由往往是"买卖合同纠纷"。[2]但依据《最高人民法院关于审理民间借贷案件适用法律若干问题的规定》（以下简称《民间借贷司法解释》）第24条第1款[3]的规定，人民法院往往对此种协议属"买卖合同"的性质持反对态度，而将其认定为借贷性质。

由此带来的问题是，这种形式的协议是否具有担保效力？特别是在债务人企业进入破产程序后，权利人能否获得破产程序的保护？申言之，出借人能否在破产程序中主张取回权或者别除权？本文拟从此种协议的性质入手，在分析预告登记效力的基础上，研究买卖型担保权利人是否可在破产程序中获得优先地位。

二、"买卖型担保"性质的理论梳理

（一）司法实践中对"买卖型担保"协议的认定

"买卖型担保"的基本法律构造为：当事人在借款合同之外，为了担保债权的实现，双方继续签订一份买卖合同，并约定在债权无法实现时，债权人自动获得协议约定的买卖标的物之所有权，以此来清偿该债务。这种担保方式，实际上是由两个不同类型的协议组成。实务中对前述借款合同的效力认定并无过多分歧，而对买卖合同的性质及效力则众说纷纭。以2015年《民间借贷司法解释》的出台为标志，司法审判中对"买卖型担保"的认定经历了一个前后渐变的过程。

1. 《民间借贷司法解释》出台前的司法倾向。观乎2015年之前同类案件的司法判决，大致可将买卖型担保分为"附条件合同说""无效说"与"意思表示虚伪说"三种。

（1）附条件合同说。该说以著名的"朱俊芳案"为代表。该案与本文第一部分的案例设定有些许不同，案中双方当事人系在2007年1月25日签订了14份商品房买卖合同（朱俊芳为购买人，嘉和泰公司为出卖人），并且办理了商品房预售备案登记。次日，双方又签订借款协议，由嘉和泰公司向朱俊芳借款1100万元，并

---

〔1〕《物权法》第186条规定："抵押权人在债务履行期届满前，不得与抵押人约定债务人不履行到期债务时抵押财产归债权人所有。"关于这种认识，参见陆青："以房抵债协议的法理分析——最高人民法院载'朱俊芳案'评释"，载《法学研究》2015年第3期。
〔2〕参见高治："担保型买卖合同纠纷的法理辨析与裁判对策"，载《人民司法》2014年第23期。
〔3〕《民间借贷司法解释》第24条第1款规定："当事人以订立买卖合同作为民间借贷合同的担保，借款到期后借款人不能还款，出借人请求履行买卖合同的，人民法院应当按照民间借贷法律关系审理。当事人根据法庭审理情况变更诉讼请求的，人民法院应当准许。"

约定"到期不能还款用抵押物抵顶借款，双方之间互不再支付对方任何款项"。[1] 随后，嘉和泰公司无法按期还款，朱俊芳遂诉至人民法院，请求嘉和泰公司继续履行合同，完成交房义务。

最高人民法院在审理该案过程中，充分考虑到了《物权法》《担保法》对禁止流押的规定，通过一系列说理论证，指出《借款协议》中的"买卖房屋"约定，并非法律上禁止的流押条款。其核心依据在于，"双方当事人对于是履行十四份《商品房买卖合同》，还是履行《借款协议》具有选择性，即商品房买卖合同的解除条件成就，就履行《借款协议》；商品房买卖合同的解除条件未成就，就履行十四份《商品房买卖合同》"。[2]不难发现，最高人民法院的解释路径，实则是以"附条件民事法律行为"为依据，即当事人拥有对协议履行的选择权，如果履行《买卖合同》，则《借款协议》自动解除；反之，《买卖合同》将被解除。此时，《买卖合同》与《借款协议》实际上是两个并行的协议，没有主次之分，而是由当事人加以选择。于此，最高人民法院实际上是完美"回避"了《买卖合同》担保效力的解释问题。如果对此判决严苛审视的话，最高人民法院对《买卖合同》担保效力的回避态度，恰巧反映出了此种协议存在认定上的难点。

（2）无效说。该说认为"买卖型担保"构成"让与担保"，从而构成对《物权法》《担保法》中关于禁止流押的违反。如在"广西嘉美房地产开发有限责任公司与杨伟鹏商品房销售合同纠纷再审"案中，最高人民法院认为，买卖合同签订的目的是为了融资还债、担保债务的履行，但双方未办理抵押登记，应是一种非典型性担保，"既然属于担保，就应遵循物权法有关禁止流质的原则，也就是说在债权人实现担保债权时，对设定的担保财产，应当以拍卖或者变卖的方式受偿"。[3]在对买卖合同效力认定方面，最高人民法院认为"杨伟鹏请求直接取得案涉商铺所有权的主张违反《物权法》关于禁止流质的规定，本院不予支持"，但"可就其债权的实现另寻途径解决"。[4]

此种判决思路仍有以下问题值得商榷：其一，买卖型担保不同于让与担保，让与担保是指在债务履行期限届满前已将所有权转移给债权人，而商品房属于不动产，必须借助于登记手段才可完成物权变动，而案情中仅是备案登记，不构成物权变动，不属于让与担保；其二，买卖型担保是否适用流押规定存疑，流押约定的后果是债权人直接取得所有权，而买卖型担保债权人只有履行请求权，这显然并不符

---

〔1〕 参见最高人民法院（2011）民提字第 344 号民事判决书。

〔2〕 参见最高人民法院（2011）民提字第 344 号民事判决书。

〔3〕 参见最高人民法院（2013）民提字第 135 号民事判决书。

〔4〕 参见最高人民法院（2013）民提字第 135 号民事判决书。

合流押禁止适用的前提条件。

（3）意思表示虚伪说。该说认为作为买卖合同的外形是虚伪意思表示，应认定为无效。如在"张桌玮与重庆怡豪房地产开发有限公司房屋买卖纠纷案"中，重庆市第五中级人民法院认为，商品房买卖合同并非当事人的真实意思表示，作为外形的买卖合同属于通谋虚伪表示，无效。[1]但值得注意的是，这种直接将买卖型担保认定为虚伪意思表示的行为，实践中应当谨慎适用，原因在于双方当事人都有受其意思表示拘束的效果意思。通谋虚伪意思表示，系指表意人与相对人双方相通谋并进而为虚伪之意思表示，通常情形，通谋虚伪意思表示乃有其特殊目的，例如债务人为避免自己名下之不动产被债权人追偿而遭受强制执行，而恶意将该不动产，以假买卖方式移转登记于其通谋之人，或以制造假债权方式，使与其通谋之假债权人，加入强制执行债权参与分配程序。[2]换言之，虚伪意思下，双方当事人并没有受该虚伪意思约束的主观意图。但在买卖型担保的情形下，双方当事人对权利的移转，实质上系出于真正效果意思而为表示，具有真实的合意，而且双方当事人都愿意受此种意思表示的约束。正如王泽鉴先生指出，"此种行为外表上系移转土地所有权，而内容上却在担保债权，外表与内部目的不相符合，与虚伪表示颇相类似，但当事人间均具有受其意思表示拘束之意思，具有效果意思，故与通谋虚伪表示有别，应属有效"。[3]

综上，在《民间借贷司法解释》出台前，我国已有的规范性文件并未对此种行为进行有效的调整。司法实践中，法院要么以"并行合同"来认定买卖合同的效力，要么则以违反禁止流押规则、虚伪通谋无效规则等认定该买卖合同。总体来看，认定其有效的司法判决较少；而认定其为无效的司法判决较多。判决中对该种类型合同的性质，并未形成统一的看法。

2.《民间借贷司法解释》出台后裁判观点的变化。2015年《民间借贷司法解释》出台后，其第24条实际上否定了买卖型担保合同的效力，而应将此类关系定性为借贷合同关系。但实务中因案情不同，如果一概否认该类合同的效力，实际上是对当事人之间的意思自治介入过多，不符合私法自治的基本精神。因此，司法判决中也对不同情形予以区分，有限度地承认了买卖合同的效力。兹对法院的裁判思路进行如下梳理以深化对买卖型担保的认识。

第一，认定意思表示真实，承认买卖合同的效力。如在"盐城市文化经济发展有限公司与卞瑾房屋买卖合同纠纷"一案中，盐城中院认为"即使如文化发展公司

---

[1] 参见重庆市第五中级人民法院（2012）渝五法民初00012号民事判决书。
[2] 郑冠宇：《民法总则》，新学林出版股份有限公司2017年版，第365页。
[3] 王泽鉴：《民法总则》，中国政法大学出版社2011年版，第367页。

所主张的案涉房产转让合同是为民间借贷进行担保，但签订该房产转让合同行为本身体现的是双方独立的、真实的意思表示，该行为本身并不违反法律法规的强制性规定，并不能因此而认定该房产转让合同无效"。[1]此外，在对《民间借贷司法解释》第 24 条的适用上，该院认为其"系对当事人以签订买卖合同作为民间借贷的担保，借款到期后借款人不能还款，出借人请求履行买卖合同行为的阻却，针对的诉请是出借人请求履行买卖合同，而本案系文化发展公司提起的确认买卖合同效力之诉，并不属于上述司法解释规定的情形"。[2]依此判决思路，当事人诉请确认买卖合同效力的，法院应当认定其有效，其实质上是对合同效力与合同履行进行了区别对待。

第二，依据案件事实的特殊性，采取"债的转化"理论，将借贷合同转化为买卖合同。如最高人民法院发布的第 72 号指导案例中，借款合同双方当事人经协商一致后，终止借款合同关系转变为买卖合同关系，并将借款本息转化为已付购房款，同时还对房屋交付、尾款支付、违约责任等内容作了重新约定。该案中，新疆高院认为，"双方经协商一致终止借款合同关系，建立商品房买卖合同关系，并非为双方之间的借款合同履行提供担保，而是借款合同到期彦海公司难以清偿债务时，通过将彦海公司所有的商品房出售给汤龙等四位债权人的方式，实现双方权利义务平衡的一种交易安排……是贯彻合同自由原则的题中应有之意"。[3]该案的一个明显特点是，区分了一般情形下的"买卖型担保"与转化后的"买卖合同"之区别，前者具有担保性，后者具有清偿性。此案与前述"朱俊芳案"一定程度上具有相同的立场，即两者都尊重当事人的意思自治，承认买卖合同的有效性。所不同的是，"朱俊芳案"系将两个合同看作是相互独立并行的合同；而 72 号指导案例更侧重于将买卖合同视为"债的更改"，即用新的债务来代替和消灭旧债务。

第三，对买卖合同中已经交付、登记的，视为物权已经发生变动，按照买卖合同的有关规定处理。如在"汪有林案"中，玉环县法院认为，双方以买卖合同来担保主债权的履行，属于让与担保，依照《民间借贷司法解释》第 24 条的规定，应视为无效合同。但鉴于本案原告已经向被告开具了发票，并办理了过户手续，原被告之间已经按照房屋买卖合同进行实质履行，故"本案可按商品房买卖合同纠纷处理"。[4]本案虽然将"买卖型担保"定性为"让与担保"，有一定的逻辑错误，但其对案件事实特殊性的把握，以及不拘泥于《民间借贷司法解释》第 24 条的适用，

---

〔1〕 参见江苏省盐城市中级人民法院（2017）苏 09 民终 950 号民事判决书。
〔2〕 参见江苏省盐城市中级人民法院（2017）苏 09 民终 950 号民事判决书。
〔3〕 参见新疆维吾尔自治区高级人民法院（2015）新民一初字第 2 号民事判决书。
〔4〕 参见浙江省玉环县人民法院（2015）台玉商初字第 1357 号民事判决书。

仍具有极强的指导意义。

综上可以看出,鉴于《民间借贷司法解释》第 24 条一概将买卖型担保认定为无效的纰漏,实践中不利于债权人权利保护,且容易滋生债务人讨债的道德风险,不少法院在判决此类案件时,往往采取一定的谨慎态度,有条件地承认买卖型担保的效力。对于其性质的认定,"债的转化"理论似乎更有说服力。

(二)理论学说对"买卖型担保"的解释

理论上对"买卖型担保"的解释有两个不同进路:一是"以物抵债进路",具体又分为"代物清偿预约说""附条件代物清偿说"和"债的更改说"三种路径;二是担保解释进路,主要分为"让与担保说""后让与担保说"和"抵押权说"三种进路。

1."买卖型担保"的债法解释进路。

(1)代物清偿预约说。代物清偿预约是指当事人于债务成立之时附带约定,将来如不履行时,得以他种给付代替原定给付之契约。[1]理论界一般对该种学说的适用持谨慎态度,"代物清偿预约,若约定代物清偿权在债务人者,即成立任意之债,应属有效;若约定债权人得请求代物清偿者,仍应类推适用我国台湾地区'民法'第 873 条第 2 项(流押之禁止)或第 893 条第 2 项(流质之禁止)规定,认定其约定无效"。[2]对此,我国《物权法》第 186 条、《担保法》第 40 条[3]均对流押作出了禁止性规定。也就是说,如果以该理论作为解释"买卖型担保"的进路,则这种合同因违背了禁止流押的原则,应属无效,这也是《民间借贷司法解释》第 24 条的逻辑。然而,从实践中的协议履行的效果来看,买卖型担保合同的选择权在债权人,而非债务人,债务人只能依据权利人的选择权,被动地履行出卖义务。此时,只有债权人选择履行买卖合同的,债务人方可协助促成物权的变动。也就是说,在债权人作出选择前,此种契约安排与流押禁止性规定有一定的差异;即使是债权人主张债务人协助履行物权变动义务,但因实践中多为不动产买卖,该所有权也不因债权人的主张而自动变更到其名下,而是要履行一定的登记变更义务。显然,"代物清偿预约说"无法完全契合"买卖型担保"的客观状态,难以成为具有说服力的解释方法。

(2)附条件代物清偿。该说认为,"当事人约定代物清偿契约于债务人不履

---

[1] 参见郑玉波:《民法债编总论》,陈荣隆修订,中国政法大学出版社 2004 年版,第 485 页。

[2] 孙森焱:《民法债编总论》(下册),法律出版社 2006 年版,第 853 页。

[3] 《民法典》第 401 条规定:"抵押权人在债务履行期限届满前,与抵押人约定债务人不履行到期债务时抵押财产归债权人所有的,只能依法就抵押财产优先受偿。"相比《物权法》第 186 条、《担保法》第 40 条,《民法典》第 401 条除了在表述上有所调整外,还增加了"只能依法就抵押财产优先受偿"的内容。

行原定给付时始生效力者，是为附停止条件之代物清偿，与第 873 条第 2 项及第 893 条第 2 项规定之流押（质）契约无殊，应认此项约定无效"。[1]该学说的实质内涵在于，在前述"代物清偿预约说"的基础上，增加了"附生效条件"这一要素。但由于附生效条件的合同，一旦条件成就，则产生相应的法律效力。此时，若条件成就后，则这种学说与"代物清偿预约说"并无太大差异，故此又落入流押无效的制度窠臼。但需要深究的是，该"条件"是契约生效的条件还是物权转移的条件？如果是契约生效的条件，禁止流押规定系针对物权变动，而非契约本身，似有逻辑上的漏洞；如果是针对物权变动而言，则又与物权变动的"无因性"理论相违背，因为民法理论上，物权变动不得附条件。因此，该种学说有其自身存在的理论不足。

（3）"债的更改"说。"债的更改"契约，整体上来看，可将其定义为债务人因清偿旧债务而负担新债务，因新债务之履行而使旧债务消灭之契约。民法理论认为，债之更改为要因契约、非要物契约。[2]而且，"债之更改契约一旦成立，旧债务即归消灭，其从属之债务，如利息、违约金、担保等均随之消灭；旧债务之抗辩，新债务亦不得主张"。[3]前文所述的最高人民法院第 72 号指导案例就采此种解释路径，较好地尊重了当事人之间的意思自治。但需要特别注意的是，文首案例中的双方当事人已经协商同意将已出借的款项转化为购房款，这是一个前提。若双方无此合意，而是交由债权人选择，显然难以将其解释为"债之更改"。这是因为，当事人双方签订的两个契约均合法有效，即使债权人选择履行买卖合同，未必意味着原借贷债权消灭。特别是在破产程序中，如果认定原债权消灭，则随后的买卖合同实际上是未履行完毕的合同，管理人如果选择解除合同，还需支付一定数额的违约金或损害赔偿等，这将在一定程度上增加共益债务的数额。故此，在适用这种理论解读时，要注意到案件的特殊性，看双方当事人是否有更改债的合意。否则，此种理论也具有特有的局限性。

2. "买卖型担保"的物权法解释进路。

（1）让与担保说。该说认为，"将买卖型担保类比让与担保，其论据是两者在实际结果上的相似性：履行买卖合同会产生债权人取得所有权的结果，该结果与让与担保之效果无异"。[4]但需要注意的是，"买卖型担保"不同于"让于担保"，让与担保是在担保契约订立时，就将标的物所有权转移至债权人名下。"买卖型担保"

---

〔1〕 孙森焱：《民法债编总论》（下册），法律出版社 2006 年版，第 853 页。

〔2〕 参见郑玉波：《民法债编总论》，陈荣隆修订，中国政法大学出版社 2004 年版，第 528 页。

〔3〕 郑玉波：《民法债编总论》，陈荣隆修订，中国政法大学出版社 2004 年版，第 528 页。

〔4〕 陈永强："以买卖合同担保借贷的解释路径与法效果"，载《中国法学》2018 年第 2 期。

显然并非在合同订立时，就将该标的物转移给债权人。

（2）后让与担保说。后让与担保，是指"商品房买卖合同作为借款合同债权的担保，并不是债权担保，而是不动产所有权的担保：不履行债务，即用约定的房屋所有权转移以清偿债务"。[1]值得注意的是，依据买卖协议本身，权利人只享有物权给付请求权，而非直接享有所有权本身，买卖协议亦不是所有权的担保，应予以区分。所以，将其认定为后让与担保，值得商榷。

（3）抵押权说。该学说认为，后让与担保中的所有权让与并不在于让受让人取得所有权，而仅仅在于"以此所有权让与来担保借款债权的实现"，担保是其目的，让与是实现担保的手段，故而，其与抵押权之间只存在名与实的区别。[2]但需要注意的是，抵押权的设立必须严格遵守物权法定原则，如果买卖合同标的物还继续由债务人占有，且未履行物权公示程序的话，似乎并不是物权法意义上的"抵押权"。

综上，采物权的解释路径对买卖型担保协议进行解释，仍然存在一定的疏漏，三种理论均无法完全与其性质相契合。

三、"买卖型担保"性质的认定逻辑

（一）"买卖型担保"不属于买卖合同

成立意思表示，需要具备"行为意思""表示意思"和"效果意思"。就买卖型担保意思表示的成立要件，有学者指出，"从行为意思角度，当事人所为意思表示，皆属当事人意志控制范围内的内心意思，买卖型担保本身不存在受胁迫、欺诈以及乘人之危等情形的干预，完全可以自主、自愿地作出。从表示意思角度，当事人皆能意识到所作行为具有民法上的意义，在明示的表示行为中并没有发生误载以及错误，因此能预期行为生效后会产生约束力"。[3]基于上述认知，在"买卖型担保"情形下，当事人的行为意思和表示意思并不存在障碍。据此，双方当事人的效果意思，是决定买卖型担保协议性质的关键。

本文认为，当事人之间并非"买卖房产"，其效果意思乃是为了担保。该结论可从买卖型担保转移的权利性质（所有权还是所有权的请求权）、是否具有购房对价两个方面得到论证。首先，就合同转移的权利性质而言，我国民法典物权编规定，物权变动需通过一定的外观来实现（交付或登记），除特定情形（观念交付）外，当事人的合意并不产生物权变动的效果。本案所涉标的为不动产，其权利转移需经过登记方符合物权变动规则。因此，在借款合同不能履行时，债权人依"买卖

---

〔1〕 杨立新："后让与担保：一个正在形成的习惯法担保物权"，载《中国法学》2013年第3期。
〔2〕 参见董学立："也论'后让与担保'——与杨立新教授商榷"，载《中国法学》2014年第3期。
〔3〕 项波、钟健生："'买卖型担保'法效果的解释与证成"，载《江西社会科学》2019年第11期。

合同"所享有的并非是标的物的所有权，而仅为移转所有权的请求权，否则因有违"物权法定"原则而归于无效。其次，从购房对价来看，借款债权人并无真实支付价款的意思，其所谓"先行支付的价款"，"并非买受人获取所有权的对价而是借款合同的成立要件"。[1]况且，市场上的大量的"买卖型担保"系以借款额作为价款支付的标准，远低于不动产的实际市场价格，这实际上造成了借款当事人之间权利义务分配的"不公平"，有违合同的对价原则。综上，当事人之间订立买卖合同显然只具有担保的意思。

这里需要解决的一个问题是，既然当事人之间没有买卖的意思表示，却订立买卖合同，是否构成虚伪的意思表示，进而受到"无效"的法律评价？对此顾虑，前文已经详述，囿于篇幅，不再详谈。但需要指出的是，只要双方当事人有受该意思表示拘束的效力，就应当认定该意思表示的真实性。

（二）"买卖型担保"具有担保的合意

对于买卖型担保而言，"考察双方订立买卖合同的真实意思是为借贷合同设立担保，还是为通过支付对价获得买卖合同标的物的所有权，是处理此类纠纷的基础"。[2]尽管学界对买卖型担保是否属于特别担保的范畴，存在较大争议，但在本案情形下，"买卖型担保系在借款合同期限届满前订立，其约定在借款债权届期无法清偿时，借款人履行具有买卖合同出卖人一方的交付及过户义务，故于借款人言，旨在通过此约定确保获得融资借款；而于出借人言，旨在通过此约定担保借款能得到清偿，以增强借款债权实现的预期"。[3]

然而，需指出的是，对买卖型担保的合意性质和效力，仍有进一步探讨的价值。纵观各类观点，本文认为此类担保合意仅有"债权效力"，亦即德国法上所谓"为担保之给付约定"。其原因主要在于在"买卖型担保"场合下，即便条件成就（借款债务届期未清偿），标的物的所有权事实上并未实际移转，也就不产生诸如"所有权保留""让与担保"等非典型担保状态下担保权人所享有的对已脱离担保人责任财产范畴的标的物进行支配而享有的"优先受偿权"。正如有学者指出的，"担保型买卖合同将承诺的对象特定化，但这种特定化毫无意义，债务人承诺或不承诺，它都是一般责任财产的组成部分，没有支配力、没有排他力，债务人的债务到期之前，其对买卖合同标的物拥有完整的处分权，债权人无可奈何"。[4]是故，

[1] 庄加园："'买卖型担保'与流押条款的效力——《民间借贷规定》第24条的解读"，载《清华法学》2016年第3期。
[2] 最高人民法院民事审判第一庭编著：《最高人民法院民间借贷司法解释理解与适用》，人民法院出版社2015年版，第411页。
[3] 项波、钟健生："'买卖型担保'法效果的解释与证成"，载《江西社会科学》2019年第11期。
[4] 参见张素华、吴亦伟："担保型买卖合同意思表示之辨"，载《河北法学》2018年第5期。

基于"物权法定"的基本原则,不应承认此类"买卖型担保"的权利人享有物权上的优先效力。

(三)"买卖型担保"的清偿合意、清偿条件与清偿效果

依"买卖型担保"合同的意思表示,在借款合同不能履行时,债务人若向债权人移转标的物所有权,此时债权债务关系消灭。据此,借贷双方显然已经达成了债务清偿的合意,学界对此种债权债务关系之履行方式均予以认可。然就此时消灭债务的原理如何,尚存一定的争议。

本文认为,对债务清偿合意具体形式与内容的判断,应以合同约定的内容为基准进行探讨。首先,在借款债务届期时,债务人事实上享有归还现金或"代物清偿"的选择权。[1]这种选择权与"债之更改"(此时旧债消灭,当事人仅可清偿新债)原理有所不同。此外,当事人的清偿合意,形成于实际清偿之前,故其与传统民法上"要物性"的"代物清偿合意"以及要物性的新债清偿理论[2]亦有所区别。

此时,可有两种较为合适的路径来解释该清偿合意。一种是以德国法上"为担保而给付"的解释模式。在此情形下,债务人若为担保而给付,则原来的债权不受影响而应继续获得清偿,只有在原债未获清偿时债权人通常有权将交付于他的其他标的物变价以实现其债权获得变价所得之金钱。其与代物清偿的差别在于都是设立新债以履行原债,而代物清偿只是旨在消灭原债的主给付义务。[3]另一种则是对新债清偿采"非要物说"的解释路径。

四、"买卖型担保"在破产程序中的效力

(一)预告登记的担保效力

预告登记系指为确保一项旨在发生未来物权变动的债权请求权的实现,而向登记机构请求办理的预先登记。我国《物权法》第20条第1款规定:"当事人签订买卖房屋或者其他不动产物权的协议,为保障将来实现物权,按照约定可以向登记机构申请预告登记,预告登记后,未经预告登记的权利人同意,处分该不动产的,不

---

〔1〕 需要指出的是,此处债务人的选择权仅限定在还款期限届满前。如果债务人不能按期履行还款义务,这种选择权实际上会转移给债权人,由债权人来选择是继续履行原借款合同,还是嗣后的买卖合同。因此,此处论断与前文的"从实践中的协议履行的效果来看,买卖型担保合同的选择权在债权人,而非债务人,债务人只能依据权利人的选择权,被动地履行出卖义务"并不矛盾。

〔2〕 学界主流学说认为,新债清偿为要物契约;但也有反对者,如邱聪智主张新债清偿为非要物契约,参见邱聪智:《新订民法债编通则》(下),中国人民大学出版社2004年版,第453页。

〔3〕 庄加园:"'买卖型担保'与流押条款的效力——《民间借贷规定》第24条的解读",载《清华法学》2016年第3期。

发生物权效力。"〔1〕关于预告登记的范围，《不动产登记暂行条例实施细则》第85条第1款规定有如下两类：一是为当事人签订买卖房屋的不动产合同，可以进行预告登记；二是当事人签订其他不动产物权协议的，可以进行预告登记。所谓预购商品房的预告登记，是指在商品房预售，即期房买卖过程中，买受人为了保障自己能够依据合同完整地获得该房产的所有权，通过实际交付之前的提前登记，使自己的债权具有对抗其他权利人的效力。〔2〕

在日本法上，随着学界对于代物清偿预约向担保功能的转变，学说的发展和判例法的积累，最终促成了1978年《预告登记担保法》的出台，代物清偿预约也如相关学者所建议的一般，最终作为担保制度获得了一席之地〔3〕：在通过该法之前，日本曾经通过判例等形式将临时登记所担保的所有权移转请求权确认为优先权，其法律效果与抵押权的设定效果相同。日本法利用临时登记制度将代物偿还约定"担保化"，并基于此，构建了标的物评估、处分清算、清算期间、赎回权等规范体系。〔4〕于此，我国是否应该承认（或引入）该预告登记担保制度？本文认为，应当立足于我国物权法、担保法律体系范围内，对该问题进行探讨。

首先，依物权法一般原理，担保物权享有对抗和优先效力的主要原因，在于其经过公示而具有了公信力。若沿此逻辑继续分析，一旦担保合意通过公示手段而由交易第三人获悉，其亦可能产生一定的公示公信效力。然而，预告登记的公示与直接表明物权变动结果的公示方法并不相同，其事实上仅仅是物权变动过程中保障权利人取得物权的一种公示方法。据此，预告登记与诸如抵押权登记等登记存在较大区别，不应将二者等同。

此外，预告登记完成后，可产生限制所有权人二次处分的效力，体现出预告登记的"权利保全"功能。但就学理上存在的顺位保留、破产保护功能以及所谓的对抗效力乃至优先受偿效力，立法却并未明确，由此即引发了立法论层面上的不同认识，包括应否承认预告登记的优先受偿效力。与此问题相似，就"抵押权的预告登记能否取得优先受偿权"，有关论著提出相应的解决方案，这些方案或许能为本文

〔1〕《民法典》第221条第1款规定："当事人签订买卖房屋的协议或者签订其他不动产物权的协议，为保障将来实现物权，按照约定可以向登记机构申请预告登记。预告登记后，未经预告登记的权利人同意，处分该不动产的，不发生物权效力。"相比《物权法》第20条第1款，《民法典》第221条改"其他不动产的协议"为"其他不动产物权的协议"，使得该条文与《不动产登记暂行条例实施细则》第85条第1款"不动产抵押""以预购商品房设定抵押权"等规定相衔接。
〔2〕参见王利明：《物权法研究》（上卷），中国人民大学出版社2016年版，第331~338页。
〔3〕[日]加藤雅信：《民法学说百年史》，牟宪魁等译，商务印书馆2017年版，第408页。
〔4〕参见[日]近江幸治：《担保物权法》，祝娅等译，法律出版社2000年版，第239~244页。

的思路提供一些建议。即一方面，不动产物权变动的方式具有法定性，不动产抵押权的成立以办理抵押权登记为要件，而抵押权预告登记并不是抵押权成立的法定公示方法，不能产生成立抵押权的效力；另一方面，抵押权预告登记所保障的对象是一种合同债权，即以将来成立抵押权为内容的合同债权原则上具有平等性。除法律另有规定外，某一债权并不具有优先于其他债权的效力。[1]有理由认为这种观点是中肯的。以此推论，在本身即具有"优先受偿效力"的抵押权预告登记场合，有关抵押预告登记本身并不具有优先效力，故而，在本身并不具有的"优先受偿效力"的"买卖型担保"场合，即便其办理了预告登记，原则上仍不应承认其具有优先受偿效力。

综上，针对部分学者主张赋予预告登记之"买卖型担保"以优先受偿效力的观点，[2]在现行法律框架内难以成立。尽管在买卖型担保中，债权人的借款债权本身添加了预告登记的外衣。至于这层外衣在破产法中的效果如何，有学者认为"预告登记担保的请求权不会降格为普通破产债权"，[3]但在其他制度配套措施尚不完善的情形下，目前不宜突破现有物权变动的基本原则，来赋予买卖型担保权利人的"优先受偿权"。但在未来立法中，可适度考虑给予权利人一定的优先权地位。这种受偿顺位的赋予，考虑到担保人提供的不动产价值高于主债权，要防止过度担保问题。比较法上来看，德国最高法院1997年的一项判决认为，如果担保物的价值在所担保债权的160%以下，就不构成过度超额担保。[4]我国未来立法中或可参照德国的这一做法进行完善。

（二）买卖型担保权人主张别除权的限制

别除权是指债权人就属于破产财产的特定财产不依破产清算程序而优先受偿的权利，其产生与行使都须有置于破产债务人特定财产之上的担保物权或者法定特别优先权的支持。不动产买卖型担保权人是否可获得优先受偿权，关键在于其权利属性是否符合别除权的构成要件。

破产别除权规定于我国《企业破产法》第109条，即"对破产人的特定财产享有担保权的权利人，对该特定财产享有优先受偿的权利"。买卖型担保中的房屋显然属于特定财产，但《企业破产法》第109条中的"担保权"是否包括契约担保，

---

〔1〕 王利明："论民法典物权编中预告登记的法律效力"，载《清华法学》2019年第3期。

〔2〕 就有关相反观点，可参见袁悦："买卖型担保的效力研究"，载《中国不动产法研究》2019年第2期；陈永强："以买卖合同担保借贷的解释路径和法效果"，载《中国法学》2018年第2期。

〔3〕 庄加园："预告登记的破产保护效力"，载《南京大学学报（哲学·人文科学·社会科学）》2014年第6期。

〔4〕 参见许德风：《破产法论——解释与功能比较的视角》，北京大学出版社2015年版，第330页。

立法对此并无明确规定。不过，依文义解释，此处以"担保权"而非"担保权利"立法，似在表明其为物权法明文规定的担保物权。以抵押权为例，构成要件为抵押合同和抵押登记同时具备。回到本案中，双方当事人虽有财产所有权变动合意的买卖合同，但无符合不动产物权变动规则的过户登记。概言之，买卖型担保中的债权人弃抵押登记而采取预告登记，其缘由为标的物尚不存在或者并不特定。基于此，买卖型担保权人享有的权利，实际上介于普通债权与具有优先效力的担保物权之间。依照现行法律规定，欲实现买卖型担保权人优先于普通债权清偿的法效果，显然是不现实的。

考虑到物权法上登记的目的不外乎公示性和排他性，而预告登记的法效果亦可满足此要求。故而，或可对《企业破产法》第109条中的"担保权"进行扩大解释，使买卖型担保的债权人可通过破产别除权优先受偿。此外，预告登记后，未经预告登记的权利人同意，处分该不动产的，不发生物权效力。此时预告登记具有公示的效力，是对未来房屋所有权的公示，买卖型担保权人获得了物权化的请求权，现代民法已经承认在物权关系上所为的债权约定，若经公示即可具有对抗第三人之效力，[1]因此，立法赋予经过预告登记的买卖型担保权人优先权。若仅仅签订了买卖合同而未进行预告登记，此时对债权的实现没有进行保障，也没有对抗第三人的效力，这种情况下当然不能主张优先权。

五、结论

买卖型担保的当事人虽然具有担保借贷合同履行的意思表示，但这种担保形式是一种非典型性担保。在法律没有明确规定的前提下，需要借助物权法、担保法基本原理对其效力认定论证。基于我国民法规范体系遵循"物债两分"的基本原则，买卖型担保只是一种"债上担保"，难以具有物权效力。尽管实务中当事人往往通过预告登记的方式来强化此种担保的效力，但在预告登记的性质、法律效果已经无太大争议的情形下，不宜突破现行法律规范体系而承认买卖型担保的担保机能。破产程序中，能获得优先受偿的，只有法定超级优先权人和别除权人。买卖型担保债权人因不具有担保权人地位，无法在破产程序中主张别除权。未来在恪守物权法、担保法基本原理的基础上，可通过配套法律制度的优化和完善，在一定程度上赋予买卖型担保权利人的优先受偿地位。

---

〔1〕 参见王泽鉴：《民法物权——通则·所有权》，中国政法大学出版社2001年版，第40~43页。

附件：判决书全文

周淑民与大庆市仁和房地产开发有限公司别除权纠纷
二审民事判决书

大庆市中级人民法院
民事判书
（2015）庆商终字第 372 号

上诉人（原审原告）周淑民，男，1961 年 9 月 8 日出生，汉族，无职业。

委托代理人刘殿义，男，1956 年 1 月 5 日出生，汉族，个体。

被上诉人（原审被告）大庆市仁和房地产开发有限公司，住所地黑龙江省肇源县幼教中心西侧远望松江校区 7 号楼 13 号商服。

法定代表人何健，该公司经理。

委托代理人张恒勇，男，1985 年 2 月 28 日出生，汉族，系大庆市仁和房地产开发有限公司破产管理人员工。

上诉人周淑民因与被上诉人大庆市仁和房地产开发有限公司（以下简称仁和公司）别除权纠纷一案，不服黑龙江省肇源县人民法院（2015）源商初字第 93 号民事判决，向本院提起上诉。本院受理后依法组成合议庭，公开开庭进行了审理。上诉人周淑民的委托代理人刘殿义，被上诉人仁和公司的委托代理人张恒勇到庭参加诉讼。本案现已审理终结。

原审查明，原告分别于 2011 年 11 月 27 日和 2011 年 12 月 21 日两次借款给被告仁和公司共计 400 万元，第一笔借款金额为 200 万元，第二笔借款金额为 200 万元，借款期限均为 4 个月，均按月利率 5% 支付利息。同时，被告仁和公司用正在建设的肇源县远望松江小区与原告签订了商品房买卖合同，并到肇源县房产管理处办理了房屋预告登记（共计 37 套房产）。2013 年 11 月 20 日，安茂芝以被告仁和公司不能清偿到期债务，并明显缺乏清偿能力为由向本院申请对被告仁和公司进行破产清算，本院于 2013 年 12 月 2 日作出（2013）源商破（预）字第 3-1 号民事裁定，受理了安茂芝对被告仁和公司的破产申请，同日作出（2013）源商破字第 3-1 号决定，指定黑龙江庆承企业改制破产清算服务有限公司担任大庆市仁和房地产开发有限公司破产管理人。之后，原告向被告仁和公司申报了债权。被告仁和公司破产管理人将其债权列为普通债权。原告称，其已经预告登记的 37 套商品房中，已被处分给被拆迁人 19 套、购房人 1 套。现原告诉至法院要求确认对预告登记的商品房享有优先受偿权；确认被告仁和公司擅自处分登记备案在原告名下的商品房的行为无效，应将已经处分的房屋恢复到原来状态。上述事实有借款协议书、借条、本院作出的（2013）源商破（预）字第 3 - 1 号民事裁定书、本院作出的（2013）源商破字第 3 - 1 号决定书、房屋预告登记证明及当事人当庭陈述予以证实。

原审认为：本案原告在被告仁和公司进入破产程序后请求优先受偿权，故本院应系别除权纠纷。被告仁和公司进入破产程序后，其参加诉讼、仲裁或者其他法律程序均由其破产管理人代表参加，故在本案中仁和公司破产管理人仅是仁和公司的诉讼代表人，不具有诉讼主体资格。原告将仁和公司破产管理人列为被告，属于诉讼主体错误，应予以纠正。原告与被告仁和公司签订借款协议书，同时，被告仁和公司又用正在建设的肇源县远望松江小区与原告签订了商品房买卖合同，并到肇源县房产管理部门办理了房屋预告登记。该商品房买卖合同可视为仁和公司为其借款提供的抵押担保，其目的系保障将来债权得以实现。但双方仅在肇源县房产管理部门办理了预告登记，其性质应系抵押预告登记。抵押预告登记与抵押登记，虽设立的目的都是为债权人得以实现提供担保，但两者的效力完全不同。抵押登记系使不动产物权的设立、变更、转让和消灭发生效力的行为；而抵押预告登记，并不导致不动产物权的设立或变动，只是使登记申请人取得一种请求将来发生物权变动的请求权。抵押登记属于本登记，其登记具有终局效力；抵押预告登记属于预备登记，不具备终局的物权效力，具有临时性，待物权变动的条件具备后，权利人需积极行使该权利才能为本登记。抵押登记完成后设立的抵押权具有物权的支配性和排他性，抵押权人享有优先受偿权；而抵押预告登记针对的系将来发生的不动产物权，是否能最终成为现实的物权尚存在不确定性。本案中，原告对被告仁和公司抵押担保的房产（共计 37 套房产）仅进行了预告登记，而至法庭辩论终结前均未进行抵押登记，其抵押权并未设立，被告仁和公司进入破产程序后，原告对破产人的财产无权行使抵押权，对抵押担保的房产不享有优先受偿的权利。对于原告主张其对预告登记的房产享有别除权，其债权应优于一般破产债权而优先受偿。因别除权系以担保物权为基础的权利，系就担保人特定财产设定的担保物权。不动产担保物权的取得须以不动产物权登记为原则。而原告对抵押担保的房产未进行不动产登记，仅有预告登记，其抵押权不生效，其对抵押担保的房产不具有支配权，故原告对其主张的房产不享有别除权，亦不享有优先受偿的权利。故对原告的该主张，本院不予支持。对于原告要求确认被告仁和公司擅自处分登记备案在原告名下的商品房行为无效，应将已处分的房屋恢复到原来状态的诉讼请示，系另一法律关系，与本案不能合并审理，本院不予处理。依据《中华人民共和国物权法》第九条、第二十条、第一百八十条第一款、第一百八十七条、《中华人民共和国企业破产法》第一百零九条的规定，判决：驳回原告周淑民的诉讼请求。案件受理费 50 元，由原告周淑民负担。

上诉人周淑民上诉称，上诉人分两次出借给被上诉人借款本金共计 400 万元，每次借款之前均依照约定签订了商品房买卖合同，并到当地房产管理部门办理了商品房买卖合同预告登记备案，领取了商品房预告登记证明。借款后，仁和公司没有按照约定支付利息，合同期满也没有返还借款本金。2013 年 11 月 20 日，仁和公司的一位债权人向肇源县人民法院申请仁和公司破产，肇源县人民法院于 2013 年 12 月 2 日裁定受理。2014 年 7 月 20 日，黑龙江庆承企业改制破产清算服务有限公司作为破产管理人，将上诉人应享有担保优先权的债权列为普通债权，在上诉人多次向管理人和肇源县人民法院提出异议未果的情况下，上诉人才向原审法院请求立案。原审判决存在以下问题：一、由指定破产管理人的法院审理债权人同管理人之间的纠纷不公平。二、判决中的"原告周淑民与被告仁和公司普通破产债权确权纠纷一案"与"本案原告在被告仁和公司进入破产程序后请求优先受偿权，故本案应系别除权纠纷"的内容相互矛盾，本案案件性质应为别除权纠纷。三、破产管理人将上诉人已经担保的商品房擅自处分给他人属于管理人的过错，应当承担相应的责任。四、物权法的预告登记规定，只要没有法定的事由在预先登记的期限内即具有排斥第三人的效力，任何人处分该不动产的行为均属于无效。最高人民法院物权研究小组在《物权法条文理解与适用》中认为，预告登记实质作用在于限制权利人行使处分权，保障预告登记权利人的权益，赋予预告登记的请求权以物权效力。预告登记具有保全效力，即保全未来发生不动产物权变动的请求权，包括取得、转移、变更不动产的物权请求权，使其发生所约定的或制定的法律后果，具有排斥后来的其他物权变动的效力；预告登记具有保存顺位的效力，即通过预告登记保全的权利与其顺位同时登记；预告登记具有破产保护的效力，可以在不动产物权人陷入破产时，对抗其他债权人而保全请求权的目的实现。五、原审法院将签订商品房买卖合同并到当地房产管理部门办理预告登记的行为理解成抵押预告登记是错误的。六、原审法院回避本案焦点让与担保的问题。本案的担保方式是让与担保，即非典型担保物权。当事人之间约定的担保形式只要不属于合同法规定的无效情形，就应当依照当事人的合意。只要不违反法律、法规禁止性规定，应当许可。担保合同自签订之日起生效，没有办理登记备案的只在当事人之间具有约束力，对外不具有对抗力，而办理登记备案的即进行了公示，领取了预告登记备案证明的即具有对抗第三人的效力。本案这种担保形式社会中并不少见，填补了法定担保物权所不能起到的作用。本案上诉人与仁和公司签订的商品房买卖合同并登记备案属于非典型担保物权，即让与担保，是合法的担保形式，在仁和公司破产时应当享有优先权，不依破产程序而单独优先受偿。故请求二审法院：一、确认上诉人与被上诉人仁和公司在借款关系中签订的 37 套商品房买卖合同并到房产管理部门预告登记备案是为实现债权提供的担保，在破产过程中应享有优先受偿权；二、确认被上诉人擅自处分登记备案在上诉人名下商品房的行为无效，应当将已经处分的房屋恢复到原来状态。

二审审理过程中，上诉人请求撤回了第二项诉讼请求。

被上诉人仁和公司辩称，对上诉人放弃第二项诉请没有异议，一审判决认定事实清楚，适用法律正确，应该予以维持。

二审期间上诉人与被上诉人均未向本院提供新证据。

基于原审期间双方举证质证意见及二审中各方诉辩意见，本院认定的法律事实与原审一致。

本院认为，本案为别除权纠纷。上诉人出借给被上诉人款项，被上诉人仁和公司为此与上诉人签订商品房买卖合同为双方的借款提供担保，并到肇源县房产管理部门办理了共计 37 套房屋的预告登记。从形式上看双方当事人签订的是商品房买卖合同，但实质是仁和公司为所借款项向出借人即上诉人提供的一种担保。这种担保方式已在《最高人民法院关于审理民间借贷案件适用法律若干问题的规定》第二十四条中进行了论述，该条款规定"当事人以签订买卖合同作为民间借贷合同的担保，借款到期后借款人不能还款，出借人请求履行买卖合同的，人民法院应当按照民间借贷法律关系审理，并向当事人释明变更诉讼请求。当事人拒绝变更的，人民法院裁定驳回起诉。按照民间借贷法律关系审理作出的判决生效后，借款人不履行生效判决确定的金钱债务，出借人可以申请拍卖买卖合同标的物，以偿还债务。就拍卖所得的价款与应偿还借款本息之间的差额，借款人或者出借人有权主张返还或补偿"。根据以上条款，本院认定上诉人与被上诉人签订的商品房买卖合同的性质是一种非典型的担保合同。本案中，双方当事人到肇源县房产管理部门对 37 套房屋办理了预告登记手续，上诉人领取了商品房预告登记证明。上诉人为此主张担保合同已经进行了登记备案，且预告登记具有排斥后来其他物权变动、保存顺位及破产保护的效力，故其应在破产程序中享有别除权。本院认为，别除权是指担保权人享有就特定财产不依照破产清算程序而优先获得清偿和满足的权利，法定担保物权能在破产程序中转化为别除权。本案的担保方式虽被《最高人民法院关于审理民间借贷案件适用法律若干问题的规定》所认可，但并非物权法规定的法定物权种类和内容，且预告登记在权利性质上属于物权化的债权，其与别除权的基础权利即担保物权存在区别，而其预告登记的效力是否享有法定担保物权的登记备案效力，该非典型担保方式是否如法定担保物权享有优先受偿的权利，法律并无明文规定。故对上诉人的该项主张，因无法律依据，本院不予支持。上诉人认为由指定破产管理人的原审法院审理债权人同管理人之间的纠纷是为不公，本院认为，该项主张并不属于法院审理案件的法定回避事由，故对该项主张，本院亦不予支持。二审期间，上诉人周淑民请求撤回其上诉请求第二项即"确认被上诉人擅自处分登记备案在上诉人名下商品房的行为无效，应当将已经处分的房屋恢复到原来状态"的诉讼请求，本院认为，此行为系上诉人对自己实体权利的处分，且不违反法律规定，故本院应予以准许。综上，原审法院认定事实清楚，虽适用法律有不当，但不影响案件的最终判决结果。故依照《中华人民共和国物权法》第五条、《中华人民共和国民事诉讼法》第一百七十条第一款第（一）项的规定，判决如下：

驳回上诉，维持原判。

二审案件受理费 50 元，由上诉人周淑民负担。

本判决为终审判决。

审判长　朱志晶

审判员　赵　楠

审判员　刘　放

二〇一五年十二月二十五日

书记员　李美鸥

专题十三 "准共益债务"的法律适用问题

一、案情概要与问题的提出

(一)案情概要

2013年6月26日,国网江苏省电力公司宿迁供电公司(以下简称"宿迁供电公司")与江苏欧亚薄膜有限公司(以下简称"欧亚公司")签订《高压供用电合同》,就供电方式、供电质量、各自违约责任等事宜作出约定。合同签订后双方一直按约履行至2014年11月。2014年12月~2015年9月,欧亚公司总共欠缴电费约880万元。2015年9月19日,沭阳县人民法院裁定受理欧亚公司破产清算一案。其后,宿迁供电公司向欧亚公司破产管理人申报2014年12月份至2015年9月份的电费债权及计算至2015年9月19日的违约金约合计1257万元,并要求确认优先权。管理人对申报的债权金额予以确认,但对其优先权请求不予确认。2015年11月11日,管理人决定继续履行《高压供用电合同》并通知了宿迁供电公司,此后宿迁供电公司继续向欧亚公司供电,管理人亦不断向宿迁供电公司全额支付破产申请受理后发生的电费。但就破产申请受理前发生的用电费用,双方对其性质及是否具有优先受偿权观点不一,宿迁供电公司遂向江苏省沭阳县人民法院诉请判令欧亚公司向其全额支付电费及违约金。

沭阳县法院认为,受理欧亚公司破产清算案件之前所发生的电费不应认定为共益债务。首先,主张将破产申请受理前发生的电费作为共益债务不符合《企业破产法》第42条的明文规定。其次,电费债务内部是可分的,破产申请受理前电费的性质并不会因管理人决定继续履行合同而有所改变。最后,宿迁供电公司的主张有违《企业破产法》"公平清理债权债务"的立法宗旨。宿迁供电公司不服一审判决,向宿迁市中级人民法院提起上诉。

宿迁中院经审理认为,欧亚公司破产清算案件之前所发生的电费应认定为共益债务,但2014年12月产生的电费以及滞纳金,因其并非维护设备所需费用不应认定为共益债务。首先,《企业破产法》第42条第1项[1]规定的"破产申请受理后"

---

[1] 《企业破产法》第42条规定:"人民法院受理破产申请后发生的下列债务,为共益债务:①因管理人或者债务人请求对方当事人履行双方均未履行完毕的合同所产生的债务;……"

为时间状语，而非定语。其并非"破产申请受理后产生的债务"为共益债务之意，而是表明管理人在法院受理破产申请后，请求原合同相对方履行双方均未履行完毕的合同所产生的债务为共益债务。其次，共益性是认定各分期债务是否为共益债务的主要标准。最后，停产后为维护设备而产生的电费具有共益性质，[1]应认定为共益债务。综上，欧亚公司2014年12月的电费系公司上一个月正常生产时产生的电费，不具有共益性，不应确认为共益债务；而2015年1月~2015年9月产生的电费应确认为共益债务并随时清偿。此外，根据《高压供用电合同》产生的违约金并无共益性质，不应确认为共益债务。

（二）问题的提出

对产生于破产程序开始前的特定债务得否认定为共益债务，两审法院的观点分歧反映出实务中对共益债务在发生时间、共益性质等方面的认识差异。一方面，《企业破产法》第42条的规定，共益债务的范围仅限于破产程序开始后为全体债权人利益而发生的特定债务。另一方面，如果破产案件能更早被受理，一些在破产债务人具备破产原因后产生的、具有共益性质的债务原则上就有理由被认定为共益债务。也即，在破产费用的认定上，"符合一定条件的（例如为了保障破产程序顺利进行）、产生于破产程序开始前的费用也应认定为破产费用"。[2]

在其他案件中，对发生于破产程序开始前且具有共益性的债务性质，也存在争议。如在"浙江亚西亚房地产开发有限公司与杭州宋都诚业投资管理有限公司破产债权确认纠纷"一案[3]中，就宋都诚业投资管理有限公司提供垫资的性质，两审法院也作出了不同的判决。一审法院认为，该垫资是基于政府指定等因素发生的，尽管该垫资发生在破产案件受理前，但依然可以认定为共益债务。二审法院则认为，该垫资不符合《企业破产法》第42条规定的时间性要件，不能认定为共益债务。但是基于其共益性质，且垫资发生于破产企业具备破产原因后，可以"参照"共益债务清偿。此外，在"深圳市金赛龙实业有限公司与德庆和煌酒店管理有限公司、德庆县阿尔戈斯酒店管理有限公司租赁合同纠纷"一案[4]中，德庆县人民法

---

〔1〕 宿迁市中级人民法院二审认为，欧亚公司系"二级重要电力用户"，意外失电将造成重大损失。有鉴于此，即便在停产无力支付电费的情况下，通过沭阳县政府与沭阳县供电公司协商，即使停产也要保持设备带电状态。破产管理人正是基于上述情况才决定继续履行《高压供用电合同》。也正因为破产管理人选择继续履行合同，才能使欧亚公司的破产财产价值不仅没有贬损，还产生了新的的收益。

〔2〕 参见广东省深圳市中级人民法院公司清算和破产审判庭编著：《企业破产与重整案件法律适用关键词与典型案例指导》，法律出版社2015年版，第127~129页。

〔3〕 参见浙江省杭州市中级人民法院（2017）浙01民终5761号民事判决书。

〔4〕 参见德庆县人民法院（2018）粤1226民初873号民事判决书。

院认为，对于法院受理破产清算前金赛龙公司投入破产企业的资产所生之债务，其产生原因是管理人选择继续履行合同，故属于《企业破产法》第42条第1项规定的范围，应当参照共益债务进行清偿。

从上述判决可以看出，对于产生于破产程序开始前的、具有共益性的债务，法院可能对其作出三种认定：其一，不认可其共益债务性质。理由在于，共益债务应符合《企业破产法》第42条规定的时间性要件。其二，参照共益债务清偿。原因在于，该债务具有共益性，且除了时间要件外同《企业破产法》第42条规定的情形基本类似。其三，为共益债务。这是对《企业破产法》第42条第1项的规定扩大解释，认为共益债务未必产生于破产案件受理之后。于此需要解决的是，该种发生在破产案件受理之前且具有共益性质的债权是否应为共益债权？鉴于此，本文对该问题的研究，将具有极大的实践和理论价值。

二、共益债务的构成要件

《企业破产法》第42条规定的共益债务，主要可以分为三类：一是因管理人履行合同等积极行为产生的债务；二是管理人或相关人员因执行职务中的不当行为产生的债务；三是不以管理人的意志为转移而产生的债务，如无因管理、不当得利等产生的债务。[1]

根据前述法律规定，可以将共益债务的构成要件归纳为两点：其一，时间要件，指共益债务产生在破产申请受理之后；其二，共益性要件，指共益债务是为全体债权人的共同利益而产生。[2]一般说来，以破产程序开始为界限来划分破产企业所负担债务的性质，是各国破产法较为普遍的做法，即在程序开始前成立的债权为破产债权，而程序开始后成立的债权为共益债权，能够从破产财产中随时清偿。之所以要采用新债、旧债划分的方法，是因为一旦破产程序启动即意味着债务人企业当然具有了破产原因，丧失了能够维系日常信用交易的商业信用。如果不允许新债获得随时足额的清偿，将没有债权人愿意与债务人进行交易，债务人企业的经济状况就很有可能加速恶化，从而丧失破产挽救的可能性。[3]除此之外，为全体债权人的共同利益是共益债务中"共益"的实质与核心，仅为个别债权人利益而产生的债

---

[1] 参见霍敏主编：《破产审判前沿问题研究》，人民法院出版社2012年版，第135页。

[2] 也有论著主张共益债务的构成要件有三："①时间要件，共益债务产生于破产程序进行中，即人民法院受理破产申请以后到破产程序终结之前的这段时间；②目的要件，共益债务系为全体债权人的共同利益而发生，这个也是共益债务的核心要件，即所谓'共益'；③原因要件，系以债务人财产和管理人履行职务为主要方式原因。"参见最高人民法院民二庭编著：《最高人民法院关于企业破产法司法解释（三）理解与适用》，人民法院出版社2019年版，第49页。

[3] 齐明：《中国破产法原理与适用》，法律出版社2017年版，第101页。

务不能优先于无担保债权获得随时的清偿。

三、共益债务"时间要件"的突破

如果严格恪守共益债务产生的这一"时间要件",则容易陷入注重时间要件而忽视实质要件的"教条主义",产生不良的社会后果。实践中,一些具有"共益性"的债权虽然发生在破产申请受理前,但彼时债务人企业已经具备了破产原因,只因法院尚未受理其破产申请,就将该债权认定为普通债权,显属不妥。除文首案例外,实务中一些判决[1]亦逐渐从共益债务的"时间要件"方面寻求突破,以更客观、合理、公平地维护债权人利益。我们认为这种突破值得肯定,比如,某债权人向法院提出宣告债务人破产之前,先行申请对债务人财产实施保全,为此向法院支付的保全费用或者购买保全债务人财产所需的诉讼财产保全责任保险的费用,在人民法院受理破产申请之后,其产生原因虽在破产案件受理之前,无疑也应当突破《企业破产法》关于破产费用产生时间的限制而将其作为破产费用对待。

但这种突破应当遵从一定的限度:首先,只有产生在破产债务人具备破产原因后、破产程序开始前的特定费用才可以突破"时间要件";其次,司法实践中不宜直接突破"时间要件"将其认定为共益债务,而应当采取"参照"适用共益债务规定的方式清偿。

(一)"准共益债务"的识别

为行文方便,本文将这类债务称为"准共益债务",以指代产生于债务人具备破产原因后、破产程序开始前,且具备共益性的债务。

以文首"国网江苏省电力公司宿迁供电公司与江苏欧亚薄膜有限公司供用电合同纠纷"一案[2]为例,电费并非破产企业在破产程序开始前因日常经营产生的电费,而是在企业已经停产的情况下,为维护企业特殊生产设备而发生的费用。债务人欧亚公司在欠缴电费时已经停产,但因其为二级重要电力用户,即使停产也要保持设备带电状态,否则相关的生产设备价值就会贬损甚至报废,故在当地政府出面协调的情况下,供电公司才未予以断电。得益于电力公司的持续供电,债务人的生产设备在进入破产程序后仍运行良好,并可租赁给案外人使用和获得新收益。因此,在债务人欠缴电费的情况下,供电公司仍然持续供电的行为,明显有利于全体

[1] 参见浙江省杭州市中级人民法院(2017)浙01民终5761号民事判决书"浙江亚西亚房地产开发有限公司与杭州宋都诚业投资管理有限公司破产债权确认纠纷"一案和德庆县人民法院(2018)粤1226民初873号民事判决书"深圳市金赛龙实业有限公司与德庆和煌酒店管理有限公司、德庆县阿尔戈斯酒店管理有限公司租赁合同纠纷"一案。
[2] 参见宿迁市中级人民法院(2017)苏13民终1504号民事判决书。

债权人，具有共益性。

此外，在前述"浙江亚西亚房地产开发有限公司与杭州宋都诚业投资管理有限公司破产债权确认纠纷案"[1]中，债务人资金链断裂，所开发的楼盘项目停工，债权人根据市政府相关文件作为托管单位负责项目后续工作并垫付资金，其后债务人被裁定进行破产清算，债权人要求确认其垫付的资金作为共益债务进行清偿。不难发现，宋都公司垫付资金的行为使得阳光景台项目得以完成续建并竣工，使全体债权人受益，具有共益性。

综上，"准共益债务"是指虽然不是在破产申请受理后产生，但却是为了债权人的共同利益而存在的债务。"准共益债务"与共益债务具有相似的内核，但又不符合《企业破产法》第 42 条规定的时间要件，故本文将其称为"准共益债务"。

（二）"准共益债务"突破时间要件的理据

前述"准共益债务"在清偿时"参照"适用《企业破产法》第 42 规定的理由，概括起来主要包括：

第一，"准共益债务"区别于普通破产债权，与共益债务具有本质上的相似性。"准共益债务"和共益债务的差别仅仅在于产生时间的不同。与"时间要件"对比，债务的"共益性"才是认定共益债务的核心要件。在多数情形下，当破产企业具备破产原因时，破产财产成为一个"公共鱼塘"，此时破产管理人对破产财产进行的管理，默认其基本符合每一位债权人的利益。因此在一定程度上，进入破产程序之后所发生的债务即可被认为具有共益性。[2]但是，共益性的产生与破产程序的开始不完全相同。故对于共益债务的认定应回归其"共益"实质，而不过分限于立法的形式标准。申言之，共益性要件应构成对时间要件的衡平。正如卡多佐法官所言："正义为理性所补充，法律为衡平所补充，规则由合乎人道的例外所补充。"[3]对"准共益债务"而言，若仅将其作普通债权清偿，对债权人明显不公，且有悖于破产法同等性质债权同等受偿的立法旨趣。

第二，不论是大陆法系还是英美法系，都因为"准共益债务"的特点而将之区别于一般破产债权。《德国破产法》第 55 条第 2 款就规定，在程序启动前由临时破产管理人设立的请求权，在程序启动后也被视为财团债务。[4]日本《民事再生法》

---

〔1〕 参见杭州市中级人民法院（2017）浙 01 民终 5761 号民事判决书。

〔2〕 参见陈伟："共益债务的认定——从'绝对程序标准'到'双重标准'"，载《南京航空航天大学学报（社会科学版）》2017 年第 1 期。

〔3〕 [美]卡多佐：《法律科学的悖论》，劳东燕译，北京大学出版社 2016 年版，第 44 页。

〔4〕 参见 [德]莱因哈德·波克：《德国破产法导论》，王艳柯译，北京大学出版社 2014 年版，第 34 页。

第 120 条规定，[1]对于在程序申请后，开始裁定前产生的债权，如果是再生债务人的重整所不可或缺的债权，则可认定是共益债权，但须以获得法院许可或者监督人同意为前提。《民事再生法》用大量条文规定共益债权，一定程度上反映出共益债权的性质较为复杂，但其基本要义就是对再生债权人全体有利的费用为共益债权。[2]英国法上也有体现出对共益债权时间要件的突破。霍夫曼法官在托莎联邦金融公司上诉一案（Re Toshoku Finance UK plc）中指出，"清算费用发生的债务的概念扩张到包括清算之前发生的、与清算人后来为破产财产的利益而保留的财产相关的债务"。[3]还有英国学者认为，"保留财产可能需要破产执业者支付破产前的债务，比如为了避免被收回租赁或扣押财产。这种情况下的费用属于破产费用"。[4]在美国法上，对大多数管理费用债权，获得确认的基本条件是该债权系因与破产财团的申请后交易相关；以及该债权有益于破产财团。当然，该规则也存在例外，其中主要的就是前文提到的，基于"公允性"理由赋予债权以管理费用优先顺位的情形。

我国台湾地区"破产法"的修订方向同样明确了"准共益债务"对时间要件突破的原理。台湾地区现行"破产法"第 96 条[5]规定："左列各款为财团债务：①破产管理人关于破产财团所为行为而生之债务……"当然，这些共益债务也要符合时间性要件。[6]而台湾地区 2016 年版"债务清理法"草案第 171 条[7]

---

〔1〕《日本民事再生法》第 120 条规定，"再生债务人在再生程序开始申请之后到再生程序开始之间，作出的借款、原材料的买入以及其他对再生债务人的营业额的继续必不可少的行为的，法院可以许可因该行为产生的对方当事人的请求权为共益债权（法院可以将代替前款许可给予认可的权限赋予监督人）"，引自［日］山本和彦：《日本倒产处理法入门》，金春等译，法律出版社 2016 年版，第 294 ~ 295 页。

〔2〕参见［日］谷口安平主编：《日本倒产法概述》，田言等译，中国政法大学出版社 2017 年版，第 283 页。

〔3〕［英］费奥娜·托米：《英国公司和个人破产法》，汤维建、刘静译，北京大学出版社 2010 年版，第 404 页。

〔4〕［英］费奥娜·托米：《英国公司和个人破产法》，汤维建、刘静译，北京大学出版社 2010 年版，第 404 页。

〔5〕台湾地区"破产法"第 96 条规定："左列各款为财团债务：①破产管理人关于破产财团所为行为而生之债务。②破产管理人为破产财团请求履行双务契约所生之债务，或因破产宣告后应履行双务契约而生之债务。③为破产财团无因管理所生之债务。④因破产财团不当得利所生之债务。"

〔6〕陈计男：《破产法论》，三民书局 2009 年版，第 173 页。

〔7〕台湾地区 2016 年"债务清理法"草案第 171 条规定："下列各款为共益债务：①保全管理人管理、处分债务人财产之费用，及经营其业务所生之债务。②管理人关于破产财团所为行为而生之债务。③管理人为破产财团请求履行双务契约所生之债务，或因破产程序开始后应履行双务契约而生之债务。④为破产财团无因管理所生之债务。⑤因破产财团不当得利所生之债务。⑥第 43 条第 1 项第 2 款、第 45 条第 4 项、第 47 条第 2 项之债务。遗产受裁定开始破产程序者，下列各款亦为共益债务：①被继承人丧葬之必要费用。②被继承人宣告死亡之程序费用。③破产程序开始前管理遗产之费用或因此所生之债务。在法院裁定开始破产程序前 6 个月内，债务人本于劳动契约所积欠之劳工工资而不能依其他方法受清偿者，视为共益债务。"

特意增订了第 1 项："下列各款为共益债务：①保全管理人管理、处分债务人财产之费用，及经营其业务所生之债务……"该条文明确规定了破产程序开始前的特定债务属于共益债务。究其原因，法案起草者表示，"法院裁定开始破产程序前，选任保全管理人管理、处分债务人之财产，及经营其业务，因此所生之费用及负担之债务，均系为确保债务人财产及继续其业务而生，亦属共益债务，爰增订第 1 款"。[1]

第三，对"时间要件"的解释本不应如此严格。事实上，按照法律文本，就算只有"后果"发生在破产程序中，也可以满足时间要件的要求，原因如下。

第一，以《企业破产法司法解释三》第 1 条[2]为例，起草者认为"当执行案件移送破产审查且破产案件受理的情形发生导致执行终止的情况下，单个执行程序的结果包括鉴定、评估、拍卖等为破产程序所吸收，利益之所归，则费用之所依附"。[3]据此，发生在破产程序启动前的程序费用，因其相关程序本身"为破产程序所吸收"，且利益亦归于破产程序，故其费用亦应视为破产费用。这是"结果"发生于破产程序内而适用破产费用之典型。鉴于破产费用和共益债务的联系，共益债务可类推适用上述原理。

第二，针对《企业破产法》第 42 条第 1 项之"未履行合同继续履行"情形，管理人请求履行的合同本身显然成立于破产程序启动之前。对此，如果对该"时间条件"予以解释，会发现其系因管理人的请求行为发生于破产程序中，故可视作债务行为本身发生于程序中。由此延伸的问题是，破产程序开始后，若管理人没有提出请求，相对人自愿履行产生的债务能否作为共益债务？[4]陈荣宗教授对此持肯定看法，主张："第一，破产宣告后破产财团因相对人之履行而增加财产；第二，以公平对待自动履行契约债务之相对人，以示鼓励。"[5]换言之，成立于破产程序前

---

〔1〕 台湾地区"破产法"（草案更名为债务清理法）修正草案总说明暨条文对照表。本草案于 2016 年 4 月 29 日由台湾地区"司法院"与"行政院"呈台湾地区"立法院"审议。资料来源：http://jirs. judicial. gov. tw/GNNWS/NNWSS002. asp？id＝224088＆，2020 年 5 月 18 日访问。

〔2〕《企业破产法司法解释三》第 1 条规定："人民法院裁定受理破产申请的，此前债务人尚未支付的公司强制清算费用、未终结的执行程序中产生的评估费、公告费、保管费等执行费用，可以参照企业破产法关于破产费用的规定，由债务人财产随时清偿。此前债务人尚未支付的案件受理费、执行申请费，可以作为破产债权清偿。"

〔3〕 最高人民法院民二庭编著：《最高人民法院关于企业破产法司法解释（三）理解与适用》，人民法院出版社 2019 年版，第 21 页。

〔4〕 参见付翠英："论破产费用和共益债务"，载《政治与法律》2010 年第 9 期。

〔5〕 陈荣宗：《破产法》，三民书局 1987 年版，第 211 页。

且未经管理人选择履行的合同债务，仍可获得作为共益债务的肯定性评价。

综上，若某项债务发生于破产程序启动前，但其影响或结果发生于破产程序之中，其仍可被视作符合现有《企业破产法》规定的共益债务之"时间条件"。所以，对"时间要件"应作宽泛解读。

（三）"准共益债务"应当准用共益债务相关规定

《企业破产法》第42条界定共益债务的构成要件时，在以时间要件为绝对标准的同时，又采用了列举的方式，使之构成了一个封闭的共益债务体系。但在实践中，准共益债务虽不满足共益债务的时间要件，却是为了全体债权人的共同利益存在，理应获得和共益债务同样的优先清偿顺位。

那么，实践中应如何妥善处理准共益债务？对此，判决其"参照"共益债务清偿或为一种最优选择。"参照"实际上等同于"准用"。刘风景教授指出，"所谓准用性法条，是指法律实施者在解决个案时，将原本针对 a 事项且有'比照''参照'等外观标识的法条 A，适用于与 a 具有某种程度类似性但又存有差异的 b 事项的一种特殊的引用性法条形式"。[1]《企业破产法》第42条的规定适用于产生在破产程序中的共益债务；而"准共益债务"虽然与《企业破产法》第42条规定的共益债务极为类似，但又存在差异。所以，为了将《企业破产法》第42条适用于破产程序开始前的"准共益债务"之上，使之能被优先清偿，就只能透过"参照"适用的方式"准用"该法条了。

最高人民法院早在 2017 年就注意到了破产程序开始前产生的"破产费用"的定性问题，并采"参照"准用破产费用规定的方式，来化解法律规定与司法实践中可能发生的矛盾。《最高人民法院关于执行案件移送破产审查若干问题的指导意见》（法发〔2017〕2 号）第 15 条指出，"受移送法院裁定受理破产案件的，在此前的执行程序中产生的评估费、公告费、保管费等执行费用，可以参照破产费用的规定，从债务人财产中随时清偿"。在该指导意见中，最高人民法院显然意识到这些费用并非"破产费用"，所以使用了"参照"破产费用进行清偿的用语。但对于其他尚未规定的准共益债务，如文首案例中的电费，就需要法官在个案中进行具体裁量。此时，法院虽不能直接将其认定为共益债务，却可以参照共益债务的规定赋予其优先受偿的地位。在《企业破产法司法解释三》第 2 条第 1 款中，最高人民法院使用了同样的方式解决破产程序中新融资债权人的清偿顺位问题，即规定重整融资债权"参照适用共益债务"的规定。

---

〔1〕 刘风景："准用性法条设置的理据与方法"，载《法商研究》2015 年第 5 期。

台湾地区"债务清理法"草案在解决和解程序中"准共益债务"清偿的问题时，同样采纳了"参照"适用的方式。该草案第 81 条[1]第 1 款规定："法院裁定开始和解程序后，下列各款为共益债权，不依和解程序，优先于无担保及无优先权之债权，随时清偿之……"然后，由于与《企业破产法》第 42 条一样明文规定了时间要件，台湾地区"债务清理法"草案第 81 条 2 款又规定："前项规定，于法院裁定开始和解程序前之下列债务，准用之：①保全管理人管理、处分债务人财产之费用，及经营其业务所生之债务……"对此，法案起草者的解释是，"法院裁定开始和解程序前，选任保全管理人管理、处分债务人之财产，及经营其业务，因此所生之费用及负担之债务，均系为确保债务人财产及继续其业务而生，皆具有共益性，宜准用第 1 项规定，优先清偿，爰设第 2 项第 1 款"。[2]

四、结语

共益债务是"破产程序进行中，为了全体债权人的利益所发生的债务和因债务人财产所发生的债务的总称"。[3]其构成要件包括"时间要件"和"共益性要件"。实务上对不符合时间要件但具有共益性的债务在性质认定上存有分歧。基于此类债务系为全体债权人共同利益或为破产程序的进行所必须的本质，本文将其称为"准共益债务"，并将之界定为"产生于破产债务人具备破产原因之后、破产申请受理之前，具有共益性的债务"。以现行法律文本为基点，本文通过文义解释和比较研究的方法证成了准共益债务与普通破产债权有根本区别，与共益债务本质相似的论点。因此，在考量《企业破产法》第 42 条的规定和学理通说的情况下，本文主张准共益债务以"参照适用"的形式准用共益债务相关规定。如此既可避免直接认定准共益债务为共益债务的合法性质疑，也免于因为忽视本质而不当剥夺其优先受偿

---

〔1〕 台湾地区 2016 年版"债务清理法"草案第 81 条的全文为："法院裁定开始和解程序后，下列各款为共益债权，不依和解程序，优先于无担保及无优先权之债权，随时清偿之：①进行和解程序所生之费用。②因债权人共同利益所生声请及裁判上之费用。③监督人之报酬。④债务人及依法应受其扶养者之必要生活费及丧葬费。⑤继续经营业务所生之债务。⑥请求履行双务契约所生之债务，或因履行双务契约而生之债务。⑦第 43 条第 1 项第 2 款、第 45 条第 4 项、第 47 条第 2 项之债务。⑧因无因管理或不当得利所生之债务。前项规定，于法院裁定开始和解程序前之下列债务，准用之：①保全管理人管理、处分债务人财产之费用，及经营其业务所生之债务。②债务人于裁定前 6 个月内，本于劳动契约所积欠之劳工工资而不能依其他方法受清偿部分。利害关系人对前 2 项债权及其数额有争执者，准用第 61 条第 2 项、第 3 项、第 5 项及第 62 条第 1 项、第 5 项规定。"

〔2〕 台湾地区"破产法"（草案更名为债务清理法）修正草案总说明暨条文对照表。本草案于 2016 年 4 月 29 日由台湾地区"司法院"与"行政院"呈台湾地区"立法院"审议。资料来源：http:// jirs. judicial. gov. tw/GNNWS/NNWSS002. asp？id＝224088＆，2020 年 5 月 18 日访问。

〔3〕 韩长印主编：《破产法学》，中国政法大学出版社 2016 年版，第 183 页。

地位，有利于实现破产法中债权债务公平清理的理念。

附件：判决书全文

国网江苏省电力公司宿迁供电公司与江苏欧亚薄膜有限公司
供用电合同纠纷二审民事判决书

宿迁市中级人民法院

民事判决书

（2017）苏 13 民终 1504 号

上诉人（原审原告）：国网江苏省电力公司宿迁供电公司，住所地江苏省宿迁市发展大道 58 号。

负责人：凌峰，该公司总经理。

委托诉讼代理人：刘建，男，该公司员工。

委托诉讼代理人：蔡小建，江苏名典律师事务所律师。

被上诉人（原审被告）：江苏欧亚薄膜有限公司，住所地江苏省沭阳县经济开发区乡界河东侧慈溪路北侧。

诉讼代表人：解兆明，破产管理人江苏雅凯律师事务所负责人。

委托诉讼代理人：马丁，江苏雅凯律师事务所律师。

上诉人国网江苏省电力公司宿迁供电公司（以下简称宿迁供电公司）因与被上诉人江苏欧亚薄膜有限公司（以下简称欧亚公司）供用电合同纠纷一案，不服江苏省沭阳县人民法院（2016）苏 1322 民初 1293 号民事判决，向本院提起上诉。本院于 2017 年 4 月 27 日立案受理后，依法组成合议庭审理本案，并于 2017 年 6 月 15 日组织双方当事人公开进行听证。上诉人宿迁供电公司的委托诉讼代理人刘建、蔡小建，被上诉人欧亚公司的委托诉讼代理人马丁参加了听证。本案现已审理终结。

宿迁供电公司上诉请求：撤销一审判决，依法改判欧亚公司向宿迁供电公司支付 2014 年 12 月至 2015 年 9 月 19 日（欧亚公司破产申请受理之前）产生的电费 8 704 193.8 元，并自欠费次月 11 日起每日按欠费总额的日千分之二计算违约金至款项付清之日止。事实和理由：1. 在管理人选择继续履行《高压供用电合同》的情况下，《中华人民共和国企业破产法》第四十二条规定的"债务发生时间"应按照宿迁供电公司收到继续履行合同通知的时间认定，一审法院认定本案债务发生时间在破产申请受理之前明显不当。《中华人民共和国企业破产法》第十八条规定"人民法院受理破产申请后，管理人对破产申请受理前成立而债务人和对方当事人均未履行完毕的合同，有权决定解除或者继续履行，并通知对方当事人"，按照上述规定，案涉《高压供用电合同》得以继续履行系基于管理人的意思表示，且管理人决定继续履行的也只能是破产申请受理之前成立而非破产申请受理后成立的合同，故应以管理人通知对方当事人的时间认定为债务发生时间，而本案中管理人通知宿迁供电公司履行合同系在2015年11月11日，在人民法院受理破产申请之后，故一审法院认定本案债务发生时间在破产申请受理之前，明显不当。2. 管理人选择继续履行合同，应按合同约定全面履行，以破产申请受理之日对合同进行分割履行没有法律依据。按照《中华人民共和国企业破产法》第十八条规定，管理人仅有权在"解除"和"继续履行"之间选择，并未赋予管理人单方变更原合同相关内容的权利，故管理人选择的"继续履行"只能是承继原合同的全部权利义务。且该条还规定"管理人决定继续履行合同的，对方当事人应当履行"，该规定也未赋予对方当事人变更合同内容的权利。故本案中管理人主张以破产申请受理之日对《高压供用电合同》进行分割履行，必然导致原合同权利义务发生变更。3. 一审法院认为宿迁供电公司的主张违反公平清偿债权债务的立法宗旨，不能成立。破产法虽然规定了公平清偿债权债务的原则，但同时确定了不同性质债务的清偿顺位，公平清偿债权债务的仅在同一顺位情形下适用。本案宿迁供电公司主张的系随时清偿的共益债务，故并未违反公平清偿债权债务的立法宗旨。

欧亚公司辩称，一审法院认定事实清楚，适用法律正确，应维持原判。理由如下：宿迁供电公司主张的电费系按月结算，并非不可分割，故管理人根据《中华人民共和国企业破产法》第四十二条的规定，认定破产申请受理之前的债权为普通债权，之后的债权为共益债权，有事实和法律依据。

宿迁供电公司向一审法院起诉请求判令：欧亚公司向宿迁供电公司支付电费9 567 733.57元及违约金（按欠费总额的日千分之二计算至款项付清之日止，暂算至2016年1月11日为5 811 959.20元）。

一审法院查明事实：2013年6月26日，宿迁供电公司与欧亚公司签订《高压供用电合同》，合同对用电地址、性质、容量、供电方式、质量、用电计量、电价及电费结算方式、违约责任等内容作出了约定。其中第十条违约责任约定："……2. 用电人违约责任……（3）用电人不按期交清电费的，应承担电费滞纳的违约责任。电费违约金从逾期之日起计算至交纳之日止，电费违约金按下列规定计算：a. 当年欠费部分，每日按欠费总额的千分之二计算；b. 跨年度欠费部分，每日按欠费总额的千分之三计算……"合同签订后，宿迁供电公司将相关用电设施为欧亚公司安装到位，欧亚公司总户号为1901733180。后双方一直按约履行合同至2014年11月。自2014

年 12 月起，欧亚公司开始欠缴电费，2014 年 12 月份至 2015 年 9 月份（10 个月）共计欠缴电费金额为 8 806 262.03 元。

2015 年 9 月 19 日，沭阳县人民法院裁定受理欧亚公司破产清算一案，并指定江苏雅凯律师事务所担任破产管理人。后宿迁供电公司向管理人申报 2014 年 12 月份至 2015 年 9 月份期间的电费债权 8 806 262.03 元及计算至 2015 年 9 月 19 日的违约金 3 771 085.79 元，债权金额合计 12 577 347.82 元，并要求确认优先权；管理人对所申报债权金额均予以确认，对申报的优先权未予确认。2015 年 11 月 11 日，管理人决定继续履行案涉《高压供用电合同》并通知了宿迁供电公司，此后宿迁供电公司继续向欧亚公司供电，管理人亦陆续向宿迁供电公司全额支付破产申请受理后发生的电费。其中，2015 年 10 月份至 2015 年 12 月份的三个月电费共 761 471.54 元欧亚公司均已付清；对于 2015 年 9 月份的电费 278 367.9 元（注：该节电费已包含在上述所确认的债权金额中），因宿迁供电公司表示无法区分每日电费金额，故管理人主张推定每日电费金额相同，由此计得 2015 年 9 月 20 日至 30 日的电费为 102 068.23 元并已实际支付该部分电费，对已付的 102 068.23 元宿迁供电公司同意充 2015 年 9 月份电费。

因双方当事人对欧亚公司在破产申请受理之后所发生的电费作为共益债务随时清偿并无争议，故一审法院归纳本案争议焦点为：欧亚公司在破产申请受理之前所发生的电费是否应当作为共益债务。

一审法院认为：人民法院审理民事案件，必须以事实为根据，以法律为准绳。"以法律为准绳"，简而言之，即人民法院应当严格按照国家法律的规定确认当事人之间争议的权利义务关系，正确理解与适用法律。本案案件事实清楚，双方之争议实为法律适用问题。根据《中华人民共和国企业破产法》第四十二条规定，共益债务应当为"人民法院受理破产申请后发生的债务"，该法律条文无论从文字表述抑或内在涵义而言，均不存在歧义，其明确地界定了共益债务所产生的时间节点，将破产申请受理前发生的债务排除在共益债务的范围之外。故宿迁供电公司关于欧亚公司在破产申请受理前发生的电费作为共益债务的诉讼主张不能成立，依法不予采纳，理由如下：首先（亦是最为重要的一点），该主张不符合前述法律明文规定，于法无据；其次，本案所涉电费债务内部之间是可分的，破产申请受理之前的电费并不会因管理人决定继续履行合同而有所影响，该部分电费债务已然固定，不会发生量变或者质变；最后，宿迁供电公司的该主张亦与企业破产法"公平清理债权债务"的立法宗旨有所背离。鉴于管理人对欧亚公司破产申请受理前发生的电费及违约金已作为破产债权悉数予以确认，对破产申请受理后发生的电费（本案暂只涉及计算至 2015 年 12 月份）亦均已实际向宿迁供电公司偿付，因此，宿迁供电公司要求欧亚公司给付电费 9 567 733.57 元及违约金的诉讼请求，缺乏事实和法律依据，依法不予支持。调解不成，依照《中华人民共和国企业破产法》第一条、第四十二条、《中华人民共和国民事诉讼法》第七条、第一百四十二条规定，一审法院判决：驳回宿迁供电公司的诉讼请求。案件受理费 114 078 元，由宿迁供电公司负担。

双方当事人对一审法院审理查明的事实部分均无异议，本院对一审法院查明的事实予以确认。

二审中，上诉人宿迁供电公司为支持其上诉理由，提供以下证据：

1. 沭阳县人民政府 2014 年 10 月 11 日文件，拟证明通过沭阳县政府协商，沭阳县供电公司继续维持欧亚公司供电。

2. 江苏省电力用户重要性等级申请表，拟证明欧亚公司自认该公司是二级重要电力用户以及中断供电可能产生的相应后果。

3. 关于供电可靠性需求的情况说明，拟证明欧亚公司确定该公司需要双电源供电，在意外失电的情况下会造成大量产品报废、环境污染、重大经济损失甚至人员伤亡。

欧亚公司的质证意见是：对证据 1—3 的真实性、合法性予以认可，但无法达到上诉人的证明目的。

本院的认证意见是：对证据 1—3 的真实性、合法性、关联性均予认定，能够证明欧亚公司是二级重要电力用户，需要双电源供电，意外失电将造成重大损失，沭阳县供电公司在欧亚公司拖欠电费后，经沭阳县政府的协调未予断电。

经双方当事人确认，本院归纳本案二审争议焦点为：被上诉人欧亚公司在 2014 年 12 月至 2015 年 9 月 19 日（一审法院裁定受理欧亚公司破产申请之日）产生的电费是否应当认定为共益债务而向上诉人宿迁供电公司随时清偿。

本院认为：欧亚公司 2015 年 1 月—2015 年 9 月 19 日产生的电费应认定为共益债务随时清偿，但 2014 年 12 月产生的电费以及滞纳金不应认定为共益债务。理由如下：

第一，《中华人民共和国企业破产法》第四十二条规定："人民法院受理破产申请后发生的下列债务，为共益债务：（一）因管理人或债务人请求对方当事人履行双方均未履行完毕的合同所产生的债务……"从字面上理解，"破产申请受理后"是时间状语，指的是管理人或债务人在破产申请受理后请求合同对方履行合同，并非定语，即并非破产申请受理后产生的债务。也就是说，该法条确定了管理人在法院受理破产申请后，请求原合同相对方履行双方均未履行完毕的合同所产生的债务为共益债务。故当管理人决定继续履行合同时，因该合同而产生的债务并非以发生在破产申请受理之前还是之后为标准确定是否为共益债务。

第二，《中华人民共和国企业破产法》第十八条规定，人民法院受理破产申请后，管理人对破产申请受理前成立而债务人和对方当事人均未履行完毕的合同，有权决定解除或者继续履行，并通知对方当事人；管理人决定继续履行合同的，对方当事人应当履行，该条规定赋予了管理人对合同的选择履行权，管理人决定是否继续履行合同并不是代表原合同当事人的意思，而是以原合同的价值取向决定合同是否应当继续履行，而管理人决定解除或继续履行合同必须以维护破产企业的权益和破产财产利益为标准，即继续履行合同有利于破产财产的增值，体现共益的性质。故认定继续履行合同产生的债务是否为共益债务，还应考虑该债务性质是否具有共益性，尤其是对于供用电合同等继续性合同项下的分期债务认定，共益性应作为认定各分期债务是否为共益债务的主要标准。

第三，本案中欧亚公司是二级重要电力用户，需要双电源供电，意外失电将造成重大损失。正是鉴于欧亚公司生产设备的特殊性，其在停产无力支付电费的情况下，通过沭阳县政府与沭阳县供电公司协商，即使停产也要保持设备带电状态，以免造成重大损失以及维护设备不至于报废。沭阳县供电公司也正是基于该情况，一直未对欧亚公司采取断电措施，即未单方解除双方之间的《高压供用电合同》。而欧亚公司的破产管理人基于上述情况，在该公司进入破产程序后，为了使破产财产保值增值，于 2015 年 11 月 11 日通知宿迁供电公司继续履行 2013 年 6 月 26 日签订的《高压供用电合同》。也正是基于《高压供用电合同》的继续履行，欧亚公司的破产管理人才得以在欧亚公司进入破产程序后还能将欧亚公司的土地、厂房、设备等资产租赁给案外人使用，使得欧亚公司的破产财产未有贬损，反而产生新的收益。故为了维护欧亚公司设备不报废、不贬损，即停产后为维护设备而产生的电费具有共益的性质，应认定为共益债务。因宿迁供电公司诉争的 2014 年 12 月—2015 年 9 月期间的 8 704 193.8 元电费，可以明显区分每个月的电费，其中 2014 年 12 月的电费 6 693 896.01 元系欧亚公司上一个月生产时产生的电费，并非维护设备产生的电费，故该月份电费，虽然系案涉供用电合同项下的债务，但因不具有共益性，不应确认为共益债务；而 2015 年 1 月—2015 年 9 月产生的每月 20 余万元的因维护设备的电费应确认为共益债务随时清偿，共计 2 010 297.79 元。当然，因欧亚公司未及时给付该部分电费而产生的违约金因并无共益之性质，故不应确认为共益债务。

综上所述，上诉人宿迁供电公司的上诉请求部分成立。依照《中华人民共和国企业破产法》第十八条、第四十二条，《中华人民共和国民事诉讼法》第一百七十条第一款第二项规定，判决如下：

一、撤销江苏省沭阳县人民法院（2016）苏 1322 民初 1293 号民事判决；

二、确认江苏欧亚薄膜有限公司对国网江苏省电力公司宿迁供电公司所负的 2 010 297.79 元电费为共益债务；

三、驳回国网江苏省电力公司宿迁供电公司的其他诉讼请求。

一审案件受理费 114 078 元，二审案件受理费 114 078 元，合计 228 156 元，均由上诉人国网江苏省电力公司宿迁供电公司负担。

本判决为终审判决。

审判长　王治国

审判员　赵振亚

审判员　张　熠

二〇一八年五月四日

书记员　潘为芳

专题十四　破产程序中未到期不动产租赁合同的解除权问题

一、案情摘要与问题提出

2012 年 10 月 6 日，湖南锦宏新合纤有限公司（以下简称"锦宏公司"）与郑某某签订《厂房设备租赁合同书》，约定锦宏公司将位于长沙市岳麓区厂房和仓库租赁给郑某某使用；租赁期限为 15 年，即从 2012 年 10 月 6 日起至 2027 年 10 月 5 日止；租金为一次性支付，租期内租金总计为 990 万元。合同签订后，郑某某累计支付租金 965 万元。2016 年 10 月 24 日，长沙市中级人民法院依法受理了锦宏公司的破产清算申请，并于 2016 年 12 月 13 日指定了破产管理人。

2016 年 12 月 21 日，锦宏公司破产管理人依照《企业破产法》相关规定，向郑某某邮寄《告知函》，要求其在接到《告知函》后 5 日内腾空移交所占用的锦宏公司厂房、综合宿舍楼及与租赁相关的文件资料。2016 年 12 月 26 日，锦宏公司破产管理人再次通过手机彩信的方式将《告知函》内容发送给郑某某，并与郑某某电话确认。郑某某收到上述告知函后，因对租赁合同是否符合解除条件及剩余租金能否认定为共益债务问题与破产管理人存在争议，至今未腾空移交租赁物，锦宏公司破产管理人遂诉至法院，郑某某亦提出反诉。

一审法院认为，债务人企业的破产申请被人民法院受理后，管理人有权依据《企业破产法》第 18 条的规定解除合同。且该合同不论承租人是否违约，是否有过错，是否具备可以解除的条件，管理人均可以决定解除合同。而对于郑某某已经预付的租金，应属不当得利，按照共益债务由破产财产随时清偿。

二审法院认为，租赁合同属于持续性合同，只要租赁期限未届满，则双方合同义务就未履行完毕；交纳租金只是承租人的主要义务而非全部义务，郑某某虽然已经缴纳了租金但仍处于履行租赁合同过程中，同样出租人将租赁物交给了承租人，其义务也未履行完毕，故锦宏公司管理人单方解除案涉租赁合同有法律依据。案涉已经预付的租金，属于不当得利，由破产财产随时清偿。

本案反映的问题是，在破产程序中，管理人对于待履行持续性合同行使解除权时应具备的要件，以及承租人已支付租金的性质问题。对此，本文拟从以下三个方面展开探讨：①《企业破产法》第 18 条中规定的待履行合同应如何界定；②管理人的解除权是否应该受到限制；③若本案不符合解除权的行使要件，管理人选择继续履行时，是否应对原合同进行适当变更，若符合解除要件，管理人解除该合同后所产生的预缴租金返还，作为普通债权对待，还是作为共益债权对待。

二、"待履行合同"的界定标准

在美国破产法学界，Vern Countryman 教授将"待履行合同"界定为："破产人和合同相对人均未履行合同义务，致使任何一方的不完全履行都属于一种实质违约，对方当事人据此可拒绝履行其合同义务。"[1]就非破产一方债务人已经完全履行的合同（或者已经履行合同主要义务的），Countryman 教授认为其并不属于"待履行合同"的范畴。此时，破产财团已经享有因他人履行而产生的一切利益，管理人对合同的拒绝不会直接增加或减损债权人的债权及破产财团的责任。总结 Countryman 教授的观点，实际上是以"实质性违约"作为判断合同义务是否履行完毕的标准。具体而言，如果一方当事人未能履行合同义务，且该项义务构成另一方不履行合同义务的理由，那么此种违约行为就构成"实质性违约"；而如果当事人仅仅未履行次要义务，此时就不构成实质性违约，自然不属于"待履行合同"的范畴。[2]可见，美国法在对"待履行合同"进行认定时，往往以"实质性违约"为原则，但也会结合具体的案情，并考虑破产财团最大利益这一原则，一定程度上突破了非破产法规范上的制度体系，体现了对破产解除权价值的尊重。

我国《企业破产法》没有采用"待履行合同"一词，而是以"未履行合同"予以替代。[3]一般认为，破产企业未履行的合同分为三种情况，其中只有在"双方均未履行或均未履行完毕（抑或对方已履行完毕，破产人已开始履行但未履行完毕，此时解除合同未必对破产财产有利）的情形下，清算组的选择权始有其存在的必要"。[4]

三、管理人解除权的限制

我国学界对双方均未履行完毕的合同可以解除，并无太大争议。但对破产人的合同相对人已经履行主要义务的，管理人能否解除合同，仍存有一定争议。此时虽

---

〔1〕 ［美］大卫·G. 爱泼斯坦：《美国破产法》，韩长印等译，中国政法大学出版社 2003 年版，第230 页。

〔2〕 参见［美］大卫·G. 爱泼斯坦：《美国破产法》，韩长印等译，中国政法大学出版社 2003 年版，第 232～233 页。

〔3〕 见《企业破产法》第 18 条、第 42 条。

〔4〕 韩长印："破产宣告对未履行合同的效力初探"，载《法商研究》1997 年第 3 期。

然可以借助一定的解释方法来得出肯定的结论（如将支付租金认定为租赁合同的部分履行等），但就其是否具有当然的合理性，仍需要在现行规范下予以论证。

破产程序启动后，未届期的不动产租赁合同应否视为待履行合同，能否依据《企业破产法》第 18 条规定，由管理人就此选择继续履行或解除合同，尤其在是否具备解除权的行使要件方面，我国学界存在较大的争议。

有学者提出，一方面，为贯彻"尊重破产法之外规则"的理念，管理人解除权的正当性需要结合破产法以外的实体法进行探讨；另一方面，其亦指出管理人的解除权在合同法上缺乏正当依据。《合同法》第 94 条第 5 项仅仅是为该条第 4 项在合同法分则和其他法律的延伸提供依据，[1]其本身并不构成独立的解除原因。当违约行为可归责于破产债务人时，位于债务人一侧的管理人不应享有待履行合同的法定解除权。[2]在破产法上，该解除权也难以证成合理性。管理人享有超越合同法规则的特殊解除权，是为免于履行对债务人财产不利的合同，但若想实现这一目的，管理人只需向相对人表示拒绝履行即可，无须借助于解除权。[3]另有学者认为，破产管理人行使解除权的目的在于使得债务人尽力摆脱负担，由此增进全体债务人的利益。[4]法律赋予管理人合同解除权的价值在于，管理人行使解除权使得可供债权人分配的债务人财产只增不减，以最大限度地保护一般债权人的利益。[5]

学界对管理人的解除权之所以产生较大的争议，是因为我国《企业破产法》仅对待履行合同的处理原则作出了一般性规定，并未对诸如租赁合同、知识产权许可合同等特殊合同的解除作出特别规定。鉴于"待履行合同"这一概念的范围十分广泛，对《企业破产法》第 18 条更为合理的解释是，应根据合同的不同类型来论述解除权的行使要件：①对合同履行状态进行区分；②对合同标的的类型进行区分。

（一）基于合同履行状态对解除权的限制

根据合同的履行状态进行分类以明晰管理人的选择权，可具体分为：①对于债务人已经完全履行而对方当事人未履行完毕的合同，管理人不得选择解除，应要求

---

〔1〕《合同法》第 94 条规定："有下列情形之一的，当事人可以解除合同：①因不可抗力致使不能实现合同目的；②在履行期限届满之前，当事人一方明确表示或者以自己的行为表明不履行主要债务；③当事人一方迟延履行主要债务，经催告后在合理期限内仍未履行；④当事人一方迟延履行债务或者有其他违约行为致使不能实现合同目的；⑤法律规定的其他情形。"《民法典》第 563 条新设的第 2 款规定："以持续履行的债务为内容的不定期合同，当事人可以随时解除合同，但是应当在合理期限之前通知对方。"据此，在《民法典》施行后，双方当事人可就不定期合同行使任意解除权（终止权），然在本案所涉定期的租赁合同场合下，该款并无适用的空间。

〔2〕参见庄加园、段磊："待履行合同解除权之反思"，载《清华法学》2019 年第 5 期。

〔3〕参见刘颖："反思《破产法》对合同的处理"，载《现代法学》2016 年第 3 期。

〔4〕参见兰晓为：《破产法上的待履行合同研究》，人民法院出版社 2012 年版，第 98 页。

〔5〕参见李永军："论破产管理人合同解除权的限制"，载《中国政法大学学报》2012 年第 6 期。

对方当事人继续履行，破产企业对他人享有的债权也构成破产财产的一部分；②对于债权人已经完全履行而破产债务人未履行完毕的合同，管理人原则上不得选择继续履行，这是因为该债权人与其他破产申请受理前的债权人并无二致，此时若赋予管理人选择继续履行原合同的权利，无异于对该债权人进行了个别清偿，甚至可能受到破产撤销权的约束；[1]③仅在双方当事人均有权利义务未履行完毕的情况下，管理人有行使选择权的可能性，而在前两种场合中，"仅使用《合同法》和《企业破产法》关于债权申报的一般规定即可"。[2]但问题是，即使这样进行了细化的分类，仍需要对何谓"双方当事人均未完成履行"作出判断，典型如本案租赁关系中租赁期限未至而承租人已经缴足了所有租金的情况，应归入第二种还是第三种类别？对于"未履行完毕"，我国破产法没有作出明文规定，也鲜有国家的破产法对此作出准确定义。但域外破产法中的相似概念可资参考：美国破产法立法资料显示，只要合同存在"某种程度上尚未履行"即构成选择权基础，[3]此时用法律语言对该事实状态下定义反而可能造成不必要的遗漏或混淆；《德国破产法》中也存在类似的概念，即"未完全履行"系指"双方均未将自己的给付转化为债务人财产"[4]时的合同状态。由此可见，在《美国破产法》语境中，由于租约尚未到期，该合同还存在"某种程度上的尚未履行"，管理人似乎可以选择解除；而若采取《德国破产法》的标准，却会发现承租人一方已将租金完全"转化为债务人财产"，因此该合同属于一方已履行完毕的合同。根据前述分类，则承租人与破产企业的其他债权人无异，不应享有优先受偿的地位，只能申报普通债权。

（二）基于合同类型对解除权的限制

根据合同内容的不同类型，管理人的解除权又将受到不同程度、不同方面的限制，尤其在授予对方当事人使用收益权的合同中。我国破产法未对特定种类合同中的管理人解除权作出限制，但学界已提出类型化的主张。有观点认为应将待履行合同分为"完全待履行合同"和"不完全待履行合同"，管理人对后者的选择权受限。对"不完全待履行合同"，还可以进一步分为"继续履行受限的不完全待履行合同""转让受限的不完全待履行合同"以及"解除受限的不完全待履行合同"，后者具体又包括"以使用、收益为目的的合同""涉及公共利益的合同"以及"劳动合同"。显然，文首案例中的租赁合同属于"以使用、收益为目的的合同"，若采该学理分类，管理人对租赁合同的解除权应受到限制。对该问题，域外破产法已经

---

[1] 此观点作为一种学术探讨，是在梳理有关学说的基础上形成的，不代表本文的最终倾向，特此说明。

[2] 王欣新：《破产法前沿问题思辨》（上册），法律出版社2017年版，第130~131页。

[3] 参见许德风："论破产中尚未履行完毕的合同"，载《法学家》2009年第6期。

[4] ［德］莱因哈德·波克：《德国破产法导论》，王艳柯译，北京大学出版社2014年版，第89页。

有了明确的规定，如《美国破产法》第 365 条将"未到期租约"视为"待履行合同"项下的概念，破产管理人可以解除租赁合同，但承租人也可选择保留其根据租约享有的权利，在继续支付租金的情况下占有并使用该不动产；[1]《德国破产法》第 108 条则规定，破产程序中，对于不动产的使用和收益合同继续存在的，其效力及于财团，如果一方当事人要求退出该合同，只能按照一般规则解约。[2]实际上，我国民法中也有对承租人的特别保护，见于《最高人民法院关于审理城镇房屋租赁合同纠纷案件具体应用法律若干问题的解释》第 20 条的规定："租赁房屋在租赁期间发生所有权变动，承租人请求房屋受让人继续履行原租赁合同的，人民法院应予支持……"一般认为这是租赁权"物权化"的体现，因此，有观点认为民法中的"买卖不破租赁"规则可以延伸适用于破产程序中，构成"破产不破租赁"，[3]据此观点，文首案例中管理人对原租赁合同的解除权应受到严格限制，原则上不应允许企业仅以其进入破产清算为由而解除合同。[4]

对破产程序中是否可以适用"买卖不破租赁"原则来保护承租人的利益，目前仍未达成统一意见，学界主要存在三种观点：第一种观点是管理人的解除权优先于承租人的"租赁权"。首先，按照破产财产保值增值原则的要求，管理人有理由选择对破产财产利益最大化的处理方式；其次，按照破产利益均衡原则的要求，允许承租人继续履行租赁合同，会使承租人权利高于其他债权人，造成不平等受偿；最后，破产法相对于合同法而言为特别法，应该优先于合同法适用，因此在实践中应该尊重管理人解除合同的效力。[5]但随后提出该观点的学者又认可了承租人的"租赁权"，此可谓第二种观点。他认为在破产程序中，应当尊重合同法等非破产法律给予不动产租赁合同的特殊保护，限制管理人对租赁合同的解除权，尽可能适用"买卖不破租赁"的规则和优先购买权规定。[6]对此，许德风教授也认可承租人"租赁权"应该优先于管理人的解除权。此时只要企业未被注销，企业责任和权利应该由非破产法进行界定，不能因为企业破产就打破合同法上承租人的"租赁权"。[7]而庄加园教授也认为，管理人解除权的正当性需要结合破产法以外的实体法进行探

〔1〕　[美] 查尔斯·J. 泰步：《美国破产法新论》，韩长印等译，中国政法大学出版社 2017 年版，第 105～106 页。

〔2〕　参见 [德] 莱因哈德·波克：《德国破产法导论》，王艳柯译，北京大学出版社 2014 年版，第 92～93 页。

〔3〕　参见王欣新：《破产法前沿问题思辨》（上册），法律出版社 2017 年版，第 135～136 页。

〔4〕　该观点是依据学界的学说推论得出的，故其与前文所述"不得继续履行"的观点并不冲突。

〔5〕　参见王欣新、尹正友主编：《破产法论坛》，法律出版社 2009 年版，第 286 页。

〔6〕　参见王欣新、乔博娟："论破产程序中未到期不动产租赁合同的处理方式"，载《法学杂志》2015 年第 3 期。

〔7〕　参见许德风："破产法基本原则再认识"，载《法学》2009 年第 8 期。

讨，尽可能地贯彻"尊重破产法之外规则"的理念。[1]第三种观点认为，一般情况下租赁合同应该排除适用承租人的"租赁权"，但特殊情况下存在例外。这是因为，租赁权本质上是债权，而非物权，应该与其他债权一样平等受偿，这是一般性的原则。但是在承租人因为添附等行为而拥有物权性质的财产时，应该有所例外。[2]

本案中租赁合同的存在并不影响租赁物的所有权，因此租赁合同的解除与否并不会影响债务人财产实体上的增减，不解除租赁合同也不会影响租赁物的变现，这并不违背破产财产最大化的原则；此外，对该问题的分析，除了需要平衡债务人和债权人的利益以外，还要考量该租赁合同是否会影响其他利害关系人的权益，避免造成债权人之间利益的严重失衡。而所谓的"承租人的权利高于其他债权人"是由合同法中对于租赁合同的特别规定赋予的，本案中两审法院均以该租赁合同期限未至便直接认可了管理人在《企业破产法》第18条项下的选择解除权，没有对《合同法》中的有关规定进行驳论，显然判决书的说理是不够充分的。

将视角转向域外法，《美国破产法》第365条（a）规定了法院可对待履行合同是否继续履行进行审查批准。从美国司法实践上来看，主要有商业判断标准、沉重负担标准、利益平衡标准等。首先，商业判断标准（business judgement rule）。该标准以是否有利于破产财团利益最大化为依据，如果该合同解除后，能够使破产财团获得高于继续履行的利益，那么就应当允许管理人拒绝承继。[3]其次，沉重负担规则（burdensome test）。在该标准下，只要合同的履行不会造成破产财团绝对价值的减少，破产管理人就不得拒绝履行合同。[4]最后，利益平衡标准（balancing of interests）。即法院在判断一个拒绝履行合同的决定是否合适时，会综合考虑双方当事人的得失，法律不允许破产管理人以另一方当事人的损失为代价来谋求破产财团一般债权人的利益。[5]美国较为成熟的破产立法，在一定程度上对管理人的解除权作出了明确限制，其行使解除权，必须能够证明该解除权有利于破产财团的利益最大化。此外，《德国支付不能法》第110条第1款规定："债务人作为不动产标的物或作为房屋的使用出租人或收益出租人，在支付不能程序开始之前处分以后时间的使用租金债权或收益租金债权的，此项处分仅在涉及程序开始时正在进行的历月的使用租金或收益租金的限度内，始为有效。"[6]这说明，德国立法原则上对已经存续

---

〔1〕 参见庄加园、段磊："待履行合同解除权之反思"，载《清华法学》2019年第5期。

〔2〕 参见丁文联：《破产程序中的政策目标与利益平衡》，法律出版社2008年版，第98页。

〔3〕 参见［美］查尔斯·J.泰步：《美国破产法新论》，韩长印等译，中国政法大学出版社2017年版，第882～883页。

〔4〕 朱曦："比较法视野下破产法中待履行合同制度研究"，复旦大学2011年硕士学位论文。

〔5〕 朱曦："比较法视野下破产法中待履行合同制度研究"，复旦大学2011年硕士学位论文。

〔6〕 《德国支付不能法》，杜景林、卢谌译，法律出版社2002年版，第60页。

的租赁关系予以充分尊重，限制了管理人的解除权，以保护承租人的利益。

本文认为，上述判断标准是中肯的，对我国具有借鉴意义。为便于操作，我国在进行审查时，可遵循如下标准：其一，最大限度地实现破产程序的公正与效率目标；其二，着力追求破产财产的价值维持甚至增值。[1]可见，管理人解除权是否应予限制的核心要求在于，该合同解除后是否将造成破产财产的减少。在债权人（承租人）已经完全支付对价的合同中，管理人能否行使解除权，一方面需要贯彻公平分配和破产财产利益最大化原则，另一方面又要考虑对承租人的特别保护。

（三）小结

据此，本文的一个基本观点是，在出租人破产时，管理人对不动产租赁合同的解除权应受到限制。这是因为，管理人解除该合同的，其必须能够证明解除的利益大于继续履行的利益，否则就有违前述解除权的判断标准，也不利于破产财产利益最大化原则。有反对意见可能认为，管理人继续履行合同将会造成对单个债权人的个别清偿。其实不然，破产法中的个别清偿是金钱上的清偿，也只有金钱债权才可构成个别清偿。[2]租赁合同的继续履行，对出租人而言，只是一种行为义务。如果一概支持解除此类合同，就会使表面的形式公平，掩盖实质公平，造成债权人之间的利益不平衡。

四、管理人行使选择权的后果

（一）若继续履行，也应适当变更原租赁关系

若采取"破产不破租赁"的观点，管理人必须继续履行该租赁合同，那么就有必要讨论继续履行的合同内容以及对破产财产拍卖程序的影响。

虽然破产企业应当继续履行原租赁合同，但在破产清算程序中，为达清算之目的，破产企业之不动产将被依法拍卖，此时应对该租赁情况予以说明。对此，《北京市高级人民法院审理民商事案件若干问题的解答之五（试行）》规定，破产企业系出租人，"破产企业出租的房屋土地有租赁期限但未到期的，应区别情况处理：如果承租人的各项财产情况表明可以继续使用，且该位置适于承租人发展的，则可以考虑继续履行租赁合同。继续履行的，拍卖时应向竞拍人做出说明，适用买卖不破租赁的规则"。这似乎从最大程度上维持了原合同关系。但是，在《德国破产法》中，拍卖的结果可能导致原租赁合同被"预告解除"。《德国破产法》规定，破产

---

〔1〕　参见韩长印："破产宣告对未履行合同的效力初探"，载《法商研究》1997 年第 3 期。

〔2〕　如在申报债权中，债权人的任何债权必须可转化为金钱债权方可进行申报。由此不难推定，破产程序是一种金钱债务的概括清偿程序。

管理人出让由债务人出租的不动产标的或房屋并且取得人取代债务人进入原使用租赁或收益租赁关系的，取得人可以依照法定期限预告解除该使用租赁关系。[1]如果遵从德国法的精神，应认为财产拍卖后，原租赁关系中最重要的要件——合同相对人发生了转变，原租赁关系的继续履行显然将面临更多不确定因素。

假设在重整程序中，在未将该不动产易主的情况下，原租赁合同的内容也将在一定程度上发生改变。一般认为，出租人进入破产程序后，至少应适当免除或减轻其在原合同项下的附随义务，主要指其维护、修缮该不动产的义务。《美国破产法》就明确规定，如果承租人选择继续占有、使用不动产，则出租人不能强迫承租人搬离，但是可以免除其合同项下诸如修理、维护等义务。[2]

总体来看，出租人一旦进入破产程序，即使否认管理人对租赁合同的选择解除权，当事人也几乎不可能继续享有原合同项下的全部权利义务，其占有、使用和收益权必将受到一定限制。对此，未来可通过立法或司法解释的方式，在明确承租人主张继续履行租赁合同的同时，不再要求破产出租人承担相应的修缮等义务。

（二）解除合同时预付的剩余租金应认定为共益债务

破产程序开始之前对方当事人已经预付的租金性质，我国破产法没有明确规定，但理论界存在两种说法：一种是将其认定为破产债权，另一种是将其认定为共益债务。

支持破产债权的观点认为预付租金不得优先获偿。从比较法的视野来看，英国和美国的破产法中都没有对不当得利作特别规定，只有在德国、日本以及我国的破产立法中，才规定了破产法上不当得利之债作为优先债权予以清偿，其他大陆法系国家，诸如瑞典、法国、意大利也没有在破产法中规定不当得利的内容。[3]学界对于不当得利能否作为破产程序中的共益债务尚有争论，如果不当得利作为共益债务的基础丧失，那么预付租金能否作为共益债务则需要重新考量。且不动产租赁合同在实务中多以分期支付的方式进行，一次性支付或愿意一次给付多期租金的实属少见。在风险自担原则下，不动产租赁本身即有风险存在。如果认为不动产租赁合同解除后，预付租金为共益债务应优先受偿，似有个别清偿之嫌，此时承租人将无需承担风险。这对其他债权人而言，承租人预缴的租金均获优先受偿，显然与破产立法的公平受偿原则不符。故对于预付租金于合同解除后，应认定为普通债权，依法进行申报。

而支持共益债务的观点认为，《合同法》第97条规定："合同解除后，尚未履

---

〔1〕 参见《德国破产法》第111条。

〔2〕 参见《美国破产法》第365条（h）之规定。

〔3〕 参见娄爱华："《破产法》第42条涉不当得利条款解释论"，载《社会科学》2013年第4期。

行的，终止履行；已经履行的，根据履行情况和合同性质，当事人可以要求恢复原状、采取其他补救措施，并有权要求赔偿损失。"[1]因此在破产程序中，未到期的不动产租赁合同解除后管理人会产生财产返还义务和损害赔偿责任。至于承租人已经预付的租金之性质而言，最高人民法院在（2016）最高法民他 93 号《关于破产企业签订的未履行完毕的租赁合同纠纷法律适用问题的请示》答复函意见中明确将其确定为共益债务："租赁合同如判解除，出租人占用承租人的预付租金则构成不当得利，应依法返还给承租人。根据《中华人民共和国企业破产法》第 42 条第 3 项的规定，该不当得利返还债务应作为共益债务，由其财产随时清偿。"不当得利是指没有法律依据和合同依据取得利益，使他人受损失的事实。出租人占有的预付租金因租赁合同的解除而不具有法律正当性。法律容纳破产程序启动后产生的债务，而且提高相应债权受偿顺位为"随时清偿"，是因为管理人以破产财产利益最大化为债务负担的目的。当债务的产生并非为债权人的共同利益，而仅仅为个别债权人的利益时，不能被列为共益债务，这与《企业破产法》第 18 条管理人的合同挑拣履行权的立法目的相一致。只有当管理人解除租赁合同可使债务人财产增加时，其行使的解除权才具有正当性，出租人对剩余预付租金的利益作为不当得利返还给承租人，该返还优先于普通债权作为共益债务清偿也才符合破产财产最大化的原则。

本案中，若郑某某与锦宏公司之间的合同关系归于消灭，对于郑某某预付的房屋租金，锦宏公司丧失了原来占有的合法依据并因此获益，属于因债务人不当得利所产生的债务，参照最高人民法院（2016）最高法民他 93 号《关于破产企业签订的未履行完毕的租赁合同纠纷法律适用问题的请示》答复函意见，将该预付租金认定为共益债务，由破产企业财产中随时返还，似乎更为妥当。

将预付租金认定为共益债务后，应合理界定可优先受偿的共益债务范围。为解决该问题，应首先明确，管理人解除合同的，破产程序开始前已履行的部分是否属于共益债务。我国破产法对该问题未做明确回应，域外立法对该问题存在两种立法模式：第一种是德国的"可分"模式，《德国破产法》认为，只要履行是可分的，合同原则上将"一分为二"，对于已经履行的那部分给付相对应的债权，合同相对人只能申报为破产债权，而对于未履行的部分，破产管理人应当从破产财产中先行履行；[2]第二种是美国的"不可分"模式，其破产法明确规定，所有根据合同和租

---

[1]　另见《民法典》第 566 条第 1 款。

[2]　参见丁晓春："未履行或未完全履行的双务合同在破产程序中的命运——德国支付不能法第 103 条"，载《天津市政法管理干部学院学报》2008 年第 1 期。

约于破产申请前后产生的债权都享有作为管理费用的优先权。[1]不过，该争议在分次交付的买卖合同中可能比较突出，但是在租赁合同中应不成问题：对于此类继续性合同，合同解除的效力本就不具有溯及力，对已履行的部分，不存在返还对价的基础，也就不存在优先受偿的问题。承租人就其预缴租金享有优先受偿地位的同时，还应受到同时履行抗辩权的保护。对于已解除的合同，双方当事人返还原物的义务之间亦成立同时履行抗辩权，"实践中通常认为解除后的相互返还，双方应当同时履行，一方在履行自己的义务以前要求对他方履行，该他方当事人享有同时履行抗辩权"。[2]在本案中，承租人可以管理人未足额返还其预缴租金为由，拒绝腾出其占有的破产企业不动产。

五、结语

在租赁合同中，管理人是否行使解除权，需遵循一定的商业判断准则，即其行使解除权是否能够有利于破产财产价值最大化。具体来说，管理人不行使解除权，则已经预付的租金构成破产财产，可供债权人分配；与此同时，承租人继续占有房屋。此时，就承租人对房屋的占有并不会阻碍管理人对该房屋的处分，只是要服从"买卖（破产）不破租赁"的基本原则，在贯彻将破产财产最大化的同时，平衡多方利益；管理人行使解除权的，承租人已支付的租金构成共益债务，应当从破产财产中随时支付，此时会在量上直接减少破产人的现金财产。基于此，本文认为，在出租人破产时，管理人行使解除权的前提是"破产财产利益最大化"，此时借鉴《美国破产法》的规定，该要件应由管理人来进行证明。若合同继续履行的价值大于合同解除时，管理人不得主张解除，而对该不动产的处分，亦应当遵循"买卖（破产）不破租赁"的基本原则，以充分保护承租人利益。

附件：判决书全文

湖南省高级人民法院

民事判决书

（2019）湘民终 278 号

上诉人（原审原告、反诉被告）：湖南锦宏新合纤有限公司，住所地长沙市岳

---

[1] 参见许德风："论破产中尚未履行完毕的合同"，载《法学家》2009 年第 6 期。

[2] 我国台湾地区"民法典"已将解除合同后的同时履行抗辩权成文化。

麓区综合楼 1 楼。

　　法定代表人：周跃宏，董事长。

　　破产管理人：北京市中闻律师事务所。

　　委托诉讼代理人：柳玉兵，北京市中闻律师事务所律师。

　　委托诉讼代理人：董浩洋，北京市中闻律师事务所实习律师。

　　上诉人（原审被告、反诉原告）：郑能志，男，汉族，1973 年 2 月 25 日出生，住长沙市岳麓区，户籍所在地湖南省邵东县。

　　委托诉讼代理人：潘定，湖南清源律师事务所律师。

　　湖南锦宏新合纤有限公司（以下简称锦宏公司）因与郑能志房屋租赁合同纠纷一案，锦宏公司、郑能志不服长沙市中级人民法院（2017）湘 01 民初 3382 号民事判决，向本院提起上诉。本院于 2019 年 4 月 18 日立案后，依法组成合议庭公开进行了审理。本案现已审理终结。

　　锦宏公司一审诉讼请求：1. 判令郑能志将长沙市岳麓区土地、厂房、综合楼宿舍腾空并交付锦宏公司；2. 判令郑能志支付自 2012 年 10 月 6 日至实际腾退之日占用锦宏公司综合宿舍楼的房屋使用费（暂定按照每年 10 万元标准支付）；3. 判令郑能志自 2016 年 12 月 25 日至实际腾退之日占用锦宏公司厂房的房屋使用费（暂定按照每月 5.5 万元标准支付）；4. 诉讼费用由郑能志承担。

　　郑能志反诉请求：1. 确认房屋租赁合同解除后，郑能志预付的租金 594 万元（暂从 2018 年 10 月 6 日计算至租赁合同届满之日）列为共益债务，在锦宏公司破产财产中享有优先受偿权；2. 锦宏公司承担诉讼费用。

　　一审法院审理查明：2012 年 10 月 6 日，锦宏公司与郑能志签订《厂房设备租赁合同书》，合同约定锦宏公司将位于长沙市岳麓区厂房或仓库（房屋所有权证号为长房权证岳麓字第××号）共计 8434.32 平方米租赁给郑能志使用；租赁期限为 15 年，即从 2012 年 10 月 6 日起至 2027 年 10 月 5 日止；租金为一次性支付，租期内租金总计为 990 万元，并对其他事项进行了约定。合同签订后，郑能志按照锦宏公司法定代表人周跃宏出具的付款申请函，分别于 2012 年 10 月 8 日、9 日通过银行转账 300 万元，2013 年 5 月 28 日通过姚光辉银行转账支付 200 万元，2013 年 7 月 12 日转账 279 万元，2013 年 8 月 16 日转款 186 万元，以上款项均汇至锦宏公司法定代表人周跃宏指定收款人王永红账户，累计支付租金为 965 万元。郑能志与湖南圆通速递有限公司合作，将租赁的厂房用作物流用房。期间，因锦宏公司有设备设施需要保管存放，郑能志将部分厂房返给锦宏公司使用，锦宏公司支付给郑能志 86 万元占有使用费。同时，锦宏公司设备设施被拆卸处置后，原租赁的厂房部分面积因架空无法使用，郑能志遂占用锦宏公司面积约 1304.8 平方米的综合宿舍楼（房屋所有权证号为长房权证岳麓字第××号），用于置换厂房架空面积，锦宏公司一直未提异议。

2016 年 10 月 24 日，长沙市中级人民法院作出（2016）湘 01 破申 16 号民事裁定书，受理锦宏公司的破产清算申请，并于 2016 年 12 月 13 日指定北京市中闻律师事务所担任锦宏公司的管理人。2016 年 12 月 21 日，锦宏公司破产管理人依照《破产法》的相关规定，向郑能志邮寄《告知函》，要求郑能志在接到《告知函》后五日内腾空移交所占用的锦宏公司厂房、综合宿舍楼及与租赁相关的文件资料。2016 年 12 月 26 日，锦宏公司破产管理人再次通过手机彩信的方式将《告知函》内容发送给郑能志，并与郑能志电话确认。郑能志收到上述告知函后，因对租赁合同是否符合解除条件及剩余租金能否认定为共益债务与破产管理人存在争议，至今未腾空移交租赁物，锦宏公司破产管理人遂诉至法院，郑能志亦提出反诉。

一审法院对双方的争议焦点判断认为：一、合同关系的性质和《厂房设备租赁合同书》能否解除的问题。锦宏公司主张双方当事人首先存在民间借贷关系，后转为房屋租赁合同关系。一审法院审查认为，锦宏公司针对其提出的民间借贷观点，未提供借款合同或借条、借据等基础凭证予以证明，且郑能志与锦宏公司签订了租赁合同并实际交付了租赁房屋，郑能志也实际占有使用租赁房屋多年，锦宏公司与郑能志之间系合法租赁关系，锦宏公司认为本案系民间借贷关系的主张没有事实依据。锦宏公司主张《厂房设备租赁合同书》的签订时间不是 2012 年 10 月 6 日，锦宏公司曾向一审法院申请对该合同书上加盖的锦宏公司印章及法定代表人周跃宏签名的形成时间进行鉴定，后因其自身原因又主动申请撤回该鉴定申请，锦宏公司对合同签订时间的质疑缺乏事实依据。根据《中华人民共和国企业破产法》第十八条规定："人民法院受理破产申请后，管理人对破产申请受理前成立而债务人和对方当事人均未履行完毕的合同有权决定解除或者继续履行，并通知对方当事人。管理人自破产申请受理之日起二个月内未通知对方当事人，或者自收到对方当事人催告之日起三十日内未答复的，视为解除合同。"该条赋予了破产管理人单方解除合同的特别权利，即无论承租方是否违约，是否有过错，是否具备可以解除的条件，管理人均可以决定解除合同，这也是破产法作为特别法的特殊性。锦宏公司破产管理人于 2016 年 12 月 26 日将包含有解除房屋租赁合同，要求腾退房屋内容的《告知函》送达给郑能志，故涉案《厂房设备租赁合同书》已于 2016 年 12 月 26 日被依法解除。租赁合同解除后，郑能志作为承租人负有返还租赁物的合同义务，故对锦宏公司要求郑能志腾退所占用土地、厂房、综合宿舍楼的诉讼请求，予以支持。郑能志主张"破产不破租赁，管理人无权解除合同"的主张缺乏法律依据，应不予支持。

二、郑能志预付的剩余房屋租金可否作为共益债务优先受偿。一审法院认为，《合同法》第九十七条规定："合同解除后，尚未履行的，终止履行；已经履行的，根据履行情况和合同性质，当事人可以要求恢复原状、采取其他补救措施，并有权要求赔偿损失。"也就是说，合同解除后的法律后果包括财产的返还和损失的赔偿。案涉租赁合同解除后，基于双方的财产返还义务，郑能志应将租赁物返还出租方锦宏公司，锦宏公司也应将预付租金退还给承租人郑能志。因锦宏公司破产管理人单方解除《厂房设备租赁合同书》后，郑能志与锦宏公司之间的合同关系已经归于消灭，对于郑能志预付的房屋租金，锦宏公司丧失了原来占有的合法依据并因此获益，郑能志作为给付方遭受相应损失。依据《中华人民共和国民法总则》第一百二十二条"因他人没有法律根据，取得不当利益，受损失的人有权请求其返还不当利益"之规定，锦宏公司在合同解除后继续占有郑能志的预付租金符合民法总则关于不当得利的相关法律特征，属于不当得利。锦宏公司破产管理人为便于拍卖租赁物，推进破产程序的顺利进行，解除与郑能志之间签订的租赁合同。虽然根据《企业破产法》第五十三条规定"管理人或债务人依照本法规定解除合同的，对方当事人以因合同解除所产生的损害赔偿请求权申报债权"，但是该法条针对的是普通债权。预付租金的返还不同于解除合同产生的损害赔偿义务，不在该条的规定范围之内。案涉不当得利发生在人民法院受理破产申请后，根据《企业破产法》第四十二条的规定："人民法院受理破产申请后发生的下列债务，为共益债务：（一）因管理人或者债务人请求对方当事人履行双方均未履行完毕的合同所产生的债务；（二）债务人财产受无因管理所产生的债务；（三）因债务人不当得利所产生的债务；（四）为债务人继续营业而应支付的劳动报酬和社会保险费用以及由此产生的其他债务；（五）管理人或者相关人员执行职务致人损害所产生的债务；（六）债务人财产致人损害所产生的债务。"锦宏公司在合同解除后继续占有郑能志预付的租金属于不当得利，符合《企业破产法》第四十二条第三项的规定，依法可以认定为共益债务。根据《企业破产法》第四十三条"破产费用和共益债务由债务人财产随时清偿。债务人财产不足以清偿所有破产费用和共益债务的，先行清偿破产费用"的规定，案涉租赁合同解除后，锦宏公司对郑能志的预付租金的返还义务应作为共益债务，由该公司的财产随时清偿。故郑能志反诉提出将预付的剩余租金认定为共益债务优先受偿的诉讼请求，符合法律规定，法院予以支持。至于预付的剩余租金数额认定问题，《厂房设备租赁合同书》中约定租期为十五年，租金总额990万元，郑能志实际支付租金总额965万元，平均每个月租金为5.36万元。截至2018年10月5日，涉案房屋租期剩余108个月，预付剩余租金为579万元。因郑能志至今仍占有使用涉案房屋，自2018年10月6日后至郑能志实际腾退返还房屋期间按照每月租金5.36万元抵扣。

　　三、郑能志占有使用的综合宿舍楼是否应额外支付占有使用费。锦宏公司主张，综合宿舍楼不在租赁合同约定的范围内，郑能志应额外支付占有使用费，并从预付租金中抵扣。郑能志主张因锦宏公司有设备设施需要保管，在其租赁的 8434 平方米厂房面积中占用 2000 余平方米，锦宏公司负责人同意将综合宿舍楼置换给郑能志使用，不用另行支付占用费。一审法院认为，郑能志与锦宏公司签订《厂房设备租赁合同书》，约定郑能志租用锦宏公司 8434 平方米厂房，因签订租赁合同时，锦宏公司并未实际停产，厂房内仍存放有生产设备设施，占用相当一部分租赁厂房面积。作为占用面积的置换，郑能志占用合同约定外的锦宏公司面积约 1304 平方米的综合宿舍楼。锦宏公司的设备设施被处置后，因拆除设备设施造成厂房楼板架空无法使用，锦宏公司未就架空部分维修达到可供承租人使用的状态，对郑能志多年来占用综合宿舍楼亦未提出异议，故可以推定郑能志与锦宏公司就厂房架空部分与综合宿舍楼进行租赁面积置换，双方已达成口头约定或默契，郑能志占用综合宿舍楼无需另行支付占有使用费，对锦宏公司的该项诉讼请求，不予支持。

综上，依照《中华人民共和国民法总则》第一百二十二条，《中华人民共和国合同法》第九十四条、第九十七条，《中华人民共和国企业破产法》第十八条、第四十二条、第四十三条之规定，判决：一、郑能志自判决生效之日起十日内将租赁的厂房、综合宿舍楼（房屋所有权证号为长房权证岳麓字第××号、长房权证岳麓字第××号）腾空并交付给锦宏公司；二、确认郑能志与锦宏公司的《厂房设备租赁合同书》解除后，锦宏公司应当返还郑能志的预付租金为共益债务（截至 2018 年 10 月 5 日为 579 万元，之后郑能志未实际腾退租赁房屋期间按照每月租金 5.36 万元抵扣）；三、驳回锦宏公司的其他诉讼请求；四、驳回郑能志的其他诉讼请求。一审案件受理费 14 250 元，由锦宏公司负担 5250 元，郑能志负担 9000 元；反诉费 26 690 元，由锦宏公司负担 13 345 元，郑能志负担 13 345 元。

郑能志上诉请求：请求撤销一审判决第一项，驳回锦宏公司的诉讼请求，不解除双方的租赁合同，不腾退涉案房屋；锦宏公司承担本案的诉讼费。事实与理由：本案不属于《破产企业法》第 18 条规定的"债务人和对方当事人均未履行完毕"的情形，因为郑能志作为租赁合同的承租人已于 2013 年 8 月之前就已履行了全部合同义务。另外依据《合同法》第 229 条"买卖不破租赁"原则，即使破产通过拍卖将租赁物的所有权转给第三人，也不应当解除租赁合同。本案中的租赁财产可以继续使用，也有利于承租人的发展，所以可以继续履行合同，不解除租赁。再次若解除租赁合同必然影响圆通快递公司的经营活动以及几百人的正常就业，也会给郑能志造成较大损失，给社会和谐稳定带来不良影响。

锦宏公司辩称，解除案涉租赁合同，是破产法第 18 条赋予管理人的法定权利，是管理人综合考虑破产财产处置的权利，更有利于实现破产财产价值的最大化，维护广大债权人利益。案涉土地房屋流拍主要原因即为郑能志租约未解除所致。因此，管理人解除租赁合同，并要求郑能志腾退有事实和法律依据，有利于破产财产的变现，有利于尽快实现债权人的债权。郑能志所提的"破产不破租赁"无任何事实和法律依据。且一审中，郑能志也提出了反诉，也同意解除租赁合同，只不过要求在租赁合同解除后将剩余租金损失认为共益债务。故锦宏公司认为案涉租赁合同应予解除，郑能志应腾退厂房及综合宿舍楼。合同解除后，郑能志的相关损失根据《企业破产法》第五十三条的规定"管理人或者债务人依照本法规定解除合同的，对方当事人以因合同解除所产生的损害赔偿请求权申报债权"，通过申报债权的途径进行救济。综上，请驳回郑能志的上诉请求。

　　锦宏公司上诉请求：1. 撤销原审判决，改判支持锦宏公司的诉讼请求，驳回郑能志的反诉请求。2. 本案诉讼费由郑能志承担。事实与理由：一、《厂房设备租赁合同书》应当依法解除，郑能志应当将涉案土地、厂房和宿舍楼腾空并交付锦宏公司。2016 年 10 月 24 日，湖南省长沙市中级人民法院裁定受理锦宏公司的破产清算申请，并于 2016 年 12 月 13 日指定北京市中闻律师事务所担任锦宏公司的管理人。根据《企业破产法》第十八条规定：人民法院受理破产申请后，管理人对破产申请受理前成立而债务人和对方当事人均未履行完毕的合同有权决定解除或者继续履行，并通知对方当事人。管理人自破产申请受理之日起二个月内未通知对方当事人，或者自收到对方当事人催告之日起三十日内未答复的，视为解除合同。为了顺利推进破产程序，实现锦宏公司破产财产价值的最大化，维护广大债权人的合法权益，在接管锦宏公司后，管理人多次通知郑能志要求其腾退移交锦宏公司的厂房及综合宿舍楼。依据上述法律规定及事实，案涉厂房租赁合同已被管理人依法解除，郑能志应腾空并交付涉案的土地、厂房和宿舍楼。二、郑能志剩余的租金损失不应被认定为共益债务，其合同解除后的租金损失应当通过向管理人申报债权的途径进行救济。根据管理人的调查，锦宏公司在 2015 年底才停止经营，不可能在 2012 年 10 月 6 日就与郑能志签订《厂房设备租赁合同书》，且郑能志一次性支付了锦宏公司 15 年的厂房租金共计 990 万元（实际支付 965 万元），不符合商业惯例；并且，郑能志所谓的租金并未支付给锦宏公司，而是支付给了案外第三人；另外，郑能志在其提交给长沙中院的《关于湖南锦宏公司破产程序中我方的几点意见》中，也承认其与锦宏公司之间先是存在民间借贷，后转为厂房租赁合同关系。原审法院依据《企业破产法》第四十二条第（三）项，将郑能志预付的剩余租金认定为共益债务错误。且原审法院对《企业破产法》第五十三条做了有利于郑能志一方的扩大解释，有违《企业破产法》规定共益债务的初衷，即在破产程序中为了全体债权人的利益而由债务人财产负担的债务。且如此认定对其他债权人，尤其是普通债权人不公平，有违破产法的债权平等原则和公平清偿原则。三、郑能志应当支付其厂房租赁合同外占用锦宏公司综合宿舍楼的费用。原审法院仅仅根据郑能志的单方陈述，就认定郑能志占用锦宏公司综合宿舍楼是对厂房部分面积无法使用的置换。并且，郑能志自身提供的证据六《告知函》，显示锦宏公司已支付郑能志保管设备设施的厂房占用费 86 万元，函中也未提到将综合宿舍楼无偿给郑能志使用做置换的问题，原审法院对此部分的事实认定自相矛盾。另外，参照涉案厂房租金标准，该综合宿舍楼一年租金约 10 万元，涉及利益重大，如真涉及置换，双方至少应该有一个书面约定。依据双方租赁合同第一条 1.1 款，郑能志承租的仅是锦宏公司的企业厂房，不包括职工综合宿舍楼（1304.8 平方米）。但是，锦宏公司还实际占用了该综合宿舍楼，其理应支付该部分的占有使用费，支付标准参照厂房租金。

郑能志辩称，1. 房屋租赁合同不应解除，因为郑能志已将 15 年的租金 965 万元支付完毕，不属于 18 条规定的双方均未履行完毕的合同。2. 剩余租金可以认定为共益债务，根据合同法第 97 条，案涉租赁合同要解除的话，郑能志应当将租赁物返还给锦宏公司，锦宏公司应将租金退还给郑能志，符合不当得利的构成要件，参照破产企业法第 42 条的规定。3. 锦宏公司主张郑能志占有使用综合楼应支付费用的诉讼请求不能成立，因为锦宏公司租赁合同之后还有相关设备需要保管与郑能志达成合意返租，但是支付了 86 万元的租赁费用，后来因为设备拆卸导致部分租赁面积无法使用，经过双方商议，郑能志继续使用综合楼并且多年以来锦宏公司未提出异议，也未要求另行支付占有费。

本院二审期间，双方当事人没有提交新证据。对一审查明的事实，本院予以确认。

本院认为，本案的争议焦点为：1. 租赁合同是否应当解除（王欣新，不能随意解除）；2. 如租赁合同解除，郑能志预付的剩余租金能否作为共益债务（应当作为共益债务，损失作为破产债权）；3. 郑能志占有使用综合宿舍楼应否额外支付占有使用费。

一、租赁合同应当且已经解除。《企业破产法》第十八条规定："人民法院受理破产申请后，管理人对破产申请受理前成立而债务人和对方当事人均未履行完毕的合同有权决定解除或者继续履行，并通知对方当事人，管理人自破产申请受理之日起二个月内未通知对方当事人，或者自收到对方当事人催告之日起三十日内未答复的，视为解除合同。管理人决定继续履行合同的，对方当事人应当履行，但是，对方当事人有权要求管理人提供担保。管理人不提供担保的，视为解除合同。"该条赋予了破产管理人单方解除合同的特别权利，只要该合同同时满足"破产申请前成立"和"债务人和对方当事人均未履行完毕"两个条件，管理人即可以单方解除合同，这也是破产法作为特别法的特殊性。租赁合同属于持续性合同，只要租赁期限未届满，则双方合同义务就未履行完毕。交纳租金只是承租人的主要义务而非全部义务，郑能志虽然已经缴纳了租金但仍处于履行租赁合同过程中，同样出租人将租赁物交给了承租人，其义务也未履行完毕，故锦宏公司管理人单方解除案涉租赁合同有法律依据。一审法院认定涉案《厂房设备租赁合同书》已于 2016 年 12 月 26 日锦宏公司破产管理人通知郑能志后已被解除并无不当。至于锦宏公司主张郑能志与锦宏公司之间系民间借贷关系而非租赁合同关系，没有提供相应证据证明，不予采纳。即使郑能志原来与锦宏公司之间存在借贷关系，但在没有证据证明租赁合同系虚假伪造的情况下，说明双方已将借贷关系转化为租赁合同关系。这属于双方的意思自治，不违反法律规定。

二、郑能志预付的剩余租金应作为共益债务。本院认为，在租赁合同关系中，合同解除后承租人负有返还租赁物的义务；出租人多收的剩余租金则构成不当得利，应予以返还。本案中，承租人不当得利的返还请求权有别于《企业破产法》第五十三条规定的损害赔偿请求权，不应当作普通债权对待。参照最高人民法院（2016）最高法民他 93 号答复函意见："租赁合同如判解除，则预付租金构成不当得利应依法返还，根据《中华人民共和国企业破产法》第四十二条第三项的规定，该不当得利返还债务应作为共益债务，由破产企业财产中随时返还。"故本案租赁合同解除后，郑能志应将承租的案涉厂房返还给锦宏公司，锦宏公司也应将剩余租金返还给郑能志。

三、郑能志占有使用综合宿舍楼应支付占有使用费。根据租赁合同第一条 1.1 款约定，郑能志承租的仅为锦宏公司 8434.32 平方米的企业厂房，并未包括职工综合宿舍楼（1304.8 平方米）。但是，锦宏公司还实际占用了该职工综合宿舍楼。就此，郑能志主张因锦宏公司有设备设施需要保管，在其租赁的 8434 平方米厂房面积中占用 2000 余平方米，锦宏公司负责人同意将综合宿舍楼置换给郑能志使用，不用另行支付占用费。但一审提交的证据《告知函》显示锦宏公司已支付郑能志保管设备设施的厂房占用费 86 万元，故不存在无偿置换，郑能志使用宿舍楼也应支付相应费用。而且租赁合同第三条 3.1 款约定，锦宏公司将租赁物按现状交付郑能志使用。厂房悬空部分面积无法使用租赁签订时就存在，双方对此均是明知的，不存在事后以宿舍楼补偿的问题。郑能志称 86 万元仅为一年的厂房占用费也明显不符合常理（8434 平方米的厂房租金为 66 万元一年，占用部分郑能志称约为 2000 平方米，一年的租金怎么可能高达 86 万元），故原审法院推定郑能志与锦宏公司就厂房架空部分与综合宿舍楼进行租赁面积置换，无需另行支付占有使用费错误，应予纠正。本院认为，依据双方租赁合同，郑能志应按租赁合同约定的厂房租金标准支付占有综合宿舍楼使用费。锦宏公司没有证据证明郑能志从何时开始占有使用宿舍楼，但郑能志在一审中辩称是厂房设备拆除后导致厂房悬空部分不能使用而用宿舍楼置换的，说明郑能志自认其从厂房设备拆除后占用的宿舍，一审案卷中郑能志提供设备拆除合同和厂房维修合同上签订时间是 2015 年底。而 2016 年 12 月底锦宏公司破产管理人发出解除合同《告知函》前，宿舍楼处于被占用状态。故，本院酌情认定郑能志2016年1月1日起占用宿舍楼，自此时起应支付占用费，按96375元/年（935万元÷15年÷8434平方米×1304平方米＝96375元/年）计算至实际腾退之日。

综上所述，锦宏公司上诉理由部分成立，本院予以支持。郑能志的上诉请求不能成立，应予驳回。依照《中华人民共和国民事诉讼法》第一百七十条第一款第二项，判决如下：

一、维持湖南省长沙市中级人民法院（2017）湘01民初3382号民事判决第一项、第二项；

二、撤销湖南省长沙市中级人民法院（2017）湘01民初3382号民事判决第三项；

三、限郑能志在本判决生效之日起30日内给付湖南锦宏新合纤有限公司职工综合宿舍楼占用费（按96375元/年，从2016年1月1日起算至实际腾退之日止）；

四、驳回湖南锦宏新合纤有限公司的其他诉讼请求；

五、驳回郑能志的其他反诉请求。

如果未按本判决指定的期间履行给付金钱义务，应当依照《中华人民共和国民事诉讼法》第二百五十三条之规定，加倍支付迟延履行期间的债务利息。

一审案件受理费14250元，由湖南锦宏新合纤有限公司负担2250元，郑能志负担12000元；反诉费26690元，由湖南锦宏新合纤有限公司负担13345元，郑能志负担13345元。二审案件受理费80元，湖南锦宏新合纤有限公司负担17745元，郑能志负担17825元。

本判决为终审判决。

审判长　谭智崇

审判员　李金霞

审判员　陈梦群

二〇一九年六月二十四日

书记员　申书琴

专题十五　破产程序中融资租赁合同的解除权问题研究

一、案件事实概要与问题的提出

2012 年 12 月 11 日，中信富通融资租赁有限公司（以下简称"中信富通公司"）与江苏隆亨纸业有限公司（以下简称"隆亨公司"）、杭州众意纸业有限公司（以下简称"众意公司"）签订《融资租赁合同》，约定隆亨公司、众意公司基于筹措资金的目的，以回租方式向中信富通公司转让租赁物，中信富通公司将受让的租赁物再出租给隆亨公司、众意公司使用，约定租赁本金为 5800 万元，利率 10.1205%，前端费 407.16 万元，保证金 290 万元，名义货价 1.17 万元。

合同签订后，中信富通公司支付了租赁本金 5800 万元，隆亨公司、众意公司缴纳了前端费 407.16 万元及 810 万元保证金。双方完成了合同约定的结算、所有权转移、租赁物接收、动产权属登记及开具增值税发票等事项。隆亨公司、众意公司按《租金支付表》如约给付了截至 2014 年 3 月 14 日共 5 期的租金，但自 2014 年 6 月之后未按约继续支付租金。

中信富通公司于 2014 年 9 月 4 日提起诉讼，请求隆亨公司、众意公司向中信富通公司支付租金 3 969.006 326 万元、滞纳金 9.639 万元，合计 3 978.645 326 万元及名义货价人民币 1.17 万元。同年 9 月 15 日，另案中浙江省富阳市人民法院作出（2014）杭富破（预）字 5 - 2 号民事裁定书，裁定受理众意公司的重整申请。据此。众意公司管理人依据《企业破产法》第 18 条，向法院提出对本案融资租赁合同行使解除权的诉求。针对众意公司管理人的主张，一审法院认为，依照《企业破产法》第 18 条的规定，众意公司主张解除诉争《融资租赁合同》，法律依据充分，予以确认。第三人隆亨公司同意继续履行的，双方可另行约定。二审法院则经审理认为，《企业破产法》第 18 条规定的解除仅适用于破产申请受理后，管理人对破产申请受理前成立而债务人和对方当事人均未履行完毕的合同有权决定解除。在融资租赁合同中，出租人负有支付租赁物购买价款、将租赁物交付承租人使用的积极义务并承担保证承租人在租赁期间对租赁物占有、使用的消极义务。出租人就其中的积极义务履行完毕，即实现了签订融资租赁合同的实质性目的，应认定出租人就融资租赁合同已履行完毕。据此，涉案并不属于双方均未履行完毕的合同，二审法院认为众意公司管理人行使合同解除权的主张不能成立。

本案引申出的一个问题是，在租期尚未届满而承租人破产的情况下，融资租赁合同是否属于我国《企业破产法》第18条第1款规定的"合同双方均未履行完毕的合同"，进而可以由管理人选择是否行使解除权的问题。一种观点认为，《企业破产法》第18条第1款所调整的仅仅是积极义务，出租人的消极义务不属于其调整范围。另一种观点认为，出租人负有保证承租人占有使用租赁物的义务而承租人负有支付租金的义务，当然属于"合同双方均未履行完毕的合同"。[1]出现上述争议的根源在于如何理解"合同双方均未履行完毕的合同"这一概念，以及融资租赁合同是否适用《企业破产法》第18条第1款关于破产解除权的规定。因此，在学理上明确租期尚未届满而一方当事人破产时，融资租赁合同是否属于破产法意义上的"合同双方均未履行完毕的合同"就显得十分必要。本文将首先从融资租赁的法律性质与立法模式出发，研究融资租赁合同的基本法律属性，再从比较法视角对"合同双方均未履行完毕的合同"进行检视，以期对该争议问题给出合理的解决措施。

二、融资租赁合同的法律性质与立法模式

融资租赁是国际上仅次于银行信贷的第二大融资工具，[2]其以融资融物、收取租金为对价的运作方式，决定了融资租赁行业巨大的破产风险。[3]《企业破产法》第18条在融资租赁法律关系中的适用问题的第一步是厘清融资租赁合同的法律性质以及我国的立法模式。

（一）融资租赁合同的法律性质

关于融资租赁的法律性质，学界目前主要有以下三种观点：分期付款说、传统租赁说与动产担保说。[4]分期付款说试图在"一方几乎不承担任何风险"这一点上将融资租赁合同与分期付款买卖合同联系起来，尽管租赁款的支付方式与分期付款有较大的相似性，但其缺陷在于难以解释融资租赁合同租期届满时，租赁物所有权不一定随价款的付清而自动移转给付款人的特征。[5]传统租赁说认为，融资租赁合同的内容即是以租金换取使用权，其本质与传统租赁无异，[6]该说试图以"租赁"

〔1〕 参见南京市中级人民法院（2015）宁商再终字第5号民事判决书。
〔2〕 参见高圣平、钱晓晨编著：《中国融资租赁现状与发展战略》，中信出版社2012年版，第8页。
〔3〕 参见冉克平、曾佳："实质融资租赁当事人破产法律关系之构造——以一种利益平衡的方法"，载《山东法官培训学院学报》2020年第2期。
〔4〕 参见梁慧星："融资性租赁契约法性质论"，载《法学研究》1992年第4期。
〔5〕 参见朱家贤：《租赁合同·融资租赁合同》，中国法制出版社1999年版，第135~136页。
〔6〕 参见梁慧星：《民法学说判例与立法研究》，法律出版社2003年版，第203~204页。

来概括整个融资租赁法律关系，但其难以解释承租人与出租人间希望移转所有权的意思表示。动产担保说认为，融资租赁的本质在于以名义所有权担保租金债权的实现。[1]然而，所谓担保是以他物权来担保自身债权的实现，而融资租赁中租赁物的所有权始终归出租人所有，这种物权状态并不符合动产担保的形式。

可见，融资租赁法律关系的融资融物之功能，使当事人双方的权利义务关系呈现出不同于传统金融手段的法律特征。一方面，出租人需要确保承租人对租赁物的占有和使用，同时承租人需要为此支付相应的租金，另一方面，出租人却不必承担标的物的瑕疵担保责任，一切风险几乎都转嫁给了承租人。因此，基于融资租赁法律关系的特殊性质，将其纳入现有的学说规范体系将十分困难。对此，我国民事立法将融资租赁法律关系作为有名合同，进行单独调整。

（二）融资租赁合同的立法模式

学理上对融资租赁合同的立法模式，有形式说与实质说两种观点。[2]形式说认为，只要一项交易的外观满足法定的形式要求，即"一个标的物、两类合同和三方当事人"，则该项交易即为融资租赁。[3]相反，实质说则试图不以一套既定的规范模式限定融资租赁的内涵，而是关注风险、报酬、租金、租期等问题，试图对各要素进行综合性评价。[4]

我国立法对融资租赁合同的界定上，采用了形式说。较为明显的是，《合同法》第237条规定："融资租赁合同是出租人根据承租人对出卖人、租赁物的选择，向出卖人购买租赁物，提供给承租人使用，承租人支付租金的合同。"[5]虽然立法明确采纳了形式主义的模式，但在司法实践中，基于融资租赁合同的特殊性，法院对此种法律关系的认定仍然是围绕风险、报酬、租金、租期展开分析的。在"江苏金融租赁股份有限公司诉南通惠港造船有限公司等融资租赁合同纠纷案"中，南通中院认为承租人最终未取得租赁物的所有权，实际租赁物也与合同约定不符，该笔交易只融资不融物，不构成融资租赁关系，应适用借贷关系进行处理。[6]此外，在"仲津国际租赁有限公司与山东鸿利化纤科技有限公司等融资租赁合同纠纷上诉案"中，出租人与承租人通过售后返租的形式订立融资租赁合同，租赁物的原价远低于合同约定的租赁物价格，且出租人实际支付的租金总额明显低于租赁物的原价。据

---

〔1〕　参见徐显明、张炳生："融资租赁合同法律性质探究"，载《宁波大学学报》2007年第2期。

〔2〕　参见谢鸿飞：《合同法学的新发展》，中国社会科学出版社2014年版，第594页。

〔3〕　参见韩长印主编：《破产法学》，中国政法大学出版社2016年版，第144～145页。

〔4〕　参见金海："判定融资租赁法律性质的经济实质分析法——以承租人破产时租赁物归属为例"，载《华东政法大学学报》2013年第2期。

〔5〕　《民法典》第735条沿用了《合同法》中该条对融资租赁合同的定义。

〔6〕　参见南通市中级人民法院（2015）通中商申字第0005号民事裁定书。

此，德州中院认定该合同双方的法律关系应系借贷关系而非融资租赁法律关系。[1]可见，对于融资租赁法律关系，尽管我国立法采取了交易外观进行定义，但司法实践中，为保证司法公正，"实质说"对其影响亦十分明显。

三、比较法上对"合同双方均未履行完毕的合同"的认定

从比较法的视野来看，破产立法较为发达的国家均赋予破产管理人一定程度的挑拣履行选择权，但该权利仅适用于双方均未履行完毕的合同。这是因为，挑拣履行选择权旨在使债务人能够履行那些有利于增加破产财产的合同，同时摆脱那些对破产财产造成负担的合同。若合同一方已经履行该合同全部义务，无论破产管理人如何选择，都不会有助于扩大破产财产。[2]鉴于《美国破产法》《德国破产法》中均有"合同双方均未履行完毕的合同"或相似概念，本文在对其进行检视的基础上，对文首问题之解决提供些许帮助。

（一）《美国破产法》中的"待履行合同"

与我国"双方均未履行完毕的合同"不同，《美国破产法》使用了"executory contract"的概念，我国学者将其译为"待履行合同"。美国破产法起草委员会认为该词语含义明确，不必要的解释会造成误读，因此对于"待履行合同"的概念并未有过多探讨。[3]在美国的司法判决中，法院判断"待履行合同"多采用 Vern Countryman 教授提出的"重大违约"标准，即"若破产债务人和相对人的合同义务均未履行，以至于任何一方的不完全履行将构成重大违约，从而可免除对方的履约责任，则该合同为待履行合同"。[4]换言之，《美国破产法》中的"待履行合同"是指破产人与合同相对人不仅均未履行合同义务，而且双方未履行的义务是主要义务，可以达到"重大违约"的标准。

由于美国《统一商法典》与我国合同法理论对融资租赁合同的重视程度不同，其并未将融资租赁作为特殊的交易形态，而是根据具体的交易内容，分别使用租赁和担保的规定对融资租赁法律关系加以调整，是故美国法上对融资租赁的判断需要分类加以讨论。区分适用租赁还是担保的核心在于承租人的选择权。若承租人在租

---

〔1〕 参见德州市中级人民法院（2016）鲁 14 民终 2151 号民事判决书。

〔2〕 参见潘淇:《美国破产法》，法律出版社 1999 年版，第 180 页。

〔3〕 Report of the Commission on the Bankruptcy Laws of the United States, Part III, H. Doc. No. 93 – 137, 1st Sess, 1973, pp. 198 – 199. 转引自［美］大卫·G. 爱泼斯坦、史蒂夫·H. 尼克勒斯、詹姆斯·J. 怀特:《美国破产法》，韩长印等译，中国政法大学出版社 2003 年版，第 259 页。

〔4〕 Vern Countryman, Executory Contracts in Bankruptcy: Part I, (1973) 57 Minnesota Law Review 439, 460. 转引自曲宗洪:《债权与物权的契合：比较法视野中的所有权保留》，法律出版社 2010 年版，第 463 页。

期届满时不需要支付额外价款或仅支付名义价款即可取得租赁物所有权，那么美国法将其性质认定为担保；反之，若承租人取得所有权需支付额外的非名义的价款，则应将其认定为租赁。[1]

根据《美国破产法》第 365 条的规定，只有在符合待履行合同的认定标准或存在未到期租约的情况下，管理人有权选择继续或拒绝履行合同。因此，若法院将融资租赁合同归入担保的范畴，一方面由于《美国破产法》第 365 条规定的"未到期租约"仅限于"租赁"，融资租赁合同难以被认定为"未到期租约"；另一方面，由于融资租赁合同的核心是担保融租债权，出租人的主要义务被认定为购买及交付。[2]因此，只要出租人购买并交付了租赁物，就代表着合同项下的主要义务已经履行完毕，因此难以适用待履行合同的规定。但若融资租赁合同被认定为租赁法律关系，则出租人在法律关系存续期间负有保持承租人对租赁物占有使用的义务，承租人则负有按期支付租金的义务。出租人和承租人的两项义务，均被视为主要义务，任何一方违反该义务都构成实质违约，将适用《美国破产法》第 365 条的规定，由破产管理人选择对该合同继续履行或予以解除。

（二）德国法中的"未为履行或未为完全履行的双务合同"

德国法中对"双方均未履行完毕的合同"的调整策略体现在《德国破产法》第 103 条中。[3]该条明确限制了合同的类型，即"未为履行或未为完全履行的双务合同"。履行的客体则限制在给付义务而不包括附随义务。

德国破产立法对"待履行合同"的定义表述较为清晰直白，将其适用在融资租赁法律关系中，不难得出融资租赁法律关系在租期未届满时属于待履行合同的结论。不过，德国立法没有针对融资租赁法律关系作出单独的立法，仅能在《德国民法典》第 500 条与消费者保护有关的规定中看到融资租赁的影子。[4]关于对融资租赁性质的判定方法，主要来源于联邦法院的司法判决。德国联邦法院强调，保障租赁物使用权是融资租赁合同最核心的特征。因此，对融资租赁合同的处理当然适用《德国破产法》第 103 条的规定。

---

〔1〕　[美]威廉·H.劳伦斯、威廉·H.亨宁：《美国货物买卖和租赁精解》，周晓松译，北京大学出版社 2009 年版，第 12 页。

〔2〕　参见[美]查尔斯·J.泰步：《美国破产法》，韩长印等译，中国政法大学出版社 2016 年版，第 105～106 页。

〔3〕　参见[德]莱因哈特·波克：《德国破产法导论》，王艳柯译，北京大学出版社 2014 年版，第 84～91 页。

〔4〕　参见《德国民法典》，陈卫佐译，法律出版社 2004 年版，第 153 页。

四、待履行合同的含义及其在融资租赁合同中的适用

（一）"合同双方均未履行完毕的合同"的应然理解

文首案例所引申出的争议，实质上是对《企业破产法》第18条第1款"合同双方均未履行完毕的合同"的履行客体的错误理解。对于履行客体，美国法中强调了合同主要义务的重要性，此可以作为判断我国《企业破产法》第18条第1款履行客体的参考。事实上，我国也曾有学者指出"合同双方均未履行完毕的合同"是指双方当事人对合同中规定的主要义务尚未履行的合同。[1]与该条规定相似，我国《合同法》中的"主要债务"概念，可以成为概念理解上的合理借鉴。具体来说，我国《合同法》第94条规定，[2]一方当事人迟延履行主要债务，经催告后在合理期限内仍未履行的，对方当事人可以解除合同。对于《合同法》第94条中的"主要债务"，学界主流观点是对待给付说，即主要债务是指双务合同中处于对价关系的义务。[3]

文首案例的争议双方着眼于融资租赁合同中的积极义务与消极义务。法院在最终的判决中，同样是基于融资租赁合同中出租人的消极义务，认为其不适用《企业破产法》第18条第1款的规定。该判决结果似乎仍有值得商榷的地方：从文意上看，"合同双方均未履行完毕的合同"并没有排除消极义务未履行的意思。因此，若采文义解释，《企业破产法》第18条第1款应同时适用于积极义务与消极义务。二审法院在本案判决中作出限缩解释，应论证其采用该种解释方法的依据，这一点在本判决中显得十分欠缺。本文认为，从比较法的角度看，合同义务履行客体的判定争议，主要集中在主要义务和次要义务上。目前学界采取的主流观点是对主要义务尚未履行的，方可行使解除权。其理由在于，挑拣履行选择权的目的是使债务人能够履行那些有利于增加破产财产的合同、摆脱对破产财产造成负担的合同。如果一个合同的主要义务已经履行完成，次要义务的履行与否一般并不会对破产企业的财产造成负担或带来增益。在这种情况下，若仍然赋予破产企业以挑拣履行权，不仅对破产企业无益处，还容易引起不必要的纠纷。因此，将"合同双方均未履行完毕的合同"的客体限缩解释为主要债务显得十分必要。

然而，如果恪守将"双方均未履行完毕的合同"的判断标准限定为主要义务与次要义务的观点，并不妥当，甚至可能产生一系列的负面影响。如前所述，合同挑拣履行选择权的目的是使债务人能够履行那些有利于增加破产财产的合同。现代社

---

［1］ 参见王欣新：《破产法学》，中国人民大学出版社2004年版，第171页。

［2］ 《民法典》第563条将原《合同法》第94条的内容作为第1款予以沿用，在此基础上增加"以持续履行的债务为内容的不定期合同，当事人可以随时解除合同，但是应当在合理期限之前通知对方"，作为该条第2款内容。

［3］ 参见韩世远：《合同法总论》，法律出版社2004年版，第606页。

会交易形态复杂，一项义务，即使是消极的，同样有可能对相对方的利益产生重大影响，如所有权保留买卖。《企业破产法司法解释二》第 34 条明确规定，标的物所有权转移给买受人之前系"双方均未履行完毕的合同"。在所有权保留买卖中，作为主给付义务的交付标的物早已完成，如无特殊约定，所有权本应随着最后一次价款的付清而自动发生移转。但在所有权发生移转之前，出卖人已不负有任何积极义务，而仅负有不滥用其所有权的消极义务。可见，某项义务是否为积极义务与适用《企业破产法》第 18 条第 1 款无关，不应成为判定"合同双方均未履行完毕的合同"的标准。

（二）《企业破产法》第 18 条在融资租赁合同中的适用

在融资租赁合同中，虽然出租人对租赁物不承担瑕疵担保责任，但是保证承租人在租赁期间对租赁物占有、使用的消极义务，仍然是融资租赁合同的重要内涵。该推论可从德国联邦法院对融资租赁合同的租赁属性的强调中得到证实。毫无疑问，确保承租人在租赁期间对租赁物的占有和使用，是融资租赁出租人的主要义务之一。因此，《企业破产法》第 18 条第 1 款应当适用于融资租赁合同。

此外，正如前文所述，《企业破产法》第 18 条第 1 款的适用是破产管理人挑拣履行选择权的起点，而对于融资租赁法律关系来说，最容易与破产管理人挑拣履行权产生冲突的，是承租人破产时出租人基于租赁物所有权的破产取回权。基于此，本文还想探讨承租人破产时，破产管理人的挑拣履行选择权与出租人破产取回权的关系。

破产取回权是指在破产程序中，对于不属于债务人但由其占有或支配的财产，其所有人或者其他权利人不依照破产程序，直接通过破产管理人将该财产取回的权利。[1]我国《企业破产法》第 38 条规定，人民法院受理破产申请后，债务人占有的不属于债务人的财产，该财产的权利人可以通过管理人取回。事实上，破产取回权的本质是权利人对标的物的支配权在破产程序中的延伸。

融资租赁合同的出租人享有对租赁物的所有权，这是学理上支持融资租赁合同出租人享有破产取回权最直接的论据。然而，在破产管理人选择解除融资租赁合同时，出租人是否可以行使破产取回权，学界素来有反对的声音。根据我国合同法理论对融资租赁合同双方权利义务的探讨，出租人往往不参与租赁物的选购过程，而是由承租人选定租赁物后，出租人购买该租赁物然后交付给承租人使用。一般而言，所有权主要包括占有、使用、收益、处分四项权能，[2]但在融资租赁合同中，承租人除不能处分租赁物外，享有对租赁物的其他三项权能。不难发现，融资租赁合同中出租人的所有权仅是名义上的所有权。正如前文所述，出租人通过名义所有权达到规避风险的目的。因此，出租人基于所有权是否应享有破产取回权值得商榷。

---

〔1〕 参见范健、王健文：《破产法》，法律出版社 2009 年版，第 163 页。

〔2〕 参见史尚宽：《物权法论》，中国政法大学出版社 2000 年版，第 63 页。

考虑到融资租赁合同中出租人与承租人在租赁物上的利益，随时间推移而此消彼长的趋势，应当对其进行一定限制。这一点上可以参考所有权保留买卖，与融资租赁相同，所有权保留买卖中，出卖人和买受人的利益也随着时间的推移或者说租金的支付而此消彼长。而对于所有权保留买卖，《最高人民法院关于审理买卖合同纠纷案件适用法律问题的解释》（以下简称《买卖合同司法解释》）与《企业破产法司法解释二》规定，即使债务人企业未支付全部价款，若买受人已支付标的物总价款的 75%以上时，出卖人就不能取回标的物。[1]因此，在融资租赁合同中，出租人能否取回租赁物，应结合承租人支付租金的比例来综合考量，本文认为所有权保留买卖中所设立的 75%可以作为一个不错的参考。

综上，对于承租人的破产管理人决定解除合同时，是否产生租赁物返还的法律效果，要看承租人已经支付的租金比例。当出租人取回租赁物时，应当返还承租人在租赁物上享有的利益；因客观原因不能行使取回权时，出租人对承租人享有的发生在破产申请受理前后的债权分别按一般债权和共益债权处理。出租人可以就因合同解除所产生的损害赔偿请求权，向管理人申报债权。即使出租人取回租赁物，实际中也可因承租人的使用不当，造成出租人利益受到损害，此时无论出租人是否取回租赁物，都应当允许出租人提出损害赔偿请求权。

当承租人的破产管理人决定继续履行合同时，出租人即应依照合同的约定履行至租期完毕。这是因为合同的继续履行给予了破产管理人正当占有标的物的法律基础，出租人不能以其所有权来对抗债务人的占有。我国《企业破产法》第 76 条即体现了这一规则，其背后的法理在于继续履行代表着全体债权人利益的实现，而破产取回权则仅代表单个债权人利益的维护。因此，破产取回权在一定程度上受到了管理人挑拣履行选择权的制约。

五、结语

融资租赁作为一种新型的交易模式，自 20 世纪 80 年代引入我国后，至今已有近 40 年的历史，并逐渐成为与银行信贷、证券业务并驾齐驱的融资工具。在破产实践中，由于融资租赁含有租赁、融资、担保等多重性质，因此，对《企业破产法》第 18 条与融资租赁法律关系的适用把握不当，既不利于融资租赁行业的蓬勃发展，又会对破产程序的推进形成阻碍。本文从实务中一则法院认定融资租赁合同

---

〔1〕《买卖合同司法解释》第 36 条第 1 款规定："买受人已经支付标的物总价款的 75%以上，出卖人主张取回标的物的，人民法院不予支持。"《企业破产法司法解释二》第 37 条第 2 款规定："买受人管理人无正当理由未及时支付价款或者履行完毕其他义务，或者将标的物出卖、出质或者作出其他不当处分，给出卖人造成损害，出卖人依据合同法第 134 条等规定主张取回标的物的，人民法院应予支持。但是，买受人已支付标的物总价款 75%以上或者第三人善意取得标的物所有权或者其他物权的除外。"

不适用《企业破产法》第18条的案例出发，首先对融资租赁的法律性质和立法模式进行了分析，确认了我国以有名合同来界定融资租赁合同与形式主义立法例的态度；接下来从美国和德国破产立法上分析"待履行合同"的内涵，以及其是否可以在融资租赁法律关系中适用，进而总结了美国和德国在认定融资租赁合同与"待履行合同"关系时的关注焦点；而后提出我国认定融资租赁合同是否属于待履行合同时，可在适用《企业破产法》第18条的基础上，参考比较法上的关注焦点；最后文章总结了融资租赁合同中出租人的破产取回权与破产管理人的挑拣履行选择权的关系。

附件：判决书全文

杭州众意纸业有限公司诉中信富通融资租赁有限公司等融资租赁合同纠纷案

天津市高级人民法院

民事判决书

（2015）津高民二终字第0070号

上诉人（原审被告）：杭州众意纸业有限公司。

诉讼代表人：杭州众意纸业有限公司管理人。

委托代理人：徐娜，管理人员工。

被上诉人（原审原告）：中信富通融资租赁有限公司。

法定代表人：刘志强，董事长。

委托代理人：唐勇，北京市海勤律师事务所律师。

原审被告：江苏隆亨纸业有限公司。

法定代表人：夏梦旗，总经理。

原审被告：浙江板桥清园环保集团有限公司。

法定代表人：喻正其，董事长。

原审被告：夏德胜。

原审被告：应香凤。

综合一、二审庭审查明的事实及证据，本院确认以下基本事实：

2012年12月11日，中信富通公司与隆亨公司、众意公司签订《融资租赁合同》，约定隆亨公司、众意公司以筹措资金为目的，以回租方式向中信富通公司转让租赁物，中信富通公司将受让租赁物出租给隆亨公司、众意公司使用，约定租赁本金5800万元，利率10.1205%，前端费407.16万元，保证金290万元，名义货价1.17万元。同时约定若隆亨公司、众意公司按约定支付租金且无其他违约行为，保证金自动冲抵最后一期或几期租金。若隆亨公司、众意公司在本合同项下出现违约时，中信富通公司有权使用保证金补偿因隆亨公司、众意公司违约而遭受的损失。如任何一期租金或其他应付款项到期未付，自该租金或款项应付之日起至隆亨公司、众意公司实际清偿日止，每逾期一日，中信富通公司将按逾期租金或其他逾期款项的万分之十收取滞纳金。如隆亨公司、众意公司在租赁期间未能按时足额支付任何一期租金或其他应付款项，中信富通公司有权提前终止合同，并要求隆亨公司、众意公司立即付清全部租金、滞纳金、违约金及一切其他应付款项。名义货价应于最后一期租金一并支付。隆亨公司、众意公司承担因本合同的签订和履行而产生的所有费用（如有）、中信富通公司为实现债权而支付的诉讼费、仲裁费、公证费、律师费、执行费及其他任何实际支出费用。

同日，中信富通公司与清园公司、隆亨公司、众意公司签订编号（YW）2012032－2的《保证合同》、与夏德胜、应香凤、隆亨公司、众意公司签订编号（YW）2012032－3《保证合同》，上述保证合同内容相同，均约定为《融资租赁合同》项下债务人应付的租赁本金人民币伍仟捌佰万元整、利息及所有其他应付款项提供保证担保，担保范围为债务人在《融资租赁合同》项下对债权人承担的所有付款义务，包括但不限于租金（租赁本金和利息）、保证金、手续费、滞纳金、违约金、损害赔偿金、名义货价、提前还款费用、其他预付款项以及债权人为实现债权而支付的所有费用（包括但不限于诉讼费、仲裁费、公证费、律师费、执行费及其他实际支出费用），保证方式为连带保证责任，保证期间自《融资租赁合同》生效之日起算，至债务人在《融资租赁合同》项下最后一笔付款义务履行期限届满之日起两年。

同日，中信富通公司与隆亨公司、众意公司签订《保证金合同》，约定隆亨公司、众意公司向中信富通公司于起租日前一次性支付520万元租赁保证金，如约履行合同时，保证金冲抵最后一期或几期租金，隆亨公司、众意公司违约时，中信富通公司有权自行使用保证金补偿其遭受的损失。

2012年12月18日，中信富通公司与隆亨公司、众意公司确定《租金支付表》，详细约定了隆亨公司、众意公司应支付租金的期数，每期租金支付日、每期应付租金、本金、利息（含税）、剩余本金的数额。

上述合同签订后，中信富通公司支付了租赁本金5800万元，隆亨公司、众意公司缴纳了前端费407.16万元及810万元保证金。双方完成了合同约定的结算、所有权转移、租赁物接收、动产权属登记及开具增值税发票的事项。

合同履行中，隆亨公司、众意公司按《租金支付表》如约给付了截至2014年3月14日共五期的租金。但自2014年6月之后至今未按约支付租金。为此，2014年6月23日，中信富通公司分别向隆亨公司、众意公司、清园公司、夏德胜、应香凤发出《关于ZXFT（YW）2012032－1号融资租赁合同的租金催告通知》，向隆亨公司、众意公司催付租金、滞纳金，向清园公司、夏德胜、应香凤主张承担保证责任。中信富通公司于 2014 年 9 月 4 日提起诉讼。中信富通公司委托北京市庆之律师事务所代理进行诉讼，支付律师费 10 万元。

另查，2014 年 9 月 15 日，浙江省富阳市人民法院作出（2014）杭富破（预）字 5-2 号民事裁定书，裁定受理众意公司因不能清偿到期债务，且资不抵债而向法院提出的重整申请。

原审法院认为，各方当事人签订的《融资租赁合同》及附件、《保证金合同》系真实意思表示，内容不违反法律、行政法规的强制性规定，合法有效，均应遵守履行。

2014 年 9 月 15 日，相关人民法院裁定受理了众意公司有关破产的重整申请，指定了众意公司的重整管理人，依照《中华人民共和国企业破产法》第十八条的规定，众意公司主张解除诉争《融资租赁合同》，法律依据充分，予以确认。隆亨公司同意继续履行，双方可另行约定。

依照《中华人民共和国合同法》第九十八条的规定，合同解除，合同的权利义务终止，不影响合同中结算和清理条款的效力。中信富通公司要求交纳欠付租金及剩余全部租金和名义货价即属于结算条款的内容，中信富通公司请求的数额有合同的明确约定，证据充分，予以确认，但应当按照合同的约定冲抵 810 万元保证金。众意公司主张融资租赁合同依法解除，中信富通公司只能主张损害赔偿的抗辩意见，法律依据不足，不予支持。

《中华人民共和国企业破产法》第四十六条规定，未到期的债权，在破产申请受理时视为到期，付利息的债权自破产申请受理时起停止计息。中信富通公司主张第 6 期 576 万元应付租金的滞纳金应当视为该范畴，依照上述法律规定，众意公司抗辩应在 2014 年 6 月 14 日至 2014 年 9 月 14 日前的范围内承担给付责任，且其抗辩滞纳金约定明显过高的意见，予以支持，依照有关规定，隆亨公司、众意公司应按照中国人民银行同期贷款利率的四倍计付为宜。

关于众意公司抗辩中信富通公司收取的前端费数额大，应冲抵本金、保证金加重了其责任、租金计取标准显失公平的抗辩，与当事人已经事实上履行了合同的事实相悖，且没有法律和合同依据，亦不予支持。

关于中信富通公司请求众意公司、隆亨公司、夏德胜、应香凤支付律师费问题，该请求有合同依据，且提供了委托合同和相应的支付凭证，予以支持，众意公司认为支付证据不足的抗辩意见，不予支持。

中信富通公司与清园公司、夏德胜和应香凤签订的《保证合同》系当事人之间的真实意思表示，于法不悖，应属有效，各方均应履行各自义务。本案中中信富通公司请求权的范围处于保证合同的担保期间和担保范围，故要求清园公司、夏德胜、应香凤承担连带保证责任的诉讼请求，依据充分，予以支持。综上，依照《中华人民共和国合同法》第六十条，《中华人民共和国企业破产法》第十八条、第四十六条的规定，《中华人民共和国担保法》第十八条，《中华人民共和国民事诉讼法》第一百四十四条之规定，判决：一、解除中信富通公司与隆亨公司、众意公司的《融资租赁合同》；二、本判决生效后三十日内，隆亨公司、众意公司共同给付中信富通公司融资租赁租金（3 969.006 326 万元—810 万元）3 159.006 326 万元、名义货价 1.17 万元、律师费 10 万元，以上共计 3170.176 326 万元；三、本判决生效后三十日内，隆亨公司以 579 万元为基数按中国人民银行同期贷款利率的四倍给付中信富通公司自 2014 年 6 月 14 日起至实际给付之日止滞纳金；众意公司承担给付截至 2014 年 9 月 14 日的滞纳金的责任；四、清园公司、夏德胜、应香凤对上述第二项诉讼请求承担连带责任；五、驳回中信富通公司其他诉讼请求。如未按本判决指定的期间履行给付金钱义务，应当依照《中华人民共和国民事诉讼法》第二百五十三条之规定，加倍支付迟延履行期间的债务利息。案件受理费 241 291 元由隆亨公司、众意公司、清园公司、夏德胜、应香凤共同负担。

众意公司不服原审判决，向本院提起上诉。上诉请求：1. 依法撤销天津市第一中级人民法院作出的（2014）一中民二初字第 141 号民事判决书第二项、第三项，并依法改判。2. 二审诉讼费用由被上诉人承担。主要理由为：（一）富阳市人民法院于 2014 年 9 月 15 日裁定受理上诉人众意公司的重整申请，众意公司进入优先的、排他的集体债务清偿程序，中信富通公司对众意公司的诉讼请求应变更为确认债权之诉，而非个别给付之诉。（二）一审判决解除《融资租赁合同》后，众意公司仍应支付全部租金及名义货价，违反法律规定。1. 根据合同法第九十七条，合同解除后，尚未履行的债务中止履行，一审判决给付尚未到期的全部租金，缺乏法律依据。2. 根据合同法第二百四十八条，解除《融资租赁合同》与给付全部租金二者仅能支持其一，如果既判决合同解除又支持给付全部租金，等同于既支持合同解除又支持合同继续履行，两者相互矛盾，与法律规定相违背。3. 根据合同法第九十四条和破产法第十八条规定，本案融资租赁合同的解除为法定解除，无需对方当事人同意。涉案《融资租赁合同》第 15.3 条约定的承租人违约时出租人有权要求承租人立即付清全部租金或收回租赁物，在合同法定解除的情况下无适用余地。4. 涉案《融资租赁合同》第 15.3 条的约定属于承租人违约后出租人的权利救济手段和救济内容，非结算和清理方式，不属于结算和清理条款，不能适用合同法第九十八条规定的合同权利义务终止，不影响合同中结算和清理条款的效力，一审法院就该问题的认定有误。（三）中信富通公司收取的前端费金额巨大，缺乏事实、法律依据；实际收取的保证金与合同约定的保证金数额不符，收取高额保证金无法律依据且加重了众意公司的责任；不以众意公司实际收取的融资款项计算租金而以合同约定的本金计算租金有失公允。

中信富通公司答辩称，原审判决认定事实和适用法律基本正确，众意公司的上诉请求和理由，既无事实基础也无法律依据，应当驳回上诉请求，维持原审判决第二项、第三项。主要理由是：1. 原审其他被告并未上诉，众意公司无权代表原审其他被告。原审判决关于隆亨公司等其他原审被告的内容已经生效，不应再做变更。2. 涉诉的融资租赁合同不适用企业破产法第18条法定解除的情形，也不存在中信富通公司应依据合同法第248条在解除融资租赁合同与给付全部租金之间做出选择的情况。中信富通公司的诉讼请求一直很明确，要求支付全部租金、滞纳金、违约金及一切其他应付款项。3. 是否取回租赁物是中信富通公司的权利。众意公司认为中信富通公司应当取回租赁物，无事实和法律依据。众意公司主张中信富通公司收取的前端费、保证金过高，但未提供相应的法律依据，中信富通公司对此不予认可。

原审被告隆亨公司、清园公司、夏德胜、应香凤未提交意见。

本院认为，《融资租赁合同》系各方当事人的真实意思表示，内容不违反法律、行政法规的强制性规定，合法有效。合同明确约定如隆亨公司、众意公司在租赁期间未能按时足额支付合同项下任何一期租金或其他应付款项时，中信富通公司有权提前终止合同，并要求隆亨公司、众意公司立即付清全部租金、滞纳金、违约金及一切其他应付款项。《中华人民共和国合同法》第二百四十八条规定，承租人经催告后在合理期限内仍不支付租金的，出租人可以要求支付全部租金；也可以解除合同，收回租赁物。现隆亨公司、众意公司未按约支付租金，中信富通公司提起诉讼要求其付清全部租金及名义货价，符合合同约定和法律规定。

中信富通公司提起本案诉讼后，浙江省富阳市人民法院裁定受理众意公司的重整申请，众意公司管理人在本案诉讼中主张依据破产法第十八条行使合同解除权。对此，本院认为，《中华人民共和国企业破产法》第十八条规定破产管理人享有的法定解除仅适用于受理破产申请后，管理人对破产申请受理前成立而债务人和对方当事人均未履行完毕的合同有权决定解除。在融资租赁合同中，出租人负有支付租赁物购买价款、将租赁物交付承租人使用的积极义务并承担保证承租人在租赁期间对租赁物占有、使用的消极义务。出租人就其中的积极义务履行完毕，即实现了签订融资租赁合同的实质性目的，应认定出租人就融资租赁合同已履行完毕。另外，是否支持承租人管理人行使合同解除权，除需要考量是否有利于破产财产价值最大化和恢复其偿债能力之外，还应兼顾融资租赁合同中出租人的利益。本案中，中信富通公司与隆亨公司、众意公司签订的是售后回租式融资租赁合同，租赁物原本就归隆亨公司所有，中信富通公司签订融资租赁合同的主要目的是收取租金，并非收回租赁物。中信富通公司依约支付完转让价款即视为将租赁物交付给隆亨公司、众意公司使用，中信富通公司就融资租赁合同的主要义务已经履行完毕。在隆亨公司、众意公司未按期支付租金，中信富通公司在先提起诉讼要求隆亨公司、众意公司支付全部租金的情况下，众意公司再依据破产法第十八条就融资租赁合同行使解除权缺乏依据。此外，对众意公司管理人行使解除权的主张不予支持，不会导致破产财产绝对价值的减少，并且有利于平衡中信富通公司与众意公司其他债权人的利益。

综上，原审判决隆亨公司、众意公司在以实际交付的保证金折抵租金后，向中信富通公司支付欠付租金、剩余未到期租金及名义货价并无不当。

关于对中信富通公司收取的前端费、保证金及租金计算标准应否进行调整问题。《融资租赁合同》明确约定了前端费、保证金及租金，中信富通公司与隆亨公司、众意公司又另行签订了《保证金合同》，且承租人已实际支付前端费、保证金及前五期租金，现众意公司主张中信富通公司收取的前端费、保证金过高，租金计算标准有失公允，因缺乏事实和法律依据，本院不予支持。关于中信富通公司实际收取的保证金，原审法院依据合同约定冲抵租金并无不当。

关于众意公司提出应将中信富通公司的给付之诉变更为确认之诉的上诉理由，因缺乏明确法律依据，本院不予采纳。

综上，原审判决认定事实清楚，但适用法律不当，应予纠正。根据《中华人民共和国民事诉讼法》第一百七十条第一款第（二）项的规定，判决如下：

一、维持天津市第一中级人民法院（2014）一中民三初字第141号民事判决第二、四、五项。

二、撤销天津市第一中级人民法院（2014）一中民三初字第141号民事判决第一项。

三、将天津市第一中级人民法院（2014）一中民三初字第141号民事判决第三项变更为"本判决生效后三十日内，隆亨公司以579万元为基数按中国人民银行同期贷款利率的四倍给付中信富通公司自2014年6月14日起至本判决确定的给付之日止的滞纳金，众意公司以上述基数和计算方法给付中信富通公司自2014年6月14日至2014年9月14日止的滞纳金。"

一审案件受理费按原判决执行，二审案件受理费200 791元由杭州众意纸业有限公司负担（因申请缓交未预交）。

本判决为终审判决。

审判长　李　萍
代理审判员　杨　波
代理审判员　荆媛媛
二〇一五年七月二十日
书记员　徐红红

专题十六　破产清算终结后债权人追收股东不实出资的程序选择与受偿效果分析

一、案情概要与问题提出

2006 年 4 月 24 日，深圳中院宣告深圳市北大中基科技有限公司（以下简称"北大中基公司"）进入破产清算程序，并指定清算组对北大中基公司进行接管。2007 年 6 月 26 日北大中基公司清算组作出《财产分配方案》，附表列明农业银行深圳分行所占债权比例为 31.29%。2008 年 2 月 28 日，北大中基公司清算组向全体债权人发出《北大中基公司注册资本情况调查及债权人意见表决表》，并载明：如债权人不同意对注册资本不实、抽逃资本进行追究，清算组将向法院提出终结本案破产程序；如对注册资本不实进行追究，则办案费用估计 10 万元，由各债权人按比例垫付，在追回财产中优先偿还，如没有追回财产则由各债权人按比例分担，并提示了对注册资本不实进行追究存在的诉讼风险、执行风险。同年 5 月 4 日，北大中基公司清算组发函给各债权人称：关于《北大中基公司注册资本情况调查及债权人意见表决》有 5 家债权人同意，所代表的债权为 42.98%，未过半数，处理方案未获通过；如果 5 家债权人同意继续追究并垫付全部费用，也可以继续进行追讨工作，但这一工作尚需进一步统一意见。为了及时结案，清算组提请法院终结破产程序。深圳中院于 2008 年 4 月 23 日裁定终结北大中基公司破产案的破产程序。嗣后，农业银行深圳分行对虚假出资、抽逃出资的股东向深圳中院提起诉讼。

该案历经深圳中院、广东高院两级法院审理。两审法院均认为，《企业破产法》第 123 条规定的追加分配制度，针对的是破产程序终结后新发现的应当由破产人追回的财产。北大中基公司清算后期，清算组已经发现部分股东存在虚假出资、抽逃出资的情况，经债权人会议表决，同意追索的未过半数，故管理人未向虚假出资、抽逃出资的股东进行追索。大部分债权人未同意追索，应视为该部分债权人对可能追回的财产已经放弃了参加分配的权利。在北大中基公司破产程序终结之后，农行深圳分行以自己的名义提起本案诉讼，要求北大中基公司虚假出资、抽逃出资的股东向农行深圳分行进行个别清偿，并不违反法律规定，也不损害北大中基公司其他债权人的利益，故对农行深圳分行的诉请应当支持。

本案的争议焦点在于破产程序终结后，股东未履行的出资义务在程序终结后是否能被单个债权人追索，以及应以何种程序被追索以及由谁追索的问题。本文拟将该焦点分为三个分论点加以探讨：其一，债权人在破产清算终结后是否享有对未（完全）履行出资义务的股东进行追偿的权利，债权人会议曾作出的不予追索决议具有何种法律效果。其二，个别债权人若要在破产程序终结后对虚假出资、抽逃出资的股东提起追偿，应以什么案由提起诉讼？是公司法中的股东出资纠纷为之，还是以破产法中的追加分配申请为之？此外，单个债权人是否可以要求参与分配非属"新发现"的财产。其三，破产程序终结后，财产追收与追加分配是否存在理论障碍，特别是在具体实施过程中，现行法对程序启动主体的限制性规定是否合理，程序的申请与实施主体、管理人复权等配套规则是否存在进一步完善的可能。

二、债权人会议免除股东出资责任的效力与法律后果

文首案例的争议产生于债权人会议的一项特殊决议——北大中基公司的债权人会议曾就清算组是否追讨股东的不实出资作出不同意的表决。因此，问题的出发点在于该决议的效力如何。

（一）非破产状态下股东会决议无权免除股东的出资义务

股东出资义务的基本特征在于其法定性。公司法学界对股东出资义务性质主要有"约定义务说""法定义务说"以及"约定义务和法定义务结合说"三类观点。目前较为主流的学说认为，股东出资义务兼具"约定义务和法定义务"双重属性。[1] 而且，约定与法定的双重属性具有转换关系：出资义务的约定性体现于设立公司过程中发起人的共同行为；而公司一旦成立，且完成了资本注册、股份认购的登记程序后，股东即应承担资本项下的出资义务，其出资义务将具有法定性和强制性。这种从约定转换到法定的合理性来自于公司设立的公示效果，因为"资本的注册已使该项信息超越合同相对人的范围而对无缘参与订约过程的第三人进行了宣示与声明，并会在一定程度上影响信赖该项信息的第三人对公司财产能力的判断，进而作出是否与公司进行交易的选择，为交易安全和债权人保护之需要，不能不赋予股东出资义务以法定的效果"。[2] 也即，公司成功设立、注册后，股东出资义务以法定性为其首要特征。虽然我国公司法中的股东出资义务经历了从实缴制向认缴制的转变，但这一变化并不会撼动股东出资义务的法定性。因为"无论是法定资本制还是授权资本制，无论是分期交付制还是全额交付制，都不影响股东承诺的出资义务。我国

〔1〕 参见赵旭东主编：《公司法学》，高等教育出版社 2015 年版，第 197 页。
〔2〕 赵旭东："资本制度变革下的资本法律责任——公司法修改的理性解读"，载《法学研究》2014 年第 5 期。

新公司法采用分期交付制，不仅没有改变法定资本制，也没有放松对股东出资义务的管制"。[1]并且，公司法定资本制的基石——资本确定和维持原则也要求股东对其认缴的出资负法定义务。公司的独立责任"是以其拥有的全部资产对其债务负责，公司对外承担责任的范围取决于其拥有的资产"，[2]在企业存续过程中，为保障债权人合法利益，防止股东的不正当行为，对其设置法定性出资义务亦是公司资本制中资本充足和资本信用得以实现的必要条件。[3]

基于出资义务的法定性，股东会不能以决议形式对虚假出资、抽逃出资的股东免除责任。股东会是公司治理中最高的决策机关，股东会所作的决议乃是有关公司基本规则和公司基本结构之事项，包含改变公司股东结构。[4]但同时，股东会决议的职权范围亦有法律的明确规定：《公司法》第37条、99条具体规定了股东会可以行使的十项职权，并未将免除股东出资义务列入。其兜底性条款规定股东会还可以行使"公司章程规定的其他职权"，但如前所述，章程对于公司资本的记载正是股东出资义务的依据，股东会作出免除个别股东出资义务的决议恰恰是违反章程规定的，公司章程不应也无法作出此种自相矛盾的授权。

股东因违反出资义务而承担的行政、刑事责任，显然无法以团体内部的表决程序免除。《公司法》第199条、200条分别对公司发起人、股东的虚假出资和抽逃出资行为作出了否定性评价，具体罚则由"公司登记机关"执行，其性质显然属于行政责任，不可由公司内部决议免除。虚假出资或抽逃出资行为严重者，甚至还将受到刑事处罚。[5]在前述行政、刑事责任无法免除的情况下，其归还出资本息的责任自然也不可免除。

同时，与抽逃出资行为有关的责任人也应对出资义务承担连带责任，股东会的内部决议无法排除债权人的追缴权利。依据《公司法解释三》第14条的规定，协助抽逃出资的其他股东、董事、高级管理人员或者实际控制人应对抽逃出资行为承担连带责任。该赔偿责任是法定责任，债权人提起相关诉讼时不受股东会决议的约束。

然而，股东出资责任并非绝对不可免除，但仅依靠股东会决议的效力是不够

---

〔1〕 叶林：《公司法研究》，中国人民大学出版社2008年版，第266页。

〔2〕 赵旭东："从资本信用到资产信用"，载《法学研究》2003年第5期。

〔3〕 甚至在司法解释起草机关看来，此亦为现有公司法对有关出资责任之诉不施以诉讼时效约束的主要理由。参见最高人民法院民二庭编著：《最高人民法院关于企业破产法司法解释理解与适用》，人民法院出版社2017年版，第264页。

〔4〕 参见［澳］斯蒂芬·波特姆利：《公司宪治论——重新审视公司治理》，李建伟译，法律出版社2019年版，第100页。

〔5〕 参见《中华人民共和国刑法》（以下简称《刑法》）第159条。

的，还必须经过法定减资、修改章程等程序，再向有关部门备案批准后方可。在章程已经清晰记载了公司注册资本、股东认缴数额时，若要免除个别股东的出资责任，应以法定的减资程序为前提，并修改章程。减少注册资本涉及公司资本变动，有其严格的要件要求：其一，应以绝对多数决的票决比例进行表决；[1]其二，应编制资产负债表和资产清单，发布公告、通知债权人，债权人有权要求公司清偿债务或者提供担保；[2]其三，应及时修改公司章程，并且向登记机关办理变更登记。[3]只有在满足以上法定减资程序的情况下，股东会的决议才是符合章程规定的。

综上所述，股东出资义务具有法定性，公司章程中记载的股东认缴数额具有公示效力，在未经法定减资程序时，股东会径自作出免除个别股东出资义务的决议将使公司资本维持、资本法定原则落空，损害债权人利益。因此，在公司法语境中，即使股东会作出此项决议，也应视为因违反法律强制性规定而无效。

（二）破产程序中债权人会议有权作出不追索的决定

不同于股东会决议所受的限制，企业进入破产程序后，债权人会议可以通过多数决的形式放弃对个别股东出资的追索。《企业破产法》第61条载明的债权人会议的职权并未明确包含决定管理人的追收行为，但包含对管理人工作的监督，因此有了一定的解释空间。

破产程序应以破产财产最大化为制度目的和基本原则。[4]破产清算程序是指"当债务人不能清偿到期债务并且资不抵债或者明显缺乏清偿能力时，为满足债权人正当合理的清偿要求，在法院的指挥和监督之下，就债务人的总财产实行的以分配为目的的清算程序"，[5]以各种手段追回属于破产企业的债权用以充实破产财产，是破产程序的应有之义。根据《企业破产法》第35条的规定，股东出资义务于法院受理破产申请时应加速到期，这时即使是"善意"未出资的股东，其未缴清的出资也应属于《企业破产法》第30条前半句规定的"破产申请受理时属于债务人的财产"，而存在虚假出资、抽逃资本的恶意股东，更应及时缴足出资，充实破产财产。从这个角度来看，债权人会议放弃追偿的行为等同于放弃债权，极有可能损害债权人利益，因此违反《企业破产法》作为"总括清偿程序"的立法目的。最高人民法院曾对此表达其观点："缴付出资请求权是基于股东的法定出资义务而由公司享有的法定债权请求权，不同于基于当事人合意产生的意定债权请求权，可以由

---

〔1〕 参见《公司法》第43、103条。
〔2〕 参见《公司法》第177条。
〔3〕 参见《公司法》第179条。
〔4〕 齐明："论破产法中债务人财产保值增值原则"，载《清华法学》2018年第3期。
〔5〕 韩长印主编：《破产法学》，中国政法大学出版社2016年版，第1页。

当事人自由约定处置。"[1]由此看来，债权人会议似乎也不应就追收问题自行决议。

但是，最高人民法院所采的"处置"一词存在解释空间，其排除的可能仅是当事人对缴付出资请求权基础的自决权，而非排除单个债权人请求实施的自决权。我国民法基础理论对请求权和债权概念存在争论，[2]我国民事法律采取了义务（债）与责任相分离的立法体例，债权人的法定债权请求权与股东的法定出资义务相分离。[3]因此，最高人民法院的有关表述似有进一步解释的可能性——事实上，其所欲表达的或是股东违反出资义务而产生的救济请求权，该种权利具有法定性，亦是义务人违反其民事责任的具体体现。[4]然而，最高人民法院似乎忽视了责任的法定产生与责任的强制实现并不等价这一原则。依魏振瀛先生之见，民事责任的实现有（责任人）自动承担、（请求权人）请求承担以及（人民法院）强制承担三种途径，仅在第三种路径下，经权利人向法院起诉，有关责任的承担才具有强制力抑或制裁性。[5]由此，即便"缴付出资请求权是基于股东的法定出资义务而由公司享有的法定债权请求权"，也不必然排除债权人会议对其自行处置的可能性；申言之，若公司怠于向人民法院起诉或向责任人请求，责任人自无需实际承担责任的强制性义务。从责任实现的视角，债权人会议于事实上享有"自由处置"的权利。此外，基于诉讼效率和实质公平的司法程序要求，若实现某类权益将可能对权利人本身造成更大或进一步的损害，此时允许其排除和放弃某些请求，并无不可；相反，若立法采取极其严苛的态度强迫当事人行使其权利，事实上则构成对其权益的更大侵犯。

同时，股东出资义务和破产清算程序的制度价值亦能佐证债权人会议的自由处置权。

第一，从股东出资义务的制度本意来看，如前已述，出资义务的法定性旨在维护公司章程的公示效力、保障债权人利益。企业进入破产程序后，不同于股东会决议，债权人会议有权主动放弃这种利益；换言之，所谓的股东出资义务法定性，在破产程序中已不再具有强制效力，能够为债权人会议自行处分。

第二，从破产清算的制度设计来看，破产清算程序具有终局性，其债权债务关系的概括清理目的，要求债权人会议有相应的决议权利。"破产制度的产生首先源

---

〔1〕　参见最高人民法院民二庭编著：《最高人民法院关于企业破产法司法解释理解与适用》，人民法院出版社 2017 年版，第 264 页。

〔2〕　参见魏振瀛：《民事责任与债分离研究》，北京大学出版社 2013 年版，第 53 页。

〔3〕　根据我国主流法理学说观点，责任本身系对第一性（法定）义务的违反而招致的第二性义务。参见张文显：《法学基本范畴研究》，中国政法大学出版社 1993 年版，第 187 页。该观点对民法基础理论上有关原权性质的请求权以及救济权性质的请求权概念进行分类，具有一定的说服力。

〔4〕　依魏振瀛先生之见，新的请求权体系的特定即是请求权体系本身与民事责任体系相关联。参见魏振瀛：《民事责任与债分离研究》，北京大学出版社 2013 年版，第 87 页。

〔5〕　魏振瀛：《民事责任与债分离研究》，北京大学出版社 2013 年版，第 182 页。

于债权公正保护的终极理念"，[1]虽然股东会和债权人会议均是企业在不同阶段的自治机构，但后者对企业重大事务管理的决定具有更加终局性的效力。当公司破产之时，公司原权力机构、决策机构、执行机构被债权人会议和破产管理人所取代，而活跃在外的公司债权人进入到了公司内部，决定着公司的生死存亡，债权人成为企业所有相关资产的最终权利索取人（residual claimants）。[2]申言之，公司债权人与公司股东之间不再存有"公司"这一拟制实体的阻隔，公司的组织性被破坏，契约性愈趋明显。破产中的公司行为能力极其受限，仅能开展与财产分配直接相关的事务，企业"运行"的结构更显"扁平化"，无需通过章程等方式保障第三方信赖，债权人作为企业的最终权利索取人，可自行决定其权利实现的方式和内容。因此，债权人会议有关破产财产分配的决议，只要符合公平分配的原则，应不受公司法的其他限制，当其依合法表决程序作出免除对股东追缴的决定时，应认可该决议的效力。同时，域外破产法中，许多国家在立法和学理上都承认了债权人会议的此类职权，如在《德国破产法》中，有关重要诉讼的决定都需要征得债权人大会的同意。[3]

尚需思考的另一问题是，债权人会议对股东出资义务不予追索的票决比例，应采一般多数决还是特殊多数决？根据《企业破产法》的规定，目前债权人会议采特殊多数决的仅有对重整计划和和解计划的表决，似乎其他决议内容均以一般多数决为比例要求；但若借鉴《公司法》对增减资等此类事关公司资本重大事务采取绝对多数决规则的态度，且考虑到文首案件中应追索的未出资数额巨大（虚假出资1000万元，占用资金3000万元，抽逃出资1700万元），债权人会议作出该决议时或许也可考虑采取更高的票决比例。

（三）债权人会议决定不追索的法律效果

若认为债权人会议有权作出此类决议，应进一步探讨该决议的效果是什么。从对象来看，该决议一方面将对管理人产生免责的效果；另一方面，将在表决人内部产生部分股东弃权的效果。

1. 免除管理人的追收义务。债权人会议作出的不再追索决议将免除管理人对未出资股东的追收义务。根据《企业破产法》第35条的规定，对尚未完全履行出资义务的股东进行追缴出资，系管理人履责的重要内容。对《企业破产法》第25条第1款第6项进行文义解释，可发现管理人因对外实现债权而展开的诉讼，原则上

---

〔1〕 韩长印主编：《破产法学》，中国政法大学出版社2016年版，第15页。

〔2〕 参见韩长印："论破产程序中的财产处分规则——以'江湖生态'破产重整案为分析样本"，载《政治与法律》2011年第12期。

〔3〕 〔德〕莱因哈德·波克：《德国破产法导论》，王艳柯译，北京大学出版社2014年版，第37页。

亦属于其职责范畴。学理上将"股东出资义务的履行接受"归类为破产管理人应积极履行的管理责任（相较于消极责任，如财产维持与保管）。[1]若结合《企业破产法》第 130 条的规定，管理人未及时追缴时，还可能遭遇管理人责任之诉。

可见追缴出资系管理人的法定职责，但管理人仍有可能依商业判断规则决定是否提起诉讼，且当其放弃时，应通过债权人会议的认可。从前引《企业破产法》条文内容来看，管理人决定展开追缴或提起追收诉讼时并不需要债权人会议的特别批准。既然管理人一旦发现股东存在出资不实的情况，就有义务展开追索，似乎不应费时、费力地以债权人会议表决的方式决定。实际上，债权人会议批准是为了适当约束管理人的商业判断结果。破产程序涉及诸多需要由管理人提起的衍生诉讼，管理人对于破产企业现状以及相关诉讼成本有最全面、真实的了解，其经过评估，若认为起诉的成本高于胜诉将获得的利益时，可行使商业判断有选择地放弃诉讼，[2]避免无胜诉价值的司法程序浪费破产企业有限的财产。不同于管理人可依职权直接展开追索，当其选择放弃时，就应该提请债权人会议审核通过。

除了管理人的商业判断，文首案例还涉及另一重要事实，即清算程序进入尾声时清算组才发现该出资瑕疵，此时开展追诉的费用难以通过破产财产偿付，清算组据此要求债权人承担垫付责任以及败诉风险。于此特定情形下，管理人显然无法依职权直接展开追索，因为一旦产生相关费用，破产程序就将因破产财产不足以支付破产费用而终止。基于诉讼费用的特殊考量，管理人也必须将该决定提交债权人会议讨论，以免除其垫付费用的风险。

综上，债权人会议原则上无需对管理人是否对外追收债权（包括股东出资）进行表决，仅当管理人基于商业判断认为应放弃追索或者破产程序即将终结或破产财产不足以支持诉讼费用因此需要债权人垫付且承担相关风险时，债权人会议应对此表决。若债权人会议通过了放弃追索的决议，仅是免除了管理人不追索的勤勉责任，是否剥夺了债权人对股东的求偿权，有待下文讨论。

2. 单个债权人仍保留求偿权。该决议的效果并非导致股东出资义务的终局性免除，仅表示清算组将不继续代表破产企业对未出资股东进行追缴，而不排除部分债权人申请追缴的可能性。这涉及债权人会议对分配方案中未能清偿部分是否"妥协"的问题，应区分不同程序对待。

在破产重整与和解程序中，债权人未获清偿部分将成为自然债务，丧失强制执行力。一般认为，重整的结果是已经被免除的债务无须"清偿"（《企业破产法》

---

〔1〕　参见李永军：《破产法——理论与规范研究》，中国政法大学出版社 2013 年版，第 412 页。
〔2〕　参见樊云慧："破产管理人的义务和责任探究"，载《中国商法年刊（2007）》，北京大学出版社 2007 年版，第 386~387 页。

第 94 条）而降为自然债务，失去强制执行力；[1]这在和解程序中也有对应的规定（《企业破产法》第 106 条）。重整、和解计划的这一免除效果具有重大意义：作为破产预防程序，其制度价值在于挽救有希望再生的破产企业，在进行概括清理的同时，拯救那些值得拯救和能够拯救的债务人；重整顺利完成后，企业就能摆脱困境获得重生。[2]因此，使"重获新生"的企业免受破产前债权债务关系的干扰是破产预防程序的制度价值。我国台湾地区"破产法"亦采"免责主义"，即依破产程序受偿的债权人，对于其债权未受清偿部分的请求权在破产程序终结后视为消灭。[3]也有观点称之为"破产豁免原则"，即破产财产全部分配完毕后，免除债务人对债权人通过破产程序未能清偿的剩余债务的责任。[4]破产预防程序的豁免效果，是破产法发展到一定阶段后，在保障债权人公平受偿的同时，为实现债务人的更生目标而产生的原则，其目的在于鼓励债务人在破产之后能积极地参与社会经济活动，重回社会、创造财富。

然而，在破产清算程序中，债权人未通过清算程序获偿的部分并不沦为自然债务，债权人保留其追偿的权利。具言之，在破产程序中没有被清偿而又被免责的这一部分债权，继续有效，即债权并不因破产程序的终结而丧失强制执行力。[5]清算程序终结后保留债权人继续追偿的权利有其必要性。其一，清算意味着破产企业主体资格的终止，无需为企业"东山再起"作出让步，重整与和解中的"破产豁免原则"丧失其适用基础，甚至有观点认为在破产法未对自然人破产予以调整的情况下，破产免责制度在我国没有任何适用基础；[6]其二，对于已丧失主体资格的企业而言，允许其在破产程序终结后保留可供分配的财产，违反概括清偿原则，"若无追加分配制度，则破产程序终结后，可撤销行为、非正常收入、侵占公司财产等行为即成为'漏网之鱼'，因上述行为而逸出的本该用于破产分配的财产则流入'私人鱼塘'，显然有悖于破产法立法宗旨，也不利于诚信市场经济关系的构建"；[7]其三，尤其在出资人存在明显违法行为（如本案的抽逃出资）导致债务人无法清算或未能完全清算时，司法实务的观点是，法院应裁定终结清算程序，但债务人既有的民事责任并不因清算程序的终结及法人资格的终止而当然消灭，而是应当由出资人

─────────

〔1〕 许德风："破产视角下的抵销"，载《法学研究》2015 年第 2 期。

〔2〕 参见韩长印主编：《破产法学》，中国政法大学出版社 2016 年版，第 138 页。

〔3〕 参见陈计男：《破产法论》，三民书局 2009 年版，第 227 页。

〔4〕 参见王邦习："破产程序终结后民事权利救济的现实考量与破解路径——基于 222 个案例的实证分析"，载《政法论坛》2018 年第 6 期。

〔5〕 参见许德风：《破产法论——解释与功能比较的视角》，北京大学出版社 2015 年版，第 471 页。

〔6〕 参见李永军："自然之债源流考评"，载《中国法学》2011 年第 6 期。

〔7〕 崔明亮："论破产追加分配"，载《法治研究》2018 年第 6 期。

等清算义务人承担偿还责任，法院应一并告知债权人可以另行起诉要求出资人等清算义务人承担债务的偿还责任。[1] 在具体规则上，《企业破产法》第 123 条规定的追加分配制度正是清算终结后不免除当事人责任的集中体现。域外破产法也普遍认可债权人在清算程序终结后继续要求分配的权利，如《德国破产法》第 201 条规定，破产程序的终结意味着破产债权人拥有了"自由的追偿权"[2]：只要还有债权未能通过收益分配得到清偿，在未宣布余债免除的情况下，债权人可以就剩余债权向债务人无限追偿；《美国破产法》亦认为，只有自然人才需要生活的"全新开始"，因此才适格于免责。尽管公司或合伙也可以申请破产清算，但企业主体将会被清理变现，且在破产程序终结后将不再存续，因此并无免责的必要。[3]

进一步的问题是，既然该决议并未免除股东的出资义务，那么表决人在债权人会议中的投票行为，除了可以免除管理人的追收义务便没有任何价值吗？对此，二审法院认为，北大中基公司的大部分债权人未同意追索，应视为该部分债权人对于追回的财产放弃参加分配的权利。可见，该会议决议仍应在债权人内部产生一定效力。债权人会议决议与公司法中股东会、董事会的决议不同，个别成员的意思表示并不会被集体意思所湮灭，因为在破产程序中之所以由债权人会议表决此事项，仅是为了程序上的方便而已。因此，该决议效果应区别对待：一方面，投了反对票的股东不可在追加分配程序中获得清偿，尊重意思自治和禁止反言原则要求该股东应对其已公开表达的意思负责，受其意思表示之内容所约束；另一方面，投了赞成票的股东仍享有追偿的权利，这一点在北大中基公司清算组的说明中亦可得到证明："清算组提出的处理方案未获通过，清算组认为如果 5 家债权人同意继续追究并垫付全部费用，也可以继续进行追讨工作。但这一工作尚需进一步统一意见，为了破产案件及时结案，按多数债权人意见，提请法院终结本案破产程序。"但同时，即使在破产程序终结后，也应警惕执行竞赛的行为，即不应允许个别债权人获得优先受偿的地位，即使该债权人曾投票反对。较为折中的处理方式是，应允许所有投票赞成的债权人共同参与到对股东出资义务的追索和分配之中。

三、破产清算终结后再次分配财产的程序选择

在明确了该债权人会议决议效力以及保留求偿权的主体范围后，应探究债权人

---

〔1〕　参见刘敏："《关于正确审理企业破产案件为维护市场经济秩序提供司法保障若干问题的意见》的理解与适用"，载《人民司法》2009 年第 15 期。

〔2〕　参见〔德〕莱因哈德·波克：《德国破产法导论》，王艳柯译，北京大学出版社 2014 年版，第 167 页。

〔3〕　参见〔美〕查尔斯·J. 泰步：《美国破产法新论》，韩长印等译，中国政法大学出版社 2017 年版，第 1047 页。

以何种程序行使其权利：应以破产程序中申请的方式提请法院予以分配，还是可以另行提起民商事诉讼？

（一）清算终结后的财产纠纷应遵循债权公平受偿原则

债权人平等受偿系破产程序的首要目的，以总括清偿为实现手段。企业进入破产程序后，"给债权人利益以平等的和最大限度的保护乃破产法得以产生的首要目的"，不同于其他民商事执行程序的优先主义，"破产程序超越个别债权人利益的局限，通过排除个别债权人的强制执行而为全体债权人提供一体的合理保护的程序制度"，[1]甚至有观点将"债权人平等原则"视为破产法的"起始规则"，是"任何破产法都必须遵守的最高准则"。[2]其具体内涵包括：排除个别债权的强制执行，以分配计划的方式进行总括清偿（《企业破产法》第 16、19 条），以及分配计划中同类债权的受偿比例相同（《企业破产法》第 113 条）。

平等分配原则的适用延续至破产清算程序终结后与破产企业相关的财产纠纷。平等分配原则能够改变普通民商事执行程序中"先来后到"的依据在于：其一，在企业达到破产界限的情况下，无排他性的先来后到原则可能导致"勤勉竞赛"，浪费司法资源，此时债权人平等主义反而更加符合效率要求；其二，社会公平衍生出破产程序维护债权平等原则，"即把破产看作是每个交易相对人都要承担的后果，各债权人应平等受偿"，[3]以防资力强大的债权人在执行程序中获得不合理的额外优势。而就清算终结后产生的与破产企业财产相关的纠纷性质来看，防止"勤勉竞赛"以及社会公平的要求依旧存在，债权人平等受偿原则也应同样适用。

除此之外，依据破产程序的定义也可以得出同样结论。我国《企业破产法》同时采取了广义与狭义的破产清算程序概念，从广义角度理解清算程序，是指从法院受理破产清算申请始，至法院宣告破产，再到破产财产分配完毕，"整个破产程序围绕破产清算目的展开，均属清算程序的范畴"。[4]若采此广义理解，只要待分配财产确属破产企业财产，即应将其用以债权人间的公平分配，分配客体也包括程序终结后新追回的财产。

认可债权人平等分配原则，在破产程序终结后的延续适用具有现实价值。这是因为，若允许债权人可以在破产终结后不受限制地提起个别执行申请，就可能会诱发具有优势地位的债权人在破产程序中消极不主张权利，而等待程序终结后另行提起民商事诉讼，破产的总括清偿目的将因此种投机行为而落空。故此，清算终结

---

〔1〕 韩长印主编：《破产法学》，中国政法大学出版社 2016 年版，第 16 页。
〔2〕 许德风：《破产法论——解释与功能比较的视角》，北京大学出版社 2015 年版，第 83 页。
〔3〕 许德风：《破产法论——解释与功能比较的视角》，北京大学出版社 2015 年版，第 84 页。
〔4〕 邹海林、周泽新：《破产法学的新发展》，中国社会科学出版社 2013 年版，第 282 页。

后，对新发现的财产进行分配时，仍应遵循债权人平等原则。

（二）股东出资纠纷的排除

文首案例中，两审法院均认为债权人可以"股东出资纠纷"为由，提本案诉讼。但值得注意的是，破产程序终结后个别债权人与不实出资股东间的关系并不满足该诉的请求权基础。

"股东出资纠纷"系最高人民法院下发的《民事案件案由规定》于 2011 年新增的案由，目的在于维护出资制度在整个公司法制度中的重要地位："出资是股东对公司的基本义务，也是形成公司财产的基础。"[1]因此，在公司这一组织结构因破产清算程序被终结后，股东出资纠纷之诉丧失该诉由保护的目的与价值。已经有法院指出这一点，在邵某某与沭阳县三为实业有限公司、沭阳县光明房地产开发有限公司债权人代位权纠纷一案中，[2]宿迁中院认为："个别债权人基于债务人财产提起的个别清偿诉讼，债权人与其所诉请的内容系间接的利害关系而非直接的利害关系，不符合《中华人民共和国民事诉讼法》第一百一十九条第一项规定，人民法院应不予受理。"且从请求权基础的适用顺位来看，股东出资纠纷的请求权基础来自于《公司法司法解释三》，而一般认为破产法相较于公司法而言系特别商事法，故应优先适用破产法的程序规定。

于法理上，公司债权人对股东提起的出资义务之诉具有代位诉讼的性质，在破产程序终结后，其代位的基础不复存在。股东出资义务虽是法定责任，但股东根据出资协议认缴的股份系其与公司间的债权债务关系，在合同法理论框架下，股东在认缴股份后经公示程序即取得股东资格，"其未届期出资在性质上为其与公司之间的一种特殊债权债务关系，但这种特殊性不能改变债权的相对性"。[3]一般而言，公司对外负有债务时，公司股东以其认缴的出资额为限承担责任，这是法人独立性和股东有限责任制度的应有之义，仅当股东滥用公司法人独立地位和股东有限责任以逃避债务并因此给债权人造成严重损害时，股东才对债权人承担责任。可见，公司股东对外不承担责任是原则，承担责任是例外。根据债的这一相对性原则，股东的出资义务对象乃是公司，当公司债权人直接对股东提起诉讼时，采取的是代位诉讼构架。然而，破产程序终结后再行适用代位诉讼即存在两方面的问题：一是破产程序裁定终结后，破产企业的主体地位已不存在，作为（次）债权人的债务人企业主体资格消灭，此时若仍理解为《合同法》第 73 条规定的"债务人怠于行使其到

〔1〕　人民法院出版社编著：《最高人民法院民事案件案由适用要点与请求权规范指引》（下册），人民法院出版社 2019 年版，第 671 页。
〔2〕　参见宿迁市中级人民法院（2019）苏 13 民终 1860 号民事裁定书。
〔3〕　王建文："再论股东未届期出资义务的履行"，载《法学》2017 年第 9 期。

期债权"，[1]抑或股东仍对债务人企业存在出资瑕疵（出资义务因失去权利对象而无法履行），在解释上存在障碍；二是我国对代位权纠纷并未采取"入库规则"，即诉讼竞赛执行优先，其执行结果与破产财产本应用于概括公平清偿债权人的立法主旨相悖。

从程序前后的一致性来看，也应否认债权人于破产终结后提起个别诉讼的权利。允许债权人于破产程序后提起股东出资之诉，将与破产程序对个别债权人实施追偿的禁止性规定不符。根据我国对破产程序中相关诉讼的案由安排，破产程序中的"追收未缴出资纠纷"和"追收抽逃出资纠纷"原则上只能由管理人提起。[2]如果承认债权人具有提起个别诉讼的权利，则其诉讼地位因程序终结与否而产生的巨大反差是不合理的；反过来看，若债权人于程序终结后有权提起个别追偿诉讼，为何不在程序之中（债权人会议决定不追索之后）便赋予其起诉的权利？要求其等到程序终结后才能起诉，反而不利于债权人及时追缴。

（三）破产财产追加分配制度的适用可能性

在排除了债权人以普通民商事诉由寻求救济的权利后，破产法的相关规定必须回答清算终结后债权人如何在破产程序框架中获得权利救济的问题。本案中，两审法院均认为原告的诉求不受破产程序规范，因其不符合《企业破产法》第123条对追加分配的规定。

在现行破产法中，破产程序终结后，债权人至少存在五种维护权利的途径：①对可以追收的财产要求分配；②对新发现应当追加分配的财产要求分配；③向破产人的保证人或其他连带债务人要求履行连带责任；④对管理人提起管理人责任之诉；⑤对破产企业的法定代表人和其他有关责任人直接提起损害赔偿之诉。[3]显然，本案中债权人对股东在企业破产前所为的抽逃出资等违法行为提起的追偿请求应属第一或第二种情况，区分的关键在于案涉出资是否属于"新发现"的财产。

主流观点认为，《企业破产法》第123条规定的追加分配制度适用于新发现或新产生的财产。追加分配是指"破产程序终结以后，对于新发现的属于破产人的可用于破产分配的财产，由人民法院按照破产分配方案对尚未完全获得清偿的债权人

---

〔1〕 与该条相对应，《民法典》第535条第1款规定："因债务人怠于行使其债权或者与该债权有关的从权利，影响债权人的到期债权实现的，债权人可以向人民法院请求以自己的名义代位行使债务人对相对人的权利，但是该权利专属于债务人自身的除外。"

〔2〕 参见人民法院出版社编著：《最高人民法院民事案件案由适用要点与请求权规范指引》（下册），人民法院出版社2019年版，第736~738页。

〔3〕 参见王邦习："破产程序终结后民事权利救济的现实考量与破解路径——基于222个案例的实证分析"，载《政法论坛》2018年第6期。

所进行的补充分配"。[1]《企业破产法》第 123 条列明了该法第 31 条、第 32 条、第 33 条、第 36 条，以及发现的其他应当供分配的财产可作为追加分配的对象。从各国破产法规定来看，追加分配事由还包括因诉讼或其他原因未能收回而在最后分配后收回的财产，管理人为附条件的债权所提存的份额，以及因为破产企业所涉诉讼中债权人败诉而曾为之提存的分配额等。[2]

文首案例中，股东应缴的出资系破产企业财产，并且在程序终结前已为清算组和债权人所知悉，此种情况下是否因此完全排除第 123 条的适用？对此，法律方法上存在两种解释路径。

第一，追加分配的财产确须"新发现"，但这里所谓的"新发现"是初步发现"可疑"的破产财产，还是发现内容和数额均已"确定"的破产财产，法律并未明确规定。为最大限度地保护破产债权人利益、实现破产法公平清偿的立法目的，可将"新发现"作广义解释，即同时包括初步发现的"可疑"的破产财产，还包括发现"确定"的破产财产。这一点可在前述追加分配对象的分析中印证，如在破产程序中已经进行但尚未审结的诉讼，为其提存的份额可以作为追加分配的对象，而该财产是否存在以及数额的多少在破产程序中存在某种程度的"未知"，但因其成就条件系在破产程序终结后达成，故可将其视为在程序终结后"新产生"的财产。依此类推，文首案例中已知存在而因为未追索的股东出资，也可视为破产程序终结后"新产生"的财产。

第二，可扩大解释追加分配的起算时间，将其从破产程序终结提前至财产分配完毕时。现行法明确要求追加分配制度的起算时间为程序终结之日，但这一规定将导致最后分配之日至破产程序终结前这段时间内又发现可供分配之破产财产的权利"真空期"。为了更周延地保障债权人利益，同时亦有利于及时发现、追回破产逸出之财产，追加分配的起算时点应提前至最后分配完成之日。[3]我国台湾地区"破产法"规定："破产财团于最后分配表公告后，复有可分配之财产时，破产管理人经法院之许可，应为追加分配，但其财产于破产终结之裁定公告之日起 3 年后始发现者，不得分配。"可见该条并未对追加分配的起始时间进行限制，债权人在发现不实出资之时即可进行追加分配，而不必等破产程序最终结束。若采此观点，清算组于程序尾声发现的出资瑕疵即属于最后分配后"新发现"的财产，债权人提起的追加分配申请不存在解释上的障碍。

---

〔1〕　韩长印主编：《破产法学》，中国政法大学出版社 2016 年版，第 185 页。

〔2〕　参见李永军：《破产法——理论与规范研究》，中国政法大学出版社 2013 年版，第 431～432 页。

〔3〕　参见崔明亮："论破产追加分配"，载《法治研究》2018 年第 6 期。

（四）破产财产追收制度的适用可能性

即使难以对《企业破产法》第 123 条进行扩大解释，以使文首案件适用破产财产追加分配制度，该案件的债权人仍然有根据其他破产程序获得受偿的可能性，即提起破产财产的追收申请。如前已述，破产程序终结后的权利救济手段不限于追加分配制度，对于可追收的财产，债权人亦可要求分配而且不受追加分配对"新发现"条件以及除斥期间的限制。

根据《企业破产法》第 17 条的规定，法院受理破产申请后，债务人企业的债务人或者财产持有人应当向管理人清偿债务或者交付财产，且法律并未将破产企业债务人交还财产的时间限制于破产程序终止前。据此，管理人可以代表企业提起"对外追收债权纠纷"，在股东未完全履行出资义务的情况下，还可具体提起"追收未缴出资纠纷"和"追收抽逃出资纠纷"。从破产法规定和诉讼案由的设置来看，追收财产的诉求均不限于破产程序内。

同时，鉴于追加分配制度已有法律明文规定，对同样是程序终结后的追收请求程序，可以"参照"追加分配的规定来操作。为维护全体债权人公平受偿的权利，即使是在破产程序中已发现但未经追回、分配的财产，在破产程序结束后仍应当"参照"准用《企业破产法》第 123 条的规定。"所谓准用性法条，是指法律实施者在解决个案时，将原本针对 a 事项且有'比照''参照'等外观标识的法条 A，适用于与 a 具有某种程度类似性但又存有差异的 b 事项的一种特殊的引用性法条形式。"[1]已经在破产程序中发现的财产与第 123 条规定的新发现财产具有相似性，但又存在差异，为了将追加分配制度适用在破产程序中已经发现的财产上，使之能在破产程序终结后同样按照财产分配方案分配，以维公平，或许可以"参照"适用的方式"准用"第 123 条。

此外，我国台湾地区"债务清理法"草案第 208 条第 1 句就规定："破产程序终止或终结后，有可分配于债权人之财产时，法院应依管理人之声请以裁定许可追加分配。"该规定之所以不局限于破产程序终结后 2 年内新发现的财产，是因为可能存在这样的情况：有些财产尽管已经在破产程序终结前发现，但因故难以在破产程序终结前进行处分、变价和分配，而对于这样的财产，仅因为未满足"新发现"要求就不允许其根据分配方案分配，有违《企业破产法》公平清理债权债务的原则。[2]

从权利救济的时效性来看，文首案件适用追收制度也更加符合股东出资义务追

---

〔1〕 刘凤景："准用性法条设置的理据与方法"，载《法商研究》2015 年第 5 期。

〔2〕 参见我国台湾地区 2016 年版"债务清理法"草案第 208 条，该草案于 2016 年 4 月 29 日由台湾地区"司法院"与台湾地区"行政院"送交台湾地区"立法院"审议。具体信息可参见：http://jirs.judicial.gov.tw/GNNWS/NNWSS002.asp? id = 224088，2020 年 5 月 24 日访问。

缴的"无限期"性。因新发现财产的再分配可能对正常商业交易造成一定冲击，因此各国破产立法均设置了可追加的限制期限，经过该期限后即使发现可追回的财产，也不得再分配，如我国《企业破产法》即规定了2年的除斥期间。但是，就追收制度而言，为避免管理人接管过程中因诉讼时效超过导致债务人财产减损，[1]《企业破产法司法解释二》已经规定，企业进入破产程序后，所有由管理人提起的追收诉讼均不再受时效限制，[2]而破产程序终结后的追收也应如此。从这个角度来看，追收制度显然更符合股东出资责任的时效要求：公司股东请求其他未全面履行出资义务的股东承担出资责任，被告股东不得以诉讼时效为由进行抗辩；同样地，债权人请求未履行出资义务或者抽逃出资的股东承担赔偿责任的，被告股东同样不得以诉讼时效为由进行抗辩，[3]但是该主债权债务关系不应超过诉讼时效。因此，无论是公司法视角还是破产法视角，对已知不实出资的追收均不应受时效限制，本案中清算组在通知全体债权人放弃追索时指出，"对北大中基公司注册资本不实相关责任人的追究问题，如要追究可在终结本案破产程序后2年内提出"，似乎是对追收制度的误读。

《企业破产法司法解释二》为债权人提请追收提供了法律依据，为破产程序终结后债权人申请追收（管理人已终止执行职务）创造条件。《企业破产法司法解释二》第23条规定，[4]债权人通过债权人会议或者债权人委员会，要求管理人依法向次债务人、债务人的出资人等追收债务人财产，管理人无正当理由拒绝追收的，债权人会议可以申请人民法院更换管理人；管理人不予追收的，个别债权人可以代表全体债权人提起相关诉讼，主张次债务人或者债务人的出资人等向债务人清偿或者返还债务人财产。可见，个别债权人原则上无权提起追收财产之诉，但若该请求已经过债权人会议通过并提请管理人追收，且管理人"无正当理由"拒绝追收时，债权人有资格提起诉讼。该规定虽然放宽了追收的主体范围，但在司法实践中鲜有债权人能够完全满足前述要件要求，如"惠州市卓达经济信息咨询有限公司、惠州

---

〔1〕　参见最高人民法院民事审判第二庭编：《企业改制、破产与重整案件审判指导》，法律出版社2018年版，第464页。

〔2〕　《企业破产法解释二》第19条第1款规定："债务人对外享有债权的诉讼时效，自人民法院受理破产申请之日起中断。"

〔3〕　参见施天涛：《公司法论》，法律出版社2014年版，第192页。

〔4〕　《企业破产法司法解释二》第23条规定："破产申请受理后，债权人就债务人财产向人民法院提起本规定第21条第1款所列诉讼的，人民法院不予受理。债权人通过债权人会议或者债权人委员会，要求管理人依法向次债务人、债务人的出资人等追收债务人财产，管理人无正当理由拒绝追收，债权人会议依据企业破产法第22条的规定，申请人民法院更换管理人的，人民法院应予支持。管理人不予追收，个别债权人代表全体债权人提起相关诉讼，主张次债务人或者债务人的出资人等向债务人清偿或者返还债务人财产，或者依法申请合并破产的，人民法院应予受理。"

新荣生实业有限公司与惠州市地产总公司追收抽逃出资纠纷"一案中，[1]债权人会议就追收一事已经形成决议，但"没有提交证据证明已将此债权人会议决议通知管理人且管理人对此要求无正当理由予以拒绝"，法院据此否认了原告的诉讼资格。即使债权人举证证明了所有前置要求，其于破产程序中提起的股东出资纠纷与普通的股东出资纠纷仍有不同。在"广东金东建设工程公司、广东省建筑工程集团有限公司建设工程合同纠纷、股东出资纠纷"一案中，[2]法院认可了原告的诉讼资格并且进行了股东出资义务的实质审查，但是原告的诉请系要求股东对公司完成应缴出资。结合司法解释的内容，个别股东在破产程序中提起股东出资义务纠纷时，必须"代表全体债权人"，且追回的财产应严格遵守"入库规则"。根据司法实践的态度以及司法解释的内容，在清算程序终止后债权人无需证明管理人无正当理由不予追收而可直接取得主体资格，并且追收的结果应当是"全体债权人"受偿。

尚值得注意的是，除前述追加分配与追收制度外，破产程序终结后，债权人还有可能通过恢复执行的方式获偿。《企业破产法》第19条仅规定执行程序因破产程序的启动而中止，但是未排除破产程序结束之后恢复执行的可能性。对此，最高人民法院在（2016）执复69号执行裁定书中指出，破产程序终结后，原则上不得根据个别债权人的申请而启动个别执行程序，但是鉴于该案中所查封资产并未被列入破产财产也未被政府收回，因此可依追加分配制度予以分配；又因为此时已超过追加分配时效，因此"破例"地允许了债权人申请重新启动原执行程序。但最高人民法院同时指出，具体的受偿方式是否应遵循破产财产分配方案，还有待在财产分配程序中确认。债权人在破产程序终结后以强制执行申请的方式就未获偿的部分要求受偿的权利在域外立法中有更为明确的表达，如《德国破产法》指出，债权人可以依据债权登记表中不存异议的登记申请强制执行；[3]《日本破产法》亦规定，破产债权人可以根据破产债权人表格，对破产人的剩余财产申请强制执行。[4]

综上所述，法院仅以"新发现"这一要素而否认破产程序的适用论证不充分：一是《企业破产法》第123条本身存在解释空间，案涉出资款可能也符合"新发现"的要求；二是债权人还可根据财产追收制度要求分配。在排除了普通民商事诉权的适用后，无论是追加分配还是追收制度，均应符合破产财产公平分配的要求，破产程序终结后，由谁执行、如何执行破产企业的财产分配，是破产法规则设计的又一任务。

---

〔1〕　参见广东省高级人民法院（2015）粤高法立民终字第167号民事裁定书。

〔2〕　参见广州市中级人民法院（2019）粤01民终12654号民事判决书。

〔3〕　参见［德］莱因哈德·波克：《德国破产法导论》，王艳柯译，北京大学出版社2014年版，第167页。

〔4〕　参见［日］山本和彦：《日本倒产处理法入门》，金春等译，法律出版社2016年版，第101页。

四、破产清算终结后再次分配的理论依据与规则完善

追加分配与追收制度为债权人在破产程序终结后提供了制度基础，但如前文已述，制度的内容、具体规则还有待进一步完善，鉴于二者均主要涉及财产分配的问题，下文将一同探讨二者的理论和规则完善。

（一）企业人格消灭后债权人获偿的理论依据

作为本文分析论述的起点，应认识到破产清算程序的终结将导致企业主体资格消灭。《企业破产法》第 121 条规定："管理人应当自破产程序终结之日起 10 日内，持人民法院终结破产程序的裁定，向破产人的原登记机关办理注销登记。"《民法总则》第 73 条规定："法人被宣告破产的，依法进行破产清算并完成法人注销登记时，法人终止。"[1]

公司人格终止后，股东原则上不再对公司承担责任。《公司法》第 3 条第 2 款规定："有限责任公司的股东以其认缴的出资额为限对公司承担责任；股份有限公司的股东以其认购的股份为限对公司承担责任。"公司股东以其认缴的出资额为限对公司承担责任的内涵是，"当公司发生债务时，股东并不直接对债权人负责，而是由公司以自己的全部财产对公司债务承担责任，而股东对公司的债务所承担的责任，体现为股东对公司的出资，股东须以其认缴的全部出资，也仅以该出资额为限，对公司债务承担责任"，[2]且"有限公司的债务，于法理上系以其公司财产，作为清偿之总担保，各股东与公司债务人不生任何法律关系"。[3]正因股东对公司债权人的责任是间接的，一旦公司法人主体归于消灭，股东不能也不必再以认缴出资额对公司承担责任。所以，有观点认为，法人终止后，"无人为其承担债务责任"。[4]

但如前已述，破产程序终结后保留债权人对股东出资的求偿权有其必要性，公司法中的出资理论障碍或许可以通过民法中"第三人侵害债权"理论得到解释。[5]"第三人侵害侵权"本质上仍是侵权责任的一种，相比于合同之债，其受债之主体相对性的拘束更弱。一般而言，只要证明股东等第三人（次债务人）因恶意行为侵害了债权人与相对人的债权债务，至于相对人主体资格是否仍然存在，并不影响被侵害人向第三人主张侵权责任。该理论适用于破产程序终结后财产分配的优势在于：其一，作为民法上的一项基本制度，其适用范围较为广阔；其二，其适用场景与作为次债权人的企业主体消失后债权人与次债务人的法律关系十分贴合，换言

---

〔1〕《民法典》第 73 条完全沿用了该条规定。

〔2〕覃有土主编：《商法学》，高等教育出版社 2017 年版，第 125 页。

〔3〕廖大颖：《公司法原论》，三民书局 2019 年版，第 620 页。

〔4〕王欣新：《破产法》，中国人民大学出版社 2019 年版，第 378 页。

〔5〕参见韩世远：《合同法总论》，法律出版社 2011 年版，第 723～734 页。

之，均存在三方关系主体以及在一定程度上突破了合同的相对性；其三，对第三人侵害债权理论的解读可以充分回避主体资格消灭后的解释障碍。并且，在破产法语境下，参与《企业破产法》立法的三位学者曾指出，"程序并不消灭权利"。[1]也就是说，即使是在破产程序中未申报债权的债权人，亦不能视作其放弃了该项权利，更不能认为该项权利随着破产程序的终结而当然消灭。由此，破产程序终结后主债权人得基于第三人（恶意）侵害债权法理，向第三人（次债务人）提起权利主张。

（二）应扩大追加分配的启动主体

现行法中的追加分配制度，仅规定债权人系该程序的启动主体，然而司法实务中已经产生"追加分配申请主体上的偏离""追加分配执行主体的偏离"以及"破产管理人职责的延伸（超越《企业破产法》第 122 条规定）"[2]等问题，因此有必要重新审视追加分配的权限问题。

人民法院应当是追加分配之诉的受理者。破产程序终结后，人民法院成为所有新发生或未决纠纷的管理者。人民法院在整个破产程序中的角色，有一个启动、淡出和复出的过程。在程序启动过程中，即决定是否受理破产案件时，法院有相应的审查职责，并应就是否受理作出裁定；而一旦受理，尤其是法院一旦指定管理人，破产程序将很大程度上由管理人掌控；[3]直到破产程序结束后，法院才恢复其职责，主要就是对可追收和追加分配纠纷的处理。虽然在职权划分上，人民法院系程序终结后企业待分配财产的决定者，但是由法院来行使这一职权显然是不现实、不经济的。

最有动力启动追加分配制度的应是破产债权人，这是我国现行法采取的态度。也有学者认为，追加分配以债权人的请求为必要，债权人请求追加分配的，不以债权人多人为必要，只要有一个债权人请求即可。[4]然而，允许个别债权人不受限制地起诉或委托破产管理人起诉有诸多弊端。具体而言，若允许自行起诉，结果无外乎是执行优先主义和法院依原分配协议公平分配，前者违背破产程序目的，后者则将造成法院工作量剧增，并有可能导致受诉累的债权人与旁观"睡大觉"的债权人所获的清偿结果无异，这对积极行使起诉权的债权人是不公的。再者，若允许债权人委托破产管理人起诉，依照受托人对委托人负责的理念，个别债权人所委托的破产管理人，极易发生侵害其他债权人合法利益的情况；另外，破产清算组与破产管理人不同，后者的稳定性远高于前者，原破产清算组在破产程序裁定终结后，主体

---

[1] 参见王卫国、李永军、邹海林："破产法十年"（讲座），http://www.iolaw.org.cn/showNews.aspx? id=5792，2020 年 5 月 25 日访问。

[2] 参见崔明亮："论破产追加分配"，载《法治研究》2018 年第 6 期。

[3] 参见［德］莱因哈德·波克：《德国破产法导论》，王艳柯译，北京大学出版社 2014 年版，第 19 页。

[4] 邹海林：《破产法——程序理念与制度结构解析》，中国社会科学出版社 2016 年版，第 530 页。

资格即告消失。

有鉴于此，立法应将管理人申请追加分配的主体资格纳入审查考量范围。实际上，司法实务中已出现诸多由管理人主张追加分配的案件，反而显现出对破产法相关规定的混淆。

一方面，管理人可能拖延履行企业注销的义务而变相保留其工作权利。在辽宁恒利通拍卖有限公司与山东社汇酒业有限公司合同纠纷案中，[1]法院认为破产企业是吊销而非注销，依据《企业破产法》第122条之规定，破产企业注销之前，管理人不终止执行职务，进而认为破产管理人具有诉讼主体资格。此结论貌似具有直接充分的法律依据，但实则不然。根据体系解释的方法，《企业破产法》第122条中企业注销之前管理人不终止执行职务的规定，实际上是《企业破产法》第121条管理人负有办理注销登记义务的应有之义和内在要求，而不能作为管理人拖延注销时间以变相延长其参与企业财产分配工作的法律依据。另一方面，管理人甚至可能代表债权人提起股东出资纠纷。在深圳市雪樱花实业有限公司、深圳市雪樱花食品有限公司股东出资纠纷案中，[2]管理人在破产清算终结后代表企业提起了该诉讼，法院认为"食品公司增资不实的行为持续至今，由于雪樱花公司已进入破产程序，现管理人代表破产企业追回破产财产，意在维护全体债权人利益"，因此准许了该诉讼。法院的该结论并非依据《企业破产法》的规定得出的结论，而是直接跳跃至《公司法》的相关内容来证成管理人的主体资格，难谓周延。

本文认为，为解决现行法仅赋予债权人启动追加分配资格的问题，应当从立法上承认管理人的启动主体资格，并配之以完善的管理人复权机制。

（三）应建立管理人（清算组）的复权机制

管理人是破产企业财产分配的执行人，亦应延续至程序结束后。无论从减少司法成本还是提升清偿效率的角度，管理人都是主导破产程序终结后的权利救济工作的最佳人选。从域外破产立法的内容来看，《德国支付不能法》第203条规定，追加分配程序的启动主体及方式包括依管理人、支付不能债权人申请及法院依职权、依命令启动三类；[3]《日本破产法》[4]《法国破产法》[5]也认可管理人提起追加分配程序的资格。

---

〔1〕 参见山东省泰安市中级人民法院（2016）鲁09民终1260号民事判决书。

〔2〕 参见广东省高级人民法院（2017）粤民终1964号民事判决书。

〔3〕 ［德］莱因哈德·波克：《德国破产法导论》，王艳柯译，北京大学出版社2014年版，第164页。

〔4〕 《日本破产法》第283条第1款规定："发出分配额的通知后，复有新的可供分配的相当财产时，破产管理人经法院许可，须进行追加分配。即使已经作出破产程序终结裁定，亦然。"

〔5〕 《法国商法典》第6卷第4编第3章第2节第L643－13条第2款规定了追加分配程序的启动主体，包括清算人、检察院或任何具有利益关系的债权人均可提出申请。

在认可管理人的主体资格、执行者地位后，还需要建立相关的复权机制，赋予破产程序终结后本应终止其工作的管理人以必要的权限。破产管理人（清算组）在破产程序的终结前后，经历了"有权"到"无权"分配破产财产的资格转变。根据《企业破产法》第122条之规定，其转变的临界点是裁定破产程序终结之日。易言之，裁定破产程序终结之日前，是破产管理人的"舞台"，反之，是债权人和法院的"主场"。

然而，破产管理人的"退场"并非是绝对的。《最高人民法院关于审理企业破产案件若干问题的规定》第97条第2款规定："破产程序终结后仍有可以追收的破产财产、追加分配等善后事宜需要处理的，经人民法院同意，可以保留清算组或者保留部分清算组成员。"可见，破产追加分配程序中，破产管理人并不是绝对地丧失诉讼主体资格。换言之，在存有未完之事宜，并在人民法院的同意下，清算组或者部分清算组成员可以保留。不过，值得注意的是，因该司法解释制定时间较早，故其与2006年的《企业破产法》内容无法一一对应，具体问题有：①清算组与破产管理人的主体差异；②保留清算组处置未完之事宜，是否意味破产清算组的诉讼主体资格保留；③人民法院的授权范围是什么，法院是否有权干预破产追加分配程序中诉讼主体资格的构成要件。

在现行法背景下，应从三个方面完善破产管理人（清算组）的复权机制：①应对法院的干预进行限制，具言之，在破产程序终结后，需做一个利益衡量的价值判断，即只有当破产管理人方能处置或者破产管理人处置为宜的情况下，法院才可干预；②干预的方法以委托授权为宜，即将追加分配程序中法院的部分权利委托于破产管理人行使；③干预的程度应以保证债权人的破产事务参与权为限，即告知债权人可申请或起诉追加分配，而非"抢夺"债权人的诉讼权，若债权人无意提起追加分配，追加分配程序的进行将丧失其合理性和必要性。

除前文的讨论，追加分配制度还有诸多亟待完善之处：如立法所采取的"上缴国库"规则，明显有违物权法理论和物的征收法理，构成对民事主体财产权的不当侵害；未明确规定追加分配的程序性质，以及相应的救济机制和监督程序；部分案件中追加分配依据阙如（无产可破终结后不存在财产分配计划）；[1]追加分配的2年除斥期间限制不能满足标的额较大、法律关系复杂的案件，难以保障债权人的合法权益甚至纵容了部分违法行为。并且，对于本身不受诉讼时效限制的请求权（如本案中的股东出资义务），在追加分配程序中受制于除斥期间似有不妥，或许追加

---

[1] 对此，邹海林认为，依《企业破产法》第123条，追加分配的依据系为破产财产分配方案，然并非在任何破产程序终结情形下，都存在相关破产财产分配方案，如在破产程序因破产财产不足以清偿共益债务而终结场合，即不存在破产财产分配方案。由此，现有的立法规定事实上存在落空可能。参见邹海林：《破产法——程序理念与制度建构解析》，中国社会科学出版社2016年版，第530页。

分配的期限应采用区分主义的立法模式，将不同请求权的性质差异纳入考量范围。

五、结语

理想状态下，与破产企业有关的所有债权债务均应在破产程序中集中处理、集中分配，破产程序终结后本不应再生纠纷。但实践中，破产案件十分复杂，为了顺利结案，破产管理人（清算组）往往难以在有限的时间里追回并分配所有的破产财产，由此便产生了破产程序终结后的财产分配问题，引发与文首案件类似的纠纷。

本案的判决结果有两方面值得商榷：一是该案以"股东出资纠纷"立案，是否违背了破产程序优先于普通民商事程序适用的原则，以及破产程序终结后债权人是否享有以该案由提起该诉讼的资格；二是该案适用普通民商事程序的判决结果使该债权人获得个别清偿，是否违背了清算程序的总括清偿的功能，对其他债权人产生不公。追本溯源，法院在该类案件中"两难"的境遇，其根源在于我国《企业破产法》对破产程序终结后权利人的救济规定不完善。对于程序终结后所追收财产的分配规定，目前仅见于《企业破产法》第 123 条。一方面，该条不适用于破产程序中已发现但出于各种原因未能及时追回的财产，导致破产程序终结后的部分案件不得不回归普通民商事纠纷而脱离破产程序的制度目的；另一方面，即使是已有的追加分配规则也存在诸多亟待完善之处，如其启动、受理以及实施主体规则的不合理性，管理人（清算组）复权机制的缺位，以及除斥期间、上缴国库等规则均有不周延之处。

总体来看，营商环境不断优化的进程对破产程序债务执行效率提出越来越高的要求，破产清算终结后发现可追收、应追加分配财产的可能性也将不可避免地提高。现行法对该问题的调整和规则供给明显不足，导致审判实践不得不使用公司法所提供的案由和法律依据进行审理。未来的破产立法应对程序终结后权利救济的问题作出更加完善和细化的规定。

附件：判决书全文

海南金厦建设股份有限公司与中国农业银行股份有限公司深圳市分行

股东出资纠纷一案二审民事判决书

广东省高级人民法院

民事判决书

（2013）粤高法民二终字第 79 号

上诉人（原审被告）：海南金厦建设股份有限公司（原名称为：海南金厦工程

实业公司）。住所地：海口市滨海大道。

　　法定代表人：姜代云，董事长。

　　委托代理人：纪超，广东竞德律师事务所律师。

　　被上诉人（原审原告）：中国农业银行股份有限公司深圳市分行（原名称为：中国农业银行深圳市分行）。住所地：深圳市罗湖区。

　　负责人：朱正罡，行长。

　　委托代理人：陈济民，广东瀚宇律师事务所律师。

　　原审被告：北京永峰土地整理有限公司。住所地：北京市密云县。

　　法定代表人：胡文晰。

　　原审被告：深圳市方正东讯科技有限公司。住所地：深圳市福田区。

　　法定代表人：许琦。

　　原审被告：深圳市海鸿能源发展有限公司。住所地：深圳市福田区。

　　法定代表人：郑友政，董事长。

　　原审被告：中企国能实业集团有限公司。住所地：深圳市福田区。

　　法定代表人：张勇，董事长。

　　原审被告：深圳市中化金山石油化工有限公司。住所地：深圳市福田区。

　　法定代表人：王海庆，董事长。

　　原审被告：深圳市深港产学研创业投资有限公司。住所地：深圳市福田区。

　　法定代表人：厉伟，董事长。

　　原审被告：北京同晟时代投资管理有限公司。住所地：北京市平谷区。

　　法定代表人：陈允国。

　　上诉人海南金厦建设股份有限公司（以下简称海南金厦公司）因与被上诉人中国农业银行股份有限公司深圳市分行（以下简称农行深圳分行）、原审被告北京永峰土地整理有限公司（以下简称永峰土地公司）、深圳市方正东讯科技有限公司（以下简称方正东讯公司）、深圳市海鸿能源发展有限公司（以下简称海鸿能源公司）、中企国能实业集团有限公司（以下简称中企国能公司）、深圳市中化金山石油化工有限公司（以下简称中化金山公司）、深圳市深港产学研创业投资有限公司（以下简称深港产学研公司）、北京同晟时代投资管理有限公司（以下简称同晟时代公司）股东出资纠纷一案，不服广东省深圳市中级人民法院（2010）深中法民二初字第80号民事判决，向本院提起上诉。本院依法组成合议庭，对本案进行了审理，现已审理终结。

　　农行深圳分行起诉称：一、案情。1. 关于农行深圳分行债权。2007年11月21日深圳市中级人民法院同时作出四份民事判决，确认深圳市北大中基科技有限公司（以下简称北大中基公司）共欠农行深圳分行本金38 486 163.79元并应支付利息。由于北大中基公司的破产财产在上述判决下达前已分配完毕，上述判决未能执行。

深圳市中级人民法院于 2008 年 4 月 23 日裁定终结北大中基公司破产程序。2. 关于北大中基公司设立时出资不实及历次股权变更情况。1997 年 5 月 26 日海南金厦公司与三亚三和房地产有限公司（以下简称三亚三和公司，已注销）各出资 500 万元设立深圳市合厦投资开发有限公司（以下简称合厦公司，其名称后变更为深圳市中基科技有限公司、北大中基公司），两股东在深圳发展银行深圳振华支行设立的验资账户为"88507 **** 1232"，深圳协力会计师事务所（该所已注销）于 1997 年 5 月 19 日出具验资报告，确认了上述验资账户及注册资本为 1000 万元，随后办理的工商登记显示公司注册资本为 1000 万元。在另案中，经湖南省邵阳市中级人民法院查询，北大中基公司的上述验资账户不存在，据此可以认定海南金厦公司与三亚三和公司没有向北大中基公司投入注册资本。2000 年 11 月 30 日，深圳市祁田实业发展有限公司（后更名为方正东讯公司）、深圳市中科德实业发展有限公司（以下简称中科德公司，已注销）与海南金厦公司、三亚三和公司签订《股权转让协议书》，约定海南金厦公司将其所持北大中基公司 50% 股权转让给中科德公司，三亚三和公司将其所持 10% 股权转让给中科德公司，另 40% 股权转让给方正东讯公司。2001 年 1 月 2 日，变更登记后中科德公司持有北大中基公司 60% 股权，方正东讯公司持有北大中基公司 40% 股权。2001 年 4 月 11 日，中科德公司向北大中基公司增资 2600 万元，2001 年 5 月 29 日变更后中科德公司股权为 88.8888%，方正东讯公司股权为 11.1111%。2001 年 7 月 9 日中科德公司与永峰土地公司、深圳市中业亿通科技有限公司（以下简称中业亿通公司，后更名为方正东讯公司）签订股权转让协议书，约定中科德公司将其所持北大中基公司 50% 股权转让给永峰土地公司，将其所持 38.89% 股权转让给方正东讯公司，同时方正东讯公司增资 1200 万元，永峰土地公司增资 3200 万元，深港产学研公司增资 2000 万元。2001 年 8 月 9 日，办理变更登记之后，永峰土地公司持股 50%，方正东讯公司持股 30%，深港产学研公司持股 20%。2002 年 3 月 25 日，方正东讯公司与海鸿能源公司签订股权转让合同书，约定方正东讯公司将其所持北大中基公司 30% 股权转让给海鸿能源公司。2003 年 9 月 18 日，股东向北大中基公司增资 1 亿元，其中北京永峰紫金投资管理有限公司（以下简称永峰紫金公司）增资 5000 万元，中企国能公司增资 5000 万元。2003 年 9 月 27 日变更后永峰紫金公司持股 25%，海鸿能源公司持股 15%，深港产学研公司持股 10%，永峰土地公司持股 25%，中企国能公司持股 25%。2004 年 12 月 8 日，中企国能公司将其所持北大中基公司 25% 股权转让给中化金山公司。3. 关于抽逃出资的情况。2001 年 7 月 31 日股东方正东讯公司从北大中基公司抽逃资金 1200 万元。中企国能公司于 2003 年 9 月 19 日在北大中基公司的深圳发展银行泰然支行账户 110028 **** 3301 存入注册资本 5000 万元，办理验资后于 9 月 23 日从北大中基公司抽逃出资 500 万元。2003 年 9 月 29 日海鸿能源公司从北大中基公司抽逃资金

3000 万元。二、各被告应当承担的责任。1. 海南金厦公司的责任。海南金厦公司未尽出资义务，对北大中基公司不能清偿的债务应当在其未出资的本金 500 万元及利息范围内向农行深圳分行承担清偿责任。2. 永峰土地公司的责任。根据股权转让比例得知，永峰土地公司从中科德公司受让的股权所对应的不实出资中包含来自海南金厦公司的不实出资 2 812 465 元和来自三亚三和公司的不实出资 562 493 元。因此，永峰土地公司应当对海南金厦公司的债务在本金 2 812 465 元及利息范围内承担连带清偿责任；由于三亚三和公司已经注销，因此，永峰土地公司应当在本金 562 493 元及利息范围内向农行深圳分行承担清偿责任。3. 方正东讯公司的责任。方正东讯公司受让的股权所对应的不实出资包含来自海南金厦公司的 2 187 535 元和来自三亚三和公司的 4 437 507 元，三亚三和公司与中科德公司已注销，因此方正东讯公司对海南金厦公司的债务应当在本金 2 187 535 元及利息范围内承担连带清偿责任，并在本金 4 437 507 元及利息范围内承担债务清偿责任。2001 年 7 月 31 日方正东讯公司从北大中基公司抽逃 1200 万元，方正东讯公司应当在本金 1200 万元及利息范围内向农行深圳分行承担清偿责任。4. 海鸿能源公司的责任。海鸿能源公司从方正东讯公司受让的股权所对应的不实出资包含来自海南金厦公司的 2 187 535 元和来自三亚三和公司的 4 437 507 元。因此，海鸿能源公司应当在本金 2 187 535 元及利息范围内对海南金厦公司的债务承担连带清偿责任，在本金 4 437 507 元及利息范围内对方正东讯公司的相应债务承担连带清偿责任。5. 因海鸿能源公司、中企国能公司抽逃资金所产生的责任。海鸿能源公司于 2003 年 9 月 29 日从北大中基公司抽逃出资 3000 万元，中企国能公司于 2003 年 9 月 23 日从北大中基公司抽逃出资 500 万元。海鸿能源公司、中企国能公司应当在抽逃出资本息范围内向农行深圳分行承担清偿责任。抽逃出资行为发生时的股东永峰土地公司、同晟时代公司及深港产学研公司怠于行使经营管理的权利，对抽逃行为未予制止，对海鸿能源公司及中企国能公司的上述债务应当承担连带清偿责任，海鸿能源公司与中企国能公司对彼此的债务互负连带清偿责任。中化金山公司从中企国能公司受让的股权因中企国能公司抽逃出资行为而存在瑕疵，因此中化金山公司对中企国能公司的上述债务应当承担连带清偿责任。综上，依照《中华人民共和国公司法》第三条第二款、第二十条第一款及第三款、第二十六条、第二十八条，《最高人民法院关于适用〈中华人民共和国公司法〉若干问题的规定（二）》第二十二条第二款，《最高人民法院关于金融机构为企业出具不实或者虚假验资证明如何承担民事责任问题的通知》，请求判令：1. 确认原北大中基公司欠农行深圳分行债务本金 38 486 163.79 元及其应付利息（自 2005 年 7 月 20 日起按实欠本金计至清偿全部贷款本息之日止，其中，合同内的利息按年利率 5.742% 计付、逾期借款按合同约定利率上浮 30% 计收罚息，并对未支付的利息计算复利，截至 2010 年 4 月 22 日的利息为 23 538 900.92 元）；

2. 海南金厦公司对北大中基公司的债务在 500 万元本金及利息（利率按中国人民银行公布的同期同种贷款利率计算，计息期间自 1997 年 5 月 26 日起至债务清偿完毕之日止）范围内承担清偿责任；3. 永峰土地公司对海南金厦公司的债务在 2 812 465 元本金及利息（利率按中国人民银行公布的同期同种贷款利率计算，计息期间自 1997 年 5 月 26 日起至债务清偿完毕之日止）范围内承担连带清偿责任，在 562 493 元本金及利息（利率按中国人民银行公布的同期同种贷款利率计算，计息期间自 1997 年 5 月 26 日起至债务清偿完毕之日止）范围内向农行深圳分行承担清偿责任；4. 方正东讯公司对北大中基公司的债务在本金 16 437 507 元及利息（其中本金 4 437 507 元的计息期间自 1997 年 5 月 26 日起至债务清偿完毕之日止，本金 1200 万元的计息期间自 2001 年 7 月 31 日起至债务清偿完毕之日止，利率均按中国人民银行公布的同期同种贷款利率计算）承担清偿责任，在本金 21 87 535 元及利息（计息期间自 1997 年 5 月 26 日起至债务清偿完毕之日止，利率按中国人民银行公布的同期同种贷款利率计算）对海南金厦公司的债务承担连带清偿责任；5. 海鸿能源公司对海南金厦公司的债务在本金 2 187 535 元及利息（计息期间自 1997 年 5 月 26 日起至债务清偿完毕之日止）范围内承担连带清偿责任，对方正东讯公司所承担的债务本金 4 437 507 元及利息承担连带清偿责任；6. 海鸿能源公司在本金 3000 万元及利息（计息期间自 2003 年 9 月 29 日起至债务清偿完毕之日止，利率按中国人民银行公布的同期同种贷款利率计算）范围内对北大中基公司的债务承担清偿责任，中企国能公司对北大中基公司的债务在本金 500 万元及利息（计息期间自 2003 年 9 月 23 日起至债务清偿完毕之日止，利率按中国人民银行公布的同期同种贷款利率计算）范围内承担清偿责任，中化金山公司对中企国能公司的债务承担连带清偿责任，永峰土地公司、同晟时代公司及深港产学研公司对海鸿能源公司、中企国能公司的上述债务承担连带清偿责任，海鸿能源公司与中企国能公司对彼此的上述债务承担连带清偿责任。

海南金厦公司答辩称：一、农行深圳分行以普通民事诉讼程序主张未缴注册资本在程序上错误。根据破产法规定，股东未缴的注册资本属于破产财产，破产财产应该在破产程序中处理，并且本案未缴足的注册资本在原破产程序中进行了处理，农行深圳分行现提起普通民事诉讼违背了一事不二理的原则。即使农行深圳分行认为本案所要处理的财产是新发现的财产，是破产程序当时没有处理的财产，也应当依破产程序要求法院按原来的清算方案清偿，而不是以普通民事诉讼程序直接向本案被告主张权利，这不仅在程序上有误，也损害了其他债权人的合法权益。二、农行深圳分行引用法律依据不当。《最高人民法院关于适用〈中华人民共和国公司法〉若干问题的规定（二）》第二十二条第二款是关于解散清算的规定，解散清算和破产清算的法律规定是完全不同的。三、海南金厦公司所持有的合厦公司股权被他人擅自盗转，盗转以后合厦公司的一切法律后果，海南金厦公司均无须承担责任。合厦公司由海南金厦公司、三亚三和公司于1997年5月注册成立，合厦公司成立以后，因为没有合适的项目，两个原始股东没有实际经营，1998年以后两个股东也没有为合厦公司办理年检手续。海南金厦公司以为合厦公司早已经自然消亡，直到接到本案诉讼材料，才知道合厦公司被盗用。海南金厦公司接到通知后到深圳市市场监督管理局调查发现，2001年2月份工商登记机关依据深圳市公证处2000年12月5日出具的（2000）深证经叁字第701号公证书公证的《股权转让协议书》，将海南金厦公司持有的合厦公司股权转给了中科德公司，当时代表海南金厦公司办理上述手续的是唐雪松，海南金厦公司没有唐雪松这名员工，没有委托唐雪松办理合厦公司股权转让事宜，也从未向其他人转让合厦公司的股权，未收到500万元股权转让款。海南金厦公司向深圳市公证处提出意见并发函，要求撤销（2000）深证经叁字第701号公证书，深圳市公证处不予理会。所以海南金厦公司在本案中申请追加深圳市公证处为第三人，责令其提交出具公证书的依据材料，以查清海南金厦公司的股权被盗转的事实。

深港产学研公司答辩称：深港产学研公司作为专业从事风险投资的市场机构，是纯粹的财务投资者，不参与北大中基公司的经营管理，且深港产学研公司仅持有北大中基公司10%的股权，不享有对北大中基公司的控制权。其他股东抽逃出资是该股东的单方行为，深港产学研公司无从知晓。请求驳回农行深圳分行对深港产学研公司的诉讼请求。

永峰土地公司、方正东讯公司、海鸿能源公司、中企国能公司、中化金山公司、同晟时代公司在一审时未作答辩。

原审查明：

一、关于农行深圳分行对北大中基公司享有的债权以及北大中基公司破产清算情况。

2007年11月21日，深圳市中级人民法院分别作出（2005）深中法民二初字第371号、第372号、第373号、第374号共四份民事判决，分别判令借款人北大中基公司应在判决生效之日起十日内偿还农行深圳分行四笔在2004年12月期间发生的贷款本金2 486 163.79元、1000万元、1100万元、1500万元（四笔贷款本金共计38 486 163.79元）及利息（均自2005年7月20日起按实欠本金计至清偿全部贷款本息之日止，其中，合同期内的利息均按年利率5.742%计付，逾期借款均按合同约定利率上浮30%计收罚息，并对未支付的利息计算复利）；保证人永峰土地公司和西安达尔曼实业股份有限公司对北大中基公司应负担的上述债务承担连带清偿责任，其代偿债务后有权向北大中基公司追偿。

其中，在（2005）深中法民二初字第371号判决中，深圳市中级人民法院查明：北大中基公司于2006年4月24日被深圳市中级人民法院以（2006）深中法民二破字第5号民事裁定宣告破产还债，并指定清算组对北大中基公司进行接管。

农行深圳分行向北大中基公司清算组申报债权后，已获得分配财产 8 023 851.18 元。农行深圳分行并从该款中划拨 510 014.97 元冲抵其于（2005）深中法民二初字第 371、372、373、374 号案所发生的诉讼费、保全费、公告费，尚余 7 513 836.21 元用于归还（2005）深中法民二初字第 371 号案件所发生的贷款本金，现原告农行深圳分行主张（2005）深中法民二初字第 371 号案件的尚欠本金为 2 486 163.79 元，北大中基公司对此没有异议。

2007 年 6 月 26 日北大中基公司清算组作出《财产分配方案》，载明按法律规定优先支付清算费用及清偿优先债权后，北大中基公司剩余 25 643 467.62 元破产财产可供分配，经审计确认的破产债权为 161 752 159.69 元，清偿比例为 15.8535%，本破产财产分配方案待全体债权人会议通过后，以现金方式按清偿比例分配。附表列明农行深圳分行申报金额 50 353 004.68 元，确认金额 50 612 490.47 元，所占债权比例为 31.29%，分配金额 8 023 851.18 元。

2008 年 2 月 28 日，北大中基公司清算组向各位债权人发出《北大中基公司注册资本情况调查及债权人意见表决表》。载明：深圳市中级人民法院在审理北大中基公司破产案时，要求清算组对北大中基公司的注册资本情况进行查实，清算组按法院要求进行了调查，现将有关情况报告给各债权人，并请研究决定是否同意清算组所提出的处理意见，如同意请接本函后 25 日内回复，逾期回复及未回复均视为不同意，按《企业破产法》第六十四条规定，表决结果未获通过，清算组将放弃对北大中基公司注册资本不实相关责任人的追究，并向法院提出终结本案破产程序。现将有关情况及应表决的内容报告如下：一、北大中基公司注册资本情况。1. 北大中基公司 1997 年注册成立，注册资本为 1000 万元，经深圳协力会计师事务所协力验字（97）第 217 号验资报告验资。股东是三亚三和公司出资 500 万元、海南金厦公司出资 500 万元，存入银行为深圳发展银行振华路分行，账号为：88507 ＊＊＊＊ 1232，但经查询没有该账号，也没有该项存款。2000 年 11 月 30 日，三亚三和公司及海南金厦公司将出资转让给中科德公司和深圳市祈田实业发展有限公司，其中中科德公司占出资 60%，深圳市祈田实业发展有限公司（后更名为中业亿通公司）占出资 40%；2001 年 4 月 11 日中科德公司又增资 2600 万，此时注册资本为 3600 万，中科德公司占股权 88.89%，中业亿通公司占出资 11.11%；2001 年 7 月 6 日，中科德公司将其持有的 50% 转让给永峰土地公司，中科德公司将其持有的 38.89% 转让给中业亿通公司；这时永峰土地公司与中业亿通公司各占出资 50%。2001 年 7 月由深圳中鹏会计师事务所的深鹏会验字（2001）第 B190 号验资报告，增资 6400 万元，注册资本增为 1 亿元。永峰土地公司增资 3200 万元，占出资 50%；中业亿通公司增资 1200 万元，占出资 30%；深港产学研公司增资 2000 万元，占出资 20%。2002 年 2 月 19 日中业亿通公司将占出资 30% 股权转让给华德创建公司。

2003年9月18日北大中基公司股东决定增资1亿元，注册资本增为2亿元，华金时代公司增资5000万元占出资25%，永峰紫金公司增资5000万元占出资25%，此时，华德创建公司出资比例降为15%，深港产学研公司出资比例降为10%，永峰土地公司出资比例降为25%，2004年12月1日华金时代公司将出资5000万元转让给予深圳市中油长孚石油化工有限公司（现名为中化金山公司），永峰紫金公司2004年7月变更为同晟时代公司，2005年6月13日同晟时代公司将所占25%股权转让给永峰土地公司，华德创建公司将所占15%股权转让给海鸿能源公司。在整个转让及增资过程中并没有将未到位的1000万元资金补充注入。2、2001年7月由深圳中鹏会计师事务所的深鹏会验字（2001）第B190号验资报告，增资6400万元，中业亿通公司增资1200万元，但当月就抽回，2003年9月23日经深圳法威会计师事务所深法威验字（2003）第869号验证，北大中基公司股东再次增资，增加注册资本1亿元，增资账户是在深圳发展银行泰然支行的110028****3301，在当年9月19日开户，并由股东华金时代公司存入5000万元，当年9月23日由股东永峰紫金公司存入5000万元，验资后，该款在当月30日前全部转走，其中近500万元转回华金时代公司，2003年9月29日北大中基公司将投资款转款3000万给华德创建公司，2003年9月29日将投资款转款1000万给方正东讯公司，这些款项变成了应收款都无法收回。验资账户只留有145 181.2元，该账户在2005年8月12日销户，经调查北大中基公司在该期间并没有与这些公司有相应的往来业务，可以认为是抽逃资本。二、处理意见：根据《企业破产法》规定对注册资本不实进行追究，如债权人同意对注册资本不实进行追究，清算组将依法提起诉讼追究注册资本不实、抽逃资本相关责任人的法律责任。如债权人不同意对注册资本不实、抽逃资本进行追究，清算组将向法院提出终结本案破产程序。三、对注册资本不实进行追究存在的风险：1. 诉讼中存在风险。因民事诉讼是谁主张谁举证，存在可能败诉的风险，如北大中基公司账册不全，对抽逃资本这一问题可能存在举证难问题。2. 执行中存在风险。如胜诉后也可能存在执行不能的问题。因诉讼周期长，诉讼结束后当事人的情况会出现一些不可预见的变化。四、如对注册资本不实进行追究现需解决的问题。因发现注册资本问题已是清算阶段后期，当时财产分配已完毕，没有预留诉讼费及相关办案费用。现要起动诉讼程序就要各债权人筹集费用。费用预计：法院一审诉讼费55万元，该项可能争取缓交，一审以后的诉讼费可以待一审结果情况再定，办案费用（包括差旅费、调查费用等）估计10万元。现所筹费用由各债权人按比例垫付，在追回财产中优先偿还，如没有追回财产则由各债权人按比例分担。

2008年5月4日，北大中基公司清算组发函给各债权人称：关于《北大中基公司注册资本情况调查及债权人意见表决》有5家债权人同意，所代表的债权为42.98%，未过半数，按《企业破产法》第六十四条规定，清算组提出的处理方案未获通过。清算组认为如果 5 家债权人同意继续追究并垫付全部费用，也可以继续进行追讨工作。但这一工作尚需进一步统一意见，为了破产案件及时结案，按多数债权人意见，提请法院终结本案破产程序。对北大中基公司注册资本不实相关责任人的追究问题，如要追究可在终结本案破产程序后两年内提出。

深圳市中级人民法院于 2008 年 4 月 23 日作出（2006）深中法民二破产字第 5-9 号民事裁定，基于在 2007 年 8 月 22 日召开的北大中基公司第二次债权人会议上，债权人讨论并通过了北大中基公司清算组提交的破产财产分配方案，该分配方案已由本院裁定认可并由北大中基公司清算组予以执行，现破产财产已分配完毕，破产清算工作已经基本完成，故裁定终结北大中基公司破产案的破产程序。

2008 年 8 月 8 日，深圳市中级人民法院对农行深圳分行申请执行（2005）深中法民二初字第 371-374 号民事判决的保证人永峰土地公司及西安达尔曼实业股份有限公司四案，作出（2008）深中法执字第 688-691-3 号民事裁定，认为经查证被执行人永峰土地公司下落不明，被执行人西安达尔曼实业股份有限公司作为上市公司已被上海交易所于 2005 年 3 月作退市处理，两被执行人目前均没有可供执行的财产，农行深圳分行亦不能提供其他财产线索，故裁定深圳市中级人民法院（2005）深中法民二初字第 371-374 号民事判决中止执行。

二、关于北大中基公司股东出资、增资、股权变更以及部分股东虚假出资、抽逃出资情况。

1997 年 5 月 26 日海南金厦公司、三亚三和公司分别出资 500 万元设立合厦公司（其名称后变更为深圳市中基科技有限公司，后又变更为北大中基公司）。深圳协力会计师事务所于 1997 年 5 月 19 日出具协办验字 [97] 第 217 号验资报告称海南金厦公司、三亚三和公司以货币投入的方式分别向合厦公司实缴出资 500 万元，上述款项于 1997 年 5 月 19 日存入在深圳发展银行振华路分行设立的验资账户"88507****1232"。合厦公司注册资本为 1000 万元。

在其他案件中，湖南省邵阳市中级人民法院向深圳发展银行深圳振华分行查询合厦公司银行存款情况，深圳发展银行深圳振华分行于 2007 年 2 月 9 日回复称合厦公司"88507****1232"账户不存在。

2000 年 11 月 30 日，海南金厦公司、三亚三和公司与方正东讯公司（当时名称为深圳市祁田实业发展有限公司）、中科德公司签订《股权转让协议书》，约定海南金厦公司将其所持合厦公司 50% 的股权作价 500 万元转让给中科德公司，三亚三和公司将其所持合厦公司 10% 股权作价 100 万元转让给中科德公司，将所持合厦公司 40% 股权作价 400 万元转让给方正东讯公司。上述股权转让于 2001 年 1 月 2 日办理了工商变更登记手续。变更登记后中科德公司持有合厦公司 60% 股权，方正东讯公司持有合厦公司 40% 的股权。同时，合厦公司更名为深圳市中基科技有限公司。

2001年5月29日，中科德公司向深圳市中基科技有限公司增资2600万元，深圳市中基科技有限公司的注册资本增加到3600万元。增资后，中科德公司持有深圳市中基科技有限公司88.8888%股权，方正东讯公司持有深圳市中基科技有限公司11.1111%股权。

2001年7月9日中科德公司与永峰土地公司、方正东讯公司（当时名称为中业亿通公司）签订股权转让协议书，约定中科德公司将其所持深圳市中基科技有限公司50%的股权作价1800万元转让给永峰土地公司，中科德公司将其所持深圳市中基科技有限公司38.8888%股权作价1400万元转让给方正东讯公司。2001年8月9日深圳市中基科技有限公司办理了上述股权转让的工商变更登记手续，同时还办理了增资及更名手续。深圳市中基科技有限公司注册资本增加到1亿元并更名为北大中基公司。增加的6400万元注册资本中，永峰土地公司向北大中基公司增资3200万元，方正东讯公司向北大中基公司增资1200万元，深港产学研公司向北大中基公司增资2000万元。增资后，永峰土地公司持股50%，方正东讯公司持股30%，深港产学研公司持股20%。北大中基公司于2001年7月25日开出以中业亿通公司（即方正东讯公司）为收款人的1200万元深圳发展银行支票且该支票兑现。北大中基公司的2001年7月31日记账凭证记载"其他应收款—中业亿通"1200万元。

2002年3月25日，方正东讯公司与海鸿能源公司（当时名称为华德创建公司）签订股权转让合同书，约定方正东讯公司将其所持北大中基公司30%股权作价3000万元转让给海鸿能源公司。

2003年9月27日北大中基公司办理了上述股权转让的工商变更登记手续，同时还办理了增资手续。北大中基公司的注册资本从1亿元增加到2亿元，其中，同晟时代公司（当时名称为永峰紫金公司）增资5000万元，中企国能公司（当时名称为华金时代公司）增资5000万元。该次增资后，北大中基公司的股东持股情况为：同晟时代公司持股25%，海鸿能源公司持股15%，深港产学研公司持股10%，永峰土地公司持股25%，中企国能公司持股25%。

2003年9月23日北大中基公司分4笔向华金时代公司（即中企国能公司）汇出"往来"款共500万元，同日的北大中基公司记账凭证记载"其他应收款—单位—华金时代"500万元。2003年9月29日北大中基公司用深圳发展银行支票向华德创建公司（即海鸿能源公司）转账支付3000万元，向方正东讯公司转账支付1000万元。同日的北大中基公司记账凭证记载"其他应付款—华德创建公司"3000万元，"其他应收款—单位—方正东讯"1000万元。

2004年12月1日，中企国能公司与中化金山公司（当时名称为深圳市中油长孚石油化工有限公司）签订《股权转让合同书》，约定中企国能公司将所持北大中基公司25%股权作价5000万元转让给中化金山公司。2004年12月8日北大中基公司办理了相应的工商变更登记手续。

2005 年 6 月 13 日同晟时代公司将所持北大中基公司 25% 股权转让给永峰土地公司。

原审认为：一、关于农行深圳分行对北大中基公司所享有的债权。深圳市中级人民法院四份生效民事判决即（2005）深中法民二初字第 371、372、373、374 号民事判决已经确认农行深圳分行对北大中基公司所享有的贷款本息债权并判令北大中基公司予以偿还，在本案中本院将该四份生效民事判决的内容作为一项事实予以认定。农行深圳分行在本案中无需也不应再次提出确认该债权的诉讼请求，否则构成重复诉讼。

二、农行深圳分行对北大中基公司股东的请求权。破产程序是指当债务人资不抵债或者明显缺乏清偿能力时，为保证债务人财产能够在全体债权人之间得到最大限度的、公平的分配，而采取的对债务人财产的概括执行程序。《中华人民共和国企业破产法》第一百二十三条规定："自破产程序依照本法第四十三条第四款或者第一百二十条的规定终结之日起二年内，有下列情形之一的，债权人可以请求人民法院按照破产财产分配方案进行追加分配：（一）发现有依照本法第三十一条、第三十二条、第三十三条、第三十六条规定应当追回的财产的；（二）发现破产人有应当供分配的其他财产的。有前款规定情形，但财产数量不足以支付分配费用的，不再进行追加分配，由人民法院将其上交国库。"该条规定的追加分配针对的是破产程序终结后新发现的应当由破产人追回的财产。在本案所涉及的北大中基公司破产程序中，在清算阶段后期北大中基公司清算组已经发现北大中基公司的部分股东存在虚假出资、抽逃出资的情况，因当时北大中基公司破产财产已经分配完毕，针对虚假出资、抽逃出资的北大中基公司股东提起诉讼需要各债权人按比例垫付诉讼费用，经债权人会议表决，同意追索的未过半数，导致北大中基公司未向虚假出资、抽逃出资的股东进行追索。北大中基公司的大部分债权人未同意向虚假出资、抽逃出资的北大中基公司股东进行追索，应视为该部分债权人放弃自己的权利，即该部分债权人对于追回的财产放弃参加分配的权利，因此本案不应适用《中华人民共和国企业破产法》第一百二十三条规定。农行深圳分行积极要求向北大中基公司股东进行追索，在北大中基公司破产程序终结之后，农行深圳分行以自己的名义提起诉讼要求北大中基公司虚假出资、抽逃出资的股东向农行深圳分行个别清偿，并不违反法律规定，也不损害北大中基公司其他债权人的利益。

三、北大中基公司相关股东应当承担的责任。

1. 海南金厦公司的责任。有限责任公司股东应以其认缴的出资额对公司承担责任，有限责任公司股东虚假出资的，应向公司承担补足出资本息的责任，或者在未出资的本息范围内对公司债务不能清偿的部分向公司债权人承担补充赔偿责任，该种补充赔偿责任的实质是股东以代公司清偿债务的方式补足对公司的出资。股东的出资义务属于法定义务，为确保公司资本充实，维护公司的正常经营以及公司债权人的利益，股东的出资义务不因股权转让而免除，虚假出资的股东在出让股权后仍应承担责任。1997年5月26日北大中基公司成立时，其股东海南金厦公司、三亚三和公司分别认缴出资500万元，但北大中基公司的验资账户即深圳发展银行振华路分行"88507****1232"账户不存在，这说明海南金厦公司、三亚三和公司存在虚假出资行为。海南金厦公司作为北大中基公司的原始股东未履行出资义务，应在未出资本息范围内对北大中基公司不能清偿的债务承担补充赔偿责任。北大中基公司已无其他破产财产可供分配，故农行深圳分行有权要求海南金厦公司承担赔偿责任。海南金厦公司辩称其所持北大中基公司股权被他人盗转给中科德公司，故海南金厦公司不应对其股权被转让后发生的北大中基公司债务承担责任。因海南金厦公司作为原始股东对北大中基公司承担的出资责任不受股权转让的影响，故海南金厦公司持有的北大中基公司股权是否被他人盗转，并不影响海南金厦公司承担本案责任。法院对海南金厦公司提出的追加深圳市公证处为第三人以查清股权盗转事实的申请不予准许，海南金厦公司对其主张的股权盗转问题可以另循法律途径处理。农行深圳分行对海南金厦公司提出的诉讼请求成立，予以支持。

2. 永峰土地公司的责任。虚假出资的股东对外转让股权的，受让股权的股东因登记在册，对外具有公示效力，对信赖工商登记的公司债权人而言，受让人亦负有担保该部分股权已出资到位的义务，故受让人应对出资承担连带责任。中科德公司从海南金厦公司受让北大中基公司50%股权（对应出资额500万元）、从三亚三和公司受让北大中基公司10%股权（对应出资额100万元）。海南金厦公司、三亚三和公司均虚假出资，中科德公司作为600万元瑕疵股权的受让人，应承担弥补瑕疵的连带责任。中科德公司在对北大中基公司增资2600万元（中科德公司的持股比例因此上升为88.8888%）之后将北大中基公司50%股权转让给永峰土地公司，该部分股权中包含有瑕疵股权，永峰土地公司亦应承担弥补瑕疵的连带责任，永峰土地公司应弥补金额为本金3 375 000元（600万元×50/88.8888，注：在计算虚假出资金额时精确到小数点后8位，即88.8888按88.888 888 88计算，以下均同）及利息，其中包含海南金厦公司虚假出资的本金2 812 500元（500万元×50/88.8888）、三亚三和公司虚假出资部分的本金562 500元（100万元×50/88.8888）。

3. 方正东讯公司的责任。方正东讯公司从三亚三和公司受让北大中基公司40%股权（对应出资额400万元），从中科德公司受让38.8888%股权（此前中科德公司的持股比例因增资2600万元而上升为88.888 88%）。中科德公司所持股权中有部分系从三亚三和公司、海南金厦公司受让的瑕疵股权，方正东讯公司应承担弥补瑕疵的连带责任。方正东讯公司应弥补金额为本金6 625 000元（400万元+600万元×38.8888/88.8888）及利息，其中包含海南金厦公司虚假出资的本金2 187 500

元（500 万元 ×38.8888/88.8888）、三亚三和公司虚假出资部分的本金 4 437 500 元（400 万元 +100 万元 ×38.8888/88.8888）。

2001 年 7 月，方正东讯公司向北大中基公司增资 1200 万元，随后该款被转回方正东讯公司，方正东讯公司的该种行为构成抽逃出资，方正东讯公司应在抽逃出资本金 1200 万元及利息范围内对北大中基公司债务不能清偿的部分向北大中基公司债权人承担补充赔偿责任。农行深圳分行要求方正东讯公司在抽逃出资本金 1200 万元及利息范围内承担责任，符合法律规定，予以支持。

4. 海鸿能源公司的责任。海鸿能源公司受让了方正东讯公司全部股权，其中含有虚假出资 6 625 000 元（包括海南金厦公司虚假出资 2 187 500 元、三亚三和公司虚假出资 4 437 500 元）。海鸿能源公司作为股权受让人应承担弥补瑕疵的连带责任。

2003 年 9 月 29 日北大中基公司向海鸿能源公司转账支付 3000 万元，北大中基公司在记账凭证中记载该笔款项为"其他应付款"，即北大中基公司向海鸿能源公司清偿债务。但并无证据证明北大中基公司在付款前对海鸿能源公司负有 3000 万元债务，北大中基公司清算组亦认为海鸿能源公司应返还该笔款项，故海鸿能源公司应向北大中基公司返还该笔 3000 万元款项及利息。北大中基公司怠于向海鸿能源公司追索该笔款项，农行深圳分行作为北大中基公司的债权人有权以自己的名义代位行使债权。农行深圳分行提出的海鸿能源公司应在 3000 万元及利息范围内承担清偿责任的诉讼请求，符合法律规定，予以支持。

农行深圳分行没有提供证据证明北大中基公司的其他股东协助海鸿能源公司占用北大中基公司 3000 万元资金，故农行深圳分行提出的北大中基公司的其他股东对海鸿能源公司清偿 3000 万元及利息承担连带责任的诉讼请求，缺乏事实依据，不予支持。

5. 中企国能公司的责任。2003 年 9 月中企国能公司向北大中基公司增资 5000 万元，其中的 500 万元随后被转回给中企国能公司。中企国能公司的该种行为构成抽逃出资。中企国能公司应当在抽逃出资本金 500 万元以及利息范围内对北大中基公司公司债务不能清偿的部分向北大中基公司债权人承担补充赔偿责任。农行深圳分行要求中企国能公司在抽逃出资本金 500 万元及利息范围内承担责任，符合法律规定。

农行深圳分行没有提供证据证明北大中基公司的其他股东协助中企国能公司抽逃出资，故农行深圳分行提出的北大中基公司的其他股东对中企国能公司抽逃出资行为承担连带责任的诉讼请求，缺乏事实依据，不予支持。

另，抽逃出资行为是股东履行出资义务之后未经合法方式而从公司取回出资的行为，该行为侵害了公司财产权，但该行为的性质有别于虚假出资行为。我国法律未规定抽逃出资的股东转让股权的，受让人需对抽逃出资承担连带责任。中化金山公司受让了中企国能公司持有的北大中基公司股权，农行深圳分行提出的中化金山公司应对中企国能公司抽逃出资行为承担连带责任的诉讼请求，没有法律依据，不予支持。综上，依照《中华人民共和国合同法》第七十三条第一款，《中华人民共和国公司法》第三条第二款、第二十六条第一款、第二十八条，《最高人民法院关于适用〈中华人民共和国公司法〉若干问题的规定（三）》第十二条第（一）项、第十三条第二款、第十四条第二款的规定，判决如下：

一、海南金厦建设股份有限公司对深圳市北大中基科技有限公司所欠中国农业银行股份有限公司深圳市分行债务在虚假出资本金 500 万元及利息（从 1997 年 5 月 26 日起计）范围内向中国农业银行股份有限公司深圳市分行承担赔偿责任，北京永峰土地整理有限公司对海南金厦建设股份有限公司上述债务中的 2 812 500 元及利息（从 1997 年 5 月 26 日起计）承担连带责任，深圳市方正东讯科技有限公司、深圳市海鸿能源发展有限公司对海南金厦建设股份有限公司上述债务中的另外一部分 2 187 500 元及利息（从 1997 年 5 月 26 日起计）承担连带责任；

二、关于三亚三和房地产有限公司 500 万元虚假出资本息债务部分，北京永峰土地整理有限公司对深圳市北大中基科技有限公司所欠中国农业银行股份有限公司深圳市分行债务在三亚三和房地产有限公司虚假出资债务 562 500 元及利息（从 1997 年 5 月 26 日起计）范围内向中国农业银行股份有限公司深圳市分行承担赔偿责任，深圳市方正东讯科技有限公司、深圳市海鸿能源发展有限公司在三亚三和房地产有限公司虚假出资债务的另一部分 4 437 500 元及利息（从 1997 年 5 月 26 日起计）范围内向中国农业银行股份有限公司深圳市分行连带承担赔偿责任；

三、深圳市方正东讯科技有限公司对深圳市北大中基科技有限公司所欠中国农业银行股份有限公司深圳市分行债务在抽逃出资 1200 万元及利息（从 2001 年 7 月 31 日起计）范围内向中国农业银行股份有限公司深圳市分行承担赔偿责任；

四、深圳市海鸿能源发展有限公司对深圳市北大中基科技有限公司所欠中国农业银行股份有限公司深圳市分行债务在占用资金 3000 万元及利息（从 2003 年 9 月 29 日起计）范围内向中国农业银行股份有限公司深圳市分行承担清偿责任；

五、中企国能实业集团有限公司对深圳市北大中基科技有限公司所欠中国农业银行股份有限公司深圳市分行债务在抽逃出资 500 万元及利息（从 2003 年 9 月 23 日起计）范围内向中国农业银行股份有限公司深圳市分行承担赔偿责任；

六、驳回中国农业银行股份有限公司深圳市分行的其他诉讼请求。

海南金厦建设股份有限公司、北京永峰土地整理有限公司、深圳市方正东讯科技有限公司、深圳市海鸿能源发展有限公司、中企国能实业集团有限公司应履行的债务总额以（2005）深中法民二初字第 371、372、373、374 号民事判决所确认的深圳市北大中基科技有限公司所欠中国农业银行股份有限公司深圳市分行贷款本息总额尚未执行的部分为限。以上虚假出资、抽逃出资债务本金的利息均按中国人民银行同期同类人民币贷款基准利率计算，均计至本判决指定的付款之日止。

海南金厦建设股份有限公司、北京永峰土地整理有限公司、深圳市方正东讯科技有限公司、深圳市海鸿能源发展有限公司、中企国能实业集团有限公司应于本判决生效后十日内履行上述给付金钱义务，逾期则依照《中华人民共和国民事诉讼法》第二百二十九条之规定，加倍支付迟延履行期间的债务利息。

本案案件受理费 351 925.32 元（已由中国农业银行股份有限公司深圳市分行预交），由海南金厦建设股份有限公司承担 30 870 元，北京永峰土地整理有限公司承担 3473 元，深圳市方正东讯科技有限公司承担 101 487 元，深圳市海鸿能源发展有限公司承担 185 224 元，中企国能实业集团有限公司承担 30 871.32 元。

海南金厦建设股份有限公司不服原审判决，向本院提起上诉称：

一、被上诉人不能以普通民事诉讼程序主张破产债权。因北大中基是一家已经被人民法院宣告破产的企业，因此，处理北大中基的债务，《中华人民共和国企业破产法》是不能绕开的一部法律。《中华人民共和国企业破产法》第三十五条规定："人民法院受理破产申请后，债务人的出资人尚未完全履行出资义务的，管理人应当要求该出资人缴纳所认缴的出资，而不受出资期限的限制。"由此可见，北大中基的不实出资为破产财产，并且应由破产管理人而非某一债权人依破产程序出面追缴。正是基于此规定，2008 年 2 月 28 日，北大中基清算组向各位债权人发出《北大中基公司注册资本情况调查及债权人意见表决表》，征集债权人对追究北大中基不实注册资本的意见。并表明按《中华人民共和国企业破产法》第六十四条规定，表决未获通过，清算组将放弃对北大中基公司注册资本不实责任人的追究。2008 年5 月 4 日，清算组发函给各债权人称：关于《北大中基公司注册资本情况调查及债权人意见表决》有 5 家债权人同意，所代表的债权为 42.98%，未过半数，按《中华人民共和国企业破产法》第六十四条的规定，清算组提出的处理方案未通过。《中华人民共和国企业破产法》第六十四条规定："债权人会议的决议，由出席会议的有表决权的债权人过半数通过，并且所代表的债权额占无财产担保债权总额的二分之一以上。但是，本法另有规定的除外。债权人认为债权人会议的决议违反法律规定，损害其利益的，可以自债权人会议作出决议之日起十五日内，请求人民法院裁定撤销该决议，责令债权人会议重新作出决议。债权人会议的决议，对于全体债权人均有约束力。"可见，北大中基的不实注册资本应该由破产程序处理，并且也已经由破产程序处理过。该处理的决议对所有的债权人包括被上诉人均具同样的约束力。清算组放弃追究即视为所有的债权人放弃追究，不存在被上诉人及一审判决所称的其他人视为放弃而由被上诉人专享的问题。按《中华人民共和国企业破产法》的上述规定，北大中基的不实注册资本不仅只能由破产程序处理，而且追究不实注册资本的主体是管理人，即北大中基公司破产清算组。清算组 2008 年 5 月 4 日函件中"对北大中基公司注册资本不实相关责任人的追究问题，如要追究可在终结本案破产程序后两年内提出"表述，不论其是否符合法律的规定，也都是指两年内向清算组提出由清算组启动不实注册资本追究及追加分配程序，而不是由债权人向人民法院直接提出，更不可能由债权人直接提起民事诉讼。被上诉人直接向人民法院就此提起民事诉讼，不仅法律程序选择错误，其作为追究的主体也不适格，因此人民法院依法应当驳回被上诉人的起诉。

二、一审判决判令将不实注册资本直接赔付给被上诉人违反法律的明确规定。如上所述，北大中基的不实注册资本为其破产财产。一审判决将不实注册资本赔付给上诉人，实际上就是将破产财产直接判令支付给北大中基的单一债权人被上诉人。《中华人民共和国企业破产法》第十六条规定："人民法院受理破产申请后，债务人对个别债权人的债务清偿无效。"因此，一审判决将不实注册资本直接赔付给被上诉人显然违反了《中华人民共和国企业破产法》第六十四条的明确规定，是一份违法的判决！

三、上诉人无须承担北大中基公司注册资本不实的任何责任。一审庭审时，上诉人已明确提出，上诉人持有的合厦公司的股权系被他人非法盗转。并就此提交的一系列的证据。其中公章与签名的伪造连肉眼都可以一眼看穿。并且，上诉人还提出了追加深圳市公证处参加诉讼的申请。只要法庭愿意调查，上诉人股权被盗转的事实是完全可以查清的。遗憾且令上诉人气愤的是一审法庭对该事实完全不予调查，并在判决中要求上诉人另循法律途径解决。如果不论是否存在盗转，上诉人对北大中基的注册资本不实造成的其他人损失均承担赔偿责任，法庭不予查实上诉人股权被盗转的事实并要求上诉人另循法律途径解决倒可以理解。但如果确实是盗转，上诉人无须担责，则法庭必须查明是否存在事实，而不能错误判决上诉人担责后再要求上诉人去另循法律途径救济。否则就是法院以一个错误的判决，制造出另外一个诉讼来予以救济纠错。而由此给上诉人可能造成无法挽回的损失，上诉人因错误的判决对外赔付后，另循法律途径解决，即使胜诉也完全可能无法执行或全额执行。上诉人作为股东设立合厦公司后，因无合适的项目，自始没有事实上的有效经营。因没有经营故也没有实际注资。合厦公司 1997 年成立后，从 1998 年开始上诉人就未再为其办理年检手续。在我国实际经济生活中，不用的公司很少有人去办理注销手续的，一般都是让其自然消亡。上诉人当然也不会罕见地去办理合厦公司的注销手续。直至接到本案的应诉通知，上诉人才知道其股权被盗窃、合厦公司被他人反复变更名称和增资以及大量负债的事实。责任的承担必须有合理合法的理由。单就成立公司无任何经营的行为，无论其是否注资，都不会造成任何人任何损失。成立公司后无任何经营即任其自然消亡也不会给任何人造成任何损失。因此，上诉人成立合厦公司未经营即任其自然消亡的行为不会给任何人造成任何损失，故不会产生任何民事赔偿责任。至于此后公司被他人非法盗转以及盗转以后利用公司所作的任何行为，上诉人完全不知情也完全无法左右，跟上诉人也没有半毛钱的关系。要求上诉人对与其无任何关系、完全不知情、完全无法左右的行为承担责任显然是没有任何事实及法律依据的。

四、被上诉人和一审判决均错误援引和使用法律。如前所述，北大中基是一破产企业，因此《中华人民共和国企业破产法》是处理北大中基案件不可能绕开的法律。但被上诉人尤其是一审判决偏偏就能不顾北大中基是一家破产企业这一事实，彻底地绕开《中华人民共和国企业破产法》。被上诉人在一审起诉状中列明的支持其观点的法律依据为《中华人民共和国公司法》第三条第二款，第二十条第一款及第三款，第二十六条，第二十八条；《最高人民法院关于适用〈中华人民共和国公司法〉若干问题的规定（二）》第二十二条第二款……《中华人民共和国公司法》的上述几条规定均是泛泛的原则性规定，不足以支持被上诉人的诉讼主张。真正与原告诉讼请求密切关联的是其所列的《最高人民法院关于适用〈中华人民共和国公司法〉若干问题的规定（二）》第二十二条第二款。但是整个《最高人民法院关于适用〈中华人民共和国公司法〉若干问题的规定（二）》的全部规定均是关于公司解散清算的规定。解散清算和破产清算是法律性质完全不同的两个概念，二者适用的法律程序也完全不同。被上诉人要求按照解散清算的法律规定处理应破产清算的财产，是基本的法律引用错误。当然，其错误的程序不可能有正确法律规定来支持。被上诉人为其自身利益回避援引正确法律倒是可以理解，一审判决回避适用正确法律就无法理解了。

综上：本案注册资本不实的追究问题应由且已经由破产程序处理，被上诉人以错误的主体、错误的程序提起的民事诉讼，人民法院应当依法驳回其诉讼请求。一审判决认为被上诉人的诉求不违反法律规定是不适用正确法律规定的错误认定。并且，无论适用何种程序，上诉人均不应因北大中基的注册资本不实承担任何责任，一审判决上诉人承担赔偿责任违背本案基本事实及客观常理。一审判决无论是认定事实、程序适用、法律适用都存在根本性的错误，故请求法院依法撤销一审判决，驳回被上诉人的诉讼请求。

农行深圳分行答辩称：1. 海南金厦公司在北大中基公司的出资不实，且事后没有补缴，对此农行深圳分行提供的证据已经予以证实，海南金厦公司也没有否认。2. 无论海南金厦公司所持有的北大中基公司的股权是否发生转让或被盗转，都应当对北大中基公司不能清偿的债务向债权人农行深圳分行承担赔偿责任。海南金厦公司履行本案债务后，可以另循法律途径向有关责任人追索。3. 农行深圳分行追索的债务在北大中基公司破产终结前已经被所有债权人知晓，并不是破产终结后发现的新债务，由于多数债权人放弃债权致使破产清算组无法展开追索，但农行深圳分行始终没有放弃债权，在破产终结后单独提起诉讼，要求海南金厦公司就出资不实承担赔偿责任，既不损害任何第三方利益，也不违背任何法律规定。

综上所述，一审判决认定的事实清晰明了，证明事实的证据确凿充分，对判决理由的阐述逻辑严谨，判决结论于法有据。因此，请求维持原判，驳回海南金厦公司的上诉。

永峰土地公司、方正东讯公司、海鸿能源公司、中企国能公司、中化金山公司、同晟时代公司在本院二审时未提交意见。

本院对原审判决查明的事实予以确认。

本院认为：根据海南金厦公司的上诉和农行深圳分行的答辩，本案的争议焦点为：1. 农行深圳分行能否以普通民事诉讼程序主张本案破产债权；2. 海南金厦公司对其出资不实应否承担责任。

关于农行深圳分行对北大中基公司股东的请求权问题。破产程序是指当债务人资不抵债或者明显缺乏清偿能力时，为保证债务人财产能够在全体债权人之间得到最大限度的、公平的分配，而采取的对债务人财产的概括执行程序。《中华人民共和国企业破产法》第一百二十三条规定："自破产程序依照本法第四十三条第四款或者第一百二十条的规定终结之日起二年内，有下列情形之一的，债权人可以请求人民法院按照破产财产分配方案进行追加分配：（一）发现有依照本法第三十一条、第三十二条、第三十三条、第三十六条规定应当追回的财产的；（二）发现破产人有应当供分配的其他财产的。有前款规定情形，但财产数量不足以支付分配费用的，不再进行追加分配，由人民法院将其上交国库。"该条规定的追加分配针对的是破产程序终结后新发现的应当由破产人追回的财产。本案所涉及的北大中基公司破产程序中，在清算阶段后期北大中基公司清算组已经发现北大中基公司的部分股东存在虚假出资、抽逃出资的情况，因当时北大中基公司破产财产已经分配完毕，针对虚假出资、抽逃出资的北大中基公司股东提起诉讼需要各债权人按比例垫付诉讼费用，经债权人会议表决，同意追索的未过半数，导致北大中基公司未向虚假出资、抽逃出资的股东进行追索。北大中基公司的大部分债权人未同意向虚假出资、抽逃出资的北大中基公司股东进行追索，应视为该部分债权人放弃自己的权利，即该部分债权人对于追回的财产放弃参加分配的权利，因此一审判决本案不应适用《中华人民共和国企业破产法》第一百二十三条规定正确。农行深圳分行积极要求向北大中基公司股东进行追索，在北大中基公司破产程序终结之后，农行深圳分行以自己的名义提起本案诉讼，要求北大中基公司虚假出资、抽逃出资的股东向农行深圳分行个别清偿，并不违反法律规定，也不损害北大中基公司其他债权人的利益。据此，海南金厦公司上诉认为农行深圳分行不能以普通民事诉讼程序直接向人民法院就此提起诉讼，不仅法律程序选择错误，其作为追究的主体也不适格，请求驳回农行深圳分行的起诉理由不成立，本院不予支持。

关于海南金厦公司对其出资不实应否承担责任问题。有限责任公司股东应以其认缴的出资额对公司承担责任，有限责任公司股东虚假出资的，应向公司承担补足出资本息的责任，或者在未出资的本息范围内对公司债务不能清偿的部分向公司债权人承担补充赔偿责任，该种补充赔偿责任的实质是股东以代公司清偿债务的方式补足对公司的出资。股东的出资义务属于法定义务，为确保公司资本充实，维护公司的正常经营以及公司债权人的利益，股东的出资义务不因股权转让而免除，虚假出资的股东在出让股权后仍应承担责任。1997 年 5 月 26 日北大中基公司成立时，其股东海南金厦公司、三亚三和公司分别认缴出资 500 万元，但北大中基公司的验资账户即深圳发展银行振华路分行"88507 **** 1232"账户不存在，这说明海南金厦公司、三亚三和公司存在虚假出资行为。海南金厦公司作为北大中基公司的原始股东未履行出资义务，应在未出资本息范围内对北大中基公司不能清偿的债务承担补充赔偿责任。北大中基公司已无其他破产财产可供分配，故农行深圳分行有权要求海南金厦公司承担赔偿责任。海南金厦公司上诉称其所持北大中基公司股权被他人盗转给中科德公司，故海南金厦公司不应对其股权被转让后发生的北大中基公司债务承担责任。因海南金厦公司作为原始股东对北大中基公司承担的出资责任不受股权转让的影响，故海南金厦公司持有的北大中基公司股权是否被他人盗转，并不影响海南金厦公司承担本案责任。故一审法院对海南金厦公司提出的追加深圳市公证处为第三人以查清股权盗转事实的申请不予准许，告知海南金厦公司对其主张的股权盗转问题可以另循法律途径处理，并无不当。海南金厦公司该上诉理由理据不充分，本院不予支持。

综上，一审判决认定事实清楚，适用法律正确，处理得当，应予维持。海南金厦公司的上诉请求缺乏事实和法律依据，应予驳回。根据《中华人民共和国民事诉讼法》第一百七十条第一款第（一）项、第一百七十五条的规定，判决如下：

驳回上诉，维持原判。

本案二审案件受理费 46 800 元由海南金厦公司负担。

本判决为终审判决。

审判长　李洪堂
审判员　彭仕泉
代理审判员　陈　颖
二〇一四年五月十六日
书记员　陈　敏

专题十七 "无产可破"案件受理的
制度困境与出路

一、案情事实概要与问题的提出

桐乡市河山资产经营总公司（以下简称"河山公司"）是取得法人资格的集体企业，其与债权人上海贞元投资管理有限公司（以下简称"贞元公司"）之间存在债权债务关系，该法律关系已被生效司法文书所确认。2008 年 12 月 31 日，河山公司被工商部门吊销营业执照，但一直未进行清算，亦未办理注销登记。后贞元公司请求人民法院进行强制执行前述生效债权文书，执行法院在执行过程中发现，河山公司被依法吊销营业执照，无独立财产可供执行，且无权利义务承受人，故裁定终结执行。贞元公司遂依据《企业破产法》的相关规定，向人民法院申请对河山公司进行破产清算。

一、二审法院认为，贞元公司可继续通过执行程序保障自身权利，且债务人无可供清算的财产，故驳回了贞元公司破产清算的申请。贞元公司不服，向浙江高院提出再审请求。再审法院认为，一旦启动破产清算程序，必将产生与破产清算工作相关的必要费用。如果被申请人无任何财产，不仅无法支付破产清算的必要费用，也会造成社会资源不必要的浪费。同时，贞元公司自认经过多年的排查，未查到河山公司的财产线索，在此情况下，对河山公司启动破产清算程序缺乏必要性和可行性。如果贞元公司之后发现债务人存在可供执行的财产，由于涉案债权的原债权人已申请法院强制执行，贞元公司可依法申请变更执行主体，通过执行程序保障其相应权利，故驳回贞元公司的再审申请。

本案反映的问题是，债权人申请对债务人启动破产清算程序，是否以债务人存在可供执行的财产为前提？即受理"无产可破"案件的必要性何在？虽然再审法院不予支持债权人破产申请的做法有一定合理性，但在司法实践中存在的大量"无产可破"案件，并非都无破产实益。在破产程序开始前，多数法院并不确定债务人是否仍有能够追回的财产，因而并不能仅以"无可供执行的财产"为由将此类债务人拒于破产程序之外。同时，随着"执转破"程序的推进，"无产可破"案件在近年有大幅增加的趋势，妥善处理这类案件不仅是保障债权人清偿利益的需要，往往还涉及市场主体退出机制的规范与畅通。为保障"无产可破"企业顺利出清，建立破产费用援助保障机制、增设破产简易程序等已成为全国共识。由此，本文将分为以下四个部分对"无产可破"问题展开研究：其一，"无产可破"情形下法院受理破产申请的必要性；其二，法院在审理"无产可破"案件时主要面临的困境；其三，从立法角度看，解决上述困境需要何种制度安排；其四，从司法角度看，法院应如何对无产可破案件作出积极应对。

二、"无产可破"情形下受理破产申请的必要性

除文首所选案例，浙江高院以"无产可破"驳回债权人对债务人企业的破产申请外，最高人民法院在类似案件中也认为，"按照《企业破产法》启动破产清算，都需存在可供执行的财产"。[1]然而，债权人申请对债务人启动破产清算程序，是否以债务人存在可供执行的财产为前提，不可一概而论。原则上，即使债务人不存在可供执行的财产或财产线索，为实现企业出清之目的，法院也应当受理此类企业的破产申请。

（一）"无产可破"案件的界定与分类

"无产可破"是指破产债务人财产不足，其资产、现金和其他债权等不足以支付其破产费用。依据我国《企业破产法》第43条、第113条与第120条的规定，破产费用在清偿顺序中处于优先顺位，由债务人财产随时清偿，如果无法支付破产费用，不仅后续顺位的共益债务、其他债权难以获得清偿，还会面临人民法院裁定终结破产程序的情形。另外，管理人报酬也是破产费用的组成部分。在"无产可破"情形下，管理人的工作能动性受到影响，管理工作可能就此陷入僵局。

"无产可破"案件从资产多寡方面来看可分为两种：一是绝对的无产可破，即破产企业无任何资产，包括无形资产和有形资产；二是相对的无产可破，即破产企业无流动性资金而不能支付破产费用，但还有一定股票、债券、对外债权等固定资产和非货币资产。从是否有可追回的财产来看，"无产可破"包括两种情况：一是实质上的无产可破，即使穷尽一切手段，债务人仍无相当的破产财产用以分配；二是形式上的无产可破，是指在受理申请时债务人可能无财产记录，但通过清理，可以追回部分财产。[2]

（二）受理"无产可破"案件的法律依据

从立法角度审查，我国现行《企业破产法》未明确将"无产可破"的情形排

---

〔1〕 参见最高人民法院（2018）最高法民申933号民事裁定书。
〔2〕 胡瑜："论'无产可破'案件审理的困境及对策——基于管理人报酬的视角"，载《法制与经济》2015年第1期。

除在受理范围之外。破产申请是破产程序开始的充分要件。《企业破产法》第 2 条第 1 款规定，"企业法人不能清偿到期债务，并且资产不足以清偿全部债务或者明显缺乏清偿能力的，依照本法规定清理债务"；第 7 条第 1 款规定，"债务人有本法第二条规定的情形，可以向人民法院提出重整、和解或者破产清算申请"；而第 8 条[1]则是对申请的形式作出了相应规定。从法条上看，破产申请的形式要件有三：被申请主体为企业法人；被申请主体不能清偿到期债务；被申请主体资产不足以清偿全部债务或者明显缺乏清偿能力。"无产可破"的企业满足以上三项形式要件。

《最高人民法院关于审理企业破产案件若干问题的规定》第 12 条列明了法院不予受理破产申请的情形："人民法院经审查发现有下列情况的，破产申请不予受理：①债务人有隐匿、转移财产等行为，为了逃避债务而申请破产的；②债权人借破产申请毁损债务人商业信誉，意图损害公平竞争的。"对此两种情形作出限制，是因其从根本上与破产法的立法理念相悖，可能致使破产制度被滥用，进而变为谋求自身非法利益，损害他人合法权益的工具。"无产可破"显然并不属于此类情形，其只是对现存企业的状态描述，不应当被视为不予受理破产申请的条件。

从实务角度看，各地方法院已经开始出台相关措施，来规定"无产可破"企业启动破产清算程序的具体内容。温州作为破产审判前沿地区，在《关于试行简化破产案件审理程序的会议纪要》中规定，破产财产可能不足以支付全部破产费用的破产案件，可以试行简化审理程序。此外，广东省《全省部分法院破产审判业务座谈会纪要》、江苏省高级人民法院《破产案件审理指南（2017 年修订）》等地方性破产案件审理文件中均规定，"无产可破"案件应予以受理、审理。由此可见，一些地方法院逐渐认识到，破产程序的启动并不必然以存在可供执行的财产为前提，该前提在个别案件中的确立，实属法院基于"案多人少"的困境现实而不得不作出的无奈选择。

（三）受理"无产可破"案件的现实意义

"无产可破"仅是债务人在法院受理破产案件之初呈现的一种状态，这种状态可能是终局性的，也可能是阶段性的，甚至可能是一种假象。[2]当企业"无产可破"的实质状态无法确定时，可通过破产制度加以检验。破产程序在一定程度上可挖掘破产企业财产，检验破产企业的经营状况，确认其是否存在欺诈或违背相关法律规定的情形。这是因为，根据《企业破产法》的相关规定，破产管理人依法具有追讨以下财产的权利：其一，破产企业的董事、监事和其他管理人员侵吞的公司资产和利用自身职务上的便利获得的不当利益；其二，破产企业的出资人尚未完全支

---

[1] 参见《企业破产法》第 8 条。
[2] 参见霍敏主编：《破产审判前沿问题研究》，人民法院出版社 2012 年版，第 353 页。

付的出资；其三，破产公司债务人的无效行为、其他优先清偿行为、可撤销行为。管理人的以上权利一定程度上增加了破产财产，消除了债务人形式上无产可破的困境。所以，如果因为暂时的"无产可破"而将本应破产的债务人企业排除于破产程序之外，不仅不利于债权人利益的保护，更使得破产程序失去其应有的价值，对市场环境和社会信用造成较大的冲击，不利于企业和市场的持续性发展。

综上，法院受理"无产可破"案件，是实现破产法企业出清目的的重要表现。破产法除具有概括清偿的目的外，其体现出的"去产能化"价值目标，更符合市场经济的运作规律。

（四）"无产可破"案件的审理困境

当债务人企业无产可破时，通过破产程序实现债务清偿与市场退出，将具有重要意义。然而，尽管破产程序的启动具有必要性，但因无产可破案件具有特殊性，法院在审理此类案件时面临一系列难题。

1. 破产费用的支付问题。破产程序一经启动就会产生相应的费用，如诉讼费用、债务人财产的调查费、管理人报酬等。但是，当债务人不存在流动资金时，该部分费用就会面临支付不能的尴尬局面。依据《企业破产法》第43条的规定，在债务人财产不足以清偿破产费用时，管理人应当提请人民法院终结破产程序。尽管最高人民法院出台的《管理人报酬规定》第12条第2款规定，若债权人、管理人、债务人的出资人或者其他利害关系人愿意垫付管理人报酬和管理人执行职务费用的，破产程序可以继续进行。但在司法实践中，往往很少有愿意自担风险先行垫付破产费用的利害关系人。如此一来，即使法院受理"无产可破"案件，在无法支付破产费用的情况下，破产程序最终也不可避免地走向非正常终结的结果。

2. 破产程序的适用问题。由于资产变现处置难、涉及利益主体众多等原因，破产案件普遍呈现出审理周期长的特点。但是破产案件与普通民事案件一样有繁简之分，一些执行不能转破产的案件往往十分简单，但我国《企业破产法》并未规定破产简易审理程序，此类案件也只能按照普通破产程序进行处理，不仅导致该类案件的处理周期受到不必要的延长，难以实现市场高效出清的目标，也导致司法资源的浪费。

3. 缺乏有效的府院协调机制。破产案件的审理涉及产权变更、税费处理、经费保障、信用修复、产业政策、民生保障、工商注销、风险防范等多方面的问题，[1]绝非司法机关一家之力可以解决。在无产可破案件中，更是主要涉及查询破产企业资金流向、处理企业资产等事项，需要银行、工商部门以及政府其他职能部门的配合。

---

[1] 黄贤华："破产管理人对府院协调机制的弥合作用"，载《中国注册会计师》2020年第3期。

但是实践中相关部门会出现不认同破产管理人的职权、不愿配合协作的情况，[1]使得无产可破案件的处理难上加难。

也就是说，无产可破案件需要管理人借助破产程序，穷尽一切途径收集债务人的财产，避免债务人出现欺诈破产的现象。但是该类案件在破产审理中面临的困境极大地制约了管理人工作，也影响了法院审判工作的顺利展开，因而有必要从立法和司法两个层面对上述问题作出回应。

三、"无产可破"案件受理的制度构建

2017 年出台的《最高人民法院关于为改善营商环境提供司法保障的若干意见》第 15 条提出要"积极探索根据破产案件的难易程度进行繁简分流，推动建立简捷高效的快速审理机制，尝试将部分事实清楚、债权债务关系清晰或者'无产可破'的案件，纳入快速审理范围"，第 18 条提出"推动设立破产费用专项基金，为'无产可破'案件提供费用支持"。上述规定为各级法院审理无产可破案件设立了风向标，但是对于如何具体地构建破产费用援助基金、简化案件审理程序仍缺乏明确的指引，故未来有必要在立法层面对上述问题作进一步的规定。

（一）建立破产费用援助保障机制

针对破产费用支付难的问题，当前各地法院开始探索设立破产费用的援助资金，但在资金的构成、申请使用的条件、资金审批流程、资金的援助额度等方面规定不一。

对于援助资金的构成，最高人民法院 2018 年《全国法院破产审判工作会议纪要》指出，各地法院要积极争取财政部门支持，或采取从其他破产案件管理人报酬中提取一定比例等方式，推动设立破产费用保障资金。此外，深圳中院出台的《破产案件管理人援助资金管理和使用办法》规定援助资金由政府财政拨款和从管理人所获报酬中提取一定比例的资金组成；北京高院颁行的《破产费用援助资金使用办法（试行）》规定援助资金由市财政拨付，属于本市各级人民法院"法院办案业务费"中列支的专项资金；青岛中院制定的《市级破产案件援助资金管理使用办法》指出援助资金由财政拨款、管理人自愿从所得报酬中按比例缴纳的资金、社会机构及个人自愿捐助或破产案件援助资金所生的孳息以及其他合法来源的资金组成。

对于援助资金的申请条件，重庆高院公布的《企业破产费用援助资金使用办法》[渝高法 [2020] 号] 中规定，在债务人无财产支付或财产不足以支付破产费用，且无利害关系人垫付时，管理人可以向法院申请援助资金。深圳中院则要求申

---

[1] 浙江省瑞安市人民法院课题组："无产可破破产案件的再简化审程序——以浙江瑞安法院简化破产案件审理程序经验为样本"，载《人民司法》2018 年第 25 期。

请援助的案件需满足以下条件之一：①债务人财产不足 15 万元且无利害关系人垫付资金，或虽有利害关系人垫付资金，但垫付的资金和债务人财产合计不足 15 万元，不足以支付破产费用的；②管理人报酬不足 10 万元的案件。无独有偶，青岛中院还规定了"破产申请在受理后被驳回，导致未发生债务人的清偿，无法计算管理人报酬；或债务人用于清偿债务的财产价值总额极低，据此确定的管理人报酬金额不足以支付管理人工作成本的"和"债务人财产绝大部分设立了担保，导致债务人用于清偿债务的财产中，能够计算管理人报酬的无担保财产价值总额极低，据此确定的管理人报酬金额不足以支付管理人工作成本，即使向担保债权人收取适当报酬仍无法弥补的"案件可以获得援助资金。

对于资金的审批流程，青岛中院规定先由合议庭提出初步审核意见，并报破产案件援助资金审批小组审批；北京高院则多一层审查环节，在合议庭或独任法官提出初步审查意见后，要先提请案件审判庭庭长复核，最后由法院的援助资金审核小组审核；深圳中院以援助资金的大小划分，规定援助资金在 10 万元之内的，合议庭提出初步审核意见，并报管理人援助资金审批小组审批，而援助资金超过 10 万元的，需经管理人援助资金审批小组评议后报主管副院长审批。

对于资金的援助额度，北京高院规定每个案件援助总额一般不超过 10 万元，用于补贴管理人报酬的部分一般不超过 5 万元；重庆高院规定每件案件使用总额一般不得超过 15 万元，其中用于支付管理人报酬的金额一般不超过 10 万元。

由此可见，各地法院在破产费用援助资金的组成和运作方面存在着较大不同，产生的后果可能是相同的无产可破案件在某一法院能够获得资金援助，而在另一法院却难以获得有效援助，或是在某一法院能够获得较大金额的援助而在另一法院只能获得较少金额的援助。因此，有必要在立法层面作出统一的规定。本文认为，首先，破产费用的援助资金应主要由政府拨款、管理人报酬提取资金以及社会捐赠三部分组成：政府财政支持可以为援助资金提供持续稳定的保障，而对于管理人报酬较高的案件，从中提取部分资金，也能够体现"取之于管理人，用之于管理人"的理念。其次，援助资金申请条件的设置可以借鉴重庆高院的相关规定，其他地区法院的规定过于具体，有把简单问题复杂化之嫌。再次，资金的审批流程可以参考北京高院的设计，通过三个环节的审查以确保资金的专款专用。最后，法律可以对资金援助的额度设置一个范围，避免地区之间差别过大，同时具体的数额应允许法院根据当地的经济状况、案件数量、难易程度等酌情调整。

（二）增设破产审判"简易程序"

为提高企业破产案件的审判效率，推进市场化导向企业破产审判工作，现在多处地方法院对于企业规模较小、债权债务关系明确、债权人人数较少、无产可破、执转破的案件，推行破产案件简易审程序或简化审理。

1. 以"简易程序"办理破产案件的基础。

（1）设置"简易程序"的现实基础。简易程序是一种简化了的，用来处理争议不大、法律关系清楚的略式程序。该程序在我国实务中并不陌生，自 1982 年《中华人民共和国民事诉讼法（试行）》颁行以来，我国在立法例上就以专章规定的方式对简易程序进行制度设计。现行《民事诉讼法》第十三章规定了民事诉讼中"简易程序"的适用条件和程序具体内容。从立法内容来看，简易程序在法院级别、审理期限、案件难易程度、标的大小、程序转化等方面都有着特殊的标准。有学者认为，"简易诉讼程序设置之目的在于提高诉讼效率，确保小额权利之及时实现"。[1] 尽管该观点是针对诉讼程序，但从破产立法"本法没有规定的，参照民事诉讼程序的有关规定"之内容来看，破产案件简易程序的设置也具有立法参照上的可行性。更重要的是，我国在破产立法中设置简易程序还有诸多现实原因。

第一，设置破产简易程序是优化营商环境的必然要求。近年来，世界银行每年发布的《营商环境评估报告》成为衡量一个国家或经济体"营商环境"优劣的重要参考。该评估报告共分为 10 个一级指标来评估一个经济体的营商环境，其中"办理破产"就是重要的一级评价指标。在该指标中，一个经济体的破产法律制度和债权回收率是影响其最终评估得分的二级指标。在 2019 年发布的营商环境报告中，中国大陆地区"回收率"得分仅为 39.8 分，与中国大陆地区形成鲜明对比的是，美国的"回收率"二级指标得分为 87.2 分。这充分说明，我国债权人通过破产程序获得的最终清偿远远落后于破产制度较为发达的国家。考究其原因，一个重要原因在于我国破产立法仅规定了"普通程序"一种，时间十分漫长，依据世行的调查报告，我国平均要花费 1.7 年才能完成一个破产案件的审理。在这个过程中，债务人企业的财产大量消耗于破产程序中，致使债权人最终的受偿额少之又少。如果我国破产立法增设办理破产案件的"简易程序"，则能够大幅缩短破产程序周期，提高债权人的受偿率。在此基础上，也有助于优化我国营商环境最终得分。

第二，破产简易程序在比较法上具有可行性。民事诉讼的简易制度发源于国外，办理破产的简易程序亦在国外有了较为成熟的实践。如《德国破产法》第 311条~314 条规定了简易破产程序，[2]《日本破产法》中亦设置了"小破产"制度来处理案情较为简单、债权总额较小的破产案件。[3] 此外，在破产案件的受案范围方面，域外立法也形成了成熟的立法例：如日本的破产财产标准、英国的无担保债务

---

〔1〕 何文燕、廖永安："我国民事简易诉讼程序之重构"，载《中国法学》2002 年第 1 期。

〔2〕 参见《德国破产法》，刘汉富译，载王保树主编：《商事法论集》第 5 卷，法律出版社 2000年，第 621 页。

〔3〕 ［日］石川明：《日本破产法》，何勤华、周桂秋译，中国法制出版社 2000 年版，第 299 页。

总额标准，还有一些国家采取的破产财产数额与债权人人数混合标准等。具体来看，采用何种标准与一国的法律制度、经济因素有着诸多关联。事实上，我国一些地区的法院也早就开始对破产案件办理的简易程序进行探索，如温州中院、深圳中院、北京高院、上海高院、河南高院以及河北、江苏、重庆高院等都对简易程序的适用条件进行了较为明确的规定。未来，在总结本土经验的基础上，借鉴国外立法体例，更有助于我国简易程序的完善。

第三，设置破产简易程序是我国"执转破""无产可破""僵尸企业"出清的社会需要。我国一些地区的法院，"执转破"类型案件较多，而且多数为"无产可执""无产可破"的案件，司法实践对"简易程序"表现出了强烈的需求。以浙江瑞安法院为例，2017年瑞安法院执行移送破产审查案件247件，较2016年的34件同比上升626.47%；而在移送破产的247件案件中，经执行程序查明无财产可供执行的案件就有134件，占总数的54.25%。[1]在最高人民法院不断优化畅通"执转破"程序的条件下，可以预见该类案件还将更多。如果不设置简易程序，一方面增加承办法官的工作量，僵尸企业长期得不到出清，过分占用社会资源；另一方面也会降低债权人在破产程序中的受偿率。

综上，我国对办理破产简易程序有着极大的社会需求，简易程序也是提升我国营商环境的重要举措。在我国破产立法尚未对简易程序进行明确规定的条件下，可根据我国个别地区法院的试点经验，以及域外的立法例和内容，为我国立法中设置简易程序提供些许经验。

（2）设置"简易程序"的理论基础。除前述现实原因外，破产简易程序与民事诉讼中的简易程序一样，具有诸多理论基础。如果仅从制度层面进行规定，而忽视理论基础的研究，就会使制度成为无源之水、无本之木。

第一，破产简易程序可确保债权人平等地通过程序保护自己的权利。破产程序是一种带有强烈公法色彩的私法自治程序。在该程序中，法院占据主导地位，任何决议或计划的通过，都需要法院的裁定或认可。此时，司法机关就应当尽最大努力保护债权人的权利，减少其不必要的支出。在一些债权债务法律关系简单、总债权标的额较小，或"无产可破""执转破"类型的案件中，破产企业的资产十分有限，债权人难以获得满意的清偿，如果此时再适用普通程序审理案件，必然会导致债务清偿的延迟、司法资源的浪费，进而成为变相阻碍债权人通过破产程序实现债权的"恶法"。这是因为，无论采取哪种诉讼程序、非讼程序等，债权人都会在心中做"成本—收益"的朴素评估，如果程序成本太高，债权人就不愿意再通过破产

---

〔1〕 浙江省瑞安市人民法院课题组："无产可破破产案件的再简化审程序——以浙江瑞安法院简化破产案件审理程序经验为样本"，载《人民司法》2018年第25期。

程序来实现债权。于此，如果立法设置简易程序，就会鼓励债权人通过破产程序来实现债权，另一方面也有助于我国经济环境"去产能化"。

第二，破产简易程序符合费用相当性理论。所谓费用相当性原理，"是指当事人利用诉讼程序的过程，或者法院指挥诉讼从事审判的过程，不应使国家和当事人遭受期待不可能的利益牺牲"。[1] 在这种理论下，一国民事诉讼程序的设置需与具体的案件类型相适应，公权力救济也应根据不同的案件采取不同的程序。在破产案件办理中，同样需要该原理来对案件类型与程序选择作出衡量。具体而言，如果债权债务关系简单、债权人较少、债权总额不多，就没必要继续采取一般的程序对该类案件进行审理，而应代之以简易程序，从而使国家司法资源成本、当事人成本与可取得的债权利益相匹配。

第三，增设简易程序尊重当事人的程序选择权与程序利益。一般而言，民事诉讼属于公法程序，而各国在诉讼程序选择上，都赋予当事人以选择权。如我国《民事诉讼法》第 157 条第 2 款规定，"当事人双方也可以约定适用简易程序"。既然在强公法色彩的诉讼法中，当事人都可以选择案件审理程序，那么在具有一定私法色彩的破产案件中，更应当尊重和维护当事人的程序选择权。程序选择权理论也要求，法院要兼顾当事人的实体利益和程序利益。以往为保障当事人的实体利益，往往设置多级审理程序，但这种纷繁复杂的审判结构，却是以损失当事人的程序利益为代价的。另外，当事人选择法院参与的公力救济来实现债权，更多是为了及时获得裁判。人民法院受理债权人提出的破产申请，即意味着债权人的实体权利是合法存在的。此时，债权人更想获得的是快速的"程序利益"。因此，当事人所追求的程序选择权和程序利益，决定了简易程序设立的必要性。

第四，破产简易程序符合社会诉讼观理论。从各国的立法例来看，诉讼主义类型主要有两种：一是以自由诉讼观为基础的当事人主义；二是以社会诉讼观为依据的法官职权主义。前者多发生在英美法系国家，后者则以大陆法系国家为代表。近年来，自由诉讼观的弊端逐步出现，特别是在司法资源有限性的前提下，学界普遍认为寻求公力救济的人不应具有完全的自由，还应考虑到其他相似的权利人尚需该制度的社会现实。在此种观念的指引下，法官的职权逐渐增强，以最大限度推动诉讼程序的进行。在一些小额审判程序中，法院可以不调取证据，而直接依据衡平法理作出判断。如在意大利，在双方当事人达成协议后，针对涉及金额较少的案件，法官可以不根据法律，而是根据衡平原则进行裁决。[2] 破产案件的处理，比一般的民事诉讼案件具有更大的社会性和外部性，法官在审理时，必须考量其可能带来的

---

〔1〕 何文燕、廖永安："我国民事简易诉讼程序之重构"，载《中国法学》2002 年第 1 期。
〔2〕 〔日〕小岛武司等：《司法制度的历史与未来》，汪祖兴译，法律出版社 2000 年版，第 208 页。

社会成本,尽量减少不必要的时间或金钱支出。

综上,采取简易程序办理破产案件,是当事人选择权与国家司法制度优势的重要体现。从简易程序的法理基础来看,我国有必要、也有能力设置办理破产案件的简易程序。

2. 破产"简易程序"现行规定。破产案件简易程序的核心在于确保债权人利益不受损害的同时,也在于最大限度地减少程序推进的时间。目前,多地法院已从压缩破产案件审理期限、简化案件送达公告方式、限制债权人会议次数、创新债权人会议表决方式等方面对"无产可破"案件的审理作出了最大限度的简化。[1]从各地的规定来看,"简易程序"的特征主要体现在以下方面。其一,审理期限缩短。对于"无产可破"案件的审理时间,破产程序应于立案之日起 6 个月内审结,有特殊情况需延长审理期限的,应向上级申报批准,但延期最长不得超过 6 个月;对于"执转破"案件,审理期限一般限制在 3 个月内。[2]其二,债权申报时间减少。限制债权申报有效期为自法院发布受理破产公告之日起 30 日内,以避免影响后续债权人会议的召开。[3]其三,债权人会议规模、次数和形式更加简化。精简债权人会议制度,不设立债权人委员会,债权人会议原则上以一次为限。债权人会议作为全体债权人的意思表示机构,具有维持全体债权人公平受偿并监督破产程序的作用,故不得被剔除,涉及债权人利益的重大决定仍需经债权人会议的同意,但可尝试采用线上或书面方式召开会议,通过网络等形式进行表决,以避免产生会议费用,降低债权人的分配所得;[4]在追求更为高效的简易破产程序背景下,债权人委员会似乎已无设立之必要,所以法院可积极引导债权人会议作出不设立债权人委员会的决议。其四,简化案件的公告送达方式。对此,一些法院尝试借鉴民事诉讼程序关于简易程序适用送达的方式,即直接以书面或网络方式送达,或缩小公告送达的适用

---

〔1〕 参见上海市高级人民法院《关于简化程序加快推进破产案件审理的办案指引》(沪高法〔2018〕167 号)、大连市中级人民法院《关于简化破产案件审理程序的工作指引》、济南市中级人民法院《关于破产案件简化审理程序的操作规程(试行)》、温州市中级人民法院《关于试行简化破产案件审理程序的会议纪要》(温中法〔2013〕54 号)等。

〔2〕《深圳市中级人民法院破产案件审理规程》和《江苏省高级人民法院民事审判第二庭关于加快破产案件审理的工作指引》规定简单破产案件的审理期限为 6 个月;重庆市高级人民法院《关于"执转破"案件简化审理的工作规范》与江苏省高级人民法院《关于"执转破"案件简化审理的指导意见》规定"执转破"案件的审理期限为 3 个月。

〔3〕 普通程序中,债权申报有效期最短为 30 日,最长不得超过 3 个月,具体参见《企业破产法》第 45 条。

〔4〕 参见浙江省瑞安市人民法院课题组:"无产可破破产案件的再简化审程序——以浙江瑞安法院简化破产案件审理程序经验为样本",载《人民司法》2018 年第 25 期;徐阳光、殷华:"论简易破产程序的现实需求与制度设计",载《法律适用》2015 年第 7 期。

范围；对于公告程序，可仅就受理破产申请、指定管理人、破产宣告等必要事项予以公告。其五，创新财产拍卖方案。在变卖方式上可减免对财产价值的评估、拍卖流程，甚至是以一定折价予以变卖，在确保债权受偿率的同时，保证程序的高效运转；财产分配应仅进行最后一次分配，但不排除管理人追加分配的可能，分配形式上也可予以放宽，即可以实物、知识产权等方式作价分配。

以上简化的破产程序只是法院在现行法未规定破产简易程序情况下，对案件审理作出的不得已的简化安排。这种简化审没有明确的法律依据，致使一些案件的承办法官存在程序违法的担忧，不敢大胆地尝试。[1]因此，在破产简易程序已具备充足的法理基础情形下，当务之急是在法律或司法解释中引入简易破产程序，对案件的适用范围、启动方式、具体程序作出统一的安排。同时，在灵活设计简易程序时，也应坚持不损害当事人实体权益和不违背程序公正理念两条基本的原则。[2]

四、"无产可破"案件的司法应对

根据相关资料显示，2018 年上海法院正式受理"破"字号案件 409 件，其中约 300 件是由执行程序移送而来，占总案件数的 80% 以上。这当中又有相当一部分案件属于"经过执行程序查无可供执行的财产"的案件，反映了"无产可破"案件在当前法院受理的全部破产案件中占有较高的比例。[3]因此，为了妥善处理"无产可破"案件，除了在立法层面完善相关规则外，司法层面也需要作出积极主动的应对。

（一）联动政府相关部门

破产审判工作是一个事关全社会的系统工程，仅靠法院内部压缩办案期限无法完全解决破产案件审理周期长的问题，而是需要政府有关部门的合力支持。[4]"各地区法院应积极推进建立省级、市级府院协调机制，实现府院的沟通、联系常态化，并进一步明确协调部门、协调内容、沟通渠道、联系方式等。"[5]如在无产可破案件中，管理人需查询债务人在银行的账户情况以及资金流向等。但从银行角度来看，管理人与债务人非同一主体，且不属于《金融机构协助查询、冻结、扣划工作管理规定》第 4 条所规定的有权查询银行存款的主体，在实务中就会出现即便管

---

〔1〕 浙江省瑞安市人民法院课题组："无产可破破产案件的再简化审程序——以浙江瑞安法院简化破产案件审理程序经验为样本"，载《人民司法》2018 年第 25 期。

〔2〕 徐阳光、殷华："论简易破产程序的现实需求与制度设计"，载《法律适用》2015 年第 7 期。

〔3〕 黄贤华："破产管理人对府院协调机制的弥合作用"，载《中国注册会计师》2020 年第 3 期。

〔4〕 徐建新、鞠海亭、王怡然："简化破产程序问题研究——以温州法院试行简化破产案件审理程序经验为样本"，载《法律适用》2014 年第 8 期。

〔5〕 徐阳光主编：《中国破产审判的司法进路与裁判思维》，法律出版社 2018 年版，第 36 页。

理人持有债务人营业执照、法院文书等证明文件，银行依旧拒绝查询的情况，极大地降低了破产程序的推进效率。因此法院有必要加强与金融监管部门的沟通，通过联合出台相关指引的方式解决上述问题。[1]除此之外，无产可破案件的债务人最终能否退出市场要看其工商注销手续是否办理完毕，但由于无产可破企业经常存在欠税问题，税务部门拒绝提供相关证明，造成企业注销困难，因此如何合理地处理破产企业的注销问题仍需法院与税务部门、工商部门做好衔接工作。[2]

（二）发挥执破程序合力

前文已提及有相当一部分无产可破案件是从执行程序转来，因而如何妥善处理好执行程序和破产程序的转换、提高程序运作效率，是各级法院需关注的重点。南京中院关于破产案件简易审的调研报告指出，执行程序相较于破产程序在财产调查、处置方面具有独特的优势，因而可以将执行程序已有的成果直接归到破产程序之中，包括直接引入财产查控结果、采用执行部门对债务人财产的价值评估结果等。[3]实践中，对于拟移送的"执转破"类案件，破产法官可以提前介入，指导执行法官调查识别破产原因，并预估破产程序走向，提前为案件繁简分流做准备。同时，鼓励执行局在移送破产审查前，先行通过网络司法拍卖平台处置债务人的资产，并在之后进入破产程序时将所得价款移交管理人。

五、结语

随着处置僵尸企业工作的深入，大量"无产可破"的破产案件涌入法院，"无产可破"案件是当前各地法院审理破产案件时普遍会遇到的"烫手山芋"。但不可否认的是，"无产可破"情形下的破产申请有其现实必要性：一方面，"无产可破"并不能成为逃避破产清算程序的理由，实务中也不乏以"无产可破"为破产清算启动前提的规定；另一方面，破产程序的本质价值使其在一定程度上可挖掘破产企业财产，检验破产企业的经营状况，确认其是否存在欺诈或高管违背管理职责及相关法律规定的情形。所以，法院不应以"债务人无可供执行的财产"为由驳回对"无产可破"企业的破产申请。

实务中，法院审理"无产可破"案件时面临着破产费用支付难、程序设计不合理、缺乏有效府院联动机制等诸多问题。对此，本文从立法和司法两个层面为解决上述问题提出了建议。立法层面上，应建立统一、完善的破产费用援助保障机制，

---

〔1〕 参见徐阳光主编：《中国破产审判的司法进路与裁判思维》，法律出版社 2018 年版，第 117 ~ 118 页。

〔2〕 参见徐阳光主编：《中国破产审判的司法进路与裁判思维》，法律出版社 2018 年版，第 118 页。

〔3〕 姚志坚等："破产案件简易审的具体构建"，载《人民法院报》2017 年 9 月 28 日，第 8 版。

增设破产审判的简易程序，实现案件实体类型与程序设置的适应。司法层面上，各地区法院应积极推进建立府院协调机制，对于"执转破"或"无产可破"案件，要充分发挥执行程序的优势，促进信息共享，提升"执""破"程序相互转换的有效合力。

附件：裁定书全文

上海贞元投资管理有限公司、桐乡市河山资产经营总公司申请破产清算再审审查与审判监督民事裁定书

浙江省高级人民法院

民事裁定书

（2019）浙民申 1535 号

再审申请人（一审申请人、二审上诉人）：上海贞元投资管理有限公司。

法定代表人：朱培中，执行董事。

委托诉讼代理人：王树军，上海市汇业律师事务所律师。

委托诉讼代理人：朱哲争，上海市汇业律师事务所律师。

被申请人（一审被申请人、二审被上诉人）：桐乡市河山资产经营总公司。

法定代表人：沈生荣，副董事长。

委托诉讼代理人：张征宇，浙江圣文律师事务所律师。

委托诉讼代理人：周欣，浙江圣文律师事务所律师。

再审申请人上海贞元投资管理有限公司（以下简称"贞元投资公司"）因与被申请人桐乡市河山资产经营总公司（以下简称"河山资产公司"）申请破产清算纠纷一案，不服浙江省嘉兴市中级人民法院（2018）浙 04 破终 2 号民事裁定，向本院申请再审。本院依法组成合议庭进行了审查，现已审查终结。

贞元投资公司申请再审称：（一）二审裁定认为贞元投资公司申请河山资产公司破产清算没有充分的法律依据，系事实认识不清、法律适用错误。1. 河山资产公司自成立起即具有独立法人资格。一审裁定已确认，河山资产公司系集体企业。依据《中华人民共和国城镇集体所有制企业条例》第六条"集体企业依法取得法人资格，以其全部财产独立承担民事责任"之规定，河山资产公司成立时即已具有独立法人人格，应承担民事责任。2. 2001 年河山资产公司被吊销营业执照，但河山资产公司在被吊销营业执照后，未进行清算，亦未办理注销登记。因此，河山资产公司依然具有法人人格，其仍享有民事权利，仍应承担民事责任。3. 本案情形适用

于《中华人民共和国企业破产法》，河山资产公司破产清算案应被受理。本案中，贞元投资公司与河山资产公司之间的债权债务关系有充分证据证明。中信银行杭州分行、中信银行嘉兴支行在东长集团破产清算案中所获清偿不足以完全覆盖贞元投资公司对河山资产公司享有的合法债权。在本案所涉（1999）嘉经初字第157号案及（1999）杭经初字第302号案中，东长集团为主债务人，河山资产公司对东长集团的债务承担连带责任。在此情况下，中信银行在东长集团的破产清算案中所受的总计40余万元清偿，并不能消灭（1999）嘉经初字第157号案及（1999）杭经初字第302号案判决书中确认的河山资产公司对中信银行债权负有的连带责任，因此，贞元投资公司与河山资产公司之间的债权债务关系已成立。根据《中华人民共和国城镇集体所有制企业条例》第十七条之规定，集体企业的终止情形包括宣告破产。根据《中华人民共和国企业破产法》第七条之规定，"债务人不能清偿到期债务，债权人可以向人民法院提出对债务人进行重整或者破产清算的申请"。由于河山资产公司到期不能偿付债务，贞元投资公司依据上述法律规定，向人民法院申请对河山资产公司进行破产清算，事实清楚、法律依据充分。因此，河山资产公司破产清算案应被受理。（二）一、二审法院认为贞元投资公司可通过执行程序保障其相应权利，驳回贞元投资公司申请河山资产公司破产清算的申请，法律适用错误。根据（1999）嘉中法执字第213号裁定书、（2000）杭法执字第6－2号裁定书显示的执行情况，并结合河山资产公司已长时间无实际生产经营活动的事实可以得知，法院对河山资产公司进行强制执行已存在执行不能的现实困难。一、二审法院也认定河山资产公司"无独立财产可供执行"。因此执行程序已难以保障贞元投资公司的合法权益。贞元投资公司依据《中华人民共和国企业破产法》的相关规定，申请对河山资产公司进行破产清算，系贞元投资公司采取申请强制执行以外的方式维护自身合法权益。贞元投资公司申请河山资产公司破产清算，事实与理由充分，符合相关法律法规的规定，并无不妥。一、二审法院的处理违背了最高人民法院发布的《全国法院破产审判工作会议纪要》的相关要求。依据《中华人民共和国民事诉讼法》第二百条第六项之规定，申请再审。

河山资产公司答辩称：一、二审裁定认定事实清楚、适用法律正确，贞元投资公司提出再审申请无事实和法律依据，应予驳回。

本院认为，本案再审审查争议焦点为：贞元投资公司对河山资产公司提出的破产清算申请应否受理。启动破产清算程序，需要存在可供执行的财产。一旦启动破产清算程序，必将产生与破产清算工作相关的必要费用。如果被申请人无任何财产，不仅无法支付破产清算的必要费用，也会造成社会资源不必要的浪费。《中华人民共和国企业破产法》第一百二十条规定，破产人无财产可供分配的，管理人应当请求人民法院裁定终结破产程序。依照该规定，即便已经启动破产程序，如果破产人无财产可供分配的，也应当裁定终结破产程序。经查，河山资产公司于 2008 年 12 月 31 日被工商部门吊销营业执照。嘉兴市中级人民法院（1999）嘉中法执字第 213 号裁定书认定，因河山资产公司被依法吊销营业执照，无独立财产可供执行，且无权利义务承受人，故裁定终结执行。本案一、二审诉讼中，贞元投资公司也自认通过多年的排查，未查到河山资产公司的财产线索。在此情况下，对河山资产公司启动破产清算程序缺乏必要性和可行性。另外，如果贞元投资公司以后发现河山资产公司存在可供执行的财产，由于涉案债权的原债权人已经申请法院强制执行，贞元投资公司可以依法申请变更执行主体，通过执行程序保障其相应权利，一、二审法院对其破产清算申请未予支持，对其权益也不构成实质影响。因此，一、二审法院裁定驳回贞元投资公司的申请，并无明显不当。

综上，贞元投资公司的再审申请不符合《中华人民共和国民事诉讼法》第二百条第六项规定的情形。依照《中华人民共和国民事诉讼法》第二百零四条第一款，《最高人民法院关于适用〈中华人民共和国民事诉讼法〉的解释》第三百九十五条第二款之规定，裁定如下：

驳回上海贞元投资管理有限公司的再审申请。

审判长　骆苏英

审判员　金子明

审判员　陈洪理

二〇一九年七月二十五日

专题十八　重整计划的执行不能与
变更问题研究

一、案件事实概要[1]与问题的提出

江西赛维 LDK 太阳能高科技有限公司（下称"江西赛维"）是全球出货量最大、盈利能力最强的光伏企业之一。2012 年初，欧美国家开始对我国的光伏产品展开"反倾销、反补贴"调查并征收高额惩罚性关税，赛维集团陷入债务危机，生产经营举步维艰，债权人遂向新余市中级人民法院（下称"新余中院"）申请破产重整。2015 年 11 月 17 日，新余中院裁定江西赛维与赛维 LDK 太阳能高科技（新余）有限公司（以下简称"新余赛维"，与江西赛维合称"赛维两公司"）破产重整。2016 年 9 月 30 日，新余中院裁定批准了江西赛维、新余赛维重整计划草案并终止两公司重整程序。该重整计划约定，通过上市公司增发股票募集资金的方式来偿还债务，并将多余部分作为经营投资，但后来因中国证监会再融资新规颁布，该重整计划无法执行，原重整投资人宣布退出重整。此时，因原重整计划丧失执行性，赛维两公司重整失败，但全体债权人仍请求继续进行重整。在此情况下，新余中院从充分尊重各方当事人的权利和意思自治原则出发，将继续重整的思路层报最高人民法院。第二次重整程序启动后，管理人根据招募结果制定新的重整计划草案，各表决组均高票表决通过。2018 年 1 月 10 日，新余中院根据债权人会议表决结果，裁定批准赛维两公司重整计划草案并终止两公司重整程序。

该案主要涉及重整计划执行过程中，因客观情况的出现导致执行不能的问题。新余中院根据债权人的意愿，采用了启动二次重整程序的方式，并由管理人制定了新的重整计划草案。然而，依据我国《企业破产法》的规定，重整计划无法执行的，人民法院经管理人或者利害关系人请求，应当裁定终止重整计划的执行，并宣

---

〔1〕　参见江西高院发布破产审判工作十大典型案例之一：江西赛维 LDK 太阳能高科技有限公司、赛维 LDK 太阳能高科技（新余）有限公司破产重整案，北大法宝网：http://www.pkulaw.cn/case/pfnl_a6bdb3332ec0adc43faa0d759ae4f3a6c35accda4f628e2fbdfb.html? keywords = 江西赛维 LDK 太阳能高科技有限公司 &match = Exact，2020 年 5 月 31 日访问。

告债务人破产。也就是说，我国破产立法上并没有明确规定重整计划可以在执行过程中进行变更。但在比较法上，大部分国家的破产法都规定了重整计划执行不能时的变更制度，这是由于重整计划的执行需要一个相对较长的期限，在这一过程中可能出现因国家政策、法律法规变化等原因导致重整计划无法执行，此时允许对重整计划进行变更，有利于最大化地保护债权人利益，也有利于实现重整制度挽救债务人企业的初衷。随着近几年重整实践的发展，尽管 2018 年《全国法院破产审判工作会议纪要》第 19 条[1]和第 20 条[2]对重整计划执行中的变更作出了相应安排，但上述安排有待进一步完善。有鉴于此，本文将在探讨重整计划性质的基础上，对重整计划的执行不能问题展开研究，并尝试提出构建我国重整计划变更制度的建议。

二、重整计划的法律性质

企业的优胜劣汰在现代发达的市场经济体制下属于自然现象，但社会经济为一经纬交织的有机体，各行各业之间互相关联，某些企业发生经营困难、财务危机时，若任其走上破产清算之途，不仅会导致众多的员工失业，而且职工薪资、股东投资、债权人债权等均无法获得足额清偿，并将渐次影响其他经济单位，甚至可能对整个社会经济产生冲击。故而，得益于破产重整制度，发生财务危机但有重建更生可能的企业，可以在法院监督下，通过重整计划调整债务人企业与其员工、股东债权人间的权利义务关系，也可一并调整企业的营运政策，以达到清理债务、维持企业和促进公司企业再生的目的。不言而喻，重整计划在破产重整制度中起到关键性的作用，债务人或管理人制定的重整计划是否具有合理性和可行性，直接关系到债务人企业能否重整成功、获得"再生"。故在对重整计划的变更问题展开探讨之前，有必要先厘清重整计划的本质属性。

对于重整计划的性质，我国学者似乎并没有达成明确的共识，主要的观点有"司法文书说""决议说"和"特殊合同（协议）说"。"司法文书说"认为重整计划是以债务人营业振兴措施和债权债务清理方案为内容的法律文书，在法院裁定批

---

[1] 《全国法院破产审判工作会议纪要》第 19 条规定："重整计划执行中的变更条件和程序。债务人应严格执行重整计划，但因出现国家政策调整、法律修改变化等特殊情况，导致原重整计划无法执行的，债务人或管理人可以申请变更重整计划一次。债权人会议决议同意变更重整计划的，应自决议通过之日起 10 日内提请人民法院批准。债权人会议决议不同意或者人民法院不批准变更申请的，人民法院经管理人或者利害关系人请求，应当裁定终止重整计划的执行，并宣告债务人破产。"

[2] 《全国法院破产审判工作会议纪要》第 20 条规定："重整计划变更后的重新表决与裁定批准。人民法院裁定同意变更重整计划的，债务人或者管理人应当在 6 个月内提出新的重整计划。变更后的重整计划应提交给因重整计划变更而遭受不利影响的债权人组和出资人组进行表决。表决、申请人民法院批准以及人民法院裁定是否批准的程序与原重整计划的相同。"

准后具有与生效判决相同的效力。[1]"决议说"主张重整计划应当被视为一种决议法律行为，属于依多数决原则形成的团体性决议。[2]而"特殊合同（协议）说"的支持者认为重整计划的本质是一种经过司法确认的合同[3]或者是当事人之间达成的关于破产重整事项的多方协议[4]。也有相当一部分学者并未对该问题进行表态，而是仅表示重整计划是"以维持债务人继续经营、清理其债务、谋求其再生为内容，并经债权人会议表决通过和法院批准的方案"。[5]以上观点，都从某一个方面切入，指出了重整计划的具体属性，但缺乏对重整计划的本质认识。本文认为，对重整计划性质的判定需在重整计划的产生过程中寻找答案。

重整计划的形成过程可以被分为四个步骤：第一步，管理人或自行管理财产和营业事务的债务人制作初步的重整计划草案；第二步，管理人或债务人将重整计划草案提交债权人会议，由利害关系人围绕草案的内容进行协商和谈判；第三步，各类债权人、出资人分组对重整计划草案进行表决；第四步，法院审查并裁定批准符合法律规定的重整计划。因此，重整计划的性质应主要由重整计划形成过程中的第二步决定，也即重整计划是一种体现当事人意思自治的合同，至于该合同须经当事人表决通过并受到司法审查的限制，仅仅是该合同不同于一般合同的特殊之处，不能改变重整计划作为合同的本质。[6]

除此之外，"司法文书说"和"决议说"均存在不足。首先，"司法文书说"过于强调法院在重整计划形成过程中的主导作用。虽然重整计划需要法院的审查和批准，但重整计划的制定和表决都是利害关系人之间意思自治的体现，法院主要是对表决的分组、表决的程序是否符合法律规定进行审查，而对于重整计划的内容，只要符合公平标准、最大利益标准和可行性标准，法院并不会进行过多的干涉。[7]联合国国际贸易法委员会颁行的《破产法立法指南草案》中也指出，法院对重整计划的确认并不要求法院审查批准计划时考虑商业依据（此处的"批准"即指债权人会议的表决通过），而是要求法院确保计划的批准是通过正当方式获得的，并且满足了某些条件，此时法院承担某种类似于法律手续性质的作用。因此，法院在重整计划形成过程中扮演的主要角色是引导和确认，前述直接将重整计划认定为司法文

---

〔1〕　李永军：《破产法》，中国政法大学出版社 2017 年版，第 228 页。

〔2〕　参见崔明亮："我国破产重整计划性质探究"，载《河南社会科学》2018 年第 7 期。

〔3〕　贺小荣、王富博、杜军："破产管理人与重整制度的探索与完善——《全国法院破产审判工作会议纪要》的理解与适用（上）"，载《人民司法》2018 年第 13 期。

〔4〕　许德风：《破产法论——解释与功能比较的视角》，北京大学出版社 2015 年版，第 497 页。

〔5〕　张艳丽："重整计划比较分析"，载《法学杂志》2009 年第 4 期。

〔6〕　之所以认为第二步是关系重整计划的核心，原因在于经过各利害关系人之间的充分谈判协商，重整计划获得第三步的表决通过，并非难事。故重整计划的核心体现在各利害关系人的意思磋商上。

〔7〕　参见韩长印主编：《破产法学》，中国政法大学出版社 2016 年版，第 269~270 页。

书的观点并不合理。其次，"决议说"混淆了重整计划本身和通过重整计划的决议之间的关系。虽然重整计划的通过应当遵循多数决原则，但其与破产法中债权人会议决定继续或者停止债务人的营业、选任和更换债权人委员会成员等典型的决议不同，此种决议行为是重整计划中各方当事人达成合意的一种特殊的方式，并不影响重整计划本身的合同属性。一般而言，决议行为与合同行为会产生紧密的关联互动关系，如《公司法》中规定股东会可以作出公司为他人提供担保的决议，但该决议仅是团体内部的意思表示，要想产生外部效力还需借助公司与他人签订的担保合同。[1]而在重整计划的形成过程中则是先有合同行为后有决议行为，故法院在审查时既要判断合同行为在实体内容上是否存在瑕疵，也要关注决议行为在程序上是否存在瑕疵。[2]

不过，"特殊合同（协议）说"可能也会面临一些质疑。例如重整计划多数决的方式使得对重整计划持反对意见的债权人或出资人也不得不受其约束，而这似乎有违合同行为的合意性。但是，这种强制性的"拟制同意"也有其合理之处。一方面，重整计划涉及的当事人众多，当事人之间时常会存在利益上的冲突，想要实现全体当事人的一致同意是十分困难的。另一方面，重整计划需满足公平标准、最大利益标准才能获得法院的批准，也即重整计划本身能够保证同一表决组的成员获得公平的对待且权利人依据重整计划获得的清偿不少于其在破产清算程序中获得的清偿，此时个别权利人在没有正当理由的情况下仍反对重整计划，就有权利滥用之嫌，[3]相应地，他们的意思自治也就不再值得被保护。基于此，本文更倾向于采"特殊合同（协议）说"来界定重整计划的性质。

综上，重整计划是债务人、债权人及债务人的出资人之间经过协商达成的一种特殊的合同，符合《合同法》第 2 条[4]规定的"合同是平等主体的自然人、法人、其他组织之间设立、变更、终止民事权利义务关系的协议"。

三、重整计划变更的合法性理据

（一）破产法解释上的弹性

我国《企业破产法》对重整计划无法执行的认定，分为债务人不能执行或不执行重整计划。债务人不能执行重整计划，侧重于因客观上重整计划不具有执行性，

---

〔1〕 王雷："论我国民法典中决议行为与合同行为的区分"，载《法商研究》2018 年第 5 期。

〔2〕 本文认为，重整计划表决中的决议行为应视为仅具有程序性的意义，虽然该决议的内容实际上为重整计划，但因重整计划已经作为一项独立的合同行为而存在，故法院在审查合同行为后，无需再将其作为决议的内容进行重复审查，而仅需对程序事项作出判断。

〔3〕 参见韩长印主编：《破产法学》，中国政法大学出版社 2016 年版，第 272 页。

〔4〕 另见《民法典》第 464 条第 1 款。

致使重整计划无法执行的情形；债务人不执行重整计划，则更倾向说明重整计划有执行的可能，但债务人企业缺乏重整诚意而怠于执行的情形。"债务人不能执行或者不执行重整计划，表明债务人无能力或者无诚意按照重整计划清偿债务。"[1]对于此类情形，人民法院应当裁定终止重整计划的执行，并宣告债务人破产。依此种视角来看，本案的重整计划因法规政策原因，无法再继续履行，属于客观上的重整计划不具有执行性，故应当由人民法院裁定终止执行该重整计划。但本文认为，这种推论是有待商榷的。这是因为，因法律法规变化导致的重整计划无法执行，是否当真属于《企业破产法》第93条规定的不具有执行性？是否存在变通的可能？在这两个问题尚未解决的前提下，贸然认定法院应当裁定终止本案重整计划的执行，显然是不严谨的。

实践中，将合同履行过程中，因政策、法规或客观原因变化等导致的合同无法履行，称为嗣后履行不能。从民法原理上来看，合同的自始履行不能与嗣后履行不能有所区别。其中，嗣后履行不能只是在履行过程中产生了某种继续履行的障碍，一旦该障碍消除，则合同具有继续履行的可能性。[2]从本案重整计划签订的内容来看，因证监会的法规调整原因，原来重整计划中的战略投资者无法继续出资，致使重整计划无法执行。该事实并非发生在重整计划制定之前，故应属于导致重整计划"嗣后履行不能"的事由。[3]也就是说，该重整计划并非完全不能执行，只是在执行过程中出现了困难，需要对相关内容进行变更，在规避证监会的行政法规后，即可继续履行。这与《企业破产法》第93条规定的债务人不能执行重整计划又有一定的区别，该规则更侧重因债务人的原因导致重整计划不能执行的情况。

另外，从重整计划的执行终止来看，其还需要具备管理人或者利害关系人"请求"这一意思要件。如果相关人没有向人民法院申请终止，从法条本义来看，人民法院便无权直接终止重整计划的执行。也就是说，法院是否终止重整计划的执行，一定程度上对当事人的意思自治给予了充分尊重。从这个角度来看，《企业破产法》第93条设定的"不能执行"情况，似乎是重整计划本来对债权人或利害关系人十分有利，但因某种客观情况，致使债务人无法执行，强行拖延只会增加利害关系人

---

〔1〕　安建主编：《中华人民共和国企业破产法释义》，法律出版社2006年版，第132页。

〔2〕　参见秦涛、张旭东："对赌协议裁判的理想进路：合同法与公司法的嵌入与并存"，载《学习与实践》2018年第2期。

〔3〕　关于重整计划的性质，学界有决议说、司法文书说、法律规则说、规范说、相机浮动说、契约说等，具体学说的内容可参见崔明亮："我国破产重整计划性质探究"，载《河南社会科学》2018年第7期。本文认为，采特殊合同说更具有合理性。这是因为，重整计划充分体现了当事人之间的意思自治，分配顺位等都由当事人自主协商，而且《美国破产法》已经将重整计划视为债务人、债权人和出资人之间的一种特殊合同。

的损失，降低预期清偿率。此时，利害关系人为及时止损，请求人民法院终止重整计划的执行。就本案而言，显然不符合终止重整计划的基本条件。债权人并没有终止重整计划的意思表示，而且原战略投资方因证监会出台法规原因，无法继续履行出资，并不代表该重整计划本身有问题，操作中只需更换投资人，就可化解该重整计划的执行障碍。

综上，本案事实与《企业破产法》第 93 条预设的案件模型可能有所不同，不能直接僵硬地套用该条规定来排除重整计划的变更可行性。对于重整计划执行过程中才出现的客观情况，不宜将其直接界定为"重整计划不具有执行可能性"，这种解释方法并没有突破《企业破产法》第 93 条的规定。况且，本案利害关系人没有作出终止重整计划的意思表示，法院不宜径直认定终止重整计划。

（二）重整计划可变更的民法原理补强

虽然根据《企业破产法》第 93 条的规定，可以从中解释出重整计划变更的上位法原理，但《企业破产法》毕竟没有明确规定重整计划可以变更，此时可否从一般的民法原理上推导出重整计划的可变更性？

从合同法原理上来看，传统观点将自始履行不能的合同归为无效合同，如《德国民法典》第 306 条规定："以不能的给付为标的的契约，无效。"近年来，学界逐渐意识到这种做法的不足，认为直接将自始不能履行的合同认定为无效，不利于保护无过错方的利益，越来越多的观点认为自始履行不能的合同应属有效，其无法履行的责任由义务人承担。[1]也就是说，即使是自始履行不能的合同，义务人仍负有继续履行的义务。如果当事人拒不履行合同义务，致使合同目的不能实现的，无过错方可以解除合同，并要求对方承担违约责任。对于合同出现嗣后不能履行的情况而言，原则上应待阻却事由消除后继续履行，或通过变更履行的方法来继续履行合同，如在 Thoughtworks 案中，债务人继续履行义务，会不当减少公司资产，违反资本充实原则且不利于其他债权人的利益保护，法院故判决债务人分期履行合同义务。[2]此案就是出现债的履行不能事由后，变更债的履行方式的典型。又如《全国法院民商事审判工作会议纪要》（以下简称《九民纪要》）第 5 条也指出："……目标公司没有利润或者虽有利润但不足以补偿投资方的，人民法院应当驳回或者部分支持其诉讼请求。今后目标公司有利润时，投资方还可以依据该事实另行提起诉讼。"申言之，尽管先行履行投资补偿款有"障碍"，但当该障碍消除时，债权人仍

---

[1] 这种认定方式在国际惯例上已有成熟的做法，参见《联合国国际货物买卖合同公约》（CISG）第 36 条。

[2] 参见秦涛、张旭东："对赌协议裁判的理想进路合同法与公司法的嵌入与并存"，载《学习与实践》2018 年第 2 期。

有权继续起诉，主张履行前述合同义务，要求债务人继续履行，此即为阻却事由消除后继续履行的合法性基础。

由于重整计划也是一个特殊的合同，是故在履行过程中出现障碍时，可选择变更重整计划或待障碍消除后，继续履行原重整计划。但重整程序受制于破产效率的影响，不可能忍受障碍消除的漫长等待期，是故可以选择对重整计划进行变更。具体到本案，重整计划原战略投资方无法继续履行出资义务，此时债务人继续执行重整计划陷入障碍。在重整计划属于特殊合同的前提下，债权人、债务人及出资人当然可以就该重整计划的投资方进行更换，并再次表决通过。如果充分尊重意思自治，债权人、债务人及出资人已经就战略投资人进行了"等量"更换的前提下，甚至不需要法院来对其进行批准。

但重整程序牵扯利益众多，不可能完全由当事人意思自治来完成，重整计划的制定和执行，还必须受制于公共政策、债务执行效率、挽救债务人企业等多方社会利益的考量。在这种条件下，当事人的意思自治必须受到限制。事实上，最高人民法院也看到了重整计划可予变更的自治性，但为兼顾前述外部性利益考量，对重整计划的变更进行了次数上、程序上的限制。如最高人民法院 2018 年《全国法院破产审判工作会议纪要》第 19 条指出，因国家政策调整、法律修改变化等特殊情况，导致原重整计划无法执行的，债务人或者管理人可以申请变更重整计划一次。

综上，重整计划的变更在民法理论上亦不存在特殊解释障碍。此外，根据《企业破产法》第 93 条第 1 款后半段的规定，推测债权人或者其他利害关系人要求继续履行重整计划的，法院无权拒绝。于此，本案债权人提出的对重整计划进行变更之主张，除法条上的解释外，可以从理论上得以诠释。

四、重整计划执行不能的类型化分析

《企业破产法》第 93 条第 1 款规定："债务人不能执行或者不执行重整计划的，人民法院经管理人或者利害关系人请求，应当裁定终止重整计划的执行，并宣告债务人破产。"即只要债务人存在不能执行情况的，根据利害关系人或管理人的申请，人民法院应终止计划的执行并宣告债务人破产。相比之下，合同法上对于合同的履行不能、履行困难设有不可抗力与情事变更规则，即允许各方在特定情形下通过协商对合同进行变更。因此，重整计划作为一种特殊的合同，其有关执行不能的情况也应比照合同法上的相关规则进行处理。不过《企业破产法》作为调整商事法律关系的商法规则，在引入民法上的"情势变更规则"时，有必要对民事规则的丰富内涵作挑拣继受，而非全盘接纳。同时，由于合同的执行不能既包括主观不能也包括客观不能，既可能是一时不能（实际属于履行困难的范畴）也可能是永久不能，故在应对重整计划执行不能问题时，需先对"执行不能"进行类型化分析。囿于篇幅，本文不讨论重整计划"自始不能执行"的情况，仅对执行过程中出现的"执行不能"进行探讨。

（一）不可抗力导致的执行不能

不可抗力是指不能预见、不能避免且不能克服的客观情况，如自然灾害、战争、大规模传染疾病等。2020年年初爆发的新冠肺炎疫情导致许多企业停工停产，若债务人企业因疫情无法执行重整计划则属于典型的因不可抗力导致的执行不能。

在最高人民法院发布的第二批全国法院疫情防控期间复工复产典型案例中，"江苏磐宇科技有限公司重整案"[1]即涉及受疫情影响重整计划执行不能的问题。该案中，由于新冠疫情的爆发，磐宇公司按期执行重整计划受到重大影响。与此同时，因医用口罩防疫物资一度紧缺，江苏省药品监督管理局临时紧急许可磐宇公司生产医用防护口罩。为了保障防疫部门医用口罩的有效供给，同时避免重整计划不能按期执行导致公司被宣告破产的结果，法院最终根据管理人的申请作出裁定，延长了磐宇公司的重整计划执行期限。此案中疫情的出现导致磐宇公司的重整计划一时不能执行，若因此判定其重整失败，将使得磐宇公司丧失自我挽救的机会。故经过管理人的申请，法院裁定对重整计划的执行期限进行变更，解决了债务人企业无法执行重整计划的难题。

除此之外，实践中还可能存在不可抗力导致重整计划永久执行不能的情况，若此时不存在替代的重整方案，则应由法院根据利害关系人的申请，裁定终止重整计划的执行并宣告债务人破产，而不应再允许当事人申请变更。我国台湾地区学者在解释"公司法"第306条第3款[2]时指出，"惟经法院认可或经法院变更修正后所认可之重整计划，如因情势变迁或有正当理由致不能或无须执行时，如尚有重整之可能或必要者，法院得因重整监督人、重整人或关系人之声请，以裁定命关系人会议重行审查"，[3]即若客观情况的变化导致重整计划不能执行，且债务人企业已不存在继续重整之可能或必要性，应直接裁定终止重整程序，本文认为这一观点和做法值得借鉴。

（二）其他情势导致的执行不能

1. 政府行为、法律法规的变化。政府行为与法律修改在合同法上属于不可抗力

---

〔1〕 参见"江苏磐宇科技有限公司重整案"，中国法院网：https://www.chinacourt.org/article/detail/2020/03/id/4876635.shtml，2020年5月31日访问。

〔2〕 我国台湾地区"公司法"第306条第3款规定："……因情事变迁或有正当理由致不能或无须执行时，法院得因重整监督人、重整人或关系人之声请，以裁定命关系人会议重新审查，其显无重整之可能或必要者，得裁定终止重整。"

〔3〕 王志诚："从重整法制之目的评释司法实务之见解"，载《经社法制论丛》2006年第6期（总第37期）。

还是情势变更一直存有争议，但该争议并不影响其作为重整计划执行不能的一项事由。在文首案例中，重整计划批准后，因新的法律法规颁行造成无法执行，即属于重整计划客观的执行不能，应允许当事人申请变更重整计划。

2. 市场发生重大变化。2018 年《全国法院破产审判工作会议纪要》第 19 条将申请变更重整计划的条件规定为"国家政策调整、法律修改变化等特殊情况"，该条虽然并非完全列举，但却实际上以"例示法"严格限制了类推适用的范围。所谓"例示法"即"立法者只例示性地描述类型，因而明白地指示法官可使用类推的法律发现"。[1]德国著名法哲学家考夫曼教授曾指出，"在现代刑事立法上越来越受喜爱的'例示法'，是概括条款与个案列举法的一种结合，很明显地也是以类推的方法来加以操作；立法者只针对犯罪的'特殊重大情形'举出一些例子，并且赋予法官对此类的或类似的案件同样课以刑罚之任务"，[2]这一"例示法"在民商事领域同样十分常见。而按照"例示法"中类比解释的原理，变更重整计划的原因应当和"国家政策调整、法律修改变化"等价，但在实践中，能够与国家政策调整、法律修改变化具有相同分量的其他特殊情况基本不存在，[3]更多导致原重整计划无法执行的，是市场产生的异常变化、波动，如企业某些资产大幅度升值、贬值或是原先的重整计划无法适应新的市场情况等。

在市场情况发生变化时，还有一个值得探讨的问题是：若市场的重大变化并未导致执行不能，但若继续按照原计划执行对各方当事人均不利，是否应允许当事人申请变更？例如，在一起房地产重整案件中，原有 200 多位产权式商铺的购房债权人在重整计划中约定以交付商铺的方式清偿债务。但在重整计划执行过程中，当地房地产市场出现较大变化，若仍按照重整计划交付约定商铺，该部分商铺将难以开展正常经营活动，剩余待销售商铺也因无法销售而无法进行统一招商，直接会导致整个商业地产处置陷入僵局。故为有效盘活整个商业资产，执行方提出将重整计划中该类商铺债权人受偿方案变更为退还购房本金的意见，该变更方案草案最终获得顺利通过。[4]在该案中，若不允许当事人对重整计划进行变更，则不仅债务人的重整难以获得成功，也将损害债权人的利益，由此也可看出，仅将"执行不能"作为申请重整计划变更的事由会导致申请变更的条件过窄，无法满足实践的需要。

---

〔1〕　[德] 亚图·考夫曼：《类推与"事物本质"——兼论类型理论》，吴从周译，学林文化事业出版社 1999 年版，第 115 页。

〔2〕　[德] 亚图·考夫曼：《类推与"事物本质"——兼论类型理论》，吴从周译，学林文化事业出版社 1999 年版，第 63 页。

〔3〕　参见王欣新：《破产法》，中国人民大学出版社 2019 年版，第 332 页。

〔4〕　邵晖、王洋："重整计划变更制度若干问题探析"，载《第九届中国破产法论坛·论文集》（上册），第 382～386 页。

3. 重整投资者的变化。破产重整程序中，债务人企业需要继续维持运营并寻找新的利润增长点，在这一过程中仅依靠债务人自身的力量往往是不够的，而需要依靠外部资金的注入和支持。[1] 但是重整投资人作为第三人可能会出于一些原因改变原有的投资计划或者是自身经营、运转出现问题而放弃投资，此时这种第三人的变化也会造成重整计划的执行不能。

综上，重整计划的执行不能包含许多具体的类型，不论是因不可抗力还是其他情势，只要客观的情况变化使得原重整计划的顺利执行无法实现，就应允许相关主体从维护各方当事人利益和推进重整程序继续进行的角度出发，向法院申请对重整计划作出相应的变更。

五、重整计划变更制度的构建与完善

正如前文所述，我国《企业破产法》并未从立法层面对重整计划的变更作出规定，2018年《全国法院破产审判工作会议纪要》第19条和第20条也仅是对法院审判的指引性规定，并未建立起完善的重整计划变更制度。一般而言，重整计划的内容主要包括两部分：一是债务清偿方案，二是企业重组与经营挽救方案，如股权、资产、营业业务的重组及企业并购等。因客观情势的出现导致两者不能执行的情况在司法实务中时有发生，因而有必要明确重整计划变更制度的适用条件、申请主体的范围以及变更的程序设计等问题。

（一）重整计划变更制度的适用条件

由于重整计划在本质上属于一种特殊的合同，有关其申请变更的前提条件可以比照合同法上情势变更规则的适用条件进行构建。《美国破产法》第1127条（b）规定重整计划的修改需要满足以下条件：其一，重整计划未实质性地执行完毕，例外的情况是，如果重整措施虽未执行完毕，但在可预期的时间内必定可以完成，那么就视为已经完成；其二，重整计划的修改无需债权人会议的批准，但需经过法院的确认及听证程序，以维护相关当事人的合法权益；其三，存在客观的、足以使原重整计划修改正当化的情势。[2]

因此，通过考察我国合同法上的情事变更制度和比较法的相关规定，本文建议重整计划变更制度的适用应满足如下条件。其一，须有情势变化的事实。这里的"情势"主要是指客观的情况，如前文提及的不可抗力、政府行政行为、法律法规变化等，同时情势的范围应保持必要的开放性，因为个案的情况纷繁复杂，无法仅

---

〔1〕 参见李曙光、郑志斌：《公司重整法律评论：上市公司重整专辑》（第5卷），法律出版社2019年版，第183～185页。

〔2〕 参见许德风：《破产法论——解释与功能比较的视角》，北京大学出版社2015年版，第501页。

凭列举的方式予以穷尽，因而有必要为法官预留一定的自由裁量的空间。其二，情势的变化发生在重整计划获得法院批准后，执行完毕之前。对于何为"执行完毕"可以考虑引入美国破产法中的"实质性"标准，即重整计划主要内容执行完成的，应当视为重整计划已经执行完毕，不应再允许当事人申请变更。其三，情势的变化使得重整计划执行不能，或虽可以执行但继续执行对一方当事人明显不公平的。在前文提及的房地产重整案中，虽然原重整计划能够执行，但执行的后果是债务人的商业地产处置陷入僵局，不仅影响其重整的成功率，也有损债权人的利益，此种情形也应被纳入可以变更的范围内，以公平地保障每一个利害关系人的利益。

（二）申请变更的主体范围

对于申请变更的主体，2018 年《全国法院破产审判工作会议纪要》仅规定了管理人和债务人两者。对该规定，显然可以持赞同和反对两种观点。就肯定态度而言，不难得出在上述立法中增加债权人等其他申请变更主体并无现实的必要。因为一方面，赋予债权人以提出变更重整计划的权利，难以避免对现行重整计划心存不满的债权人滥用程序权利；另一方面，破产重整中主要由管理人或债务人负责管理财产和营业事务，对于破产重整计划的可执行性，相较债权人而言，实际执行重整计划的债务人与行使监督职能的管理人往往更能作出较为准确的判断。因而立法赋予管理人和债务人提起重整计划变更的申请的权利，与重整程序的权利分配和基本原理基本契合。

但如果从反对的观点出发，既然重整计划属于一种特殊的合同，似乎并没有理由剥夺债权人的申请变更资格，且重整计划执行不能会对债权人造成直接的不利影响。美国破产法上，除债务人外，管理人、联邦管理人和无担保债权人均有权提出修改重整计划的请求。[1]日本《民事再生法》中规定的申请主体范围也较为宽泛，依据该法第 187 条第 1 款的规定，再生债务人、管理人、监督人或者申报再生债权人皆可申请变更重整计划。文首案例中，法院即在债权人的申请之下，重新启动了重整程序，并由管理人制定了新的重整计划草案，故未来也应在我国立法中赋予债权人申请变更的主体资格。

本文赞成后一种观点，因为重整计划的本质是一份关于重整事项安排的特殊合同（决议），在重整计划出现可变更事由时，债权人等利害关系人享有协商变更的权利，其自然可以以协议参与者的身份提出变更申请，将其纳入申请主体的范畴具有正当性。更重要的是，当重整计划因情势变化等特殊原因不能执行，但企业仍有重整价值时，赋予多主体申请变更的权利可以降低特殊事由带来的风险，同时加快

---

〔1〕　［美］查尔斯·J. 泰步：《美国破产法新论》，韩长印等译，中国政法大学出版社 2017 年版，第 1224 页。

重整程序的进程，提高重整成功率。至于对债权人滥用程序权利的规制，可以通过要求变更申请的债权人及其持有的债权额达到一定的比例来予以避免。但该顾虑可能在很大程度上是多余的，若债权人没有正当理由滥用程序权利去阻碍重整计划的执行，似乎只会增加重整过程中的潜在风险，降低预期受偿率，理性的债权人不会在明知变更申请大概率被驳回的情况下仍执意冒险。

（三）重整计划申请变更的次数

2018 年《全国法院破产审判工作会议纪要》第 19 条限定了重整计划变更的次数，规定债务人或管理人仅能申请变更重整计划一次。之所以这样规定，可能是为了防止已经进入执行阶段的重整计划随意变更，久变不绝，导致重整程序不当拖延，损害利害关系人的合法权益。[1]虽然对申请变更的次数进行限制，有利于破产程序高效有序地进行，但此种一刀切的做法值得商榷。

根据前文的分析，产生情势变化的特殊事由内涵比较丰富，实践中并不排除一个企业在破产重整期间先后遭遇不可抗力、国家政策变化和法律修改等两种以上特殊事由，出现重整计划均无法执行的客观困境。此时若严守 2018 年《全国法院破产审判工作会议纪要》的规定，那么在重整计划第二次出现执行不能的情况时，不论原因、不考虑企业的重整价值，法院都应当裁定终止重整计划执行程序，并转入清算程序。因不可归责于债务人的原因，致使具有重整价值的企业进入清算程序，明显会损害债权人的利益，不利于社会整体利益的增幅。所以，未来立法者不宜对重整计划的变更次数给予过多限定，因为情势变化导致重整计划执行只是少数情况，而先后遭受两次以上情势变更的案件只会少之又少，即便确实出现了也只能说明该案极为特殊，在债务人企业仍具有重整价值时，不妨再给予其变更重整计划、继续重整的机会。

同时，债务人企业自身在执行重整计划过程中也可以采取一些措施，对可能出现的执行不能情形进行一些积极的应对和预防。其一，债务人在执行重整计划时，应做到快速高效，避免因执行期过长而被动遭遇情势变更。其二，在制定重整计划时，聘请专业人士对经济走势、业界行情、社会背景进行充分的分析，减少客观原因对重整计划执行的冲击。事实上，国家政策、法律修改、经济形态与行业盈亏之间相互交织，有着较强的关联性，一旦企业在重整计划执行期间遭遇情势变更时，债务人或管理人应对其他特殊事由有一定的风险预期，并在重整计划更改中予以规避，从而避免重整计划发生二次执行不能的情况。

---

〔1〕 参见贺小荣、王富博、杜军："破产管理人与重整制度的探索与完善——《全国法院破产审判工作会议纪要》的理解与适用（上）"，载《人民司法》2018 年第 13 期。

（四）变更的程序设计

对于变更重整计划的程序设计，2018 年《全国法院破产审判工作会议纪要》的规定也不尽完善。如纪要规定变更后的重整计划应提交给因重整计划变更而遭受不利影响的债权人组和出资人组进行表决。但重整计划变更并非仅会对利害关系人产生不利影响，如在企业资产因市场波动大幅增值等情况下，重整计划的变更可能使债权人获得的受偿额增加，此时也会对其他利害关系人产生影响，但会议纪要对此并未作出规定。

对于重整计划变更的具体程序，我国台湾地区 2016 年版"债务清理法草案"作出了类似"简繁分流"的规定。依据该草案第 280 条第 1 款的规定，法院可以依照管理人或者关系人的申请直接裁定变更重整计划，且"此项裁定变更如有利于重整债权人或社员者，即属本法第 269 条第 1 款规定之认可裁定，应依同条第 4 款规定为公告、通知及送达"。[1]相反，依据该草案第 280 条第 2 款规定，"前款裁定变更之重整计划不利于关系人者，应经关系人会议可决及法院认可"，且关系人会议表决重整计划的程序及法院认可的程序"均应适用重整计划可决及认可之相关规定"。[2]可见，对于有利于重整债务人或者社员的重整计划变更，我国台湾地区"债务清理法草案"规定可直接由法院裁定并认可；对于不利于关系人的变更，才由关系人会议重新表决并经法院认可。

本文认为，我国台湾地区对重整计划变更的程序采取"简繁分流"的做法在具体的程序设计上可以区分实质性变更和非实质性变更，继而作出不同的制度安排。对于重整计划实质性变更的场合，如债务清偿的方式和数额发生变化、债务人企业的经营方案发生重大变化等，应当由受到影响的债权人、出资人再次进行表决；对于重整计划非实质性变更，不影响债权人利益的，如债务人企业经营较好并缩短清偿期限等，则无需再经过债权人会议的表决，可以直接由管理人或债务人向法院提交变更后的重整计划，这样也可节省成本、提高效率。[3]

---

〔1〕　参见台湾地区"破产法（草案更名为债务清理法）修正草案总说明暨条文对照表"第 280 条所附说明，该草案于 2016 年 4 月 29 日由台湾地区"司法院"与台湾地区"行政院"送交台湾地区"立法院"审议。资料来源：http://jirs. judicial. gov. tw/GNNWS/NNWSS002. asp? id = 224088，2020 年 6 月 1 日访问。

〔2〕　参见台湾地区"破产法（草案更名为债务清理法）修正草案总说明暨条文对照表"第 280 条所附说明，该草案于 2016 年 4 月 29 日由台湾地区"司法院"与台湾地区"行政院"送交台湾地区"立法院"审议。资料来源：http://jirs. judicial. gov. tw/GNNWS/NNWSS002. asp? id = 224088，2020 年 6 月 1 日访问。

〔3〕　孙志华、刘利芳："重整计划执行中的变更问题"，载《第十届中国破产法论坛·论文集》（中册），第 652 ~ 656 页。

六、结语

重整计划作为重整制度的核心，涉及众多利害关系人的切身利益。当企业正常经营时，资产大于负债，股东享有对企业的控制权和剩余价值请求权；而在债务人资不抵债濒临破产的情况下，无担保债权人往往取代股东成为事实上的剩余所有权人。无论重整成功还是失败，股东往往都会分文不获；但对于债权人而言，若重整成功则会获得更多的清偿，若重整失败就会转入清算程序，因此重整的风险实际上由债权人承担。重整计划作为特殊性质的合同，具有利益冲突的团体性、非全自愿协商的约束性、法律性质多样的复合性以及经司法确认生效的强制性。[1]经法院裁定批准的重整计划，对债务人和全体债权人均有约束力，当事人应当按照重整计划规定的内容予以执行，原则上不得变更。然而由于重整计划本身属于一种预期安排，难以充分预见日后情况的变化，其中部分内容可能因市场变化，如资产重组中置换的资产价格或盈利能力发生较大变动等，而不得不作调整，抑或是相关审核程序受阻，如意向重组方未通过重大资产重组委员会的审核，此时便不得不另寻重组方。

对此，本文首先明确了重整计划的合同属性，并对重整计划执行不能的情况进行了类型化分析。在此基础上，本文提出要类比合同法上的情势变更规则，构建和完善我国破产法中的重整计划变更制度。具体而言，首先，适用重整计划变更制度需满足有情势变化的事实、情势变化时重整计划尚未执行完毕、情势的变化使得重整计划执行不能，或虽可以执行但继续执行对一方当事人明显不公平这三个条件；其次，申请变更的主体除了管理人和债务人之外，还应包括债权人；最后，重整计划变更的程序设计可以重整计划是否需要实质性变更为依据进行不同的安排，在重整计划非实质性变更时，若不影响债权人利益，可以直接提请法院批准而无需再召开债权人会议进行表决。

附件：案件基本情况

江西高院发布破产审判工作十大典型案例之一：江西赛维 LDK 太阳能高科技有限公司、赛维 LDK 太阳能高科技（新余）有限公司破产重整案

（一）基本情况

江西赛维 LDK 太阳能高科技有限公司（以下简称江西赛维）于 2005 年 7 月注

---

〔1〕 王欣新："谈重整计划执行中的协助执行"，载《人民法院报》2016 年 7 月 13 日，第 7 版。

册成立，公司主营业务为太阳能多晶硅铸锭，多晶硅片研发、生产及销售。2007 年 6 月 11 日，江西赛维在美国纽约证券交易所成功上市，融资达 4.86 亿美元，成为江西省第一家在美国上市的企业，是中国新能源领域在美国最大的一次 IPO。上市后，公司实现了超常规的跨越式发展，开始向光伏全产业链扩展，江西赛维 LDK 光伏硅科技有限公司（2007 年 7 月设立）、江西赛维 LDK 太阳能多晶硅有限公司（2007 年 10 月设立）、赛维 LDK 太阳能高科技（南昌）有限公司（2008 年 9 月设立）、赛维 LDK 太阳能高科技（新余）有限公司（以下简称"新余赛维"，与江西赛维合称"赛维两公司"，2010 年 9 月设立）等关联公司相继成立，逐步成为拥有海内外独资或控股子公司 40 多家的企业集团，在新余、南昌、苏州、合肥等多地拥有生产基地，企业员工超过 2.8 万人。2008 年，赛维集团实现销售收入突破 120 亿元，成为最年轻的中国 500 强企业，中国科技十强企业。2009 年，赛维集团成为世界上唯一一年销售量突破 1000MW 的光伏企业，硅片全球市场份额接近 20%。

2010 年，赛维集团销售收入突破 200 亿元，成为全球出货量最大、盈利能力最强的光伏企业。2011 年，赛维集团主营业务销售收入突破 300 亿，硅片产能全球第二，硅料产能全国第二、全球第八，成为全产业链光伏企业和全球光伏行业龙头企业，在国内外产生了巨大影响，一度成为新余市乃至江西省的名片。2012 年初，欧美国家开始对原产于我国的光伏产品展开"反倾销、反补贴"调查并征收高额惩罚性关税，全球光伏市场陷入低迷，加之因自身扩张过猛、管理不善，赛维集团陷入债务危机，生产经营举步维艰。经审计评估，截至 2015 年 11 月 17 日，江西赛维资产总额为 57.23 亿元，负债总额为 235.34 亿元，资产负债率为 411.21%，资产评估价值为 44.89 亿元；新余赛维账面资产总额为 5.52 亿元，账面负债总额为 36.05 亿元，资产负债率为 652.58%，资产评估值 1.78 亿元，两公司已严重资不抵债。并且两公司诉讼缠身，银行账户及资产几乎全部被查封冻结，现金流断裂。鉴于此，债权人向新余中院申请赛维两公司破产重整。

（二）审理过程

2015 年 11 月 17 日，新余市中级人民法院裁定赛维两公司破产重整，同时指定了管理人。经公开招募，中国平煤神马能源化工集团有限责任公司和河南易成新能源股份有限公司组成的联合体以重整投资和清偿债务方案最优成为赛维两公司重整投资人。2016 年 9 月 30 日，新余中院裁定批准了江西赛维、新余赛维重整计划草案并终止赛维两公司重整程序。该重整方案计划通过上市公司增发股票募集资金偿还债务和经营投资，后因中国证监会再融资新规颁布无法执行，原重整投资人宣布退出重整。在全体债权人均要求继续重整的情况下，新余中院本着充分尊重各方当事人的权利和意识自治原则决定破产程序中的重大事项，从最大化保护债权人利益角度出发，将继续重整的思路层报最高人民法院。第二次重整程序启动后，管理人根据招募结果制定新的重整计划草案交债权人会议表决，各表决组均高票表决通过。2018 年 1 月 10 日，新余中院根据债权人会议表决结果，裁定批准赛维两公司重整计划草案并终止两公司重整程序。2018 年 1 月 12 日，管理人在新余中院的监督下将赛维两公司移交给重整投资人。

（三）典型意义

企业破产法规定，经人民法院裁定批准的重整计划，对债务人和全体债权人均有约束力；债务人不能执行或者不执行重整计划的，人民法院经管理人或者利害关系人请求，应当裁定终止重整计划的执行，并宣告债务人破产。企业破产法并没有规定已获批准的重整计划变更条款。江西赛维、新余赛维两公司重整案件中，新余中院充分尊重各方当事人的权利和意愿，大胆探索，通过平等协商和自主决策来决定破产程序中的重大事项，从最大化保护债权人利益角度出发，启动第二次重整程序，最终重整成功挽救了企业，避免了赛维两公司破产清算，各债权人均获得高于破产清算所能获得的债权清偿，职工债权、小额债权、税款债权全额清偿，取得了良好的社会效果和法律效果。

专题十九 重整计划分组表决规则对法院强制批准权的影响分析

一、案情概要与问题提出

2018 年 10 月 31 日，合肥市中级人民法院裁定受理智慧超洋建设工程股份有限公司（以下简称"智慧超洋公司"）重整案。2019 年 8 月 29 日，法院决定设立如下债权人组，对智慧超洋公司《重整计划草案》进行表决：①特定财产担保债权组；②职工债权组；③税款债权组；④劳务债权组；⑤小额建工材料债权组；⑥大额建工材料债权组；⑦外协债权组；⑧股东或员工为公司担保债权组；⑨股东提供抵押物的公司担保债权组；⑩公司担保的债权组；⑪一般类债权组。在第二次债权人会议上，管理人向债权人会议提请审议《重整计划草案》，并最终形成了《重整计划草案之修正案》（以下简称《修正案》）。根据《修正案》的内容，特定财产担保债权重整清偿比例为 100%，且约定"自法院裁定批准《重整计划草案》及《修正案》之日起，债务人将向特定财产担保债权人以每期支付后的剩余债权数额为基数，按当期银行 1 年期贷款基准利率为标准计算补偿利息，确认的债权数额全部支付完毕后停止计息，并于重整方案得到批准之日起第 6 年起开始支付补偿利息"。职工债权及税款债权将获得全额清偿，劳务债权组重整清偿比例为 100%，小额建工材料债权组重整清偿比例为 100%，大额建工材料债权组重整清偿比例为 100%，税款滞纳金债权重整清偿比例为 100%，小额建工材料款债权组重整清偿比例为 100%，大额建工材料款组重整清偿比例为 100%，外协债权组重整清偿比例为 100%，股东及员工为公司担保债权组重整清偿比例为 30%，股东提供抵押物的公司担保债权组重整清偿比例为 100%，公司担保债权组重整清偿比例为 30%，一般债权组重整清偿比例为 100%。

债权人会议对修正案的最终表决结果为：7 组表决通过了重整计划（职工债权组，一般债权组，劳务债权组，小额材料款债权组，大额材料款组，外协债权组以及公司担保债权组），4 组表决未通过（公司特定财产担保债权组、股东提供抵押物的公司担保债权组、税收债权组以及股东及员工为公司担保债权组）。法院认为《重整计划草案》及《修正案》符合《企业破产法》第 87 条的规定，同一表决组成员的债权清偿比例相同，并且所规定的清偿顺序不违反《企业破产法》第 113 条的规定，于是批准通过了该重整计划。

本案集中体现出重整计划分组表决的构造问题及其对法院强制批准重整计划的影响，反映出重整程序对债权人利益保护与程序效率以及社会利益的平衡问题。首先，分组系重整计划表决的起点，在我国《企业破产法》第 82 条的规定较为简略的情况下，有必要探讨债权人会议分组的标准以及我国司法实践中可以采取的细化限度是什么。其次，并非所有分组均享有表决权，结合《企业破产法司法解释三》的规定，应限制"权益未受调整或影响"债权人组的表决权。最后，在同时采纳细化分组与限制表决的做法后，更有必要保障债权人最低限度的意思自治，应以"至少有一组通过"作为法院强制批准重整计划的前提。

二、重整计划分组表决的基本理论

对不同类型的债权人进行分组，系重整计划表决的出发点。重整计划草案制定者可以事先预测债权人小组赞成或反对的可能表决（分散或集中）状态，以便后续采取相应的行动，来对重整计划草案进行修改或提交表决。因此，分组不仅有程序上的价值，而且决定着重整计划能否顺利通过并获法院最终批准。在美国破产法学界，有观点认为："分组在第 11 章程序（商事重整，笔者注）中的重要性再怎么强调都不为过。"[1]

（一）分组表决的不同立法模式

不同于清算或和解程序，分组表决系重整程序独有的制度，是债权人会议决议的特殊表现。所谓分组表决，是指按照不同的标准，将债权人分为若干小组，再以小组为单位分别进行表决，然后按各组表决的结果计算债权人会议表决的结果。[2]

针对分组表决的不同立法例，各国家和地区现行破产法中存在三种典型模式，即法定型、任意型和折衷型（也有学者将其归类为列举模式、概括模式和折衷模式）。法定型是指法律明确规定分组的具体标准，法院及重整人没有权利加以改变。《德国破产法》即属此类，其第 222 条规定具有"同类的经济利益"的债权人可以被分为一组，并且要求"各个组别相互之间必须能够界定下来，界定的准则应在方案中说明"。[3]我国台湾地区的重整计划表决亦采严格的法定型分组，如依据我国台湾地区现行"公司法"第 296 条第 1 款规定，重整裁定之前成立的对公司的债权

---

[1] 参见［美］查尔斯·J. 泰步：《美国破产法新论》，韩长印等译，中国政法大学出版社 2017 年版，第 1210 页。

[2] 参见韩长印主编：《破产法学》，中国政法大学出版社 2016 年版，第 155 页。

[3] 李飞主编：《当代外国破产法》，中国法制出版社 2006 年版，第 86 页。

为重整债权，重整债权分为优先重整债权、有担保重整债权和无担保重整债权，债权人表决分组的依据是债权的性质。一般认为，我国《企业破产法》采取的也是法定分组标准，将在下一节详述。

任意型分组以《美国破产法》为代表，该法规定只有"基本类似"的债权或股权才能置于同一组别之中。[1]因此，重整计划可以将某一类债权或股权归入已经分好的某一特定分组，只要该债权或股权实质上类似于该类中其他债权或股权即可。《美国破产法》实践中，虽然普通无担保债权人在分配顺序上是平等的，但也通常被分为许多组。[2]

折中型分组以日本为代表，即法律虽然规定了分组的具体标准，但同时又授权法院或重整人可根据实际情况对这一标准加以改变。[3]也有学者将其概括为强行性分组与任意型分组两类。其中，在强行性分组情形下，法院及重整人无改变的余地；而在任意型分组情形下，法院或重整人享有根据实际情况对此分组标准进行改变的权利。[4]具体而言，日本《公司更生法》第196条规定，更生计划的草案表决原则上根据不同种类的权利人组成一组，而法院可以依职权裁量将各组进行统合或分割。日本破产实践中，优先更生债权人常与普通更生债权人分在同一组别，各组别之间适用不同的表决通过要件。[5]

（二）分组的标准：实质相同（相似）

总结各国家和地区破产立法及理论学说，重整计划的表决分组采取的是"权利的实质相同或者相似性标准"，即将债权人和股东分为若干表决组，以组为单位分别进行重整计划草案的表决，以各组均表决通过为重整计划草案通过标准的表决制度。[6]

实质相同标准是债权平等原则在重整中的延伸。债权平等系民法基础理论，是指债权具有相对性且无排他的效力。[7]依据破产程序对非破产原则的尊重，破产企业上的数个同类债权，不论发生顺序的先后，均应以同等地位并存，并依比例参加分配。分组表决的价值就在于承认参与重整的各利害关系人所拥有的权利差异性，以及由这种差异性所决定的权利区别对待原则，同时承认同质权利之间的平等性和

〔1〕　参见《美国破产法》第1122条（a）。

〔2〕　参见潘琪：《美国破产法》，法律出版社1999年版，第209~210页。

〔3〕　参见张艳丽："重整计划比较分析"，载《法学杂志》2009年第4期。

〔4〕　参见李永军：《破产法律制度》，中国法制出版社2004年版，第454页；另见范健、王建文：《破产法》，法律出版社2009年版，第217~218页。

〔5〕　参见［日］山本和彦：《日本倒产处理法入门》，金春等译，法律出版社2016年版，第203~204页。

〔6〕　参见王卫国：《破产法精义》，法律出版社2007年版，第246页。

〔7〕　参见王泽鉴：《债法原理》（第一册），中国政法大学出版社2001年版，第10~11页。

由这种平等性所决定的债权平等原则。[1]分组不仅是债权平等的目的，更是实现平等的手段——在交易关系更为复杂、债权类别繁多的情况下，借助分组的手段，可以检验和突显债权之间是否具有实质平等性。这是因为，"按照不同的利害关系人类别，分别进行表决，可以更加准确地探明各种债权人或权益享有者的态度，从而周到地保护他们的合法权益"。[2]

相反，若立法僵化或摒除表决权分组制度，可能造成不同意重整计划的债权人分别位于不同表决组内，造成同类型债权人之间的利益实质失衡。在同一表决组内部，表决组成员的利益仍然存在冲突，不同成员因为其表决的"权重"大小，有可能"绑架"其他成员或者被其他成员"绑架"，不排除参与重整计划草案讨论和表决的各表决组及其成员"肆意"滥用"多数决"的表决机制损害个别成员利益的可能性。[3]为防止此种情形发生，甚至还有观点认为可直接将异议成员归为一组，"在协商重整计划时，完全可以将持有异议的少数成员列入不接受重整计划的表决组，实现对不接受重整计划的表决组成员的同等保护"。[4]但既然立法上已经确立了"分组表决"制度，本文不再对"无分组表决机制"下的情形进行猜测和批判。

对于立法上规定的"实质相同（类似）"标准，其作用主要体现于以下三个方面。

第一，分组模式将影响重整计划强制批准的标准。就法定的表决分组而言，该模式可直接保障同一清偿顺序的债权人均被分在同一个表决组中，"那么只要保障公平对待同一表决组成员，即可保障债权人的平等清偿利益"，[5]此时法院只需依照该标准对重整计划进行审查即可。但若似他国立法例中那样认可任意性分组，则法院在批准重整计划时，应审查清偿顺位相同但位于不同表决组的债权人之间是否存在不合理差别待遇。该种"不合理差别待遇"审查，被称为"不歧视原则"。该原则系《美国破产法》中法院批准重整计划的标准之一，是指具有同一清偿顺序的债权人可以被分在不同的表决组中，法院在审查重整计划草案时应对同一清偿顺序的不同表决组的债权人提供非差别对待。

第二，分组表决有利于促进不同利益集团间的协商。有针对性地设置分组能较为充分地考量不同权利人的利益特殊性，从而更细致地推进经管债务人或管理人与

---

[1] 韩长印："从分组到分段：重整程序中的小额债权清偿机制研究"，载《法学》2019 年第 12 期。

[2] 王延川主编：《破产法理论与实务》，中国政法大学出版社 2009 年版，第 62 页。

[3] 参见邹海林："我国企业再生程序的制度分析和适用"，载《政法论坛》2007 年第 1 期。

[4] 邹海林："法院强制批准重整计划的不确定性"，载《法律适用》2012 年第 11 期。

[5] 李志强："关于我国破产重整计划批准制度的思考——以债权人利益保护为中心"，载《北方法学》2008 年第 3 期。

各组债权人间的协商。[1]具体而言,分组表决机制可以更全面、准确地反映不同利害关系人的利益诉求差异,以免出现享有不同权益或受不同措施调整的债权人被分在一组,进而在表决中出现表决结果失真、失实的现象,同时也可有效减少不同债权人之间的利益冲突,降低谈判成本,提高重整程序的整体效率。[2]从这个角度来看,分组表决还是一种充分尊重利害关系人意思表达的特殊程序规则。

第三,分组表决对重整计划的顺利通过具有重大意义,而且符合重整程序对效率价值的追求。判断重整计划是否表决通过,一般以"双重多数决"[3]为标准,立法上对同意的债权人数和其所占债权比例均设置了较高要求。若所有债权人共同表决,则因利益的复杂性,重整计划几无通过的可能。细化分组具有"化整为零"的效果,这集中体现在小额债权组的表决结果中。实践中,大债权人往往人数少但债权额大,而小债权人往往人数众多但每笔债权额却很小,如果把所有普通债权作为一组进行表决,按照同一比例清偿,重整计划草案很难取得出席会议的债权人过半数同意;但如果提高小额债权人的清偿比例以获取他们的同意,计划通过的可能性便大大提高。[4]因此,有观点认为,单设小额债权组并非意在优待小额债权人,而"或许更多的是虑及重整计划表决方面对表决权人数上的要求"。[5]

正因如此,表决分组符合重整程序追求公平和效率的价值取向,以合理制衡个别债权人的特定分配利益诉求。重整过程中,每一方利害关系人都尽可能争取自身利益最大化,破产法规范在尊重个别债权人权益的同时,也必须从全体债权人清偿利益的整体提升和债务人公司最佳生存机会的获取角度,对具体的表决制度进行构建、完善。也就是说,破产法相关规则系通过分组投票和组内多数决的方式削弱了少数个别债权人控制重整程序的能力以体现其整体利益价值。[6]可见,表决规则系破产重整规则构建中制衡各方利益诉求的核心手段,分组表决系其制度保障。

(三)重整计划提交人应承担"合理商业理由"的证明责任

重整计划提交人对债权人的分组设计并非毫无限制,其应承担分组方式正当性的说明责任,而法院保留对分组方式的最终决定权。一方面,重整计划提交人应当对计划中分组的必要性进行说明,即分组方案和对应理由是重整计划的必要组成部

---

〔1〕　丁文联:"论企业破产程序中的利益平衡",对外经济贸易大学2005年博士学位论文。

〔2〕　参见王欣新:《破产法》,中国人民大学出版社2019年版,第313页。

〔3〕　《企业破产法》第84条第2款规定:"出席会议的同一表决组的债权人过半数同意重整计划草案,并且其所代表的债权额占该组债权总额的三分之二以上的,即为该组通过重整计划草案。"

〔4〕　参见安建主编:《中华人民共和国企业破产法释义》,法律出版社2006年版,第119页。

〔5〕　韩长印:"从分组到分段:重整程序中的小额债权清偿机制研究",载《法学》2019年第12期。

〔6〕　参见齐明:"美国破产重整制度研究",吉林大学2009年博士学位论文。

分。美国破产实务中，重整计划的提交者区别对待类似债权人时必须提供"充分的商业理由"（或称合理之商业或经济理由），[1] 这种"商业理由"涉及经管债务人或管理人的商业判断，具有一定的自主性，但是仍以充足性为申请前提。另一方面，重整表决分组的决定权属于法院。我国《企业破产法》第 82 条仅规定了法院对是否设置小额债权组的决定权，但该条文已认可了法院对分组模式的最终决定权，一些地区法院的工作文件将该项法院职权细化并以成文方式固定下来。如《北京市高级人民法院企业破产案件审理规程》第 215 条指出："（分组方法）债权人依照企业破产法第 82 条第 1 款的规定，按债权性质的不同进行分组表决。持有不同性质债权的债权人不得分至同一组。必要时，人民法院可以决定对普通债权人按债权额大小、清偿比例的不同等标准增加分组。同一清偿额度的债权人不应另行拆分。"可见，人民法院可以依利害关系人申请或依职权决定分组模式。

综上所述，以实质相同（相似）为标准的分组模式是债权平等原则在重整程序中的映射，符合重整制度的价值取向。但是在个案的分组中，不同的立法模式创设了重整计划提交人与法院之间不同的权力分配，接下来本文拟依我国现行破产法中的分组规定来分析文首案件。

三、我国重整计划分组的法定性及再分的可行性

我国采取了较为刚性的法定分组模式。《企业破产法》第 82 条是对分组表决方式的具体规定。根据该条规定，我国破产重整案中，债权及股权最多可被分为 6 组，[2] 因此有观点认为《企业破产法》事实上采取了"强行性分组"或称"法定型分组"的模式。[3] 具体而言，立法不仅明确规定了债权人分组的具体类型，同时，除了出资人组以及小额债权组，并未赋予管理人或法院以任意创设其他表决组类型的权力；且就条文本身来看，亦未体现出于现有法定分组内根据不同债权人类型进一步分组的法律依据。可以认为，我国破产法所采取的债权人分组类型不仅是"封闭"的，而且是相对"固定"的。

（一）法定分组标准的合理性

在我国法定分组的立法背景中，允许重整计划制作者对债权人进行自由分组，存在理论障碍并可能不利于程序开展。

---

〔1〕 参见 ［美］查尔斯·J. 泰步：《美国破产法新论》，韩长印等译，中国政法大学出版社 2017 年版，第 1215 页。例如，曾有法院判定，公共服务商、市政机构以及工会就具有明显不同的利益，应当将其单独作为一组。

〔2〕 韩长印主编：《破产法学》，中国政法大学出版社 2016 年版，第 263 页。

〔3〕 参见张艳丽："重整计划比较分析"，载《法学杂志》2009 年第 4 期；另见邹海林：《破产法——程序理念与制度结构解析》，中国社会科学出版社 2016 年版，第 403、406 页。

第一，细化分组极有可能侵犯债的平等性。有观点已从债权平等性的角度反思小额债权单独分组的合理性："只要对普通债权再作进一步的具体分组都有违背同一表决组内平等对待之嫌疑，仅是违背的程度不同而已。"[1]在美国法上，类似观点亦指出："类似性应根据分组的债权和股权的性质来判断。换言之，决定性的因素是针对债务人的债权或股权的法律属性与效果。而权利人自身的身份，则无关宏旨。"[2]另外，即使是同一主体所持有的债权和股权，也将因为其性质不同而被划分至不同组别之中。可见，债权的价值和性质都是分组的必要参考因素，但若认为债权平等性要求仅以债权性质作为分组的根据，则现行法定分组是合理的。

第二，若准许自由分组，则有可能导致难以穷尽的分组再细化，乃至出现不少债权人独立为一组的情形。此时，平等对待同类权利的分组表决目的极有可能落空。若在破产程序中，允许重整计划制作人对所有类型债权人的期待或意愿进行识别乃至特别保护，将明显有违破产法概括清偿的立法初衷。原因在于，任何债权人对其债权实现都有特别的期望，法律无需也无法对所有特定的债权类型进行细化识别。对此，虽然《美国破产法》以"充分商业判断规则"课以计划提交人说明义务，但这在我国司法实践中反而可能加剧当事人因分组产生的争议。

第三，重整计划表决本身就是效率与公平的较量，在考虑关系人特殊性的同时，尽可能地在立法层面将其类型化、固定化，在提高效率的同时也保障了程序的公平。在法律已规定6个分组的情况下，再探讨细化分组将产生不必要的区分对待（即使针对立法已认可的小额债权组，其单独分组也将导致临界点附近债权人的极大争议），而且有可能降低重整程序的效率。

第四，细化分组的自由选择权很有可能导致计划提交人利用分组设计来谋求对重整计划表决通过的有利结果。例如，将异议债权人"隔离"至一组内将增加表决通过的可能性而削弱了少数债权人的异议权；又如，特定债权人可以通过分割债权或转让债权的方式安排其表决权分布，以左右表决结果；甚至，针对人民法院强制批准重整计划需"至少一组"通过的前提条件，计划提交人可以分离普通债权人组以确保部分组别的表决通过，而这可能导致原先不满足"至少一组"要件要求的重整计划，错误地进入法院强制批准程序。

实际上，分组表决在实践中的乱象已严重偏离了其保障债权平等性的初衷。仅针对小额债权分组的任意性，就有批评观点认为，其"基本上已沦为一种操纵表决结

---

[1]　韩长印："从分组到分段：重整程序中的小额债权清偿机制研究"，载《法学》2019年第12期。

[2]　参见［美］查尔斯·J. 泰步：《美国破产法新论》，韩长印等译，中国政法大学出版社2017年版，第1093～1094页。

果的工具，而与案件管理便利或表决结果正当性之程序保障已无甚关联"。[1]即便在任意型分组的美国，理论界亦对过于自由化的分组表决持警惕态度，认为分组模式应当是一项清楚的规则，绝不允许通过对分组的不当操控，将类似债权划分至不同组别，从而获得对重整计划的通过。[2]我国破产法学界中，即使是部分支持自由分组模式的学者亦指出，"对表决组别的其他设置不得损害表决结果的公平性"。[3]可见，纵使在任意型分组标准下，所谓的"任意"亦需受公平原则的调整。

综上，在总体符合债权平等及公平原则的条件下，无论采"任意型分组"还是"强行性分组"，二者的结果无本质差别。在此语境下，我国《企业破产法》采取的分类标准基本符合对于权利性质和债权种类的认识，且与德国、日本等国的立法例相切合，亦与破产清算程序所确立的清偿顺位相对应。在此基础上，结合破产立法采取的强制批准规则以及"双重通过"表决标准，原则上无需再赋予计划提交人或法院在法定分组标准外任意细化分组的权利。

（二）司法实践中细化分组的可能限度

如前已述，我国立法采法定分组模式，原则不允许细化分组。但我国司法实践却呈现出另一番现象：包括文首裁定书在内的一系列破产重整案均体现出，实践中的债权人分组显然突破了法定分组限制。具体而言，针对担保债权组，可以根据担保的类型、担保物的来源或保证人的来源不同，在法定分组的基础之上继续细化；针对普通债权，可以根据债权数额的不同而分为大额和小额债权组。此外，我国司法实践中常见的另一种规避法定分组的方式是"超额累退"，即在偿债方案中分别规定不同债权人的偿债比例，其表决结果也具有客观上的分组效果。[4]此外，也有观点认为《企业破产法》关于债权分组的规定过于简单、僵化，不利于反映各种债权人的利益，也不利于债务人或管理人与各组债权人谈判协商，应允许管理人根据具体情况提出细致的分组方案，由法院裁决确定最终分组方案。[5]

为应对实践中细化分组的需求，可以通过学理论证以及域外法借鉴进行漏洞填补。总体来看，现有的法定分组存在两方面的缺漏：一是缺少对"劣后债权人表决组"的规定；二是未区分股东（出资人）表决组中的优先权股东与其他股东。就前

---

〔1〕 参见韩长印："从分组到分段：重整程序中的小额债权清偿机制研究"，载《法学》2019年第12期。

〔2〕 参见［美］查尔斯·J.泰步：《美国破产法新论》，韩长印等译，中国政法大学出版社2017年版，第1097页。

〔3〕 王欣新：《破产法》，中国人民大学出版社2007年版，第257页。

〔4〕 许德风：《破产法论——解释与功能比较的视角》，北京大学出版社2015年版，第494页。

〔5〕 丁文联：《破产程序中的政策目标与利益平衡》，法律出版社2008年版，第257页。

者而言，《德国破产法》第 222 条[1]、日本《会社再生法》[2]等均明确规定，劣后债权的债权人应独立分组。2018 年《全国法院破产审判工作会议纪要》第 28 条将有关惩罚性公债权和民事惩罚性赔偿债权视为劣后债权，所以在我国立法语境中也有了探讨劣后债权适用的空间。以此为基础继续探讨，又将产生两个后续问题。其一，对于不同的劣后债权，是否应根据债权的类型继续分组？对此，鉴于我国《企业破产法》第 82 条中的优先债权表决组对担保债权、公债权的类别进行了区分，对应于劣后债权组中，亦有区分的可能性。其二，劣后债权人是否当然具有表决权？表决权的设置取决于该组的权益是否受调整，不可一概而论，具体将在下节详细论述。

而对于后者，出资人（股东）亦需根据权利行使的顺位进行分组，如根据是否享有优先受偿权可将其分为优先股东组与普通股东组。邹海林教授对此细化方式持赞成态度，认为《企业破产法》没有对同一表决组的继续细分加以禁止，此时"在出资人表决组中细分为两个以上的表决组，没有任何法律上的障碍"。[3]在具体操作中，鉴于有限公司与股份公司的差异性，分组内容和方式则需要结合公司的不同类型以及公司章程的特殊规定来考量。

除该两类典型的表决组类型外，是否还有对立法所采取的法定分组标准进行"变通适用"乃至彻底调整的可能性？对于担保债权和普通债权分组的细化，有学者提出了较为详细的方案：担保权可以分为有财产的担保权和无财产的担保权；劳动债权可以分为历史劳动债权和即时劳动债权，还可以细分为工资劳动债权、奖励劳动债权和社保劳动债权；普通债权又可以分为银行债权和非银行债权；损害赔偿债权可以分为基于人身损害的债权和基于物之损害的债权等。[4]尤其在涉众债权的场合，持同类型债权的债权人间利益诉求差异性突显，如同为职工债权，根据工资、社保、补偿金而区分的不同债权人间存在差异显著的利益诉求，对此确有进一步划分的必要性。就该细分的可能性而言，同属于法定型立法模式的德国破产法实践和学说也承认了法定分类标准外其他分组类型的合理性，其司法实践中大量存在将有关社会保障、医疗保险以及财产部门的"公法"债权分为专门组别的做法。[5]

---

〔1〕《德国破产法》第 222 条规定："在重整计划中确定当事人的权利时，以所涉及的债权人具有不同法律地位为限，应当建立各种债权人小组。应当区分下列债权人：①享有别除权的债权人，以重整计划干预其权利为限；②非后顺位破产债权人；③各等级后顺位破产债权人，以其债权未依本法第 225 条视为被免除为限。"参见李飞：《当代外国破产法》，中国法制出版社 2006 年版，第 86 页。

〔2〕参见日本《会社再生法》第 159 条。

〔3〕邹海林：《破产法——程序理念与制度结构解析》，中国社会科学出版社 2016 年版，第 404 页。

〔4〕参见李曙光："关于新破产法中的重整制度"，载《人民法院报》2004 年 8 月 27 日。

〔5〕何旺翔：《德国联邦最高法院典型判例研究·破产法篇》，法律出版社 2019 年版，第 95～96 页。

可见，结合破产法理论以及域外法实践，即便是法定 6 个分组内的债权人，也可能因债权性质的不同而处于不同的受偿地位。在此种情形下，维持现有的分组确实有失公平。

由此观之，在破产重整实践中，应对《企业破产法》第 82 条进行适度的扩大解释，人民法院应认可合理的、贴合债权性质的不同分组模式，但同时严格把握细化的程度。对此，可以借鉴美国破产法上的"充分商业理由"规则，最终确认的表决方式应当贴合债权平等以及受偿公平原则。

文首案件中，多达 11 组的细化分组显然超越了现行法规定，管理人应提交充分理由以证明分组的合理性。一方面，在普通债权组内，除一般债权组外，又单列了"小额材料款债权组""大额材料款债权组"，这种根据交易标的而作出的区分可能并未体现债权平等性。另一方面，重整计划在担保债权组内细分了四类，同时存在公司特定财产担保债权组、股东提供抵押物的公司担保债权组、公司担保债权人组以及股东及员工为公司担保债权人组，对物保、人保以及其不同来源均进行了区别对待。然而，就股东及员工为公司担保债权人组而言，若认为股东与员工在该担保协议中具有独立于公司的主体地位，则根据《企业破产法》第 92 条的规定，此连带责任不受重整程序影响，不应单独设立一个表决组，而应与普通债权一同表决。

四、重整计划的表决权分布规则

分组标准日趋细化将产生一个问题：如何分配不同组别对破产重整计划的表决权？我国破产法司法解释以及相关理论均指出，仅权利受到调整的组别享有表决权。

尽管《企业破产法》未规定权利是否受调整与表决权间的关系，但早有观点指出，根据破产法对出资人组的规则设计可以推得"《企业破产法》实际上已经承认了一项规则，即只有权益受到调整的小组才有资格参加重整计划的表决"。[1] 而这一观点被 2019 年出台的《企业破产法司法解释三》采纳，其第 11 条直接以"参照"适用的方式将原本仅针对社会保险债权的表决权限制规定扩大适用于所有类型的债权人或股东。表决权的限制也常见于域外破产法，如《德国破产法》第 23 条即规定，债权不因重整计划而受损害的债权人，不享有表决权；《美国破产法》第 1126 条亦规定，未受到重整计划削减的债权或者权益种类以及该种类中的每一位债权或者权益的持有人，都被推定为已经接受了重整计划。[2] 由此带来一个问题：

---

〔1〕 韩长印主编：《破产法学》，中国政法大学出版社 2016 年版，第 265 页。

〔2〕 ［美］查尔斯·J. 泰步：《美国破产法新论》，韩长印等译，中国政法大学出版社 2017 年版，第 1213 页。

如何界定表决权应受限制的表决组？

（一）权利未受调整的组别不表决

"权益未受到调整或者影响"的债权人和股东构成的表决组，不参与重整计划的表决。首先应予明确的是，权益未受影响的"表决组"被排除在外，否则会导致同一表决组内部的不平衡。其次，应准确界定该规则适用的核心要件，即何谓"权益未受到调整或者影响"。对此，有论著认为，在实体层面上应进行从严把握；而在实践层面上，上述情形亦很少发生——无论是利息计算标准还是清偿时间等，但凡在重整计划草案中作出了新的安排，都应认定为"受到调整或者影响"，更遑论调整本金或期限等情形。[1]

就《企业破产法司法解释三》第11条的本意来看，权益未受"调整"或"影响"共有两类情况：一是对当事人权益内容以及实现方式的任何变动都可能构成某种程度上的"影响"；二是并非所有影响都会导致对当事人权益的"调整"，影响的效果也可能通过重整计划的特别约定而回复到原始状态，此时就可视为权益未受"调整"或"影响"。若采此二分法理解，则新司法解释的内容可能与美国破产法中的相关概念相互呼应。"调整（impairment）"系美国破产法中的一项专用术语，特指两类情况：①重整计划确保对该组别成员所持有的所有普通法、衡平法及契约权利均不予变更［§1124（1）］；②重整计划承诺对违约予以纠正、赔偿债权人的违约、回复到原来的到期时间；否则即应确保债权人的所有权利不发生变更［§1124（2）］。具体而言，在第一种情况中，重整计划必须"对普通法、衡平法或契约权利均不予变更"，[2]这里的"改变"不仅仅是减少，增多一个请求或利益也会被视为是"受影响"，这里的请求权和利益指的是破产法以外的法律或合同赋予的，以及法院衡平权赋予的请求权和利益；[3]在第二种未受调整的情况下，虽然债权人的权利将受到影响，但债务人可以通过纠正违约，并回复（reinstate）原合同项下的利率条款，确保债权人的权利未受调整。

针对担保债权，权利是否受调整应以债务人是否已违约来判断。在担保物还未被拍卖且债务人不存在违约的情况，重整计划可以保留债权人在原合同项下的所有权利，并且按期履行原合同义务，《美国破产法》视之为未受调整。但是，鉴于我国《企业破产法》一定程度上限制了重整程序中担保债权的实现，[4]是故在理论

---

〔1〕　参见最高人民法院民二庭编著：《最高人民法院关于企业破产法司法解释（三）理解与适用》，人民法院出版社2019年版，第226页。

〔2〕　参见［美］查尔斯·J.泰步：《美国破产法新论》，韩长印等译，中国政法大学出版社2017年版，第1219页。

〔3〕　高丝敏："重整计划强裁规则的误读与重释"，载《中外法学》2018年第1期。

〔4〕　参见《企业破产法》第75条。

上，重整程序中破产企业对担保债权人不可能不违约。进而，在违约已产生的基础之上，债权人权益必然受到"影响"，重整计划只能避免对其实体权利的"调整"：一方面纠正之前的违约行为，在计划生效之时对债权人因违约而产生的的损失进行全额赔偿；另一方面可以选择分期清偿但补偿债务分期期间对应的利息。特别地，若债务人违约是因为原合同中存在"加速到期条款"，在《美国破产法》中，重整计划的承诺还具有纠正违约、撤销加速到期并恢复债务到期时间的效果。然而这一规定显然向破产企业的营运保护倾斜，对债权人可能不公，故不一定为我国破产法所采纳。特别地，当担保债权为不足额担保时，还需对该担保进行分割，区分其足额部分和不足额部分，此时同一债权人可能在不同表决组行使权利。

（二）权益被彻底调整的组别不表决

与权益未受调整组被视为赞同重整计划相反，权益被"归零"的表决组也无需参与投票，因其已被立法推定为全体反对重整计划。《企业破产法》并未直接规定权益归零的法律后果，第 85 条仅规定对出资人权益受调整时，"（出资人）可以列席讨论重整计划草案的债权人会议"。而我国司法实践中，重整计划存在普遍忽视（或者过度调整）出资人权益的倾向。[1]如法院曾在重整计划批准的裁定中指出："根据审计和评估报告及管理人已确定的债权，公司已严重资不抵债，股东在公司已无剩余财产可供分配，实际上已经无任何权益，保留其股权对重整投资者不公平。故重整计划草案对出资人权益的调整是公平、公正的。"[2]在比较法上也往往承认若股东对企业仍享有权益则有权对重整计划进行表决，反之则不享有表决权。[3]如《美国破产法》规定，所有重整计划对特定组别进行彻底调整的情况下，否决该组别的表决权，"若重整计划规定特定组别的债权或股权将不能获得任何分配或不能保留任何资产，则该组别将被视为未通过重整计划"。[4]

鉴于出资人受偿的劣后性，权益被"归零"的表决组确实极有可能是出资人组，因此分析出资人组权益何时"归零"最具有现实价值。虽然大多破产案件中，破产企业严重资不抵债，出资人几无分取利益的可能性，但是，重整程序并不必然导致企业的消亡，成功的重整甚至可能带领企业"走向复兴"，因此需要区分不同的重整原因来处理出资人组的表决权问题。其一，债务人确实"资不抵债且不能清偿到期债务"的，出资人权益归零而不享有表决权，重整计划草案中有关调整债务

---

〔1〕 张钦昱："公司重整中出资人权益的保护——以出资人委员会为视角"，载《政治与法律》2018 年第 11 期。

〔2〕 永嘉县人民法院（2013）温永破字第 7－5 号民事裁定书。

〔3〕 参见陈英：《破产重整中的利益分析与制度构造——以利益主体为视角》，山东大学出版社2013 年版，第 123 页。

〔4〕 参见《美国破产法》第 1126 条（g）。

人的出资人权益的内容具有合理基础；其二，债务人"明显缺乏清偿能力且不能清偿到期债务"时，债务人评估后的清算价值很有可能为正值，出资人能够通过破产程序获得利益，法院应谨慎对出资人权益进行调整；其三，债务人有"丧失清偿能力的可能性"时，债务人有推迟或延后清偿债务的客观需求，重整计划将对各表决组的权益分配进行相应调整，也应保留出资人组的表决权。[1]可见，出资人是否享有表决权应该结合具体案情分析，而不能因为股东受偿的劣后性一概否认其表决权和参与权。甚至，针对上市公司的重整，有观点认为壳价值意味着出资人不可能权益彻底"归零"，"上市公司的壳价值归属于股东而不是债权人。出资人权益价值贬损为负值或者接近于零的事实本身不能证明非法剥夺其股东身份的正当性"。[2]

出资人组的表决规则应与其他债权人组相区分。由于出资人组成员为全体出资人，其表决权的行使本质为股东会决议程序在重整程序中的体现，因而，出资人表决时应按照股东会决议的规则进行，如依照股权比例进行资本多数决等。总之，按照"尊重非破产法规范"的原则，在破产法未作特殊规定时，参酌《公司法》的相关规定应属妥当。[3]

基于前述分析，不同分组对重整计划的表决权分布已清晰可辨：只有权益受到部分调整的表决组可参加表决，"全有"或"全无"的组别均不应参与表决。破产法就重整计划表决采取的这种"推定"效力具有重要的现实价值：其一，可以防止特定小组利用其议价能力，"迫使经管债务人或债权人为其提供超过100%的分配或者导致强制批准程序的运用"；[4]其二，符合基本公平正义原则，由于重整计划的结果对此类关系人不具有实质影响或调整作用，否认其表决权不会剥夺其合法权益；其三，提高表决效率并合理降低破产费用，鉴于计划提交人必须对每个表决组履行相应的信息披露以及意见征询工作，若某组别对表决结果不享有利益，则无需为此拖延破产程序。

（三）决定表决权的方式及救济

限制部分表决组的表决权并非限制其参与权。《企业破产法司法解释三》的起草者认为，前述不参加重整计划表决的权利人尽管不享有表决权，但仍享有相应的知情权及监督权。原因在于，一方面，切实保障其对债权人会议的参与权和知情权是债权人或者股东判断自身"权益是否受到调整或者影响"的前提条件；另一方面，该条司法解释所指的"权益未受到调整或影响"主要是指实体权益未受到调整

---

〔1〕 参见邹海林："法院强制批准重整计划的不确定性"，载《法律适用》2012年第11期。

〔2〕 齐明："我国上市公司重整中出资人权益强制调整的误区与出路"，载《法学》2017年第7期。

〔3〕 参见许德风：《破产法论——解释与功能比较的视角》，北京大学出版社2015年版，第494页。

〔4〕 韩长印主编：《破产法学》，中国政法大学出版社2016年版，第265页。

或影响，并不当然影响关系人对知情权、监督权等重要程序性权利的享有。[1]

值得一提的是，何者才是"受到影响或调整"的判断主体，对判断结果不满意的组又如何救济？美国破产法理论认为，权利是否受到调整应由该表决组自身以投票方式作出决定。[2]在我国破产法语境下，"受到影响或调整"的初步判断权可以由破产管理人行使，若有异议，最终判断权应属于人民法院。初步判断权交由破产管理人行使，是《企业破产法司法解释三》第 11 条第 2 款的应有之义，并且可以保证判断的专业性以提高整个重整程序的效率；最终决定权则应交由人民法院行使，也符合法院作为破产程序主导者的职责范围。毕竟，法院虽不是最专业的商事判断主体，但却是最为中立的主体。

就法院处理债权人或者股东异议的具体救济程序而言，司法解释起草者认为，可参照未确定债权的处理，由人民法院依法裁决，且"为迅速确定表决权之有无，对于此类裁决，以不得抗告为宜"。[3]这种程序的参照具有程序法与实体法上的合理性。表决权争议的直接诉讼标的仅指表决权的有无，但实质上还将决定权利人的权益是否受重整计划调整——正如债权确认之诉不仅于程序上确认债权表中的主体地位，还于实体上决定了其债权申报能否被破产法认可。该判断影响重大，应由法院以裁决方式为之，但同时为了保障效率，亦应在破产程序中限制当事人上诉、抗告的权利。

文首案例中，11 个分组显然均参与了表决，但结合《企业破产法司法解释三》的内容，这一程序可能存有瑕疵。正如法院于说理部分提出的，债务人将在重整程序中继续向特定财产担保债权人偿还债务，并且"于重整方案得到批准之日起第 6 年起开始支付补偿利息"，故可认为重整计划中的特定财产担保债权人已受到充分补偿。若采此结论，则获得完全补偿的债权人组本就不应参与表决。当然，结合前述权益是否受调整的严格判断标准，本案中特定财产担保债权人仍有参与表决的抗辩理由：一是重整计划就利息部分承诺于整整 6 年后才开始"补偿"，在时间上存在明显的迟延，未达到恢复到期时间的标准；二是未对将来"补偿"的具体数额作出承诺。此外，法院未对"股东提供抵押物的公司担保债权组"的权益受调整情况展开说明，但鉴于该债权的性质，组内债权人利益极可能不受重整计划的调整。《企业破产法》第 75 条仅规定了"对债务人的特定财产享有的担保权暂停行使"，

---

[1]　参见最高人民法院民二庭编著：《最高人民法院关于企业破产法司法解释（三）理解与适用》，人民法院出版社 2019 年版，第 227 页。

[2]　参见［美］查尔斯·J. 泰步：《美国破产法新论》，韩长印等译，中国政法大学出版社 2017 年版，第 1219 页。

[3]　参见最高人民法院民二庭编著：《最高人民法院关于企业破产法司法解释（三）理解与适用》，人民法院出版社 2019 年版，第 227 页。

其中"债务人的特定财产"显然是指破产企业所有的财产,不应包含股东提供的抵押物;而在混合担保的场合,债权人应先就抵押物求偿,即破产企业的重整计划不会阻碍"股东提供抵押物的公司担保债权组"就股东提供的抵押物实现其债权,则该担保债权组可能不应参与表决。

从新规颁布后的整体效果来看,《企业破产法司法解释三》生效后的近 1 年时间里,目前还未产生援引第 11 条的案件,仅搜索到"浙江富德漆业有限公司管理人申请批准重整计划草案一案"。该案重整计划显示"根据重整计划草案,职工债权人及税收债权人,因权益未受到调整或者影响,不参加重整计划草案表决",法官的说理符合新规的精神。[1]

五、以最低限度接受原则约束法院的强制批准权

表决组细化以及表决权限制均从某种程度上为重整计划制作人创造了有利条件。然而,在管理人或经管债务人提请法院以强制批准的方式通过重整计划时,法院应坚持"最低限度原则"以保障重整计划对债权人意思自治的最低程度尊重。

(一)重整计划强制批准的制度价值

重整计划强制批准系重整程序顺利开展的重要保障。重整计划本应体现各利害关系人通过协商对其权益调整分配的意思自治,应由各表决组全体通过生效,法院对此不应过度干涉。然而,各国破产法均设置了由司法机关强制批准计划通过的程序保障,这种司法权力的正当性体现在以下三个方面。

第一,强制批准体现出重整程序对社会公共利益的追求。破产重整程序的主要功能在于挽救已陷入财务困境但又有希望摆脱危机的企业,相比清算与和解,重整涉及的利害关系人更加广泛。若部分关系人为自身利益最大化而反对重整计划,势必会导致社会重大利益的损失,此时则需考虑公权力的介入以推动重整,由其替代部分当事人在破产重整与破产清算之间的选择,这种社会公共利益为公权力的介入提供了充足的理由。[2]从理念上讲,强制批准制度应属私权本位与社会本位理念碰撞下的产物,这一产物一定程度上体现了公共利益的优先性。[3]

第二,重整程序对债权人利益造成的不确定性,铸就了其难以在所有表决组顺利通过的命运,必须有一个兜底机制保障计划的通过。债权人的利益在重整过程中必然会受到限制,甚至可以说是承担了巨大的风险;一旦重整失败,债权人将面临较之于清算更为严重的损失。因此,一般而言,债权人不会轻易同意重整计划,实

---

[1]　参见江山市人民法院(2019)浙 0881 破 10 号之二民事裁定书。

[2]　参见李永军:"重申破产法的私法精神",载《政法论坛》2002 年第 3 期。

[3]　参见王欣新:《破产法前沿问题思辨》(上册),法律出版社 2017 年版,第 260~261 页。

践中甚至存在部分债权人通过买卖表决权的方式集中投票反对的现象。在此背景下，如果仅因个别组未通过就放弃重整计划，则对于具有营运价值和救助希望的企业而言，势必极大地削弱其求助于重整程序的动力。赋予法院强制批准的权力是破产法构建重整程序的必然选择。

第三，立法确立强制批准制度，亦可对正常批准程序中的当事人造成心理威慑，进而引导各表决组理性地表达其诉求，在一定程度上避免处于垄断地位的一方当事人破坏平等协商，可推动整个重整程序的良性发展。重整计划未获得一致同意时，若法院只能督促各方继续协商而无强批权力，将无益于谈判僵局；而强制批准作为"拟制同意"的存在，将促使各方利害关系人合理判断其投票反对的后果，有效打破谈判僵局。

总体而言，强制批准制度系破产立法的特别制度构建，其适用必须在尊重关系人意思自治与重整效率、社会价值间平衡，而平衡的重要手段即"最低限度接受原则"。

（二）"至少一组通过"系强制批准的前提条件

《企业破产法》第 87 条规定了重整计划强制批准制度。该规定在内容上宽泛，在原则适用上不周延，因此在客观上为法院运用强制批准干预当事人自治留下了较为广阔的空间。事实上，我国上市公司破产重整案件凡申请法院强制批准重整计划的，几乎无例外地均获得了法院批准。[1]我国司法实践对重整计划强裁规则的"滥用"趋势，一定程度上放纵了破产债务人借破产重整之名逃避债务的行为。基于此，最高人民法院从 2009 年开始，不断出台各种司法文件与典型案例，以遏制司法强裁"滥用"之态势。具体有《最高人民法院关于正确审理企业破产案件为维护市场经济秩序提供司法保障若干问题的意见》（法发〔2009〕36 号），《最高人民法院印发〈关于审理上市公司破产重整案件工作座谈会纪要〉的通知》（法〔2012〕261 号）等规范性文件。2016 年 8 月份，最高人民法院公布了"浙江玻璃破产案"作为司法强裁示范案例，表明其谨慎适用强裁规则的立场。上述文件和案例虽表明了最高人民法院强调各级法院应当谨慎适用重整计划强裁规则的态度，但未明确强制批准的适用边界和具体细则，直到相关司法解释作出规定。

就"最低限度接受原则"的立法表达来看，《企业破产法》并未提出"至少有一组通过"的要件要求，但是文意解释《企业破产法》第 87 条第 1 款，可以认为该条已体现出我国破产法采纳了"最低限度接受规则"。[2]具体而言，该条规定只

---

〔1〕 邹海林："法院强制批准重整计划的不确定性"，载《法律适用》2012 年第 11 期。

〔2〕 邹海林："法院强制批准重整计划的不确定性"，载《法律适用》2012 年第 11 期。

有在"部分表决组未通过重整计划草案的"情况下,才允许法院对重整计划草案行使强制批准的权力,其实际上已经暗指,如果没有任何一个债权人组别表决通过,则法院不得强制批准重整计划草案,这在《企业破产法》的相关释义中亦得到认可。[1]其后,2018 年《全国法院破产审判工作会议纪要》第 18 条作出了更为明确的规定:"人民法院应当审慎适用《企业破产法》第 87 条第 2 款,不得滥用强制批准权。确需强制批准重整计划草案的,重整计划草案除应当符合《企业破产法》第 87 条第 2 款规定外,如债权人分多组的,还应当至少有一组已经通过重整计划草案,且各表决组中反对者能够获得的清偿利益不低于依照破产清算程序所能获得的利益。"显然,结合《企业破产法司法解释三》第 11 条的规定,在并非所有分组均参与表决的情况下,该"至少有一组已经通过重整计划"的要求将更难达到:最有可能通过重整计划的组别正是权益未受调整的组别。

2018 年《全国法院破产审判工作会议纪要》对重整计划强制批准设置的门槛有其必要性与合理性。其一,重整计划终归是当事人之间的契约,意思自治是其前提。从民法的角度来看,重整计划是当事人之间达成的关于破产重整事项的多方协议。[2]只有那些权益确实受到调整的关系人中,至少有一组以多数决的方式认可了重整计划,该计划才在最小限度上体现出当事人的意思自治,这也是"最低限度接受原则"的内涵:"如果没有任何一个表决组接受该重整计划,法院批准重整计划,就带有专制色彩。这个条件的设置,可以在一定程度上体现对债权人意思的尊重和权利的保护,同时也是对于法院滥用重整计划批准权的一种制约。"[3]其二,对法院强制批准权的适当限制符合重整程序的制度价值。发掘企业的最大社会价值固然是重整程序的重要目的,但是所谓"社会本位"的前提是公平保护债权人、债务人和其他利害关系人的利益,不能也不应以保护社会利益为借口损害任何一方利害关系人的合法权益。[4]重整程序仍应以债权人公平受偿为其制度目的,而非一味地片面追求企业存续,将明显违背债权人意愿的重整计划强加于债权人。其三,就域外破产法规定来看,《美国破产法》《德国破产法》均有类似规定。《美国破产法》也以至少有一个受调整的组别表决通过了该重整计划作为重整计划获得批准的前提之一,[5]就其司法实践而言,因重整计划"强裁"规则牵涉公权对私权的介入,美国

---

〔1〕　参见安建主编:《中华人民共和国企业破产法释义》,法律出版社 2006 年版,第 125 页。

〔2〕　参见许德风:《破产法论——解释与功能比较的视角》,北京大学出版社 2015 年版,第 497 页。

〔3〕　李志强:"关于我国破产重整计划批准制度的思考——以债权人利益保护为中心",载《北方法学》2008 年第 3 期。

〔4〕　刘敏、池伟宏:"法院批准重整计划实务问题研究",载《法律适用》2011 年第 10 期。

〔5〕　参见《美国破产法典》第 1129 条(a)(10)。

法院对该规则的适用也一直持谨慎态度。[1]《德国破产法》的强制批准要求则更为严苛，采取的是"一个阻碍禁止"的标准，即仅在多数组已经实际通过了计划，仅一个组拒绝将导致经济上有意义的计划因遭个别债权人或股东的反对而失败时，可以视为该组通过。[2]《英国破产法》甚至未赋予法院强制批准的职权，其债权人会议通过的重整计划原则上无须通过法院的裁定即可产生法律效力。法院在重整程序中的作用仅仅是旁观者，严格执行不告不理的原则，一般不会主动介入到重整程序中。[3]此外，联合国国际贸易法委员会制定的《破产法立法指南》第 54 条也说明，一些国家立法规定，在重整计划草案获得一个或多个类别债权人的支持后，即可对不支持计划的其他类别的债权人具有约束力。换言之，各国法院在强制批准重整计划时，大多要求其获得一个及以上表决组的通过。

（三）表决权规则与最低限度接受标准间的平衡

问题在于，如何在现行法内，适度保留法院强制批准的可能性，以免不当阻碍重整程序的顺利推进。结合司法实践和比较法考察，重整计划提交人至少可以从以下几个方面提升"至少有一个组通过"的可能性。

第一，细化关系人分组以保障至少有一个小组将投票通过重整计划。虽然小额债权组的独立可能影响到债权平等受偿原则，[4]但是在我国立法已明确承认小额债权组的情况下，小额债权组的设置是保障"至少有一组通过"的合法手段与重要途径。除单列小额债权组，其他类型的细化分组应严格遵守商业必要性原则，仅为满足批准要求而作出的人为规划将被法院否认。

第二，严格限制"权益不受调整或者影响"的表决组范围，100% 全额清偿并非权益未受到调整的充分条件。一方面，在重整计划草案约定利率低于市场利率的情况中，即使债务人"纠正违约"并作出补偿，债权人仍将因迟延受偿而错失另行借贷的潜在市场利益；另一方面，不排除某些重整案件中破产企业留有剩余财产可供分配，而权益未受调整的债权人根据计划所获受偿将不受"最佳利益标准"检验，则其最终所得的受偿比例反而不如模拟清算程序。于此两类典型情况，债权人即使在重整计划批准之日获得原合同的全额清偿，也可能对重整计划提出异议。这

---

〔1〕 立法上，《美国破产法》第 1129 条规定"强制批准"的适用必须满足"一致同意批准权"的 13 个前提条件和表决方面的"最低限度接受原则"；司法上，美国 2008 年企业重整案件多达 10 161 件，而涉及法院强裁的案件仅为 17 件，占其中 0.16%。参见高丝敏："重整计划强裁规则的误读与重释"，载《中外法学》2018 年第 1 期。

〔2〕 参见 [德] 莱因哈德·波克：《德国破产法导论》，王艳柯译，北京大学出版社 2014 年版，第 179 页。

〔3〕 参见张海征："英国破产重整制度及其借鉴"，载《政治与法律》2010 年第 9 期。

〔4〕 参见韩长印："从分组到分段：重整程序中的小额债权清偿机制研究"，载《法学》2019 年第 12 期。

一点也可由《美国破产法》的立法态度转变得以印证，该法第 1124 条（3）曾经规定获"全额现金清偿"的表决组应视为"权益未受调整"，但在 1994 年的修正案中予以删除。[1] 因此，在现行《美国破产法》中，仅仅是获得全额现金清偿无法说明当事人的权益未受调整，还应补偿其期待利益并且符合最佳利益原则。文首案件中，特定财产担保债权组虽获 100% 清偿却仍投票反对，其态度正是"全额现金清偿"但利益仍受调整的直接证明。

第三，不应将"权益未受调整或者影响"组计入"至少有一组通过"的基数范围。《美国破产法》认为，权益未受调整的组别不享有表决权，虽然该组"被视为"通过重整计划，但是不可应用于最低限度接受标准。对此，我国有破产法学者指出，在我国的重整程序中对"至少一个表决组别"范围的理解不宜将不受重整计划不利影响的债权人组及出资人组排除在外，[2] 原因在于美国的重整实践中关系人的分组标准十分细致，凡是利益或者重整待遇有差异的群体均可以划分为独立表决组，动辄就有十几个组别划分，所以即使将权益未受调整者排除在外，仍会有较多的有效组别。[3] 考虑到我国《企业破产法》对表决组的规定，王欣新教授认为不应将权益未受调整者的表决权排除在外。但是，这一点可能与司法解释起草机关的初衷有所出入。有论著认为，实务中，有管理人将权利未受损害、调整或影响的债权人设置成一个债权人组，使该债权人组"表决通过"重整计划草案以满足强制裁定批准重整计划的最低要求，此时若肯定权益未受影响者的表决权，可能会使本不该强行批准的重整计划草案得到批准，损害其他债权人的利益，而《企业破产法司法解释三》第 11 条的规定，则可以有效填补这个漏洞。[4]

第四，在权利部分受调整的组别中，亦可考虑限制部分表决人的表决权。此时，表决权受限的参照对象，就不是债权人在破产程序外的权利，而是通过破产清算可获得的利益。通过限制部分表决人的异议权，能够提升这些组别的表决通过率。《德国破产法》对此有明确规定，采取了"价值获得原则"，即"如果计划根本不触及某些债权人的权利，就不必征求他们的意见"，在重整计划"触及了他们的权利，但并没有将他们置于比常规破产程序更差的境地，则需要征求他们的意见，但他们的反对可能并不重要"。[5]《日本破产法》中的限制性规则更具有针对

---

〔1〕 参见［美］查尔斯·J. 泰步：《美国破产法新论》，韩长印等译，中国政法大学出版社 2017 年版，第 1221 页。

〔2〕 王欣新：《破产法前沿问题思辨》（上册），法律出版社 2017 年版，第 268 页。

〔3〕 王欣新：《破产法前沿问题思辨》（上册），法律出版社 2017 年版，第 267 页。

〔4〕 最高人民法院民事审判第二庭编著：《最高人民法院关于企业破产法司法解释（三）理解与适用》，人民法院出版社 2019 年版，第 219 页。

〔5〕 参见《德国破产法》第 245 条。

性：公司债债权人，再生债务人发行公司债，并设置公司债管理人、委托公司等的，公司债债权人的表决权行使方式受到限制。[1]具体而言，除非自行申报或作出表决权的意思表示，公司债债权人无法行使表决权。这是因为，在公司债管理人申报了债权时，大量的小额公司债债权人无兴趣实际参与到程序运营中来，如果把他们算入表决人数的分母中，大量的弃权将影响表决的通过。[2]此外，部分表决人的主观状态也可能导致其丧失表决权。《美国破产法》针对违信表决者，直接排除其表决效力。具体而言，如果任何主体的表决意见"并非基于善意"或并非以善意方式或以遵守破产法典的方式所征集或取得，法院就有权将该表决意见加以排除。根据日本国会的解释，在表决意见的计算中，如果特定组别存在"利益冲突的性质可正当化对该主体的债权或股权的数额或数量的排除"，那么法院就有权将表决意见加以排除。[3]

综上所述，结合分组表决的表决权分配规则以及最低限度接受规则，文首案件中，权益受到部分调整的组别对重整计划的同意是否达到了"至少有一组通过"的强制批准要求，仍有待法院就各个组别的具体权益实现状况、表决情况进行考察。类似的案件还有"新疆天盛实业有限公司重整案"，[4]仅职工债权和税收债权组表决通过了重整计划，普通债权和担保债权的权益受重大调整但是均未通过重整计划，法院最终依旧以强制批准的方式通过了该计划。

六、结语

分组表决机制是重整程序的独特构造，是重整中多方利害关系人权利平衡的结果。具体而言，分组标准、表决权分布规则与最低限度接受规则，构成法院强制批准重整计划的重要因素以及制约不同关系人利益冲突的核心手段。这是因为：其一，债权平等原则证成了表决分组的合理性，但是也从根本上限制其过度细化的可能性；其二，不同于破产清算程序，重整程序作为重要的企业挽救机制，涉及更为广泛的利益主体并更加强调社会整体利益，因此，《企业破产法司法解释三》第11条借鉴了域外破产立法模式，限制"权益未受调整或者影响"组别的表决权；其三，2018《全国法院破产审判工作会议纪要》设定的"最低限度接受原则"构成限制法院强制批准权的最后一道防线，也反过来促使计划提交人于分组设置、表决人于投票表决时更为谨慎。

---

〔1〕 参见日本《民事再生法》第169条之二。
〔2〕 参见［日］山本和彦：《日本倒产处理法入门》，金春等译，法律出版社2016年版，第156页。
〔3〕 参见《美国破产法》第1126条（e）。
〔4〕 参见新疆生产建设兵团第八师中级人民法院（2014）兵八民破字第3-4号民事裁定书。

　　总体来看，我国现行法对重整计划表决机制的规定已日趋完善，《企业破产法》以及相关司法解释、会议纪要对于分组模式、表决权分配以及最低限度接受原则均有所规定。但显然，其适用效果和具体要件仍存在诸多缺漏，导致重整计划提交人以及法院对分组表决方式的审查标准存在诸多差异。如文首的案件中，由管理人设计且经法院批准的 11 组模式及其表决方式均存在与新规不符之处，但法院未予审查并且批准该重整计划强制通过。为遵守司法解释以及会议纪要的相关规定，法院应审慎运用强制批准权，在促进重整程序顺利开展的同时也应避免对债权人公平受偿权的不当限制。

附件：裁定书全文

智慧超洋建设工程股份有限公司管理人申请破产重整破产民事裁定书

合肥市中级人民法院

民事裁定书

（2019）皖 01 破 3 号之一

　　申请人：智慧超洋建设工程股份有限公司管理人，住所地安徽省合肥市政务区潜山路 1999 号中侨中心 C 座 9 楼。

　　代表人：吴正林，管理人负责人。

　　本院在审理债务人智慧超洋建设工程股份有限公司（以下简称智慧超洋公司）破产重整一案中，申请人智慧超洋公司管理人于 2019 年 10 月 30 日向本院提出申请，请求裁定批准智慧超洋公司《重整计划草案》及《重整计划草案之修正案》。

　　经查：2018 年 10 月 31 日，本院裁定智慧超洋公司重整，并指定安徽徽商律师事务所为管理人。2019 年 8 月 29 日，本院决定设立如下各组，对智慧超洋公司《重整计划草案》进行表决：1. 特定财产担保债权组；2. 职工债权组；3. 税款债权组；4. 劳务债权组；5. 小额建工材料债权组；6. 大额建工材料债权组；7. 外协债权组；8. 股东或员工为公司担保债权组；9. 股东提供抵押物的公司担保债权组；10. 公司担保的债权组；11. 一般类债权组。

　　第二次债权人会议中，管理人向债权人会议提交了《重整计划草案》进行审议。第二次债权人会议后，债权人向管理人出具了书面的表决意见。经统计，部分表决组表决通过了《重整计划草案》，部分表决组未通过。管理人收集了债权人不同意的原因和理由，及时与债务人进行沟通，针对债权人意见对《重整计划草案》进行了修正，形成了《重整计划草案之修正案》。

　　《重整计划草案之修正案》主要内容为提高清偿率，延长借贷类债权的还款期限至八年，删除保证人保证责任豁免条款。管理人就《重整计划草案之修正案》与相关债权人进行了协商，并最终形成表决结果如下：

　　一、已获通过的有七组，分别是：1. 职工债权组：该组总计80人，出席63人，其中同意62人。同意债权人人数达到出席会议的同一表决组的债权人人数过半数，且所代表的债权额为1 011 961.32元，占该组债权总额74.71%，达到三分之二以上。2. 一般债权组：该组总计15人，出席10人，其中同意10人。同意债权人人数达到出席会议的同一表决组的债权人过半数，且所代表的债权额为1 084 521.65元，占该组债权总额83.92%，达到三分之二以上。3. 劳务债权组：该组总计25人，出席24人，其中同意23人。同意债权人人数达到出席会议的同一表决组的债权人过半数，且所代表的债权额为3 015 354.43元，占该组债权总额97.82%，达到三分之二以上。4. 小额材料款债权组：该组总计37人，出席26人，其中同意24人。同意债权人人数达到出席会议的同一表决组的债权人过半数，且所代表的债权额为652 913.18元，占该组债权总额69.74%，达到三分之二以上。5. 大额材料款组：该组总计62人，出席49人，其中同意41人。同意债权人人数达到出席会议的同一表决组的债权人过半数，所代表的债权额为21 809 890.23元，占该组债权总额79.49%，达到三分之二以上。6. 外协债权组：该组总计91人，出席75人，其中同意73人。同意债权人人数达到出席会议的同一表决组的债权人过半数，且所代表的债权额为21 809 890.23元，占该组债权总额77.65%，达到三分之二以上。7. 公司担保债权组：该组总共12人，其中出席10人，同意7人，反对3人，未表决2人。同意债权人人数达到出席会议的同一表决组的债权人过半数，同意债权人所代表债权额为91 988 258.07元，占该组债权总额73.52%。

　　二、未获通过的有四组，分别是：1. 公司特定财产担保债权组：该组总共2人，出席2人，同意1人，反对1人，同意债权人人数未达到出席会议的同一表决组的债权人过半数，同意债权人所代表债权额为660 645.19元，占该组债权总额19.09%。2. 股东提供抵押物的公司担保债权组：该组总共6人，其中出席6人，同意0人，反对6人。3. 税收债权组：该组总共1人，国家税务总局合肥市庐阳区税务局，出席1人，同意0人。4. 股东及员工为公司担保债权组：该组总共10人，其中出席9人，同意4人，反对4人，弃权1人，未表决1人。同意债权人人数未达到出席会议的同一表决组的债权人过半数，同意债权人所代表债权额为15 267 209.3元，占该组债权总额33.54%。

　　本院认为：《重整计划草案》及修正后的《重整计划草案之修正案》符合《企业破产法》第八十七条的规定。理由是：1. 按照《重整计划草案之修正案》，特定财产担保债权重整清偿比例为100%，自法院裁定批准《重整计划草案》及《重整计划草案之修正案》之日起，债务人将向特定财产担保债权人以每期支付后的剩余债权数额为基数，按当期银行一年期贷款基准利率为标准计算补偿利息，确认的债权数额全部支付完毕后停止计息，并于重整方案得到批准之日起第 6 年起开始支付补偿利息。即特定财产担保债权可就该特定财产获得全额清偿，其因延期清偿所受的损失将由债务人以支付利息的方式得到公平补偿，其担保权未受到实质性损害，且不损害其他债权人利益，符合《企业破产法》第八十七条第二款第（一）项规定的条件。2. 按照《重整计划草案》及《修正案》，职工债权及税款债权将获得全额清偿，符合《企业破产法》第八十七条第二款第（二）项规定的条件，且职工债权组已通过《重整计划草案》。3. 按照《重整计划草案》及《修正案》，劳务债权组重整清偿比例为 100%，小额建工材料债权组重整清偿比例为 100%，大额建工材料债权组重整清偿比例为 100%，税款滞纳金债权重整清偿比例为 100%，小额建工材料款组重整清偿比例为 100%，大额建工材料款组重整清偿比例为 100%，外协债权组重整清偿比例为 100%，股东及员工为公司担保债权组重整清偿比例为 30%，股东提供抵押物的公司担保债权组重整清偿比例为 100%，公司担保债权组重整清偿比例为 30%，一般债权组重整清偿比例为 100%，普通债权所获得的清偿比例均不低于在《重整计划草案》被提请批准时依照破产清算程序所能获得的 6.006% 模拟清偿比例，符合《企业破产法》第八十七条第二款第（三）项规定的条件。且劳务债权组、小额建工材料债权组、大额建工材料债权组、一般债权组、外协债权组、公司担保债权组均已通过《重整计划草案》。4. 本《重整计划草案》及《修正案》对出资人权益不做调整，故不适用《企业破产法》第八十七条第二款第（四）项规定。5. 本《重整计划草案》及《修正案》公平对待同一表决组的成员，同一表决组的成员的债权清偿比例相同，并且所规定的清偿顺序不违反《企业破产法》第一百一十三条的规定，符合《企业破产法》第八十七条第二款第（五）项规定的条件。6. 债务人的经营方案具有可行性。智慧超洋公司为高新技术企业，资质齐全，荣誉众多，技术骨干充足，具有充分的重整价值，再辅以建筑装饰行业的发展前景，以及国家的政策保护趋势，凭借开拓市场、着重平台、提高管理、招揽人才的经营方针，债务人可通过公司主营业务如公开招标项目、房地产住宅精装修等获得持续盈利，在重整后没有巨额财务成本的压力下，能够实现正常营业，经营方案具有可行性。7.《重整计划草案》及《修正案》有利于保护为数众多的中小债权人及职工权益，亦不损害其他债权人利益，有利于维护社会稳定。

综上，管理人编制的重整计划对各组债权人的利益调整方案以及债权清偿方案是公平公正的，通过重整，在保障优先债权的同时，亦能大大提高普通债权的清偿率，本院依法应予批准。依照《中华人民共和国企业破产法》第七十九条第一款、第八十一条、第八十二条、第八十三条、第八十四条、第八十五条、第八十七条的规定，裁定如下：

一、批准管理人提交的《智慧超洋建设工程股份有限公司重整计划草案》及《重整计划草案之修正案》；

二、终止智慧超洋建设工程股份有限公司重整程序。

本裁定为终审裁定。

审判长 罗 钢

审判员 陈 思

审判员 王 倩

二〇一九年十一月二十日

书记员 叶兆国

专题二十　破产重整程序启动的司法审查标准研究

一、案情回顾与问题的提出

上海市闵行区人民法院曾判决上海悦合置业有限公司（以下简称"悦合公司"）支付上海汇力得股权投资基金合伙企业（以下简称"汇力得基金"）5235.97 万元及相应违约金。判决生效后，悦合公司未按期履行判决义务，汇力得基金向人民法院申请强制执行，但法院执行过程中认为该案暂无继续执行条件，故裁定终结执行程序。后汇力得基金向法院申请悦合公司破产重整。立案时，申请人汇力得基金未向一审法院提供债务人具有重整价值的证据；审理中，经一审法院释明，汇力得基金认为与另案中（〔2019〕沪03破申387号）债务人悦合公司提出的相关重整意见一致，即债务人悦合公司在（2019）沪03破申387号案件中曾提供的重整计划（草案）一份，载明了具有重整价值的相关事实和证据材料。

一审法院认为，重整计划草案的可行性依据不足；多轮失败的庭外重组反映出悦合公司重整价值十分有限；悦合项目所涉对外债务关系复杂，且面临再销售政策变化及市场环境不佳等因素，能否再进行重整存在较大的不确定性，故难以支持相关方提出的重整申请。二审法院认为，悦合公司已达破产界限，汇力得基金可以向人民法院提出重整申请，至于重整计划草案是否具有可行性，法院的审查应保持谦抑，只有当重整计划草案明显不具有可行性且债务人明显不具备重整价值和挽救可能的情况下，才应当裁定不予受理重整申请，鉴于一审法院不予受理的理由尚不充分，不能排除悦合公司重整成功的可能性，故裁定受理相关方提出的重整申请。

该案反映出不同法院在案件受理阶段对重整价值、重整可能性审查的不同态度。两审法院的审查标准不同，主要原因在于我国法律对法院受理破产重整的规定不够明晰。具言之，《企业破产法》第71条仅规定，人民法院经审查认为重整申请符合本法规定的，应当裁定债务人重整，却未说明法院的审查形式与具体内容。若对申请破产重整的企业采取过高的审查标准，不仅要求法官有较高的商事判断能力，还可能导致本有再生希望的企业重整转入清算程序，不利于市场资源的有效配置；但若采取过低的审查标准，较高的运行成本可能会加重无重整可能性企业的债务负担，加剧债务人企业资不抵债的经营状态。基于此，研究法院对企业破产重整申请的具体审查标准，能够促进适法统一，提高法院受理重整申请的可预测性。

二、重整申请审查标准的法律分析与理论探讨

（一）审查标准法律规定的语焉不详和最高人民法院的态度倾向

《企业破产法》第71条规定："人民法院经审查认为重整申请符合本法规定的，应当裁定债务人重整，并予以公告。"从司法实践来看，各地法院对这一条的争议主要在于对利害关系人的重整申请应进行形式审查还是实质审查。形式审查的事项主要包括重整资格、管辖权、申请权等形式要件，实质审查应审查被申请重整的债务人是否具备重整能力和重整原因，[1]实践中经常出现同一案件在不同审判程序中审查形式不一的情形。根据《中华人民共和国企业破产法释义》对第71条作出的解释，[2]债务人的重整能力、申请人的申请权、提交的文件与证据为法院形式审查的内容。至于释义第2项提到的重整原因，本文认为，《企业破产法》第2条规定的"资不抵债"和"缺乏清偿能力"尚未有确切解释，理论与实践中对此内涵均存在不同看法，导致法官在认定企业"明显丧失清偿能力的可能性"时出现裁判标准不一的情况。换言之，法院如何依据企业的经营状况认定其是否具有破产原因时，采用的方法不尽相同，因此也无法通过释义第2项的规定得出审查破产重整申请的具体标准。正因如此，债务人企业是否符合破产重整标准，实际上由法官的自由裁量权来确定。

由于近年来"假重整真逃债"的实践乱象和"供给侧结构性改革"出清僵尸企业的政策要求，针对破产重整申请的审理标准开始从形式审查逐渐向实质审查转变。虽然破产立法对债务人企业的重整原因还采取较为宽松的态度，但司法解释等规范性文件已开始提高法院对重整申请的审查标准。2018年《全国法院破产审判工作会议纪要》第14条要求人民法院在审查重整申请时首先应对"明显不具备重整价值以及拯救可能性的"企业进行识别；第16条要求人民法院应介入重整计划草案制定并给予指导，法院应重点审查程序合法性、重整计划草案内容合法性以及法律上可行性；第17条要求人民法院在审查重整计划时，除合法性审查外，还应审查其中的经营方案是否具有可行性。最高人民法院2012年颁布的《关于审理上市公司破产重整案件工作座谈会纪要》中，就上市公司破产重整的申请与受理进行如

---

[1] 韩长印主编：《破产法学》，中国政法大学出版社2016年版，第242页。

[2] "对重整申请的审查主要包括：①债务人有无重整能力，即是否是企业法人；②债务人是否具备本法第2条规定的重整原因，即是否不能清偿到期债务，并且资产不足以清偿全部债务或者明显缺乏清偿能力，或者有明显丧失清偿能力的可能；③申请人是否有重整申请权；④提交的申请文件和有关证据是否符合本法第8条的规定。"安建主编：《中华人民共和国企业破产法释义》，法律出版社2006年版，第106页。

下规定："申请人申请上市公司破产重整的，除提交《企业破产法》第 8 条规定的材料外，还应当提交关于上市公司具有重整可行性的报告、上市公司住所地省级人民政府向证券监督管理部门的通报情况材料以及证券监督管理部门的意见、上市公司住所地人民政府出具的维稳预案等。上市公司自行申请破产重整的，还应当提交切实可行的职工安置方案。"由此可见，最高人民法院要求各级法院在审查上市公司破产重整申请时，应进行实质审查。

（二）重整审查标准的学说分类与理论争议

根据《企业破产法》的规定，有权提出重整申请的利害关系人包括债务人、债权人和出资人。其中，债务人及出资人的风险承担比例要明显低于债权人，即使重整失败，损失也多由债权人和社会公众分摊。因此，当参与重整程序的主体多样且重整申请人与重整成本的承担者不是同一类型时，可能会发生一系列的道德风险：即使清算价值更高或重整成功率非常低，债务人及出资人也会努力促成重整程序启动。为避免此情况发生，重整申请的审查显得尤为重要。就法院受理重整申请前的审查而言，我国学者对其在审查方式和审查内容上存在分歧。关于审查方式，有学者主张实质审查与形式审查并重；有学者主张形式审查与实质审查分置，即受理前为形式审查，受理后为实质审查；也有学者强调对重整申请的实质审查，就实质审查内容而言，部分学者认为其包括对债务人的重整能力与重整原因的审查，另有部分学者则认为对债务人是否具有重整希望的审查也应当属于实质审查的范畴。[1]

支持"形式审查说"的学者认为，在受理重整申请阶段，法院尚不具备实质审查的条件，实质审查是法官不能胜任也无法完成的审判活动，所以在司法实务中，法院受理破产重整申请应以形式审查为必要；待形式审查完毕，若重整申请符合《企业破产法》的有关规定，法院即应裁定受理重整申请。[2]王卫国教授指出，《企业破产法》的立法思路是，尽可能地给困境企业提供重整拯救的机会，一旦发现其无可拯救，则按照本法第 78 条第 1 项的规定转入破产清算。也就是说，企业是否具有拯救前景的问题需要在重整过程中以市场化的方式予以识别。在实践中，即使在申请重整时奄奄一息，看似无可拯救的企业，后来因主客观条件的变化而"起死回生"的案例并不少见，所以法院在识别重整申请时不可轻易拒绝。[3]许德风教授也认为，法院要最大限度地尊重当事人重整的选择，采取宽容的态度。[4]

"实质审查说"则主张，虽然我国法律并未明确规定企业需具有重建的希望或

---

〔1〕　邹海林：《破产法——程序理念与制度结构解析》，中国社会科学出版社 2016 年版，第 388 页。

〔2〕　参见邹海林："供给侧结构性改革与破产重整制度的适用"，载《法律适用》2017 年第 3 期；邹海林：《破产法——程序理念与制度结构解析》，中国社会科学出版社 2016 年版，第 388 页。

〔3〕　王卫国：《破产法精义》，法律出版社 2020 年版，第 240 页。

〔4〕　许德风：《破产法论——解释与功能比较的视角》，北京大学出版社 2015 年版，第 480 页。

挽救价值才可进入重整程序，但在终止重整程序的原因上，表达了被重整企业应当有挽救价值的立法取向。债务人缺乏挽救可能性是终止重整程序的原因，即债务人应具有挽救的希望才可对其开展重整程序。因此，法院审查重整申请时，应重视企业的挽救希望。对于具有较高存续价值、社会价值的企业，适用重整程序可减少社会经济资源的浪费，平衡各方主体利益，维护社会稳定。[1]韩长印教授认为，相较于形式审查而言，实质审查虽然复杂多变难以操作，但其意义却十分重大，实质审查是重整成功与否的关键点，是整个重整程序中最为重要的一环。[2]

三、比较法视野下重整申请审查的规则借鉴

（一）域外法关于审查方式的规定

《日本会社更生法》第 1 条和第 30 条，要求重整公司必须是"事业的继续发展发生显著的障碍而不能清偿到期债务"且"又有重建希望"的股份有限公司。《美国破产法》第 1173 条之事由包含本法第 1129 条对于重整计划之形式要件、债权人于重整计划生效后得收取之债权金额之保全、债务人过去收入以及未来可能之收入是否得以支付债务及其所生费用、公众利益等综合考虑。[3]1985 年，法国公布 85 - 98 号法律《困境企业司法重整及清算法》，该法确立了重整前置原则，即一般情形下应首先适用重整程序，只有当企业没有重整复兴的可能时，才转入清算程序，[4]显然，法国对重整申请不做实质上的审查。

（二）我国台湾地区法院审查方式的变化

我国台湾地区通说认为，法院在受理公司的重整申请后，应按照顺序进行形式审查与实质审查。[5]重整申请的提出基本可与法院受理案件视为同一过程。所以通说认为台湾地区"公司法"第 283 之一条[6]规定的是法院受理后形式审查的标准，台湾地区"公司法"第 282 条和第 288 条第 1 项第 7 款规定，将"财务困难、暂停营业或者有停止之虞"作为重整原因，同时将重整希望作为重整启动要件。基于先

---

[1] 参见丁海湖："房地产企业破产重整若干司法实务问题探讨"，载《法律适用》2016 年第 3 期。

[2] 韩长印主编：《破产法学》，中国政法大学出版社 2016 年版，第 242 页。

[3] 11 U. S. C. A. § 1173.

[4] 王卫国："论重整制度"，载《法学研究》1996 年第 1 期。

[5] 参见王文宇：《公司法论》，元照出版有限公司 2018 年版，第 591 页；廖大颖：《公司法原论》，三民书局 2019 年版，第 398 页；王志诚："从重整法制之目的评释司法实务之见解"，载《经社法制论丛》2006 年第 1 期。

[6] 台湾地区"公司法"第 283 - 1 条规定："重整之声请，有左列情形之一者，法院应裁定驳回：①声请程序不合者。但可以补正者，应限期命其补正。②公司未依本法公开发行股票或公司债者。③公司经宣告破产已确定者。④公司依破产法所为之和解决议已确定者。⑤公司已解散者。⑥公司被勒令停业限期清理者。"

程序后实体的原则，受理法院先审查申请的形式要件，再进入实体审查阶段。台湾地区"公司法"第282条所谓"重建更生可能"，实务认为其意在衡量企业营业状况有经营价值，即应认为具有重整实益。[1]另有实务见解认为，"公司有无重建更生的可能，应依公司业务及财务状况判断，须其在重整后能达到收支平衡，且具有盈余可资摊还债务者，始得谓有经营之价值，而许其重整"。[2]

　　然而，在台湾地区2016年版"破产法（草案更名为债务清理法）修正草案"[3]中，该形式、实质审查的二分界线已不再如此明显。该草案第223条规定："重整之声请，有下列情形之一者，应驳回之：①法人已解散、被勒令停业清理、经主管机关撤销、废止其许可或设立登记。②声请书状所记载事项虚伪不实。③依法人业务及财务状况，以继续事业为内容之重整计划显无作成、可决或认可之可能。"该规定第3项明显属于实质审查的范畴，因为起草者认为"重整之声请，如以继续法人事业为目的，而依其业务及财务状况，可认重整计划显无作成、可决或认可之可能时，为免程序浪费，自无开始重整程序之必要，亦应予驳回，参酌公司法第285条之一第3款第2项规定，爰设第3项"。但是，此条目置于真正意义上的"实质审查"条目之前有其意义。因为如果能在征询重整意见（台湾地区"公司法"第285条）、取得调查报告（台湾地区"公司法"第285之一条）前，即在现行台湾地区"公司法"意义上的实质审查开始前，就以重整计划显无作成、可决或认可之可能为由驳回重整声请，那么自然就节省了征询重整意见、取得调查报告的费用。

　　廖大颖教授指出："若法院于受理重整声请程序，无上述第283条之一裁定驳回者外，应检送征询意见，并依现行台湾地区'公司法'第285条之一第1款的规定，尤其是依检查人的专业报告，再参酌各机关、团体之意见，就该声请为实质的审查，且应于收受重整声请后120日内，为准许或驳回重整之裁定……"[4]此外，郑有为副教授还指出："仅从程序上来看，法院在前阶段的审理过程，会对债务人公司主动声请自愿性重整的意愿形成极大的影响。因为，依照台湾地区'公司法'第282条的要求，公司经营层在考虑申请重整时，不知道自己将来的申请到底能否顺利通过法院审查而开始重整程序，此不确定性将会对债务人公司自身的董事会决议申请重整造成很大的影响，董事会讨论必然会意见纷陈，进而打击公司经营层主

---

〔1〕　参见台湾地区"新竹地方法院"2012年度整字第7号裁定。

〔2〕　参见台湾地区"最高法院"2004年台抗字第178号裁定。

〔3〕　参见台湾地区"破产法（草案更名为债务清理法）修正草案总说明暨条文对照表"，http://jirs. judicial. gov. tw/GNNWS/NNWSS002. asp? id＝224088，2020年6月9日访问。

〔4〕　廖大颖：《公司法原论》，三民书局2019年版，第398页。

动申请重整的积极意愿以及时机。"[1] 根据郑有为副教授的整理，台湾地区公司重整案件的收案数量自2011年起至今每年皆为个位数。[2]

立法者对此也有警觉。台湾地区2016年版"破产法（草案更名为'债务清理法'）修正草案"[3]第220条第1项规定，"法人有不能清偿债务之虞，或因财务困难而暂停业务或有停业之虞者，在法院裁定开始债务清理程序前，得由法人或下列利害关系人向法院申请重整……"，草案中已经将"重建更生可能"删除。理由为："但'有重建更生之可能'，则无庸列为申请重整之要件，……且有无重建更生之可能，调查不易、旷日废时，倘将其列为申请重整之要件，易致重整程序开始与否陷于犹豫不决。"[4]

四、重整申请审查重整可行性之分析

形式审查与实质审查之争的核心在于案件受理阶段法院审查"重整可行性"的必要性。部分法院在案件受理阶段时对重整可行性采"谦抑"的审查态度，并非否认重整可行性审查的重要性；相反，正是因为重整可行性在整个重整程序中居于核心地位，更应当采取最客观、全面和最慎重的审查态度。毕竟，"有再建希望应当成为重整程序的启动要件之一。重整的目的在于拯救企业，而企业在经济上有重建再生的希望则是拯救的基础，否则在公司本身明显无重建希望的情况下，一味盲目地拯救将会使重整变得毫无意义"。[5]

（一）重整可行性的审查贯穿整个程序

破产重整是对已经濒于破产却有再生希望的债务人实施的旨在挽救其生存的破产预防程序，重整可行性不仅是程序适用的出发点，更是挽救企业的最终目的所在。

从重整可行性的内涵来看，其几乎可以适用于破产案件的各个阶段：案件的受理审查阶段、重整计划的制定过程、重整计划的批准审查、重整计划的执行阶段。[6]尤

---

[1] 郑有为："论自愿性重整——兼论对台湾地区'司法院'债务清理法草案重整章的几点观察与建议"，载《台北大学法学论丛》2020年第3期。

[2] 2011年至今，台湾地区公司重整案件的收案情况为：2011年3件；2012年5件；2013年3件；2014年4件；2015年5件；2016年1件；2017年6件；2018年1件。郑有为："论自愿性重整——兼论对台湾地区'司法院'债务清理法草案重整章的几点观察与建议"，载《台北大学法学论丛》2020年第3期。

[3] 参见台湾地区"破产法（草案更名为债务清理法）修正草案总说明暨条文对照表"，http://jirs. judicial. gov. tw/GNNWS/NNWSS002. asp？id＝224088，2020年6月9日访问。

[4] 参见台湾地区"破产法（草案更名为债务清理法）修正草案总说明暨条文对照表"第220条之立法说明，http://jirs. judicial. gov. tw/GNNWS/NNWSS002. asp？id＝224088，2020年6月9日访问。

[5] 彭国元、张亚琼："论破产重整程序的启动"，载《学术论坛》2012年第2期。

[6] 参见韩长印主编：《破产法学》，中国政法大学出版社2016年版，第160页。

其是针对重整计划的审查，由于这一标准本就不涉及特定小组的受偿待遇问题，因此无论正常批准的审查还是强制批准的审查，其均能够适用，并且重整计划表决系采多数决机制，可行性审查可以成为法院保护少数异议人的重要手段。

从制度设计来看，各国普遍认可破产程序的转化机制，可见，可行性标准贯穿于整个破产程序，并可能处于不断变化的状态。《企业破产法》不仅同时赋予债权人和债务人相互独立的重整申请权，更赋予出资人一定条件下的重整申请权。联合国贸易和发展会议文件更是指出，从全球范围来看，当一位或多位债权人申请清算程序时，法院通常提供一种机制，使债务人能够在可行的情况下请求转换为重整程序；同时为了保护债权人，有些国家的破产立法还规定了一种机制，即在程序早期阶段或后期出现重整不太可能或无法成功情形时，允许其转入清算程序。对此，王卫国教授指出，为使保障重整制度发挥其最大效用，程序之间的转换选择权至关重要：债务人因情势变更所迫或认识所限，并不一定能"清楚地知道自己已无恢复生机的可能。实际上，《企业破产法》实施以来，就债务人申请破产后又自行要求转换为重整程序的情况，既有现实需求，也有成功案例"。[1]

可见，重整可行性的审查应当贯穿于整个程序，并且随时可能因商业环境而改变，仅在程序启动时就对申请人提出过高举证要求，不符合可行性标准的自身特质。

（二）重整可行性衡量维度的多样化

重整目的并非是简单地将企业清算，而是帮助企业"走向复兴"。正因如此，当事人为实现重整目的可采取的措施众多，不仅包括债权人对债务人的妥协与让步，还包括企业的部分或整体出让、合并与分立、追加投资、租赁经营等。

在落实重整可行性的措施具有多样性情形下，法院于受理案件时初步对重整计划的审查，也应采取多维度的衡量标准，即对于重整可能性的判断，要全面地、动态地考虑。企业是否具备拯救希望，是否具备重整可能性，其本身是一种市场判断，具有很强的经济属性，应该由市场来决定。这方面我国可以参考美国的判例，美国法院在判断重整计划是否具有可行性时，通常会审查以下因素：资本结构的充足性；债务人企业的盈利能力；经济状况；管理能力；管理层继续留任的可能性；其他可能影响债务人履行重整计划的因素，至少，计划提交方必须提供一定证据证明重整债务人（或其继任者）的未来存续能力。[2]

鉴于可行性审查的内容涉及高度专业化的商业判断，审查所需的专业知识、时间跨度将导致法院不可能在受理阶段较为快速地完成该任务。

---

〔1〕　王卫国：《破产法精义》，法律出版社 2020 年版，第 234 页。

〔2〕　参见［美］查尔斯·J. 泰步：《美国破产法新论》，韩长印等译，中国政法大学出版社 2017 年版，第 1251 页。

（三）重整可行性的审查主体

重整可行性的审查应由全体利害关系人共同决定，且最好有专业人士的参与。这一点在法院进行实质审查的相关文件[1]中也得以映证：法院的实质审查一般有赖于听证会的举办，而这正是将审查权部分地让渡给了案件中的利害关系人。域外破产法也大多将法院对重生原因的审查职权，体现在其听证组织权或对相关机构的征询调查权方面。《美国破产法》对当事人，特别是非债务人提出的重整申请，允许债务人等利害关系人申请听审，以保证法院的裁断建立在公平客观的事实之上；[2]《韩国破产法》规定，受理法院应通过各种方法对是否存在开始条件进行调查，并在收到重整程序开始申请后，通知监督公司业务的行政厅、金融监督委员会及管辖公司本店所在的税务署章。[3]

实际上，即使在重整计划可行性的最终审查中，法院的角色也正在淡去。从理论上讲，在对重整计划进行表决之时，经管债务人或管理人的信息披露越是充分，法院对重整计划进行可行性审查的必要性也就越低。原因很简单，如果信息披露非常充分，权利人在表决时对重整计划的风险就能够有充分的了解，所以在其通过重整计划之后，法院就没有必要以自己的判断来取代权利人的判断。[4]司法实践中，《企业破产法》对重整计划可行性的规定非常简单，缺乏具体判断标准，导致实践中重整计划"债务人的经营方案"通常都是为了有"经营方案"而写出来的，方案不具体、不明确已是常态。"当重整计划不包括资产重组方案时，债权人往往更加关注债权调整和受偿方案而对经营方案不感兴趣"，"经营方案在重整计划中就成为可有可无的摆设品，没有实质性的内容。在此情况下，法院对经营方案的可行性审查成为现实中的短板，严重偏离了立法对重整制度的期待"。[5]事实上，对于重整计划的强制批准，法院审查基本仅针对程序事项，在实体上局限于对清偿率高低的审查，对于其他实质性内容如重整计划的可行性、各方利益的平衡性等模糊性规定，除非显失公平，法院一般不会将其作为不批准重整计划的因素。[6]

综上所述，重整可能性的审查是必要的，但尚处于案件受理阶段的法院显然无法承担这一重任。实际上，司法实践的矛盾正在于立案审查时过于"尽责"导致程

---

[1]　如 2018 年《全国法院破产审判工作会议纪要》第 15 条规定："对于债权债务关系复杂、债务规模较大或者涉及上市公司重整的案件，人民法院在审查重整申请时，可以组织申请人、被申请人听证。债权人、出资人、重整投资人等利害关系人经人民法院准许，也可以参见听证。"

[2]　参见［美］查尔斯·J. 泰步：《美国破产法新论》，韩长印等译，中国政法大学出版社 2017 年版，第 1239 页。

[3]　参见《韩国倒产法》第 40 条。

[4]　参见韩长印主编：《破产法学》，中国政法大学出版社 2016 年版，第 267～271 页。

[5]　刘敏、池伟宏："法院批准重整计划实务问题研究"，载《法律适用》2011 年第 10 期。

[6]　王建平、张达君："破产重整计划批准制度及反思"，载《人民司法》2010 年第 23 期。

序启动缓慢，而批准重整计划时"蜻蜓点水"并未形成对重整计划可行性、合法性的有效控制。

五、重整程序自动立案的制度构建

（一）重整申请自动立案的法律依据

从法律层面来看，现行法并未将重整可行性或重整价值的审查作为重整原因的法定要件；最高人民法院会议纪要及部分地方法院文件虽然对重整可行性的审查提出了一些"细化"标准，但正如王卫国教授指出的，会议纪要所列标准仅是"负面清单"，只有在明显不具有拯救价值和可能的情况下，法院才可以驳回企业的重整申请。[1]然而，如何判断这种"明显"的程度又成为新的问题。可见，重整原因实质审查缺乏法律明文规定，即使参考其他文件罗列的标准，也因其可操作性低反而造成实践中裁判不一的结果。

自动立案制度体现的是我国立案登记制的改革方向，显现出当事人的意思自治，符合优化营商环境的政策导向。《世界银行营商环境评估》将债务人以及债权人启动清算和重组程序的自由选择权作为"启动程序指数"的重要评分标准之一。[2]实际上，正如请求权竞合情况下原告自然享有的选择权，在企业同时满足清算和重整要求的情况下，申请人选择何种程序属其自由处分诉讼权利。在文首法院驳回重整申请的一系列案件中，法院正是在明确企业已陷入资不抵债的情况下，否认当事人的这种自由选择权，法院对当事人选择权的干预明显缺乏法律依据。

从域外破产法的趋势来看，《日本破产法》曾经也将"没有企业重整的希望"作为重整申请的驳回事由，但是在现行《公司更生法》以及《民事再生法》中，均以"明显不具备制定、表决、批准以维持企业经营为内容的公司更生计划之希望"取代之，因此法院以受理为原则，仅在客观障碍十分显著的情况下驳回申请。[3]而《德国破产法》中对重整企业"继续经营可能性"的审查则放在程序启动后开展，由法院任命一位"临时破产管理人"，最迟在程序启动后 3 个月内完成对企业重整能力的审查，在报告期日陈述债务人企业的全部或部分保全是否可能。[4]可见，取消案件受理阶段法院的过度审查亦是多国破产法改革的趋势。

（二）重整案件自动立案的制度优越

效率是企业挽救程序的重要价值目标，而自动立案制度将为申请人提供一系列

---

〔1〕　王卫国：《破产法精义》，法律出版社 2020 年版，第 240 页。

〔2〕　参见罗培新：《世界银行营商环境评估：方法·规则·案例》，译林出版社 2020 年版，第 379 页。

〔3〕　参见日本《公司更生法》第 41 条第 1 款第 3 项。

〔4〕　参见［德］莱因哈德·波克：《德国破产法导论》，王艳柯译，北京大学出版社 2014 年版，第 188 页。

重整程序特有的制度保障，为企业再生创造条件。

第一，自动立案将产生对个别执行行为的冻结效力，及时阻断对债务人的个别追偿。《企业破产法》第19条规定："人民法院受理破产申请后，有关债务人财产的保全措施应当解除，执行程序应当中止。"破产财产一旦形成，其中任何财产的处置均应依破产程序总括清偿的目标进行，而这种财产保护机制对借机喘息的企业尤为重要。《美国破产法》对此规定更为直接，仅破产申请的提交便能触发"自动冻结"功能。[1] 自动冻结能够维持破产案件审理期间的固有状态，从而在法院的监督下以有序的方式解决债务人的财务问题。总体而言，自动冻结对债务人和债权人都能起到保护作用，其所具有的"对世"效力使得违反自动冻结的行为均属无效。[2]

第二，自动立案有助于保证相关可撤销行为不超过破产撤销权的追溯期，最大限度地保障破产申请的目的得以实现。管理人行使撤销权的1年"偏颇期间"以及债权人行使抵销权的1年"限制期间"均可能对破产财产造成显著影响，若允许法院于审查阶段耗费过多时间，则嫌疑行为处于破产撤销追溯期内的目标可能无法实现，难以实现管理人对个别清偿行为的阻断。

第三，充分发挥上市公司的"壳"资源优势。对于上市公司而言，即使其严重陷入"资不抵债"的情形，但因其"壳资源"优势，能够吸引优质资产进入，提高重整成功率。上市企业的"再生"，可以采取多种手段和措施。对于从事实体经济的制造业企业而言，其重整计划主要在原有的产品线、生产设和设施的改造上完成；但是，也不应排除部分上市企业仅通过经营内容、经营模式的改变而获得再生。例如华源股份重整案的重整计划就是一系列的卖"壳"安排。概言之，基于上市企业资源在我国十分有限的背景下，只要其"壳"仍具有经济价值，便不应否认重整机制将其最大化的作用。[3]

（三）重整案件自动立案的配套程序

诚然，自动立案机制可能导致部分不满足重整价值、重整可行性要求的企业启动重整程序，但这一后果可随时由程序转化机制解决。实际上，在庄吉集团有限公司的重整申请裁定书中，浙江省高级人民法院在准许其重整申请的同时指出，"人民法院和管理人要加强对债务人企业的监督，继续对重整的可能性进行审查，发挥债权人会议或债权人委员会的工作机制的作用，充分听取债权人和其他利害关系人的意见，加强各种类别的债权人之间、债权人和债务人之间的信息沟通，及时作出

---

[1] 11 U.S.C.A. § 362.

[2] 参见［美］查尔斯·J.泰步：《美国破产法新论》，韩长印等译，中国政法大学出版社2017年版，第153页。

[3] 参见许德风：《破产法论——解释与功能比较的视角》，北京大学出版社2015年版，第480～481页。

是否继续债务人企业重整进程的判断"。[1]可见，裁定受理重整程序并非是对破产程序的绝对定性，法院随时可根据债权人或其他利害关系人的申请裁定转入清算程序。只要在程序间形成较为高效的衔接，自动立案制度便不会过度消耗债务人财产并造成司法资源的浪费。但需注意的是，法院应对程序转化次数予以限制，因为无限度地容忍重整企业的程序转换，必然会降低债务清偿效率。

另一方面，就自动冻结的可操作性来看，考虑到我国目前尚未采取临时保全措施，为防止自动冻结的滥用，可借鉴日本法中个别债权人申请的模式。日本《民事再生法》第26条规定，为限制债权人行使债权，法院可以作出中止命令以暂停正在进行的程序。该中止命令正是对个别独立债权人申请的命令，因此不具有《美国破产法》中自动冻结制度那么强制的效力；但是，《民事再生法》第27条对此作出补充规定，在单个的中止命令导致再生程序目的无法充分实现的案件中，可以特别地作出针对全体再生债权人的概括性禁止命令。[2]因此，可以赋予个别债权人申请冻结的权利，而由法院判断是否应于特殊案件中实施概括性的冻结命令。

六、重整申请实质审查的制度完善

无论是对"形式审查说"的观点梳理，抑或对"重整可行性"的全面分析，法院受理审查的本质应是形式审查。然而，目前采用形式审查的标准可能会导致诸多债务人或出资人为拖延债务而滥用廉价的申请权，造成司法资源和社会资源的极大浪费，无法满足出清僵尸企业的政策要求。从短期来看，坚持实质审查的标准是我国主流趋势。

实质审查的方式目前存在较大的改善空间。认定重整对象是否具有重整价值和可能性，实际是商业判断的问题，由法官来完成对债务人的资本结构、治理水平、技术条件、盈利能力、市场环境等方面的分析和评估，这对从事破产审判工作的法官提出了较高要求。即便法官持续拓宽知识领域，提高综合业务的素质，也无法达到专业人士的水平。对此，本文认为有以下几种方案可以较好地优化当下法院的实质审查方式。

第一，法院可选任对公司业务具有专门学识、经营经验而不具有利害关系的人为检查人，由其全权负责对企业的实质审查工作，以报告的形式将审查结果提交给法院。

第二，丰富法院审查方法。除书面材料审查外，对债权债务关系复杂、债务规模较大，或涉及上市公司重整的案件，法院可组织申请人、被申请人就重整可能性

〔1〕　参见浙江省高级人民法院（2015）浙破（预）终字第6号民事裁定书。
〔2〕　参见［日］山本和彦：《日本倒产处理法入门》，金春等译，法律出版社2016年版，第123页。

等实质内容听证；法官在评估调查结果时，可采取征询企业主管部门意见、听取行业专家意见等方式进行综合判断衡量。[1]尽管法院从债务人企业外部大环境进行考量比较容易，如企业的规模，企业破产或者重整对社会环境的影响等因素，但一旦涉及企业的经营方向，重整计划草案等相关问题，法院在审查时可能力不从心。2018 年《全国法院破产审判工作会议纪要》第 15 条规定："对于债权债务关系复杂、债务规模较大或者涉及上市公司重整的案件，人民法院在审查重整申请时，可以组织申请人、被申请人听证。债权人、出资人、重整投资人等利害关系人经人民法院准许，也可以参见听证。"故此，引入听证制度对企业的商业化能力进行判别具有较大的可行性。本文认为此时可以召开由利害关系人、第三方专家组成的听证会，利害关系人对破产企业的情况最为熟悉，通过他们的意见汇总可以加强法院对企业经营情况的了解，但考虑到利害关系人作为当事人，其利益与重整结果关系过密可能引起有失公平的情形，此时还需要中立第三方专家的意见进行佐证。除此之外，对重整申请进行实质审查，法院还可以征询主管机关的意见，可将相关的主管机关作为法院的顾问。[2]如公司注册登记机关，税务机关以及银行等金融机构，这些机关对于企业的经营状况比较了解，对债务人企业有清晰的认知。

第三，法院借助企业在预重整阶段的商业谈判结果和重组方案等成果，完成庭外重组与庭内重整制度间的衔接，可在一定程度上减少法院实质审查的工作量。2018 年《全国法院破产审判工作会议纪要》第 22 条规定："在企业进入重整程序之前，可以先由债权人与债务人、出资人等利害关系人通过庭外商业谈判，拟定重组方案。重整程序启动后，可以重组方案为依据拟定重整计划草案提交人民法院依法审查批准。"引入预重整制度，可以把重整申请审查提前，因为《企业破产法》并未对重整计划的提出时间作明确规定，因此若在重整正式受理前就重整计划进行表决，法院可以提前介入债务人企业，对存在的矛盾和问题进行调查梳理。如此，预先重整的启动会减少法院重整申请审查的工作量，提高重整申请的审查效率。预重整在我国的实践难题是，《企业破产法》对之无制度设计，将债权人的预表决效力延伸至重整，尚无立法依据；但至重整中将预表决步骤重演一遍，不仅将预重整借助市场自治节约司法资源的效率优势消耗殆尽，而且可能因债权人恣意将预重整已完成的市场自治成果化为乌有。[3]值得注意的是，《九民纪要》第 115 条指出，"人民法院受理重整申请前，债务人和部分债权人已经达成的有关协议与重整程序

---

[1] 人民法院出版社法规编辑中心编：《企业破产法司法解释及司法观点全编》，人民法院出版社 2019 年版，第 243~244 页。

[2] 韩长印主编：《破产法学》，中国政法大学出版社 2016 年版，第 243 页。

[3] 陆晓燕："运用法治手段化解产能过剩——论破产重整实践之市场化完善"，载《法律适用》2016 年第 11 期。

中制作的重整计划草案内容一致的，有关债权人对该协议的同意视为对该重整计划草案表决的同意"。可以说，该条解决了我国预重整与重整制度的衔接法律依据不足的难题。此外，从另一角度来看，预重整阶段，重整当事人制定和表决重整计划的时间和期限相对比较自由，在惯常意思自治的同时也简化了正式重整申请后的审查流程。联合国国际贸易法委员会制定的《破产法立法指南》中规定："提起预重整程序的只能是债务人。"在我国，有学者认为，除了债务人可以作为预重整程序的申请人之外，还应该包括在自愿重组谈判中已经接受重整计划的债权人。[1]目前预重整制度在我国虽尚未完全构建，但已在美国破产实践中形成了较为成熟的惯例做法。考虑到重整申请审查的时间成本与信息成本，本文建议在重整申请审查的制度构建上，参考美国破产法上对预重整制度的相关规定，在《九民纪要》有关规定的基础上完善我国的预重整制度。

七、结语

《企业破产法》未明确规定启动重整程序时法院的审查标准，造成司法实践中不同法院在案件受理阶段对重整价值、重整可能性审查态度的差异性，也引发学界对重整申请进行"形式审查"还是"实质审查"的理论探讨。综合立法目的与重整可行性的本质价值，本文认为破产重整的受理标准在应然法层面应当为形式审查。

重整可行性贯穿整个重整程序，居于核心地位，理应对其采取最客观、全面和慎重的审查态度，仅在程序开启时对申请人提出过高的举证要求不符合可行性标准的自身特质，而且对尚处于案件受理阶段的法院而言，其显然难以具备承担商业价值审查的能力。因此，本文认为通过构建重整程序的自动立案制度，可在确保重整可行性的同时完成形式审查。自动立案不仅是我国登记立案制的改革方向，也显现出当事人的意思自治，符合优化营商环境的政策导向。

在自动立案制度情形下，法院的受案数量可能会急剧增加，但对法院是否受理重整申请，还应结合具体的审查标准判断。近年来，从最高人民法院与地方各级人民法院出台愈加细化的审查标准文件看，在当下司法环境中法院不宜单独采取形式审查的标准。这是因为，采用形式审查的标准可能会导致诸多债务人或出资人为拖延债务而滥用廉价的申请权，造成司法资源和社会资源的极大浪费，无法满足现阶段出清僵尸企业的政策要求，也无法兼顾各方的利益要求。因此，就目前的司法环境而言，我国还应继续坚持实然法层面实质审查标准，但应结合预重整、听证等制度对实质审查标准加以补充。此外，法院还可选任专业人士来弥补法官商事判断能力的不足。

---

〔1〕　胡利玲："论困境企业拯救的预先重整机制"，载《科技与法律》2009年第3期。

附件：裁定书全文

上海汇力得股权投资基金合伙企业与上海悦合置业有限公司
申请破产重整强制清算与破产上诉民事裁定书

上海市高级人民法院民事裁定书

（2020）沪破终 2 号

上诉人（原审申请人）：上海汇力得股权投资基金合伙企业（有限合伙），住所地上海市。

执行事务合伙人：浦永生。

被上诉人（原审被申请人）：上海悦合置业有限公司，住所地上海市。

法定代表人：相迪龙，该公司董事长。

委托代理人：胡来德，该公司员工。

委托代理人：陆国兴，该公司员工。

上海汇力得股权投资基金合伙企业（有限合伙）（以下简称汇力得基金）不服上海市第三中级人民法院（2019）沪 03 破申 388 号民事裁定，向本院提起上诉。本院受理后依法组成合议庭审理了本案，现已审理终结。

汇力得基金上诉请求：撤销（2019）沪 03 破申 388 号民事裁定，依法裁定对上海悦合置业有限公司（以下简称悦合公司）进行破产重整。事实和理由：1. 法院重整申请后，即使存在"悦合国际中心"项目（以下简称悦合项目）对外所涉债权关系复杂、面临销售政策及市场环境不佳等因素导致重整不成功，也可以依照法律规定终止重整程序并宣告债务人破产，一审法院直接对重整申请不予受理，系适用法律错误。2. 经第三方评估，在建工程市值达人民币 38 亿元（以下币种同），只要再投入 3 亿元资金即可使得在建工程达到竣工验收标准，完成之后的悦合项目价值不低于 60 亿元，无论如何将大于清算价值，对所有债权人都具有积极意义，一审法院认为存在价值的不确定性而不予受理破产重整是错误的。

悦合公司提交意见称：同意汇力得基金的上诉请求和事实理由，悦合公司亦希望进入重整程序，本案应当予以受理。

一审法院查明：悦合公司于 2009 年 4 月 20 日成立，法定代表人为相迪龙，注册资本为 46 000 万元。营业期限自 2009 年 4 月 20 日至 2019 年 4 月 19 日止，经营范围为房地产开发、经营；建材、装潢材料（除危险品）批发零售。

2015 年 12 月 30 日，本市闵行区人民法院作出（2015）闵民二（商）初字第 2360 号民事判决书，判决悦合公司支付汇力得基金 5235.97 万元并支付逾期付款违约金。判决生效后，悦合公司未按期履行，汇力得基金向闵行区人民法院申请强制执行，该院作出（2016）沪0112执2209号执行裁定书，该院认为悦合公司因涉及众多债务案件，名下财产被多家法院多次查封、冻结，所有涉及悦合公司的案件将由各家法院协调统一处理，该案暂无继续执行条件，故裁定终结执行程序。

本案立案时，申请人汇力得基金未向一审法院提供关于债务人具有重整价值的证据。审理中，经一审法院释明，汇力得基金认为与（2019）沪03破申387号案件中债务人悦合公司提出的相关重整意见一致。在（2019）沪03破申387号案件中，债务人悦合公司提供重整计划（草案）一份，主要内容为：

（一）涉案房产位于本市嘉定区真新街道曹安商贸城A地块，由悦合公司于2009年通过政府招投标、拍卖方式获得，并在该地块开发建设悦合项目。悦合项目于2010年9月正式开工建设，2012年取得预售许可证，地上建筑面积为125 144.52平方米。2016年11月15日，经上海高院委托，上海大雄房地产估价有限公司出具房地产估价报告，认定涉案在建工程经房地产市场价值评估总价为380 600万元，实地查勘期为2016年10月28日，报告使用有效期自2016年11月15日起至2017年11月14日止。目前楼盘的可售商品房套数为1177套，其中330余套为真实买房小业主网签房屋，740余套为民间借贷的网签融资行为，100套为尚未网签房屋，上述资产均被多个法院查封。截至2017年12月31日，悦合公司其他如车辆、电子设备等固定资产的价值合计为82.67万元。

（二）悦合公司目前债权人人数约为100户，债权本金约为32亿元，其中抵押担保债权约为5.8亿元，建设工程优先债权约为7亿元，职工债权约为1亿元，税务债权约为0.8亿元，普通债权约为17.7亿元，另有34笔担保性质债权，均为普通债权，本金约为23亿元。悦合公司作为主债务人及保证人合计负债本金约55亿元，本息合计负债总额超过100亿元。

（三）悦合公司拟采用续建式重整解决目前困境，即引入具备资金实力的重整方，由其通过共益性借款的方式提供续建资金，落实工程续建竣工问题。之后解决真实购房小业主的交房问题，最大限度提高债权人偿债率以解决债务问题。经过测算，假设开发完成，剩余资产可变现价值将为49亿元，普通债权的本息合计清偿率将达到27.35%，高于清算状态下的普通债权清偿率9.8%，如增加自持物业、车位等估值10亿元资产，未来长期实现稳定经营收益用于偿付全部普通债权，本金清偿率可达100%。

一审法院另查明，上海市住房城乡建设管理委员会、上海市规划国土资源局等单位于2017年5月9日联合发布《上海市关于开展商业办公项目清理整顿工作的意见》中的第四条规定，"加强商业办公项目建设、销售监管。按照商业办公的规划要求重新审核尚未上市销售的项目。对已批未建的项目，要重新审图，发现违反规范和标准的，应依法予以撤销调整，符合规范和标准后，再核发规划、施工许可证。对在建未售的项目，从房型设计及水、电、燃气配套等方面进行全面检查，发现建设行为违反相关规定的，应责令整改，经相关部门联合验收通过后方可销售；在项目交付使用前，相关部门要再次进行联合验收，不符合商业办公要求的，不得交付，不得办理房屋交易登记手续"。第五条规定，"对在售商业办公项目区分不同情况，分类清理整顿：对已售未交付入住的项目，要按照商业办公房屋功能进行全面整改，由相关部门联合验收，不符合商业办公要求的，不得交付，不得办理房屋交易登记手续。对销售中开发企业存在误导行为的，要支持购房人依法维护合法权益。整改符合规定的项目中有剩余未售房源的，可继续按商业办公房屋对外销售，同时鼓励房地产开发企业自持出租"。

一审法院认为：根据《中华人民共和国企业破产法》（以下简称《企业破产法》）第二条的规定，当企业法人不能清偿到期债务，并且资产不足以清偿全部债务、明显缺乏清偿能力或者有明显丧失清偿能力可能的，可以进行重整。法院在审查重整申请时，应根据债务人的资产状况、技术工艺、生产销售、行业前景等因素，对债务人明显不具备重整价值以及拯救可能性的，应裁定不予受理。也即重整制度的适用，须以债务人具备重整价值及拯救可能性的前提下进行。

本案中，根据悦合公司提交的重整计划草案，重整计划可得以实行的前提是将740 余套属于融资行为的网签合同解除后重新对外销售，以销售收入 49 亿元来偿还共益债务、税费、建设工程优先债权等。但涉案项目停工前属于应被清理整顿的类住宅式商业办公项目，根据《上海市关于开展商业办公项目清理整顿工作的意见》的相关规定，对已售未交付入住的项目，要按照商业办公房屋功能进行全面整改。能否整改通过并重新办理网签销售手续存在不确定因素。即便重新办理了网签销售手续，剩余未售房源也只能按商业办公房屋对外销售或以整体出租方式经营，而不得作为居住用房销售。如此，将对涉案房地产项目的市场价值产生较大影响，以当前相关商业办公用房的市场价值估算，难以达到重整计划草案中预测的 49 亿元目标。就此问题，在一审法院释明后，债务人未对仍能实现 49 亿元可变现价值的测算方法、价格依据提供任何说明，故相关重整计划草案的可行性依据不足。同时，当事人在重整计划草案中对于债权清偿和执行重整方案的说明较为笼统，已完工的商业办公项目如不能按期出售或销售周期过长，都将新增债务，反而不利于债权清偿并影响到各债权人尤其是优先担保物权人权益。另外，悦合项目停工至今已逾五年，历经多轮庭外重组，但仍告失败，也反映出其重整价值的有限性，鉴于悦合项目所涉对外债务关系复杂，面临再销售政策变化及市场环境不佳等因素，能否再进行重整存在较大的不确定性，一审法院难以支持相关方提出的重整申请。据此，一审法院依照《中华人民共和国企业破产法》第七十条第二款、《中华人民共和国民事诉讼法》第一百五十四条第一款第（一）项之规定，裁定对汇力得基金的重整申请不予受理。

本院对一审法院查明的事实予以确认。

本院审理期间，汇力得基金向本院提交书面承诺书，承诺若可以进入重整程序，将严格按照法律和相关规则的要求进行，包括重整方的选择以及管理人的选任等；承诺知晓重整失败的法律后果，愿意接受破产清算；承诺严格依照相关房地产政策执行悦合项目，不作任何不合理诉求；承诺积极配合政府的维稳工作；承诺各利益方严格依法公平执行，不作特殊主张或诉求。悦合公司向本院提交书面承诺书，承诺若可以进入重整程序，将依法进行重整程序，不向法院提出推荐管理人等要求，知晓并接受重整失败的后果；承诺在地方政府的指导下做好小业主及相关债权人的沟通解释和维稳工作；承诺做好公司全体员工的沟通解释维稳工作；承诺所有房地产项目工程均按照原有的已批准规划实施，不向政府提出任何增加房地产销售面积等额外要求；承诺积极配合法院、管理人和各利益相关方，全面做好重整程序中的各项工作。

本院认为：根据《企业破产法》第二条和第七条的规定，企业法人不能清偿到期债务，并且资产不足以清偿全部债务或者明显缺乏清偿能力，或者有明显丧失清偿能力可能的，可以依法进行重整。债务人不能清偿到期债务，债权人可以向人民法院提出对债务人进行重整的申请。本案中，汇力得基金作为悦合公司的债权人，其债权已经生效法律文书确认，并且经人民法院强制执行不能获得清偿，而债务人悦合公司经营的悦合项目，早于2014年7月即已停工至今，因此，汇力得基金可以向人民法院提出重整申请。上海润巍投资管理有限公司以重整投资人的身份制作的续建式重整计划草案，包括提供续建资金的方案、对预计投入金额的估算、对重整偿债能力较清算偿债能力优势的分析以及重整计划的实施方案、债权分类方案、债权受偿方案、重整计划监督等内容，汇力得基金与悦合公司均对重整计划草案表示认可。破产重整是拯救危困企业的重要途径，原则上应当予以支持，至于重整计划草案是否具有可行性，人民法院的审查应当保持谦抑，只有当重整计划草案明显不具有可行性且债务人明显不具备重整价值和挽救可能的情况下，才应当裁定不予受理重整申请。

本院认为，一审法院对汇力得基金申请悦合公司破产重整不予受理的理由尚不充分，不能排除悦合公司重整成功的可能性。具体而言：第一，根据《上海市关于开展商业办公项目清理整顿工作的意见》的相关规定，本案所涉房产可能受到政策调整，也可能存在对外销售收入的不确定性，但是以此尚不能得出重整计划不具有可行性的结论。当事人以在建工程评估价为基础，结合房地产市场价格所做的估算价值，不宜轻易否定，还有待进入重整程序后予以验证。房地产政策也并非阻碍重整的因素，关键是重整方案应当依法依规，在现行政策框架下制定和推进。第二，对当事人提交重整计划草案的详尽程度不宜苛刻，需要在重整程序中经各方当事人和利害关系人充分磋商以及债权人会议表决通过后方可最终确定。房产销售是项目完工后的市场行为，现时也不宜以销售周期可能过长为由作出不予受理重整申请的决定。根据《企业破产法》第九十三条第一款规定，如果债务人不能执行或者不执行重整计划的，人民法院经管理人或者利害关系人请求，应当裁定终止重整计划的执行，并宣告债务人破产。因此，司法原则上尊重当事人的意思自治，鼓励重整，重整不成则依法及时转入破产清算。第三，悦合项目多次庭外重组失败，并非阻却其进入重整程序的理由。相反，一定程度上反映出悦合项目具有潜在的市场价值，市场投资主体对悦合项目是关注的，关键是要制定出有针对性的利益平衡的合理的重整方案，以及重整程序依法、依规进行。在重整计划的实施过程中，若出现国家政策调整、法律变化等特殊情况，债务人或管理人可以申请变更重整计划，经债权人会议表决通过后提请人民法院批准。此外，对汇力得基金与悦合公司在本院审查过程中作出的书面承诺，本院予以认可，相关当事人应当信守承诺，确保重整依法、依规进行。

综上，汇力得基金的上诉理由部分成立，一审法院不予受理汇力得基金对悦合公司的重整申请处理不当，应予纠正。依照《中华人民共和国企业破产法》第二条、第七条第二款、第七十一条，《中华人民共和国民事诉讼法》第一百七十条第一款第二项之规定，裁定如下：

一、撤销上海市第三中级人民法院（2019）沪03破申388号民事裁定；

二、由上海市第三中级人民法院受理上海汇力得股权投资基金合伙企业（有限合伙）对上海悦合置业有限公司的重整申请。

本裁定为终审裁定并自即日起生效。

审判长　徐　川

审判员　陆　烨

审判员　范　倩

二〇二〇年二月二十六日

书记员　丁振宇

专题二十一　重整计划调整保证人责任的效力研究

一、基本案情与问题提出

河南宏腾纸业有限公司（以下简称"宏腾公司"）欠葛洲坝环嘉（大连）再生资源有限公司（以下简称"葛洲坝公司"）货款两千余万元。经法院调解，双方确认以上欠款事实，同时由河南华丽纸业包装股份有限公司（以下简称"华丽公司"）、代某某对上述调解书载明的债务承担连带清偿责任。2016 年 6 月 17 日，河南省许昌市中级人民法院作出（2016）豫 10 民破 5 号民事裁定：受理宏腾公司等六家关联公司合并破产重整一案。管理人制作的重整计划载明：本重整计划通过之日起，债权人自愿放弃对保证人及其他连带债务人的追偿；按照重整计划清偿完毕的，债权人与债务人之间的债权债务关系清结。葛洲坝公司对该重整计划投反对票。随后，许昌中院批准对宏腾公司及许昌惠隆林业有限公司等六家关联公司的重整计划。重整计划执行过程中，葛洲坝公司依照重整计划载明的受偿比例，获得了部分清偿。就剩余债权部分，葛洲坝公司向人民法院申请对华丽公司、代某某的强制执行。华丽公司认为宏腾公司的重整计划已经载明，债权人自愿放弃对保证人及其他连带债务人的追偿，故葛洲坝公司无权就剩余债权部分申请人民法院强制执行，遂向人民法院提出执行异议。一、二审法院经审理，均裁定驳回华丽公司的异议。

显然，本案中经法院强制裁定通过的重整计划对全体债权人具有约束力。尽管葛洲坝公司在表决过程中投了反对票，但依然受到该重整计划的约束，且嗣后期所受的清偿数额确实也仅以重整计划载明的比例为限。此时，债权人若再向保证人主张保证责任，其能否获得支持，自然成为理论和实务上的难点。依据《企业破产法》第 92 条第 3 款的规定，债权人对债务人的保证人和其他连带债务人所享有的权利，不受重整计划的影响。该条的立法本意倾向于重整程序中，债权人往往不能完全受偿，故"可以就其在重整计划中未受清偿的债权向债务人的保证人和其他连带债务人要求清偿"。[1]但本案的特殊性在于，重整计划载明全体债权人放弃对债

---

〔1〕　安建主编：《中华人民共和国企业破产法释义》，法律出版社 2006 年版，第 131 页。

务人的追偿，该放弃意思表示对本案债权人是否具有效力？申言之，重整计划可否免除保证人的保证义务？本文拟先探讨免除保证人责任条款是否属于重整计划法定内容的范畴，然后再从债权人放弃债权的意思表示上研究该免除保证人责任条款是否具有法律效力，最后提出重整计划调整保证人责任的合理路径。

二、重整计划内容及其法定范围

（一）重整计划内容的立法模式

通说认为，重整计划是当事人之间订立的合同，那么凡是合同当事人认为有利于重整成功的内容经协商均可纳入重整计划。[1]但重整计划涉及多方主体，利益关系具有复杂性。此外出于表决效率考量，立法需要对重整计划草案内容进行强制性限制，以期兼顾各个价值目标的平衡。当然，为保障当事人的意思自治，以法律强制性规定干预当事人磋商应以绝对必要为原则。理论上，如果承认重整计划的合同属性，则意味着对于法律没有强制要求的内容，只要不违背其他法律规范，原则上均可视为重整计划草案的任意性内容，重整计划草案经通过和批准后对当事人具有约束力。[2]

从比较法的角度来看，各国就重整计划的内容可分为两种立法模式。一种是将重整计划的内容分为绝对必要记载事项和相对必要记载事项。其中前者必须在重整计划中记载，若有欠缺则认为该重整计划不符合法律的规定，法院不得批准或认可其效力；而对于后者则需视重整的需要而定，若有欠缺则仅就该欠缺的事项不发生效力。如《美国破产法》第1123条便在两款分别规定了重整计划的必备条款和选用条款，其中必备条款列出10条相关内容。[3]日本《公司更生法》第167条对此也予以规定，更生计划原则上可以广泛地规定重整所需事项，但必须记载的事项须包括权利变更条款、更生公司的董事与执行董事、清偿资金的筹措方法、超额收益的用途等。[4]另一种立法模式原则上不作此类区分，仅列明重整计划所包含的内容。如《德国破产法》第221条将重整计划分为两部分，即陈述部分和形成部分，前者为说明参与者的情形，后者为通过计划参与者的法律地位将发生何种变更。[5]

由此来看，我国《企业破产法》第81条关于重整计划草案内容的规定，从形式上讲应是采取美、日区分法定与意定的立法模式；从内容上讲，主要包括对企业债权债务关系的解决、对企业经营的重整挽救措施。这一模式的优势主要在于，对

---

〔1〕 参见王欣新：《破产法》，中国人民大学出版社2019年版，第309页。

〔2〕 参见王卫国：《破产法精义》，法律出版社2020年版，第275页。

〔3〕 参见徐永前主编：《新企业破产法100问》，企业管理出版社2006年版，第248~249页。

〔4〕 参见［日］山本和彦：《日本倒产处理法入门》，金春等译，法律出版社2016年版，第202页。

〔5〕 参见［德］福尔斯特：《德国破产法》，张宇晖译，中国法制出版社2020年版，第264页。

于绝对事项的记载简洁明了，而相对必要记载事项则弹性较大且易于操作。

（二）重整计划内容的法定范围

根据《企业破产法》第81条的规定，重整计划应当包括下列内容：企业的基本情况、出资人权益调整方案、债权分类及调整方案、债权受偿方案、企业经营方案、重整计划的执行与监督、其他事项等。[1] 比较法上，美国法将重整计划的内容分为强制性条款与任意性条款。《美国破产法》第1123条（a）列举了8项重整计划应当包括的条款，包括：①不同债权与财产利益的分组；②未受重整计划影响的组别；③受调整的组别获得的待遇；④除特定权利人明确同意更差待遇外，重整计划应对同组的债权或股权提供同等的待遇；⑤重整计划实施的充分方法；⑥在债务人公司章程中规定禁止发行无表决权证券并确保表决权在不同组别之间得到合理的分配；⑦对重整计划履行过程中债务人高管、管理人的选任，须与债权人、股东之利益及公共政策相一致的条款；⑧有关债务人在案件启动后劳务的全部收入，或为计划履行所必要的未来收入均用于债权清偿的承诺。该法典第1123条（b）列举了4项重整计划可以包含的条款和一项兜底性条款：①关于重整计划调整或不调整任何组别的债权或股权之条款；②对待履行合同承继、拒绝或转让的规定；③对债务人或破产财团享有的债权进行和解，或者暂时留存债权并在计划批准后继续执行的条款；④将所有或大部分财产予以出售的规定；⑤其他不与本法下可适用条款相抵触的条款。[2]

通过对于上述内容归类梳理，可以发现各国破产法中重整计划的内容主要包含两个方面：经营方案和债务清偿方案。债务人的经营方案主要为债务人采取何种继续营业措施及如何筹集资金的方案，一般涉及企业的改组、合并、出让等；[3] 而债务清偿方案是有关对债务数额进行调整、设定债务的清偿期限与方式的方案。除此之外，其他有利于重整程序进行的内容一般也可规定在重整计划之内。因此，重整计划应主要围绕如何实现债务人重整成功的目标进行制定，其他不相关的内容不应也无需在重整计划中予以规定。

（三）保证债务免除条款不属于重整计划的应然范围

1. 超出重整计划的法定范围。如果对本案中重整计划调整保证责任的条款进行解读，其最可能接近重整计划中的"债权分类及调整方案"或"债权受偿方案"。若对保证人义务调整的条款能够归属于重整计划的合法范围内，则应当认为此类条

---

〔1〕 参见许德风：《破产法论：解释与功能比较的视角》，北京大学出版社2015年版，第482～483页。

〔2〕 参见［美］查尔斯·J. 泰步：《美国破产法新论》，韩长印等译，中国政法大学出版社2017年版，第1206～1210页。

〔3〕 参见韩长印主编：《破产法学》，中国政法大学出版社2016年版，第260页。

款应当受到保护；反之，该条款则可能对全体债权人不具有约束力。

第一，无法归入债权分类及调整方案的范畴。从重整计划的表决过程来看，不同类型的债权人应分组对重整计划草案进行表决。所以，管理人在债权申报工作完成后，就应当对债权进行分类，以确定表决小组和各类型债权人的分配顺位。就债权的分类而言，《企业破产法》第 82 条规定了四类：①对债务人的特定财产享有担保权的债权；②工资、社保债权；③税收债权；④普通债权。显然，重整程序中的债权分类与本案的争议内容并无关联。此外，债权调整方案，"是指削减全部或部分债权人（包括有担保物权的债权人）的债权数额、免除利息等内容"。[1]也就是说，债权调整方案更多关注的是某一类型债权在重整计划中规定的受偿比例，是对主债权最终受偿额的调整。这类调整，往往会使债权人难以获得足额清偿，所以《企业破产法》第 92 条才规定债权人对保证人和其他连带债务人所享有的权利，不受重整计划的影响。由此观之，重整计划中的债权调整方案至多是在债权人与主债务人之间的债权数额进行了调整，无法牵涉到保证人的保证责任，保证人仍应当对原有债务承担连带清偿责任。据此，债权调整方案也无法涵盖本案重整计划的内容。

第二，不属于债权受偿方案的范畴。债权受偿方案也是重整计划中的重要内容，关系到债权人的切身利益。一般而言，重整计划草案通常就债权清偿期限、清偿条件、清偿方式等作出具体规定。例如，同样是相同数额的债权，有的债权人选择"债转股"，有的选择货币清偿，这都属于债权受偿方案的范畴。所以，债的受偿方案实际上和债的履行方式具有同质性。本案中重整计划载明免除保证人的责任，并没有改变债权的金钱清偿方式，无关债权受偿方案的内容。

此外，就重整计划中记载的其他事项而言，多指"股权的变动、员工的调整或裁减等"，[2]与保证责任的调整难以具有关联性。于此，重整计划中记载债权人自愿放弃对保证人及其他连带债务人的追偿，似乎超出了重整计划的法定范围。虽然全体债权人可以对记载该条款的重整计划草案进行表决，但其无法对全体债权人产生强制效力。

综上，在保证关系具有独立性的前提下，保证人与债权人之间的保证法律关系原则上亦应与债权人与破产企业之间的主债权法律关系予以区分；换言之，即不能将有关对保证关系的约定视作是对破产债权的处理。本案所涉连带保证既非对破产债务人所享有的独立债权，亦非破产程序启动后对于债权或重整计划的实现所提供的独立担保，故其非属《企业破产法》第 81 条明确规定的重整计划法定内容。

2. 超出重整计划的意定范围。破产法学界主流观点认为，重整计划除立法规定

---

[1] 韩长印主编：《破产法学》，中国政法大学出版社 2016 年版，第 260 页。

[2] 韩长印主编：《破产法学》，中国政法大学出版社 2016 年版，第 261 页。

的必要内容外，还应包括有允许当事人意思自治的任意性内容；〔1〕甚至有学者认为，考虑到重整计划代表着各主体对于破产重整的经济预期，而且这种预期难以估量，此时为使重整计划能够使大多数关系人所接受，对于重整计划的内容，法律不应由过多的强制性规定和限制性规定，而应注重在破产重整的框架内，由当事人自由协商最终确定。〔2〕此外，基于重整计划的意思自治属性，结合民法"法无禁止即自由"的立法宗旨，在共同意思形成不反对的情况下，完全可以将不属于以上七项的内容列入重整计划，但重整计划中不能出现违反法律强制性规定的内容。从已有法条的表述上看，《企业破产法》第81条采用的是"应当包括"，也并未排除除法条规定外的其他内容；从意思自治的本质属性上看，合意条款即便不在法条涵盖的范围之内，也属于双方对自身权益的处置内容。虽然部分内容不利于债权人权益的保护（实际上几乎不可能出现），但破产程序应当对当事人的意思自治给予足够尊重。由此，即产生了从任意性条款视角对前述约定进行检视的必要。《企业破产法》第92条第3款规定，债权人对债务人的保证人和其他连带债务人所享有的权利，不受重整计划的影响。对此，以王卫国教授为代表的多数学者认为，破产法中对于债务人债务的调整并不影响债务人的保证债务人和其他连带债务人承担全额债权的义务；而且除本条规范外，《企业破产法》第101条对于和解协议效力的规定，以及其第124条对于清算分配后债权人对保证人请求权的享有，亦构成相应例证。〔3〕

　　总的来说，本文认为，上述观点尽管在一定程度上仍有探讨的余地，但其反映出立法就破产重整计划约束力的态度，及其对于债务人保证人和其他连带债务人排除适用的规定，而且基于立法文义所采取的表述，如"不受""依法继续"等，这种排除是一种当然、绝对地排除，换言之，上述条款构成效力性强制规范。此时，债权人会议决议通过的重整计划若作出相反约定，原则上应属于对立法强制性规范的违反，而归于无效。〔4〕

　　此外，基于权利义务的视角进行审视，如上文所述，在保证关系中，债权人对于保证人享有保证债权，该债权独立于作为破产债权之一的主债权债务关系本身，此时债权人会议系基于对破产企业享有并申报破产债权而形成的集合体，其在未经得保证债权人同意或明确表示放弃保证债权时，对保证债权进行的处分或放弃，本质上构成对权利主体他种权利的不当处分，应属无权处分行为。对于无权处分行为

〔1〕参见邹海林、周泽新：《破产法学的新发展》，中国社会科学出版社2013年版，第246页。
〔2〕参见张艳丽："重整计划比较分析"，载《法学杂志》2009年第4期。
〔3〕参见王卫国：《破产法精义》，法律出版社2020年版，第302页。
〔4〕我国《企业破产法司法解释三》对债权人会议决议的效力，没有采取股东会决议效力的"三元论"结构，而一概以"可撤销"作为债权人决议效力的一元形态，这种做法是否妥当，有待继续研究。是故，行文中采"无效"的说法，实际上是借鉴了股东会决议的效力形态，旨在为论述的严谨性目的。

的效力，尽管在民法学界以及破产法学界存有一定争议，但因其行为本身非为法律秩序所容忍，想必已无太大争议，故破产法对其作出否定性效力评价，并无不可。

综上，基于本案重整计划构成对法律强制性规范的违反，以及对权利的不当处分与限制，故原则上破产法应对其进行否定性效力评价。对此，根据《企业破产法司法解释三》第12条规定，应认为其构成债权人会议的两项效力瑕疵，即决议内容违反法律以及决议超出债权人会议的职权范围。

三、重整计划调整保证人责任与民法中债务免除的关系

无论在表决过程中自愿放弃对保证人的追偿，还是经法院强制批准重整计划草案后强制推定为放弃对保证人的责任，都会产生一个难题：即重整计划作为一个特殊合同，在保证人未参与的情形下，债权人和债务人能否达成免除保证人责任的法律效果？对该问题进行探讨，是解决重整计划草案免除保证人责任的关键。

（一）重整计划强裁应给异议者特别关注

文首案例中，宏腾公司的重整计划对保证债权人的权益作了不当调整，但许昌中院在审查时并未对该问题给予充分重视，而是依照正常的批准程序对重整计划进行了批准，进而导致了后续诉讼的发生。依据我国《企业破产法》的相关内容可以发现，该法对重整计划的强制批准规定了较为详细的条件，但对于正常批准的条件却规定得过于简单，其第86条第2款仅规定"人民法院经审查认为符合本法规定的"，应当裁定批准，这种模糊化的标准一定程度上造成了法院审查中的偏差。

对于正常批准的审查，一般认为，法院首先要审查重整的内容、表决的分组及程序等是否合法，其次法院应对重整计划的实体内容是否符合法律规定予以审查。而在进行实体审查时，《企业破产法》第87条所规定的法院在强制批准重整计划的审查标准，包括公平标准、最佳利益标准和可行性标准，也应被一并用于正常批准的审查中。[1]也有学者认为在正常批准重整计划过程中，最重要的是要为在各表决组中持反对意见的债权人提供充足的保护，因而法院在批准计划前，可以通知相关的利害关系人，以举行听证会或开庭审理的方式，给予各方对重整计划涉及的权益调整充分发表意见的机会。[2]

本文认为，重整计划在经债权人会议表决通过后，法院应尊重当事人的意思自治，不应对计划内容进行过多的干涉，但由于重整计划存在特殊的表决机制，法院有必要对表决中持反对票的债权人予以特别的关注。在文首案例中，葛洲坝公司已经在表决时对重整计划作出了明确的反对，法院在审查中却未作出回应，故法院的

---

〔1〕 参见韩长印主编：《破产法学》，中国政法大学出版社2016年版，第269～271页。
〔2〕 参见霍敏、吴晓明：《破产案件审理精要》，法律出版社2010年版，第183～184页。

审查批准过程存在着一定的过失。[1]除此之外，重整计划批准过程中的"最佳利益标准"（所谓最佳利益标准，是指利害关系人依据重整计划所得的分配数额不得低于在破产清算程序中可得的分配数额）可在一定程度上适用于该案，[2]虽然该标准主要是指反对重整计划的债权人在重整方案中所得的清偿不得少于其在破产清算程序中能够获得的清偿，但这一标准背后蕴含的理念是重整计划不应使债权人的处境变得比原先更糟。依此标准，葛洲坝公司在没有重整计划时，可以在宏腾公司无法完全清偿时，向其保证人追偿，而重整计划通过后葛洲坝公司反而丧失了该权利，显然并不符合最佳利益标准的内核。

（二）保证责任免除的法定情形

保证责任的免除有法定和意定两种情形，其中法定情形是指，因出现某种法定事由，保证人当然得以免除责任的情形。根据《担保法》及《担保法司法解释》的规定，出现下列情形的，保证人可免除保证责任：①未经保证人同意转让的债务，保证人不再承担责任；②未经保证人书面同意，债权人与债务人协议变更主合同的，保证人不再承担责任，但应将不承担责任的范围限制在"加重保证责任人责任的范畴"；③超过保证期限的；④混合担保中，债权人放弃物的担保部分，保证人免除责任；⑤主合同当事人恶意串通、骗取保证人保证的，以及主合同债权人采取欺诈、胁迫手段，使保证人违背真实意思提供保证的；⑥债务人破产的，债权人既不申报债权，也不通知保证人申报债权，致使保证人不能行使追偿权的，保证人在该债权在破产程序中可能受偿的范围免除保证责任。

从以上保证责任的法定免除类型来看，对于重整计划中削减主债务人的债务承担比例，增加保证人责任的债权清偿方案，似乎有违《担保法》第24条、《担保法司法解释》第30条的规定，但鉴于《企业破产法》第92条第3款已经对破产程序中保证债务的承担作了更为细致的规定，应当优先适用。所以，即使是重整计划加重了保证人的责任，保证人也无法通过法定事由免除责任，这是由保证的风险性所决定的。至于本案中重整计划免除保证人的责任，实际上是有益于保证人的情形，但该情形显然无法通过以上方式归入保证责任法定免除的范畴。

综上，重整计划约定债权人放弃对保证人追偿的内容，并不构成保证责任免除的法定情形。至于其是否符合民法原理上的债务免除条件，将在下文部分详述。

（三）债务的意定免除

连带保证中，对债权人而言，保证人和主债务人的身份具有一致性，都是宏观

---

〔1〕　当然，法院在审查债权人会议表决通过的重整计划是否应获批准时，可能更偏重于形式审查，而忽视了重整计划的具体内容。

〔2〕　韩长印主编：《破产法学》，中国政法大学出版社2016年版，第271页。

意义上的债务人，债权人可以通过意定方式免除债务人的责任。题首案例中，重整计划免除保证人的责任，是否构成债权人免除债务的自愿或拟制同意的意思表示？

关于债务意定免除，综合不同国家立法例的情形来看，主要存在契约说和单方说两种观点。德国、法国立法例采取"契约说"，认为债务免除是一个双方法律行为，应由债权人和债务人之间达成债务免除合意。《德国民法典》第 397 条规定："债权人以契约对债务人免除其债务者，债务关系消灭；债权人与债务人订立契约承认债务关系不存在者，亦同。"此外，《法国民法典》第 1285 条亦规定："债权人为连带债务人中一人的利益而以契约免除或解除其债务时，其他连带债务人的债务亦归消灭，但债权人明示保留其对他连带债务人的权利者，不在此限。"同时，该民法典第 1287 条规定："如对保证人以契约免除或解除其债务者，主债务人的债务不消灭；债权人以契约免除或解除其债务人的债务者，保证人的债务亦归消灭。"从德国、法国的立法规定来看，债权人免除保证人责任应以契约方式进行。既然是契约，就需要双方共同作出意思表示。与德国、法国立法不同的是，日本立法则采取"单方说"，《日本民法典》第 519 条规定："债权人对债务人表示免除债务的意思时，其债权消灭。"根据该条规定，债权人免除保证人（对债权人而言，保证人同样也是债务人）责任，只需要作出免除的单方意思表示后，债权就归于消灭。

我国虽未引入债务免除制度，但《合同法》第 105 条规定："债权人免除债务人部分或者全部债务的，合同的权利义务部分或者全部终止。"[1] 对于合同义务的免除，我国立法并没有给出明确的构成要件，即应以契约方式免除，还是类似于物的抛弃行为，直接依单方意思表示就可完成？单方说的法理基础是，一切财产权都可由当事人自由处分，债权作为财产权的一种，同样可以由当事人单方作出。契约说认为，债的发生是基于当事人双方的信任关系，债权抛弃与物权抛弃不同，若债权人单方抛弃债权，很可能给不知情的债务人依约履行后造成损失。

本文认为，契约说更具有合理性。其一，契约说更尊重债务人的人格，减少其不必要的履约损失。债权与物权不同，债权具有相对性，而物权具有对世性，物权本身并不以某个特定的民事主体为义务对象，所以权利人单方作出抛弃的意思表示，并不会产生对相对人不公平现象。但债权的履约具有特定性，如果债权人单方放弃债权，虽然有利于债务人，但在债务人事先并不知情的情形下，很可能加大不必要的成本，增加不必要的履约负担。其二，债务免除有一定的动机，应当通过磋商来体现对双方权利义务的保护。债权人免除债务，可能会对自身权利产生不当后果，应当仔细斟酌；对债务人而言，债权人放弃债权往往具有一定的动机，如果采单方说，很可能会损害债务人的合法权益。若双方通过自主协商，使债务人熟悉债

---

〔1〕《民法典》第 575 条内容同此。

权人的动机等，将更有利于双方当事人的权利保护。况且，从当前的通说来看，债权人放弃部分或者全部债权，必须具备四个要件：①必须有免除的意思表示；②必须向债务人本人作出，向第三人为免除的意思表示，不发生免除的效力；③债权人抛弃债权的意思表示不得撤回；④债权人须有处分能力。[1]从以上要件可以看出，债权人免除债务的，亦需要向债务人本人作出意思表示，而非单方抛弃，这与"契约说"的观点有相通之处。

由此来看，本案中重整计划草案规定债权人不得再向保证人追偿，在保证人未参与重整计划谈判表决的情形下，即便债权人同意放弃债权，也属于"向第三人作出免除的意思表示"，不发生免除保证债务的效力。况且，本案葛洲坝公司对重整计划投的是反对票，更表明其无免除债权的意思表示。因此，本案重整计划草案中，债权人与债务人磋商免除保证人的责任，并不具有法律效力。

四、重整计划调整保证人责任的可能尝试

我国《企业破产法》规定，债权人对债务人的保证人和其他连带债务人所享有的权利，不受重整计划等债权人会议决议的影响。考究其法理，很大程度上即源自于保证债务的独立性，然而保证债务除却具有独立性外，还具有从属性，特别是对一般保证而言，从属性更加明显。

通说认为，保证责任的从属性是指保证债务与所担保的主债务形成主从关系，具体而言，其包括以下几个方面：首先，保证债务以主债务的存在为前提；其次，保证债务的范围从属于主债务；再次，保证债务随主债务一并转移。[2]值得指出的是，对于保证债务从属性的理解，应从债的关系层面进行解释，而非从债务内部进行的诸如债的从给付义务角度进行的理解，故不能仅凭字面意义上的保证债务从属性即认为其可作为上文破产债权的一部分而由重整计划进行规定。

在上述保证债务的特征中，最值得探究的有两方面：首先，保证债务在范围上具有从属性，其责任范围和强度不得超过主债务，但可以小于主债务。如果合同约定的保证债务责任和范围超过主债务或者未作明确规定时，依保证合同之从属性特征应解释为保证债务范围及责任与主债务相同。对此，《德国民法典》第767条明确规定，主债务的范围在任何时期均为保证债务的标准。[3]其次，保证债务亦可能遂主债务的变更和转让而进行调整。正如有学者所言："在主合同内容发生变更的时候，包括标的物的品种、质量、规格、等级、花色的改变，标的数量的增加及履

---

〔1〕　参见浙江省高级人民法院（2018）浙民申53号民事裁定书。

〔2〕　参见郭明瑞："关于保证的若干问题初探"，载《中国法学》1991年第1期。

〔3〕　参见贾玉东："从保证合同的从属性谈保证人的责任"，载《山东法学》1994年第2期。

行的提前和延后，只要未取得保证人的同意，保证人不承担保证责任。但是对于原保证范围内的责任，不得主张免除。在合同标的数量减少的情况下，主债务人的义务减少了，保证合同依然有效但保证人的保证范围可因主债务的减少而减少。"[1]而在前述债的更改语境下，由于债本身不失同一性，则原债务关系上的瑕疵与利益依然存在，但此时如果存在加重债务人负担的情况下，除非经由保证人或物上担保人同意，否则不对上述担保主体产生拘束力。[2]对此，《担保法》第 24 条即予以了明确规定："债权人与债务人协议变更主合同的，应当取得保证人书面同意，未经保证人书面同意的，保证人不再承担保证责任。保证合同另有约定的，按照约定。"

而在破产重整语境下，本文认为，债权人之间通过重整计划对于债权债务作出的相应安排，在相应情形下即可视作对债的变更。例如，《企业破产法》第 94 条规定："按照重整计划减免的债务，自重整计划执行完毕时起，债务人不再承担清偿责任。"在该条所规定的约定债务减少情形下，由于执行完毕重整计划即消灭债务人的清偿责任，故可认为债务内容在重整计划通过后即发生了实质变更，此时对重整计划的完成便视作对债的清偿。而根据主流债法学说的定义，债的关系自债权债务关系成立后完全履行前，基于法律规定或裁判行为，以及当事人的意思自治，使合同主体以外内容进行改变（但不涉及对要素的变革而使新旧债务关系丧失同一性——后者为债的更改）的现象，属于债法语境下债的变更，[3]故此时通过重整计划促使债务减少的行为，应属于债的变更行为。

在承认重整计划对债务产生变更效果的基础上，基于上述保证债务范围上的从属性标准，应当认识到：首先，在破产法语境下，基于破产程序的概括清偿属性，以及债的变更加重保证人负担情形下，保证合同超出部分失效规则，对债务标的作出的加重调整，将明显不利于债务企业获得重整机会，故原则上不会出现此类债的变更情形。[4]在此基础上，重整计划一般仅会对债务作出削减或部分清偿、迟延履行等减少债务人负担的重整安排。此时，若破产重整计划对于债务作出削减安排抑或规定了相应的清偿比例，则相应的基于上述保证从属性法理，保证债务担保范围亦应作出变化。也就是说，在实际操作中可直接通过重整计划调整主债权的原始数

---

〔1〕 参见贾玉东："从保证合同的从属性谈保证人的责任"，载《山东法学》1994 年第 2 期。

〔2〕 参见韩世远：《合同法总论》，法律出版社 2011 年版，第 451 页。

〔3〕 参见韩世远：《合同法总论》，法律出版社 2011 年版，第 451～452 页。

〔4〕 此时，值得探讨的是，若并非对债务额度的增加，而是通过对债务履行期限的加速到期等安排，变相加重债务人负担的债的变更行为，在破产重整程序中是否允许以及其是否可能导致对债务保证担保的消灭。对此，本文认为，鉴于重整计划的批准需经法院审查，此时理应认可上述不公平现象会得到有效规制。故若重整计划载有上述安排，法院仍予以批准，原则上应尊重其效力。唯此时就保证担保是否承担，基于上述正义考量，以及保证金额本身并未变化，故此时保证人不得主张免除为宜。

额，而非仅载明债权人的受偿额。这是因为，重整计划一般是对债权人的受偿额（比例）进行约定，但并没有否认主债权标的减少。一旦债权人与重整人之间就债权原始数额达成协议，就意味着主债权减少，保证人的保证责任亦随之减轻。

在此，值得指出的是，在王卫国教授的著述中似亦反映出上述观点。例如，王卫国教授指出，"如果债权人向保证人或者其他连带债务人提出清偿要求的数额，超出了其已由重整计划获得清偿后的债权余额，对于超出的部分，保证人或者其他连带债务人有权拒绝偿付已经偿付的，可以援引民法不当得利制度请求返还"，且同样，"在破产程序之外对债权人履行了清偿义务的保证人或连带债务人，对主债务人行使追偿权时的请求数额也不能超出重整计划（或和解协议）限定的范畴"。[1]该观点虽然仅认为债权人不得因破产程序、保证债权的两重清偿关系，获得超过原始主债权（及可能利息）的利益，且没有对保证责任的减少作出进一步论述，但其确立的受偿额以主债权为限的规则，或许能给本文的前述推论提供支持。

除上述方面外，值得说明的是，上述重整计划内容仍系以破产债权人主债务标的的调整为直接对象而进行的重整安排，尽管其亦可能对债务人造成不利，但由于其明确属于重整计划法定内容范围（即立法规定的"债权调整方案"以及"债权受偿方案"），故对其的处理并不会当然导致（如上文所述情形般）对强行法的违反，抑或构成对破产债权外他种非以债务人为义务主体之债权的不当处分，故原则上其不属于有关债权人会议的决议瑕疵情形（事由）。换言之，此时所作出并通过、批准的重整计划效力亦应得到法律的承认和尊重。

综上，本文认为，债权人会议中多数债权人可通过对主债务数额进行变更的方式，来间接实现其所欲实现的限制保证人保证责任承担的目的。[2]

五、结论

研究重整计划能否对保证人责任作出调整，是一项十分具有挑战性的工作。重整计划调整保证人责任的条款，超出了我国破产立法对重整计划规定的法定范围。对破产企业而言，普通债权人可分为无保证债权人和有保证债权人。实务中，有保证债权人的数量往往较小，若重整计划对保证人责任进行调整，此部分债权人的表决意思很可能难以左右最终的表决结果。但其他债权人无法代替有保证债权人对保证人责任作出决定，故该类型条款超出了重整计划的意定范围。

超出重整计划的内容范围，并不当然意味着内容的无效。特别是经法院批准的

---

〔1〕　王卫国：《破产法精义》，法律出版社2020年版，第302～303页。

〔2〕　不论该观点是否具有实践上的操作性（即债权人可能不愿意削减主债权的数额），但确实在理论上为重整计划调整保证人责任提供了新的路径。

重整计划对全体债权人具有约束力的情形下，仍有必要探讨债权人是否通过这一推定的意思表示免除了保证人的债务。重整计划中约定免除保证人责任的条款，不属于保证责任的法定免除情形。通过对债务意定免除的法理考察，结合我国的司法实践，债务免除应采"契约说"观点，且只有当债权人向保证人本人作出免除保证责任的意思表示后，方能产生债务免除的法律后果。债权人向重整企业（第三人）作出的免除意思表示，并不当然产生免除的法律效力。因此，即便当事人在重整计划表决过程中同意免除保证人责任的条款，也不必然产生免除保证责任的效力。只不过在实务中，债权人直接放弃保证责任的，保证人也总有各种途径获知该信息，在债权人不再主张债权的情形下，保证责任因时效等因素得以免除；即使是保证人无法获知该消息，实施了履行保证义务的行为，但如果债权人确实放弃的，保证人可以免除责任。[1]

此外，若债权人和重整债务人在重整计划中对主债权标的额作出调整的，在现行法律框架下，保证人能够直接从重整计划中得以免除部分保证责任。

附件：裁定书全文

河南华丽纸业包装股份有限公司执行复议裁定书

大连市中级人民法院

（2018）辽02执复234号

复议申请人（被执行人）：河南华丽纸业包装股份有限公司，住所地河南省许昌市魏都民营科技园区北区宏腾路中段。

法定代表人：代建设，董事长。

申请执行人：葛洲坝环嘉（大连）再生资源有限公司，住所地辽宁省大连市甘井子区革镇堡镇中革村。

法定代表人：陈熹，董事长。

委托诉讼代理人：郭静，女，职员。

委托诉讼代理人：邢鑫琪，女，职员。

---

〔1〕 或许有观点认为，保证人因不知道债权人放弃保证责任，此时依旧履行保证义务，因此而产生了较多成本，且该成本本应可以免除时，应当如何处理？本文认为，可将债权人放弃保证责任的意思表示成立时间认定为其向保证人作出的时间，此时即使债务人产生了部分履行成本，其最终获得的利益也大于付出的成本。

被执行人：代建设，男，汉族，1963 年 9 月 8 日生，户籍地河南省许昌市魏都区北大办事处西湖北街 ** 号付 ** 号。

复议申请人河南华丽纸业包装股份有限公司（以下简称华丽公司）不服大连市甘井子区人民法院（以下简称甘井子法院）（2018）辽 0211 执异 8 号执行裁定，向本院申请复议，本院受理后，依法组成合议庭进行审查，现已审查终结。

甘井子法院查明，甘井子法院作出（2016）辽 0211 民初 1306 号民事调解书，确认协议如下："一、被告河南宏腾纸业有限公司（以下简称宏腾公司）给付原告葛洲坝环嘉（大连）再生资源有限公司（以下简称葛洲坝公司）货款 22 739 109.31 元。分期给付，自 2016 年 5 月开始每月月底前付款人民币 1 300 000 元，直至上述款项付清为止。二、如果被告宏腾公司在 2017 年 4 月 30 日前将本调解协议第一条确定的债务全部偿还完毕，则原告葛洲坝公司不再向被告宏腾公司主张利息。如果被告宏腾公司未能在 2017 年 4 月 30 日前将本调解协议第一条确定的债务全部偿还完毕，则需要加付利息，利息的计算以 2017 年 5 月 1 日尚欠的货款数额为基数，自 2017 年 5 月 1 日起算，计算至货款清偿完毕止，按中国人民银行同期同类贷款利率的双倍计算利息（如果被告宏腾公司未能在 2017 年 4 月 30 日前将本调解协议第一条确定的债务全部偿还完毕，且在 2017 年 4 月 30 日之后未能按照调解协议的内容履行义务，则原告葛洲坝公司在申请执行时仅按照调解协议本项内容向被告宏腾公司主张利息，不再按照《中华人民共和国民事诉讼法》第二百五十三条之规定向被告宏腾公司重复主张利息）。三、如果被告宏腾公司任何一期未按期足额履行，原告葛洲坝公司可就剩余全部款项申请执行。四、被告宏腾公司给付原告葛洲坝公司律师费 100 000 元，于 2017 年 4 月 30 日前付清。五、被告华丽公司、被告代建设对上述一至四项调解协议内容承担连带保证责任。六、被告宏腾公司依约履行本调解协议确定的内容，且向原告葛洲坝公司偿还的款项达到 2 000 000 元时，原告葛洲坝公司于收到该 2 000 000 元之日起 3 个工作日之内，向法院申请解除对被告宏腾公司、被告华丽公司、被告代建设财产的查封。如果原告葛洲坝公司未按约申请，则被告宏腾公司、被告华丽公司、被告代建设均可凭借有效付款凭证向法院申请解除对三被告财产的查封。"

2018 年 1 月 2 日，葛洲坝公司向甘井子法院递交强制执行申请书，被执行人为华丽公司及代建设。申请事项为：给付未按期偿还的货款 5 407 469.41 元、律师费 100 000 元、诉讼费 100 889.5 元、保全费 5000 元以及债务利息 403 410.96 元（暂计）。甘井子法院立案后，向华丽公司发出执行通知书，因华丽公司对于其是否仍承担（2016）辽 0211 民初 1306 号民事调解所确认债务存在异议并提出案涉请求，故甘井子法院暂未对华丽公司及被执行人采取其他强制执行措施。

另查，2016 年 6 月 17 日，河南省许昌市中级人民法院作出（2016）豫 10 民破

5 号民事裁定：受理宏腾公司等六家关联公司合并破产重整一案。

华丽公司提交宏腾公司于 2017 年 7 月 27 日制作的《河南宏腾纸业有限公司及其关联公司重整计划（框架）》，在该计划第三项特别说明中第（7）条内容为："本重整计划通过之日起，债权人自愿放弃对保证人及其他连带债务人的追偿；按照重整计划清偿完毕的，债权人与债务人之间的债权债务关系清结。"重整计划中记载申请执行人申报的债权本金为 21 402 793.06 元、利息为 493 466.9 元、其他费用 205 889.5元，合计 22 102 149.46 元，计划中确认的本金为 12 339 328.07 元、其他 105 889.5 元，合计为 12 445 217.57 元。申请执行人所申报的债权属于大额债权。而计划中对于大额普通债权的清偿率的模拟测算方式为：按 100 000 元以内 100% 偿付，100 000 元以上按照 25% 偿付。

根据申请执行人提供的《河南宏腾纸业有限公司及其关联公司第二次债权人会议表决票》，其对于该重整计划草案投反对票。

根据河南省许昌市中级人民法院（2016）豫 10 民破 5 之 9 号民事裁定书所载："2017 年 7 月 28 日召开第二次债权人会议，管理人向债权人通报了重整计划草案，各表决组均表决通过了该重整计划草案（详见附件）。2017 年 7 月 31 日，管理人向甘井子法院提出批准重整计划草案。……大额普通债权组共确认 54 位债权人，51位债权人参加本次债权人会议，其中 45 票同意、4 票反对、2 票弃权，同意人数超过该表决组债权人人数的过半数，其所代表的债权额也超过该组债权总额的三分之二以上，依照《中华人民共和国企业破产法》第八十四条第二款'出席会议的同一表决组的债权人过半数同意重整计划草案，并且其所代表的债权额占该组债权总额的三分之二以上的，即为该组通过重整计划草案。'因此大额普通债权组也通过了该重整计划草案。……裁定如下：一、批准对宏腾公司及许昌惠隆林业有限公司等六家关联公司的重整计划。二、终止宏腾公司及许昌惠隆林业有限公司等六家关联公司重整程序。"

上述重整计划实施后，宏腾公司向申请执行人履行给付部分欠款。

甘井子法院认为，本案的争议焦点为：业经法院裁定批准的案涉重整计划中已明确规定，申请执行人作为债权人应放弃对保证人及其他连带债务人的追偿。且申请执行人也因为重整计划的实施获得债务的部分清偿，那么其是否有权申请法院对作为保证人的华丽公司及代建设强制执行调解书确定的其二者所承担连带还款责任。甘井子法院认为，案涉重整计划虽然在特别说明中确定："本重整计划通过之日起，债权人自愿放弃对保证人及其他连带债务人的追偿。"但在该条明显与《中华人民共和国企业破产法》第九十二条第三款与《中华人民共和国担保法》第四十四条规定相违背的情况下，即使该重整计划系经法院裁定批准，申请执行人亦不受该条款的约束。理由是：第一，根据《中华人民共和国企业破产法》第八十一条规定：重整计划草案应当包括债务人的经营方案、债权分类、债权调整方案、债权受偿方案、重整计划的执行期限、重整计划执行的监督期限、有利于债务人重整的其他方案。即重整计划是处理破产企业的债权、债务及申报债权人对于破产企业的债权问题。案涉重整计划则用特别说明条款来处理甚至是强制放弃债权人对其他保证人的相关权利，显然超过重整计划能规定的范围。其次，对《中华人民共和国企业破产法》第九十二条第一款亦不应孤立进行解释。重整程序是在人民法院受理破产申请后、宣告债务人破产前，对债务人的相关债权、债务进行清理以便使其能够恢复正常经营避免最终进行破产清算的救济途径。而进行重整程序的债务人或不能清偿到期债务，并且资产不足以清偿全部债务，或明显缺乏清偿能力的，或有明显丧失清偿能力可能的。故对于申报债权人来说，履行重整计划可能会意味着其债权无法全部得到清偿，故此只要重整计划满足《中华人民共和国企业破产法》的表决程序得以通过，即使是如本案中投反对票并且无法得以全部受偿的申请执行人亦应受该重整计划的约束即遵守第九十二条第一款的规定。但同时第九十二条第二款、第三款又进一步对两种特殊债权人进行规定，一种是未申报债权的债权人，另一种则为有担保的债权人如本案的申请执行人。故此，纵观第九十二条的立法目的，该条既限制了已申报债权人应遵守重整计划，又保障了在重整计划之外的有担保的债权人的担保权利及未能申报债权的债权人的债权。故除非申报债权人自行放弃对担保的追偿权利，重整计划的内容无法影响债权人对债务人的保证人和其他连带债务人所享有的担保权利的实现。而案涉重整计划以强制性的方式限制申报债权人放弃其享有的担保权利，且申请执行人在重整计划的投票程序中亦明确反对计划中所载内容，即其明确不放弃对他人的担保权利，故申请执行人亦不应受该条的约束。第三，申请执行人的债权系经生效调解书确认，其为实现债权，已积极申报债权，并因重整计划的实施，而无法全部实现对宏腾公司的债权。即其为使宏腾公司通过重整计划恢复正常经营，申请执行人已作出债权上的部分牺牲，现进一步强制性的要求申请执行人放弃对他人的担保权利，对申请执行人亦明显不公。综上，申请执行人对华丽公司、被执行人代建设的担保权利并不因重整计划的通过而丧失，华丽公司现以债权消灭的实体事由提出排除执行异议的，应不予支持。故裁定，驳回华丽公司的异议请求。

华丽公司申请复议称，请求撤销（2018）辽0211执异8号执行裁定书；终止（2018）辽0211执49号执行案件。事实与理由如下：一、原审裁定认定事实不清。1. 原审法院认定葛洲坝公司不受重整计划特别说明条款的约束是错误的。重整计划是以拯救破产企业和债务公平清偿为目的，以清理债权债务关系为内容的多方协议。实质上，重整计划是平等民事主体之间协商，为达到债权人债务清偿利益最大化而达成的多方协议。既然为民事协议，应当尊重意思自治原则，同时受理破产申请的法院依法赋予了重整计划强制约束力。《破产法》第九十二条规定经人民法院裁定批准的重整计划，对债务人和全体债权人均有约束力。华丽公司认为，本案中重整计划在特别说明中明确"本重整计划通过之日起，债权人自愿放弃对保证人及其他连带债务人的追偿"，虽然与《破产法》及《担保法》有关规定相违背，但重整计划作为被法院赋予强制约束力的生效民事协议，作为债权人之一的葛洲坝公司参与重整计划通过的全过程，且已经按照重整计划约定得到受偿，应当一并遵守重整计划的全部条款约定。法律虽然赋予其追偿权利，但基于重整计划的通过，应当视为其放弃行使权利。2. 原审法院认定特别说明条款超过重整计划规定的范围错误。《破产法》第八十一条规定：重整计划草案应当包括下列内容：（一）债务人的经营方案；（二）债权分类；（三）债权调整方案；（四）债权受偿方案；（五）重整计划的执行期限；（六）重整计划执行的监督期限；（七）有利于债务人重整的其他方案。本案中，重整计划的特别说明同样是对破产企业债权债务处理方案的约定，符合破产法的有关规定。同时《破产法》也并未明确禁止重整计划含有其他约定条款即属于无效条款。二、原审裁定适用法律错误。《破产法》第九十四条规定：按照重整计划减免的债务，自重整计划执行完毕时起，债务人不再承担清偿责任。依据担保法司法解释的规定，债权人对债务人减免部分债务的，保证人应当对减免后的债务承担保证责任。保证人的保证责任应当以主债务范围为限，保证人对于减免的债务不应承担保证责任。目前，葛洲坝公司已经得到清偿，债权债务已经结清，在主债务不存在的情况下，保证人承担保证责任没有法律依据。综上所述，原审裁定认定事实错误，适用法律不当，请求依法撤销。

本院查明的事实与甘井子法院查明的事实基本一致。

本院认为，甘井子法院原审裁定归纳本案焦点问题完整、准确，本院予以确认。《中华人民共和国企业破产法》第九十二条规定："经人民法院裁定批准的重整计划，对债务人和全体债权人均有约束力。债权人未依照本法规定申报债权的，在重整计划执行期间不得行使权利；在重整计划执行完毕后，可以按照重整计划规定的同类债权的清偿条件行使权利。债权人对债务人的保证人和其他连带债务人所享有的权利，不受重整计划的影响。"依照上述法律规定可以看出，重整计划原则上不应处理与债务人无关的保证债务。保证债务不是受到破产程序特殊保护和按特别程序进行清偿的债务，且该规定第三款明确了保证债务清偿不受破产程序的影响。因此，即使经法院裁定批准的重整计划，其对全体债权人有法律约束力的部分也仅限于对重整债权的调整方案，不应包括对保证债权的调整部分。葛洲坝公司作为在重整计划中投反对票的债权人，不应视为其放弃对保证人的追偿权，不应受重整计划特别条款的约束。甘井子法院（2018）辽 0211 执异 8 号执行裁定认定事实清楚，适用法律正确，结果应予维持。华丽公司复议申请法律依据不足，对其请求，不予支持。综上，依照《中华人民共和国民事诉讼法》第二百二十五条及《最高人民法院关于人民法院办理执行异议和复议案件若干问题的规定》第二十三条第一款第（一）项之规定，裁定如下：

驳回河南华丽纸业包装股份有限公司复议申请，维持大连市甘井子区人民法院（2018）辽 0211 执异 8 号执行裁定。

本裁定为终审裁定。

审判长　景梦婵

审判员　金秀丽

审判员　吕　颖

二〇一八年十月十日

书记员　杨　宁

专题二十二 自然人与企业合并破产的理论基础与规则建构

一、案情概要与问题提出

徐某某系温州云天房地产开发有限公司（以下简称"云天公司"）实际控制人，徐某女为其女。云天公司于 2008 年通过公开摘牌取得温州滨海园区 B601B－1 地块（地号：5－3－7－11）、B601B－2 地块（地号：5－3－7－10），土地来源为当地原 15 个行政村集体用地征收后出让，根据出让文件的要求，集体组织以征收所得价款向云天公司回购约 40 000 平方米的商业用房，双方完成土地出让后签订了《回购意向书》。

2009 年，徐某某因非法吸收公共存款罪被判处有期徒刑 10 年。根据该刑事判决书,[1] 云天公司所有的 B601B－1 地块、B601B－2 地块以及徐某女所有的不动产均被认定为追赃范围。2018 年，徐某某刑满释放，温州中院根据市政府协调要求，拟整体处置刑事案件退赔以及云天公司的债务清理。2019 年，温州中院将该案作为徐某某个人债务集中清理试点。

债务基本情况：徐某某非法吸收公共存款金额约 10 亿元，政府公告申报确认债权约为 1100 万元；云天公司在银行的金融借贷约 13 000 万元，上述借款已以 B601B－1 地块、B601B－2 地块设定抵押；此外，因实际控制人服刑，云天公司原开发项目中断，涉及向数百户业主逾期交房的违约金约 2000 万元，以及未交付 15 村回购房所生的违约金等。

徐某某提出的和解方案：除因客观原因无法和解的情况外，对云天公司、徐某某、徐某女的所有债务、陈某的刑事退赔债务进行折价分期清偿（合计清偿率不超过 50%），清偿后债权人放弃剩余债权。另与天河街道等 15 个行政村达成和解协议：按双方原先签订的房屋预售协议延期履行交付房屋义务。管理人引入投资方对认定为徐某某违法所得的滨海 B601B－1、B601B－2 地块进行开发，并引入施工方垫付工程款进行施工。另有福鼎两宗土地由法院依照现状予以司法拍卖，并由投资

---

〔1〕 参见温州市鹿城区人民法院（2015）温鹿刑初字第 166 号刑事判决书。

方投资的项目公司的股东（浙江御升置业有限公司）托底，托底金额1.3亿元，上述所得款项不能足额和解款项的，由浙江御升置业有限公司补足。

本案是一起由非法吸收公共存款罪引发的个人债务与公司债务集中清理的案件。在我国还未设立自然人破产制度的情况下，温州中院的做法实属对执行程序的突破与创新，其法理依据与法律效果有以下几方面值得探讨：其一，从法人人格否认的角度分析本案，法院采取的合并破产模式符合反向揭开公司面纱的结构，相关公司法理论可成为企业资产偿还控制股东债务的合理性依据；其二，从破产法的特殊性来看，除了人格混同要件，合并破产还需要考虑债权人期待、欺诈等其他因素，应以利益平衡标准严格限制合并破产的适用；其三，从本案的根源来看，财产性犯罪的执行不力导致对犯罪行为人的债权人保障不周，因此有必要将"先刑后民"的思路转变为"先民后刑"，在刑事案件的执行中及时启动破产程序；其四，本案反映出，未来的立法中应采纳自然人破产以及法人人格否认制度，并且在此类个人与企业合并破产的案件中，完善财产保全、债权分配等配套规则。

二、自然人与企业合并破产的理论依据

公司的独立人格以及股东的有限责任系现代公司制度的创举。但有限责任是一把双刃剑，该制度为投资者创造优越条件的同时也极可能引诱其滥用公司法人的独立人格，侵害外部债权人利益。为防止股东的滥用行为，除了从事前监管的角度完善公司制度本身的漏洞，还应当从事后监管上设定投资者的个人责任，即法人人格否认制度。温州中院创新性地将个人债务集中清理与企业资产重整合并处置，允许以企业资产清偿自然人负债，直接打破了自然人无限责任与企业法人有限责任之间的藩篱。对于这种在破产程序中否认公司法人人格的行为，理论上仍有许多方面值得探讨。

（一）揭开公司面纱制度及其反向模式的提出

形成于美国判例法中的"揭开公司的面纱"制度是对法人人格否认的形象表述。具体而言，揭开公司面纱要求法律在特定情况下不顾公司的人格独立特性，追溯法人背后的投资人，从而责令特定的公司股东直接承担公司责任。自桑伯恩法官在1905年的美国诉密尔沃基冰柜运输公司案中首次提出这一概念以来，该制度经历了多年的发展已经成为美国公司法上的重要理论。[1]关于"揭开公司的面纱"的学说十分丰富，主要有以下几种：其一，代理学说，该说认为当公司的设立、存续和经营完全按照股东的指示和命令进行时，公司已沦为股东的代理人而丧失独立法律地位；其二，工具学说，该说则将企业比喻为股东实现个人意志的工具，因此已

---

〔1〕　See U. S. v. Milwaukee Refrigerator Transit Co. 142 F. 2d 247.

经丧失了独立存在的基础；其三，"他我"说，该说直接将企业视为股东的另一具象主体，因此应互担责任。此外，还有企业主体说、股东支配说等。[1]

我国在引入这一制度时，将其称为公司法人人格否认制度。如我国《公司法》第20条第3款规定，公司股东滥用公司法人独立地位和股东有限责任，逃避债务，严重损害公司债权人利益的，应当对公司债务承担连带责任。该规定在我国确立了法人人格否认制度，对此，主流观点认为这是立法的进步，是公司人格制度的完善。[2]从价值取向来看，法人人格否认的目的在于确保法律关系的实质优先于形式；从法律效果来看，法人人格否认仅仅是修复公司法人独立人格和股东有限责任之墙上的"破损之洞"，并不是要将这座坚固的大厦摧毁。[3]因此，个案判断是法人人格否认制度的实现手段，其最终目标为"在个案中经实体判决否认公司的独立人格而将股东置于债权人面前承担责任，从而使公司大厦中利益失衡的股东与债权人再度获得利益平衡"。[4]可以看出，公司法人人格否认成为股东有限责任的例外，保障的是外部债权人之利益。事实上，透过公司的独立人格而要求出资人等利害关系人承担责任，在我国执行程序中并不鲜见。如2016年出台的《最高人民法院关于民事执行中变更、追加当事人若干问题的规定》第18条规定："作为被执行人的企业法人，财产不足以清偿生效法律文书确定的债务，申请执行人申请变更、追加抽逃出资的股东、出资人为被执行人，在抽逃出资的范围内承担责任的，人民法院应予支持。"可见，我国的立法和司法实践中均有法人人格否认的制度基础。

然而，传统的揭开公司面纱制度仅关注以股东财产清偿公司债务这一个方面，本文称之为"正向"揭开。但这不能涵盖所有公司人格被滥用的现象。近年来，社会中反复出现股东利用公司提供的财产隔离机制来隐匿其个人财产，以设立公司为手段、以转移财产为目的恶意躲避债务行为。[5]为了应对此种滥用公司人格的现象，实务中不得不创制"反向"揭开公司面纱制度。所谓"反向"揭开公司面纱，是对传统法人人格否认制度的逆反。本文将其定义为，在特定条件下，将导致公司以其所有资产对股东的债权人承担连带清偿责任的制度。根据提起主体的不同，反向揭开还可以进一步分为内部反向揭开（inside reverse）和外部反向揭开（outside reverse）。前者是指公司中具有实际控制力的内部人寻求否认公司人格从而使得自

---

〔1〕　参见施天涛：《公司法论》，法律出版社2014年版，第31~32页。

〔2〕　参见朱慈蕴："公司法人格否认：从法条跃入实践"，载《清华法学》2007年第2期；另见廖凡："美国反向刺破公司面纱的理论与实践——基于案例的考察"，载《北大法律评论》2007年第2期。

〔3〕　参见朱慈蕴："公司法人格否认：从法条跃入实践"，载《清华法学》2007年第2期。

〔4〕　王静、蒋伟："实质合并破产制度适用实证研究——以企业破产法实施以来76件案例为样本"，载《法律适用》2019年第12期。

〔5〕　参见杜麒麟："反向刺破公司面纱的制度构建与适用"，载《法学评论》2016年第6期。

已有资格对第三人提请诉讼或者使公司的财产免于对第三人承担责任；后者则是由股东的债权人提请，要求法院否认公司人格，使得公司财产为股东债务承担相应责任。尽管其与传统揭开公司面纱的规制方式较为相似，但在司法实践中，反向揭开公司面纱显然难度更大。从美国法院的判例来看，法院对反向揭开公司面纱的运用较为保守，其中，对由股东债权人提出的外部揭开案件的态度则更加不乐观，此类案件在美国司法实践中也极为少见。[1]但是，在理论界的探讨中，反向揭开已经得到不少学者的拥护。其拥护者通常都主张，"导致揭开公司面纱的那些理由，同样也适用于对反向揭开的解释"。[2]可以说，反向揭开是传统正向揭开的自然逻辑延伸，二者的作用机理和目标均相同。

就《公司法》第20条的规定来看，我国仅允许股东在特定条件下对公司债务承担连带责任，即仅认可了正向揭开公司面纱制度，外部债权人、内部出资人似乎没有权利请求公司对股东的债务负责。然而，在将来的公司法修改过程中，或者在司法实践中，似乎有必要作出此种扩大适用。首先，导致公司面纱被揭开的行为模式是一致的，即无论是正向还是反向，均是由股东滥用公司的法律拟制人格而为其个人谋利所致。其次，就揭开公司面纱制度的效果来看，其后果是"公司成为股东的另一个自我"（"他我"学说即是此含义），将公司视为自然人股东的另一具象主体或共同组合体。此时，让股东对公司的债权人负责，或是要求公司对股东的债权人负责，两者之间并没有区别，因为公司与股东已经完全混同，双方的债权人都可以要求具有同质性的另一主体（公司或股东）承担责任。最后，反对反向揭开制度的主要论据是，反向揭开制度将损害被揭开面纱公司中其他善意股东和债权人的合法利益。然而，这一顾虑在正向揭开制度之中同样存在，即要求股东对公司债务承担责任时，必然会损害股东和其他债权人的利益。而股东和其他债权人的利益与该特定公司债权人利益之间的平衡本来就是法人人格否认制度的目标和手段，不应仅以此为由否认反向揭开的合理性。针对我国的具体情况，鉴于我国企业信用体系尚不完善，且控制股东股权集中的现象十分突出，[3]在借鉴外国法的基础之上，确有必要在我国公司法中建立反向揭开公司面纱规则，完善法人人格否认制度。

（二）揭开公司面纱制度与破产法的结合

破产企业（或者债务集中处理的个人）在清算或重组程序中，也可能面临关联关系、人格混同的问题，为解决这一问题，破产法创制了关联企业实质合并制度。

---

〔1〕　参见施天涛：《公司法论》，法律出版社2014年版，第42~43页。

〔2〕　参见周啸龙："外部人反向刺破公司面纱制度研究"，载《安徽师范大学学报（人文社会科学版）》2010年第3期。

〔3〕　根据朱慈蕴教授的统计，截至2006年8月，中国上市公司中不流通的发起人股份高达47.3%。参见朱慈蕴："公司法人格否认：从法条跃入实践"，载《清华法学》2007年第2期。

实质合并破产规则，一般适用于关联企业破产案件，该规则将多个人格高度混同的关联企业视为一个企业，在统一财产分配与债务清偿的基础上进行破产程序。[1]比较法上，为了应对和处理关联企业破产中的一系列特殊问题，英美法系国家的法官则是利用其司法的"衡平权利"创造出了实质合并原则。[2]我国《企业破产法》目前并无对关联企业破产案件合并审理的规定。但最高人民法院2018年《全国法院破产审判工作会议纪要》第六部分将关联企业破产单列出来，并指出："人民法院审理关联企业破产案件时，要立足于破产关联企业之间的具体关系模式，采取不同方式予以处理。既要通过实质合并审理方式处理法人人格高度混同的关联关系，确保全体债权人公平清偿，也要避免不当采用实质合并审理方式损害相关利益主体的合法权益。"可见，关联企业合并破产制度在我国当前的司法实践中属于不可忽视的一环，实质合并是关联企业破产案件审理方式的重要组成部分。

实质合并破产与公司法中的法人人格否认制度具有同源性，后者是合并破产制度的理论依据。首先，二者的现实基础是一样的。我国市场经济信用体系尚不健全，公司信用环境仍有待优化，特别是我国公司资本制度从实缴制改革为认缴制后，大大降低了公司设立门槛，在鼓励大众创业的同时也为不诚信经营、投机经营提供了可乘之机。实践中不乏存在公司治理结构不健全、财务管理混乱、成员企业间资金拆借频繁，甚至公司的设立目的即用于恶意损害债权人利益的关联企业等现象。[3]于公司存续期间规制此类现象，可以借助法人人格否认制度；而于公司破产程序中处理关联债务，则需要求助于实质合并破产制度。其次，二者的法理基础相通，都是不同债权人之间利益平衡的结果。破产程序兼具债务清偿与企业重组、私权保护与社会利益相协调的特点。尤其当关联企业破产时，各成员企业的外部债权人已处于不平等地位，其债务的公平清偿无从实现。破产程序参与者在维护社会利益的同时又需要最大限度地促进企业再生，而关联企业分别重整带来的运营资产不完整、效益低下、贻误时机等一系列问题必然阻碍重整的成功。[4]正如及时地否认法人人格能够维护有限责任制度的整体公平正义，破产实质合并可以修正和降低因企业间关联关系造成的负面影响。最后，二者的规范目标是统一的。否认公司法人人格的本意是在公司与出资人之间形成充分的"关联性"时，以此来否认被股东滥用的公司有限责任屏障。而当企业资不抵债时，关联企业之间财产相互混同的现象

---

〔1〕 参见王欣新："关联企业的实质合并破产程序"，载《人民司法》2016年第28期。

〔2〕 参见王欣新：《破产法理论与实务疑难问题研究》，中国法制出版社2011年版，第445页。

〔3〕 参见王静、蒋伟："实质合并破产制度适用实证研究——以企业破产法实施以来76件案例为样本"，载《法律适用》2019年第12期。

〔4〕 参见王欣新、周薇："论中国关联企业合并破产重整制度之确立"，载《北京航空航天大学学报（社会科学版）》2012年第2期。

将导致资产清算、财产分配的巨大困难，如果仅选取直接债务人进行破产清算，很可能会因财务账簿混同无法清算，或者即便可以清算，也难以在债权人之间实现公平分配。此时实质合并破产制度将关联企业人格视为"实质混同"，旨在实现合并清算，消除前述财务问题带来的影响。综上，关联企业实质合并制度实质上是对公司法人人格否认制度的一种扩张，目的在于"维护关联企业运营链条的完整性，提高财产处置价值和重整成功的可能性，同时有助于规范我国公司经营，弘扬竞争伦理和商业道德"。[1]

实际上，实质合并破产的第一案，就是反向揭开公司面纱制度的体现。在 1941 年的 Sampsell v. Imperial Paper & Color Corp 案中，[2] 自然人 Downey 为逃避个人债务，将个人财产转移至以自己和妻儿名义新设的 Wallpaper & Paint Company（以下简称"Wallpaper 公司"），并为其提供融资贷款。随后 Downey 申请个人破产，其破产管理人要求 Wallpaper 公司将资产返还给 Downey，以偿还其个人破产债务。最高法院综合分析此案的各项因素后认为，认为破产人成立公司是为了继续破产人的经营，而破产人继续保持控制和转让的结果也是隐藏财产。[3] 所以，法院最终判决支持了个人与企业的实质合并破产。该案件与徐某某的个人债务处理情况类似，均是在个人破产（或个人债务集中清理）程序中要求公司承担责任。这种法律关系与反向揭开公司面纱制度的原理一致，区别仅在于债权人是在个别执行中要求公司承担责任，还是直接诉诸破产。可见，破产与反向揭开公司面纱的结合是有可行性和必要性的。

（三）自然人破产的现有方案及其不足

在我国尚未建立自然人破产制度的情况下，司法实践中为应对公司所有者与企业一并破产的情况，主要有如下两种处理思路：一是财产分配中的免责约定；二是公司法中的法人人格否认。

对于第一种方案，财产分配计划中的个人免责约定往往是为了获得更高程度的清偿，即避免将应承担连带责任的自然人股东"逼上梁山"，进而"逃之夭夭"。但这一做法也存在诸多问题。其一，个人免责约定的法律效果并不乐观。个人免责约定使股东在重整终止后不再承担任何责任；但个人破产即使在法院宣告后，破产人在未来很长的一段时间内仍需要承担清偿责任。个人免责约定的免责范围仅限于对债权人承担连带责任的债务；个人破产的范围却涵括其所有合法有效的债务。究此差异，不难发现，个人免责约定虽不属个人破产，但其"破产免责"的法律效

---

〔1〕 王静、蒋伟："实质合并破产制度适用实证研究——以企业破产法实施以来 76 件案例为样本"，载《法律适用》2019 年第 12 期。

〔2〕 See Sampsell v. Imperial Paper & Color Cor. , 313 U. S. 215（1941）.

〔3〕 参见贺丹："破产实体合并司法裁判标准反思——一个比较的视角"，载《中国政法大学学报》2017 年第 3 期。

果却高于个人破产，即获得绝对数额、绝对期限的免责。其二，个人免责约定会造成债务人、债权人、出资人之间的利益失衡。一般来说，对个人免责约定投反对票的是享有保证、抵押担保的债权人，投赞成票的是不享有任何担保的普通债权人。因为前者在破产程序终结后，仍可以向出资人主张清偿，但后者显然不具有此项权利。于此意义上，个人免责约定的效力如何，攸关出资人、债权人的切身利益。若个人免责约定有效，将面临三个问题：一是债权人会议是否有权对破产企业出资人的清偿方案进行表决；二是该项内容一旦通过，效力是否及于投反对票的债权人；三是如何处理有保证债权人和无保证债权人间的利益失衡问题。反之，若认为个人免责约定无效，又将面临两个问题：一是出资人面临巨额债务，永无出头之日；二是若发生出资人跑路、转移财产、自暴自弃等风险，有保证债权人仍获偿无望。

第二种方案也有一定的局限性。公司法中的法人人格否认虽然为合并破产提供了理论支持，但二者亦有显著差异，不可等同而论。首先，公司法规则的适用范围更为有限。法人人格否认主要规制的是股东与公司之间的债务承担问题，即便承认所谓的反向揭开公司面纱，其也主要限于母子公司之间的追索，[1]难以应对不具有股东身份的关联企业之间以及实际控制人与公司之间的关系。[2]其次，二者的适用效果完全不同。揭开公司面纱是在个案中否定公司的独立人格，并不追求公司人格整体性、终局性的消灭，故要求法官在个案中审慎判断。而企业合并破产追求的是对企业独立人格的整体性否认，"使关联企业成员之间的所有债权债务关系完全消灭，财产完全合并，强调对全体债权人利益的维护，这在处理高度混同的关联企业破产案件中是一种更有力的手段"。[3]最后，仅以公司法规则无法满足破产程序的特殊要求。公司法人人格否认不是专门为破产法设计的制度，其在合同法、侵权法等领域有广泛适用，因而在处理破产问题时反而显得针对性不足，原则性的规定无法应对复杂的企业合并破产问题。[4]

在其他民商法理论无法充分应对控制股东与公司一并破产的情况下，应该从破产法规则内部完善自然人破产以及合并破产的模式。由北京外国语大学个人破产法研究中心起草的《中华人民共和国个人破产法（学者建议稿）》第 8 条已经从立法层面作出了创新性的尝试，其规定："因破产企业承担连带责任而具有本法第 2 条

---

〔1〕 参见徐阳光："论关联企业实质合并破产"，载《中外法学》2017 年第 3 期。

〔2〕 不过也有观点认为缺乏股东身份者也可能对公司有实质性控制，反向揭开公司面纱应取决于公司人格滥用者的利益是否与公司的利益难以区分，而与是否具有股东身份无必然关联。See LFC Mktg. Group, Inc. v. Loomis, 8P. 3d841, 843（Nev. 2000）。但就《公司法》第 20 条的内容来看，我国仅将公司股东作为"揭开公司面纱"的义务主体，并未将公司实际控制人涵盖其中。

〔3〕 徐阳光："论关联企业实质合并破产"，载《中外法学》2017 年第 3 期。

〔4〕 参见王欣新：《破产法理论与实务疑难问题研究》，中国法制出版社 2011 年版，第 447 页。

规定情形的设立人、出资人、经营管理人员、实际控制人、保证人等自然人，可以在债务人企业申请破产的同时申请个人破产，企业破产案件可以与个人破产案件合并审理。"该条体现的是公司相关责任人对破产企业债务承担连带责任，且拟合并破产的情况，符合正向揭开公司面纱的构造。但是，在文首案例中，破产程序的启动原是针对徐某某个人的债务集中处理，只是在该个人的破产和解协议中，法院同意将徐某某原担任股东的云天公司名下的资产一并处置，就和解的构造而言，与反向揭开公司面纱一致；就法律效果而言，系在破产程序中终局性处理了债权债务关系。以此为例，有必要在未来立法和司法实践中，完善自然人与企业合并破产的多重模式。

三、自然人与企业合并破产的受理标准

通过类比公司法中的法人人格否认制度，可以发现对与破产企业存在关联关系的其他企业或个人采取合并破产具有迫切的必要性。但是，在具体的规则适用中，无法仅以揭开公司面纱这一原则性概念来调整合并破产，还需要在破产法语境中建构独立的受理标准。

（一）对揭开公司面纱制度的继承与补充

即使在公司法语境中，揭开公司面纱制度本就是包裹在"迷雾中"的比喻。有批评者指出，长于修辞而短于推理是刺破公司面纱案例的典型特征。[1]尤其在反向揭开的场合，何时适用反向揭开、怎么适用反向揭开，在现行法中并无规定。实际上，即便是在该制度的发源地美国，相关规定也并非十分完善。其经历了从严格禁止到逐渐放宽的过程，但法院总体上对外部反向揭开公司面纱制度仍持保守态度，学者也多呼吁对反向揭开应采取极其审慎的标准，仅限于为了实现利益平衡的极有限场合。

回到破产实质合并的议题上，在关联企业的合并破产中，仍应以人格混同为核心要件，补充以破产中的其他标准；而在受理企业和个人的合并破产时，则应以破产人的主观因素、合并导致的利益平衡等标准严格限制反向揭开公司面纱的运用。

1. 关联企业实质合并的受理标准。对于关联企业的合并破产，王欣新教授总结的受理标准有四个方面：一是"企业集团成员的资产和债务相互混合"，可以简称为法人人格混同；二是企业从事欺诈或毫无正当商业目的的活动，即具有欺诈的意图；三是债权人受益标准，即实质合并可以给债权人更大的回报；四是重整需要，

---

〔1〕　See Robert W. Hamilton, *Corporation Including Partnerships and Limited Liability Companies*, 7th ed. , West Group, at 305 （201）.

即合并审理是挽救企业、制定重整计划所必须的。[1]其中，第一、二项标准在有实质合并破产制度的国家立法中普遍出现。有实务届人士认为，实质合并破产规则本质上具有公司法和破产法的双重属性，这就决定了其应当采用综合标准，其中综合标准应当由法人人格混同标准、资产分离困难标准和债权人获益标准组成，债权人的期待标准虽然不作为独立的标准类别，但是可作为债权人反对实质合并的重要抗辩理由。[2]

尽管关联企业实质合并破产与法人人格否认制度有一定区别，但人格混同仍然是前者的主要判断标准。[3]联合国贸易法委员会编纂的《破产法立法指南》第三部分"破产企业集团对待办法"中指出，法院发出实质合并令时，应当查明、确定与实质合并有关的一切适用要件，关键"在于如何权衡考虑各种要件以作出公正和公平的决定；任何一个要件都不一定是结论性的，特定案件中不一定存在所有要件"，[4]这似乎并未突出法人人格混同要件的核心地位。但是最高人民法院在 2018 年《全国法院破产审判工作会议纪要》第六部分关联企业破产的 32 条中指出，当关联企业成员之间存在法人人格高度混同、区分各关联企业成员财产的成本过高、严重损害债权人公平清偿利益的现象时，可例外适用关联企业实质合并破产方式进行审理。对此，王欣新教授认为，由司法实践总结产生的多种标准中，法人人格混同是适用实质合并破产最为重要的标准。[5]从立法资料来看，最高人民法院关于实质合并破产的司法解释草稿第五稿曾将关联企业法人人格的高度混同分为"严重丧失法人财产独立性"和"丧失法人意志独立性"两种情况。虽然这只是司法解释制定过程中的一部阶段性草稿，但可以反映出制定者一定的观点倾向，可以说明法人人格否认确实构成企业合并破产的重要前提。

总体来看，无论是从学理探讨还是依据最高人民法院前述 2018 年《全国法院破产审判工作会议纪要》的内容来看，法人人格否认制度都是关联企业实质合并的核心要件。这一标准不仅为各国破产法普遍接纳，也具有现实的可操作性，更能实现公司法和破产法的有机连接，使部门法不再孤立地存在于文本之上，而是灵活地施展于法体系之中。

2. 个人与企业实质合并的受理标准。对于企业和个人的合并破产，其受理标准在关联企业合并破产四标准的基础之上，或许还应更加强调破产个人的主观因素。

---

〔1〕 参见王欣新："关联企业实质合并破产标准研究"，载《法律适用（司法案例）》2017 年第 8 期。

〔2〕 参见王静、蒋伟："实质合并破产制度适用实证研究——以企业破产法实施以来 76 件案例为样本"，载《法律适用》2019 年第 12 期。

〔3〕 参见徐阳光："论关联企业实质合并破产"，载《中外法学》2017 年第 3 期。

〔4〕 参见联合国贸易法委员会编纂的《破产法立法指南》第三部分。

〔5〕 参见王欣新："关联企业实质合并破产标准研究"，载《法律适用（司法案例）》2017 年第 8 期。

关联企业合并破产四个方面的判断标准，对公司利益相关者与公司合并破产同样适用。当公司利益相关者滥用自己对公司的关联性，将个人财产与公司财产混同时，不论其是利用控制地位不当增加自身财产、减少企业财产，还是将自身财产转移至公司以逃避债务，都可能导致债务的合并清理。此时主要的判定标准仍是人格混同、债权人获益以及资产分离困难标准。首先，传统意义上的人格混同是指公司的运营、财务、人事特别是财产等象征公司人格要素存在高度混同。[1]而在公司利益相关者与企业合并破产情形下，人格混同则是指公司利益相关者与企业之间的财产发生严重混同，此时公司财产与个人财产无法区分，公司丧失独立人格，而成为公司利益相关者的工具或"影子"。其次，实质合并破产应当符合债权人利益最大化。在公司利益相关者与公司两者发生财产混同时，若不采取实质合并破产，将无法解决公司利益相关者利用法律漏洞将个人财产转移至公司名下以逃避原有的债务的情况，此时应以实质大于形式的模式，统一处理股东个人与企业的债务。当然此时也必须考虑实质合并破产导致的其他成本，若合并带来的程序拖延等问题反而削弱了债权人最终可获得的清偿，那么不应采取合并模式。最后一个标准是债权人获益标准的自然延伸，就是当公司利益相关者与公司的财产高度混同，以至于区分两者已不可能或成本过高时，将两者合并破产无疑是合理的选择，也是债权人利益最大化的选择。

值得注意的是，在个人与企业合并破产的情况下，欺诈标准可能具有更高价值。在关联公司"不怀好意"地从事关联交易时，因为公司仅具有拟制人格，法院无法直接认定公司何时产生了欺诈的主观意思。可以说，虽然"欺诈"作为一种主观性的描述列为关联企业合并破产的标准之一，但是法院在审查时只能以客观化的标准认定。而欺诈标准在自然人破产中便不存在认定的障碍，其行为可以直接表彰其欺诈的主观意思。实际上，在 Sampsell 案中，法院认为自然人 Downey 设立公司的唯一目的正是在于逃避债务，系明显的欺诈行为，是故判令 Wallpaper 公司破产清算，撤销 Downey 不当转移财产的行为，将公司和股东合并破产。该案的一个关键事实是，债务人 Downey 把所有个人财产都转移给了公司，逃避债务的意图昭然若揭。尽管 Wallpaper 公司并非资不抵债，但因股东 Downey 存在欺诈交易，所以法院还是判决该自然人和其设立的公司合并破产。

具体到本案中，徐某某、徐某女在经营云天公司过程中，犯非法吸收公共存款罪被除以刑罚。值得注意的是，虽然单位也可以构成该罪的被告，但是本案的刑事判决书并未将云天公司列为犯罪行为人。在徐某某、徐某女犯罪行为的受害人认定

〔1〕　参见贺丹："破产实体合并司法裁判标准反思——一个比较的视角"，载《中国政法大学学报》2017 年第 3 期。

方面，本案的受害人在名义上正是云天公司的债权人，刑事判决书也要求以云天公司名下的所有不动产财产对受害人进行赔偿。可见，根据法庭对案件事实的认定，徐某某的犯罪行为已经构成刑法中的"单位形骸化"，[1] 即云天公司成为徐某某等人非法吸收公共存款的"幌子"或通道，云天公司的独立人格在刑法意义上因为徐某某的欺诈性行为已经不复存在。实际上，欺诈的主观意图正是区分非法集资罪与正常融资行为的核心要件。[2] 鉴于刑事裁判的法定性、终局性更强，既然本案中已有刑事判决书可以证明破产人欺诈性地利用公司人格，那么将其个人债务集中清理与企业破产合并受理也是该刑事判决书否认云天公司人格的应有之义，温州中院的做法值得肯定。但是，在其他需要由公司偿还个别股东债务的场合，若没有类似于刑事判决书此类对欺诈行为具有较高认定效力的证据支持，那么法院不应当轻易将自然人与企业的破产程序实质合并，可以通过破产撤销权、取回权等制度调整个别的不均衡关系。

在运用欺诈标准的同时，另一个需要调和的问题就是欺诈行为与个人破产制度的兼容性。虽然我国还未出台个人破产法，但是根据温州地区《关于个人债务集中清理的实施意见（试行）》之规定，个人债务集中处理的适用对象主要是那些诚实而不幸的债权人。[3] 而本案中，显然徐某某的行为既不诚实，也并非由不幸所致，系极度恶劣的个人犯罪行为致其破产。对此，自然人破产制度是否应让犯罪行为人"自生自灭"？参照域外立法可以发现，即使对于有犯罪前科的债务人，只要其完成了服刑要求，并且距离审判已经过去了一定的年限，亦可以申请自然人破产。具体而言，在美国，若债务人欲通过申请使用《美国破产法》第七章的破产清算程序以免除（discharge）剩余债务，其行为须符合诚信要求。与此同时，《美国破产法》第 707 条（b）规定，若债务人有欺诈债权人或其他滥用破产程序的行为，则其破产申请不会被批准，但其中并不包含犯财产罪并且已经完成服刑的情况。[4] 《德国

---

〔1〕 参见魏远文："论单位犯罪的'单位'与单位人格否认"，载《北方法学》2019 年第 4 期。

〔2〕 参见姜涛："非法吸收公众存款罪的限缩适用新路径：以欺诈和高风险为标准"，载《政治与法律》2013 年第 8 期。

〔3〕 温州市中级人民法院《关于个人债务集中清理的实施意见（试行）》第 6 条规定："被执行人不能履行生效法律文书确定的金钱给付义务，并且资产不足以清偿全部债务或者明显缺乏清偿能力，且符合下列条件之一的，可以依照本意见启动执行程序转个人债务集中清理程序：①企业法人已进入破产程序或者已经破产，对该企业法人负保证责任的自然人；②因公司法人人格被否认而承担清偿责任的自然人；③对非法人组织的债务负清偿责任的自然人经营者；④因生活困难无力偿还债务的自然人；⑤其他自愿提出还款安排并征得全部申请执行人同意的自然人。进入个人债务集中清理程序的被执行人，为债务清理申请人。"

〔4〕 参见〔美〕查尔斯·J. 泰步：《美国破产法新论》，韩长印等译，中国政法大学出版社 2017 年版，第 168 页。

破产法》第290条第1款则列举了六种因债务人不诚实而不能申请免除剩余债务的情形，具体包括：①债务人被判处破产欺诈的刑罚；②债务人在破产申请前3年内有债务欺诈或公共义务欺诈的行为；③在过去10年内曾经被免除过剩余债务；④在破产申请前的1年内有过度举债和挥霍财产的行为；⑤在破产程序中有违反告知、协助义务的行为；⑥在消费者破产程序中就其财产状况、负债情况有故意或重大过失的不实、不完整陈述的行为。[1]参照这些域外的个人破产模式可以发现，虽然美、德均对自然人的诚信有所要求，但是并非对所有犯罪分子都"赶尽杀绝"，立法上往往区分其犯罪的具体类型（财产性犯罪可能比人身性犯罪更值得原谅），以及距离犯罪行为的年限，适当地给予部分犯罪分子重新开始的机会。因此，在徐某某已经以良好态度完成10年徒刑之后，应当可以补正其曾经的恶劣犯罪态度，赋予其申请个人债务集中处理并且向未来免责的资格。这符合基本正义观念，并且也是域外破产的通行做法。

（二）破产程序中以利益衡量标准审慎把握反向揭开公司面纱制度

如果说关联企业实质合并作为例外性规定，利益衡量是其正当化基础，那么在个人与企业的合并破产中，法院更应当严格把握这种利益衡量标准，仅在极有限场合允许其进行实质合并。

在公司法语境中，利益衡量正是反向揭开公司面纱的核心要件。无论是内部人员还是外部人员提起的反向揭开，法院都需要妥善处理不同主体间的利益平衡问题。对于内部人的反向揭开，法院应当在公司债权人对公司独立人格的合理预期，与揭开公司面纱所促进的公共利益、政策目标之间进行权衡；而外部人的反向揭开，是以公司财产清偿外部债权人对特定股东的债权，这显然与基本债权关系、当事人预期背道而驰，危及公司其他无过错股东以及债权人的合法利益。因此，被要求实施反向揭开的公司是否存在其他股东、公司其他债权人的情况、反向揭开在多大程度上会对其利益产生影响等，都是至关重要的利益衡量因素。具体而言，公司其余股东的善意与否可从其意志独立性、是否从滥用行为中受益等方面进行判断，可为善意股东设置取回出资、要求公司回购其股份的权利；对于公司债权人则不必区分其主观的善意与否，只要该交易行为未违反法律的效力性强制性规定，公司债权人的利益就应受到法律的保护，根据主观因素将部分公司债权人排除在有限责任的保护范围之外，不符合商法中的外观主义原则，也不利于维护交易安全。

在美国判例法中，美国法院沿袭了传统揭开公司面纱中的两段论标准，来构造反向揭开公司面纱制度：其一，公司和股东利益的一致性已经达到了消灭公司和股东的各自独立的人格的程度；其二，如果坚持公司人格独立，将导致"严重不公平

---

〔1〕 参见许德风："论个人破产免责制度"，载《中外法学》2011年第4期。

结果"的发生，其中，"严重不公平结果"意味着对该自然人的债权人而非公司债权人利益的严重损害。[1]但鉴于以公司财产清偿个别股东的个人债务势必会打破相关各方的利益平衡，因此，美国法院在审理反向揭开公司面纱案件时，除了坚持两段论标准，还要对善意股东、公司债权人和股东债权人的利益进行平衡。如在1990年的Cascade Energy and Metals Crop. v. Banks一案中，联邦第十巡回上诉法院便拒绝实施外部人反向揭开，其主要理由集中于反向揭开将损害无过错的其他股东利益，并且对债权人带来不利益等消极影响。[2]可见，美国判例法处理反向揭开公司面纱案件的基本思路是：以传统揭开公司面纱的两段论标准为基础确定是否存在公司人格被滥用的基础事实，再结合案件实际情况进行价值判断，仅在公司债权人与股东债权人之间的利益出现严重不平衡时，才考虑适用反向揭开。

在破产法语境中，以实质合并的方式要求公司对破产自然人的债务承担责任时，应当结合利益衡量标准，对其必要性严加把握。一方面，在有其他破产规则可以对股东债权人予以救济时，不应当采取实质合并，如撤销、无效制度。另一方面，法院在依职权合并受理此类案件时，切不可忽视对无过错利害关系人的利益保护，尤其是公司其他股东以及债权人的利益。实际上，云天公司曾对徐某某的刑事执行提出过执行异议之诉，对执行机关直接处置其名下所有的房产提供给徐某某非法吸收公共存款罪的刑事退赔提出异议，[3]并提出其中部分不动产与徐某某的犯罪行为毫无关联（彼时徐某某已不再担任股东），法院不应对其所有财产强制执行。可见，反向揭开制度对公司本身的影响十分显著。美国破产法上，除人格混同以外，法院是否作出实质和合并的裁定很大程度上是利益衡量的结果，即当"无担保债权人整体上将因实质合并获得净收益时，法院可以裁定合并破产"。[4]

文首案例中，温州中院的做法也应符合利益衡量标准的检验。具言之，法院应当重点关注企业中的善意股东和其他债权人的利益衡平，确保实质合并所带来的正效益显著大于对善意股东和公司债权人造成的负效益，从而避免利益过分失衡的结果出现。[5]本文认为，在徐某某、徐某女个人债务集中清理中处分云天公司名下资产符合利益均衡的要求。其一，本案不涉及其他无过错股东。徐某某及其女徐某女在其犯罪行为发生期间，担任云天公司的唯二股东，实质合并不涉及无过错第三人尤其是无过错股东的利益。其二，实质合并破产不会对公司债权人带来不利益等消极影响。在徐某某、徐某女和云天公司的债务集中清理中，其和解方案的清偿对象

〔1〕参见杜麒麟："反向刺破公司面纱的制度构建与适用"，载《法学评论》2016年第6期。
〔2〕See Cascade Energy and Metals Crop. v. Banks，896F. 2d 1557.
〔3〕参见温州市鹿城区人民法院（2016）浙0302执异159号执行裁定书。
〔4〕See In re Hemingway Transp.，Inc.，954 F. 2d 1（1st Cir. 1992）.
〔5〕参见杜麒麟："反向刺破公司面纱的制度构建与适用"，载《法学评论》2016年第6期。

主要是刑事犯罪的受害人，而这些受害人是徐某某利用云天公司非法吸收公共存款造成的，因此若徐某某不予赔偿，受害人本就可以向公司主张赔偿，若将徐某某与云天公司的资产一同用于赔偿，能最大化受害人的利益，减轻公司偿债负担。

（三）个人与企业实质合并破产的其他程序性效果

在分析了个人与企业合并破产的受理标准后，有必要从程序上对法院的受理效果进行讨论。

第一，实质合并破产可以由法院以其公权力直接作出，即法院可以作出强制性实质合并的裁定。虽然目前我国对破产程序的启动采取申请主义的原则，但应注意到，法院依据职权启动实质合并与仅启动破产或重整的性质是不同的。对此，王欣新教授针对关联企业的合并重整之启动已有论述："它往往不是启动对一个企业的破产或重整程序，而是对已经启动的几个关联企业的破产或重整程序进行实质性合并审理，应属于对破产案件的审理方式范畴，其称谓与其说是合并重整程序，不如说是重整合并程序。"[1]这一结论也可以扩大适用于各类实质合并破产案件。此时，法人人格否认制度作为程序启动的前提要件，可以由法院以听证等方式进行调查，而无需再通过民事审判程序作出法人人格否认的裁决。文首案例中，温州中院在市政府的协调作用下，要求整体处置刑事案件退赔以及云天公司的债务，之后又将该案作为个人债务集中清理试点。可见，本案中法院系依职权将个人债务与企业债务合并处理，公权力可以主动打破股东与公司之间的隔离机制，而无需考虑暂无人申请云天公司破产的实际情况。

第二，法院作出的"合并处理"存在实质合并与程序合并的区分，其中后者并非对法人人格的彻底否认。很多时候，公司利益相关者[2]与公司的债权债务关系仅发生部分重合，不能满足实质合并的标准，但法院仍可以采取合并审理的方式，在程序上将二者的债务清理合并。与实质合并的目标类似，程序合并也具有最大限度地节约司法资源、提高破产案件审理效率、快速了结债权债务关系等优势。在程序上将两者合并审理，不仅使债权人免于通过诉讼、强制执行等分散的程序主张权利，而且能够借助合并审理对公司利益相关者的连带责任作出免责决定，有利于公司利益相关者积极配合企业进行破产清算或重整，推进程序的高效进行，实现良好的企业清出或挽救效果。具体而言，若个人与企业的债务仅采取了程序合并，那么在表决方式与分配内容上应做区分。与实质合并不同，公司利益相关者与企业的财产在程序合并中仍是互相独立的，各方债权人也只能从各自债务人的财产中获得清

---

〔1〕　王欣新、周薇："关联企业的合并破产重整启动研究"，载《政法论坛》2011年第6期。

〔2〕　实践中，可以与公司实质合并破产的有出资人、实际控制人、管理者等，本文为行文方便，特以"公司利益相关者"作为总括概念，以包含上述所有可以与公司合并破产的自然人，下同。

偿。在程序合并中，公司利益相关者与企业的债权人可以统一申报债权，由管理人统一审查，但出具不同的债权表。除此之外，管理人要分别制定企业的重整计划草案和实际控制人的债务清理方案，并按各自的程序批准和确认。在个人的债务清理方案中，公司利益相关者可以同企业的债务人协商，在相关程序终结后免除自身对企业的连带债务，避免此类债务人在企业重整程序终结后，因无法承担高额债务而长期处于被执行和失信的状态。[1]在《美国破产法》上，这一程序合并的方式又被称为"统一管理"，即法院为节省时间和成本，将具有关联性的债务人破产在案件管理层面视为一个案件。案件的处理可以采用统一发送通知、统一归档、统一登记债权等方式，并且在不存在利益冲突的情况下，还可以由同一个管理人来进行管理。[2]

第三，由于合并破产涉及多个企业或者个人，应对不同主体之间的合并程序予以区别对待。关联企业合并破产中，并非所有被合并的企业都已经达到了破产界限。这里面又可以分为"形式上非破产"以及"实质上非破产"两类，前者是指未破产企业仅因为关联关系出现在破产程序中，其在账面上并未破产，一旦揭开公司面纱之后，其实质已达到了破产界限；后者是指企业的资产实质亦未达到破产界限。[3]既然进入合并破产的企业资产状态可能不尽相同，也就不应当在合并破产中强制要求对所有企业或个人适用统一的程序类型。从实质合并公平偿债的宗旨及其受理标准来看，立法对破产清算或重整并未作出区分，因此在合并后采取不同程序也就不存在理论障碍。甚至有观点认为，实践中，适用实质合并的同一集团关联企业，因其"是否具主体运营价值"导致有的重整有的清算，这种"部分重整部分清算型"将与"全部清算型"一样成为关联企业破产的一种常态，反而"全部重整型"则会成为一种例外。[4]既然适用的程序可能并不统一，那么合并破产的结果也应视情况而定，立法无需机械地规定合并程序终结后的企业状态，而应当视企业的价值、运营情况个案判断，该决定权完全可以交由债权人会议自行处置。

在文首案例中，和解计划载明的对云天公司现有财产的处置方案中，包括了引入新的投资人、继续开发房产项目的部分。因此，在该合并破产中，法院采取了对个人和公司分别适用清算和重整的做法，于理论并不相悖，但是其实施结果还要视债权人会议表决情况而定。

---

〔1〕 参见尹悦红："试论个人债务清理与破产企业债务清偿的合并处置"，载微信公众号"中国破产法论坛"，2020 年 3 月 2 日发文。

〔2〕 参见［美］查尔斯·J. 泰步：《美国破产法新论》，韩长印等译，中国政法大学出版社 2017 年版，第 261～262 页。

〔3〕 参见王欣新："关联企业的实质合并破产程序"，载《人民司法》2016 年第 28 期。

〔4〕 朱黎："论实质合并破产规则的统一适用——兼对最高人民法院司法解释征求意见稿的思考"，载《政治与法律》2014 年第 3 期。

四、刑民交叉案件中合并破产的重要性

文首案件的另一重要事实在于，受个人债务集中处理的徐某某系非法吸收公众存款罪的犯罪行为人。实际上，正是为了完成对其犯罪行为的退赔执行，才产生了本案中的和解协议。集资案件执行中的司法乱象，"在很大程度上系大量刑民交叉问题缠绕不清的多棱折射"。[1]而温州中院将破产程序及时引入刑事案件的执行阶段是处理类似刑民交叉案件的有效手段。

（一）财产性犯罪的民事执法程序无法满足公平分配要求

以"先刑后民"的思维处理财产罪案件的执行问题，无法全面且公平地保护所有债权人利益，并且可能损害企业财产的整体价值。

第一，在涉众型融资案件的执行中，地方政府往往过早、过多地介入企业财产的处置，导致本就极其有限的可执行财产遭遇不当贬损。诚如有学者所言，在"国进民退"的企业发展格局中，地方政府以民营企业涉嫌犯罪为由，无论企业经营状况如何，一律直接采用刑事审判、强行接管或拍卖财产的终极手段，带来了不少低估、圈占私产的现象。[2]如在安徽亳州的兴邦集资案和湖南"三馆"集资案中，公安机关未经法院审判就直接查封了企业资产，致使万亩生产基地中的仙人掌大部分枯死，造成企业几乎瘫痪的严重后果，以至于有集资户疾呼"就算人有罪，企业没罪，仙人掌没罪"。实际上，根据数据统计，截至2015年1月25日北大法意网"精选案例库"关于集资诈骗罪的392个"精选案例"中，100%的案件结果显示，企业财产均在刑事案件审理前就被处置。[3]从法律规范层面，1995年《最高人民法院研究室关于赃款赃物随案移送和处理问题的答复》（已失效）曾指出："赃款赃物应当随案移送，由最终结案的单位处理。这是办理刑事案件过程中应当坚持的原则。"但在此类集资案件的侦办环节，当地政府出于维稳考虑往往先行处置企业资产，这显然有违罪刑法定原则，并且极有可能不当地损害企业资产，最终损害所有受害人、债权人的利益。

第二，对于涉众的刑事案件执行，我国立法上虽然规定了参与分配制度，但是其分配结果往往并不公平。最高人民法院执行局对《刑事涉财产执行规定》第13条的解释是："对于人身损害赔偿和其他民事债务，权利人要求从执行财产中受偿的，

---

〔1〕　张东平："集资案件刑民关系的交叉与协调"，载《北京社会科学》2014年第1期。

〔2〕　参见高艳东："诈骗罪与集资诈骗罪的规范超越：吴英案的罪与罚"，载《中外法学》2012年第2期。

〔3〕　参见陈醇："非法集资刑事案件涉案财产处置程序的商法之维"，载《法学研究》2015年第5期。

参照民事执行参与分配的有关规定，应当要求取得生效裁判作为执行依据。"[1]据其规定，只有取得了执行依据的民事债权才能申请刑事参与分配，这意味着未起诉、起诉未判决或判决未生效的民事债权统统被排除在外，哪怕这些债权是人身损害赔偿债权或劳动债权也不能幸免。尤其对于刑事附带民事案件而言，其诉讼程序往往落后于刑事案件，导致其判决中的损害赔偿不符合已取得执行依据这一条件。[2]除此之外，目前刑事案件的参与分配申请程序亦不明确，导致信息披露制度不完善，本应参与到程序中的债权人无法及时加入。除刑事退赔以外的民事债权，欲加入参与分配的主体必须主动向执行机关请求。按照《刑事涉财产执行规定》第 1 条、第 7 条的规定，刑事退赔由法院依职权执行，故能保持与案件执行的同步；而刑事附带民事赔偿的执行，以及其他民事债权的执行，是由法院依职权移送还是由当事人申请执行一直存疑。从司法实践的角度来看，此类债权人只能通过主动申请的方式加入分配，此时刑事案件中法院与犯罪人的债权人之间信息不对称的问题就会导致债权人的参与不及时。《刑事涉财产执行规定》第 4 条虽然规定了审判机关的财产调查职责，但其目的仅限于摸清犯罪人的积极财产情况，以确保财产刑和责令退赔的执行。[3]就算刑事审判机关了解一些犯罪人的民事债务情况，其调查职能与破产法院通过债权申报所了解的债务情况不可同日而语。雪上加霜的是，刑事案件执行程序的信息不公开可能导致民事债权人对于其债务人因犯罪被判处刑罚的情况一无所知。因此，仅以参与分配的模式无法在刑事执行中保障全体债权人公平受偿。

第三，《刑事涉财产执行规定》第 13 条还将"被执行人在执行中同时承担刑事责任、民事责任，其财产不足以支付的"作为财产刑案件中民事债权优先受偿的前提条件。可以看出，该要求与破产法中的破产原因是一致的。但即便是破产法庭，其在辨认破产原因时亦采取谨慎的态度，甚至需要开展听证会，而刑事执行庭显然缺乏这种辨认能力。刑事审判机关在审理可能判处财产刑的刑事案件以及执行机关在执行财产刑案件时，本来仅需调查到足够承担该财产刑的犯罪人财产即可，就算涉及附带民事赔偿和刑事退赔，财产调查也仅在可预见的数额范围内开展。[4]刑事审判机关和执行机关对于案外民事债权的存在没有能力也没有义务预见，更没有职

---

〔1〕 刘贵祥、闫燕："《关于刑事裁判涉财产部分执行的若干规定》的理解与适用"，载《人民司法》2015 年第 1 期。

〔2〕 参见郇名扬："我国财产刑案件民事债权优先受偿制度的缺陷及根治——从《最高人民法院关于刑事裁判涉财产部分执行的若干规定》第 13 条谈起"，载《哈尔滨工业大学学报（社会科学版）》2017 年第 5 期。

〔3〕 参见郇名扬："我国财产刑案件民事债权优先受偿制度的缺陷及根治——从《最高人民法院关于刑事裁判涉财产部分执行的若干规定》第 13 条谈起"，载《哈尔滨工业大学学报（社会科学版）》2017 年第 5 期。

〔4〕 参见邹开红："如何适用'先刑后民'的原则"，载《北京政法职业学院学报》2014 年第 4 期。

責事先为其实现而深入调查犯罪人财产。因此，将资不抵债作为民事赔偿优先的前提条件，不具有可操作性，刑事法院或债权人均不具有作出该判断的能力。

这种参与分配模式在实践中并未得到有效执行。同样来自于前述非法集资案件的数据统计，有80.4%的判决书按照先偿先得、剩余财产均分原则处置未分配财产。对于犯罪行为人此前作出的选择性赔偿等情况，法院均没有适用破产撤销权之类的制度，也没有考虑破产法的分配顺序。可见，同样是到达破产界限的企业或个人，只有放在个人债务集中处理或企业破产中，全体债权人才能受到更加公正和透明的清偿。

在文首案例中，徐某某曾在入狱前接受采访时明确表示："所吸收的资金大部分投入合法经营的房地产公司，资金用途正当，也曾积极召集债权人确定偿还方案。案发前已取得多块土地使用证，土地价值超过 10 亿，完全具备偿还债务能力。"虽然徐某某的犯罪行为恶劣，但是财产罪的最终目的仍是补偿受害人。为达此目的，以地方政府公权力一概查封、扣押企业财产显然无法使企业剩余资产价值最大化；相反，及时引入破产程序、挽救企业价值，并且在债权人之间公平分配，这才是涉众财产罪应提倡的执行原则。

（二）以"先民后刑"的方式在刑事执行中及时引入破产程序

在财产性犯罪的执行中，采取"先民后刑"的原则，及时将破产程序与刑事案件对接，可以取代刑事执行中规定不周延的参与分配模式，为全体债权人提供系统的、有效的保障。一般而言，财产罪的被告经审判后，往往已经处于资不抵债即濒临破产的状态，刑事判决书的结果极有可能引发个人破产程序。为应对大量的潜在债权人（尤其是涉众的集资案件），刑事诉讼法并没有在这些方面予以明确规定，要发展出一个类似于破产债权人会议那样的参与机制，需要对现有立法进行重大修订。对于一个相对完善的参与程序而言，现行刑事参与分配制度至少还缺乏债权人的组织及其职权、参与程序、决策方式等内容。对此，破产法中的债权人会议已经提供了一个较为成熟的债权人自治模式，债权人会议拥有多项权利以实现其参与与决议的权利，并能够在众多债权人之间实现公平受偿。因此，在刑事立法无法完成债权人分配这一重任的情况下，为何不直接采纳破产法已有的程序以保障受害人利益呢？

对于破产人或破产企业而言，破产程序在一定程度上有利于破产财产的保值增值，最终也将使所有债权人受益。相较于财产性犯罪案件中公安机关直接查封的乱象，破产程序中，破产财产的变价方案必须由债权人会议通过，这种自我决策有助于资产鉴定、评估和变价的公开性和公正性，可以杜绝刑事诉讼程序在资产变价过程中低估资产价格、贱卖资产等问题。尤其是对于尚具备竞争或盈利潜力的集资企业，虽然其曾经涉嫌刑事犯罪，但是通过破产程序保存其整体资产并进行集中的管理和运营，方能最大化刑事退赔的实现。正如本案中，云天集团的破产中引入了新的投资人对搁置的土地重新开发，并将开发后的收益与房产分配给债权人，这显然是对全体债权人更为有利的方案。

最后，从刑民交叉案件的处理原则来看，应当摆脱"先刑后民"的主导思维。破产程序与民商事实体法存在同源性和互助关系，而刑事诉讼程序与民商法不存在这种同源性和互助关系。[1]但是在涉案财产的处置中，执行程序本是权利人借助司法公权力来使平权型财产法律关系恢复到公平状态，所以该程序不能忽视民商事实体法的作用。尤其针对集资诈骗、非法吸收公共存款等财产性犯罪案件，其与一般的人身犯罪不同，裁判主旨应当是尽可能地挽回融资损失以补偿受害人。可以认为，财产性犯罪中受害投资者根本诉求往往是退还资金，其次才是使非法聚敛资金者获刑。于此，以集资诈骗罪为例，有学者指出："集资诈骗犯罪的被害人一般关心的是自己被骗的资金是否能够追回以及何时能够追回，其诉求主要在于经济赔偿。"[2]可见，应当在财产罪中适当摆脱刑事案件"先刑后民"的主导思想，认清受害人的主要诉求，及时援引民事实体法规则以保障受害人利益。

在财产性犯罪中探索个人与企业的合并破产已不鲜见。在浙江天台县人民法院在浙江银象生物工程有限公司破产清算一案中，地区法院即采取了个人与企业实质合并破产清算的做法。法院认为，公司法定代表人沈某与银象公司之间存在资金随意调剂的情况，数额特别巨大，而且沈某在对外非法集资过程中存在个人签名与公司公章交叉使用的情形，随意性较大。企业和个人之间资产相互转移，权属登记混乱，财产和债务存在高度混同。故为了最大限度地保护债权人公平受偿，法院决定将银象公司与沈某的个人财产进行合并破产清算。[3]可见，财产刑犯罪的行为特征意味着极有可能出现公司与股东人格混同的情况，而其涉众性导致在执行程序中，法院不得不考虑将二者的清算程序相合并。财产罪的执行可谓是刑民交叉的集中体现。

五、对未来个人破产与实质合并破产的立法建议

温州中院在徐某某个人债务集中清理中作出的试点性尝试，固然有其值得鼓励的创新之处，但是在我国现行法框架下，这种合并破产仍缺乏充分的法律依据。本案还处于和解的过程中，若最终能达成理想的执行效果，将会在全国破产实务中具

---

〔1〕 参见李龙、闫宾："历史维度中的实体法与程序法"，载《河北法学》2005年第7期。

〔2〕 刘宪权："刑法严惩非法集资行为之反思"，载《法商研究》2012年第4期。

〔3〕 参见浙江省天台县人民法院官网：http://tiantai. tzfyw. gov. cn/InfoPub/ArticleView. aspx? ID = 1341，2020年6月19日访问。

有开创性意义。如果从理论上再次对本案进行检视，其在另一方面还反映出在我国建立个人破产、完善合并破产以及相关执行规则的必要性。

（一）我国有必要确立个人破产制度

在我国实施公司和个人合并破产的第一个障碍便是缺乏自然人破产制度。温州中院的这一合并破产决定，实际上是在为全国的个人破产立法摸索经验。《个人破产立法（学者建议稿）》第8条虽然也规定了承担连带责任的出资人与企业合并破产的模式，[1]但是从该条规定的内容来看，"学者建议稿"似乎只将主体限定在因代替破产企业承担连带责任而需要进入个人破产程序的相关人。但至于个人破产的，可否与其关联公司合并破产，抑或是因公司破产而与个人合并破产的，建议稿并未涉及。况且，在徐某某等人利用云天公司来吸收公共存款的情况下，名义上的债务人仍是云天公司，只不过在该单位犯罪中直接对主管人员进行了刑事处罚。于此，判断个人和企业能否实质合并破产的重要根源在于我国是否具备成熟的个人破产制度。[2]

对于个人破产制度，早在现行《企业破产法》立法时，我国理论界就曾有过一阵讨论的热潮。[3]2019年2月27日，《最高人民法院关于深化人民法院司法体制综合配套改革的意见——人民法院第五个五年改革纲要（2019—2023）》提到"研究推动建立个人破产制度及相关配套机制"。同年7月，国家发改委等13个部门联合下发的《加快完善市场主体退出制度改革方案》，明确指出要"分步推进建立自然人破产制度"。随着中央文件精神的推动，深圳中院、温州中院、台州中院等不断进行个人破产制度的探索。2019年10月9日，温州中院更是联合平阳县法院通报全国首例具备破产实质功能和相当程序的个人债务集中清理案件情况，该案被称为我国"个人破产第一案"。[4]

从现有成果来看，我国学者对个人破产制度的研究已经比较成熟。在个人破产

---

〔1〕《个人破产法（学者建议稿）》第2条的内容是对破产原因的概括，即在哪些情形下可认定自然人具有破产原因。

〔2〕一般而言，自然人应对债权人承担无限连带责任，公司法人以其资产为限对外承担有限责任。是故，企业破产在公司法理论上不具有障碍性，即在有限财产范围内对外承担概括清偿。但自然人破产制度与自然人的责任承担方式有着根本冲突。是故，个人与企业合并破产的，必须使个人仰仗于自然人破产程序来实现"有限"责任。

〔3〕最早探讨个人破产的文献为，徐明、李志一："建立《公民个人破产法》之我见"，载《法学》1990年第4期。进入21世纪后，王利明、王欣新、韩长印、李曙者等学者均对是否需要建立个人破产制度进行了探讨。

〔4〕需要指出的是，该案实际上是执行和解程序，而非个人破产，但其中运用了大量个人破产的特色制度。具体可参见李卓雅、朱健勇："温州审结全国首例'个人破产'案"，载《公民与法（社会版）》2019年第10期。

制度的实体层面上，学界提出了自然人破产的"破产免责制度、自由财产制度、失权和复权制度等"。[1]在个人破产的申请主体上，比较法上主要有一般个人破产主义、商人破产主义、消费者破产主义与折中破产主义。国内学者则更多认为宜采用一般个人破产主义，即不论商人还是非商人，所有个人皆有破产能力，当前的美国、英国、德国、日本等国的破产立法都采这一模式。[2]在程序选择模式上，有学者认为应"采用选择受限模式，即在申请破产清算时确立一个判断债务人偿付能力的收入标准，如果债务人的月收入水平高于该法定收入断标准，则应驳回破产清算申请"。[3]在立法模式上，主流观点更倾向于采取合并式立法，即对现行《企业破产法》进行修改，并加入个人破产的内容，[4]而非制定与《企业破产法》相互独立的《个人破产法》。在已经公布了"学者建议稿"的基础上，未来立法可以考虑将其中与企业破产不同的内容加入至现行《企业破产法》中，以完善我国的破产立法。可以说，我国学界对个人破产立法的研究已经趋于完善，已具备启动相关立法的条件。

从深圳市人大常委会起草的《深圳经济特区个人破产条例（草案）》，到学者向社会公布的《个人破产立法（学者建议稿）》，这都反映出实务界和学界对该问题给予了充分关注。在此情形下，司法实践更应当通过创新性的个人破产试点来发现征求意见稿中的不足，以及时裨补阙漏，使最终通过的个人破产规则具有更强的实施力。

（二）个人与企业合并破产的规则完善

除个人破产的制度缺位之外，在此类企业与个人合并破产的案件审理中，还需要进一步完善法人人格否认制度的要件与类型。

法人人格否认制度在我国《公司法》中只有第 23 条第 3 款和第 63 条的寥寥数字，难以直接作为审判部门对于法人格否认制度的适用标准，这就导致在现行《公司法》背景下，大量判例因为相关条文规定过窄而缺乏法律依据，只能通过"诚信原则"作出裁判，[5]抑或是扩大解释公司法第 20 条以实现法人格否认的最终目的。[6]若在公司法中尚未厘清法人格否认制度，以该制度作为企业实质合并破产中的核心标

---

〔1〕　赵吟："个人破产准入规制的中国路径"，载《政治与法律》2020 年第 6 期。

〔2〕　参见赵吟："个人破产准入规制的中国路径"，载《政治与法律》2020 年第 6 期。

〔3〕　郭东阳："个人破产中的程序选择模式问题研究"，载《河南大学学报（社会科学版）》2020 年第 2 期。

〔4〕　参见王欣新："个人破产法的立法模式与路径"，载《人民司法》2020 年第 10 期。

〔5〕　参见最高人民法院 2008 民二终字第 55 号民事判决书。

〔6〕　参见最高人民法院指导案例 15 号"徐工集团工程机械股份有限公司诉成都川交工贸有限责任公司等买卖合同纠纷案"。

准，恐怕将进一步造成法律适用的混乱。更糟糕的是，由于我国并未对反向揭开公司面纱作出规定，司法实践中竟有不少法官简单地将反向揭开公司面纱认定为传统揭开公司面纱的反向适用，而忽视个中的利益平衡问题，这无论是在公司纠纷中还是合并破产中，都是极其有害的。在立法完善之前，司法实践可以先行展开探索。在正向揭开公司面纱中，法院应当借鉴最高人民法院第 15 号指导案例"徐工集团工程机械股份有限公司诉成都川交工贸有限责任公司等买卖合同纠纷"的思路，从人员、业务和财务等方面的混同程度进行判断。而在反向揭开公司面纱中，法院则应当在利益平衡的前提条件下审慎适用揭开制度，只有在不揭开将导致利益严重失衡的情况下，方可允许反向揭开公司面纱。

对于法人人格否认制度与合并破产之间的衔接问题，破产法还需要在其特定领域中作出特别规定。对此，2019 年温州市人民政府印发的《企业金融风险处置工作府院联合会议纪要》提供了方案，其第 2 条规定："个人债务集中清理程序适用于温州地区法院的被执行人，该被执行人不能履行生效法律文书确定的金钱给付义务，并且资产不足以清偿全部债务或者明显缺乏清偿能力，同时符合下列条件之一：……②因公司法人人格被否定而承担清偿责任的个人……"《企业金融风险处置工作府院联合会议纪要》也被认为是首个具有与个人破产制度相当功能的试点文件，而第 2 款的规定似乎旨在表达法人人格否认与破产间的衔接。

此外，破产法亦应完善程序性规则以实现个人与企业的实质合并破产。具体而言，个人与企业的合并程序有以下几个方面区分于关联企业的合并破产：首先，在程序的启动上，应当允许破产企业、实际控制人及债权人提出实质合并的申请，在一方先进入破产程序或债务清理程序时，也可以由管理人提出申请。法院在收到合并申请后，可以召集相关利害关系人举行听证会，听取各方当事人的意见，作出是否合并处置的决定。其次，在程序开始后，应由管理人对破产企业与实际控制人的资产和负债情况进行统一调查，以实现对双方全部资产的集中管理与处分。在调查过程中，管理人还应当依据自然人个人的现有财产及未来收入状况制定为其保留的财产清单，以保障实际控制人的基本生活水平。再次，管理人应制定一份重整或分配计划草案，对企业的资产和实际控制人的资产进行合并处置和分配，并将草案提交债权人会议，由双方全体债权人共同进行表决。在重整计划未获表决通过时，法院也可在满足条件时强制批准。最后，在计划执行完毕后，应视情况对实际控制人进行余债免除。

（三）合并破产与刑事执行程序的衔接问题

如前所述，财产性犯罪案件的执行需求已经成为个人与企业合并破产的直接原因。而为了最大化地利用破产机制以保障全体受害人获赔，有必要对相关的刑事案件执行规则作出变通。

第一，应尝试将民事程序中的保全措施及时引入刑事案件的执行阶段，甚至是审理、侦破阶段。基于罪刑法定、无罪推定原则的要求，刑事程序中的保全措施往往效力不足。尤其在犯罪性质尚并不明确的侦查阶段，司法机关往往犹豫不决，不当地延误了查封、冻结等保全企业资产的最佳时机。更何况，法庭可能无法完全掌握不同企业的运营需求：对于生产性直接融资来说，若过早启动刑事程序，必会中断企业经营，导致融资资产流失或贬值；而对于转投资或信贷性间接融资而言，则有必要先查明融资债权或股权关系，及时采取民事保全措施。[1]针对类似于本案的非法吸收公共存款罪之案件，其查实期限较长、刑事取证要求较高，因此采取强制措施程序也较为严格，若无民事保全措施的先行介入，即使作出了有罪判决，后续的刑事追赃及退赔也将陷入困境。

第二，有必要解决刑事执行中清偿顺序与破产分配顺位的冲突问题。《最高人民法院关于刑事裁判涉财产部分执行的若干规定》第 13 条规定："被执行人在执行中同时承担刑事责任、民事责任，其财产不足以支付的，按照下列顺序执行：①人身损害赔偿中的医疗费用；②退赔被害人的损失；③其他民事债务；④罚金；⑤没收财产。债权人对执行标的依法享有优先受偿权，其主张优先受偿的，人民法院应当在前款第 1 项规定的医疗费用受偿后，予以支持。"该规定确立了与《企业破产法》完全不同的清偿顺序，其缺陷非常明显：该规定赋予医疗费用和刑事退赔费优先于"其他民事债务"的受偿地位，甚至高于担保债权人。但在破产法的视角下，侵权损害赔偿是作为普通债权处理的。鉴于刑事执行案件与破产程序中的清偿顺位规则完全不同，若因执行退赔而引发了当事人破产，应当适用哪一套清偿顺序，未来的立法应当对此作出回应。

六、结论

温州中院在徐某某、徐某女个人债务集中处理中，将云天公司一并纳入破产程序中，开创性地将探索了个人与公司实质合并破产制度。在我国还未建立自然人破产制度的情况下，此种探索实际上是通过反向揭开公司面纱制度，来实现股东与企业合并破产。本文从公司法、破产法以及刑事执行的角度论证了温州中院在本案中开创性做法的合法性及合理性。尽管我国公司法已经确立了法人人格否认制度，但仍有必要在《公司法》第 20 条的基础上完善不同类型、不同方向（正向、反向）揭开公司面纱的规则。在破产制度上，虽然《企业破产法》对实质合并破产未作明确规定，但是相关会议纪要以及包括文首案例在内的诸多判决已经体现出法院对合并破产持肯定态度。在我国财产犯罪的执行手段不能实现众多受害人、债权人之间

---

〔1〕 参见张东平："集资案件刑民关系的交叉与协调"，载《北京社会科学》2014 年第 1 期。

公平分配的情况下，个人与企业合并破产制度具有极大的现实价值。反向揭开公司面纱是对公司法人人格否认制度的实践突破，而且实质合并破产的终局性要求法院在反向适用公司法人人格否认制度时，要采取慎之又慎的态度。虽然与本案类似的自然人和企业合并破产案件，在破产案件中应占极小比例，但这类案件往往涉案金额巨大，牵涉人数众多，有着巨大的外部效应。因此，有必要在未来的公司法、破产法，甚至刑事诉讼法修订中，对该特殊程序作出具体规定，以防止法院在没有明确的受理标准、程序规则之情况下，滥用其司法权力，导致该程序被不当误用，有损社会稳定。

附件：法院公告全文

　　法院集中处理的（2019）浙 0302 引调 3791 号决定书还未公布于网络，目前仅在《浙江法制报》中找到了债权申报的相关新闻如下：

《浙江法制报》2019 年 7 月 15 日"法院公告"

　　温州云天房地产开发有限公司（徐世国、徐雅、陈凡）债权人（含被害人）及其他利害关系人：徐世国、徐雅、陈凡在经营温州云天房地产开发有限公司（以下简称云天公司）过程中犯非法吸收公众存款罪被本院（2010）温鹿初字第 1094 号、（2015）温鹿刑初字第 166 号《刑事判决书》判处刑罚，并责令向被害人退赔相应财产。本院对上述刑事案件已立案执行，案号为（2016）浙 0302 执 3503 号。经查，温州云天房地产开发有限公司、徐世国、徐雅、陈凡另有其他债务未清偿。在执行过程中，因涉案主要财产涉及其他群体利益等原因存在执行困难。经充分协商沟通，本院决定对徐世国、徐雅启动个人债务集中清理程序，并已经指定浙江嘉瑞成律师事务所担任管理人。现就相关事项公告如下：

　　一、徐世国、徐雅方提出的执行和解方案

　　除因客观原因无法和解的情况外，对温州云天房地产开发有限公司、徐世国、徐雅的所有债务、陈凡的刑事退赔债务进行折价分期清偿（合计清偿率不超过 50%），清偿后债权人放弃剩余债权。另与天河街道 15 个村达成和解协议：按双方原先签订的房屋预售协议延期履行交付房屋义务。管理人引入投资方对认定为徐世国违法所得的滨海 B601B - 1、B601B - 2 地块进行开发，并引入施工方垫付工程款进行施工。由施工方垫付工程款将案涉滨海 B601B - 1、B601B - 2 地块施工至法定可转让条件后，将上述地块转让给投资方投资的项目公司，转让款保留温州银行优先债权及因客观原因无法和解的债权后，余额支付给各受害人（金额不低于 1 亿元）。福鼎两宗土地由法院依照现状予以司法拍卖，投资方投资的项目公司的股东

（浙江御升置业有限公司）托底，托底金额 1.3 亿元，上述所得款项不能足额和解款项的，由浙江御升置业有限公司补足。

二、关于徐世国、徐雅财产申报及举报

徐世国、徐雅及温州云天房地产开发有限公司已经向鹿城法院申报个人、家庭、公司的财产，并承诺就此接受质询。鹿城法院及管理人亦已对此进行调查。若发现上述人员及公司由其他财产拒不申报或虚假报告的，可以向鹿城法院或管理人举报。

三、签订和解协议的时间和地点

本公告的公告期为 30 日，云天公司（徐世国、徐雅、陈凡）债权人应自本公告发出之日起至公告期满后 15 日内前往管理人处签订和解协议。不同意上述和解方案的，应自本公告发出之日起至公告期满 15 日内依法向温州市鹿城区人民法院或管理人提出，签订协议或不同意和解方案的，请携带相关权利证明文件、身份证明材料原件（本人身份证件、营业执照、法定代表人身份证明、委托书及公函等）。

联系方式：

鹿城法院地址：温州市鹿城区温迪路 14 号，联系人潘世文，88996113。

管理人地址：温州市瓯海区温州大道 1707 号亨哈大厦 6 楼，联系人叶子，13506526086，刘思思，15868539099。

专题二十三 预重整制度的理论检视及其执行阻却效力辨析

一、案情概要与问题提出

申请执行人光大金瓯资产管理有限公司依据已经发生法律效力的（2017）浙0303民初4422号民事判决书，于2019年3月29日向人民法院申请强制执行，执行标的为本金217 000 00元及相应利息。人民法院于同日立案执行，并向被执行人浙江奥司朗照明电器有限公司（以下简称"奥司朗公司"）发出执行通知书、报告财产令。在执行过程中，人民法院依法查封了被执行人名下财产，同时发现因被执行人奥司朗公司系主债务人，并对本案债务以自身财产提供了抵押担保，执行中应先处置主债务人已经抵押的财产，但由于此时被执行人进入破产预重整程序，且政府相关职能部门发函人民法院建议暂缓执行，故执行法院决定暂不宜处置该抵押财产。其后，执行法院于2020年3月6日向申请执行人发出书面终结本次执行程序告知书，向其说明案件执行情况，并告知其相应的法律后果。申请执行人于2020年3月11日向人民法院书面回复称不同意本案终结本次执行程序，具体理由主要包括：被执行人奥司朗公司的预重整程序与法院执行程序无冲突。对此，人民法院坚持认为，鉴于本案主债务人奥司朗公司进入破产预重整程序，其名下财产暂不符合处置条件，故本案本次执行程序可先予终结。

总结之，本案中人民法院根据相关政府机关的函件，裁定终结对处于预重整程序中的债务企业的相关执行程序。由于我国破产立法对预重整制度并未进行明确规定，所以就上述处理方式其背后的法理依据，仍有待理论及实务界的进一步探讨。

二、规范性文件中预重整的法律概念及其制度表述

对相关预重整效力问题的回答，亦系以前述预重整的定性为逻辑前提，故在就具体预重整执行中止问题展开论述前，有必要先就预重整的法律概念及内涵展开探讨。

（一）最高人民法院下发的规范性文件

尽管《企业破产法》对预重整的概念及相应的制度规范并未作出具体规定，但

在司法实践中，仍有大量规范性文件对其进行了相应表述。例如，国家发改委等多部门于 2019 年印发的《加快完善市场主体退出制度改革方案》第 4 条规定："研究建立预重整和庭外重组制度。完善金融机构债权人委员会制度，明确金融机构债权人委员会制度和庭内债权人委员会制度的程序转换和决议效力认可机制。研究建立预重整制度，实现庭外重组制度、预重整制度与破产重整制度的有效衔接，强化庭外重组的公信力和约束力，明确预重整的法律地位和制度内容。"此外，为配合营商环境建设，《最高人民法院关于为改善营商环境提供司法保障的若干意见》第 16 条亦规定："推动完善破产重整、和解制度，促进有价值的危困企业再生。引导破产程序各方充分认识破产重整、和解制度在挽救危困企业方面的重要作用。坚持市场化导向开展破产重整工作，更加重视营业整合和资产重组，严格依法适用强制批准权，以实现重整制度的核心价值和制度目标。积极推动构建庭外兼并重组与庭内破产程序的相互衔接机制，加强对预重整制度的探索研究。研究制定关于破产重整制度的司法解释。"而在新冠疫情暴发的特殊情势下，《最高人民法院关于依法妥善审理涉新冠肺炎疫情民事案件若干问题的指导意见（二）》第 17 条中，亦对此进行了进一步明确："企业受疫情或者疫情防控措施影响不能清偿到期债务，债权人提出破产申请的，人民法院应当积极引导债务人与债权人进行协商，通过采取分期付款、延长债务履行期限、变更合同价款等方式消除破产申请原因，或者引导债务人通过庭外调解、庭外重组、预重整等方式化解债务危机，实现对企业尽早挽救。"

由上可见，一方面，上述规范性文件虽然对预重整制度进行了规定，但并未涉及预重整制度的实质，即何为预重整、如何预重整等；相反，这些规定仅仅"提到"了预重整这个制度，并强调要完善此制度。上述规范性文件为预重整制度的建立提供了前提，但对制度本身的运行规则却没有给出具体规定。另一方面，透过上述文件亦不难发现，最高人民法院对预重整、破产重整以及庭外重组三者间大致采取了相互区分，并相互配套的基本立场。

而与之有所不同的是，最高人民法院于 2018 年及 2019 年所作出的"纪要类"文件中，对此进行了更为明确的表述。2018 年《全国法院破产审判工作会议纪要》第 22 条规定："探索推行庭外重组与庭内重整制度的衔接。在企业进入重整程序之前，可以先由债权人与债务人、出资人等利害关系人通过庭外商业谈判，拟定重组方案。重整程序启动后，可以重组方案为依据拟定重整计划草案提交人民法院依法审查批准。"此外，2019 年《全国法院民商事审判工作会议纪要》第 115 条则规定："继续完善庭外重组与庭内重整的衔接机制，降低制度性成本，提高破产制度效率。人民法院受理重整申请前，债务人和部分债权人已经达成的有关协议与重整程序中制作的重整计划草案内容一致的，有关债权人对该协议的同意视为对该重整计划草案表决的同意。但重整计划草案对协议内容进行了修改并对有关债权人有不利影响，或者与有关债权人重大利益相关的，受到影响的债权人有权按照企业破产法的规定对重整计划草案重新进行表决。"对此，比照上述规范性文件，可以发现其与文首部分所列的规范性文件大致存在两方面不同：一方面，纪要对于预重整与庭外重组似未进行明确区分；另一方面，就有关庭外重组（预重整）中作出的协议安排于嗣后进行的破产重整程序中的效力，亦给予了部分肯定。但综合来看，有关纪要规定仍未就预重整的具体操作规范给出明确的规定。

（二）地方法院司法文件

在上述最高人民法院下发的规范性文件外，地方法院也为预重组制度以及预重整创制了多元的规范。如浙江省高院《关于企业破产案件简易审若干问题的纪要》（浙高法〔2013〕153号）第7至第10条；深圳中院《审理企业重整案件的工作指引（试行）》第三章；北京破产法庭《北京破产法庭破产重整案件办理规范（试行）》第三章；等等。这类规定较最高人民法院的纲领性规定更为细致，已经涉及最高人民法院下发的"纲领性"规定所没有触及的部分，如对于预重整过程中的一些具体操作，财产保全、执行中止、预重整"程序"启动与终结等，进行了较为详细的规定，并已经对司法实践中产生了一定的影响。例如，《北京破产法庭破产重整案件办理规范（试行）》（京一中法发〔2019〕437号）第27条对于预重整即有比较具体的界定："本规范所称'预重整'，系指为了准确识别重整价值和重整可能、降低重整成本、提高重整成功率，人民法院在以'破申'案号立案后、受理重整申请前指定临时管理人履行本规范第36条规定的职责，债务人自愿承担本规范第38条规定的义务，由临时管理人组织债务人、债权人、出资人、重整投资人等利害关系人拟定预重整方案的程序。"

综上，关于预重整的概念、预重整的程序等，尽管最高人民法院下发的规范性文件中没有作出明确规定，但在地方法院以及它们制定的规范性文件已经先一步作出了较为全面和更加细致的规定。这一方面反映了司法中的实践智慧，值得肯定，但与此同时，其自身规范的合理性也尚需理论和实践的进一步研究和检验。

三、预重整的制度性质

（一）我国学界对于预重整性质的基本表述

鉴于立法的空白，学界对预重整的讨论较为激烈，并形成了一系列具有代表性的观点。例如，李曙光教授认为，"预重整就是在企业进入重整程序之前，债权人和债务人进行谈判的一种方式"。[1]王佐发副教授认为，"预重整是一种介于重整和

---

〔1〕 李曙光："我国企业重整制度亟待梳理"，载《资本市场》2012年第4期。

庭外重组之间的企业解困模式"。[1]陈唤中法官则认为，"破产预重整制度是债务人与债权人、投资人根据企业的营运价值分析重整成功的可行性，通过庭外积极地自行协商谈判形成庭外重组方案后，进入庭内重整程序并获得人民法院快速审查批准，被赋予法律执行力的一种程序设计，是现行破产重整制度改革与完善的选择路径"。[2]张丽艳教授认为，"预重整制度是法院外自愿重组谈判和法院内快速审查批准重整计划两个阶段的结合……"[3]杜军法官和全先银研究员认为预重整"是公司在进入法院重整程序前先与债权人、重组方等利害关系人就债务清理、营业调整、管理层变更等共同拟定重整方案，然后再将形成的重整方案带入由法院主导的重整程序由法院审查"。[4]王文宇教授、白梅芳律师认为"在预先包裹式重整下，'提出重整声请'与'提出重整计划'同时发生，此并构成预先包裹式重整与传统重整在程序上之主要不同；只是，预先包裹式重整使得许多耗时的争点（诸如：估价、重整计划之提出与认可等）合于效率，而有许多传统重整程序所无之优点"。[5]

通过上述学说的比较考察，大致可以将预重整制度界定为一种重整开始前的协商制度，且相比于《企业破产法》规定的破产重整制度，其在程序效率、当事人意思自治等方面具有更大的优势。

（二）比较法视角下的预重整

鉴于预重整制度产生于英美国家的相关破产实践，因而有必要从比较法的角度来探讨其制度特征。

1. 美国：立法的总括性规定与学理上多变的概念定性。从比较法的角度看，作为最早认可预重整制度合法性的国家，美国立法并未对预重整制度的司法效力给予明确的规定。对此美国学界认为，由于预先打包式重整计划既能发挥法院外和解的速度与效率优势，又具备对异议债权人的约束力，这种兼具庭外重组与庭内重整优势的制度，法律显然不允许其在债务人未向受调整的债权人及股东提供第十一章着重规定的程序性保护情况下，获得第十一章所带来的实质益处；但同时，如果过于死板地要求债务人遵守每一项法律要件，则可能会丧失节省大量时间与金钱的机会，而收益却微不足道。[6]每种程序自有其追求的价值目标，以及所适用的具体情

---

〔1〕 王佐发："预重整制度的法律经济分析"，载《政法论坛》2009 年第 2 期。

〔2〕 陈唤忠："预重整制度的实践与思考"，载《人民司法》2019 年第 22 期。

〔3〕 张艳丽："破产重整制度有效运行的问题与出路"，载《法学杂志》2016 年第 6 期。

〔4〕 杜军、全先银："公司预重整制度的实践意义"，载《人民法院报》2017 年 9 月 13 日，第 7 版。

〔5〕 王文宇、白梅芳："从经济观点论我国公司重整制度"，载王文宇：《新金融法》，元照出版公司 2004 年版，第 280 页。

〔6〕 参见 [美] 查尔斯·J. 泰步：《美国破产法新论》，韩长印等译，中国政法大学出版社 2017 年版，第 1237～1238 页。

形。预先打包计划实际最适合于无需调整业务、只需重组资本结构的债务人企业，如果债务人需要调整其业务，则此时其所需要的便是《美国破产法》所提供的一整套救济措施，但这并不属于预重整计划的内容范围。

美国的预重整制度实际上主要形成于司法实践中，一般认为包括如下内容："在预重整中，债务人重整方案与其重整后资本构成的谈判，都是在庭外完成的；此后，相关当事人依然会向法院提出破产申请并提交重整计划草案以求法院批准；当然，在一般情况下，此时提交的重整计划草案已经取得了债权人们的支持。"[1]

而在立法层面，《美国破产法》仅在第 1121 条[2]、第 1125 条[3]以及第 1126条[4]进行流程式规定。如该法第 1121 条规定了重整计划的制定时间，且债务人企业可以在向法院提出正式破产重整的时候一并提交预重整的计划草案，同时也规定了债务人企业提交重整计划的专有期限（120 日），专有期限过后，债权人可提交额外的预重整计划。《美国破产法》第 1125 条为预重整制度的核心内容，即计划的制定者需要进行充分的信息披露。依据该条规定，预重整计划的制定者需向每位可能参与协商谈判的债权人以及投资人提供充分的信息披露说明，这种披露说明内容依不同类别的利害关系人不同而有所差异。此外，该法第 1126 条则规定了债权人可以接受或拒绝预重整计划，而与该预重整计划草案无利害关系的相关人员组别则不享有表决权，而是默认其对该预重整计划草案持赞成态度。

此外，或许是由于立法总括性规定的局限，抑或规范性概念表达的缺失，《美国破产法》就有关预重整的概念表达，也存在一定的争论。对此，有的学者从谈判策略的经济分析角度重新定义了预重整制度，认为预重整是在非正式重整（即庭外重组）模式基础上附加一定的司法强制性手段的重整模式；另有学者把预重整界定为传统重整模式与庭外重组模式妥协下的一种新的债务重组模式；还有学者从契约角度定义预重整，认为预重整计划就是一个事前契约，该契约用破产法的绝对多数规则取代一般契约的全体一致规则。[5]除却上述定义外，还有美国学者将预重整制度区分为整体预重整与部分预重整。其中，"整体预重整是指债务人在向法院提起重整申请程序之前已经完成起草重整计划并成功地征集到投票并通过该计划；部分预重整是指债务人在向法院提起重整申请程序之前先与一部分而不是全部债权人就重整计划的条款进行谈判，包括有时候在提起重整申请程序之前并没有就重整计划

---

〔1〕　［美］杰伊·劳伦斯·韦斯特布鲁克等：《商事破产：全球视野下的比较分析》，王之洲译，中国政法大学出版社 2018 年版，第 129 页。

〔2〕　11 U. S. C. A. § 1121.

〔3〕　11 U. S. C. A. § 1125.

〔4〕　11 U. S. C. A. § 1126.

〔5〕　王佐发："预重整制度的法律经济分析"，载《政法论坛》2009 年第 2 期。

进行投票表决"。[1]

2. 英国："伦敦模式"下私主体的权威体现。与美国同属于英美法系的英国，其破产立法同样规定了预重整制度。但所不同的是，英国的预重整制度中，法院扮演者无足轻重的角色，其甚至无需批准预重整计划，也无需起到监督日常管理行为的作用，英国的预重整模式主要是由破产执业人主导，最大程度增强预重整的自治性。

具体而言，英国对于预重整的立法又被称为"伦敦规则"/"伦敦模式"，目的在于鼓励并规制庭外重组，其源于19世纪70年代"伦敦银行向商业银行发布的非约束性银行业务指南"。"伦敦规则"旨在促进银行委员会和困境中的债务人合作，帮助债务人解困。英格兰银行在这些谈判中扮演中立第三人角色，以推动谈判程序进行。与日本的事业再生ADR由律师等破产专家协会所属的专家主导程序不同，英国预重整程序是由非属于债权人的英格兰银行主导。为了达到效率目标，国家设立了金融监督管理委员会，职责为依困境企业申请、组织重组委员会。重组委员会的成员主要是在全部债权人中进行选举，也可以通过指定的方式产生。两种方式中金融监督管理委员会都掌握着主导权，重组委员会类似于债权人代表，是债权人之间相互沟通的桥梁，负责将企业信息分享给债权人，使各债权人都能相对全面地掌握债务人的情况，沟通协调各债权人之间的利益要求，与债务人进行谈判，提出满足双方要求的重整条件，促成债权人与债务人之间重组协议的达成。此外，伦敦规则中的金融监督管理委员会充当着关键性的主导者角色，包括协调、管理和监督。实践中金融监督管理委员会往往由英格兰银行担任，扮演着中立第三人的角色来推动谈判程序。在企业陷入财务困境后，作为庭外谈判的主导力量，金融监督管理机构对庭外谈判进行指导，并指定或选举产生破产执业人，由其代表债务人企业与各利害关系人进行协商制定预重整计划。在提起正式的重整申请后，破产执业人可以不经债权人委员会以及法院的批准而直接处置债务人企业的资产和管理企业的日常经营活动。

3. 日本：事业再生ADR程序下的专业化团队。日本的倒产法是在吸收美国模式和英国模式的基础上，根据国家实际情况，形成了自己的倒产规则。陷入财务困境的公司可对多种程序进行选择，一是《日本倒产法》规定的破产清算；二是《公司更生法》和《民事再生法》规定的重整程序与再生程序；此外还存在一种选择，即《诉讼外纠纷解决程序之利用促进相关法律》规定的事业再生程序，该法简称为《ADR法》，该程序也简称为ADR，日本事业再生程序实际上成为融合传统重整制度与庭外重组的初步预重整程序。

---

[1] 王佐发："预重整制度的法律经济分析"，载《政法论坛》2009年第2期。

与英美模式不同的是，日本的事业再生 ADR 程序在债务人企业陷入债务危机后，需要向事业再生专家协会提出申请。该申请经过专家协会审查，认为该企业具有再生可能的，才允许其进行事业再生程序。因此，日本的 ADR 程序，实际是由事业再生专家协会的专家主导，这与德国的债权银行主导有着相似之处。究其根源，事业再生专家协会的存在，能够尽量减少政府、法院等公权力机关对私权利的干预，而且该私权利主体能够依据自身优势起到对各利害关系人调和引导的作用，进而保证预重整的高效公平的目的。

（三）预重整的制度性质及理论检讨

1. 预重整的基本特征。通过比较法上的预重整视角及概念表达，我们不难概括出，预重整大致包括以下几方面特征：

第一，预重整发生在重整程序开始之前，且该程序的进行可被视作是重整的前期准备，[1]其在一定程度上发挥了衔接庭外重组（协商）与庭内重整的功能。对此，在美国学者看来，预重整的核心思路即是"在任何人启动任何正式破产程序之前，预先征集债权人对重整计划的支持；一旦实现这一目标，就立即启动破产重整程序并同时提交获得债权人支持的重整计划"。[2]且在预重整中，"法庭内的正式破产重整程序必须被真正启动，才能完成重组全过程"。[3]

第二，预重整中当事人之间进行的准备工作，以及达成的协议安排，原则上在重整程序中应当给予遵守。对此，笔者认为，主要系基于两方面考量：其一，如上文所述，预重整可被视作是重整的前期准备，衔接了庭外重组（协商）与庭内重整，由此在程序价值和程序效率上，应赋予其此类便宜嗣后程序进行的功能；其二，预重整中当事人所作出的相应安排，尽管未经人民法院批准，其尚未对全体债权人产生拘束意旨，但就作出约定的当事人之间，亦可被视作是具有拘束意旨的债的安排（至于此类债务安排是构成合同、单方允诺，乃至决议，在此在所不问），除非出现法定事由或意思表示瑕疵（及决议瑕疵），否则对于相关当事人于嗣后程序亦应有约束力。

第三，如上文所述，应认识到预重整的实质是借由债务人和（部分或全部）债权人的参与，事先对重整计划的完成以及未来的表决通过进行的协商及安排。于此而言，预重整作用的实现仍依赖债权人与债务人之间的协调和意思自治，具体体现为市场化条件下的自由协商。

---

〔1〕　王卫国：《破产法精义》，法律出版社 2020 年版，第 237 页。

〔2〕　[美]杰伊·劳伦斯·韦斯特布鲁克等：《商事破产：全球视野下的比较分析》，王之洲译，中国政法大学出版社 2018 年版，第 147 页。

〔3〕　[美]杰伊·劳伦斯·韦斯特布鲁克等：《商事破产：全球视野下的比较分析》，王之洲译，中国政法大学出版社 2018 年版，第 147 页。

2. 预重整制度的理论检讨。

（1）制度设计层面的评析：具有独立于庭外重组以及庭内重整程序的内在价值。预重整制度具备传统庭外债务重组当事人意思自治的私法属性，但同时由于最终需要转入司法重整程序并得到司法重整程序的认可，因而其又兼具司法重整的司法属性。尽管预重整计划有不被司法机关认可通过的可能，但由于在正式的重整程序中，重整计划草案也将由债权人会议以多数决的方式进行表决，并在表决通过且经法院审查后予以批准，因此只要该合意内容得到相关利害关系人的认可，且其本身不违反法律的强制性规定，通常情形下法院都将认可预重整制度形成的计划和方案。

但另一方面，预重整制度本身也存在一定的劣势，这主要体现在即便预重整程序兼具私法和司法强制力的属性，但合意的谈判过程实际并不能享受立法和司法程序的保障，因而对于谈判协商的效率可能将受影响，这也是传统庭外重组所无法回避的问题，也是正式破产重整制度程序设计的初衷所在。与此同时，预重整制度缺乏正式重整程序制度的保护，如本案中的自动中止执行诉讼，若具备自动中止程序的保护，则企业管理层可倾注全部精力进行重组。因此，在对抗债权人干扰方面，正式重整程序又具有无可比拟的优势。

但正因为如此，才能体现出预重整的价值，即将其处于与庭外重组和庭内重整并行的地位，三者之间各有优劣，以供当事人进行判断和选择。如果对预重整赋予司法重整的效力，则意味着二者在法律地位上趋同，实际上预重整的制度优势并不能得以发挥。但这并不意味着预重整制度对自动中止效力的完全排除，其适用应由当事人之间进行协商，达成的合意由民商事法律规范进行调整和约束。一旦各方当事人已达成对重整相关效力的一致意愿，则需遵守商定的协议。[1]在这一纯粹的私法领域，立法并无强行赋予自动中止效力的必要。就预重整、庭外重组、正式重整三种模式而言，应供当事人自主选择。对于预重整程序，可能更适合具有财务困难而非具有经营困难的债务人企业选择实施。

（2）制度功能层面的反思：预重整或许并不当然具备效率优势。正如上文所述，预重整制度备受推崇的部分原因在于预重整制度可以提高破产程序的效率，避免企业因披露濒临破产的信息造成债务人财务和经营状况在破产程序启动前进一步恶化，降低破产重整的成本，提高债务人重整的成功率。对此，我们认为，仅凭概念本身角度进行定性，此类研究或分析方法得出结论的合理性仍有待商榷，值得从实证研究等方面展开进一步探讨。

对预重整制度的效率，有学者对美国司法实践进行了实证研究，印证了上述预

---

〔1〕 参见董惠江："我国企业重整制度的改良与预先包裹式重整"，载《现代法学》2009年第5期。

重整制度可以提高破产程序效率的结论。[1]但是，该学者所做的实证研究存在诸多疏漏，所获结论似仍有值得商榷之处。具言之，从预重整制度的相关研究及结论来看，预重整制度能够提升破产程序效率的结论，主要是根据预重整程序与传统重整程序耗费时间的中值和均值进行对比而得出。美国司法实践中，经历预重整程序的破产企业耗费时间的中值和均值都明显短于传统重整程序，因此有学者认为这一司法实践能够佐证上述观点。但是，细究所谓耗时的对比研究，预重整程序和传统重整程序的耗时计算方式有明显的差别，学者仅统计了预重整程序转入重整程序后的时间，而将破产程序之外的、发生在债权人与债务人之间的谈判、表决等时间成本排除在破产程序外，这种计算方式上的差异刻意营造出了预重整制度能够大幅提高破产程序效率的假象。尽管经过严谨的实证研究后仍可能得出预重整制度可以提高破产程序的效率这一结论，但是从目前的相关研究来看，这一结论的准确性依然存疑。

另有必要进一步讨论的是，破产程序的效率提升或许并不关乎预重整制度的适用与否，而是取决于债务人企业的自身状况。换言之，我们并不能够完全排除以下可能：并非预重整制度提高了破产程序的效率，而是预重整制度所能"完美"适用的企业，其自身财务和经营状况本就相对良好，即使将其放入传统的重整程序中运行，亦有可能较其他破产企业重整程序的进展更为迅速。因此，在上述质疑得到更为确切的解答前，或许"预重整制度并不当然具备效率上的优势"是更为准确的表述。

即使承认预重整制度在实践中具有上述效用，但是由于预重整制度在我国《企业破产法》及相关司法解释中并无明确的制度建构，而是散见于各级人民法院破产法庭的操作指南中，在不同地区出现了具体规则上的差异。因此，有学者提出通过修法的方式将预重整制度统一化，并对其规则作进一步细化。因为预重整制度最大的劣势就是缺乏明确的法律或规则指引，导致潜在的异议和诉讼总是笼罩在预重整程序的运行过程中。所以，提高预重整效率的关键就在于制定法律或规则明确预重整谈判程序中的实体性和程序性操作标准，使当事人对谈判的效力有一个稳定的预期，从而提高谈判的效率。[2]

但是，在如上述学者所主张的在将预重整制度正式纳入法律规则框架前，亦有诸多重大疑问有待进一步阐明。例如，不同于《美国破产法》，我国破产法上债务人并不当然享有提交重整计划的权利，自然也不具备在破产程序启动时即同时提交重整计划的可能，且从现行破产法的制度规则来看，破产企业并不当然具有自行管

〔1〕 参见王佐发："预重整制度的法律经济分析"，载《政法论坛》2009 年第 2 期。
〔2〕 陈唤忠："预重整制度的实践与思考"，载《人民司法》2019 年第 22 期。

理破产企业的权利。如果需要由债务人企业自行管理的，人民法院需要对债务人能否自行管理这一问题作实质审查，在人民法院批准以前，这一问题的结论应当是不确定的，由此即有可能导致预重整制度与我国破产法上重整制度可能无法如有关规范性文件所规定的那般，实现"完美衔接"。

四、实践中的预重整操作及检讨

结合司法实践，从法院前期是否参与债务人预重整的角度划分，预重整可以简单分为当事人自行组织的庭外预重整和法院参与指导下的司法预重整两种情形。

（一）债权人、债务人主导型预重整

在美国的司法实践中，申请启动预重整的多是债务人。对此，联合国国际贸易法委员会制定的《破产法立法指南》中也作出了类似的规定：提起预重整程序的只能是债务人。在我国，有的学者认为，除了债务人可以作为预重整程序的申请人之外，还应该包括在自愿重组谈判中已经接受重整计划的债权人。[1]由此可知，当事人自主选择、自行组织启动的庭外预重整程序中，债权人和债务人是预重整的启动者，此时法院并不参与预重整事务。通常情况下，债务人会聘请专业的律师和会计师比照重整程序的要求自主进行资产清查、债权梳理、营业整顿和诉讼矛盾化解，并在此基础上草拟债权清偿方案和经营重组方案，并与已知债权人、主要债权人通过商务谈判，逐一或集中达成协议，形成重整计划预案或重组方案。[2]重整计划预案得到大部分债权人同意后，可以由法院正式受理当事人的重整申请，在重整程序中予以确认和执行，这一系列事由均由当事人进行，法院并不会在预重整时介入。

由当事人主导的预重整最大难题之一是，预表决结果在破产重整程序中效力方面的立法缺失，易言之，自行启动的预重整结果可能得不到法院的认可。如在"盛润重整案"中，法院重复了当事人在申请重整前已经做过的大量工作，导致从正式申请重整到批准重整计划花费了 1 年的时间。[3]预重整阶段的工作成果在适用于重整阶段时，可能会出现反复、缺乏连续性的问题，导致效率低下。由于缺乏明确的法律规定，还可能存在部分债权人在法院受理重整案件后，对前期预重整阶段所作的债权削减承诺不予追认，或者法院指定的管理人对预重整阶段的重整计划预案不

---

〔1〕 胡利玲："论困境企业拯救的预先重整机制"，载《科技与法律》2009 年第 3 期。

〔2〕 李军红："我国预重整制度的实践与探索"，载《第十二届"中部崛起法治论坛"论文汇编集》，第 625~630 页。

〔3〕 参见王佐发：《上市公司重整中债权人与中小股东的法律保护》，中国政法大学出版社 2014 年版，第 246、247 页。

予认可。[1]对该问题，浙江高院 2013 年出台的《关于企业破产案件简易审若干问题的纪要》第 9 条有相应规定："债权人在预登记期间对债务清偿方案所作的不可翻悔的承诺，在债务人进入企业破产和解或重整程序后，相关承诺对承诺方仍然具有拘束力。法院受理企业和解或重整申请后，可以以预登记期间（含集中管辖期间）形成的债务清偿方案或资产重组方案为基础，由债务人或管理人制定和解协议草案或重整计划草案，通过债权人会议予以确认。"因此，要想发挥出预重整制度提高破产效率降低破产成本的优势，就需要通过立法来对预重整的结果进行认可和保护，不能让债权人和债务人在经历一系列程序后"竹篮打水一场空"，此时预重整程序也形同虚设。

（二）法院、政府主导型预重整

1. 预重整中法院、政府不应发挥主导作用。尽管依据《联合国立法指南》的规定，法院并不能依职权直接启动预重整程序，但在当前的社会大背景下，法院常常参与指导预重整程序的开展，并推出了具有时代特点的府院联动机制，即政府和法院会提前介入具有挽救价值的困境企业。在法院参与的这类重大复杂预重整案件中，现有的成功案例表明，法院多数起主导作用，同时法院会结合债务人的经营状况，指定具有重整经验的中介机构担任临时管理人或由中介机构配合处理复杂的预重整法律事务，考虑到进入预重整的部分企业存在职工稳定问题、生产稳定问题、关联企业稳定问题，且进入预重整的困境企业在税收、金融、社保等方面常常需要政府的协调支持，政府在这类预重整案件中也发挥着不可替代的作用。[2]如深圳中院审理的"福昌电子重整案"的预重整就是由法院预先指定管理人，管理人提前进入债务企业进行排查沟通，而后通过府院联手协调，排除重整隐性障碍，继而通过重整程序，以法院裁定书形式固定预重整成果即《重整计划》，最终实现重整成功。

然而也应当认识到，法院、政府主导预重整案件有其特殊性，是在当前我国的预重整实践不够成熟，预重整制度未确立的情况下，为确保重整成功，挽救危机企业而采取的权宜措施。尽管这样对于困境企业重整成功有着重要作用，府院联动也具有很高的效率，但法院在尚未受理案件前即介入企业的运营，与司法的中立性和被动性还有独立性可能会产生一定的冲突。纵观域外立法，并没有法院提前介入的相关规定。我们认为，尽管当前情况下府院联动的举措对于挽救破产企业十分有效，但其与司法的被动性特征存在一定的冲突。因此从长远的角度看，未来可通过

<hr />

〔1〕　李军红："我国预重整制度的实践与探索"，载《第十二届"中部崛起法治论坛"论文汇编集》，第 625～630 页。

〔2〕　李军红："我国预重整制度的实践与探索"，载《第十二届"中部崛起法治论坛"论文汇编集》，第 625～630 页。

立法完善与预重整制度，使困境企业在没有法院、政府参与的情形下，能够自主高效地完成预重整。

具体而言，对于预重整的理论基础，主流学说认为在于当事人的意思自治，其将"谈判商定的计划"提前（或者称其为与法院受理审查的顺序互换），使得这一谈判协商的过程超脱于原本的司法介入，而代之以完全的当事人自治。如果说，在司法重整中法院占据主导地位，那么在预重整程序中，便是由各方当事人主导，由债权人与债务人在信息充分披露的情况下，通过衡量各自利益而进行的谈判和选择，这一过程充分体现出契约自由的精神。总之，预重整制度作为企业挽救的方式之一，其核心在于债务人、主要债权人或重组方主导，并通过协商谈判的形式在债务人企业出现债务危机之前，先行主动进行企业的自救。这一过程充分贯彻了当事人的意思自治，仅就这一点判断，预重整制度与传统的庭外重组应属类似。此外，与司法重整相对应，预重整制度不属于司法程序，其本质上是在庭外由债务人与利害关系人积极推动的自主行为。原则上庭外协商谈判的过程，便是达成合意的过程，其结果对于未参与协商的利害关系人并不具有约束力。

2. 预重整中的府院参与。

（1）人民法院于预重整中的功能发挥。即使预重整过程是一个完全意思自治的程序，这也并不意味着法院的完全消极，其与政府完全可以在有条件的前提下适当参与和协调，此时我们不能完全否认法院、政府等力量在预重整阶段适当参与的必要性，但需要指出的是，法院不应当主动介入并主导该程序。

对此，可借鉴英美法上成功经验，即困境企业可以在申请破产重整的同时，向法院申请开展预重整，经法院许可并在其指引下，由困境企业或债权人聘请具备破产管理人资格的社会中介机构作为破产执业人，代表一方参与预重整，拟制、提交、表决预重整方案。鉴于预重整阶段亦存在相应确定破产执业人员参与预重整事务的需要，且相关破产执业人员基于专业优势以及前期处理事务的信息优势，完全有可能甚至有必要成为嗣后破产重整程序中的管理人。此时，考虑到《企业破产法》第 13 条明确赋予了人民法院指定管理人的权限，故由人民法院发挥自身的指引功能以协助预重整债权人（委员会）选任相应的破产执业人，对预重整程序衔接功能的发挥（包括解决上文所述的制度衔接问题），将会大有裨益。此外，在预重整过程中亦涉及诸多法院的职能或职责，需要其给予协助甚至行使职权（如保全或本文所涉的中止执行）的场合，人民法院亦应相应地参与预重整。加之预重整本身即以衔接嗣后的重整程序为目的，而重整程序的启动亦需以人民法院的裁定受理为前提，此时人民法院自然涉及对预重整阶段债权债务状况及相应安排的了解及审查，也不排除法院以补充材料等为理由要求预重整参与人进行相应的调整与安排。此时，法院的做法只要符合《企业破产法》的有关规定，就不应对其进行否定性评价。综上，对于人民法院依法、有限（不干预当事人意思自治）地参与到预重整中，立法应予以认可。就此而言，法院在预重整中的功能导向也应着眼于预重整的效率性与表决结果的确定性，进而发挥其应有的指引作用；但这并非是法院对当事人自主协商进行干预的理由，诸如自动冻结效力的问题还是应当遵从其自主意愿，若无法达成一致，当事人即预见不适用自动冻结效力将会产生的后果，由当事人风险自担即可，法院自不得代为选择。

在未来预重整专业人员的配置上，我国大可将专业化建设着眼于破产管理人，从中建立一种专业化的破产专家团队，进而效仿日本的事业再生 ADR 程序，由该团队对债务人企业的预重整程序进行引导。英国的"伦敦模式"有其特殊的产生背景和制度环境，"伦敦模式"是在英格兰银行的推动下成型，此前英格兰银行也一直扮演着英国银行监管者的角色。加之英国作为英美法系的成员，其发展出的预重整模式对于我国的继受仍存在着意识形态方面的障碍，因此其可能并不具有典型的参考价值。而作为预重整源起的美国同样存在这一类问题，但其中法院尚且发挥着一定的引导协调作用，且为成文法所承认，对此我国现阶段的预重整应具备一定的借鉴意义。

此外，现阶段我国破产管理人专业化进程尚未发展成熟，在预重整中还需求助法院、政府等公权力机关作为主导者。然而，缺乏私主体主导者的程序很可能会陷入混乱进而增加时间成本。对此，根据 2018 年《全国法院破产审判工作会议纪要》第 16 条[1]的指示精神，人民法院在重整程序中要加强与政府的沟通协调，帮助破产管理人或债务人解决重整计划草案谈判过程中的困难和问题。鉴于预重整本质上系将重整计划的商定过程予以前置，因此在预重整的谈判协商过程中，政府应积极参与，对于法院作为中立司法机关不能或不便参与的事项，可能就需要政府充分发挥其监督管理的职能，协助债务人企业解决问题。另外，由于预重整程序的成败同样事关债务人企业的存续，进而影响到该企业债权人利益的维护和地方金融安全，因此政府基于其行政职能有义务努力挽救。各利害关系人在重整计划的商定过程中，其具体的利益诉求往往存在差异甚至对立，政府部门此时的作用就在于尽量进行协调以促成重整的成功。在当前的市场环境下，对于共同诉求的实现还是需要地方政府对债务人企业进行引导和帮助。但这一切提供的支持还是应当在尊重当事人意思自治的前提下进行，政府可调解而非强制促成重整协议。同时，对于重整模式的适用，政府也应尊重债务人企业与债权人的共同选择。

---

〔1〕 2018 年《全国法院破产审判工作会议纪要》第 16 条规定："重整计划的制定及沟通协调。人民法院要加强与管理人或债务人的沟通，引导其分析债务人陷于困境的原因，有针对性地制定重整计划草案，促使企业重新获得盈利能力，提高重整成功率。人民法院要与政府建立沟通协调机制，帮助管理人或债务人解决重整计划草案制定中的困难和问题。"

总之，未来随着破产管理人专业化建设的推进，可以预见所谓的"府院联动"机制将被专业性的私主体团队替代，但目前基于具有中国特色的政府权威以及集约化办事的效率考量，还是应当依靠政府的自身权威性，就如英国的债权银行所具备的权威性，以确保预重整程序的顺利进行。但现代破产法应是以市场化、法治化为基本导向，在此情形下政府不得过度干预破产程序，法院在预重整的私法性质领域也不得强行介入。在当下私主体主导机制缺乏的前提下，所谓中国特色的"府院联动"机制的确是一种便宜之策。

五、预重整的执行中止效力辨析

（一）司法实践中的处理模式

在承认预重整私法性质的前提下，重整计划的内容应属于当事人之间的自主协商范畴。在本案中，个别债权人申请执行时，一旦法院对债务人企业的财产进行强制执行，那么就实际上对债务人企业的财产进行了处分。由于此时还未进入正式的司法重整程序，是否同意个别债权人对特定财产予以执行的事项，应属于私法自治的领域。即便法院的强制执行带有一定的公权力性质，但其实质仍是依债权人的申请而实现其私法上的权利，因此若当事人之间就部分债权人的执行申请并无异议，法院自无必要强行否认该合意的效力，而单独作出终止执行的裁定。

可以作证上述结论的是，各地方法院公布的预重整相关工作指引似乎并未认可预重整的司法性质，而且各地规范性文件对预重整程序中止执行的相关规定还呈现出较为一致的态度。如《北京破产法庭破产重整案件办理规范（试行）》（以下简称《北京规范》）第38条[1]第5项中明确，在预重整期间将停止清偿债务，但清偿行为使债务人财产受益的，或经诉讼、仲裁、执行程序清偿的除外。北京破产法庭在认同预重整期间的自动中止效力同时，也施加了但书规定，该但书内容与我国《企业破产法》第32条规定的破产撤销权之例外有着异曲同工之妙。究其根源在于，司法执行与破产撤销权的适用情形原则上均属于个别清偿，而且《破产法解释二》第15条对《企业破产法》第32条规定的例外情形也进行了细分，其内容与《北京规范》第38条但书规定的后半部分内容相当。可见，北京破产法庭主要基于

---

[1]《北京破产法庭破产重整案件办理规范（试行）》第38条规定："预重整期间，债务人履行下列义务：①妥善保管财产、印章和账簿、文书等资料，配合人民法院依照本规范第39条第1款的规定采取财产保全措施；②继续经营的，妥善决定经营事务和内部管理事务；③配合临时管理人的调查，及时向临时管理人报告对财产可能产生重大影响的行为和事项，接受临时管理人的监督；④如实披露可能影响利害关系人就预重整方案作出决策的信息，就预重整方案作出说明并回答有关询问；⑤停止清偿债务，但清偿行为使债务人财产受益的，或经诉讼、仲裁、执行程序清偿的除外；⑥与出资人、债权人、（意向）重整投资人等利害关系人协商拟定预重整方案；⑦其他依法应当履行的义务。"

防止个别清偿的考量，比照破产撤销权制度对预重整中的个别清偿债务行为进行规制。另外，深圳中院在《深圳市中级人民法院审理企业重整案件的工作指引（试行）》第33条[1]中进一步明确，在预重整期间，合议庭应当及时通知执行部门中止对债务人财产的执行。对此，苏州市吴中区人民法院下发的《关于审理预重整案件的实施意见（试行）》第10条[2]也与深圳中院的观点相一致，即规定应中止对债务人财产的执行，与执行部门沟通的工作由法院具体负责。而北京破产法庭实际与深圳中院以及苏州市吴中区人民法院的态度相似，原则上均承认预重整中主动对债务人的财产采取中止执行。其主要理由已如上述，即保障债务人财产的安全，同时保证债务人企业不会因核心资产的执行而影响其重整的价值或可能。

此外，值得指出的是，尽管一些地方司法文件的立场似乎较为一致（采取了类似本案中法院的处理模式），但从已有的司法判例来看，也有法院采取了与之不同的处理模式。例如在"平安证券股份有限公司与河南众品食业股份有限公司、朱献福保证合同纠纷案"[3]中，被告河南众品食业股份有限公司进入预重整程序，管理人要求法院按照《企业破产法》第20条的规定中止审理，法院认为："众品食业公司预重整管理人、众品食品公司预重整管理人共同向本院提交材料，称众品食业公司、众品食品公司先行进行预重整，要求中止审理……众品食业公司预重整管理人、众品食品公司预重整管理人提交的材料显示，法院并未正式裁定受理众品食业公司、众品食品公司的破产申请，目前只是预重整阶段，其申请不符合上述规定，本院对众品食业公司预重整管理人、众品食品公司预重整管理人该申请不予采纳。"从而，法院直接否定了预重整的中止诉讼程序。该案较为特殊的意义是，法院否定了预重整程序能够对他案诉讼产生中止的效力。虽然法院驳回的仅是中止诉讼申请，但作为诉讼程序延伸的执行程序，似乎也可对该法院的处理方案作一定的借鉴。

（二）比较法上的制度借鉴

1. 美国预重整中通过当事人协商约束执行行为的开始与进行。如上文所述，《美国破产法》仅对预重整进行了流程性、概括性的规定，立法目的在于确保正式

---

〔1〕《深圳市中级人民法院审理企业重整案件的工作指引（试行）》第33条规定："在预重整期间，对于可能因有关利害关系人的行为或者其他原因，影响破产程序依法进行的，合议庭可以根据管理人的申请或者依职权，对债务人的全部或者部分财产采取保全措施。在预重整期间，合议庭应当及时通知执行部门中止对债务人财产的执行。已经采取保全措施的执行部门应当中止对债务人财产的执行。"

〔2〕《苏州市吴中区人民法院关于审理预重整案件的实施意见（试行）》第10条规定："进入预重整后，加强与执行法院（部门）的沟通与协调，请求执行法院（部门）及申请执行人协助和支持债务人预重整工作，暂停对债务人财产的执行。预重整期间，对于可能妨害破产重整程序顺利进行，造成债务人财产减少、灭失或变动的，合议庭可以根据债务人或管理人的申请，或者依职权，对债务人的财产采取保全等相应措施。"

〔3〕 广东省高级人民法院（2019）粤民初28号民事判决书。

申请前的整个协商谈判流程公平合理。除此之外，只要相关信息充分且程序公正，法院便会根据成文法的规定赋予预重整中达成的谈判内容以法律的强制效力。因此，立法者的任务便是鼓励当事人进行事前谈判，尽可能地保证合意内容的自治性。对于本应于司法重整程序中适用的对债务人企业保护的具体制度，亦由当事人之间进行意思协商，法院在这一过程中仅仅起到协调、引导而非主导、介入的作用。具体到实践操作中，在美国庭外债务重组程序中，为稳定债务人营业，即一般要求重组各方达成一项"冻结协议"，以约定债务人及其主要债权人暂时均不得采取有损对方利益的行动。[1]

2. "伦敦模式"下的执行中止。与美国破产实践有所不同的是，英国破产实践有关"伦敦模式"的本质便是在于所有利害关系人基于合意在一段时间内自我约束而放弃追偿行动，使得债务人有机会化解其财务困境。[2]"伦敦模式"下的重组流程大致为，先冻结追偿行为，然后对债务人管理与营业的情况展开调查，之后再由债权人选择的牵头银行进行谈判，最后达成由债权人监督实施的新的重整方案。这其中的冻结追偿行为，是指各债权人应当暂停请求债务人企业的债务偿还，以便使得债务人企业的所有债权债务关系就此固定。由此来看，英国的预重整模式似乎以产生自动冻结效力为前提，为拯救陷入财务危机的债务人企业，以便当事人制定合理的重整计划，要求债权人暂停针对债务人企业的债务清偿请求，以实现重整制度的目的。但问题在于，"伦敦模式"的实行由于法院介入的程度较低，原则上仍有赖于主要债权人的一致同意，而一致同意在无外界主导的前提下，纯粹的自主协商难以保证合意达成的合理性与有效性。"伦敦模式"的成功，本质上系克服了这种自愿合作机制的弊端，即依靠英格兰银行强有力的支持以及其自身具备的权威性。换言之，债权银行取代传统的法院主导地位进行庭外债务重组的实践，英格兰银行的威信很大程度上决定了"伦敦模式"的成型与发展。

但即便如此，预重整阶段的协商环节还是一个私法合意的过程，故对于冻结追偿的效力也应属于合意的内容，在法院尚未参与的情形下直接赋予冻结追偿的效力难谓合理。在英国的司法实践中，主要债权人之间关于冻结追偿的合意往往能够快速形成，其原因仍在于英格兰银行具有一定的威信，其最终促成了"伦敦模式"的成功。但如果某些债权人确实拒绝遵守冻结追偿的共同决定，仍选择在此期间通过法院或者其他方式向债务人企业进行追偿，由于预重整并不具备法律强制力，因而

---

〔1〕 ［美］杰伊·劳伦斯·韦斯特布鲁克等：《商事破产：全球视野下的比较分析》，王之洲译，中国政法大学出版社 2018 年版，第 141 页。

〔2〕 参见［美］杰伊·劳伦斯·韦斯特布鲁克等：《商事破产：全球视野下的比较分析》，王之洲译，中国政法大学出版社 2018 年版，第 145 页。

一定程度上还是依仗于起主导作用的债权人发挥自身的影响力和领导力，来对单个债权人的追偿行为进行调整和否认。另一方面，如果各方当事人已就预重整冻结追偿效力达成一致，那么自当依据私法领域内的契约严守原则，来遵从商定的协议内容，以此保障重整计划的执行和效力。

上述英美预重整制度的成功，或许从根本上还是得益于其作为普通法系的惯有理念与思维方式，即在市场环境方面英美法系更注重"去监管化"以及自由化的发展，而预重整恰是这种自主、自由环境下的公司变化发展更替的产物。但在大陆法系国家，公司则更多地被定位为具备公共属性的实体，因而在公司运营和发展环境方面更加强调规则化与程式化，而这种思维模式在继受预重整制度时便会面临水土不服的问题。对此，破产体系相对较为成熟的《德国破产法》尚未完全发展出专业的预重整体系，这说明预重整制度在大陆法系国家生存确实存在一定的难题。我国目前也正面临着预重整制度冲击下对公司的法律定位以及政府、法院在重整过程中需要发挥的作用程度等一系列问题，这些都需要学界给予重新审视。

3. 日本庭外重组中的暂时停止通知。在涉及自动中止效力的问题上，日本 ADR 程序的态度是，只要全体债权人表示同意，在一定的期间内，即可以禁止回收债权、设定担保或禁止申请法庭内倒产程序，其称之为暂时停止制度。[1]若相关的破产专家团队要求债权人暂时停止相关行为的，应与债务人进行联名书面通知，但其要求并不具有强制力，本质上还是应当认定为属于倡导性建议。该要求唯一的效力可能在于，在暂时停止的命令发出后，需要自通知发出之日起，原则上在两周内应召开第一次债权人会议。暂时停止命令的效力，需要列席债权人会议的债权人一致同意才可发生。对此，在日本（重整型）法庭外债务清理实践中，依据《法庭外债务整理指引》的相关规则，主债务人认为重整计划草案切实可行且可能获得其他债权人之同意的，应与债务人联名向对象债权人，即与法庭外债务清理相关的债权人发出暂时停止通知，并在两周之内召开第一次债权人会议。[2]其中所谓暂时停止通知，即指在法庭外债务清理期间，要求对象债权人暂时停止个别行使权利或采取债权保全措施，以维持发出通知时的授信额度的一种通知。此时，除发生特殊情形之外，债务人原则上也不得处分财产或清偿债务。[3]

具体而言，在事业再生 ADR 程序中，召开债权人会议的次数原则上应以三次为限，其中在第一次债权人会议中，主要解决的问题是，债务人企业需说明当前的资产负债状况以及重整计划草案的概要，同时回答各债权人的提问，并与其交换意见。另

---

〔1〕　参见［日］山本和彦：《日本倒产处理法入门》，金春等译，法律出版社 2016 年版，第 32 页。

〔2〕　［日］山本和彦：《日本倒产处理法入门》，金春等译，法律出版社 2016 年版，第 20 页。

〔3〕　［日］山本和彦：《日本倒产处理法入门》，金春等译，法律出版社 2016 年版，第 20 页。

就其他事项，如暂时停止的有关具体内容、期间、效力，以及程序主导者的选任、整个会议的持续期间、另外两次债权人会议的安排等，原则上还需全体债权人一致同意。因此，与"伦敦模式"相似，事业再生 ADR 程序在自动中止效力的问题上仍需相关债权人的一致同意，其仍属于当事人意思自治的范畴，相关主导人的要求或命令仅仅作为其发挥主导作用的倡导性意见，并不具有约束当事人的强制性效力。

综上，鉴于预重整中注重发挥当事人协商自治的制度内涵，比较法多采取在预重整程序中相关债权债务关系人协商自治的方式来发生阻却执行的效果，这与我国司法实践中所采取的操作模式有明显不同。

（三）规范解释语境下预重整本身不应具有概括性中止执行的效果

回归法律规范的层面进行剖析，不难发现预重整产生"执行中止"的效力并未获得现有法律的明文支持。对此，从《企业破产法》角度来看，该法第 19 条规定，"人民法院受理破产申请后，有关债务人财产的保全措施应当解除，执行程序应当中止"。《企业破产法司法解释二》第 5 条规定，"破产申请受理后，有关债务人财产的执行程序未依照企业破产法第十九条的规定中止的，采取执行措施的相关单位应当依法予以纠正。依法执行回转的财产，人民法院应当认定为债务人财产"。这是现行法有关破产程序导致执行中止的规定。根据此规定，只有在破产申请被法院受理后，才会产中止执行程序的效果。不论如何定义预重整，预重整是作用于破产程序之前的一种特别制度，这也是其被称作"预"重整的原因。也就是说，预重整程序无法适用《企业破产法》第 19 条的规定，不能产生中止执行的后果。

此外，根据《企业破产法司法解释二》第 15 条的规定，因发生于破产程序前的执行行为而进行的个别清偿，亦不属于破产撤销权的行使范畴，可见破产法对于破产程序开始前强制执行程序的"优先性"亦给予了认可。与之类似，在破产程序启动前（包括预重整阶段）进行的基于强制执行而产生的个别清偿，其效力亦应予以尊重。

此外，从民事强制执行法的语境进行剖析，亦不难得出类似结论。根据《民事诉讼法》第十九章的规定，具有执行阻却效力的主要包括执行异议、执行担保、执行中止、执行终结以及执行回转等事由。而在本案案情下，由于不存在生效裁判文书的撤销、当事人间的自行协商抑或债务人以及第三人提供担保、对执行行为或执行标的的法定执行异议，亦不产生执行终结的效力（即便是破产程序开始后亦不终结程序本身），故在此主要探讨的应为其是否符合执行中止的情形。

对此，《民事诉讼法》第 256 条规定："有下列情形之一的，人民法院应当裁定中止执行：①申请人表示可以延期执行的；②案外人对执行标的提出确有理由的异议的；③作为一方当事人的公民死亡，需要等待继承人继承权利或者承担义务的；④作为一方当事人的法人或者其他组织终止，尚未确定权利义务承受人的；⑤人民法院认为应当中止执行的其他情形。"就该条规定的法定情形来看，有关破产预重整本身显然并不符合前四类情况，故此时仅有可能适用该条的兜底条款，亦即根据法院行使自由裁量权而进行中止。

　　然而，需指出的是，需要对该条赋予人民法院的自由裁量权给予足够重视。《最高人民法院关于人民法院执行工作若干问题的规定（试行）》第102条规定："有下列情形之一的，人民法院应当根据民事诉讼法第232条第1款第5项裁定中止执行：①人民法院已受理以被执行人为债务人的破产申请；②被执行人确无财产可供执行的；③执行的标的物是其他法院或仲裁机构正在审理的案件争议的标的物，需要等待该案件审理完毕确定权属的；④一方当事人申请执行仲裁裁决，另一方当事人申请撤销仲裁裁决的；⑤仲裁裁决的被申请执行人依据民事诉讼法第213条第2款的规定向人民法院提出不予执行请求，并提供适当担保的。"从该条规定来看，司法机关对于立法留有的自由裁量权范围通过列举的方式予以明确，故原则上除了上述情形外，法院不得行使自由裁量权。而在上述情形中，与本案较为相关的当属第一项规定的受理破产情形。对此，笔者认为，鉴于《民事诉讼法》《企业破产法》都已经明确规定，唯有在人民法院受理破产后，方产生执行中止效力。依据反向解释的方法，即便在提出破产申请后，人民法院受理前的一段时间，有关执行行为亦不能产生中止的效力，而作为重整程序准备阶段的预重整阶段，更不会产生中止执行的法律效果。由此，从规范的法解释学立场出发，我们似无法从现行法中解释出预重整具有中止执行的效力。实践中，一些法院在法律无明确规定的前提下，直接让预重整产生中止/终结执行效果的行为或许即是一种权力的滥用。一个基本立场是，"我们当下追求的法治是法律规则的统治，即具有形式理性的法律的统治。这种法治理想的产生主要基于这样一种信念：形式化法律具有极大的确定性，法律可以限制国家权力的任意性并仍保持确定性"。[1]文首案例中法院的行为显然不以现行法为依据，其行为仅是一种形式上的利弊判断，具有极大的不可预测性。这已经超过自由裁量的范围，是一种权力滥用。

　　除上述情形外，个别地方法院出台的规范性文件之效力位阶不高，故对于诸如深圳中院等颁布的相关预重整中止执行规定，从效力位阶上来看，其无法对更高级法院抑或其他地区法院的执行行为作出调整或约束，故其在实践中的适用空间实为有限。

（四）较为妥帖的操作方式：基于预重整债权人协商形成的执行中止效果

　　尽管预重整本身并不当然具有阻却司法执行的效力，但基于执行法理（处分原则），申请执行人对于执行程序的启动和中止享有相应的权利。对此，《最高人民法

---

〔1〕　黄金荣："法的形式理性论——以法之确定性问题为中心"，载《比较法研究》2000年第3期。

院关于人民法院执行工作若干问题的规定（试行）》第 19 条规定："生效法律文书的执行，一般应当由当事人依法提出申请。发生法律效力的具有给付赡养费、扶养费、抚育费内容的法律文书、民事制裁决定书，以及刑事附带民事诉讼判决、裁定、调解书，由审判庭移送执行机构执行。"由此，若当事人不依据生效法律文书提出执行申请，一般债务并不当然进入强制执行阶段。据此，针对包括预重整在内的庭外重组或和解程序，多采用一种通过债权人相互协定的方式，约定于协商或预重整过程中，放弃或暂时放弃行使强制执行的申请权。此外，在比较法上，如上文所述，一般也在预重整（或类似预重整的庭外协商）中采取了类似的操作模式。故从实证法角度来看，采取此种操作模式本身具有相应的实证法和比较法依据。

回归预重整制度的本质，我们认为，预重整是破产债权人一方和破产债务人一方在进入正式重整程序前的协商，对此法院不应过度介入——预重整"乃试图结合法院外协商机制与正式重整程序之最佳特质（并避免各自的弊端）所作的努力，而被视为法院外协商机制与正式重整程序之混血（Hybrid）"。[1] 法院外协商的弊端主要是欠缺拘束力；而破产重整程序最大的弊端则是金钱和时间成本高昂。同时，他们共同面对的困境是"箝制问题"，即"在某些交易情形下，法律关系的一方当事人实质上享有类似垄断的地位，因此可能采取各种策略行为以使协商无法顺利进行，法律经济分析学者将这种现象称为'箝制问题'（Hold－Out Problem）"。[2] 简单来说，"箝制问题"就是集体决策带来的囚徒困境。在预重整中，一方面法律提供某种程度的强制力（如规定预重整中达成的协议可以在接下来的重整程序中发生效力）；另一方又给予债权债务双方较大的空间（如不限制担保物权行使），让双方都有足够的谈判筹码，使得商业博弈能顺利进行。反之，若过度干预，"谈判"双方自然难谓平等，自主协商也很难存在；还会徒增程序成本。而将中止执行的效果提前到预重整程序中，就属于司法公权力的过度干预。

此外，如果允许法院主动适用中止执行，则或许会产生额外的担忧——即该措施会被滥用，成为债务人借此逃债的工具。预重整制度在定位上仅为重整申请审查期间的一个环节，其宿命仍然要归入司法重整，在司法重整当中相应的中止执行效果仍将继续存在。如果在预重整期间承认中止执行的效力，相当于变相延长了中止执行的期间，但若将中止执行的适用决定权下放于当事人之间的意思协商，则可以有效避免权力滥用的道德风险。另外，预重整制度的目的仅在于提前评估债务人企业的重整价值

---

〔1〕 王文宇、白梅芳："从经济观点论我国公司重整制度"，载王文宇：《新金融法》，元照出版公司 2004 年版，第 280 页。

〔2〕 王文宇、白梅芳："从经济观点论我国公司重整制度"，载王文宇：《新金融法》，元照出版公司 2004 年版，第 264 页。

及其可能，其优势在于将破产重整中可能集中爆发的各种矛盾，[1]提前进行有效疏解。是故，预重整制度对提高重整效率之外并无其他实质性的作用。当然，这种作用也是以其作为庭外与庭内的衔接为价值体现，此时即赋予其庭内重整的效力未免操之过急，一定程度上混淆了公权力与私主体之间的权利界限，似并不可取。

综上，我们较为认可通过预重整参与人的自主协商谈判模式，来达成执行中止的"诉权契约"，进而以当事人自主协商的结果来判定执行程序的中止或终结。[2]

附件：裁定书全文

光大金瓯资产管理有限公司、浙江奥司朗照明电器有限公司、王仁乐等债权转让合同纠纷执行实施类执行裁定书

温州市龙湾区人民法院

执行裁定书

（2019）浙0303执1332号

申请执行人：光大金瓯资产管理有限公司。

法定代表人：康龙。

被执行人：浙江奥司朗照明电器有限公司，住所。

法定代表人：王仁乐。

被执行人：王仁乐。

被执行人：章月华。

申请执行人光大金瓯资产管理有限公司依据已经发生法律效力的（2017）浙0303民初4422号民事判决书，于2019年3月29日向本院申请执行，申请执行的标

---

〔1〕 参见许德风：《破产法论——解释与功能比较的视角》，北京大学出版社2015年版，第472页。

〔2〕 值得指出的是，就上述"诉权契约"的约束力，从合同相对性的角度来看，其仅在合同约定主体间产生效力，而不能将合同的适用范围扩大至任意第三人。故此时相关"异议"或"未参与"债权人仍得主张强制执行——即仍可能对此时业已形成的预重整多数债权人形成不利益。唯就该不利益之合法性，笔者认为，鉴于有关预重整阶段并非正式的破产程序，此时部分或少数债务人为保障自身利益不被多数债权人采取多数决抑或其他方式予以剥夺，而采取符合法律规定的方式（强制执行）予以先行"撤离"濒临破产企业的复杂债务关系，基于防止"多数人暴政"、进而保障少数债务人合法债权利益之法理，其行为合法性亦应予以认可。此外，从预重整与重整制度本身的比较而言，采取上述区分亦是反映二者本质区别的体现。于此而言，当事人若欲实现完全的中止执行效果，则可尽早结束预重整谈判进入重整程序，抑或径行提起重整申请即可——在此语境下，上述操作其对促进预重整的效率，抑或保障当事人的"程序"选择，亦大有裨益。

的为本金 21 700 000 元及利息。本院于同日立案执行，并向被执行人发出执行通知书、报告财产令。

被执行人未向本院报告财产情况。

申请执行人未向本院提供财产线索。

在执行过程中，本院通过网络执行查控系统等方式依法向各金融机构、不动产登记服务中心、车辆管理部门、市场监督管理局等相关部门查询被执行人的财产情况，查明被执行人财产如下：1. 被执行人浙江奥司朗照明电器有限公司名下坐落于温州经济技术开发区海棠路 233 号不动产及坐落于温州市龙湾区天河镇高轩村天马新街 205 弄 205 号土地使用权；2. 被执行人章月华名下浙 C××××× 汽车一辆；3. 被执行人王仁乐名下坐落于温州市龙湾区天河街道高轩村不动产及浙 C××××× 汽车一辆、浙 C××××× 汽车一辆。

本院查封了被执行人名下下列财产：1. 被执行人浙江奥司朗照明电器有限公司名下坐落于温州经济技术开发区海棠路 233 号不动产及坐落于温州市龙湾区天河镇高轩村天马新街 205 弄 205 号土地使用权，因被执行人浙江奥司朗照明电器有限公司系主债务人，并对本案债务提供了自身财产抵押担保，执行中应先处置主债务人抵押的财产，但被执行人进入破产预重整程序，且政府相关职能部门发函本院建议暂缓执行，故暂不宜处置；2. 被执行人章月华名下浙 C××××× 汽车一辆，因未实际扣押，无法处置；3. 被执行人王仁乐名下坐落于温州市龙湾区天河街道高轩村不动产及浙 C××××× 汽车一辆、浙 C××××× 汽车一辆，上述不动产系被执行人名下唯一住房且建筑面积较小，为保障被执行人基本生活所需，不宜处置，上述车辆因未实际扣押，无法处置。

截至 2020 年 3 月 17 日，被执行人尚欠申请执行人本金 21 700 000 元及利息，也未缴纳本案受理费 157 257 元，执行费 89 100 元。

因被执行人在规定期限内未向本院报告财产情况，为督促被执行人履行法律文书确定的义务，本院依法向被执行人发出限制消费令，并将其纳入失信被执行人名单。

本院于 2020 年 3 月 6 日向申请执行人发出书面终结本次执行程序告知书，向其说明案件执行情况，并告知其本院拟终结本次执行程序及相应的法律后果，申请执行人于 2020 年 3 月 11 日向本院书面回复称不同意本案终结本次执行程序，具体理由如下：1. 被执行人浙江奥司朗照明电器有限公司经受理预重整与法院执行程序无冲突；2. 被执行人王仁乐、章月华名下有财产可供执行，也未对被执行人采取相应执行措施。

本院认为，本案主债务人浙江奥司朗照明电器有限公司进入破产预重整程序，其名下财产暂不符合处置条件，担保人王仁乐、章月华名下无可供执行财产，且已对其采取限高、纳入失信被执行人名单等执行措施，故本案本次执行程序可先予终结。终结本次执行程序后，申请执行人享有要求被执行人继续履行债务的权利，被执行人负有继续向申请执行人履行债务的义务。申请执行人发现被执行人名下财产符合处置条件时，可以再次申请执行。据此，依照《最高人民法院关于适用〈中华人民共和国民事诉讼法〉的解释》第五百一十九条之规定，裁定如下：

终结本次执行程序。

本裁定送达后立即生效。

审判长　方宏斌

审判员　李晓中

审判员　娄伟伟

二〇二〇年三月十八日

书记员　王　宇

专题二十四　破产重整中的商业银行
债转股问题浅析

一、案件事实概要与问题的提出

　　东北特殊钢集团股份有限公司（以下简称"东北特殊钢集团"）以生产高质量的特殊钢为主营业务，是中国特殊钢行业的龙头企业。2016 年，受外部经济环境变化、企业大规模举债、资产负债结构不合理等多重因素的影响，东北特殊钢集团有限责任公司（以下简称"东北特钢"）、东北特钢集团大连特殊钢有限责任公司（以下简称"大连特钢"）、东北特钢集团大连高合金棒线材有限责任公司（以下简称"大连高合金"）三家公司陷入严重的债务危机。截至 2016 年 9 月末，东北特钢在银行间债券市场连续 9 次债券实质违约，违约债务共计约 58 亿元，同时，东北特钢、大连特钢、大连高合金三家公司总负债 444.73 亿元，资产负债率高达84.35%，面临极大的流动性压力。鉴于上述情形，债权人阿拉善盟金圳冶炼有限责任公司向辽宁省大连市中院申请对东北特钢、大连特钢、大连高合金三家公司进行破产重整。2016 年 10 月 10 日，大连市中院裁定受理三家公司的破产申请，并调查发现，三家公司存在实质性人格混同，难以分别进行重整，故裁定对三家公司实质合并重整。2017 年 8 月 8 日，东北特钢等三家公司召开第二次债权人会议及出资人组会议，并分组表决通过了重整计划，其中，出资人组和职工债权组的同意率均为 100%，其他各债权组的同意率均在 80% 以上。[1]

　　在本次重整过程中，东北特钢、大连特钢、大连高合金三家公司纳入重整计划的债权共计 455.61 亿元，其中担保债权共计 66.83 亿元，普通债权共计 377.37 亿元，职工债权、税款债权、重整费用、共益债权共计 11.41 亿。对于普通债权的清偿，重整计划采用现金清偿与债转股相结合的方式，普通债权人享有的 50 万元以下部分的债权 100% 现金清偿，对于超过 50 万元部分的债权，经营类普通债权人、债券类普通债权人可以选择按照 22.09% 的清偿率一次性现金清偿或者按照统一比

---

　　[1]　参见杨叔朋："东北特钢重整案：创新破产审判的大连经验"，载《人民法院报》2017 年 12月 21 日，第 3 版。

460

例进行债转股，金融类普通债权人则全部按照统一比例转换为东北特钢股权。[1]此外，本次重整还引进了新的投资人宁波梅山保税港区锦程沙洲股权投资有限公司和本钢板材股份有限公司。

债转股，一般出现在破产重整程序中，是指对于经营困难但有再生希望的企业，通过将破产债权转化为债务人企业股权的方式，降低企业负债率、促使其维系营业。近年来，国际经济环境日趋复杂，我国经济面临较大的下行压力，商业银行的不良贷款率有不断上升的趋势。在推进供给侧结构性改革的背景下，为解决我国商业银行的不良贷款问题，2016 年 9 月 22 日，发布《国务院关于积极稳妥降低企业杠杆率的意见》（以下简称《降杠杆意见》）及配套文件《关于市场化银行债权转股权的指导意见》（以下简称《债转股指导意见》），2017 年 8 月 8 日，银保监会发布《商业银行新设债转股实施机构管理办法（试行）》，2018 年 1 月 19 日，国家发改委等六部门联合发布《国家发展改革委、人民银行、财政部等关于市场化银行债权转股权实施中有关具体政策问题的通知》。上述文件的出台，不仅为本轮债转股的实施提供了政策上的指引，也意味着我国继 1999 年 "政策性债转股"[2]之后又启动了新一轮的债转股。从实践层面来看，在破产重整过程中实施债转股是发展前景良好但暂遇困难的企业再生的希望。同时，由于我国目前企业的融资途径和方式受到限制，商业银行通常是企业的最大债权人，其对于债转股研究的重要性不言而喻。

尽管自 1999 年我国推行债转股以来，已有不少学者对债转股进行了一定研究，但学界对于商业银行债转股的讨论并不多，且存在较大的争议。并且，《中华人民共和国商业银行法》（以下简称《商业银行法》）出台的时间较早，与我国目前的经济发展似乎有所脱节，而我国目前债转股的实际操作又与《商业银行法》的规定存在一定冲突。因此，以商业银行为对象，探讨破产重整中实施债转股可能遇到的法律问题具有较强的现实意义。本文以 "东北特钢重整案" 作为案例引入，尝试定位债转股的法律性质，分析其分组表决与强制批准，实施与退出机制等多个方面的程序规则，探讨破产重整过程中商业银行实施债转股可能遇到的法律问题，从而为债转股提供更好的理论基础。

---

〔1〕　如果只有金融类普通债权债转股，则按 5.64 元债权对应东北特钢 1 元注册资本计算；如果经营类普通债权人和债券类普通债权人都选择债转股，则按 7.26 元债权对应东北特钢 1 元注册资本计算。本案数据来源参见 "东北特钢破产重整方案详解"，财新网新闻：http://database. caixin. com/2017 - 08 - 29/101137119. html，2020 年 6 月 21 日访问。

〔2〕　政策性债转股是指由政府确定转股企业、转股债权与实施机构后方可实施的债转股，具有鲜明的 "政策性" 特征。本轮的债转股与政策性债转股存在较大差异，故暂不作讨论。

二、破产重整中债转股的法律性质

学界对破产重整中债转股的法律性质认定不一，大致有如下三种观点。第一种观点以王欣新教授为代表，认为债转股具有债权出资与债务清偿的双重法律性质，"债转股中'债'的关系主要受破产法调整，而'股'的关系则主要受公司法调整"，[1]"从债务清偿的角度看，债转股的实质是以股偿债"，[2]"从将债权转换成公司股份的角度看，债转股的实质是以债权向公司出资的行为"。[3]第二种观点以韩长印教授为代表，认为债转股是一种"代物清偿"或者"专为清偿"，"破产法上的债转股应当看作是债的一种替代清偿方式，系以债的其他标的或者给付类别代替债的原有标的或者给付类别的一种代物清偿方式"。[4]第三种观点以邹海林教授为代表，认为债转股实质是一种对债务人财产的分配制度，"债转股只是破产法规定的以出资人权益分配债务人财产以'清偿'债权的辅助分配措施"。[5]结合上述三种观点，本文将从破产法、公司法两个视角分别出发，探讨破产重整中债转股的法律性质。

（一）公司法视角下的债转股

破产重整过程中的债转股是否受公司法调整，其问题的核心在于债权人将其破产债权转换为债务人企业的股权是否构成出资行为。[6]尽管从形式上看，破产重整中的债转股是债权人以其对债务人企业享有的债权出资，并凭借出资享有资产收益权以及参与重大经营决策等股东权利。但从实质上看，破产重整中的债转股与企业正常经营中的债权出资仍存在较大区别。首先，二者的目的不同，企业正常经营中的债权出资是出资人为设立公司或增加公司注册资本所作出的投资行为，此种债权出资的目的在于使公司得以运营或扩大其规模，进而通过其因出资所享有的股权而获益，此种债转股属于"牟利型债转股"；[7]而破产重整中的债转股是在债权无法获得全额清偿的情况下，债权人因债务人企业有继续盈利的希望而选择将其债权转换为股权，目的在于通过挽救债务人企业的方式获得更高的清偿率，进而减少自身所遭受的损失，此种债转股具有以被动方式重新投资的性质，而并不是基于债权人

---

〔1〕 王欣新："再论破产重整程序中的债转股问题——兼对韩长印教授文章的回应"，载《法学》2018 年第 12 期。

〔2〕 王欣新："企业重整中的商业银行债转股"，载《中国人民大学学报》2017 年第 2 期。

〔3〕 王欣新："企业重整中的商业银行债转股"，载《中国人民大学学报》2017 年第 2 期。

〔4〕 韩长印："破产法视角下的商业银行债转股问题——兼与王欣新教授商榷"，载《法学》2017 年第 11 期。

〔5〕 邹海林："透视重整程序中的债转股"，载《法律适用》2018 年第 19 期。

〔6〕 对于公司法是否允许债权出资目前仍存有争议，但一般认为，债权可以作为出资的方式。

〔7〕 参见王欣新："企业重整中的商业银行债转股"，载《中国人民大学学报》2017 年第 2 期。

主动的投资目的而进行的投资安排,[1]属于"止损型债转股"。[2]其次,二者的程序不同,一方面,根据我国《公司法》的规定,[3]一般情形下公司的增资、减资须经股东会或者股东大会决议,其原因在于,公司的注册资本作为公司形式意义上的责任财产,应当满足资本不变原则,非经法定程序不得任意减少或增加。而在破产重整中,债权人实施债转股从而导致的债务人企业注册资本增加,是债权人、债务人企业、债务人企业股东共同协商并经由债权人会议表决通过的重整计划的一部分,无须再次经股东会或者股东大会表决,这也是破产程序区别于公司日常经营的一大特点。同时,根据《公司法》的规定,一般情形下有限责任公司的股权转让须经其他股东半数以上同意,且其他股东在同等条件下享有优先购买权。[4]而在破产重整中,债转股往往是以股东将股权转让给债权人的方式完成的,此时债权人获得股权无须经过半数其他股东的同意,其他股东也不享有优先购买权。最后,债转股的比例有差异,一般情形下的债转股,是依照债权的价值等额计算计算转股债权人的股权(即债转股比例为1∶1);而在破产重整中,债权人实施债转股则是按照一定比例将数额较多的债权转化为数额较少的企业注册资本,并计算转股债权人的股权(即债转股比例大于1∶1)。[5]

上述三点区别表明,企业日常经营中的债转股与破产重整中的债转股尽管形式上存在相似之处,但二者是完全不同的。破产重整中的债转股是依托破产法律框架进行的,鉴于破产程序的特殊性,不宜以《公司法》来规范破产重整中的债转股。对此,王欣新教授提到,债转股的最终实现须经公司法上的增资登记、股东变更等法定程序,且转股债权人在债转股完成之后须履行不得抽逃出资等资本充实义务并完成债务人企业对外的交易活动,因而须受公司法调整。[6]实际上,公司增资登记、股东变更登记等法定程序的目的在于将公司具体情况对外公示,从而维护交易安全,至于具体的登记原因是出自于公司法的出资规范要求还是属于破产法的特别事项则在所不问。而对于转股债权人对企业负有的后续义务,债转股意味着转股债权人的身份已经依法由债权人变更为企业股东,而在债务人企业继续存续的情况下,转股债权人作为公司股东当然应受公司法的规制并履行股东的各项义务,但这

---

〔1〕　参见韩长印:"破产法视角下的商业银行债转股问题——兼与王欣新教授商榷",载《法学》2017 年第 11 期。

〔2〕　参见王欣新:"企业重整中的商业银行债转股",载《中国人民大学学报》2017 年第 2 期。

〔3〕　《公司法》第 37 条第 7 款、第 99 条。

〔4〕　《公司法》第 71 条第 2 款、第 71 条第 3 款。

〔5〕　以东北特钢重整案为例,债权人实施债转股的比例介于 5.64∶1 与 7.26∶1 之间,远高于一般情形下 1∶1 的债转股比例。

〔6〕　参见王欣新:"再论破产重整程序中的债转股问题——兼对韩长印教授文章的回应",载《法学》2018 年第 12 期。

并非意味着重整过程中的债转股行为应受公司法调整。

（二）破产法视角下的债转股

目前学界对于破产重整中债转股的清偿性质争议不大，但究竟是以何种方式清偿，观点不一。以邹海林教授为代表的财产分配说认为，债转股是以出资人权益向债权人分配债务人财产从而清偿债权的措施。在公司法语境中，出资人权益是指作为出资人的股东所享有的权益，即股权。有观点认为股权是物权，也有观点认为股权是债权，还有观点认为股权是一种既不同于物权又不同于债权的综合性权利。[1]不论主张何种观点，不可否认的是，股权是股东自身所享有的民事权利。在破产程序中，债务人始终是以其所拥有的财产向债权人清偿，而财产分配说似乎误将出资人权益也认定为债务人企业财产的一部分，存在较为明显的不合理之处。

以韩长印教授为代表的代物清偿说，对债转股清偿性质的认定较为合理。[2]所谓代物清偿，是指债权人受领他种给付以代替原定给付而使合同关系消灭的债务清偿方式。而专为清偿与代物清偿类似，只是原债关系并不当然消灭，在债务人履行他种给付未果时，债权人仍有权请求债务人清偿原债权。[3]债务人破产重整中的债转股，是经债权人、债务人企业与债务人企业股东协商达成的清偿方案，约定由股东将其所有的股权转让给债权人用来清偿债权人对债务人企业享有的破产债权。在破产程序中，债务人企业一般以现金清偿破产债权，而在债转股中，债务人企业股东以其享有的股权作为他种给付向债权人清偿企业债务，从而完成第三人代物清偿。[4]因此，从清偿性质来看，应当将破产重整中的债转股理解为一种代物清偿或专为清偿的方式。

在认定债转股代物清偿或专为清偿属性之后，另一个值得探讨的问题是，重整计划执行失败，重整执行程序转入破产清算程序之后，债转股的原债权是否应恢复。本文认为，债转股的原债权不宜恢复。

第一，根据《企业破产法》的规定，在重整计划执行失败转入清算程序后，债权人在重整计划中作出的承诺失去效力，但因执行重整计划受偿的债权仍然有效，仅将未清偿的债权列为破产债权。[5]在破产重整中，以债转股的方式向债权人作出的清偿，在完成股权变更登记的法定程序后，代物清偿便已履行完毕，原债权属于

---

〔1〕 参见王欣新：《公司法》，中国人民大学出版社 2016 年版，第 38 页。

〔2〕 韩长印教授认为破产重整中的债转股兼具代物清偿与专为清偿的特征，参见韩长印："破产法视角下的商业银行债转股问题——兼与王欣新教授商榷"，载《法学》2017 年第 11 期。

〔3〕 参见崔建远："以物抵债的理论与实践"，载《河北法学》2012 年第 3 期。

〔4〕 代物清偿并不要求清偿物为债务人所有之物，亦可以是第三人之物，此时成立第三人代物清偿。参见卢文兵："第三人代物清偿的司法认定和责任承担"，载《人民司法》2013 年第 18 期。

〔5〕 参见《企业破产法》第 93 条第 2 款。

已受清偿的债权；[1]而对于还未完成股权变更登记的部分债权，代物清偿则陷入履行不能，此时原债权属于未清偿的债权，应当列为破产债权。

第二，瑕疵担保规则不适用于债转股。如果认为重整执行转清算时原有债的关系因原债权原因的消灭而重新"复活"的法理基础在于代物清偿的瑕疵担保规则，[2]那么似乎可以认为重整执行转清算时债务人企业的股权存在权利瑕疵。但是，依照民法及公司法的理论，瑕疵股权系指股权本身存在瑕疵，可能是债转股过程中存在的程序瑕疵，也可能是原股东出资不实导致的瑕疵，在排除上述情况之后，以债转股的方式取得股权本身并不存在所谓的瑕疵，债权人因债务人企业重整失败而遭受的权利减损只能被认为是一种市场风险。

第三，债务人企业在实施重整计划中的债转股时，须经工商登记方能完成公司增资与股东变更，而工商登记具有公示公信力，若仅因重整执行转清算就撤销公司增资、变更股东名册，这将不利于维护交易安全与第三人的信赖利益。

诚然，债转股会对债权人造成较大的风险，一旦债权人完成债转股而重整计划失败，转股债权人持有的股权相较于原债权会沦为劣后债权，而这对转股债权人来说确存在不公平之处。不过，在恢复原债权与维护交易安全、保护第三人信赖之间的利益平衡中，对市场交易安全性的维护应高于对转股债权人的利益保护，转股债权人应承担因债转股而产生的市场风险，其原因在于交易安全是市场活动的基石，如果为保护转股债权人而允许任意变更经法定程序登记的企业公示信息，这将违反公司资本不变原则、破坏市场的交易秩序，同时也会使第三人不敢轻易与重整企业经济往来，最终使重整企业失去再生的希望。更何况，转股债权人虽然承担较高的市场风险，但当债务人企业重整成功时，其也会因此而受益，东北特钢重整案就是一个较好的示例。[3]

通过上述论述可以发现，破产重整债转股中的债权一旦转为股权，该债权得到清偿，原债关系遂归于消灭；而债转股若在重整计划宣告失败时仍未实施，那么随着重整计划中债权人承诺的失效，代物清偿关系归于消灭，债务人须清偿原债权。综上所述，破产重整中的债转股具有专为清偿的属性，且重整计划执行宣告失败、重整执行程序转入破产清算程序之后，债转股的原债权不宜恢复。

---

〔1〕 参见王欣新："再论破产重整程序中的债转股问题——兼对韩长印教授文章的回应"，载《法学》2018 年第 12 期。

〔2〕 参见韩长印："破产法视角下的商业银行债转股问题——兼与王欣新教授商榷"，载《法学》2017 年第 11 期。

〔3〕 重整计划实施后，东北特钢改变了其原本的运营模式，借鉴沙钢集团的成功经验，于 2017 年 10 月实现其自 2011 年以来的首次盈利，并在之后多次刷新盈利记录，逐渐走向正轨。参见姜琳："昔日'违约王'扭亏为盈东北特钢活力重现"，http://www.xinhuanet.com/finance/2018 – 02/08/c_129808816.htm，2020 年 6 月 22 日访问。

（三）我国破产重整中商业银行债转股的立法缺失

尽管商业银行债转股在我国已有了一定的实践经验，但对于破产重整程序中的商业银行债转股，我国的实践不多，《公司法》《破产法》等相关法律及司法解释亦缺乏对该问题较为体系化的规定。

《公司债权转股权登记管理办法》（已失效）第2条曾对债转股这一概念作出规定，[1]《公司注册资本登记管理规定》对重整程序中债权可转换为股权也有所提及。[2]尽管如此，现行法规范对商业银行债转股仍缺乏明确规定：尽管2016年国务院发布的《债转股指导意见》提到商业银行要实施市场化债转股，但并未说明如何在重整程序中操作；反观政策性债转股阶段，《国家经贸委、中国人民银行关于实施债权转股权若干问题的意见》[3]却专门针对商业银行债权转为股权作出了明确指引。[4]另外，由于我国目前没有针对商业银行债转股的全国性法律规范，而多以部门规章甚至是规范性文件的形式加以规制，法律位阶相对较低，也易受到地方政府的干预。

同时，根据《商业银行法》第4条及第5条的规定，商业银行对于其开展的业务有自主决定权，不受行政机关、社会团体及第三人的干涉。针对商业银行的债转股行为，《债转股指导意见》明确指出，各级政府不得干预债转股市场主体的具体事务，不得确定具体转股企业，不得强行要求银行开展债转股，不得指定转股债权，不得干预债转股定价和条件设定，商业银行在债转股中应享有完全的自决权利。然而，破产重整程序的特殊性在于概括清偿程序对个别债权人权利的限制，包括少数服从多数的表决规则以及法院强制批准规则，这与商业银行在债转股中享有的自决权存在冲突。既有法律对此并未作出回应，这便造成了商业银行债转股与重整程序之间的制度衔接问题。

三、破产重整中商业银行债转股的分组表决与强制批准问题

（一）破产重整中商业银行债转股的分组表决问题

在东北特钢重整案中，东北特钢等三家债务人企业的重整计划中包含债转股的

---

〔1〕《公司债权转股权登记管理办法》第2条规定："本办法所称债权转股权，是指债权人以其依法享有的对在中国境内设立的有限责任公司或者股份有限公司（以下统称公司）的债权，转为公司股权，增加公司注册资本的行为。"随着2013年《公司法》的修订，该办法已被废止。

〔2〕《公司注册资本登记管理规定》第7条第1款规定："债权人可以将其依法享有的对在中国境内设立的公司的债权，转为公司股权。"第7条第2款第3项规定，转为公司股权的债权应当符合"公司破产重整或者和解期间，列入经人民法院批准的重整计划或者裁定认可的和解协议"。

〔3〕国经贸〔1999〕727号文件。

〔4〕参见朱睿妮："商业银行实施债转股的法律困境与出路——以破产重整程序为中心"，载《南方金融》2020年第6期。

方案，具体而言，经营类及债券类普通债权人享有现金清偿与债转股的自由选择权，而金融类普通债权人则按统一比例实施债转股。由该案所引申出的问题是，对于包含商业银行债转股内容的重整计划，债权人会议应遵循何种分组表决规则。

第一，明确各关系组表决权的问题。由于债转股必然涉及对出资人权益事项的调整，根据《企业破产法》第85条第2款的规定，应在债权人会议中设置出资人组。至于一般多数决的表决规则能否同样适用于包含商业银行债转股方案的重整计划，[1]学界存在不同的观点。王欣新教授强调个别债权人的同意，认为破产重整程序中的债转股计划不应受到重整程序的限制，原因在于，债转股使转股债权人的权利发生法律性质上的转换，而这种具有基础权利性质转换的清偿涉及债权人重大利益的调整，应当建立在每个转股人自愿的基础上。[2]而韩长印教授、李曙光教授等学者则认为，破产重整中的债转股应当适用债权人会议的多数决规则，原因在于，破产程序中的任何事项，包括债转股在内，应遵循破产程序的概括属性，按照多数决规则形成债权人或者利害关系人的集体意思。[3]本文认为，尽管《商业银行法》及《债转股指导意见》规定了商业银行的自决权利，但包含商业银行债转股方案的重整计划仍应遵循破产重整程序中的一般表决规则，即多数决规则。首先，应当区分包含债转股的重整计划是否给予债权人自由选择现金清偿或者债转股的权利，如东北特钢重整案中金融类普通债权人与经营类、债券类普通债权人的清偿方式。若重整计划给予债权人现金清偿或债转股选择权，[4]则该重整计划与一般的重整计划区别不大，应遵循破产程序的概括属性，在分组表决时适用多数决规则，而没必要征得每一位拟转股债权人的同意。若重整计划并未给予债权人选择权而要求统一实施债转股，则可能存在较大争议。[5]有观点认为，在债转股方案中必须制订债权人不接受债转股时对应的债务清偿方案，由债权人自愿选择是否转股。[6]依照此观点，即使债权人会议及出资人组会议通过（但未全票通过）该重整计划，法院也不应批准。但实际上，在债权人会议及出资人组会议通过的情况下，法院可以批准该重整计划，原因在于，破产程序的概括属性意味着债权人的选择权、决定权原本就是受到集体意思限制的，商业银行也不例外。重整计划是否给予债权人自由选择

〔1〕《企业破产法》第84条第2款。

〔2〕 参见王欣新："再论破产重整程序中的债转股问题——兼对韩长印教授文章的回应"，载《法学》2018年第12期。

〔3〕 参见韩长印："破产法视角下的商业银行债转股问题——兼与王欣新教授商榷"，载《法学》2017年第11期；另见李曙光："债转股应遵循六个法治原则"，载《经济参考报》2016年11月8日，第8版。

〔4〕 此情形即东北特钢重整案中经营类普通债权人及债券类普通债权人的重整方案。

〔5〕 此情形即东北特钢重整案中金融类普通债权人的重整方案。

〔6〕 参见王欣新："企业重整中的商业银行债转股"，载《中国人民大学学报》2017年第2期。

权，是经委托专业评估机构评估并由债务人、管理人自行利益衡量后所产生的结果，这与一般的重整计划并无不同。因此，对于债权人会议及出资人组会议通过的包含债转股方案的重整计划，商业银行债权人的自决权应受到集体意思的限制，法院可以裁定批准该重整计划。在东北特钢重整案中，尽管重整计划未给予商业银行等金融类普通债权人自由选择权，且该重整计划未获全票表决通过，[1]法院裁定批准该重整计划仍是合理的。

第二，基础权利性质的转换并不影响债务人企业以股权实施清偿的效果，破产程序的核心在于实现公平的集体清偿，而不论债务人企业是通过现金清偿还是专为清偿的方式。无需过度强调基础权利性质转换与"涉及债权人重大利益"保障的问题，因为不论是债转股还是其他重整方案，破产重整计划本身都会对债权人利益产生重大调整，而此种利益调整处于破产程序中时，均应遵循破产程序的概括属性。因此，包含债转股方案的重整计划与一般的重整计划在形式上虽有差异，但本质上并无区别，其表决规则仍应遵循破产程序中的多数决规则。

第三，股权性质的特殊性不应改变表决规则。有观点指出，债转股是以债务人企业的股权进行清偿，股权显然不属于债务人企业所有的财产，而是属于股东的财产，故债转股超出了破产程序集体执行债务人财产的范围，不能适用债权人会议多数决原则。对此，虽然股权并非债务人企业所有的财产，但根据《企业破产法》第85 条第 2 款的规定，对于重整计划中涉及出资人权益调整的事项，由关系人会议分组表决，可见，一般的重整计划中也很可能包含对不属于债务人企业财产的出资人权益事项调整。因此，从法律规范的角度来看，破产重整中债权人会议多数决规则还及于出资人权益。相较之下，在包含债转股的重整计划中，债转股属于涉及出资人权益调整的事项，自然应当遵循债权人会议多数决规则。

第四，对债转股实施效果的顾虑也不应改变其表决规则。诚然，债转股最大的不确定性在于转股后股东可能长期无法分配到利润也无法出售股权，则所谓的代偿物便不具备使用价值和流通价值，而当重整计划执行失败换入清算程序时，转股债权人将会分文不获，多数决规则将使拟转股债权人不得不接受该风险。[2]对此，在不考虑法院强制批准的情形下，多数决规则意味着多数拟转股债权人以及占多数债权份额的债权人认为该债转股方案相较于其他现金清偿方案及清算结果来说更优。在默认债权人都是理性人的前提下，债权人会通过比较成本与收益作出利益最大化

---

〔1〕 据公开资料显示，东北特钢重整中，普通债权人组的同意率在 80% 以上，但未全部同意。参见杨叔朋："东北特钢重整案：创新破产审判的大连经验"，载《人民法院报》2017 年 12 月 21 日，第 3 版。

〔2〕 参见王欣新："再论破产重整程序中的债转股问题——兼对韩长印教授文章的回应"，载《法学》2018 年第 12 期。

的决策，而这也是人们对激励作出反应的体现。[1]总体来说，在包含债转股方案的重整计划已经多数决通过的情况下，转股风险应当是较小的，不采用个别同意规则是合理的。并且，债转股方案的不确定性风险也将激励债权人与债务人企业、股东更加慎重地协商。

综上所述，本文认为，对包含商业银行债转股方案的重整计划表决时，应设出资人组，且应适用多数决规则。

（二）破产重整中商业银行债转股的强制批准问题

尽管东北特钢重整案中不存在法院强制批准重整计划的问题，但是从该案引申出的问题是，对于包含商业银行债转股方案的重整计划，若债权人会议未表决通过，法院能否以强制批准的方式予以通过。学界对此也存有争议：有观点认为，在银行不同意的情况下，法院不能通过强制批准重整计划草案的方式来强迫债权人实施债转股；[2]也有学者主张，现行法并未完全否定法院强制批准包含债转股方案的重整计划，但法院适用强制批准方式时应遵循一定的规则并尽量少用。[3]本文认为，后一种观点更为合理。

作为分析的出发点，还是应对包含商业银行债转股的重整计划加以区分。若债转股方案给予银行自由选择权，则银行与普通的债权人不应作区别对待，法院按照一般的强制批准规则对重整计划裁定即可。若重整计划要求银行统一实施债转股，法院是否适用强制批准的问题则值得探讨。"丹东港集团破产重整案"是涉及该问题较为典型的案例。在该案中，丹东港集团的重整计划给予了有财产担保的债权人现金清偿和债转股两种清偿方式，对于个人债券类和经营类普通债权实施现金清偿，而对于金融类、机构债券类和关联方普通债权则按一定比例统一实施债转股。该重整计划经债权人会议两次表决未获通过，丹东市中院最终强制批准了该重整计划。对此，法院作出了几点论述：其一，职工债权组、税款债权组及有财产担保债权组均表决通过了重整计划；其二，对于有财产担保组的清偿方案，该方案给予该组成员平等选择权，因而对该组成员是公平的；其三，对于普通债权组的清偿方案，实施现金清偿的债权人的清偿比例为10%，统一实施债转股的普通债权人，按照临港集团的每股权益价值计算，清偿率约为11.68%，根据管理人委托的评估机构出具的偿债能力分析报告，丹东港集团在模拟清算状态下，普通债权的清偿比例

---

[1]　参见［美］曼昆：《经济学原理：微观经济学分册》，梁小民等译，北京大学出版社2015年版，第7页。
[2]　参见王欣新："企业重整中的商业银行债转股"，载《中国人民大学学报》2017年第2期。
[3]　参见韩长印："破产法视角下的商业银行债转股问题——兼与王欣新教授商榷"，载《法学》2017年第11期。

为 0%，因此，普通债权组反对者能够获得的清偿利益高于依照破产清算程序所能获得的利益，虽然清偿方式和比例上有所差异，但这是根据丹东港集团的资产情况，并考虑各类债权人的承受能力等因素作出的较为合理的安排，该清偿安排对普通债权组的成员较为公平，符合法律规定；其四，重整计划提出了具体可行的经营方案，具有可行性。[1]

该案中丹东市中院适用的强制批准程序说明了强批债转股方案的可能性。一方面，从法律规定来看，法院强制批准重整计划遵循的是《企业破产法》第 87 条第 2 款中明确规定的 6 项条件，且这些条件基本都有较为客观的判断标准；另一方面，从立法精神来看，破产法确立的强制批准制度反映出立法对企业挽救这一目标的强调，也体现了立法在强制批准场合对个别债权人乃至个别股东权利行使方式更大程度的否定。[2]因此，总体来看，丹东市中院适用强制批准是公平合理且符合法律规定的。

但是，法院批准包含债转股方案的重整计划也有其弊端。在丹东港集团破产重整案中，法院对于重整计划可行性的论述并不具体充分，原因在于，债务人的经营方案是否可行，属于破产重整的利害关系人商业判断的内容，而将经营方案交由不熟悉商业运作的法官判断，结果只能是法官仅对程序进行审查，而对实质内容无法作出较为具体的论述。[3]另外，《债转股指导意见》确实规定了债转股的自愿原则，以及实施债转股必须征得每一家银行债权人同意的法治原则。[4]但是，国务院发布的债转股指导文件并非针对重整程序中的商业银行债转股，商业银行在重整程序中的自愿原则将因重整程序的概括属性而受到一定的限制。此外，《债转股指导意见》中的自愿原则、法治原则属于高度概括性的总体要求，而对于适合实施债转股的企业，指导意见则另有较为明确的评判规则。相较之下，在强制批准程序中，法院应当严格遵循指导意见中的具体标准，而对于原则性的总体要求，符合其"大方向"即可。如果法院严格遵循了指导意见中的评判标准而后强制批准了重整计划，那么银行债权人的利益应视为得到了较好保护。

在丹东港集团重整案中，尽管丹东市中院对于重整计划商业运作的专业性论述不够充分，但总体来看，法院的论述符合《企业破产法》的规定和《债转股指导意见》的要求，适用强制批准通过重整方案具有合法性与合理性。综上所述，本文认

---

〔1〕 参见辽宁省丹东市中级人民法院（2019）辽 06 破 2 – 5 号民事裁定书。

〔2〕 参见韩长印："破产法视角下的商业银行债转股问题——兼与王欣新教授商榷"，载《法学》2017 年第 11 期。

〔3〕 参见邹海林："法院强制批准重整计划的不确定性"，载《法律适用》2012 年第 11 期。

〔4〕 参见王欣新："企业重整中的商业银行债转股"，载《中国人民大学学报》2017 年第 2 期。

为，法院可以强制批准包含商业银行债转股的重整计划，但应严格遵循《企业破产法》中的相关规定以及《债转股指导意见》中的具体要求。

四、破产重整中商业银行债转股的实施机制和退出机制

（一）破产重整中商业银行债转股的实施机制

我国商业银行债转股存在的首要问题是金融业分业经营的法律制度安排，[1]由于该限制，商业银行不得向非银行业金融机构和企业投资。《商业银行法》第43条对此作出了较为明确的规定，[2]这似乎构成了商业银行债转股的一个障碍。但是，从字面含义上看，立法所限制的或许仅是银行的主动投资行为，而对于被动的、暂时的股权持有行为似乎未作明确限制，这为该条预留了一定的解释空间。[3]同时，国务院发布的《降杠杆意见》第16条规定，银行不得直接将债权转为股权，但可以通过实施机构进行债转股，可见国家鼓励商业银行采取间接的方式实施债转股。

商业银行债转股面临的另一个问题是金融资产投资公司的设立难题。为推动市场化、法治化银行债转股的健康有序开展，2018年6月29日，银保监会发布《金融资产投资公司管理办法》（以下简称《办法》），其中新设了一类"金融资产投资公司"（简称金融AIC），《办法》明确金融AIC属于非银行金融机构，且应由境内银行作为主要股东发起设立，并以从事商业银行债转股业务为主。然而，金融AIC的设立条件较为严格，作为主要股东的商业银行须满足8项条件，[4]而其他法人机构作为股东须满足9项条件，[5]《办法》同时规定了7种禁止成为股东的情形。[6]此外，根据《办法》的规定，[7]金融AIC设立时的注册资本应为一次性实缴货币资本，且最低限额为100亿人民币，这意味和大多数中小型银都不具备成为主要出资人的条件，使得金融AIC的设立难成为现实问题。[8]根据公开信息，自《办法》发布至今，仅建、农、工、中、交五大行于2017年依次获批成立全资子公司AIC开

---

〔1〕　参见姚启建："商业银行不良资产债转股的法律问题及其对策"，载《法学杂志》2019年第8期。

〔2〕　《商业银行法》第43条。

〔3〕　参见韩长印："破产法视角下的商业银行债转股问题——兼与王欣新教授商榷"，载《法学》2017年第11期。

〔4〕　《金融资产投资公司管理办法》第8条。

〔5〕　《金融资产投资公司管理办法》第9条。

〔6〕　《金融资产投资公司管理办法》第10条。

〔7〕　《金融资产投资公司管理办法》第11条。

〔8〕　参见冯柏："市场化债转股：基本逻辑、实施挑战与应对策略"，载《金融监管研究》2018年第5期。

展债转股业务，股份制商业银行平安银行、兴业银行及浦发银行、地方性银行广州农商行虽然于 2019 年和 2020 年公告拟成立 AIC，但目前尚未披露进展。[1]

转股价格机制对于商业银行债转股的实施也十分重要。《债转股指导意见》在总体要求中明确指出，债转股的价格要遵循市场化原则，但该指导意见并未说明具体的实施方法。银监会、保监会发布的《商业银行新设债转股实施机构管理办法（试行）》及《办法》也仅作出了原则性规定，要求实施机构与债转股对象企业依法自主协商，遵循市场化原则。[2]在破产重整中，企业资不抵债或有明显丧失清偿能力的可能，已然意味着其股权或者股票的价值相对较低，如果不能公平、合理地评估和定价，一方面会对企业的后续经营、决策制定等方面产生影响，国有企业重整的，还可能造成国有资产流失，另一方面则会对商业银行债转股实施机构的风险和收益产生影响。因此，合理的转股价格机制对于债务人企业以及商业银行债转股的实施机构而言都是十分关键的，而其具体规则在我国的法规层面存在缺失。

（二）破产重整中商业银行债转股的退出机制

对于破产重整中商业银行债转股的退出机制，需要首先明确，商业银行不能直接在破产重整过程中实施债转股，而应通过实施机构完成。因此，破产债权人的商业银行在重整计划进入执行阶段后，须将自己的债权转让给实施机构，后续由实施机构完成债权转股权的法定程序，且股东权利由实施机构而非商业银行来行使。[3]对此，有学者认为，在商业银行中债转股中，实施机构是重整企业的直接持股人，而商业银行是间接持股人，[4]此种解读似乎是对现行法规范的误读。实际上，商业银行经重整计划表决通过并将债权转让给实施机构后，便退出了重整程序。因此，破产重整中商业银行债转股的退出机制多指代的是实施机构的退出制度。《债转股指导意见》在实施方式中也明确指出，实施机构应采取股权转让等多种市场化方式实现股权退出。

常见的股权退出方式由以下几种。一是公司回购股权，这是实践中使用频率较高的一种退出方式。对于有限责任公司，股权回购可操作性较高，且法律也并未对

---

[1] 参见罗克关、肖婷婷："什么信号？又一银行百亿筹建债转股子公司！五大行 AIC 资产一年增两倍，玩法正增多"，澎湃网新闻：https://m.thepaper.cn/newsDetail_forward_7644895? ivk_sa = 1023197a，2020 年 6 月 24 日访问。

[2] 参见《金融资产投资公司管理办法》第 3 条、《商业银行新设债转股实施机构管理办法（试行）》第 33 条。

[3] 相关法律规范可见于《商业银行新设债转股实施机构管理办法（试行）》第 42 条等。

[4] 参见朱睿妮："商业银行实施债转股的法律困境与出路——以破产重整程序为中心"，载《南方金融》2020 年第 6 期。

此作出限制性规定；对于股份有限公司，股份回购一般适用"原则禁止，例外允许"的立法例，[1]除《公司法》第142条规定的6种情形外，法律均不允许公司回购股份。因此，对于持有股份有限公司股权的实施机构，想要通过股权回购的方式实现股权退出的难度较大。二是股权转让，是指将实施机构持有的公司股权转让给公司其他股东或者新的投资人。尽管该种退出方式在法律上不存在较大障碍，但是实践中，由于实施机构所持的是经重整企业的股份，企业处于相对较弱的经营状况，其发展前景及资金状况可能构成投资人不愿投资的因素，这对于实施机构的及时退出来说是一种较大风险。其他的股权退出方式还包括二级市场的股权转让、上市退出等多种方式。总体来说，目前股权退出的立法相对滞后，配套措施也尚未完善，这会对实施机构的股权退出产生一定阻碍。

美国在破产重整中商业银行债转股的退出机制方面有着较为成功的经验。在美国法上，重整过程中的债转股并非直接将债权转换为股权，而是先将债权转换为"赔偿请求权"，使其在市场上流通以防止因个别债权人的异议而使整个重整计划落空。债权人可以通过交易"赔偿请求权"而获得清偿，具体价格也随着重整企业前景的情况而变化。"赔偿请求权"在给予债权人一种新的退出方式的同时，也充分发挥了市场的分配机制，实现了市场效益的最大化，[2]值得我国借鉴。

本文认为，我国目前在法律法规及政策性文件中多次强调商业银行债转股实施机构的退出机制要遵循市场化原则，但还需要将该原则予以细化、落实，制定能够发挥市场调节和分配功能的具体股权退出措施，才能够保障实施机构进行风险控制，也能够帮助重整企业更好地引进新战略投资人，为重整企业注入新的活力。

五、结语

商业银行主体的特殊性以及债转股作为重整方案的特殊性使破产重整中商业银行的债转股问题显得尤为突出。本文认为，但破产法规则因其概括属性而有别于一般的民商事规则，包含商业银行债转股方案的重整计划作为破产程序事项的一部分，应在破产法的框架内对其分析，这样才能得出最符合破产法立法精神的结论。另外，在破产重整中，有关商业银行债转股问题的立法缺失也是实践中亟待解决的问题，这种立法的缺失不仅使破产法与银行法、公司法等法律法规产生制度衔接方

---

〔1〕　参见刘小勇："论有限责任公司股权的回购"，载《北方法学》2011年第6期。
〔2〕　参见刘国辉："债转股的国际经验及启示"，载《金融纵横》2016年第8期。

面的问题，也可能诱引地方政府对商业银行的债转股的不当干预。[1]对此，我国可以在借鉴域外经验的基础上，抓紧制定切实可行的、针对破产重整中商业银行债转股问题的具体措施，才能够在保障商业银行及债转股实施机构利益的同时，挽救具有重生希望的困境企业。

---

〔1〕　东北特钢重整案与丹东港集团重整案都属于社会影响较大的重整案件，针对这两起案件，均有新闻报道称，银行因受到地方政府的干预而被迫接受统一实施债转股的重整计划，并因此蒙受较大的损失。参见张宇哲："东北特钢破产重整方案的公与不公"，https://www.sohu.com/a/167893391_161623，2020 年 6月 25 日访问。另见 Bloomberg News："丹东港收归国有之路"，https://wsdigest.com/article? artid = 2820，2020 年 6 月 25 日访问。

专题二十五 破产重整强制批准制度下绝对优先原则的缺失与完善路径

一、案件事实概要与问题的提出

河北宝硕股份有限公司创立于 1998 年 7 月，主要从事塑料制品加工，同时生产经营部分基础化工产品。自 2001 年以来，宝硕股份有限公司（600155. SH，以下简称"＊ST宝硕"）及其下属分公司、子公司的资金被大股东河北宝硕集团有限公司（以下简称"宝硕集团"）占用 5.35 亿元。期间，＊ST宝硕向沧州化工股份有限公司（600722. SH）、陕西东盛科技有限公司（600711. SH）及其关联企业等提供18.07 亿元巨额担保，另外公司还负有 24 亿元的长、中期债务。[1]以上财务状况，直到 2006 年 10 月才对外公告。

2007 年 1 月 5 日保定信托投资公司申请宝硕集团破产，1 月 10 日保定市中级人民法院受理了保定信托投资公司的申请；同年 1 月 25 日，保定天威保变电气股份有限公司（下称"天威保变"）申请＊ST宝硕破产。2008 年 1 月 3 日，经＊ST宝硕申请，保定中院裁定其进入破产重整程序。在重整草案的表决过程中，债权人会议的五个表决组分别对公司《重整计划草案》进行了表决，其中职工债权组、税款债权组、享有特定财产担保权的优先债权组表决通过了重整计划草案，而出资人组表决通过了重整计划草案中关于出资人权益调整的方案。因上述表决结果不符合法定程序，＊ST宝硕随后又召开了第二次债权人会议，但普通债权组表决同意票仍然未能达到《破产法》规定的通过条件，破产管理人遂向法院申请强制批准重整计划草案。[2]2008 年 2 月 5 日，《重整计划草案》获法院批准。依据＊ST宝硕目前公布的数据，通过计算本次破产重整案件中各个债权人的受清偿比例以及原股东的股权保留情况可以得出结论：无担保普通债权的清偿比例约为 13%（10 万以下债权全额

---

〔1〕 参见何群："宝硕股份有限公司破产重组纪实"，http://blog. sina. com. cn/s/blog_5393945d0100doqj. html，2020 年 7 月 2 日访问。

〔2〕 参见朱宇："＊ST宝硕破产重整新生在望"，载《中国证券报》2008 年 2 月 02 日，第 B04 版。

清偿，10万以上债权现金清偿13%，其他以债转股的形式清偿），[1]原股东持有重整后公司的股权比例为60.18%。[2]

　　根据被法院强制批准的重整计划清偿数据，可以看出普通债权人与股东的利益分配之间存在较为严重的失衡。*ST宝硕重整案体现出的这种利益分配不均衡现象并非偶然情况，司法实践中被强制批准的重整计划大多数都具有对债权人利益保护不周全的问题。通过检索上海证券交易所和深圳证券交易所网站上的上市公司公告及其他公开信息，本文整理了与*ST宝硕情况相类似的其他三例被强制批准终结的破产重整案件（*ST帝贤、*ST光明、*ST沧化）中普通债权清偿比例和原股东持有重整公司股份比例的数据（如图1）。其中，普通债权清偿率的平均值仅为3.5%，而原股东持有重整后公司股份比例的平均值高达86.3%，在普通债权组强烈反对重整方案的情况下，法院却无一例外地强制批准了重整计划草案。这在一定程度上反映出，在法院强裁批准的重整计划中，债权人与股东风险分担与财富分配的不平衡已然是普遍现象——相比于清偿率较低的债权人，股东承担的损失明显更小。究其根本，是因为我国《企业破产法》第87条第2款仅规定了不同顺位的债权人之间受偿的绝对优先原则，而未涉及无担保债权组和股权组之间的优先顺位问题，没有授予普通债权人绝对优先受偿地位，导致债权人实际上代替股东承担了企业经营失败的风险。按照公司法原理，出资人以其全部出资对企业债务承担有限责任，因此对于经营失败的债务人，出资人应当首先承担损失。当出资人承担的损失达到出资的100%时才能要求债权人承担损失，此时债权人享有债务人的全部剩余价值。[3]我国《破产法》实施以来，多个强裁案例都是对普通债权进行大幅度削减，而股东的权益不受损或受损很少，[4]对普通债权人利益保护的缺位已经成为我国破产法理论与实践中亟待解决的问题。

---

　　[1]　《河北宝硕股份有限公司破产管理人与新希望化工投资有限责任公司关于执行重整计划之股份受让协议》载明，宝硕股份的限售流通股股东共计让渡股票126453231股，占宝硕股份总股本的30.66%，由此可知*ST宝硕股票总数为407913648股，现双方同意让渡股份中的7310731股股票，将由甲方进行变现，用以清偿宝硕股份的债务，可知*ST宝硕用于清偿普通债权人的股份数仅为公司总股份数的1.8%，几乎未对清偿率提高产生实质影响。

　　[2]　参见河北宝硕股份有限公司收购报告书（摘要），*ST宝硕2008-044号公告。收购人新希望化工与宝硕股份破产管理人签署《受让协议》，新希望化工及收购人一致行动人有条件受让宝硕股份89142500股和30000000股。本次收购后，新希望化工及一致行动人持有宝硕股份分别达到134273437股和30000000股，持股的比例分别达到32.551%和7.273%，共计39.82%，由此可知，原股东持有重整后公司的股权比例为60.18%。

　　[3]　参见武卓："我国重整计划强制批准制度的完善路径"，载《中国政法大学学报》2017年第3期。

　　[4]　参见王佐发："修改破产法方可治理'强裁之殇'"，载《经济参考报》2016年11月22日，第8版。

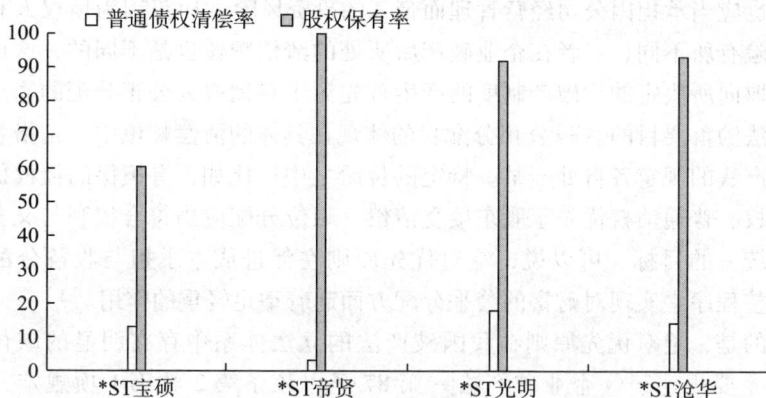

图1　普通债权清偿率与股权保有率的比较

二、绝对优先原则在我国强制批准制度中的缺失

与破产清算不同，所谓破产重整，是指在债务人发生经营困难但有再生希望的情况下，依照法定程序，维系企业营业，实施债务重组和营业优化的债务人挽救制度。[1]在重整程序中，债务人企业会继续存活，其资产将继续在后续经营的过程中发挥作用。重整程序的核心目标就在于重整企业价值的分配，如果重整计划草案在债权人会议中由各分组表决通过，经债务人或管理人申请，法院进行合法性和可行性审查并批准该计划后，重整程序即可终止。只有在部分表决组未通过重整计划草案的情况下，人民法院才可以依申请启动强制批准程序。

强制批准程序区别于正常批准程序的关键在于绝对优先原则。绝对优先原则，是对破产重整程序中破产财产（负债公司的重整价值）的分配加以规制的一项重要法律制度，[2]具体是指，任何一个反对重整计划的利害关系人组别在重整计划中所处的清偿顺序应与其在破产清算程序中的受偿顺序相同，而且在其获得全额清偿之前，清偿顺序在其后的利害关系人不能获得任何清偿。[3]在企业进入破产程序前，虽然股东对公司的权利应当远多于债权人的权利，但只要公司经营顺利，双方就很难产生利益冲突。[4]股东身份的特殊性意味着其应当合法合理地积极行使股东权

---

〔1〕　参见韩长印主编：《破产法学》，中国政法大学出版社2016年版，第231页。

〔2〕　参见任永青："绝对优先原则与我国破产法的缺失"，载《河北法学》2011年第10期。

〔3〕　参见王欣新："重整制度理论与实务新论"，载《法律适用》2012年第11期。

〔4〕　参见聂卫东："市场和法律的互动——公司参与人利益冲突的法律思考"，载《社会科学研究》1999年第3期。

利，同时也应当承担因公司经营管理而带来的投资风险。[1]正因为债权人和股东所承担的风险有所不同，二者在企业破产后所处的清偿顺位也是不同的，这也是破产法的价值取向所决定的。破产制度的产生首先源于对债权人公正分配的需求，此可谓破产立法的首要目的。[2]公正分配目的体现在具体的清偿顺位中，是指各方当事人依据破产法的规定各自处于某一特定的位阶之中。比如，有担保的债权优先于无担保的债权、普通债权优先于股东接受清偿，顺位分配应当符合权利与义务、风险与收益相统一的目标。可以说，绝对优先原则在促进成本承担与收益分配协调一致，在重整程序中实现对财富的公平分配方面起着举足轻重的作用。[3]

遗憾的是，绝对优先原则在我国破产法的立法体系中存在明显的缺位。强制批准程序主要规定于《企业破产法》第87条，该条第2款第1项规定，重整计划草案应当对债务人的特定财产享有担保权的债权进行全额清偿，并且应公平补偿延期损失。该项虽然体现了担保债权人的优先受偿地位，但其权利来源于物权法上的担保制度，而非绝对优先原则。该条第2款第2项规定重整计划草案应对债务人所欠职工的工资以及法律规定的补偿金、债务人所欠税款进行全额清偿；第2款第5项规定重整计划草案公平对待同一表决组的成员，并且债权清偿顺序不得违反本法第113条的规定，该条规定的清偿顺序为：债务人所欠职工的工资以及法律规定的补偿金应先于破产人欠缴的社会保险费用、税款和普通破产债权。可以说，第87条第2款的第2项和第5项是绝对优先原则的部分缩影，但这仅仅是针对普通债权内部清偿顺序的规定，在调整股东与普通债权人利益平衡这一最应贯彻绝对优先原则的事项上，我国破产法却选择了"回避"，这不得不说是该条款的重大漏洞。

从某种程度上可以说债权的清偿顺位优先于股权是一个公理性判断。如公司法的部分条文就体现出债权相对于股权的优先顺位以及立法对债权人的保护。《公司法》第186条第2款规定："公司财产在分别支付清算费用、职工的工资、社会保险费用和法定补偿金，缴纳所欠税款，清偿公司债务后的剩余财产，有限责任公司按照股东的出资比例分配，股份有限公司按照股东持有的股份比例分配。"第4款规定："公司财产在未依照前款规定清偿前，不得分配给股东。"从股东与债权人间的博弈来看，公司具有偿付能力并继续经营是股东利益存续并置于优先地位的正当

---

[1] 参见王文敏："从江西赛维破产案谈重整计划的强制批准制度"，载《上海商学院学报》2018年第3期。

[2] 参见范健主编：《商法》，高等教育出版社2002年版，第206页。

[3] 参见任永青："绝对优先原则与我国破产法的缺失"，载《河北法学》2011年第10期。

性前提。[1]在企业进入破产重整程序后，由于债权人直接面对重整失败的风险，债权人与股东的利益天平也随之发生倾斜。在这种情况下，债权人的利益应当优先于股东的利益。有学者指出："出资人的权益在破产开始后自动归零，若出资人无力在破产程序中提供新资金或其他资源（包括人力资本），或有债权人愿意与其交易，则无权再对公司主张股权。"[2]但我国破产立法却选择回避了这一问题，立法者似乎忽略了普通债权人的债权是否能在股东受偿之前得到完全清偿，在破产重整实践中也鲜有遵循绝对优先原则的案例。从现有的破产案例来看，强制批准重整计划的适用率是很高的，即使在普通债权人组对此持强烈异议的情况下也都无一例外地都被法院批准通过，这使得我国破产法上的强制重整制度显得非常随意，甚至粗糙，有侵犯普通债权人权益的倾向。

三、确立绝对优先原则的必要性

破产重整制度既要保护重整企业的营运价值，又要维护债权人利益，其整个规则设计就是要在这两个价值目标之间寻求平衡，而强裁制度就是平衡两种利益的集中体现。[3]债权人绝对优先原则的缺位会导致重整程序不能最大限度地发挥其作用，对债权人的利益保护有着消极影响，主要体现在以下两方面。

第一，弱化普通债权人的谈判地位，打击债权人参与谈判的积极性，并由此产生高昂的时间成本，导致重整价值分配结果欠缺公平。破产法对于强制批准条件的规定直接影响到当事人在谈判过程中的动机、策略选择和博弈力量。[4]利益的平衡与协调是破产重整制度的核心，只有各债权人、出资人在谈判的过程中有相同的地位，且在博弈过程中能够相互妥协、让步时，才能实现各方利益最大化，最终使企业破产重整价值得到最优分配。但是，根据《企业破产法》第 87 条第 2 款第 5 项的规定，只要"重整计划草案公平对待同一表决组的成员，并且所规定的债权清偿顺序不违反本法第 113 条的规定"，债务人或者管理人就可以向人民法院申请强制批准该重整计划。假设某个重整计划草案对普通债权人规定了不公平的清偿方案，严重侵犯了其正当利益，但只要普通债权组获得的清偿比例不低于其在清算条件下可获得的清偿比例，该计划就会被法院强裁通过。这无疑会导致普通债权人的权益得不到保障，进而影响他们参与重整谈判的积极性。重整程序之所以能够高效运

---

〔1〕 参见齐明、郭瑶："破产重整计划强制批准制度的反思与完善——基于上市公司破产重整案件的实证分析"，载《广西大学学报（哲学社会科学版）》2018 年第 2 期。

〔2〕 参见许德风："公司融资语境下股与债的界分"，载《法学研究》2019 年第 2 期。

〔3〕 参见戴建敏："破产重整'强裁'之伤"，载《21 世纪经济报道》2016 年 10 月 31 日，第 13 版。

〔4〕 See Kenneth N. Klee, "All You Ever Wanted to Know about Cram Down under the New Bankruptcy Code", *American Bankruptcy Law Journal*, Vol 53, No. 3, 1979, p. 133, 134.

行，根本原因就是它赋予不同清偿顺位的债权人以不同的受偿权，并有针对性地保障其利益来提高各方主体参与的积极性。比如，促使担保债权人参与破产重整程序的主要动机是无担保债权人做出的让步，立法将担保债权放在优先受偿的位置，使其利益可以得到保障，[1] 如此一来，担保债权人知道其债权可以得到优先受偿，就没有理由拖延乃至拒绝参加重整程序的谈判。反之，绝对优先原则在调整普通债权人与股东受偿顺序上的缺位将使普通债权人在多方博弈中力量式微，最终被迫接受不公平的重整计划。

此外，谈判的时间成本使普通债权人的地位更加恶化。《企业破产法》规定破产财产应当优先用于对破产费用的清偿，且企业破产重整期间，债务人或管理人仍会管理财产并维持营业事务，由此也会不断产生新的费用和经营风险。随着谈判时间的拖延，风险成本随之增加，债权人受偿的数额相应地减少，因此时间成本也是大多数债权人考虑的事项。为了尽早达成重整计划的合意，各方当事人往往会比较积极地参与到谈判的过程中，以实现自身利益的最大化。绝对优先原则对普通债权人的合理保障可以促使出资人与其积极展开谈判，并在双方博弈中以较高的效率配置各方利益；而绝对优先原则的缺失将导致普通债权人得不到公平对待，直接打击普通债权人组参与谈判的积极性，而谈判时间的拖延又将导致受偿减少，该结果由债权人直接承担，这就使得整个破产重整程序陷入恶性循环，与其高效地维护各方利益的制度设计初衷相悖。

第二，在缺乏正当性基础的情况下，令债权人代替股东承担风险，这种对程序的滥用成为债务人逃避债务的依据。重整制度的立法理念不是以损害债权人的利益为代价来实现企业的再生，而是通过企业再生实现债务人、债权人等利益相关者的共点。[2] 股东是企业风险的最终承担者，股东不能在债权人之前从公司得到利益。[3] 债权人和股东在企业进入破产程序之前往往已经通过不同的合同形成了特定的利益分配格局，他们所承担的风险与所获得的收益成正比。相对于清算程序而言，重整程序并不采取"杀马分肉"的做法，而应当是"医治病马"。[4] 既然利害关系人已经选择了重整程序，那么如何最大限度地保护债权人的利益，促使各利害关系人在企业重生之后达成新协议、取得新合作，就是重整程序制度设计时必须要考虑的问题。在清算程序中，股东不能得到清偿，普通债权人的利益在清算程序中

---

〔1〕 参见丁燕、黄涛周："绝对优先原则的重新审视"，载《东方论坛》2017 年第 1 期。

〔2〕 参见许燕舞："从银行债权保护看我国破产重整批准制度"，载《银行家》2009 年第 4 期。

〔3〕 参见李志强："关于我国破产重整计划批准制度的思考——以债权人利益保护为中心"，载《北方法学》2008 年第 3 期。

〔4〕 参见钟丽芳："论公司债权人与股东的利益平衡——基于商事思维的角度"，福建师范大学 2018 硕士学位论文。

拥有更高的保障。然而在企业进入破产重整程序的情况下，债权人会为公司承担相当大的风险，这个时候，股东没有或很少有任何风险。[1] 在这种情况下，普通债权人与股东所承担的风险与获得的财富分配就出现了不相当的现象。

当绝对优先原则缺位时，恶意股东利用法律漏洞逃避普通债权的后果就很有可能发生。重整计划草案不必先对普通债权人进行完全清偿，只要普通债权人的清偿比例不低于清算下的清偿比例，即使该草案招致普通债权人的强烈反对，也可以被强制批准通过。可见，尽管重整中债权人获得的清偿比例会高于清算的清偿比例，但法律并未明确规定具体差额。实际上，即使是实力雄厚的银行，也会因为其普通债权人的身份而得不到公平清偿。企业极有可能以略高于破产清算清偿率的代价化解银行债务危机，以牺牲普通银行债权人的绝大部分权益来完成企业的"浴火重生"。这就向股东发出了一个信号：如果一个企业欲逃避无担保的普通债权，那么它大可以先自行陷入"资不抵债"的假象，借此进入重整程序，而不必考虑普通债权人债权清偿的比例为何。由此，股东可以合法地免除对普通债权的清偿，一方面甩掉大量债务、增强营利能力，另一方面将经营风险转移给普通债权人。这对股东来说甚至是"稳赚不赔"的操作，因为司法实践的一贯做法说明，一旦企业进入破产重整强制批准程序后，重整计划草案中载明的普通债权清偿比例普遍不高，甚至可以说是"极低"的，但股东的股权保有率却没有明显的降低。股东在合法逃避普通债权的同时，自身的利益格局却不会受到明显的调整，这为股东利用绝对优先原则缺位的法律漏洞，通过强制批准损害债权人的合法权益埋下了隐患。

绝对优先原则在我国破产立法中的缺失，是重整程序忽视普通债权人权益保障的一处体现。其背后折射出的深层次原因是，我国重整计划强制批准制度的价值取向有失偏颇，实践中，法院对强制批准权存在普遍的滥用。我国破产重整案件中一个突出现象是，几乎所有企业的重整程序都有当地政府的参与，地方法院往往倾向于动用法院强制裁决权批准重整计划。[2] 破产重整制度的设计初衷就是为了避免企业破产清算对社会整体利益造成削减，因此，法院在行使强行批准权时，应以社会整体利益的最大化为出发点。[3] 但是，进入重整程序的企业在当地都拥有较大影响力，承担着缴纳税收、提供就业等社会公共职能，此时地方政府就会不自觉地将地方经济保驾护航的任务转移给法院，强迫法院批准通过对债权人保护不力的重整计

---

〔1〕　参见张蕊："探究绝对优先原则与我国破产法的缺失"，载《法制与社会》2016 年第 22 期。

〔2〕　参见李曙光："上市公司重整五大问题急需司法解释规范"，载《法制日报》2008 年 10 月 12 日，第 5 版。

〔3〕　参见陈义华："论破产重整计划强制批准权的法律规制"，载《商业研究》2014 年第 11 期。

划草案。[1]在公权力的压力下，法院难以维持绝对中立的立场，使强制批准制度在实践中与其立法目的背道而驰，异化的社会本位理念甚至成为法院滥用强制批准权的动力。重整程序本质上仍是债权人与债务人就各自利益进行谈判博弈的过程，之所以会走到强制批准这一步，绝大多数情况是债权人对其依据重整计划草案能获得的清偿不甚满意，意欲要求债务人让渡更多的权利。这本是私主体之间的矛盾，却因为政府的介入使得谈判力量发生倾斜。"这两个'私'之中，债务人一方利益容易与'公'结盟，其利益诉求成功由公共利益出面代言。"[2]加之绝对优先原则的缺位，债务人更加有恃无恐，最终导致部分债务人股东以公权力为倚靠，假借法院之手，名义上维护社会公共利益，实则损害普通债权人的合法权益。

四、域外破产法对普通债权人的保护

我国的破产重整制度主要借鉴了《美国破产法》第十一章的规定，强制批准制度也在此基础上应运而生。与成文法体系不同的是，美国是典型的判例法国家，经过大量企业破产重整案件的经验积累，已经形成了较为完备的重整制度框架。在强制批准的制度设计中，立法通过确立绝对优先原则，对持异议的普通债权人组有较为周到的保护，探究美国破产法立法与实践中关于强制批准制度绝对优先原则的规定，对于审视我国破产重整制度的不足有所帮助。此外，日本作为大陆法系国家，其破产法中也有类似的保护普通债权人的规定，亦对我国未来重整强制批准制度的完善有借鉴意义。

（一）美国法关于绝对优先原则的规定

1939 年，美国最高法院在 Case v. Los Angeles Lumber Products Co.[3]一案中首次提出了"绝对优先原则"的概念。该案中，破产企业的全部债权人均为无担保债权人，在他们尚未得到完全清偿的情况下，原股东保留了 23%的股份。最终，该重整计划得到了占债权总额约 93%的债权人支持，而以 Case 为首的一些债权人明确反对该计划。即使地区法院和上诉巡回法院都认为极少数债权人的异议不能阻碍重整计划的通过和执行，但最高法院认为，重整计划草案是否应该被批准通过不在于它得到了多少比例债权人的支持，而要看实质上该草案有没有对每个债权人进行公平清偿，因此，高达 93%的支持率并不意味着重整计划草案一定是公平公正的，只有重整计划对重整价值的分配严格遵循了绝对优先顺序，该计划才符合公平标准。

---

〔1〕 参见蒋国艳："论我国企业破产重整制度存在的缺陷及其完善"，载《学术论坛》2012 年第 10 期。

〔2〕 参见王建平、张达君："破产重整计划批准制度及反思"，载《人民司法》2010 年第 23 期。

〔3〕 See 308 U. S. 106（1939）.

具体而言，在无担保债权人获得全额清偿前，顺位靠后的组别不可能得到任何清偿。美国作为判例法国家，该案对绝对优先权原则的确立影响深远，此后美国司法实践也一直遵循该原则。这里的"绝对优先原则"是一个"绝对"的标准，它要求破产重整价值的分配必须无条件地严格遵循绝对优先原则所确立的清偿顺序，不因多数利害关系人的同意而得到豁免。

《美国破产法》第1129条"重整计划的批准"将绝对优先原则作为强制批准程序必须满足的要件之一。该条规定强制批准重整计划的前提条件是该计划对于持异议的组别而言是公平、公正的，[1]具体而言，重整计划对异议无担保债权组的清偿应符合以下两种方案之一：一是全额清偿；二是任何数额的清偿，其前提条件是优先位阶低于该组的组别没有得到任何清偿。此外，第1129条还加强了绝对优先原则适用范围，[2]即当有某一组别未通过重整计划时，除非重整计划给予其充分清偿，否则清偿顺位处于其后的组别均不能得到清偿。除了对债权人优先地位加以明确之外，该条还针对优先股权作了详细规定，要求异议优先股股东在获得了与其权益价值等额的清偿之后，普通股股东才可以获得清偿。[3]由此可以看出，在美国破产法体系中，绝对优先原则已经得到了全方位的认可。

需要指出的是，美国破产实务界对绝对优先原则的适用并不是绝对的，已产生了"新价值例外理论"。在 Case 一案中，虽然最高法院的九位大法官推翻了地方法院的判决，但道格拉斯法官在判决意见中指出："在无担保债权人尚未获得全额清偿的情况下，只要股东能够为重整企业注入新的价值，公平公正要件也可以得到满足。"但考虑到本案中股东作出的承诺不足以证明保留他们的股东权益有助于企业的再生，道格拉斯法官否决了该重整计划草案。在企业进入重整程序之后，利益受

---

〔1〕　See 11 U. S. C. 11 § 1129（b）（1）: "Notwithstanding section 510（a）of this title, if all of the applicable requirements of subsection（a）of this section other than paragraph（8）are met with respect to a plan, the court, on request of the proponent of the plan, shall confirm the plan notwithstanding the requirements of such paragraph if the plan does not discriminate unfairly, and is fair and equitable, with respect to each class of claims or interests that is impaired under, and has not accepted, the plan. "

〔2〕　See 11 U. S. C. § 1129（b）（2）（B）（ii）: "the holder of any claim or interest that is junior to the claims of such class will not receive or retain under the plan on account of such junior claim or interest any property, except that in a case in which the debtor is an individual, the debtor may retain property included in the estate under section 1115, subject to the requirements of subsection（a）（14）of this section. "

〔3〕　See 11 U. S. C. § 1129（b）（2）（C）: "With respect to a class of interests -（i）the plan provides that each holder of an interest of such class receive or retain on account of such interest property of a value, as of the effective date of the plan, equal to the greatest of the allowed amount of any fixed liquidation preference to which such holder is entitled, any fixed redemption price to which such holder is entitled, or the value of such interest; or（ii）the holder of any interest that is junior to the interests of such class will not receive or retain under the plan on account of such junior interest any property. "

到威胁的股东长期以来都在寻求维护自身权益的工具。甚至在由主要股东担任管理人员的中小企业重组案例中，股东经常在谈判中占主导地位，以至于实际操作与绝对优先原则相悖。在这种情况下，普通债权人的债权极可能遭受损害，但股东通常会保证他们的股份不被稀释。[1]在美国司法实践中，绝对顺位规则正逐渐为"新价值例外理论"所修正。杜伯斯坦法官认为，既然《美国破产法》没有禁止股东贡献新价值，那么就应当允许股东在贡献了一定资本的前提下保留一部分股权。[2]绝对优先只是该原则的外观，公平公正才是其核心内涵与价值。重整企业虽然由管理人接管，但股东仍是重整程序的主要推动力，如果过度限制股东权利，会使重整失去重要参与力量。[3]重整企业的继续运营以股东、供应商、雇员、客户等关系的存续为基础，股东在该过程中不可替代的作用是其在谈判中取得利益的重要筹码。如果没有股东的参与，企业极可能会重整失败，此时无担保债权人的受偿额将进一步降低，甚至完全得不到受偿。这也是为何一些无担保债权人会愿意放弃其优先权，以激励重整企业的管理层继续参与公司业务。但是由于法律对此没有明文规定，且新出资的机会往往具有排他性，考虑到市场机制作用的发挥，故法官在适用"新价值理论"时往往非常慎重，法院通常会要求新价值必须满足一系列的要求：新价值的贡献必须是债务人重整所必需的，并且该贡献也是最为可行的融资来源。而旧股东保留的股权利益必须和其贡献的新价值具有同等性，[4]股东若想在债权人未获得完全清偿的情况下，在新企业中"分得一杯羹"，就必须投入价值相当的现金或等值有价物。这是平衡破产重整过程中各方利益的理论探索。在坚持绝对优先原则的前提下，允许股东通过贡献新价值来保留部分股权，一方面可以调动股东参与重整程序的积极性、提高谈判效率，所节约的时间成本对债权人而言也有所裨益；另一方面可以最大化破产重整价值，促使企业更快恢复到正常的经营轨道，实现重整程序的预期利益。

（二）日本法关于相对优先原则的规定

在日本，防止公司破产是《公司更生法》的目的和出发点，也是日本破产法律的核心内容，[5]因此企业更生计划的适用条件比较宽松。在债权人持有异议的情况下，法院有权对重整计划草案进行变更并强裁，"对于更生债权人，将应抵充其债

---

〔1〕　See Lynn M. Lopucki, William C. Whitford, "Bargaining over Equity's Share in the Bankruptcy Reorganization of Large, Publicly Held Companies," *University of Pennasylvania Law Review* (1990) 149.

〔2〕　See Marston, 13B. R. 514, 517 (Bankr. E. D. N. Y. 1981).

〔3〕　参见许玥："破产重整利益平衡问题研究——以利益主体为视角"，南京财经大学2014年硕士学位论文。

〔4〕　参见高丝敏："重整计划强裁规则的误读与重释"，载《中外法学》2018年第1期。

〔5〕　参见靳宝兰、张舒英："浅析日本的公司更生法"，载《中国法学》1997年第1期。

权清偿的公司财产；对于股东，将应抵充剩余财产分配的公司财产，以法院所定公正交易价额以上价额变卖，以所得价金中扣除变卖费用后的余额进行清偿、分配或将其提存"。[1]与《美国破产法》对绝对优先原则的强调不同，日本《公司更生法》并未明确指出绝对优先权的概念，只是规定更生计划的批准需要"重整计划的内容公正且衡平"。[2]虽然何为"公正且衡平"仍有较大的解释空间，但日本通说认为"顺位靠前的权利人不能比顺位靠后的权利人承担更多的不利结果"。[3]这可以称作是一种"相对优先原则"，即在前位债权人尚未获得完全清偿时，清偿顺位在后的股东也可以"公正且衡平"地获得一定的清偿，但是不得高于顺位在前的债权人获得的利益。比较可知，相对优先原则与《美国破产法》新价值理论的价值出发点有异曲同工之妙：一方面相对优先原则并没有实质突破绝对优先原则的规定，另一方面这一安排也符合现实状况的需要，在满足适用条件时，清偿顺位在后的利益相关人可以获得一定利益，从而有利于保证实质上的公平、公正，提高重整效率。[4]

综上所述，部分域外国家和地区有关破产重整的规定已经全面地采纳了对异议债权人的保障规则，其主旨是一致的，只有重整计划草案公平公正地保障了权益受损或有受损之虞的利害关系人时，法院才能批准通过该重整计划。

五、我国重整程序中绝对优先原则的完善路径

对于我国现行破产法因缺乏绝对优先原则规定而产生的弊端，可以借鉴域外相关立法，通过修订法律或者颁布司法解释等途径加以完善，以平衡各方利害关系人的利益，避免利益天平的过度倾斜，使破产重整制度发挥其应有的作用。

（一）确立绝对优先原则

绝对优先原则是保障重整企业普通债权人合法利益的重要原则。我国《企业破产法》第 87 条第 2 款第 2 项已经规定了重整计划草案应对债务人所欠职工工资以及法律规定的补偿金、债务人所欠税款进行全额清偿，第 5 项也规定了重整计划草案中确定的债权清偿顺序必须遵循本法有关破产财产清偿顺序的规定，这都在一定程度上体现了绝对优先原则的精神。本文认为，可以在保持《企业破产法》第 87 条立法框架的基础上，新增一项关于普通无担保债权人与股东清偿顺序的条款：按照重整计划草案，在无担保债权组获得全额清偿前，清偿顺位低于该组的其他权益

---

〔1〕　参见日本《公司更生法》第 234 条第 2 款。
〔2〕　参见日本《公司更生法》第 199 条第 2 款第 2 项。
〔3〕　参见［日］山本和彦：《日本倒产处理法入门》，金春译，法律出版社 2016 年版，第 204 页。
〔4〕　参见丁燕、黄涛周："绝对优先原则的重新审视"，载《东方论坛》2017 年第 1 期。

人不能获得清偿。按照这一规定，原股东保留剩余股权的前提是普通债权人已经优先获得了全额清偿，那么在普通债权人不满意重整计划草案并提出反对意见时，法院强制批准该草案的前提就必须是对普通债权人进行全额清偿。这样，无论普通债权人作出何种选择，其权益都能得到最大程度的保障。绝对优先原则的确立亦可以提高债权人在谈判中的博弈地位，促进债权人与企业进行谈判。如此，债权人就能以否决权作为筹码与债务人或管理人进行谈判，要求对方作出必要的让步，以满足自己的要求。[1] 除了普通债权人可以利用绝对优先原则来迫使债务人提高对其清偿的比率、促使重整计划草案尽快通过以外，股东亦可凭借其专业技术和管理经验要求普通债权人舍弃部分利益，避免整个重整计划走向"末路"，造成两败俱伤的局面。绝对优先原则好比一只"看不见的手"，督促各方进行诚信高效的谈判。"绝对优先原则"体现了破产重整制度平衡协调各方利益的价值内核，能够促进各方权益人风险承担与收益预期的相对公平，可以说，绝对优先原则的确立是检验我国破产法是否趋于完善的重要标准。

对于近些年来在美国破产重整实践中兴起的"新价值理论"，我国破产法应该谨慎引入或适用。在普通债权人持异议的情况下，若原股东仍欲保留其出资权益，那么债务人的原出资人或新出资人就必须向重整企业注入"新价值"。美国破产协会 2014年 12 月颁布了《美国破产重整制度改革调研报告》（以下简称《调研报告》），在该研究第十一章改革的最终报告中，改革调研委员会认为进入到破产重整的企业，尤其是中小企业，原则上应创建一种股权保留结构，将股东的利益与债务人重组的利益适当地结合起来，并保护无担保债权人的利益，尽管不遵守传统的绝对优先规则。[2] "新价值理论"本身有其积极意义，它可以由新的战略投资者或者原有出资人以金钱或其他等价物置换破产财产的评估价值，是一种打包式的整体出售，能较大程度地实现破产财产价值的最大化，以便重整参与人获得最佳的清偿利益。但"新价值理论"的适用还面临许多现实的问题，首先是出资人投入的哪些资本可以被认定为"新价值"？这类标准本身就是模糊不清的。毕竟，"合理的市场标准"具有很大的解释空间，如果将衡量该标准的自由裁量权赋予法官，不仅会引发对法官专业知识的质疑，而且也隐藏着权力滥用的隐患。其次，股东申请保留股权时，通常会与债权人或管理人达成关于未来企业经营管理的计划协议，该计划协议是否具有合同性质仍没有定论。当股东不遵守计划协议、损害债权人利益时，将产生债

---

[1] 参见武卓："我国重整计划强制批准制度的完善路径"，载《中国政法大学学报》2017 年第 3 期。

[2] See Final Report of the ABI Commission to Study the Reform of Chapter 11, American Bankruptcy Institute（2014），p. 300.

权人能否按照合同法的有关规定追究其违约责任等一系列问题。对该问题,《调研报告》仅提及此种情况下计划协议可以交由破产法庭强制执行,没有进一步指出责任承担方式。[1]实际上,美国司法实践中,新价值理论也只是零星散见于极少数判例中,并没有正式被破产法典所接纳。《美国 1978 年破产法》的重整方案才去除了多数表决条款,不再要求债权人一致性,可谓该法的创新之处,但也正因如此,立法者认为新价值例外规则没有存在的必要。[2]在曾经轰动一时的江西赛维集团破产重整案中,重整计划草案就明确指出要寻求重整战略投资人,省政府成立的赛维公司破产重整协调小组也要求在当地广泛接触其他战略投资者,以期保留股东原有股权。这是对相关理论的现实化探索,有一定的积极意义,但由于缺少法律的明确规定,各方对此意见分歧巨大,引资过程仍是困难重重。故本文认为,在我国尚未正式确立绝对优先原则的情况下,不宜贸然引进新价值理论,否则会造成理论和实践中法律适用的混乱。

(二) 允许破产企业对普通债务人分期清偿

对“新价值理论”持谨慎态度并不意味着完全排除股东权益。在美国密苏里西区法院判决的某船厂重整案件中,[3]尽管无担保的普通债权组只获得了一半的清偿,股东还是得以保留其股份,这是因为重整计划草案中规定,剩余的一半债权在未来可以分期支付并计算利息。在这种情况下,虽然普通债权人在一开始并没有获得百分之百的清偿,但在分期支付的保障下,法院强制批准该计划草案,既保护了顺位在前的普通债权人的利益,又不至于完全剥夺股东权益。我国法院可以借鉴这一做法,在不违反绝对优先原则的大前提下,允许债务人对普通债权人进行分期清偿,约束各方权益人参与谈判的正当动机,防止恶意债权人利用绝对优先原则扭曲重整制度,甚至完全剥夺股东权益。

(三) 为持异议的利害关系人提供救济途径

重整计划一经人民法院裁定批准,对债务人和全体债权人均具有约束力,[4]但异议人应当保留其维权途径。在对重整计划的审查和批准过程中,法官拥有较大的自由裁量权,但法官并非专业的商业人士,不排除其错误地批准了计划内容欠缺经营可行性、有违公平公正的可能性。更何况,重整案件的法官容易受到来自行政机关的压力,有可能滥用其强制批准权力,批准对某一方利害关系人不公平的重整计

---

〔1〕　See Final Report of the ABI Commission to Study the Reform of Chapter 11, American Bankruptcy Institute (2014), p. 301.

〔2〕　参见王惠:“破产重整中新价值例外规则研究”,吉林大学 2019 年硕士学位论文。

〔3〕　See In re Landau Boat Co., 13B. R. 788, 7Bankr. Ct. Dec. (CRR) 1367, Bankr. L. Rep. (CCH) P 68439 (Bankr. W. D. Mo. 1981).

〔4〕　《企业破产法》第 92 条第 1 款。

划草案。对此潜在隐患，我国破产法缺少对异议利害关系人的救济途径，一旦计划草案被强裁通过，利害关系人就只能配合债务人执行该计划。若借鉴《美国破产法》的做法，可以发现，《美国破产法》在因强制批准程序引起的诉讼中明确规定："不符合法律规定或者侵犯自己合法权益时，可以直接向破产法院提起诉讼，并且，债权人对破产法院裁定不满的，还可以向地区法院甚至巡回上诉法院提起上诉。"〔1〕我国破产立法也应当确立类似的救济制度，在重整计划草案被法院强裁通过之后、重整计划执行完毕之前，允许有异议的利害关系人向破产法院或其上级法院提起诉讼，要求撤销重整计划草案。法院认为异议理由成立的，应当裁定终止重整计划。

六、结语

2007 年《企业破产法》刚刚实施时，我国证券金融市场尚处于起步阶段，企业的上市浪潮催生了大量中小股东进入市场，在这种情况下，不宜直接明确股东受偿的劣后顺位，否则可能会引起市场恐慌，给经济发展带来不稳定因素。但经过十余年的发展，我国证券金融市场已日趋完善，对股东权益的保护也愈发周全，这为我国破产立法引入绝对优先原则提供了良好基础。绝对优先原则直接关系到破产重整程序中财富的公平分配、债权人与股东之间的利益平衡、企业重整后社会公共利益的协调等问题，是破产法强制批准制度的重要制度保障。然而我国破产立法对该问题存在明显的缺位，不当地弱化了普通债权人的谈判地位，使谈判程序效率降低，甚至出现了股东恶意将风险移转给债权人以此逃避合法债务的情况，导致重整程序被扭曲和利用，以至于不能发挥其应有的效益，给实务中的重整案件审理带来了负面影响。本文以＊ST 宝硕重整案为例，提出了我国企业重整中普通债权人和股东利益保护失衡的问题，并以此为出发点分析了绝对优先原则的基本概念以及我国破产法中绝对优先原则的缺位。为解决该问题，本文通过梳理以美国、日本为代表的域外立法例保护普通债权人的条款，对我国未来破产法改革提供借鉴。为了创造一个更为公平的重整环境、维护普通债权人的合法权益，有必要对现行的强制批准制度作出修改，本文提出了完善我国现行破产法中有关强制批准制度的建议，以期推进我国破产法中绝对优先原则的确立，推动我国破产法的实质性发展。

---

〔1〕 参见［美］大卫·G. 爱波斯坦：《美国破产法》，韩长印等译，中国政法大学出版社 2003 年版，第 860 页。

附件：重组方案全文

河北宝硕股份有限公司债务重组方案

宝硕股份的债务重组主要根据其破产重整计划而确定。2007 年 1 月 25 日，宝硕股份被依法裁定进入破产程序，并于 2008 年 1 月 3 日裁定重整。2008 年 2 月 5 日，宝硕股份重整计划草案经法院批准。

根据该重整计划，宝硕股份优先债权组 145 762 770.80 元、税款债权组 33 621 227.81 元、职工债权组 45 640 970.12 元以及部分普通债权（10 万元以下部分）15 007 826.58 元均按 100% 比例清偿。部分普通债权（10 万元以上部分）计 4 782 509 170.24 元，以现金清偿 13%，共计清偿 621 726 192.13 元；该部分债权在债权人受让流通股股东让渡的股票后，未获清偿部分予以免除。（在法院批准宝硕股份重组计划后，因临时债权提存、债权人豁免债务等原因，清偿方案的相关金额经实际调整后有所变化。）

按照重整计划的安排，宝硕股份对出资人权益作出了不同程度的调整。全体股东持股数量在 1 万股以下（含 1 万股）部分，让渡比例为 10%；1 万股以上 5 万股以下（含 5 万股）部分，让渡比例为 20%；5 万股以上 300 万股以下（含 300 万股）部分，让渡比例为 30%；300 万股以上 2200 万股以下（含 2200 万股）部分，让渡比例为 40%；2200 万股以上部分，让渡比例为 75%。

宝硕股份原股东让渡的部分股份，将由重组方有条件地受让，同时，重组方需对宝硕股份重组债务提供担保，并向宝硕股份注入优质资产和提供资金支持，以提高上市公司持续盈利能力。

重整计划的执行期限为三年，自法院裁定批准重整计划草案之日起计算。在此期间内，宝硕股份要严格依照本方案制订的债权受偿方案向有关债权人清偿债务，并随时支付破产费用、共益债务。

优先债权组的债权 145 762 770.80 元在重整计划草案获法院裁定批准之日起三年内分六期清偿完毕，每六个月清偿六分之一；职工债权 45 640 970.12 元在重整计划草案获得法院裁定批准之日起六个月内清偿完毕；税款债权 33 621 227.81 元按国家有关规定在重整计划执行期满前清偿完毕；普通债权人 10 万元以下（含 10 万元）部分的债权共计 15 007 826.58 元，将在重整计划草案获得法院裁定批准之日起六个月内一次性清偿；超过 10 万以上（不含 10 万元）部分的债权，按照 13% 比例以现金清偿部分为 621 726 192.13 元，在重整计划草案获得法院裁定批准之日起三年内分三期清偿完毕，每年为一期，每期偿还三分之一，即 207 242 064.04 元，具体支付时间为每一期的期末。

根据 2008 年 5 月 21 日本公司与宝硕股份破产管理人签署《关于执行重整计划之股份受让协议》的相关约定，自目标股份过户至新希望化工及其一致行动人四川新兴化工有限公司名下之日起，本公司将为宝硕股份依《重整计划》偿还债务承担连带保证责任，提供担保函，以保障宝硕股份能按期清偿债务。

通过上述债务重组和担保安排，宝硕股份的重组前债务已大幅减少，经确认重组收益后，其资产状况和财务结构已发生根本变化，同时，其重组债务的清偿将获得可靠保障。

专题二十六　上市公司重整与重大资产重组并行模式研究

一、案情概要与问题提出

2016 年 2 月 5 日，南京中院经层报最高人民法院批准，裁定受理上市公司江苏舜天船舶股份有限公司（以下简称"舜天公司"）的破产重整申请。舜天公司拟通过重大资产重组的方式促进重整成功，但因其资产效能低、债务重、施救时间紧，以往的上市公司重整后再实施重大资产重组模式已难以满足舜天公司再生需求。有鉴于此，舜天公司决定采取重整与重大资产重组同步实施的挽救模式。4 月 28 日，经管理人授权，舜天公司召开董事会，审议通过重大资产重组议案。7 月 15 日，南京中院向证监会启动会商机制，征询专家组意见。同年 9 月 7 日，管理人将重整计划草案提交南京中院。9 月 23 日，舜天公司召开第二次债权人会议。当日，舜天公司召开出资人组会议暨临时股东大会，会议审议并表决通过了重整计划涉及的出资人权益调整方案及重大资产重组全部有关议案。9 月 26 日，管理人向南京中院申请裁定批准重整计划草案。10 月 24 日，南京中院批准舜天船舶公司重整计划。

舜天公司重整案中采取的重整与重组并行的模式，一改以往上市公司先重整、再重组的做法，大大提高了重整重组效率，给其他上市公司重整案起到了较好的示范作用。众所周知，重整程序由破产法律制度调整，而上市公司重组则由公司法律制度和证券法律制度调整。在破产重整程序中，同步实施重大资产重组，必然导致不同法律制度之间的协调问题。同时，因两种程序主导机构的不同，还会牵扯到重整法院司法权和证监会行政权之间的配合问题。依据《上市公司重大资产重组管理办法》（以下简称《资产重组办法》）的规定，重大资产重组需要经由董事会作出决议，再由股东大会表决通过后，方可向证监会报请批准。但在重整程序中，董事会的权力移交给管理人，股东大会的权力部分甚至全部转移给债权人会议。重大资产重组的模式为"内部决议 + 行政许可"；而重整计划的通过，则需要由债权人会议作出表决（对出资权益调整的，还应当设出资人组），然后提交法院裁定，其模式为"会议表决 + 司法审查"。如果重大资产重组和重整程序同时进行的话，势必面临着公司内部决议、债权人会议表决、行政许可和司法审查之间的矛盾。

有鉴于此，本文就公司重整与重大资产重组两套"治理机构"的协调问题，以及行政权与司法权的协同进行探讨，以期在寻找理论根据的同时，提出上市公司与重大资产重组的有效契合路径。

二、公司重整程序中的治理结构

早在 1992 年，著名经济学家 Aghion 和 Bolton 就提出了"企业所有权状态依存学说"，该学说认为企业在不同的经营、财务状态下应该存在着不同的治理结构。[1]在企业正常经营情况下，企业的治理结构即为各国公司法中规定的通常意义上的治理结构，包括股东会、董事会、经理及监事会；在企业经营不善进入破产清算程序时，管理人代替董事会接管企业的财产和经营事务，债权人会议代替股东会成为公司的权力机构，原有的公司治理结构已不复存在。重整程序的目标是挽救企业，使债务人企业恢复正常经营秩序，此时值得思考的问题是：公司旧治理结构中股东会、董事会是否仍存续并行使职责？旧的治理结构与管理人管理或债务人自行管理模式下新的治理结构如何协调？

（一）重整程序对公司原治理结构的冲击

"委托—代理"关系是现代公司治理结构的基础，公司治理"实际上就是关于委托人与代理人或者受托人之间的权力分配问题"。[2]在这一结构中，委托人与代理人的关系，就代表着公司治理结构的特征。从权属上来看，公司的所有权由全体股东享有，但股东投资的目的在于收益，其可能不具备专业的经营知识，因此需要委托具备专业知识的人（董事、监事等）来代替自己经营公司，这种特征在上市公司治理结构中更为明显。

公司常态经营下，其内部控制权分为两个方面：一是以股东为主体的最终控制权；二是以董事会为核心的经营控制权。"股东行使有限的投票权，决定公司重大事项及选任董事，而对公司具体商业行为的决策，则完全授予公司董事、经理行使。"[3]如果对公司的治理结构进行经济分析，其所有权最好的状态应是"剩余索取权与剩余控制权相对应，剩余索取权人享有控制权是良好公司治理的有效路径"。[4]由此来看，公司的债务清偿能力决定了公司的最终控制权归属。如果公司财务状况

---

〔1〕 转引自杜坤、周含玉："破产重整公司治理结构逻辑分析——以利益相关者间利益冲突为视角"，载《西南政法大学学报》2014 年第 4 期。

〔2〕 施天涛：《公司法论》，法律出版社 2014 年版，第 336 页。

〔3〕 贺丹："破产重整控制权的法律配置"，中国政法大学 2006 年博士学位论文。

〔4〕 张维迎："所有制、治理结构及委托—代理关系——兼评霍之元和周其仁的一些观点"，载《经济研究》1996 年第 9 期。

良好，资产大于负债，那么公司的剩余价值应由股东进行分配，此时公司的最终控制权应属股东无疑。但如果公司资产小于负债，无法清偿所有债务，则股东的收益已经默认为零，其不可能再对公司享有任何权益，公司的剩余索取权人实际上已经成为全体债权人。此时，公司的控制权将从股东转移给债权人。如果放任由股东选任的董事会继续负责公司的经营管理事务，很可能会损害债权人利益。

公司一旦进入重整程序，根据我国《企业破产法》第 2 条的规定，其必然具有"不能清偿到期债务，并且资产不足以清偿全部债务或者明显缺乏清偿能力"，或者"有明显丧失清偿能力可能"的事由之一。公司所处的经营状态不同，必然导致控制权配置的变化。公司进入重整程序，无外乎两种经营状态：一是破产企业完全达到破产界限，此时公司的控制权应完全移交给债权人；二是其只具备"明显丧失清偿能力可能"，此时股东仍然享有权益，但已大幅缩减，已经小于公司债权人的权益。与之相对应，尽管重整程序的目的更侧重挽救企业，债权人的利益在这一过程中往往会作出让步，但因为股东有限责任的存在，即使重整中引入大量投资后仍然失败，股东仍可以逃避责任，全部风险则由债权人承担。从上述方面来看，重整程序中公司的最终控制权也应由债权人会议享有。因此，公司进入重整程序后，最终控制权将由股东大会自动转移给债权人会议。

此外，在重整过程中，公司的财产和营业事务将移交给管理人行使。也就是说，管理人实际上取代债务人公司原来的董事会职能，成为经营决策机关。

综上所述，债务人企业一旦进入重整程序，其股东大会和董事会职权应当分别转交给债权人会议和管理人。这种治理结构的变化，会对公司重大资产重组决议的通过造成重大的阻碍。如欲实现重整程序与重大资产重组并行的目的，则必须在尊重重整规则的前提下，对公司治理结构进行调整。

（二）重整程序中公司原有治理结构的存续

我国《企业破产法》对企业进入破产重整程序后，股东（大）会、董事会、监事会是否存续，并未作出明确的规定。《美国破产法》规定重整企业继续营业应采 DIP（Debt in Possession）模式，又称为"经管债务人"或"占有中的债务人"，在该模式下，由债务人自行管理而不另行指定托管人。《美国破产法》第 1108 条规定，除非法院经利害关系人的请求作出相反的裁定，债务人企业的运营都得予以维持，[1]因而企业的股东大会、董事会和监事会应自然存续。而我国台湾地区"公司法"第 293 条第 1 款规定："重整裁定送达公司后，公司业务之经营及财产管理处分权移属于重整人，由重整监督人监督交接，并声报法院，公司股东会、董事及检查人之职权，应予停止。"即公司被裁定重整后，原有的治理机关并不当然消灭，

---

〔1〕　参见韩长印主编：《破产法学》，中国政法大学出版社 2016 年版，第 245 页。

但有关的职权都应暂停行使。此外，《日本民事再生法》也有相应的规则，该法第43条第1款规定："再生程序开始后发现股份有限公司再生债务人不能用其全部财产清偿其全部债务的，法院经再生债务人等的申请，可以对该再生债务人的营业的全部或者公司法第467条第1款第2项规定的营业的重要的部分的转让予以代替股东大会决议认可的许可。"[1]因此，日本法采取了用法院许可替代股东大会决议的做法，此时公司法中关于股东大会决议的规定不再适用。

我国《企业破产法》对重整企业经营管理模式采取的是"以管理人管理为原则，以债务人自行管理为例外"的做法。在管理人主导的情况下，管理人在事实上取代了原董事会的地位，获得了公司的经营控制权，而债权人替代股东成为公司剩余利益索取者，债权人会议取代股东会会议成为破产企业的决策机关。[2]因此，股东会和董事会原有的大部分职权都已经不能再继续行使，董事会和股东会的召开不再具有实质意义，故在管理人接管重整企业后，企业各权力机关应停止行使职权，但各机关的组织架构仍应继续保留，以便在重整成功后再次接管企业。

但在债务人自行管理模式下，债权人会议仍然是重整企业的最高权力机关。此时由于《企业破产法》并未对"债务人"进行界定，学者们对此也观点不一。有学者认为我国公司法采股东会中心主义，故债务人自行管理实际上为股东会管理，更准确地说是控股股东的自行管理。[3]有学者则表示股东大会仅是公司的意思机关，公司的经营控制权由董事会行使，破产法允许债务人自行管理不会改变经营控制权的配置，债务人管理应为董事会管理。[4]本文赞成董事会管理的观点，因为债务人自行管理的优势之一即是债务人相较于管理人更了解企业的经营和财务状况，由其自身管理更有效率。在企业重整之前，负责管理企业的即为董事会，故企业进入重整程序后，仍应由其来行使业务经营和事务管理的权力。此外，重整人应在重整程序中具有比较中立的地位，但重整计划往往会涉及对股东权益的调整，若让股东会担任重整人无疑会使其与债权人的利益发生冲突。在债务人自行管理模式下，虽然董事会是先前由股东选任产生的，但在重整程序中其管理权并非来自于股东会的授权或委托，而是根据法院的批准，按照《企业破产法》的规定行使职权。[5]因而，在

---

〔1〕 ［日］山本和彦：《日本倒产处理法入门》，金春等译，法律出版社2016年版，第268页。

〔2〕 参见韩长印："论破产程序中的财产处分规则——以'江湖生态'破产重整案为分析样本"，载《政治与法律》2011年第12期。

〔3〕 许胜锋："重整中债务人自行管理制度价值及风险的实用性研究"，载《中国政法大学学报》2017年第3期。

〔4〕 邓志斌："公司重整制度下股东权变异研究"，吉林大学2011年博士学位论文。

〔5〕 李志强："论破产重整中的公司治理问题——以我国《企业破产法》有关条款为中心"，载《黑龙江省政法管理干部学院学报》2008年第2期。

此情形下除企业各权力机关得以保留外，董事会可以继续执行职务，但需遵循《企业破产法》的有关规定。

（三）并行模式下两套"治理结构"的融合与协调

从前文的分析来看，企业进入重整程序后，企业内部原治理机关并不消灭，但除了债务人自行管理下的董事会，其他情形下企业的权力机关应停止行使职权。而我国《资产重组办法》并未区分正常状态下与破产状态下的企业，统一规定上市公司重大资产重组应当由董事会作出决议，并提交股东大会批准。[1]因此，如果在重整期间同时进行重大资产重组的，必须保留公司正常状态下的意思表示机关（包括董事会和股东大会），这就意味着上市公司重整中旧的公司治理结构仍可以继续行使职权，由此即产生了公司重整下的治理结构与正常经营状态下的治理机构之协调问题。

不同的重整管理模式对应的公司治理结构也有所不同。如前文所述，各个国家或地区通常都承认负责债务人继续营业的主体有两类：管理人和债务人。[2]其中，管理人主导下的破产重整管理模式，在我国非上市公司重整中具有广泛的适用。在管理人主导模式下，依照我国《企业破产法》第74条的规定，管理人可以聘请债务人的经营管理人员负责营业事务。而管理人与原经营管理人员之间是一种"委托—授权"关系，管理人将经营管理的权限授予给原经营管理人员。在这种情况下，董事会的职能可以有所表现，即通过重大资产重组的提议，再交由权力机关表决。

尽管股东大会的职能在重整程序中已经交由债权人会议行使，但由于我国《企业破产法》规定债权人会议可以设置出资人组，在重整计划草案涉及出资人权益时，可以行使表决权。由此来看，债权人会议与股东大会在一定程度上实现了协调。也就是说，重大资产重组草案由出资人组审议表决通过的，即可视为是正常经营状态下股东大会的决议。此时，股东大会的职权行使并不违背破产重整的有关规则。

而就债务人自我管理模式，实际上是指由债务人自身负责重整程序中的继续营业事宜。对此，我国《企业破产法》第73条规定："在重整期间，经债务人申请，人民法院批准，债务人可以在管理人的监督下自行管理财产和营业事务。"该规定在一定程度上承认了债务人可以自行管理的模式。而最高人民法院2019年下发的

---

〔1〕《上市公司重大资产重组管理办法》第21条规定："上市公司进行重大资产重组，应当由董事会依法作出决议，并提交股东大会批准。"

〔2〕参见韩长印主编：《破产法学》，中国政法大学出版社2016年版，第246页。

《九民纪要》对债务人自我管理模式给出了更为具体的规定。[1]

目前，就实践来看，我国上市公司重整案件中，还未见有债务人自行管理模式的有效实践。但一般认为，实行债务人自行管理模式，有助于保留企业原治理结构，促进董事会、股东大会正常履职。但不可否认的是，债务人企业采取自行管理模式的，并不能妨碍债权人的利益，且为保证公平，需在管理人的监督下进行。此外，企业重整程序是一个法定程序，自行管理的债务人可能具有商业信息判断、经营决策方面的优势，但往往缺乏一定的法律知识。所以如果采取 DIP 模式，除管理人监督外，自行管理的债务人还应当聘请法律专业机构来帮助推动重整程序。

对此，与我国有所不同的是，美国重整实践的常态是由债务人的管理层控制重整程序的开展。[2]《美国破产法》将债务人财产称为"破产财团"，其第 323 条（a）将托管人视为破产财团的代表。可以说，《美国破产法》将破产财团与托管人之间的法律关系看作为一种"信托"关系。如果法院在受理重整申请时，没有任命破产托管人，且第一次债权人会议时也没有选任托管人，那么自行管理的债务人公司管理层实际上担任了托管人的角色，对破产财团承担着信托责任。此时，重整企业原来的董事会机构保留完整，能够正常履行职权。同时，根据《美国破产法》第十一章的规定，股东可以成立以股东利益为己任的委员会，对债务人公司的决策施加影响，且可以通过召开股东大会的方式更换债务人公司原管理层。[3]美国的破产重整立法更侧重挽救债务人企业，这是因为，重整计划的通过必须符合"反映交易习惯的规则和方法上的情境模拟"[4]规则，立法默认债权人在企业重整成功后的受偿额大于破产清算的受偿额。是故，股东在一定程度上可以影响到管理层的决策。由于信托义务的存在，管理层只对债务人财产负责，当股东大会作出的决议损害债权人或其他利害关系人的利益时，管理层可以拒绝执行。于此，在债务人自行管理模式下，美国破产立法在一定程度上保留了股东的权利，能够保证股东会决议的正常作出。上述理念和制度内容，亦值得我国上市公司重整实践参考和借鉴。

综上所述，公司重整模式下的治理结构与正常经营状态下的治理结构存在协调的空间。在管理人管理模式下，管理人应聘请原来的经营管理人员继续负责公司的

---

[1] 《全国法院民商事审判工作会议纪要》（法［2019］254 号）第 111 条规定："重整期间，债务人同时符合下列条件的，经申请，人民法院可以批准债务人在管理人的监督下自行管理财产和营业事务：①债务人的内部治理机制仍正常运转；②债务人自行管理有利于债务人继续经营；③债务人不存在隐匿、转移财产的行为；④债务人不存在其他严重损害债权人利益的行为。"

[2] 参见许胜峰："重整中债务人自行管理制度价值及风险的实用性研究"，载《中国政法大学学报》2017 年第 3 期。

[3] See Bankruptcy Chapter 11. Reorganization &1102.

[4] 高丝敏："重整计划强裁规则的误读与重释"，载《中外法学》2018 年第 1 期。

日常经营，且将隶属于公司经营权限的重大资产重组提议权授权给董事会继续行使；并设出资人组，对前述资产重组方案的提议进行表决，出资人组同意的，视为股东大会作出的决议。在 DIP 模式下，虽然债务人企业原有的董事会、股东大会能够保留，但其相关权力行使仍应当符合破产规则优先原则，并在管理人的监督下开展自行管理，必要时应聘请法律专门机构来协助推进重整程序。

三、并行模式下行政权与司法权协调的理论难点

破产重整和重大资产重组程序并行，能够最大限度地缩短重整期限，提高重整成功率。然而，根据《资产重组办法》的规定，重组方案必须交由证监会批准后，方可实施。此时，在司法和行政的"双重监管"下，重整失败风险系数加大，只要人民法院或者证券监管部门一方不予通过和批准，债务人企业的重整计划即事实上宣告失败。因此，在重整与重大资产重组并行模式下，必须在理论上解决司法权与行政权的协调难点。

（一）现有规定及其不足

《资产重组办法》规定重大资产重组方案需报经证监会核准，但未就核准程序详细说明。为了解决上市公司破产重整中涉及的司法程序与行政程序的衔接问题，最高人民法院印发的《关于审理上市公司破产重整案件工作座谈会纪要》（以下简称《上市公司重整纪要》）[1]规定了关于上市公司重整计划草案的会商机制，即在法院作出是否批准上市公司的重整计划草案的裁定之前，证监会组织并购重组专家对提起会商的行政许可事项进行研究并出具专家意见，法院参考专家咨询意见后再作出裁定。

《上市公司重整纪要》明确规定了专家咨询意见与法院裁定重整计划草案的先后顺序，但未能进一步明确专家出具咨询意见与重整计划草案表决的顺序，致使实践中存在诸多不确定因素。一般而言，证监会按照现行《中华人民共和国证券法》（以下简称《证券法》）、《公司法》等相关法律法规的要求，着重审查重组方、拟投入的资产、股东权益调整方式、程序方面是否存在违反法律规定等情形。[2]与之

---

〔1〕《关于审理上市公司破产重整案件工作座谈会纪要》第八部分指出："会议认为，重整计划草案涉及证券监管机构行政许可事项的，受理案件的人民法院应当通过最高人民法院，启动与中国证券监督管理委员会的会商机制。即由最高人民法院将有关材料函送中国证券监督管理委员会，中国证券监督管理委员会安排并购重组专家咨询委员会对会商案件进行研究。并购重组专家咨询委员会应当按照与并购重组审核委员会相同的审核标准，对提起会商的行政许可事项进行研究并出具专家咨询意见。人民法院应当参考专家咨询意见，作出是否批准重整计划草案的裁定。"

〔2〕参见宋晓明、张勇健、赵柯："《关于审理上市公司破产重整案件工作座谈会纪要》的理解与适用"，载《人民司法》2013 年第 1 期。

相对应，管理人需要对投资计划加以说明并制定出资人的权益调整方案，后提交至债权人会议进行表决。在没有明确的顺序之下，专家咨询意见的出具节点对重整计划中的相关方案将产生以下影响。

第一，如果重整计划草案表决通过后，并购重组专家才出具咨询意见，就会使得重整计划表决草案处于不确定的状态。具体而言，只有专家对重大资产重组方案予以肯定，且法院也裁定批准重整计划草案，破产企业的重整程序才会终止；如果专家否定或要求管理人继续修改重组方案的，法院并无法律依据要求重新召开债权人会议和出资人会议，对已经表决通过的重整计划草案进行修改和再次表决，最终重整计划草案极大概率会因未得到证监会的审批同意而无法执行，企业宣告破产进而转入清算程序。[1]对于专家明确给出否定意见且该意见对重整计划草案影响巨大的情况，即使法院突破性地允许调整重整计划草案的相关事项再行提请会商，[2]也可能会受重整时限的影响而失败。

第二，如果在重整计划草案表决之前，并购重组专家已经出具咨询意见，则管理人可根据咨询意见修改重整计划草案，及时提交至债权人会议予以商议。即使修改后的重整计划草案未获全部表决组表决通过，法院也有依法强制批准重整计划草案的权力，此时重整计划草案将具有执行的可能性。

第三，专家咨询意见本身可以分为肯定意见、否定意见以及附条件肯定意见。[3]对于附条件肯定意见是否"采信"，有关行政机关和司法机关事实上拥有一定的裁量空间，这也意味着专家咨询意见本身即包含着一定的或然性。但若有关载有"附条件批准"的专家咨询意见能在草案形成阶段予以提供，将对整个重整程序的推进大有裨益。

（二）现有规定的反思及检讨

1. 会商机制自身功能发挥的局限性。依最高人民法院的观点，会商机制本身连通的是行政机关的许可审批和法院的司法裁定行为。具言之，于上市公司重整而言，有关专家咨询意见仅对人民法院批准重整计划的行为进行指导，而非为重整计划本身的制定提供指引。换言之，现有《上市公司重整纪要》中有关会商机制的引入，往往仅在"原重整计划草案可得一方批准，而另一方未予批准"情境下产生积极效果。

---

[1] 王静、黄建东、蒋伟："上市公司重整与重大资产重组并行的程序冲突与协调"，载《法律适用（司法案例）》2018年第2期。

[2] 参见宋晓明、张勇健、赵柯："《关于审理上市公司破产重整案件工作座谈会纪要》的理解与适用"，载《人民司法》2013年第1期。

[3] 最高人民法院民事审判第二庭编：《企业改制、破产与重整案件审判指导》，法律出版社2018年版，第269页。

对于重整计划的制定者而言，其在含有重组方案的重整计划表决前，往往无法知悉法院、证监会对重整计划的基本态度，故其制定的重整计划仍有不获通过或批准的可能。在此情形下，若上述一方对重整计划相关内容予以否认，当事人即又得"从头再来"，再次制订并表决通过重整计划，于此不但有悖于程序效益，且有损制度功能的最大化。在本文看来，重组、重整计划因任一部门未批准而不产生效力（或无法执行）的情形，与两者同时未获证监会、法院的许可（批准），在法律效果上并未有过多区别。在此语境下，唯有使专家咨询意见对重整计划制定和表决本身产生积极影响，才是合理的制度设计。若无此效用，则重整计划获法院批准后因未获行政许可而无法执行，这与其在会商机制下遭到"双方"否决，从效果方面并无明显区别。相反，尽早获得代表"准官方"意志的专家咨询意见，并以此及时修改或完善尚未送裁或送批的重整计划草案，或许具有更大的实践价值。

2. 行政权与司法权协调中存在的问题。对于上市公司重整中的（证券监管部门的）行政权和（人民法院的）司法权协调问题，依照《上市公司重整纪要》的表述，重整计划草案提交出资人组表决且经人民法院裁定批准后，上市公司无须再行召开股东大会，可以直接向证券监管机构提交出资人组表决结果及人民法院裁定书，以申请并购重组许可申请。依此，人民法院只需于行政许可作出前作出裁定并提交证券监管部门，且该裁定亦将对后续并购重组的行政许可申请产生一定影响。

对此，有观点认为：一方面，鉴于司法实践中缺乏涉及证券业务专业性的破产法院和破产法官，证券监管部门的介入便显得确有必要；另一方面，鉴于司法权对行政权的监督制约功能，以及司法行为的终局性和权威性，故不应在司法权确认通过重整计划之后再由行政部门来进行审批相应行政许可（此时重整计划中涉及行政审批的事宜也应当视为一并批准同意）。[1]且在比较法上，上述《上市公司重整纪要》的做法，在理念上与其他一些国家的做法也是相违背的。以美国上市公司破产为例，随着破产法的改革，美国证券交易委员会（SEC）经历了一个介入程度由多变少的过程，国会调整了重整程序中SEC的作用和地位，不再要求其先行批准重整计划，且SEC一般不参与重整计划草案的起草与谈判。[2]

此时，在"司法裁定作出在先"的情形下，为解决上述理论上的困境，存在一

---

〔1〕 最高人民法院民事审判第二庭编：《企业改制、破产与重整案件审判指导》，法律出版社2018年版，第325页。

〔2〕 参见最高人民法院民事审判第二庭编：《企业改制、破产与重整案件审判指导》，法律出版社2018年版，第331页。对此，笔者认为，鉴于美国证券发行与监管体制与我国存在较大的区别，此处的引例不具有借鉴价值，但具备一定说明价值：即或许在重整程序中，行政参与的日益减少系商业时代下的整体趋势。

种可能的解决路径，[1] 即在"重整计划被法院裁定批准而行政许可未获批准"场合，此时基于保护债权人依照重整计划规定的清偿方案受偿的期待，以及上述司法功能的保障，不妨认为司法裁判亦将对后续行政许可申请产生约束。

但对此，本文并不赞同。

第一，真正充分参与重整计划制订和表决的债权人，理应明晰：就有关重整计划部分内容的实际执行，尚需经由证券监管部门的行政审批后，方可进行。而对于公权机关的行政许可行为，自得由其遵循法律法规和有关政策的规定依法作出。民事主体除却对行政机关依法行政享有合理期待外，并无要求产生肯定性结果的权利，且应当受行政审批结果的拘束，此亦即行政行为的公定力、不可改变力、执行力以及相应的不可争力之体现。[2] 鉴于我国《证券法》目前仍对于证券发行采取较为严格的核准制度，更不宜仅凭所谓当事人的权利期待，即对证券监管部门的核准行为予以干涉。

第二，从会商机制的实现途径来看，其更多依赖行政机关和司法机关对于专家咨询意见等的尊重和认可，但这并非表明上述人民法院的裁定批准行为以及证券监管部门的行政许可批准行为相互之间应具有约束力。对此，《上市公司重整纪要》即指出："并购重组审核委员会审核工作应当充分考虑并购重组专家咨询委员会提交的专家咨询意见。"由其中表述可见，尽管具有一定的参考意义，但人民法院的裁定批准行为本身并不对证监会的行政许可行为之作出产生拘束。

第三，从职权的分配以及专业性角度（法院事实上也难以代替证券监管部门核准并购重组抑或证券发行）来看，前述二者之间皆不可完全替代。此时若认为人民法院作出相应裁定即当然约束行政主体后续的行政行为，其不仅有悖于法理，更有违事理。

（三）行政权与司法权协调的理论可能

依上述观点展开，行政权对重整计划的干涉，或应在司法裁判作出之前进行。对此，有观点认为，实践中可采取下列操作模式：法院在批准重整计划草案前必须审查相关行政审批事项是否已经有权机关书面同意，或者虽然没有明确表示同意的书面批准文件，但负责审批的行政机关已明确表示知晓相关事宜并口头表示同意，或者已出具支持配合上市公司重整的相关承诺函。[3]

---

〔1〕 此处的"观点"为行文时假想的观点，只代表提前对学界可能出现的某种观点进行的探讨与回应，特此说明。

〔2〕 与之相对应，在重整计划草案"已获行政机关行政许可而未获人民法院批准"情形下，由于重整计划本身未生效，故其并不具备相应的拘束力和执行力，此时私主体的信赖似无从谈起。

〔3〕 最高人民法院民事审判第二庭编：《企业改制、破产与重整案件审判指导》，法律出版社 2018 年版，第 326 页。

　　然而依照《企业破产法》的相关规定，法院应在收到重整计划草案之日起 30 日内应召开债权人会议进行表决；且管理人或债务人应自草案通过之日起 10 日内，向法院提出批准重整计划的申请；其后，法院应自收到申请之日起 30 日内裁定是否批准。故法院在收到重整计划草案之日起至裁定批准之日，最多可有 70 日的期限。由此可以推断，自重整计划草案通过到人民法院批准前，证券监管部门最多只有 70 日的审批时间，然而根据《证券法》《公司债券发行试点办法》等法律法规的规定，证券监管部门核准的期限为自受理证券发行申请文件之日内 3 个月，加之上述文件的传递以及受理（如公司债券的受理审查期限为 5 个工作日以内）等事项，有理由相信，上述文件对于证券监管部门提出了高于一般公开发行审查和核准的时限要求。对此，从法理上来看，基于重整程序中债权人和债务人程序效益（时间成本）的考量，赋予监管部门上述特殊时间要求似亦有一定道理。但从实际操作角度来看，在我国对证券发行进行审批和核准的制度大背景下，相关行政部门或许难以达到如此高效的审批效率。且在有关举措如此短暂的期限要求下，于实践中如何衔接《上市公司重整纪要》中规定的会商机制（特别是会商材料的提交和作出时限），或许也有一定困难。

　　对于上述问题，在本文看来，较为合理的解决方式是通过规范性文件的方式对上述时限和顺序要求予以明确。例如，《证券公司风险处置条例》即对于此类问题部分方面进行了一些调整和规范，其第 43 条规定："自债权人会议各表决组通过重整计划草案之日起 10 日内，证券公司或者管理人应当向人民法院提出批准重整计划的申请。重整计划涉及《证券法》第 122 条规定相关事项的，[1] 证券公司或者管理人应当同时向国务院证券监督管理机构提出批准相关事项的申请，国务院证券监督管理机构应当自收到申请之日起 15 日内作出批准或者不予批准的决定。"但该条仅规定了同时提交申请，这并不能直接看出人民法院与证监会批准的先后问题。然就前述时限要求而言，上述规定要求证券监管部门于 15 日作出审批决定，而依《企业破产法》的规定，人民法院负有 30 日的审限要求，故在实践中人民法院完全可以在知悉证券监管部门行政许可批准与否后，再据此对重整计划草案进行裁定。

　　然而，如上文所述，尽管上述举措在理论和实践上具有一定的可行性，但其却与《上市公司重整纪要》的相关规定有所冲突——在《上市公司重整纪要》起草者看来，有关并购重组的行政许可不仅在法院批准重整计划草案后作出，而且法院的相关裁定书本身甚至可作为行政许可的申请文件。

---

　　〔1〕　依该条，证券公司"变更业务范围、变更主要股东实际控制人、合并、分立、停业、解散、破产等情形，必须经国务院证券监督管理机构批准"。由此不难发掘，证券监管部门的行政许可职权范围远不止资产重组行政许可。

四、司法权与行政权协调的完善进路

（一）并行模式下司法权与行政权协调的思路

关于司法权与行政权的衔接问题，学界对并行模式的改进思路主要集中在前文提及的会商机制上，包括但不限于：明确专家咨询意见出具与重整计划草案表决的先后顺序及意见形式；明确专家咨询意见出具期限；简化会商机制中的行政审批程序等等。

围绕《座谈会纪要》的现有核心制度再创新提出进一步的改进思路，这一想法本身并无太大问题。但上市公司若希望采取破产重整和资产重组程序并行模式，则必然面临司法和行政的"双重监管"。在这种情况下，重整失败的风险系数明显较先重整后重组的传统模式有所加大。也正是因为如此，为避免重整失败即转为破产清算的后果，实践中多数破产企业在制订重整计划草案时宁愿放弃该模式而选择相互独立的先后模式。

面对行政权与司法权的相互掣肘，题首案例中的重整企业能够顺利以并行模式结案，实属业界标杆。但必须承认的是，像舜天船舶案这样有明确注资意愿的投资人、相对可控的重整表决安排、清晰明了的资产重组计划、实力雄厚的国资背景等优势条件聚于一体的重整案，其采取并行模式顺利完成重整和重组的可能性本就较高，但如此"天时地利人和"之场景显然并不普遍适用于大多数上市公司。若仅对会商机制作进一步细化，并不会拓宽并行模式的可适用范围，对当前并行模式的相关法律规范作进一步明确和优化的思路，应当从府院联动、制作权力清单、重整计划的灵活性修改等方面着手。

（二）司法权与行政权协调的具体路径

1. 建立上市公司重整常态化的府院协调机构。破产案件"府院联动机制"最早是由最高人民法院提出，并于 2019 年 10 月 22 日由国务院通过的《优化营商环境条例》中予以明确，即以行政法规的方式明确规定"县级以上地方人民政府应当建立企业破产工作协调机制"。相比单纯依靠司法手段推动市场主体破产，府院联动机制在职工安置、税费缴纳、工商注销等方面均具有明显优势，值得肯定。

府院联动机制的有效运行，需要政府和法院的角色协调与互补，并需将之常态化、固定化。而设立以政府部门为主体的常态化府院协调机构，同时以行政法规来约束和控制政府滥用行政权力的行为，不失为解决当前府院联动机制柔性问题可行的办法。从域外立法来看，在行政机关中设立破产管理机构已经是普遍做法。无独有偶，我国在国家发改委、最高人民法院等 13 部委印发的《加快完善市场主体退出制度改革方案（草案稿）》中规定了要设立国家破产管理局，但较为遗憾的是，这一国家级文件最后公布的定稿中删除了国家破产管理局的内容。

就这一机构的名称和组织结构而言，本文倾向于以破产服务局[1]命名，并在此基础上设立从国务院到地方各级政府的纵向体系。具体而言，破产服务局以"服务者"的角色定位自身的行政职能，这与我国政府从管制性政府向服务型政府的转变理念不谋而合；在组织结构上，设立国务院直属部门的破产服务局，并从上到下在各级政府设置派出机构，下一级机关仅对上一级破产服务机关负责，以避免地方政府的越位干预。此外，需要说明的是，破产服务局不单是工商、税务、国土等部门简单相加后的一体式窗口办理机构，而是集多功能为一体的破产事务工作服务机构。

于上市公司重整而言，地方政府的首要目的往往是保护上市公司中的国有资产，这与重整发现并挖掘企业的运营价值的目的相差甚远。这一差异在实践中表现为，中国的破产法律制度运行近 30 年，上市公司零清算率让人疑窦丛生，即上市公司重整计划均获通过。因此，破产服务局的设立，可减少地方政府对上市公司破产重整的控制，使破产重整的上市企业真正地"涅槃"。

2. 审判权与行政权分配的清单列举。如前所述，我国未来建立的破产服务局，更多的是府院联动层面的协调服务，破产服务局因其行政机关属性，本就具有获知企业运营状况（数据）的天然优势，其可通过对企业运营数据的分析对可能发生的"跑路行为"及其衍生的社会问题作出研判和预警。就上市公司的破产重整而言，破产管理局应积极主动与法院协调沟通，互通信息，打好法律政策"组合拳"。在此情形下，破产服务局的履职是主动的，兼具管理和服务的双重属性。

此外，在本文看来，也应对审判权与行政权的各自权限的分配进行清单列举。审判权的核心内涵在于"中立"，奉行不告不理的原则，企业破产案件的审判权亦概莫能外。明晰其判断权的性质，专职于案涉债权债务等法律问题的审查判断上；行政权的清单列举须细化到每一个政府部门，就制度设计而言，既可以采取问题清单的方式，明确相应履职部门，也可以采取责任清单的方式，将每一部门的具体职责明晰化、法定化。

就上市公司破产重整而言，根据最高人民法院 2012 年下发的《上市公司重整纪要》规定，在重整程序中同时启动重大资产重组的，最高人民法院向证监会发起会商，由证监会安排并购重组专家咨询委员会对会商案件进行研究并出具专家咨询意见，重整案件的审理法院应根据重整计划草案表决通过情况并参考专家咨询意见，确定是否批准包含重大资产重组内容的重整计划草案。但该座谈会纪要的规定

---

〔1〕　我国学界目前有不少学者主张建立破产管理局，如李曙光、张钦昱等。具体参见李曙光："中国迫切需要建立破产管理局"，载《南方周末》2010 年 6 月 30 日，F31 版；张钦昱："软预算约束视角下破产清算程序之反思及重构"，载《法商研究》2016 年第 3 期。

过于原则，实践操作性并不强，并没有对专家咨询意见的出具期限、与重整计划草案表决的先后顺序等进行明确规定。

对此，本文认为，上市公司破产重整中效率极为重要，故应在专家意见的出具期限上进行明确规定。在最高人民法院将重整计划草案送达证监会时，证监会应在 45 日内出具专家咨询意见，管理人对该意见的审查不宜超过 30 日。在先后顺序上，可规定先由破产管理人将重整计划草案提交法院报请最高人民法院启动会商，在获得专家咨询意见后，管理人根据此意见修改重整计划，并提交债权人委员会表决。如此，便保证了法院司法权终局性的地位。

3. 重整各方对重整计划的变更。推动司法权和行政权的衔接，应使得重整计划能够较为灵活地进行变更。有关重整计划的变更问题，尽管《企业破产法》及其现行司法解释并未明确规定破产企业在重整计划执行阶段对法院批准的重整计划再行更改的权利，但最高人民法院对这一问题显然并非始终持否定态度。对此，最高人民法院 2018 年下发的《全国法院破产审判工作会议纪要》第 19 条规定："债务人应严格执行重整计划，但因出现国家政策调整、法律修改变化等特殊情况，导致原重整计划无法执行的，债务人或管理人可以申请变更重整计划一次。"

论述重整计划变更制度的原因在于，若将资产重组方案并入破产重整计划中，破产企业的相关当事人必然会对以下事项抱有担忧：若重组计划未获证监会批准，则含有重组方案的重整计划自然无执行之可能，而若不对重整计划进行调整，则破产企业必然会滑入破产清算程序之中，这一结果恰恰是各方当事人极力避免的最坏结果。

但是，如果能够依照上述 2018 年《全国法院破产审判工作会议纪要》第 19 条规定的精神，或对目前第 19 条明确列举的"国家政策调整"作扩大解释，或适当放开重整计划变更制度的启动条件和适用范围，都能够产生消除破产当事人对将重组方案纳入破产重整计划以同步施行的并行方案的顾虑，提振当事人对重整与重组计划成功的信心，同时也能够回避学者提出的行政权制约司法权的否定与质疑。[1]相比对会商机制作进一步深入，这一思路不失为一种相对更为温和的改进方向。

五、结论

上市公司进入重整程序后，依照"状态相依所有权"理论，其股东大会和董事

---

[1] 参见王静等："上市公司重整与重大资产重组并行的程序冲突与协调"，载《法律适用（司法案例）》2018 年第 2 期。尽管在厦新电子案中，证监会并没有公布其否决重组计划的具体原因，但是在事后对该案件进行揣测，恐怕"回避行政权制约司法权造成司法裁判的公定力受损"的因素亦在证监会的考量范围之中。

会职权分别转交给了债权人会议和管理人。这种权力结构的变化，会对公司重大资产重组决议的通过造成一定的影响。在协调策略上，若重整采用管理人主导模式的，应由管理人将一部分经营管理权授权给债务人企业的原经营管理成员，然后再在债权人会议下设出资人表决组，行股东大会职责；采债务人自行管理模式下，公司原权力结构保存较为完好，只需主动接受监督，并积极采纳第三方机构的法律意见即可。由于重组方案和重整计划分别受到司法权和行政权的影响，应强化"府院联动"机制，必要时可设立专门的破产服务行政部门协助处理破产案件。由于上市公司资产重组方案要报证监会批准，是故最高人民法院启动同证监会的会商机制后，专家意见应在法院批准重整计划前及时作出，同时为保障重整效率，减少不必要的时间损耗，未来可通过司法解释的方式明确专家意见作出的具体期限。随后，由管理人或经管债务人根据专家意见的形式，及时对重整计划进行调整，确保重整计划经法院批准后具有执行力。

附件：案例具体内容

江苏舜天船舶股份有限公司破产重整案

申请人：中国银行股份有限公司南通崇川支行，住所地：江苏省南通市跃龙路。

负责人：顾鹏飞，该支行行长。

被申请人：江苏舜天船舶股份有限公司，住所地：江苏省南京市雨花台区软件大道。

法定代表人：张顺福，该公司总经理。

2015 年 12 月 22 日，中国银行股份有限公司南通崇川支行以被申请人江苏舜天船舶股份有限公司（以下简称舜天船舶公司）不能清偿到期债务且资产不足以清偿全部债务为由，向江苏省南京市中级人民法院（以下简称南京中院）申请对舜天船舶公司进行重整。南京中院依法组织召开听证会对重整申请进行了审查。

南京中院经审查查明，舜天船舶公司于 2003 年 6 月设立，公司经营范围主要包括船舶与非船舶交易等，实际控制人为江苏省国信资产管理集团有限公司。2011 年 8 月，舜天船舶公司股票在深交所挂牌交易。近年来，受航运、船舶市场持续低迷和经营管理不善的影响，舜天船舶公司自 2014 年起出现巨额亏损，2015 年公司股票被处以"退市风险警示"特别处理，公司经营持续恶化，负债 80 亿余元。

南京中院认为，舜天船舶公司不能清偿到期债务，且现有资产不足以清偿全部债务，已发生重整事由。2016 年 2 月 5 日，南京中院逐级报请最高人民法院（以下简称最高法院）批准，依法裁定受理舜天船舶公司破产重整一案。

因舜天船舶公司资产效能低、债务重、施救时间紧，以往的上市公司重整后再实施重大资产重组模式已难以满足舜天船舶公司再生需求。有鉴于此，本案采取重整与重大资产重组同步实施挽救模式。2016 年 4 月 28 日，经管理人授权，舜天船舶公司召开董事会，审议通过重大资产重组议案。之后，管理人制定舜天船舶公司重整计划草案会商讨论稿，并将重大资产重组方案纳为重整计划草案中经营方案的主要内容。重整计划草案内容主要包括：剥离原有资产、注入优质资产、保护经营性债权人在重整程序中不受损失、通过公司资本公积金转增股票清偿剩余未能以现金清偿的普通债权等。

根据最高人民法院《关于审理上市公司破产重整案件工作座谈会纪要》（以下简称座谈会纪要）第八条的规定，重整计划草案涉及证券监管机构行政许可事项的，受理案件的法院应当通过最高法院，启动与证监会的会商机制。即由最高法院将有关材料函送证监会，证监会安排并购重组专家咨询委员会对会商案件进行研究。并购重组专家咨询委员会应当按照与并购重组审核委员会相同的审核标准，对提起会商的行政许可事项进行研究并出具专家咨询意见。人民法院应当参考专家咨询意见，作出是否批准重整计划草案的裁定。2016 年 7 月 15 日，南京中院启动会商机制。

2016 年 9 月 7 日，管理人将重整计划草案提交南京中院。9 月 23 日，舜天船舶公司召开第二次债权人会议。债权人会议对舜天船舶重整计划草案进行了审议表决，担保债权组、税款债权组、普通债权组均表决通过了重整计划草案。同日，舜天船舶公司召开出资人组会议暨临时股东大会，会议审议并表决通过了重整计划涉及的出资人权益调整方案及重大资产重组全部有关议案。9 月 26 日，管理人向南京中院申请裁定批准重整计划草案。

南京中院认为：依照《中华人民共和国企业破产法》（以下简称企业破产法）规定，重整计划草案由债权人会议分组表决；涉及出资人权益调整事项的，还应当设出资人组，对该事项进行表决。各表决组均表决通过重整计划草案后，还应提交法院审查，由法院裁定批准。即重整计划草案批准程序为"会议表决＋司法裁定"。依照重组管理办法的规定，上市公司进行重大资产重组，应当由董事会依法作出决议，并提交股东大会批准。证监会依照法定条件和程序，对上市公司重大资产重组申请作出是否核准的决定。即重大资产重组程序为"内部决议＋行政许可"。当重整程序中同时启动重大资产重组时，则存在"会议表决""内部决议"的公司内部治理结构冲突与"司法裁定""行政许可"的外部监管权力冲突。

一、关于上市公司治理结构与管理人管理模式的调和

依照企业破产法规定，重整中的企业管理模式分为管理人管理模式和债务人管理模式。两种管理模式的区别在于企业经营控制权的归属不同，分别由管理人和债务人行使，并相应地负责制作重整计划草案。企业破产法规定企业重整期间是以管理人管理模式为原则，实践中绝大多数上市公司重整也都是采用这种模式。因重整与重大资产重组程序并行操作复杂，故舜天船舶重整案采取了管理人管理模式，由管理人负责制作重整计划草案。

管理人在接管公司财产和营业事务后成为公司内部治理的机关，负责开展公司重整工作。但是我国公司法、证券法在对上市公司重大资产重组有关决议等问题作出规定时，假设前提是企业正常存续状态，未能对破产状态下作出例外规定。实践中，证券监管机构依照重组管理办法规定，要求上市公司即使在重整程序中进行重大资产重组，也应当由董事会依法作出决议，并提交股东大会批准。因此，倘若取消上述上市公司原意思机关也将影响在重整程序中启动重大资产重组。

为此，本案在管理人负责模式下，采取由管理人负责协调、处理债权审核、资产调查、衍生诉讼推进、信息披露、重整计划草案制定等诸多法律事务。同时兼顾保留公司原意思机关的必要性，由管理人聘请原经营管理层继续负责公司日常经营，授权董事会审议通过重大资产重组议案，并提交出资人组会议暨临时股东大会表决。

二、关于最高法院与证监会会商机制的运行

为解决重整与重大资产重组并行过程中司法权与行政权协调问题，座谈会纪要建立了最高法院与证监会的会商机制。

因会商需要时间，为保障重整程序在规定的期限内顺利推进，本案在重整计划草案提交法院之前两个月即启动会商机制。依照企业破产法规定，法院在收到重整计划草案之日起三十日内应召开债权人会议进行表决。管理人或债务人应自草案通过之日起十日内，向法院提出批准申请。法院应自收到申请之日起三十日内裁定是否批准。即法院在收到重整计划草案之日起至裁定批准之日最多七十日。故若在重整计划草案提交法院之时或之后再启动会商机制，时间上难以满足会商需要。

依照座谈会纪要规定，法院应当参考专家咨询意见，作出是否批准重整计划草案的裁定。为避免重整计划草案表决通过后，专家咨询意见认为需修改或否定重大资产重组方案，造成重整程序拖延乃至未获批准，本案早在重整计划草案提交法院之前即将会商材料通过最高法院函送证监会，希望在重整计划草案表决之前能够收到专家咨询意见。专家咨询意见出具在前，有利于重整计划草案在制定和表决前及时修改调整，即使重整计划草案未获表决通过，因专家咨询意见仅作为参考，并不能代替行政许可决定，故不会造成行政许可事项未执行的后果。但因会商意见出具时间不确定，为不影响重整进程，管理人依法向南京中院提交了重整计划草案。在重整计划草案表决通过后，2016 年 10 月 22 日，南京中院收到证监会并购重组专家咨询委员会出具的专家咨询意见。

经审查重整计划草案并参考专家咨询意见后，南京中院认为重整计划制定、表决程序合法、内容符合法律规定，公平对待债权人，对出资人权益调整公平、公正，经营方案具有可行性。同年 10 月 24 日，南京中院依照《中华人民共和国企业破产法》第八十六条第二款、《最高人民法院关于审理上市公司重整案件工作座谈会纪要》第八条之规定，裁定：

一、批准舜天船舶公司重整计划；

二、终止舜天船舶公司重整程序。

专题二十七 上市企业重整中控制权移转的法律问题研究

一、案情概要与问题提出

2009年9月，广西慧球科技股份有限公司（以下简称"慧球科技"）进入破产重整程序，因重整计划的执行，中国工商银行广西分行（以下简称"工商银行广西分行"）、北京瑞尔德嘉创业投资管理公司（以下简称"瑞尔德嘉"）等债权人以债转股方式，成为慧球科技的股东。浙江郡原地产股份有限公司（以下简称"郡原地产"）以1.2亿元价格作为承接慧球科技部分不良资产为对价，进而取得重组慧球科技的资格，协助其执行了破产重整计划。2014年3月，慧球科技重组小组与上海斐讯数据通信技术有限公司（以下简称"斐讯技术"）董事长顾某商定，由斐讯技术"借壳"慧球科技上市，由瑞尔德嘉等股东向顾某或顾某指定的第三方转让部分股权。2014年7月1日，慧球科技发布关于筹划非公开发行股票事项并继续停牌的公告，拟通过向顾某及其他战略投资者非公开发行股票的方式募集资金以发展智慧城市等经营业务，具体事宜由顾某决策，方案由其团队设计，发行对象由顾某确定。2014年7月起，顾某负责慧球科技发展方向、重大合同签订等重大事项，慧球科技高级管理人员均向顾某汇报，由顾某决策。2014年12月1日，慧球科技召开第七届董事会第三十九次会议，选举顾某为董事长。

2017年5月12日，中国证监会作出〔2017〕47号行政处罚决定，认为顾某签订的系列协议构成2014年《证券法》第67条第8项所述"持有公司百分之五以上股份的股东或者实际控制人，其持有股份或者控制公司的情况发生较大变化的情况"的重大事件，慧球科技应披露相关事项但未予披露。顾某作为公司董事长，对未及时披露相关信息负有直接责任，决定对顾某给予警告，并处以90万元罚款，其中作为直接负责的主管人员罚款30万元，作为实际控制人罚款60万元。同时被要求承担个人责任的其他主管人员不服证监会的处罚决定，遂提起行政诉讼。该案历经两级法院审理，两级法院均认为，证监会对顾某实际控制人身份的认定并无不当，原告/上诉人（其他主管人员）并未尽到忠实勤勉的义务，二审法院遂支持了证监会的决定，判决驳回上诉请求，维持原判。

本案反映出上市公司重整中企业控制权变动的特殊路径及其导致的信息披露问题。具体而言，该问题包含三个子问题：首先，上市公司实际控制人的认定标准是什么，如本案中被行政处罚的顾某以其间接持有的3.8%股份能否构成上市公司的实际控制人；其次，如何在重整企业控制权二分模式的语境中理解投资方的地位，以及在多样化的控制权移转中，如何保障重整企业债权人的合法权益；最后，《企业破产法》是否有必要建立一套独立于《证券法》的信息披露规则，围绕重整程序中上市公司的信息披露问题作出更有针对性的规定。

二、上市公司实际控制人的认定标准

公司控制权既是公司经营结果的关键因素，又是公司交易相对方关注的对象，尤其针对上市企业，控制权还是信息披露义务的焦点。[1]因此，有必要建立较为明确和清晰的控制权界定标准。

（一）上市公司控制权的一般认定标准

1. 现有规则的认定标准。针对有限公司和股份公司，《公司法》第216条第2项规定了控股股东的形式标准，即持股比例达到50%以上，并选择性地引入了实质认定标准，即对"股东会或股东大会的决议产生重大影响"。同时，该条第3款将公司实际控制人的范围限定于"非公司股东"，也就是说，实际控制人与控股股东的概念相互独立。针对上市公司的控制权问题，《上市公司收购管理办法》第84条加入了投资者对董事选任影响力的认定标准，[2]对《公司法》的前述相关内容进行了细化，并将控股股东纳入了实际控制人的概念范围。此外，证券监管部门和交易所下发的文件也提出了其他具体识别控制权的标准，《深交所股票上市规则》和《深交所创业板股票上市规则》中均沿用了《公司法》的"重大影响"表述。此外，《〈首次公开发行股票并上市管理办法〉第12条"实际控制人没有发生变更"的理解和适用——证券期货法律适用意见第1号》（以下简称"1号文件"）也采取了"对股东大会产生重大影响"表述，而且对特殊实际控制主体作出了额外限制性规定。[3]相比而

---

〔1〕 参见齐明："破产重整期间的企业控制权刍议——兼评《破产法》第73条"，载《当代法学》2010年第5期。

〔2〕《上市公司收购管理办法》第84条规定："有下列情形之一的，为拥有上市公司控制权：①投资者为上市公司持股50%以上的控股股东；②投资者可以实际支配上市公司股份表决权超过30%；③投资者通过实际支配上市公司股份表决权能够决定公司董事会半数以上成员选任；④投资者依其可实际支配的上市公司股份表决权足以对公司股东大会的决议产生重大影响；⑤中国证监会认定的其他情形。"

〔3〕 该意见的第3条规定了认定共同拥有公司控制权的条件，包括：每人都必须持有公司股份和/或者表决权；多人共同拥有公司控制权的情况不影响发行人的规范运作；通过公司章程、协议或者其他安排予以明确；该情况在最近3年内且在首发后的可预期期限内是稳定、有效存在的，共同拥有公司控制权的多人没有出现重大变更。

言，《上交所上市公司控股股东、实际控制人行为指引》认为能够影响公司行为的人即为实际控制人，该规定显然采取了更为宽松的认定标准。同时，《上海证券交易所股票上市规则》（2018 年 11 月修订）第 181 条第 8 款规定："控制：指能够决定一个企业的财务和经营政策，并可据以从该企业的经营活动中获取利益的状态。"但是，对《公司法》中识别企业控制权的"重大影响"之理解，无论是监管部门还是证券交易所制定的文件，均未达成一致意见。

2. 实质重于形式标准的采用。首先，本文的基本观点是，法院以及证券监管部门在认定实际控制人时，应采取实质重于形式的综合判断标准。随着我国证券市场的不断发展，上市公司的股权逐渐分散，实际控制上市公司所需要的股份比例相应地下降。有鉴于此，实际控制权的存在与其对应的股权外观并不完全对应。可见，"实际控制人"是一个功能性的概念，是一个从结果、行为外观推导出的能够实际行使公司控制权的主体，其判断标准应同时结合"事实控制"与"行为外观"两个方面。"事实控制"侧重于控制人是否实际参与了公司经营管理的决策或执行过程，该事实的认定应以行为要件作为判断基础，而不考量当事人的主观意思表示；而"行为外观"则需从保护公司交易相对人的信赖利益和维护商事交易秩序的角度出发，结合商事外观主义，对于对外代表公司行事的人而言，也应当在善意第三人提出主张时参照实际控制人的相关规定承担责任。[1]

在认知发展上，学界对企业控制人的判断标准，经历了从形式走向实质的转变过程，这种转变可在我国台湾地区"公司法"的立法沿革中得以印证。台湾地区"公司法"对公司实际控制人的认定曾采形式主义，即"如非名义上担任公司董事或经理人，非为公司之负责人。是修正前公司法第 8 条规定之公司负责人，不包含所谓'实际负责人'"。[2]但其"公司法"于 2011 年修正时，加入了第 8 条第 3 款之规定，将"影子董事"或"影子经理人"纳入公司实际控制人的范围。[3]台湾地区公司法学界权威学者对这一立法进步表示赞同，认为该规则是为了防范那些没有经过法定程序就成为公司实际控制人的负责人，"倘公司法对此类人士之法律地

〔1〕　参见叶敏、周俊鹏："公司实际控制人概念辨析"，载《国家检察官学院学报》2007 年第 6 期。

〔2〕　参见我国台湾地区"最高法院"2017 年台上字第 475 号民事判决。

〔3〕　我国台湾地区"公司法"第 8 条规定，"本法所称公司负责人：在无限公司、两合公司为执行业务或代表公司之股东；在有限公司、股份有限公司为董事"，"公司之经理人、清算人或临时管理人，股份有限公司之发起人、监察人、检查人、重整人或重整监督人，在执行职务范围内，亦为公司负责人"，"公司之非董事，而实质上执行董事业务或实质控制公司之人事、财务或业务经营而实质指挥董事执行业务者，与本法董事同负民事、刑事及行政罚之责任。但政府为发展经济、促进社会安定或其他增进公共利益等情形，对政府指派之董事所为之指挥，不适用之"。立法资料参见台湾地区"立法院"法律系统，https://lis.ly.gov.tw/lglawc/lawsingle? 00402F9FCABA0000000000000000014000000004FFFFFA00^04517100121400^00048001001，2020 年 7 月 8 日访问。

位与责任不加以规范，致其实际掌握公司经营，却无需负担相应责任，势必造成公司治理的重大隐忧"。[1]

3. 实际控制权的判断因素。在具体个案中，实际控制权的认定往往是一个综合判断、联动分析的过程，行政、司法机关需要考量的因素较多。对此，"1 号文件"指出："公司控制权是能够对股东大会的决议产生重大影响或者能够实际支配公司行为的权力，其渊源是对公司的直接或者间接的股权投资关系。因此，认定公司控制权的归属，既需要审查相应的股权投资关系，也需要根据个案的实际情况，综合对发行人股东大会、董事会决议的实质影响、对董事和高级管理人员的提名及任免所起的作用等因素进行分析判断。"可见，综合考察因素的重点主要在于实际控制人对公司决议、公司日常生产经营管理的影响，这意味股东的控制地位应体现在公司的具体决策中。[2]并且，在控制程度上，实际控制人必须直接或间接地处于公司控制权的源头，而非他人实现控制的途径或工具。具体而言，认定实际控制人应追溯到自然人、国资管理部门或集体企业等特殊主体。因此，法院以及证券监管部门有必要对《公司法》第 216 条中的"重大影响"进行扩大解释，对股东是否具有控制地位进行深入考察，既需要审查相应的股权投资关系，也要根据个案的实际情况，综合其对股东大会、董事会决议的实质影响，对董事和高级管理人员的提名及任免所起的影响等因素分析判断。

域外某些典型立法例也采取该综合判断标准来认定实际控制人。如根据《美国投资公司法》第 2 条（a）（9）的规定，控制是指对一个公司的经营管理或方针政策具有决定性影响的权力，但通过在该公司担任正式职务而获得控制的情形除外；除自然人外的人，直接拥有或通过一个或多个被其控制的公司拥有另一公司超过 25% 的投票权的，就应该被推定为控制了该公司，有相反证据的除外；但在 SEC 以发布命令的形式自行作出或经利益相关人申请而作出相反认定之前，控制的推定必须维持。一旦事实发生变化，SEC 可以发布新的命令撤销或修改其以前发布的命令。此外，《德国股份法》第 17 条对企业控制权也有所规定："①从属企业是指另一企业（控制企业）可以直接或间接对其施加支配性影响的、法律上独立的企业；②由被多数参与的企业推定，该企业从属于以多数对其进行参与的企业。"[3]虽然上述立法对实际控制权的认定标准并不统一，但可以看出各国都分别从"定性"和"定量"的角度出发，既考虑到控制人的股权占有量，也考虑到其实际管理能力，

---

[1] 朱德芳："实质董事与公司法第 223 条——兼评'最高法院'103 年度台再字第 31 号民事判决"，载《月旦民商法杂志》2015 年第 9 期（总第 49 期）。

[2] 参见张园园、罗培新："上市公司控股股东、实际控制人违法行为的监管实践与制度完善"，载《证券法苑》2017 年第 4 期。

[3] 赵旭东主编：《境外公司法专题概览》，人民法院出版社 2005 年版，第 519 页。

实践中通过综合个案证据事实来辨认实际控制地位。

（二）　美国司法实践中的控制股东认定标准

控股股东的认定标准具有较高的灵活性，对此判例法国家的相关个案经验值得我们学习，其中以公司法发展较早的美国特拉华州的判例最为典型。与我国公司法表述类似，2014 年的 In re Zhongpin Stock holder Litigation 案（以下简称"Zhongpin案"[1]）中，特拉华州横平法院将涉案股东是否具有"重大影响"（Outsized Influence）作为控制股东的认定标准。本文结合四个影响较大的判例，分析法院在审查何为"重大影响"时应参考的因素。

1. Zhongpin 案和 Tesla 案：涉案股东对公司的长期影响。涉案股东在公司的日常经营中所扮演的角色是法院的首要考量因素。在 Zhongpin 案中，特拉华州衡平法院基于 Zhongpin 公司年报的相关内容，认定涉案股东 Xianfu Zhu（朱献福）系控制股东。该年报明确记载朱献福（持股比例：17.3%）作为公司的创始人，对公司日常经营和未来发展有着不可或缺的作用。该标准在之后的多个案件中都予以采用。在 2018 年的 In re Tesla Motors, Inc Stockholder Litigation 案（以下简称"Tesla 案"[2]）中，特拉华州衡平法院法官 Slight 认为，虽然马斯克股权比例并不高，但综合其长期以来对外担任公司形象并且引领公司初期多轮融资的事实，以及其对特斯拉公司日常经营和发展具有的极大推动作用，可以认定马斯克构成公司的控制股东，因此需要承担相应的信义义务。

2. Tesla 案：涉案股东与董事会的关系。涉案股东是否主导董事会成员任免是法院的另一重要考量因素，尤其当涉案股东存在"排除异己"的行为记录时。如 Tesla 案中，法院便根据马斯克长期以来排挤令其不满或与其意见相左董事的背景，认定其对董事任免具有极大的话语权。相比而言，在案情较为类似的 In re Rouse Properties, Inc. Fiduciary Litigation 案[3]中，特拉华州衡平法院则以涉案股东 Brookfield 集团（持股比例：33.5%）从未有过对在董事会"排除异己"的经历为由而认定其不构成控制股东，从而驳回了投资者的起诉。

以上两个案件在案情上存在诸多相似之处，但法院对控制股东的认定结果完全相反。这表明，对董事的任免权是企业控制权的重要方面。在 Brookfield 集团持股比例明显高于马斯克持股比例的情况下，特拉华州法院否认前者的控制地位，却认定马斯克为控制股东，足见法院对控制股东控制董事会行为的警惕与重视。这种个案衡量方式值得我国参考，股东"排除异己"的经历不仅有碍于董事会承担管理者

---

〔1〕　In Re Zhongpin Stockholders Litigation, Del. Ch., No. 7393 – VCN.

〔2〕　In Re Tesla Motors, Inc, Stockholder Litigation, Del. Ch., No. 12711 – VCS.

〔3〕　In Re Rouse Properties, Inc. 89Fiduciary Litigation, Del. Ch., No. 12194 – VCS.

的角色，更可能使控制股东在公司中安插仅为其利益而采取行动的"傀儡董事"，这是上市企业应当严加禁止的现象。

3. Crimson Exploration 案：涉案股东对诉争交易的影响。在 In re Crimson Exploration Inc. Stockholder Litigation 案[1]中，法院指出，对公司某项决议、交易等事项存在临时控制（ad hoc control）的股东也应同样处于控制股东地位，应承担相应的信义义务。而在最新的案例中，特拉华州横平法院进一步将临时控制权运用到了重大影响的标准之中。如在 Tesla 案中，特拉华州横平法院察觉到马斯克在诉争交易中一直扮演着交易促成者的角色：他在交易过程中并未回避，反而亲自参与了律师和财务顾问的雇佣和上述机构的评估过程；与此同时，特斯拉公司也未成立特别董事委员会以审核诉争交易。可见，在具体案件中，个别股东的临时控制权也将显著增加其被认定为控制股东的可能性。

（三）重整企业控制权的实质认定标准

如前所述，上市公司的控制权有多种实现方式，并不以特定的持股比例为前提，而这一点，在上市企业重整时表现得更为明显，如文首案件中顾某以其间接持有的 3.8% 股份便构成了实际控制人。但对重整企业控制权进行考察时，公司法语境中的"重大影响"识别标准可能有所变化。

从持股比例来看，顾某虽然并非第一大股东，其仅通过中信证券间接持有对重整企业 3.8% 的股权，而当时的最大股东是"债转股"债权人——工商银行广西分行，但债转股不同于一般的股份增发，具有特殊的双重性质：从债务清偿的角度看，债转股是以股偿债，所以必须遵循破产法及相关立法中有关债务清偿的行为准则；从将债权转换成公司股份的角度看，债转股实质是以债权向公司出资的行为，所以必须遵循《公司法》《证券法》中有关股东出资的规定，以及《商业银行法》等有关立法的规定。[2]据此，一审法院经调查发现，第一大股东工商银行广西分行系通过公司执行重整计划而获得股权分配，"其持有股份的目的在于实现债权而不在于对公司进行控制和经营管理，因此对顾某实际控制公司亦不会形成障碍"。可见，根据债转股协议取得较高股权比例的股东很可能不享有对公司决策和运营的参与权，持股比例并不是认定重整企业实际控制人的核心标准。

从任免董事高管以及参与公司日常经营的程度来看，顾某无疑拥有了控制公司董事会和公司重大决策的权力。《公司法》对公司机关的治理模式采用的是股东会、董事会、监事会三者并行的模式，体现了三权分立、分权制衡的思想。[3]其中，董

---

[1] In Re Crimson Exploration Inc. Stockholder Litigation. , Del. Ch. , No. 8541 – VCP.

[2] 参见王欣新："企业重整中的商业银行债转股"，载《中国人民大学学报》2017 年第 2 期。

[3] 参见施天涛：《公司法论》，法律出版社 2018 年版，第 42 页。

事会往往被委以业务经营和事务管理的职能，监事会则承担监督公司业务执行情况的职能。文首案例中，顾某与原先实际控制人瑞尔德嘉、许某跃签订了相关协议，就公司控制权作出明确安排。直至行政处罚决定作出之日，重整企业的董事成员均由顾某担任董事长的斐讯技术高管出任，或由顾某介绍出任：其中三位董事系斐讯技术的董事，另外两位董事为斐讯技术的监事，三位独立董事系经顾某联系产生，而顾某本人担任慧球科技董事长及法人代表，并对慧球科技的重大合同签订、股权结构变更等重大事项均具有决策权。显然，顾某对慧球科技管理层的人员任免具有最终决定权，顾某实际上已经成为慧球科技的经营管理者，证监会和法院认定其具有控制地位并无不当。

实际上，实际控制人对企业管理层的任免权与其对企业经营的决策权是密切联系的。在企业经营权与所有权分离的现代公司治理结构下，股东对董事任免的决定权系股东作为企业所有者对经营者实施控制的集中体现。"在股东与董事之间的关系上，还存在着股东对管理者的控制关系。而这种控制关系，恰恰要通过表决权来表现出来。"[1]所以，虽然股东几乎彻底地把决策权授予了经营层，并且几乎批准他们所有的决定，但是这种默许并不否认另一重要事实：管理层只能在投资人的承受限度内行使他们的权力，一旦有必要，分散的所有权可以随时集中起来，对不称职的经营者进行矫正，甚至把他们"炒掉"。

针对重整企业实际控制权的认定，我国台湾地区"公司法"似乎采取了更为简洁的方式，其第 290 条第 1 款规定："公司重整人由法院就债权人、股东、董事、目的事业中央主管机关或证券管理机关推荐之专家中选派之。"重整人是"公司重整程序之非常时期，负责公司的业务经营，管理处分公司财产之人（台湾地区'公司法'第 293 条第 1 款），该重整人应依法拟定公司的重整计划（台湾地区'公司法'第 303 条第 1 款），并执行之（台湾地区'公司法'第 305 条第 1 款），或谓重整人系公司重整时的法定执行机关；因此，重整人在执行其职务范围内，亦为公司的负责人（台湾地区'公司法'第 8 条第 2 款）。"[2]申言之，根据台湾地区"公司法"的规定，重整期间控制公司的重整人，不论其所持股份多少，都属于公司法上的实际控制人。若依此规定，则本案中，顾某作为慧球科技重整投资方的董事长，重整人的身份便直接构成其实际控制人的认定依据。

同时，司法实践中总结产生的"重大影响"综合判断标准无法都适用于重整企业。从我国的司法判例来看，"重大影响"的重点在于长期以来宣传企业形象、推动融资等。然而，企业重整时的实际控制人往往是新引入的投资方，其控制力体现

---

〔1〕　梁上上："股东表决权：公司所有与公司控制的连接点"，载《中国法学》2015 年第 3 期。

〔2〕　廖大颖：《公司法原论》，三民书局 2019 年版，第 400 页。

为对企业未来发展的影响力，而不能以企业过往的经营情况为标准。实际上，针对德国破产案件的调查表明，主管大规模公司的CEO常常在公司破产申请之初或者破产申请后不久就被替换掉：在20世纪80年代所发生的大公司破产案件中，95%的公司高管是在破产申请前18个月和申请后6个月内被替换的；针对其中的409家上市公司，研究结果表明71%的企业经理在破产申请后丢掉了工作。[1]可见，破产程序的启动必将导致经营层的"大换血"，此时企业控制权必须以控制人对企业未来重整方向、重整方式的决定权为衡量标准，因此与公司法中的综合判断重点有所出入。文首案件中，破产企业拟筹划通过向顾某及其他战略投资者非公开发行股票的方式募集资金，相关事宜由顾某决策，方案由顾某团队设计，发行对象由顾某联系确定；此外，根据斐讯技术2014年7月的股东大会记录，顾某于同月起负责破产企业的经营管理，有关公司发展方向、重大合同签订等重大事项，破产企业的高级管理人员均向顾某汇报，由顾某决策。由此可见，顾某虽然仅是重整企业的新加入者，但是根据相关协议和股东大会安排，其已经具有对破产企业未来发展方向的重大决策权。

综上所述，证监会和法院对顾某的实际控制地位认定并无不当。本案还揭露出重整企业控制权移转的相关问题，即顾某获得其控制地位的方式、时间与内容是否合法。

三、上市公司重整中控制权的移转

实质影响标准是从结果来分析企业控制权的状态，但若从控制权的形成来看，还有必要研究上市企业重整中控制权的变动模式。实际上，控制权的核心问题就在于该权力的分配与移转，前者表现为以股东控制权及其他利益相关者控制权为核心的公司权力结构安排，后者则是指通过股份收购以及公司绩效和经营状态的变化来实现控制权的重新配置。

（一）控制权的主体

1. 重整中控制权的特定职能。不同于破产清算与破产和解，重整中的企业并不停止经营，甚至可以认为重整是公司的一种特殊经营状态，重整企业的控制权与正常经营时的控制权没有本质区别。在正常经营的企业中，控制权是一种对公司经营管理的决定性权力。对于重整企业，其控制权仍是指实际控制人对企业经营管理和战略规划的决定性权力，只是其内容倾向于对重整进程、企业拯救的影响权力，使公司重生是其最终目的。从很大程度上来说，重整期间的公司治理仍遵循"三权分

---

[1] 相关德国学者的研究调查，参见齐明："破产重整期间的企业控制权刍议——兼评《破产法》第73条"，载《当代法学》2010年第5期。

立"的模式，"由关系人会议取代股东会成为公司最高意思机关，重整人取代董事而为重整工作，而由重整监督人取代监察人予以监督"。[1]

虽然重整企业治理结构没有本质变化，但重整期间企业控制权的内容更为复杂，其控制权主体必须"时时考虑将企业重整营业与管理整合课题相结合"。[2]这首先表现为重整企业的控制权还承担了特定的破产职能：其一，控制权还承担实施破产配套制度的特定职能，如破产撤销权的行使。《企业破产法》赋予控制人追溯破产案件受理前 1 年或者 6 个月内欺诈或偏颇清偿行为的权力，企业控制人应主动承担起调查并追回被不当处分的债务人财产的责任。其二，由于企业在重整期间内继续经营，控制人对企业财产的管理和处分权受到破产制度的限制，具体而言，应受到法院、债权人与管理人的多重监督。其三，重整制度的目的决定了控制权范围。重整作为企业挽救措施，其目的在于帮助企业重新获得生命力，在这一过渡期内，《企业破产法》赋予了重整期间控制权主体提出破产方案的排他性权利，即除管理人或债务人之外的债权人、出资人或者企业职工无权提出破产重整方案草案。其四，破产企业控制权的分配中，利害相关人之间的利益冲突更加明显。破产重整中充满了不同立场的利害关系人，出资人、公法债权人、优先债权人、普通债权人、职工之间构成多个激烈冲突的利益阵营，其间的权力分配此消彼长。因此，控制权在破产法所建立的多元化利害关系人权力网中受到制衡，如何平衡各方利益关系是控制权实施的关键。[3]其五，重整负有帮助企业重新焕发活力的任务，是一项拯救债务人、帮助债务人摆脱困境的制度，因此在对重整企业控制权的探讨中，适当结合重整特有的商业经营目标就显得尤为必要。重整管理人应通过战略、计划、组织、领导、控制、协调等各种要素的相互配合，以最大限度地在重整基础上实现各种资源的科学合理的配置，保证重整企业最佳的经营效率和经营业绩。[4]

针对重整企业控制权的复杂局面，《企业破产法》第 73 条规定了债务人自行管理模式的适用条件。学界主流观点认为重整企业控制权有两种可能，一是由债务人自行管理，二是由管理人接管，齐明教授称之为"重整期间公司控制权二元模式"。[5]二元模式各有其考量，在不同场合中各有优劣。债务人自行管理的合理性在于承认商业经营的复杂性，认识到企业进入破产重整往往不完全是因为债务人经营不善所导

---

〔1〕　王文宇：《公司法论》，元照出版有限公司 2018 年版，第 604 页。

〔2〕　参见刘沂江："管理学视野下的重整管理人制度探微"，载《法学杂志》2009 年第 9 期。

〔3〕　参见齐明："破产重整期间的企业控制权刍议——兼评《破产法》第 73 条"，载《当代法学》2010 年第 5 期。

〔4〕　参见刘沂江："管理学视野下的重整管理人制度探微"，载《法学杂志》2009 年第 9 期。

〔5〕　参见齐明："重整期间公司控制权二元模式探究——兼论我国破产管理人制度的不足与完善"，载《求是学刊》2010 年第 5 期。

致的，而是多种因素共同作用的结果；同时，由于债务人熟悉公司业务，具备一定的公司管理技能，交由其进行重整往往能更有效地开展公司经营，提高公司重生的可能，这也是联合国破产法立法指南和我国台湾地区 2016 年版"债务清理法"（草案）的立法目标，即激励企业在经营出现困难时尽早提出重整申请，以便加速摆脱困境、继续盈利，为企业提供"再出发"的机会。[1]债务人自行管理的缺点在于，企业毕竟是在原管理层的经营下走向破产，其经营能力令人质疑，正如林群弼教授所言："盖公司以董事为其负责人，如因其经营而至财务困难而须重整，则非人谋不臧，亦为董事能力较差所致，今再由此等人士担任重整工作，岂得谓当？"[2]相比之下，管理人模式的优点体现在对破产财产的公正处理上，尤其是实施破产配套措施，如破产撤销权时，管理人能够较为中立地判断企业先前的个别清偿行为。其缺点在于过分强调破产管理人的行政管理作用和中立地位，可能忽略了商业经营能力在重整中的作用。[3]由于我国缺乏成熟的职业经理人市场并且破产程序缺乏对管理人商业管理能力的要求，[4]具备原破产法中清算组特征的破产管理人往往缺乏使破产财产保值增值的商业经营能力。[5]同时，《企业破产法》第73条并未指出在何种情况下法院可以终止破产管理人控制权并且恢复债务人的经营控制权，反而导致实践中，管理人在获得控制权与承担监督权之间、债务人在失去控制权与获得控制权之间徘徊，这将使重整程序变得更加扑朔迷离，导致使公司经营的连续性难以维系。[6]尽管《九民纪要》中明确了债务人自行管理模式的适用条件，但由于该规定颁布不久，在效力位阶上又不具有强制适用力，故其实践效果仍有待继续考察。

2. 重整制度目标下的折中方案。实际上，若将重整制度的价值目标分成两个不同层次——公平实现破产各方利益和挽救破产企业，或许可在债务人自行管理和管理人主导中采取较为的折中方案，即在实现不同价值目的时采用不同的模式。若具体事项主要涉及重整程序性事务而非企业经营管理时，其主要价值取向为实现破产公平清偿，为最小化债务人自行管理的偏颇性，此时由破产管理人处理更为妥当；但若所遇之事项为企业实际经营管理所需，还是应当将企业的实际控制权保留给经

---

〔1〕 参见郑有为："论自愿性重整——兼论对司法院债务清理法草案重整章的几点观察与建议"，载《台北大学法学论丛》2020年第3期（总第113期）。

〔2〕 林群弼："由比较法之观点论台湾地区现行公司重整之规定"，载《台大法学论丛》2005年第1期。

〔3〕 参见齐明："重整期间公司控制权二元模式探究"，载《求是学刊》2010年第5期。

〔4〕 尽管《企业破产法》第28条规定了"管理人经人民法院许可，可以聘用必要的工作人员"，但这不足以保证管理人商业经营职能的顺利履行。而第22条规定的"不能胜任职务"由于缺乏具体的行为标准因而难以认定。

〔5〕 即1986年通过实施、2007年废止的《中华人民共和国企业破产法（试行）》。

〔6〕 参见刘诚："重整计划制定权归属模式的比较研究"，载《法学杂志》2010年第5期。

验更为丰富、管理能力更强的债务人。但上述探讨也过于理想化，在实际案件中，实现各方利益和挽救破产企业的价值目的似乎难以区分，二者往往掺杂在一起，很难对具体的事项分别采用不同的模式进行处理。

前述重整企业控制权二分模式的讨论主要针对破产管理人或者债务人原股东会、董事会的控制权，而并未紧密结合新加入的重组投资方。实际上，通过重整计划加入企业并获取对企业的实际控制权是对潜在投资方的巨大吸引力，此时可以将重组方的控制地位视为债务人自行管理的延伸。这样一来，投资方对公司的控制将受到法院、管理人以及债权人会议的适当监督，但投资方也将有效享有对公司商业管理的决定性权力，得以兼顾重整不同层次的制度目标。

结合本案，实际控制权应归属于重组人而并非破产管理人：其一，公平清偿债权人的目标已初步实现，而其最终清偿效果完全依赖于公司业务的挽救情况。慧球科技的主要债权人已经根据债转股协议实现了其债权，公平清偿的破产价值已经在一定程度上得到保障。债权人分配得到的股权价值与企业运转情况密切相关，挽救破产企业是债权人获偿的前提。此时，将实际控制权交由经营能力更强的重组方不再有价值冲突方面的障碍，使企业"获得生机"将同时实现破产各方的利益。其二，由新加入的投资方管理重整企业，将不存在原管理层能力不强反而降低重整成功可能性的情况。实际上，慧球科技的控制权已经过几度易手，原管理层人员已基本被全部替换。随着斐讯科技董事长顾某等新鲜血液的注入，大量斐讯员工加入慧球科技，共10名董事、监事及高级管理人员中有7名均来自斐讯技术，已经不存在不信任原有债务人经营管理能力的问题。此时，由重组方掌握企业控制权符合现行法规定，在利用重组人的经营管理能力帮企业恢复生机的同时也维护了原债权人的利益。

（二）定向增发中控制权的转移规则

定向增发是企业控制权变动的重要方式，更是重整企业控制权移转的核心模式。文首案例中，顾某及其一致行动人就计划通过非公开发行的手段获得企业股份。

对重整中的上市公司，定向增发是以低成本融资、实现股权变动的主要手段。具体而言，投资人取得重整公司股份的方式主要有两种：一是股权处分，即破产企业通过让渡等方式向投资人转让股权；二是新股发行，即破产企业对投资人定向发行新股。[1]实际上，公司在重整的情况下向战略投资者定向发行股份和公司债以换取增量正是各国破产与证券发行的通行做法。定向增发是企业重整的重要手段，是

---

　　〔1〕　参见王涌、孙兆辉："公司重组中的股权变动问题——'郑百文重组'案的遗产"，载赵旭东《公司法评论》（2005年第1辑），人民法院出版社2005年版，第86页。

引入新投资方的关键：一方面，定向增发可以免去注册相关费用，包括招股说明书的制作、中介费等；另一方面，定向增发可以有针对性地引入重组方，从而使重整更易成功。[1]从成功的可能性来看，与公众投资者不同，债务人原股东、债权人以及未来战略投资者对重整企业的情况较为熟悉，可充分参与到重整中来，向这些主体定向增发股票将使重整具有更大的胜算。

1. 定向增发规则的特定标准和程序。对定向增发对象的认定标准，现行法在规定特定对象的基础上，还对增发的人数做了限制，即定向增发不得超过 200 人。可见，增发对象的人数是区分定向与非定向的关键。当增发对象涉及法人、合伙企业或资管计划时，有必要考虑是将其直接计算为 1 人，还是进行穿透计算。针对本案中反复出现的资管计划，2015 年 4 月 3 日中国证券投资基金业协会发布的《关于私募基金登记备案系统升级的通知》中明确规定，对于未在协会备案的保险资产管理计划、信托资产管理计划、银行理财资产管理计划、证券公司及其子公司的资产管理计划、基金公司专户及其子公司的资产管理计划、期货公司及其子公司的资产管理计划、契约型私募基金、合伙型私募基金等资产管理计划和机构，其投资人数和投资金额均穿透计算。可见，虽然在文首案件的裁判文书中，法院直接指出定向增发涉及 "9 名非公开发行对象"，但是这仅是从法人主体的角度进行的初步认定，不符合《证券法》的实际立法目的，即使该定向增发的对象仅涉及 9 家合伙企业与资产计划，也可能最终形成超过 200 人的发行对象。

实际上，对于定向增发对象的认定，美国判例法采取的 "投资者适格性标准" 更符合定向增发的性质。1977 年最高法院在著名的 Doran v. Petroleum Management Corp. 案中确立了定向增发的对象标准，打破了早先判决中非公开发行的发行对象限于公司内部人的这一误解。根据该判决，就发行对象的投资资格而言，只要其作为富有经验的投资者能在占有充分、真实的信息基础上正常行使投资技能，即满足了立法要求。[2]换言之，发行对象如果具备成熟、有经验的投资者身份，即可享受私募发行豁免。对于个人投资者，适格性体现在 "成熟投资者" 中；而对机构投资者，则一般使用 "经认定投资者" 的概念。针对重整企业，其定向增发的对象也可以大致分为三类：重组方、财务投资人与战略投资人。重组方投资的目的在于取得被投资公司的股权，一般通过并购重组手段取得控股权；财务投资人意图通过投资行为取得经济上的收益，在适当的时候进行套现，关注短期利益；战略投资人致力于增强企业的核心竞争力和创新能力，拓展企业产品市场占有率，谋求长期利益回

---

〔1〕 参见最高人民法院民事审判第二庭编：《企业改制、破产与重整案件审判指导》，法律出版社 2018 年版，第 302 页。

〔2〕 See Doran v. Petroleum Management Corp. , 545 F. 2d 893（5th cir. ）1977.

报和企业的可持续发展。[1]可见，在重整中的定向增发，势必更加关注增发对象的商业经验以及专业性，从本质上满足了定向增发豁免的规则要求。

2. 定向增发规则中的程序性优惠。关于定向增发的要求，目前《证券法》等法律法规对企业的盈利能力、净资产规模等作出了条件限制。[2]而这些限制是针对常态下的上市公司的，但对于重整企业来说，其不可能具备运行良好的组织机构或者具有持续经营能力，而且利用重整过程中发行债券募集的资金还不得用于弥补亏损和非生产性支出。目前《证券法》《上市公司证券发行管理办法》的规定实际上极大地堵塞了重整中上市公司募集资金的渠道。[3]要保障公司能够顺利重整，法律必须为其开拓再融资渠道，而且要在发行新股方面作出特殊规定，放宽条件。如日本就在《公司更生法》中修改了《日本商法典》中规定的证券发行条件，使公司能够在重整中发行股票或债券，以促进重整成功。

除了盈利能力等限制性条件之外，重整企业增发股份的定价机制还应当作出适当调整，协商定价机制正是这样一种优惠政策。对于股份发行价格的协商确定过程，实质上也是新老股东之间利益博弈的过程，为了顺利引入重组方，以便后续重整业务的顺利开展，证监会对于重整中上市公司定向增发价格给予了特殊的优惠政策，即允许交易双方协商解决。[4]《关于破产重整上市公司重大资产重组股份发行定价的补充规定》将破产上市公司发行股份购买资产的定价方式改为协商定价，即发行价格由相关各方协商确定后提交股东大会决议，如此一来，《上市公司收购管理办法》第35条的限制性规定便不再适用于重整企业。根据协商定价机制，上市公司的重整增发价格一般确定在重整停牌价格的50%左右，重组方注入同样的资产可以获得更多的股份，持股比例也较高，重组成本明显降低。[5]这显然从结果上豁免了《证券发行管理办法》第38条规定的"发行价格不低于定价基准日前20个交易日公司股票均价的90%"这一要求。

3. 定向增发股份的流通性限制。根据《证券法》的规定，非公开发行的公司债券仅限于在合格投资者范围内的转让，并且在转让后，持有同次发行的债券的合格投资者合计仍旧不得超过200人。在《美国证券法》中，《D条例》规定了私募

---

〔1〕　"大型上市公司破产重整中的公司治理"，罗帕奇等译，载李曙光、郑志斌主编：《公司重整法律评论》（第5卷），法律出版社2019年版，第113～198页。

〔2〕　参见《证券法》第12条、第15条对企业盈利能力、净资产规模等证券发行作出的条件限制。

〔3〕　参见最高人民法院民事审判第二庭编：《企业改制、破产与重整案件审判指导》，法律出版社2018年版，第301～302页。

〔4〕　参见胡燕、赵越、任韫宜："关于我国上市公司破产重整中控制权私利问题的探讨"，载《财务与会计》2013年第11期。

〔5〕　参见王佐发："'强载'的逻辑与实践"，载李曙光、郑志斌主编：《公司重整法律评论》（第5卷），法律出版社2019年版，第199～218页。

发行的基本条件，根据其内容，投资者尽管可以合法地持有证券，但无"法"转让，因为企业根据《D条例》发行的证券是"受限制的证券"（Restricted Securities），[1]根据《144规则》的规定，在发行后的一年内不得转让。这种交易锁定期对于重整中的企业同样适用，甚至投资者可以自愿延长以增强投资信心。《上市公司重大资产重组管理办法》规定了36个月的交易锁定期。[2]实际上，在重整程序中，投资人取得上市公司股份具有较小的成本以及相对宽松的时间优势，因此，战略投资人若是持续看好上市公司产业以及未来发展趋势，可以自愿增加股票锁定期。

针对重整企业，定向增发是投资方"借壳上市"的重要手段。通常情况下，公司上市分为两种方式：IPO和借壳上市。[3]借壳上市指的是计划上市的公司利用收购、资产置换等方式获取上市公司的控股权，然后利用上市公司的"壳"，对其进行资产重组，并利用上市公司在证券市场上的优势，向广大股民募集资金。只要公司没有丧失"壳资源"，就可以通过重大资产重组、"借壳"乃至反向收购等资产重组的方式来实现重生。"壳式重整"有其市场基础，而债权人与投资人、债务人成为风险共担、利益共享的共同体，企业的持续经营能力及可行的经营方案，越来越引起各方面的重视，这些因素都有利于充分发挥上市公司的"壳资源"。[4]借壳上市一般有两种途径：一是上市公司直接发行股份购买资产，由于标的公司体量远远超过了原上市公司，这种"蛇吞象"的操作将导致上市公司的实际控制人发生变更，构成借壳上市，如"360借壳江南嘉捷上市案"；二是实务中更常见的做法，即收购人首先取得上市公司的控制权，再将旗下的资产装入上市公司，构成借壳上市。自"1号文件"发布以来，规避控制权变更成为借壳企业更热衷的选择。虽然"1号文件"将控制权变更的认定增加至三个维度，但在资本市场中，上市公司以变更经营现状、提升行业竞争力或吸引外部资金为目的，通过发行股票实现跨界重组的现象十分常见。上市公司原控股股东通过转让股权或第三方认购募集配套资金的方式，将上市公司的控制权由原控股股东转至第三方，且第三方与拟被重组方不存在关联关系，以此实现规避借壳、曲线上市目的。可见，定向增发有利于投资方

---

〔1〕 See Securities Act of 1933 144（a）（3）.

〔2〕 据其规定，构成借壳上市的，上市公司原控股股东、原实际控制人以及其控制的关联人，以及在交易中从该等主体直接或间接受让该上市公司股份的特定对象应当公开承诺，在本次交易完成后36个月内不得转让其在该上市公司中拥有权益的股份。

〔3〕 参见陈佳仪："IPO公司与借壳的短期绩效对比"，载《现代商业》2019年第2期。

〔4〕 参见Klaus J. Hopt、Christoph Kumpan、Felix Steffek："在金融危机中防止银行破产：德国金融市场稳定法"，张钦昱译，载李曙光、郑志斌主编：《公司重整法律评论》（第5卷），法律出版社2019年版，第395~433页。

充分利用重组企业的"壳资源"。

定向增发固然是重整企业控制权变更的重要手段,但是上市企业控制权变动的方式是复杂且多样的。企业重整尤其是上市企业重整往往带来丰富的商业机会,一般有多方投资人参与其中,但企业控制权只能移转给一方,这是系列谈判的协商结果。投资方介入重整程序是一个谈判缔约的过程,由各相关主体为各自利益而博弈,只有在重整投资方与债务人企业或者破产管理人正式签订合同或者交纳保证金后,投资方才正式成为公司重整的权利义务主体,明确其在重整中的主体资格。投资方作为重要的重组方参加债务人重整,应承诺将自有优质资产注入债务人企业,或以现金补偿的方式直接承担债务人的全部或部分债务,从而满足重整计划得以批准和执行的要求,进而以变更、增加、修正原债权债务关系的方式减轻债务人的债务负担,投资方由此成为重整计划的义务人。[1]在具体的移转方式上,有的重组方单纯地通过定向增发股票方式获得控股权,有的则是将定向增发与直接受让股权相结合,股权让与是上市公司重整中的常用方案,其核心是股权转让与公司控制权转换。[2]此外,资产置换、现金出资都会导致控制权的转移。实际上,对于濒临破产宣告的企业而言,投资方使用现金购买其资产是避免退市更加快速且直接的手段,对于"保壳"有重要意义。另外,资产置换是指上市公司控股股东以优质资产置换上市公司的不良资产,这种做法相当于由投资方接过 *ST 公司的包袱,因此,此种模式往往需要以现金或者股票的形式弥补差价。

文首案例中,顾某取得控制权的过程中就运用了多种手段:郡原地产最早以1.2 亿现金出资的方式获得了对重整企业的实际控制权,其后,顾某从郡原地产手中受让取得了控制权,对此,郡原地产的实际控制人许广跃曾与顾某签订《协议书》,对非公开发行作出约定,并约定若重组不成功,鉴于许广跃已经在重组前期投入了大量资金,顾某对其承担巨额的损害赔偿责任。[3]顾某根据系列计划,提出定向增发的计划,但是该计划并未获证监会批准。顾某受罚之后,顾某与鲜某实际控制的上海躬盛公司签订系列协议,转让顾某及其一致行动人持有的慧球科技的表决权,重整企业的控制权又转移给了鲜某。从前述系列协议体现出,重整企业控制权的流转方式呈现出较为复杂的多样性。

(三)破产债权人利益的保障

本文虽然讨论的是债务人管理层对企业的控制权,但全体债权人才是破产企业

---

〔1〕 参见张仁辉:"破产重整中新投资人的法律地位及权利",载王欣新、尹正友主编:《破产法论坛》(第 4 辑),法律出版社 2010 年版,第 245 页。

〔2〕 参见王欣新、徐阳光:"上市公司重整法律制度研究",载《法学杂志》2007 年第 3 期。

〔3〕 参见与本案相关的另一起民事纠纷"顾某、上海斐讯数据通信技术有限公司合同纠纷",浙江省高级人民法院(2017)浙民终 356 号民事判决书。

"剩余所有权"的权利归属人。根据"状态依存所有权"理论，在公司陷入财务困境时，企业的所有权会发生变化，这使得重整期间的公司治理具有不同于非破产下公司治理的特殊性。[1]因此，在规范破产企业控制权时，不能忽视债权人会议、债权人委员会的监督权。实际上，重整由两个部分组成：一部分是债务清偿安排，规定在重整计划中；另一部分是重组方通过发行股份进入上市公司并确认实际控制人的地位。[2]这两个部分相互依存、互为因果，债权人在第一阶段有表决权，在第二阶段则享有监督权。

从债权人对经营管理层的任免、决定权来看，债权人有权决定自行管理（在符合条件的前提下）还是管理人管理，并且债权人有权重新选任债务人的经营管理层。重整程序的启动切断了公司原管理层对股东的受信义务，此时管理层对债权人负有忠实义务，管理层作为债权人的受托人为公司利益行使经营控制权。换言之，重整程序不是以保护股东利益为目的的，而是为公平保护债权人、债务人、社会公共利益而设计的。因此，对于管理层的任免和监督都要立足于债权人，[3]债权人的决定权也符合权力行使与风险承担的对称性。在美国法中，破产管理人也称为"破产受托人"（Bankruptcy Trustee），对受聘的经营管理人员而言，债权人乃其真正的委托人。

从控制权移转的决定程序来看，重整企业的并购决定不再交由股东大会表决，而是由重整计划予以规定。最高人民法院下发的《关于审理上市公司破产重整案件工作座谈会纪要》第7条规定，对于股份发行等并购重组事项的审批程序，由出资人组表决后无需再召开股东大会表决。根据《企业破产法》的一般性规定，重整计划草案应由债权人会议分组表决通过，即便涉及出资人权益调整事项，也仅是在债权人会议下再设出资人组进行表决，根本无需股东大会批准。债权人会议通过或者债权人会议虽未通过但是经法院强制批准的重整计划，就应当按照计划中的股权转让方式执行，即重整计划表决获批本身就足以证明按照重整计划草案强制转让股权的合法性。[4]而这种强制执行无疑这是对《公司法》相关内容的变通处理。

本案中，慧球科技于2009年的重整计划并未全文披露，本文无法明确其草案是否涵盖控制权变动的内容。但在类似的沧州化工重整案件中，其经营方案提出要引入战略投资者，实施定向增发股票，调整投资结构，并严格遵守上市公司信息披

〔1〕参见张维迎：《企业理论与中国企业改革》，北京大学出版社1999年版，第89页。
〔2〕参见王佐发："'强裁'的逻辑与实践"，载李曙光、郑志斌主编：《公司重整法律评论》（第5卷），法律出版社2019年版，第199~218页。
〔3〕参见李琳："重整期间债权人参与公司治理的控制权之建构"，载《商业研究》2016年第10期。
〔4〕参见最高人民法院民事审判第二庭编：《企业改制、破产与重整案件审判指导》，法律出版社2018年版，第303页。

露制度。[1]可见，在重整计划的经营方案中提前约定与控制权变动的有关内容，即使该约定可能相对宽泛，但可以保障债权人对企业控制权变动的决定权；而且，在重整之中若转换控制权主体，债权人对此也应当有决定权。

四、上市公司重整中的信息披露

文首案例中，对于证监会的处罚决定，顾某提出抗辩："①系列合同的目的在于借款融资，而非股权转让；部分协议约定事项存在重大法律瑕疵，不具有履行基础；部分协议约定未能得到完全履行。②顾某签署系列协议内容较为敏感，公司未曾披露，是出于防止泄露内幕信息的目的。"对此，有必要讨论《企业破产法》与《证券法》对上市公司重整信息披露的规范现状，以及未来可能的立法完善方向。

（一）重整中信息披露的意义

在证券法领域，强制性信息披露制度是世界各国政府对其证券市场进行规范、管理的最重要制度之一，依靠强制性信息披露，能够培育市场本身机制的运转，增强投资者、中介机构和上市公司管理层对市场的理解和信心。[2]证券法上的信息披露制度是旨在保护投资者的特别规则，可分为证券发行的信息披露和持续性信息披露。[3]就其内容而言，信息披露制度是规定信息披露的内容、范围、时间、方式程序及监管的法律规范。[4]就其价值目标而言，上市公司信息披露制度是证券市场发展到一定阶段，相互联系、相互作用的证券市场特性与上市公司特性在证券法律制度上的反映。[5]信息披露制度至少在保护投资者知情权、保障投资决策的科学性、促使公司改善经营管理、确保证券市场平稳运行这四个方面起到重要作用。信息披露的理论依据在于信息对称，只有投资者充分掌握有关信息之后，才能作出明智的投资决定，做到风险自负。[6]从经济学的角度看，完全竞争的市场能够达到资源配置的最佳状态，[7]但是这种高效的市场理论是建立在一系列"市场完全性假定"的基础上，事实上只是一种封闭的理论假设。[8]现实中并不存在信息完全公开的市

---

　〔1〕　参见"沧州化学工业股份有限公司重组方案计划公告"，http://quotes. money. 163. com/f10/gg-mx_600722_282567. html，2020 年 7 月 10 日访问。

　〔2〕　参见高西庆："证券市场强制性信息披露制度的理论根据"，载《证券市场导报》1996 年第 10 期。

　〔3〕　参见叶林：《证券法》，中国人民大学出版社 2006 年版，第 254 页。

　〔4〕　参见吴弘、胡伟：《市场监管法论：市场监管法的基础理论与基本制度》，北京大学出版社 2006 年版，第 131 页。

　〔5〕　参见吕明瑜："论上市公司信息公开的基本原则"，载《中国法学》1998 年第 1 期。

　〔6〕　参见朱伟一：《美国经典案例解析》，上海三联书店 2007 年版，第 379 页。

　〔7〕　参见胡茂刚："证券市场信息披露法律制度研究"，载《华东政法学院学报》2000 年第 3 期。

　〔8〕　参见杨志华：《证券法律制度研究》，中国政法大学出版社 1995 年版，第 83 页。

场，因此有必要人为地作出相应规定，以强制信息披露的方式推动市场实现公平和完全竞争。

我国《证券法》也对信息披露作出了相应规定。依据我国《证券法》第 78 条第 1、2 款的规定，发行人及法律、行政法规和国务院证券监督管理机构规定的其他信息披露义务人，应当及时依法履行信息披露义务。信息披露义务人披露的信息，应真实、准确、完整，简明清晰，通俗易懂，不得有虚假记载、误导性陈述或者重大遗漏。《证券法》对信息披露的义务主体规定得极为广泛，包括上市公司、发行人、上市公司的股东、实际控制人、收购人、上市公司的董事、监事、高级管理人员以及为信息披露事宜出具专项文件和证券服务机构及其从业人员等。[1]

信息披露对于上市公司重整具有重大意义，这与破产重整制度本身的复杂性、配套规则的多样性密不可分。信息披露有利于管理人或债权人追踪并撤销债务人的偏颇性或诈害性清偿行为，这些信息能帮助债权人决定提出重整还是清算的申请，最重要的是，信息披露能够使债权人对重整计划作出评估并最终决定是否接受该方案。[2]进入重整程序后，上市公司进行资产重组，这个阶段上市公司内部信息是非常复杂多变的，此时中小股东则是处于对公司具体情况不甚了解的劣势地位，上市公司大股东可能会在这个时期采取措施来保护自己的权益不受损失，甚至是以牺牲中小股东的利益来维护自己的利益。这就造成了重整计划表决中先天的信息不对称，表决组往往难以知悉与公司经营、债务人财产、重整前景等相关的具体信息，在这种情况下进行投票很难体现表决人的真实意思。为解决这问题，较好的办法是强制性地规定重整计划提交方必要的信息披露义务，以保障利害关系人获知与计划表决有关债务人的全面、真实的信息。对此，《美国破产法》的立法档案也提到，"第十一章的基本理念，与证券法的理念完全一致。如果权利将受到调整的所有债权人与股东都能获得充分的信息披露，那么其应当完全能够自主作出知情判断，而不是由法院或证券交易委员会事先告知他们重整计划的优劣好坏"。[3]

《企业破产法》没有对信息披露规则直接作出规定，而仅在关于重整计划内容的第 81 条有所涉及。[4]从理论上讲，如果上述内容足够详尽，也可以在一定程度上起到信息披露的作用。但实际上，"在已有的四十几起（2015 年数据，作者注）

〔1〕 王欣新：《破产法前沿问题思辨》（上册），法律出版社 2017 年版，第 289 页。

〔2〕 ［美］查尔斯·J. 泰步：《美国破产法新论》，韩长印等译，中国政法大学出版社 2017 年版，第 818 ~ 819 页。

〔3〕 H. R. Rep. No. 95 – 595, 95th Cong., 1st Sess., at 226 (1977). 转引自韩长印："简论破产重整计划表决的信息披露机制——以美国法为借鉴"，载《人民司法》2015 年第 1 期。

〔4〕 根据该条规定，重整计划应当包括的内容有：债务人的经营方案、债权分类、债权调整方案、债权受偿方案、重整计划的执行期限、重整计划执行的监督期限、有利于债务人重整的其他方案。

上市公司重整案件中，重整计划也从来没有超过 30 页篇幅的；相比之下，在美国，信息披露声明有时会厚达 200 页之多”。[1]最高人民法院《关于审理上市公司破产重整案件工作座谈会纪要》第 5 条对重整上市公司的信息保密和披露进行了补充规定，明确股票仍在交易阶段的上市公司，在相关信息披露前，有关主体要做好保密工作，待进入重整程序后，根据管理人管理还是债务人自行管理模式的不同，由不同主体履行信息披露义务并承担相应的责任。但是该规定并不完善，缺乏强制力。针对重整企业，尤其是所涉关系人极其复杂的上市企业重整，我国确实有必要于立法和监管层面加强信息披露制度。

（二）重整中信息披露的标准

违背信息披露制度、不披露或者不能及时披露的义务人应承担相应责任。但对于重整中的上市公司，其是否必须严格遵守《证券法》中的信息披露要求，仍有探讨的余地。这主要是因为，重整企业大多处于资不抵债的状态，股东权益已经归零，可能导致信息披露制度保护中小股东的制度价值落空。同时，正如前文所述，若允许重整企业采取较为灵活的企业控制权变动机制，企业控制权的移转速度和频次将远高于正常运营中的企业，这将为信息披露义务人履责和证监会执法造成极大的障碍。有鉴于此，似乎有必要为重整企业适当减免其信息披露的责任。

1. 披露标准的适度降低。在域外破产立法中，已经有针对重整企业的“安全港”规则。根据《美国破产法》第 1125 条（e）的规定，对于就重整计划征集表决意见或根据重整计划参与证券出售或发行的主体，只要其行动系出于善意且不违反第 1125 条的其他规定，那么该主体就可以免于证券法上的责任。这一安全港规则保障了参与计划通过与批准过程中的当事人对破产法院就信息披露声明的批准裁定的信赖。此外，该法第 1145 条还规定，依照重整计划进行证券发行无需根据证券法进行发行申请（registration）。[2]可见，美国破产重整制度中，只要针对重整计划进行了完善的信息披露并得到了法院的批准，当事人在执行计划时就能够豁免《证券法》规定的其他信息披露义务，甚至直接豁免证券发行的申请程序。

对此，我国破产法学界也有学者持类似意见。如王欣新教授指出，在重整程序中，收购难以全部以协议方式进行，如果严格执行 5% 的披露规定，将会大大增加公司重整的各项成本。[3]因此，可考虑适当放宽上市公司在重整程序中的收购信息披露制度，允许收购人按照重整计划的约定一次性披露收购信息。该观点与美国破

---

〔1〕　韩长印：“简论破产重整计划表决的信息披露机制——以美国法为借鉴”，载《人民司法》2015 年第 1 期。

〔2〕　参见〔美〕查尔斯·J. 泰步：《美国破产法新论》，韩长印等译，中国政法大学出版社 2017 年版，第 1128 页。

〔3〕　参见王欣新、徐阳光：“上市公司重整法律制度研究”，载《法学杂志》2007 年第 3 期。

产重整中的安全港规则殊途同归，均是将披露的重点放在重整计划，而收购人或其他当事人依据重整计划改变证券法律关系时，则可以适当免除原证券法中的披露责任，以保障重整计划的顺利实施。

2. 披露方式的针对性调整。与控制权认定类似，信息披露的制度设计同样面临着企业挽救与公平清偿之间的价值选择难题。前述关于减轻企业信息披露义务的探讨，其重点均在于保障企业重整的快速有效进行，而可能疏于保障破产当事人，尤其是债权人的公平受偿权利。实际上，重整企业的信息披露方式与内容虽然有其特殊之处，但是重要性完全不低于运营中企业的信息披露。

从披露对象来看，上市公司破产重整信息披露主要是对全体债权人的信息披露。对正常经营中的企业而言，信息披露制度旨在保护中小投资者的利益，但在重整程序中，上市公司的信息披露有利于债权人追踪并撤销管理人对其他债权人、内部人等实施的清偿行为以及其他不当的财产处分行为和经营行为。鉴于信息的不对称性在重整程序中依旧存在，且对于外部债权人而言更为严重，上市公司的重整信息披露应尽可能充分、真实和及时，使重整计划各表决组对重整方案作出科学、合理评估后，再最终决定是否接受。

当然，这并非意味着披露的对象和方式与正常经营中的企业完全相同，实践中，披露义务人可以对不同类型的成员进行不同程度的信息披露。这主要是因为，重整中不同类型的参与者为保障其权益或实现其目的所需要的信息类型也是不同的，披露义务人不需要将所有重整信息公示于社会大众，而是有针对性地向特定类型的重整参与人披露即可。这一点已经在《美国破产法》第 1125 条（c）中有所体现，即信息披露的预设对象并不是社会公众，而只是权利人组别的成员，并且，信息披露还可以因组别而异；并非所有组别都必须收到相同的信息披露声明。[1] 但对于如何有针对性地进行信息披露，还需要法院审查并召开听证会后予以批准，披露义务人无权自行决定。从这个角度来看，重整中的信息披露有其特殊性但绝非是简单的责任减免。

3. 披露内容的"重大性"标准。从披露的必要性来看，重整企业实际控制权的转变符合信息披露的"重大性"标准。虽然各国立法一般列举了需要信息披露的内容和范围，但是从法理来看，相关信息的"重大性"才是认定披露必要性的核心标准。

对此问题，典型立法例采取的"重大性"标准主要有两种：股价敏感性标准和投资者决策标准。关于投资者决策这一标准，我国台湾地区"证券交易法"第 36

---

〔1〕 参见［美］查尔斯·J. 泰步：《美国破产法新论》，韩长印等译，中国政法大学出版社 2017年版，第 1127 页。

条第 1 款规定,"已依本法发行有价证券之公司,有下列情事之一者,应于事实发生之日起二日内公告并向主管机关申报:一是,股东常会承认之年度财务报告与公告并向主管机关申报之年度财务报告不一致者;二是,发生对股东权益或证券价格有重大影响之事项"。同时,该法第 157 条第 4 款为防范内幕交易,在对"重大信息"下定义时还规定:"第一项所称有重大影响其股票价格之消息,指涉及公司之财务、业务或该证券之市场供求、公开收购,对其股票价格有重大影响,或对正当投资人之投资决定有重要影响之消息;其范围及公开方式等相关事项之办法,由主管机关定之。"而"股价敏感性标准"体现在香港联交所的股票上市规则中,其制定的《主板上市规则》第 13.05 条规定:"本章所载涉及信息披露的持续责任,旨在确保发行人在《上市规则》第 13.09 条所述情况下即时公布有关资料。指导性的原则是:凡预期属股价敏感的资料,均须在董事会作出决定后即时公布。在公布资料之前,发行人与顾问必须严守秘密。"对于经营中的企业,实际控制权变动无疑符合股价敏感性标准和投资者决策标准。当企业进入重整时,考虑到重整的目标是恢复上市,因此即使在重整计划的执行期间内,也有必要为将来复牌时的投资者保护以及股票定价作出准备。从知情权的角度讲,无论是现有的投资者,还是未来想要进行投资的准投资者,都享有对证券市场内任何上市公司实际经营情况的知情权。因此,只要企业还未退市,其实际控制权的变动就应当符合信息披露的相关规定,不因重整状态而变化。而王欣新教授提出的对于要约收购等其他与实施重整计划有关的信息披露义务减免,也是以曾经在重整计划中进行了一次性全面披露为前提,因此也符合"重大性"标准。

在文首案例中,顾某成为慧球科技董事长及法人代表,可实际支配慧球科技,结合相关证据来看,其最迟不晚于 2014 年 12 月 29 日已成为慧球科技实际控制人。但是,2014 年 12 月 31 日~2016 年 1 月 8 日期间,慧球科技在公司年度报告、半年报告以及 12 份临时公告中,均披露慧球科技不存在实际控制人,其记载内容与事实不符,因此受到证监会处罚。按照现行证券监管规则,顾某的行为显然是违背了信息披露义务。但即便考虑到美国破产法以及相关学者提出的适当减免披露责任的做法,顾某也不符合减免的前提。实际上,慧球科技的重整程序启动于 2009 年,彼时的重组方并非是顾某担任董事长的斐讯技术,顾某取得控制权并非重整计划的一部分,该信息从未向债权人一次性披露,也未经过债权人表决同意。因此,顾某通过协议受让取得原始重整方控制权的行为,对企业重整具有重大影响,其披露义务不应减免。

(三) 上市公司重整信息披露的立法建议

信息披露制度贯穿于破产法的各个程序,在重整程序中更为重要,主要包括公开破产程序、债务人信息披露义务、破产管理人的信息披露义务等方面。[1]破产重整尚属于新生事物，依据破产法所进行的信息披露目前乏善可陈，[2]尤其针对上市公司重整，有必要在证券法外，加强和完善依据破产法所进行的信息披露内容。

第一，信息披露的内容应当完善。重整中的信息披露和公司正常经营情形下的信息披露应该有所区别，正常经营下的信息披露是为了防止和避免内幕交易、关联交易等侵害股东权益的行为发生，而重整中的信息披露应侧重于对公司、债权人、股东利益有重大实际影响的事项上。[3]我国《企业破产法》第 8 条、第 15 条、第 68 条、第 69 条、第 79 条和第 84 条等对信息披露的内容作了规定，但其范围较窄且过于原则，缺乏可操作性。相比之下，《美国破产法》的信息披露内容值得我国参考，如债务人的背景、未来发展预测、在重整程序中的经营预测、有关债务人立即进行清算的假设、重整中经营管理人员的姓名和情况以及报酬、重整程序中所涉及的全部行政费用、各项应收账款的收取情况、重整计划的税务分析、重整计划涉及的证券法问题等。[4]

第二，披露程序和程度应当明确。我国《证券法》对信息披露的程度，以"真实、准确、充分、完整"为标准。[5]《德国破产法》采用了"真实、准确和完整的信息披露标准"，该规定可以说十分全面。[6]对此，王欣新教授认为，可以考虑将证券法已经采取且实施的相关标准作为我国破产法上信息披露程度的一般性要求，遵循债权人利益最大化标准等原则，并规定各项具体且有可操作性的行为标准，可将举办听证会作为重要信息深度披露的必经程序。[7]

第三，信息披露的义务主体应予区分确定。目前，上交所的实际做法是，不区分破产企业的经营管理模式，形式上都由上市公司的董事会负责信息披露工作，但是相关信息披露的内容需要管理人出具书面确认文件。对此，有观点认为可以分阶段规定信息披露的义务主体：①在申请阶段，由董事会负责。②在受理阶段，上市

〔1〕 参见杨忠孝：《破产法上的利益平衡问题研究》，北京大学出版社 2008 年版，第 162 页。

〔2〕 参见高长久、汤征宇、符望："上市公司重整中的法律难题——以华源股份重整案为例"，载《法治论坛》2010 年第 4 期。

〔3〕 参见张志斌、张婷："上市公司摆脱困境之路径选择：重整 VS 重组"，载李曙光、郑志斌主编：《公司重整法律评论：上市公司重整专辑》（第 5 卷），法律出版社 2019 年版，第 352 页。

〔4〕 参见潘琪：《美国破产法》，法律出版社 1999 年版，第 214 页。

〔5〕 参见《证券法》第 3 条、第 5 条。

〔6〕 《德国破产法》第 98 条第 1 款规定，破产法院认为为促成符合真实情况的陈述而有必要的，其可以命令债务人作如下内容的代宣誓保证，并作成笔录：自己已尽全部所知正确并完整地进行了所请求的告知。参见《德国支付不能法》，杜景林等译，法律出版社 2002 年版，第 52 页。

〔7〕 参见王欣新、丁燕："论破产法上信息披露制度的构建与完善"，载《政治与法律》2012 年第 2 期。

公司或债权人申请重整的，人民法院裁定受理的，由上市公司董事会负责披露；人民法院受理上市公司破产申请后，宣告其破产前，上市公司或者出资额占上市公司注册资本 1/10 以上出资人向人民法院申请重整的，由管理人负责信息披露。③在重整期间，根据控制权"二分模式"来分配信息披露义务。④重整计划执行阶段，因为重整计划由上市公司负责执行，在此期间的信息披露义务由上市公司董事会承担。[1]

第四，相关法律适用的优先性问题应予确定。如前所述，现行法对重整企业信息披露存在规范性的缺失，从立法技术来看，若要在未来的立法中填补这一漏洞，应当在破产法律规范中予以完善，而非在《证券法》中以特殊规定的方式写明，因为后者的信息披露制度已具有较为完备的体系，仅因为破产的特殊性需要作出有针对性的安排，如果动辄就对《证券法》进行修改，不利于法的稳定性，也有违立法的经济原理。对此，《美国破产法》第 1125 条（d）明确规定，信息披露的充分性是破产法上的问题，因此并不适用非破产法法律规范，例如证券法的信息披露规则。此外，对于商事重整的信息披露问题，破产法的优先性在第 1125 条（6）的安全港规则上也有突出体现。[2]

五、结语

《公司法》和《证券法》已经对上市公司控制权的认定和移转作出了相关规定，但针对重整中的上市公司，企业控制权的状态以及相关信息披露与运营中的企业有所不同：其一，实际控制人的认定标准与股权比例没有关联性，同时也不应把企业未进入重整程序前的控制权状态作为判断重整程序中实际控制人的标准，正确的做法是根据重整计划、战略投资协议来认定实际控制人。其二，企业以定向增发的方式转移控制权时，《证券法》中的限制性规定应适当放宽，尤其在增发对象及增发效果的认定上。与此同时，应加强对债权人监督权利的保障，以重整计划为核心，来落实债权人作为企业剩余索取权人对管理人员的决定权。其三，与重整企业控制权状态相关的信息应及时披露，披露义务人可以根据重整现状有针对性地披露，但不得以重整为由免除其披露责任。现行《企业破产法》关于信息披露的规定较为简单，应在《证券法》之外建立其专有的信息披露制度，以平衡重整程序中不同利益主体的权益。基于以上结论，在文首的顾某行政处罚纠纷中，证监会作出的实际控制人认定符合重整企业的运营情况。顾某获取其控制地位的过程未经过债权

---

〔1〕 参见赵柯："上市公司重整中的股东权益调整问题研究"，载《民商事审判指导》（2009 年第 2 辑），人民法院出版社 2009 年版，第 118 页。

〔2〕 参见［美］查尔斯·J. 泰步：《美国破产法新论》，韩长印等译，中国政法大学出版社 2017 年版，第 1127 页。

人会议审核或表决，并且未进行相关的信息披露。鉴于重整企业控制权变动的复杂性，有必要在《企业破产法》以及证券监管法律制度中完善企业控制权变动的程序规则，以及明确信息披露的规范准则，进而从控制权移转过程和移转结果两个方面加强投资市场以及外部债权人对重整企业的监管力度。

附件：判决书全文

李占国与中国证券监督管理委员会二审行政判决书

北京市高级人民法院

行政判决书

（2018）京行终 3244 号

上诉人（一审原告）李占国，男，1958 年 7 月 20 日出生，汉族，住上海市闵行区。

委托代理人黄德海，上海理研律师事务所律师。

被上诉人（一审被告）中国证券监督管理委员会，住所地北京市西城区金融大街 19 号。

法定代表人刘士余，主席。

委托代理人刘会昆，中国证券监督管理委员会工作人员。

委托代理人江恺文，中国证券监督管理委员会工作人员。

上诉人李占国因行政处罚一案，不服北京市第一中级人民法院（2017）京 01 行初 1373 号行政判决，向本院提起上诉。本院受理后，依法组成合议庭公开开庭审理了本案。上诉人李占国的委托代理人黄德海，被上诉人中国证券监督管理委员会（以下简称中国证监会）的委托代理人刘会昆、江恺文到庭参加诉讼。本案现已审理终结。

2017 年 5 月 12 日，中国证监会作出〔2017〕47 号行政处罚决定（下称被诉处罚决定），认定如下事实：广西慧球科技股份有限公司（以下简称慧球科技），原名广西北生药业股份有限公司。2009 年 9 月，慧球科技进入破产重整程序，因公司重整计划的实施，中国工商银行股份有限公司广西壮族自治区分行（以下简称工商银行广西分行）、北京瑞尔德嘉创业投资管理有限公司（以下简称瑞尔德嘉）等债权人获得股权分配，成为慧球科技股东。工商银行广西分行、瑞尔德嘉等原债权人股东对公司重组等事宜享有知情权，并参与对重组对象的考察工作。

此后，浙江郡原地产股份有限公司（下称郡原地产）以支付 1.2 亿元协助慧球科技执行破产重整计划、承接慧球科技部分不良资产为对价，取得重组慧球科技的资格。2009 年 9 月至 10 月期间，慧球科技重组小组成立，成员包括原慧球科技总经理胡某，郡原地产副总经理赵某劼，工商银行广西分行行长文某、副行长李某斌、资产管理部总经理阳某琼，瑞尔德嘉董事长汪某新。2014 年 3 月，慧球科技重组小组与上海斐讯数据通信技术有限公司（下称斐讯技术）董事长顾某商定，由斐讯技术"借壳"慧球科技上市。此外，会议还商定由瑞尔德嘉等股东向顾某或顾某指定的第三方转让部分股权。

2014 年 4 月 1 日，慧球科技发布重大资产重组停牌公告。2014 年 7 月 1 日，慧球科技发布关于终止筹划重大资产重组事项的公告。该公告称，由于慧球科技与斐讯技术之间未能就重大资产重组的一些事项达成一致意见，经与斐讯技术友好协商，双方决定终止本次重大资产重组事项。同日，慧球科技发布关于筹划非公开发行股票事项并继续停牌的公告。慧球科技拟筹划通过向顾某及其他战略投资者非公开发行股票方式募集资金，以发展智慧城市为主的经营业务。非公开发行股票事宜由顾某决策，方案由顾某团队设计，发行对象由顾某联系确定。9 名非公开发行对象中，许广跃为郡原地产实际控制人，许广跃于 2014 年 7 月与顾某就非公开发行事宜签订备忘录；张某祥为代表瑞尔德嘉持股的个人投资者；深圳市睿弘创业投资合伙企业、上海共佳投资合伙企业（下称上海共佳）、上海表正投资合伙企业、上海晋帝投资合伙企业、上海歌付投资合伙企业、上海居行投资合伙企业等均为代表斐讯技术原股东持股的机构投资者，其中上海共佳与顾某为一致行动人关系。

2014 年 7 月，斐讯技术召开股东大会，决定将斐讯技术智慧城市部分资产无偿赠与慧球科技。同月起，顾某开始负责慧球科技的经营管理。有关公司发展方向、重大合同签订等重大事项，慧球科技高级管理人员均向顾某汇报，由顾某决策。

2014 年 11 月，顾某与郡原地产实际控制人许广跃签署协议，约定在顾某或顾某指定的第三方买入部分慧球科技股权后，许广跃将协调慧球科技时任董事何某云、张某荣辞去董事职务，并支持顾某提名的两位人员担任慧球科技董事，支持顾某担任慧球科技董事长。许广跃将协调慧球科技现任董事与顾某保持一致行动。为了配合慧球科技非公开发行顺利进行，许广跃将配合顾某，以便将顾某界定为慧球科技的实际控制人。

2014 年 11 月 4 日，中信证券股份有限公司（下称中信证券）依据与上海和熙投资管理有限公司—和熙成长型 2 号基金（下称和熙 2 号基金，该基金为顾某一致行动人）的管理人上海和熙投资管理有限公司（下称和熙投资）的协议，从瑞尔德嘉处买入 1500 万股"慧球科技"，持有慧球科技 3.8% 股份，成为慧球科技第二大股东。此后，顾某及其一致行动人和熙 2 号基金、华安未来资产—工商银行—汇增 1 号资产管理计划、华安未来资产—工商银行—汇增 2 号资产管理计划、华安未来资产—工商银行—汇增3号资产管理计划、德邦创新资本—浦发银行—德邦创新资本慧金1号专项资产管理计划继续增持"慧球科技"。截至2015年第一季度末，顾某及其一致行动人已经成为慧球科技第一大股东。截至2015年12月5日，顾某及其一致行动人合计持股数量34 716 875股，占公司总股本的8.79%。

2014年11月5日，慧球科技召开第七届董事会第三十七次会议，审议通过《关于增补董事的议案》，议案称董事会收到董事何某云、张某荣的书面辞职报告。为完善公司治理结构，决定增补斐讯技术董事长顾某、斐讯技术首席运营官张凌兴为公司董事，任期与第七届董事会一致。2014年12月1日，慧球科技召开2014年第三次临时股东大会，通过由顾某、张凌兴担任公司董事的议案。2014年12月1日，慧球科技召开第七届董事会第三十九次会议，选举顾某为董事长。根据公司章程，公司法定代表人由何某云变更为顾某。任职董事长期间，顾某参与了所有董事会会议，主导了董事会议案的审议表决。

2014年12月9日，慧球科技召开第七届监事会第十五次会议，提名斐讯技术时任监事长顾建华、斐讯技术副总裁、工会主席顾云锋为慧球科技监事候选人。2014年12月12日，慧球科技召开第七届董事会第四十一次会议，会议审议通过《关于公司变更名称及经营范围的议案》，决议公司名称变更为广西慧球科技股份有限公司；审议通过《关于董事会换届选举的议案》，提名顾某、张凌兴、斐讯技术副董事长王忠华、斐讯技术首席执行官郑敏、李占国、花炳灿、刘士林为董事候选人。4名非独立董事候选人以及2名股东代表监事候选人均来自顾某实际控制的斐讯技术。3名独立董事候选人均经由顾某联系出任相关职务。

2014年12月29日，慧球科技召开第四次临时股东大会，选举顾某、张凌兴、郑敏、李占国、花炳灿、刘士林为公司董事；选举顾建华、顾云锋、陈琳为公司监事。同日，慧球科技召开第八届董事会第一次会议，选举顾某连任董事长职务；召开第八届监事会第一次会议，选举顾建华为监事长。

综上，不晚于2014年12月29日，顾某通过指定第三方中信证券持有慧球科技3.8%的股权，并通过与工商银行广西分行、瑞尔德嘉、郡原地产等慧球科技股东及重组方的协商、协议安排，成为慧球科技董事长及法定代表人，并实际掌控公司董事会，对慧球科技的重大合同签订、股权结构变更等重大事项均具有决策权，可实际支配慧球科技的行为。依据《中华人民共和国公司法》（以下简称公司法）第二百一十六条第三项"实际控制人是指虽不是公司的股东，但通过投资关系、协议或者其他安排，能够实际支配公司行为的人"的规定，顾某不晚于2014年12月29日成为慧球科技实际控制人。2014年12月31日至2016年1月8日，慧球科技在《2014年年度报告》《2015年半年度报告》以及编号为临2014－094、临2015－034、临2015－038、临2015－060、临2015－068、临2015－069、临2015－071、临 2015 - 072、临 2015 - 073、临 2015 - 074、临 2015 - 086、临 2016 - 007 的 12 份临时公告（下称 12 份临时公告）中，均披露慧球科技不存在实际控制人。上述披露与事实不符，为虚假记载。

被诉处罚决定认定：慧球科技披露的《2014 年年度报告》《2015 年半年度报告》以及 12 份临时公告均违反了《中华人民共和国证券法》（以下简称证券法）第六十三条的规定，构成证券法第一百九十三条所述违法行为。在审议通过《2014 年年度报告》《2015 年半年度报告》的董事会会议上投赞成票的董事为顾某、张凌兴、王忠华、郑敏、李占国、花炳灿、刘士林；在监事会会议上投赞成票的监事为顾建华、顾云锋、陈琳。苏忠为慧球科技时任董事会秘书，并以高级管理人员身份签署《2014 年年度报告》的书面确认意见。顾某作为公司董事长，对虚假信息披露负有直接责任，是慧球科技违法行为的直接负责的主管人员。张凌兴、王忠华、郑敏、李占国、花炳灿、刘士林、顾建华、顾云锋、陈琳、苏忠作为公司的董事、监事、高级管理人员，未能按照证券法第六十八条的要求，保证信息披露的真实、准确、完整，是慧球科技违法行为的其他直接责任人员。

被诉处罚决定根据当事人违法行为的事实、性质、情节与社会危害程度，依据证券法第一百九十三条第一款的规定，决定对慧球科技责令改正，给予警告，并处以 60 万元罚款，同时对李占国给予警告，并处以 8 万元罚款。李占国不服被诉处罚决定中针对自己的部分，向北京市第一中级人民法院（以下简称一审法院）提起行政诉讼，请求撤销被诉处罚决定中针对自己的部分。

一审法院经审理查明：2015 年 11 月 18 日，中国证监会对慧球科技作出调查通知书。2016 年 3 月 17 日中国证监会以工作需要为由，向李占国作出调查通知书，并进行询问。2017 年 2 月 23 日，中国证监会向李占国送达行政处罚及市场禁入事先告知书。2017 年 3 月 27 日，中国证监会向李占国送达听证通知书。2017 年 4 月 12 日，中国证监会举行听证会，李占国出席听证会并陈述了申辩意见。李占国申辩认为：1. 作为慧球科技独立董事，并无在慧球科技实际控制人问题上进行虚假陈述的主观故意，仅是在实际控制人认定方面存在不同判断。2. 慧球科技就重大事项及未认定顾某为实际控制人的原因已经进行了披露。公司的信息披露并未造成投资者和监管机构对于公司控制权认知的偏差。3. 慧球科技股权结构分散，顾某并未成为实际控制人。4. 相较于非独立董事，应适当减轻对独立董事、监事、董事会秘书的处罚幅度。

针对李占国的陈述申辩意见，被诉处罚决定认为：1. 公司法明确规定，上市公司实际控制人包括通过投资关系、协议或者其他安排，能够实际支配公司行为的人。《上市公司收购管理办法》《〈首次公开发行股票并上市管理办法〉第十二条"实际控制人没有发生变更"的理解和适用——证券期货法律适用意见第 1 号》（证监法律字〔2007〕15 号，下称 1 号适用意见）等法规明确对董事会决议的实质影响，对董事会成员、高级管理人员的任命是判断实际控制人的重要标准。2. 顾某与瑞尔德嘉、许广跃之间签订了相关协议，就公司控制权问题作出明确安排。通过与慧球科技股东、前重组方之间的协商、协议安排，顾某成为慧球科技董事长及法定代表人，并实际掌控公司董事会，对慧球科技的重大合同签订、股权结构变更等重大事项均具有决策权，可实际支配慧球科技的行为。3. 依据相关协议的约定，中信证券根据和熙 2 号基金管理人下达的交易指令，向瑞尔德嘉买入 1500 万股"慧球科技"。交易是为了履行顾某与瑞尔德嘉、许广跃之间的协议约定。4. 慧球科技董事会成员是否持有股份，不影响对顾某实际控制慧球科技的认定。5. 实际控制人情况是投资者判断公司资本结构是否稳定，是否具有持续发展、持续盈利能力的重要考量因素。本案中，慧球科技披露实际控制人情况存在虚假，严重损害了投资者对公司资本结构，股东、债权人间就公司控制关系所做安排，实际控制人变更等重大信息的知情权。6. 李占国经顾某联系，出任慧球科技独立董事，对公司治理结构出现的重大变化，对公司董事会、监事会、高级管理层的变化情况完全知悉，在此情况下，仍然未主动关注公司实际控制权变化情况，未能勤勉尽责，保证慧球科技信息披露的真实、准确、完整，对慧球科技信息披露违法违规行为负有不可推卸的责任。7. 考虑本案的事实、情节，已适当考虑部分当事人要求减轻处罚幅度的申辩意见。2015 年 5 月 12 日，中国证监会作出被诉处罚决定。2017 年 5 月 17 日，中国证监会委托派出机构向李占国送达被诉处罚决定，李占国于 2017 年 6 月 23 日签收。李占国不服被诉处罚决定针对自己的处罚决定，于 2017 年 10 月 31 日提起行政诉讼。

另，对于被诉处罚决定查明的事实，经审查一审法院亦予确认。

一审法院经审理认为，本案的争议焦点在于认定顾某成为慧球科技"实际控制人"的具体时点。由于取得对公司的控制权往往是一个不断变化发展的过程，因此对成为实际控制人具体时点的判断，核心在于对成为实际控制人的标志性事件的认定。由于支配公司的行为，通常需要通过控制董事会和管理层来实现，因此控制董事会和管理层可以作为认定实际控制人的标志性事件。至于是否存在特定的股权投资关系，并非认定实际控制人的法定要件。

（一）关于是否需要特定的股权投资关系

实际支配公司行为关键在于支配公司的重大决策活动，即使尚未取得对表决权的支配权，但已经能够实际控制公司的董事会及管理层，仍然足以支配公司的重大决策活动。李占国认为"能够实际支配公司行为"须以持有的股份或者能够实际支配的表决权达到一定比例为前提的主张，并无法律依据。

1. 公司法关于实际控制人的定义并不以存在特定股权投资关系为前提。公司法

第二百一十六条第三项规定，"实际控制人，是指虽不是公司的股东，但通过投资关系、协议或者其他安排，能够实际支配公司行为的人"。上述规定的核心在于是否"能够实际支配公司行为"，"通过投资关系""协议"或者"其他安排"，则均属于取得控制权的手段，不能据此认为存在特定的股权投资关系是认定实际控制人的必要条件。实际控制人并不是公司的股东，故不以持有公司股份为前提，至于通过其他方式实际支配表决权，亦非认定实际控制人的法定要件。慧球科技是在上海证券交易所上市的公司，《上海证券交易所股票上市规则（2014 年修订）》18.1 第七项关于"实际控制人"的定义，亦与公司法的上述规定相同。

2. 《上市公司收购管理办法》第八十四条关于拥有上市公司控制权情形的规定中，前四项明确列举的情形确实规定了一定的持股比例或者对上市公司表决权的实际支配权。但上述列举并非穷尽式列举，不能理解为只有符合该条前四项明确列举的情形才能拥有上市公司的控制权，也不能基于前四项的表述进而认为取得控制权必须以存在特定的股权投资关系为前提。判断是否对上市公司具有控制权，虽然特定的股权投资关系是重要的考虑因素之一，但核心仍然在于能否支配公司的重大决策活动。

3. 1 号适用意见第二点认为："公司控制权是能够对股东大会的决议产生重大影响或者能够实际支配公司行为的权力，其渊源是对公司的直接或者间接的股权投资关系。因此，认定公司控制权的归属，既需要审查相应的股权投资关系，也需要根据个案的实际情况，综合对发行人股东大会、董事会决议的实质影响、对董事和高级管理人员的提名及任免所起的作用等因素进行分析判断。"该意见中"其渊源是对公司的直接或者间接的股权投资关系"的表述，是对公司控制权内涵和性质的阐述，而其后的表述"既需要审查相应的股权投资关系，也需要根据个案的实际情况，综合对发行人股东大会、董事会决议的实质影响、对董事和高级管理人员的提名及任免所起的作用等因素进行分析判断"，表明判断是否具有对公司的控制权，还应当结合"对发行人股东大会、董事会决议的实质影响、对董事和高级管理人员的提名及任免所起的作用"等因素予以综合分析，不能认为认定具有实际控制权必须以具有特定股权投资关系为前提条件。

（二）关于本案中顾某成为"实际控制人"的具体时点

1. 最迟不晚于 2014 年 12 月 29 日，顾某已经能够控制公司的董事会及管理层，从而能够支配公司的重大决策活动。此时顾某不仅已经实际负责慧球科技的经营管理并担任董事长，而且其他 10 名董事、监事及高级管理人员中，7 名董事、监事及高级管理人员均来自于顾某作为实际控制人并任董事长的斐讯技术，花炳灿、李占国及刘士林三名独立董事也全部由顾某联系出任相应职务，故此时顾某已经明显能够控制公司的董事会及管理层。

2. 顾某与慧球科技的第二大股东中信证券所持股份之间的关联关系，对于认定顾某是实际控制人具有补强的作用，但并非标志性事件。和熙投资（代和熙 2 号基金）作为乙方与甲方中信证券签订协议，其中《股票收益互换交易确认书》约定，"若甲方执行乙方指令，则因此产生的投资风险、持仓风险均由乙方自行承担"。中信证券从瑞尔德嘉受让 3.8% 的股份，正是基于和熙 2 号基金发出的指令。顾某与和熙投资于 2014 年 10 月签署《和熙成长型 2 号基金》协议，和熙 2 号基金是顾某的一致行动人。因此，顾某能够控制第二大股东中信证券所持有的股份。至于顾某在和熙 2 号基金中的所占比例以及是否是和熙 2 号基金的劣后级投资人，不影响顾某与该基金之间的一致行动关系。由于当时慧球科技的第一大股东工商银行广西分行系通过公司实施重整计划而获得股权分配的债权人，其持有慧球科技股份的目的在于实现债权而不在于对公司进行控制和经营管理，因此对顾某实际控制公司亦不会形成障碍。综上，顾某与中信证券所持股份之间的关联关系对认定顾某构成实际控制人能够起到补强证明的作用，但并非标志性事件。

3. 被诉处罚决定认定郡原地产的实际控制人许广跃与顾某签订的一致行动协议等事实，在于说明顾某逐步获得控制权的过程，并非认定顾某成为慧球科技实际控制人具体时点的依据。并且，许广跃作为郡原地产的实际控制人，其与顾某签订一致行动协议，对于顾某取得控制权无疑具有重要作用，至于上述协议在法律上代表郡原地产还是许广跃个人并无实质影响，被诉处罚决定对上述事实的认定亦无不当。

（三）关于李占国是否应当承担法律责任

1. 李占国作为公司董事会时任独立董事，对于顾某成为公司实际控制人的相关情况应当知晓，其在审议《2014 年年度报告》《2015 年半年度报告》的董事会决议上签字，未能保证公司在《2014 年年度报告》《2015 年半年度报告》及 12 份临时公告中如实披露公司实际控制人情况，违反了证券法第六十八条、第一百九十三条第一款的规定，应当承担其作为其他直接责任人员的法律责任。

2. 关于李占国认为慧球科技及其本人并无违法故意之主张。实际控制人的判断标准不仅有明确的法律规定，而且并不以实际控制人支配股份表决权为先决条件，此标准在证券市场的实践中早有类似先例。本案是否是中国证监会首次基于这一标准所作出的行政处罚案件，并不影响相关法律规定及适用标准的明确性和一致性。至于当事人对法律的主观理解是否存在偏差，不构成法律上的免责事由。对李占国的上述主张，不予支持。

3. 公司的董事、监事及高级管理人员，应当在自己的责任范围内履行勤勉义务。本案中对于实际控制人的判断，并未超出李占国所应履行的勤勉义务的范畴。律师和律师事务所出具的法律意见书，是提供给监管机关审查的重要依据，但并非董事、监事及高级管理人员据以免责的事由。董事、监事及高级管理人员更不能以监管机关未发现问题作为自己免于勤勉尽责的理由。中国证监会向公司出具的《审查反馈意见通知书》，本就早于本案认定实际控制人的时点，并未体现出中国证监会在实际控制人认定问题上存在执法标准前后不一之情形，李占国更不能以中国证监会对公司后续出具的回复未提出异议为由，认为自己不应承担责任。

综上，中国证监会对李占国作出的处罚决定，事实清楚，证据充分，适用法律正确。经审查，处罚程序合法，处罚幅度亦无不当。李占国的诉讼理由均不能成立，对其诉讼请求，不予支持。依照《中华人民共和国行政诉讼法》第六十九条之规定，判决驳回李占国的诉讼请求。

李占国不服一审判决，向本院提起上诉。诉称，一审判决关于顾某实际控制董事会及管理层从而实现公司控制权的认定有误。一审判决认为判断是否对上市公司具有控制权，特定的股权投资关系是重要的考虑因素之一，但核心在于能否支配公司的重大决策活动，并认为顾某在不晚于2014年12月29日已经能实际控制董事会及管理层，从而能够支配公司的重大决策。上诉人认为，根据相关法律法规的具体规定，实际控制董事会及管理层，是以支配或行使表决权、影响股东会决议为前提的，本案中顾某不存在支配或行使表决权决定董事会成员的情形，因而一审判决的上述认定错误。上诉人在一审程序中补充提交的相关证据，证明本案系争的3.8%股权并非是顾某指定中信证券购入或间接持有，即便存在指定购入行为，也是其他主体自主投资行为，无法据此认定顾某可以行使相应的表决权。上诉人不具有隐瞒上市公司实际控制人的主观故意，被上诉人也没有对上诉人"故意隐瞒实际控制人"的主观动机进行举证，而且上诉人任职期间一直勤勉尽责，且中介机构的法律意见书对公司是否存在实际控制人进行了专业论证，也证明上诉人不应当承担法律责任。综上，请求二审法院撤销一审判决和被诉处罚决定。

中国证监会答辩认为，顾某通过指定第三方中信证券持有慧球科技3.8%的股权，并通过慧球科技相关股东及重组方的协商、协议安排，成为慧球科技董事长及法人代表，并实际掌控公司董事会，对慧球科技的重大合同签订、股权结构变更等重大事项均具有决策权，可实际支配慧球科技的行为，不晚于2014年12月29日成为慧球科技实际控制人。2014年12月31日至2016年1月8日，慧球科技在公司年度报告、半年报告以及12份临时公告中，均披露慧球科技不存在实际控制人，该披露与事实不符，为虚假记载。李占国作为公司董事，未能按照《证券法》第六十八条的要求，保证信息披露的真实、准确、完整，是慧球科技违法行为的其他直接责任人员，对其给予警告并处以罚款，事实清楚、适用法律正确。请求二审法院判决驳回上诉、维持一审判决。

本院经审理查明的事实与一审判决认定的事实一致。

本院认为，本案争议焦点主要在三个方面：即公司实际控制人的认定标准、顾某是否为慧球科技实际控制人及具体时点和本案上诉人是否因未尽勤勉尽责义务而承担相应法律责任。

对于公司实际控制人的认定标准问题。公司法第二百一十六条第三项规定，实际控制人，是指虽不是公司的股东，但通过投资关系、协议或者其他安排，能够实际支配公司行为的人。从该规定可以看出，实际控制人的认定，核心标准在于是否"能够实际支配公司行为"，据此并不能得出通过支配或行使股权表决权是认定实际控制人的必要条件。1 号适用意见第二点认为，"公司控制权是能够对股东大会的决议产生重大影响或者能够实际支配公司行为的权力，其渊源是对公司的直接或者间接的股权投资关系。因此，认定公司控制权的归属，既需要审查相应的股权投资关系，也需要根据个案的实际情况，综合对发行人股东大会、董事会决议的实质影响、对董事和高级管理人员的提名及任免所起的作用等因素进行分析判断"。该意见系结合资本市场实践，在规范上对实际控制人认定标准的进一步细化和明晰，可以作为实际控制人的综合判断标准。而且，《上市公司收购管理办法》第八十四条关于拥有上市公司控制权情形的规定中，尽管前四项明确列举的情形确实规定了一定的持股比例或者对上市公司表决权的实际支配权，但上述列举并非穷尽式列举，并不能理解为认定实际控制人必须以存在特定的股权投资关系为前提。

对于顾某是否为慧球科技实际控制人及具体时点问题。根据前述实际控制人认定标准的分析，本案中，顾某成为慧球科技的实际控制人，关键在于看其是否"能够实际支配公司行为"，而并不以存在特定的股权投资关系为前提条件，而且，"能够实际支配公司行为"本身也是一个连续的逐步形成的过程。至迟不晚于 2014 年 12 月 29 日，顾某通过一系列的活动铺垫，已经能够控制公司的董事会及管理层，不仅自己实际负责慧球科技的经营管理并担任董事长，而且其他 10 名董事、监事及高级管理人员中，有 7 名董事、监事及高级管理人员均来自于顾某作为实际控制人并任董事长的斐讯技术，花炳灿、李占国及刘士林三名独立董事也全部由顾某联系出任相应职务，因此可以说，此时顾某已经明显能够控制公司的董事会及管理层，从而据此可以支配公司的重大决策活动。对于上诉人认为本案系争的 3.8% 股权并非是顾某指定中信证券购入或间接持有，即便存在指定购入行为，也是其他主体自主投资行为，无法据此认定顾某可以行使相应表决权并成为实际控制人的主张，本院认可一审判决的分析和结论，不再赘述。综合起来分析，中国证监会认定顾某"不晚于 2014 年 12 月 29 日"成为慧球科技实际控制人并无不当。

对于上诉人是否因未尽勤勉尽责义务而承担相应法律责任问题。证券法第六十三条规定，发行人、上市公司依法披露的信息，必须真实、准确、完整，不得有虚假记载、误导性陈述或者重大遗漏。公司的董事、监事及高级管理人员应当在自己的职责范围内就公司依法披露信息问题履行勤勉义务，当公司违反法定信息披露义务时，应当就自己善意、合理、审慎地履行职责承担相应的举证责任。本案中，上诉人作为公司董事会时任董事，对于顾某成为公司实际控制人的相关情况应当知晓，其在审议《2014 年年度报告》《2015 年半年度报告》的董事会决议上签字，未能保证公司在《2014 年年度报告》《2015 年半年度报告》及 12 份临时公告中真实、准确披露公司实际控制人信息，在没有证据证明其已就此履行勤勉尽责义务的情况下，中国证监会认定其为其他直接责任人员并无不当。对于上诉人认为其不具有隐瞒上市公司实际控制人的主观故意的主张，本院认为，认定信息披露直接责任人员并不以当事人具有主观故意为要件，因此该主张缺乏法律依据，不予支持。上诉人还提出中介机构法律意见书可以作为免责依据的主张，本院认为，实际控制人认定的确属于专业法律问题，律师事务所等专业法律服务机构所作出的认定，应当得到尊重，因而在律师事务所等专业法律机构作出的认定范围内，当事人可以免除相应的责任，除非有证据证明当事人知道专业法律服务机构认定结论错误。但本案中，律师事务所出具的法律意见虽然认定慧球科技没有实际控制人，但该认定意见出具时间在中国证监会认定顾某成为实际控制人时点之前，而且被诉处罚决定认定顾某成为实际控制人的关键事实，比如 2014 年 12 月 29 日顾某实际控制任免公司董事会及管理层的事实，均发生在律师事务所出具法律意见书之后，而且上诉人知晓这些事实，因此相关律师事务所的法律意见并不能作为其免责的依据。因此，中国证监会认定上诉人为未尽勤勉义务的其他直接责任人员，并无不当。

综上，一审法院判决驳回李占国的诉讼请求正确，本院应予维持。李占国的上诉主张不能成立，本院不予支持。据此，依据《中华人民共和国行政诉讼法》第八十九条第一款第（一）项的规定，判决如下：

驳回上诉，维持一审判决。

二审案件受理费人民币 50 元，由上诉人李占国负担（已交纳）。

本判决为终审判决。

审判长　刘　行
审判员　刘天毅
审判员　章坚强
二〇一八年十月八日
书记员　杨含章

附录 类案教学法在商事部门法教学中的应用

——以保险法、破产法为样本[*]

一、问题的提出：商事部门法教学中的困惑与反思

随着法治人才培养工作的推进，如何造就一批熟悉和坚持中国特色社会主义法治体系的法治人才队伍，再次成为法律教育界所普遍关注的问题。目前各主要政法院校在教学模式上已开展了多种形式的改革，取得了一定的成绩，但是，在商事部门法的教学中却仍然存在着许多令人困惑并值得注意的反差现象：其一，课程设置与就业方向的反差。国内多数法学院除公司法外并未设置较齐全的商事部门法课程，其中师资限制和选修课程的定位往往成为其主要理由。但是，在就业中商事部门法所涉及证券、信托、资管、银行、保险等领域却又多成为追捧的方向，这种课程供需上的偏差不得不受到注意。其二，法学硕士与法律硕士的反差。法学硕士与法律硕士在就业上的差距正在不断缩小，部分具备商科背景的法律硕士能在某些岗位上甚至能取得明显的优势，这种培养效果固然应受到鼓励，但商事部门法在本科阶段的教学意义却不得不受到质疑。其三，域内域外教学效果的反差。目前，英美法学硕士（LLM）、法律博士（J. D.）学位已成为国内某些法律职业岗位的隐形就业条件，而值得注意的是，如破产、信托、海商等在国内教学中选择度较低的学科却反而成为该类学位中的热门课程，选择此类领域进行深造的博士生也逐渐增加，这也应引起对国内商事部门法教学效果的反思。

上述问题的根本在于，商事部门法早已成为法律职业发展中不可获取的基础知识，其教学效果也应与社会、职业和国际化竞争的需要相匹配，而国内商事部门法的教学效果却在实践和竞争难以满足职业要求，甚至产生了在本科阶段是否有必要学习商事部门法的提问。因而，如何提升教学效果，以紧密的贴合与人才培养的需要，是商事部门法教学的核心任务。在教学方法上，国内学者前期主要集中在对法学教育中传统的讲授式教育模式的强烈批判，已有观点多指出该种方式在培养学生

---

[*] 本文系 2019 年上海高校本科重点教改项目"'商法学'教学中的类案教学法尝试"的最终成果，课题组成员包括：韩长印、庄加园、王家骏、张力毅、孙宏涛、张玉海、韩永强。

主动性和独立思考能力上的不足,[1]并就借鉴美国"法律诊所"教育模式或德国"个案全过程教学法"提出了相关的建议,[2]国内也已有多所院校开展了对传统教学方式的改革和对新型案例教学方式的实践。但是,从主要法学院校的课程设置来看,案例教学法多被应用于民法、刑法或诉讼法等基础课程领域,对保险、破产、信托、证券、票据等领域却鲜有涉及。[3]那么,在这些商事部门法中案例教学法存在何种问题? 在国内诸多学者对法学本科教育提出质疑的情况下,[4]作为本科高级课程的商事部门法又应以何为目标? 这些问题使我们不得不重新审视案例教学法在商事部门法中的应用方式。而保险法、破产法作为"实务发展引领理论创新"的学科,其本身存在的争议案件的庞大与案例教学法实践的匮乏对此问题体现得尤为明显。对此,本文拟以保险法、破产法课程为对象,讨论商事部门法中案例教学法的应然设计方式,以期对教学模式的设计和完善有所借鉴。

二、个案教学法在商事部门法课程中应用的困境

(一) 教学素材的契合问题

首先必须承认,个案教学法是培养法科学生职业技能、提升理论运用技能的基础方法。但这种教学方法的运用必须满足一定条件:其一,案例必须经过严格的筛选,能够体现现实问题;其二,案例必须具有代表性,能够涉及部门法的方方面面;其三,案例必须足够完整,能够充分体现案件争议的整个过程。且个案教学法的案例需要教师精心遴选,每个案例的选择不仅要考虑案件的难易程度,更应包含较多的有价值的问题点,能够体现法律知识之间的关联性、融贯性与综合性。[5]然而现实却是商事部门法所涉及的案例很难满足个案教学法的要求,该问题在保险

---

〔1〕 参见孙国祥、张书琴:"中国法学本科教育的矛盾性展开与破解",载《当代法学》2009年第2期。

〔2〕 两种教学方法在本质上有明显的区别,前者以律师培养为导向,后者以法官培养为导向,但两者仍以单个案件的分析为基础,因而在本文中,将国内借鉴的以个案为基础的教学方法统称为个案教学法。

〔3〕 根据笔者对11所主要法学院校(清华大学、北京大学、吉林大学、复旦大学、上海交通大学、厦门大学、中山大学、中国政法大学、华东政法大学、西南政法大学、中南财经政法大学)的调查,这些院校目前在本科阶段都均已开设立了案例分析类的课程。但就目前的观察来看,上述院校目前的案例分析类课程都将内容主要集中在民法、刑法、诉讼法阶段,部分院校有公司法的课程,但尚未发现有针对保险法、破产法、信托法、证券法、票据法的案例教学课程。

〔4〕 对法学本科教学设置模式的批判已经由来已久。在培养制度建设上,孙笑侠教授主张设立的"2+2+2"的本、硕贯通模式,徐显明、郑永流教授提出的六年制法学教育模式,上海交通大学凯原法学院设置的"法科特班"(3+3)式教育模式,均体现了对现有法学本科教育模式的反思,本文虽不对该问题进行讨论,但也需关注到本科教学所可能面临的问题。

〔5〕 参见王泽鉴:"法学案例教学模式的探索与创新",载《法学》2013年第4期。

法、破产法领域尤为明显。

1. 保险法与破产法中个案教学的问题。保险法教学中的普遍问题是，相关案例虽在数量上极为庞大，但个案中出现争议的真正焦点却常被司法实践有意无意地掩盖。具体而言，现有判决的依据多集中于说明义务、免责条款无效或政策性保险的立法目的等条款上，这虽"保护"了被保险人一方，但却掩饰诸多实际问题，如保险利益的认定、新型险种的定位、因果关系的认定等真正难题在判决书中往往无从体现。可以说，保险法中适合进行个案教学法的典型案例本就稀少，[1]现有判例又容易将学生误导入某些固定的"套路"之中，限制了其解析真正法律问题的能力。

在破产法教学上，由于破产案件的复杂性和长期性，采取个案教学法不仅会存在着诉讼程序复杂、涉及学科较多等教学障碍，更会面临着个别做法对学生的错误指引。具体而言，破产案件通常与其他各类部门法的交叉，在个案中形成综合复杂的独特案件结构，尤其对破产管理人职权、担保债务处理、合同解除等具体问题，在立法缺乏应对规则的情况下，审理法院容易仅出于社会效果或政策考量形成极为个别处理方式。由此，个案教学法极易使学生仅学习个别法院的单独做法，而使其难以对该领域的规则适用和普遍问题进行深入透视，进而使学生丧失在破产法领域丧失规范解释的能力。

2. 商事部门法中的案例特征与个案教学障碍。上述两学科教学中的问题集中体现了商事部门法所涉及法律案例的特征：其一，商事案件体现着案件复杂和说理简单的冲突。现代商事交易中借贷与信托、担保与保险、重整与主体变更等结合使交易结构日趋复杂，使法院面对的商事案件难题日益增多，而办案压力和责任压力使得大量商事案件判决中重事实轻论证、重结果轻过程的情况普遍存在。其二，商事案件存在套路化与特殊化审理的两极化。商事案件的复杂性使得司法机关面临着较大的责任风险，进而容易产生两极化的现象：对表面上类似的案件，地方法院往往对最高院或地方高院的指导意见或判例照例遵循、刻板套用，使很多实际存在差别的案件强行统一；而另一方面，对某些较为特殊案件，又容易顾及社会效应、司法影响，产生超脱于规范解释的框架形成较特殊的判决。其三，商事案件背后充满着较强的商业逻辑。商事案件的纠纷中多关系到实践中的经营背景和隐性惯例，仅对个案学习容易仅以单独的法律问题为着眼，难以透视交易背后的逻辑。

事实上，这种个案教学法早已受到了质疑，主要原因是大学的教学组织形式发生了变化，大班授课成为普遍情况，个案教学所采用的"苏格拉底式"教学方法显

---

[1] 参见涂强："商法教学实践教学改革路径的选择"，载江凌燕、缪锌、杨帆、涂强编著：《法学教育改革探索文集》，知识产权出版社 2016 年版，第 89 页。

得有些力不从心。[1]虽然有学者也指出可通过选取律师辩论充分的个案全过程材料，来弥补判决说理部分过于简单的问题。[2]但在操作性上，国内大部分高校教师仍面临着繁重的科研压力，对于个案材料很难快速完全的获得。加之不少高校将实践性较强的课程安排给毫无法律执业经验的年轻教师，其教学能力和实践能力本就有待提高，[3]而且这些教师又未系统研习过教学方法，缺乏教育理论指导，[4]无论是案例的收集上还是教学的技能上都很难达到个案教学法的要求。

（二）商事部门法教学目标的匹配问题

作为高年级阶段课程的商事部门法，在教学中应秉持着两个教学目的：其一，对法律解释能力运用的训练。"各种法律技能中，最核心的是法律解释的能力。"[5]这种能力的培养应在基础部门法（如合同法、物权法）的教学中进行完成，而在商事部门法等高年级课程的教学上对此技能进行更深入的训练。其二，培养学生发现问题的能力。商事部门法的立法和实践都处于不断变化之中，单纯对法条的规范解释并不能适应这种现实。"法律学习就不仅要像一门科学和一种人文学习，而且法学院的领地需要更多地关注许多法律——政治问题的解决，这些问题反映着我们的经济、社会生活的空前快速发展。"[6]法解释学固然是学生从事法律职业的基本功，但也应当在此之上注重对法社会学和法政策学的学习。[7]"法律人应当敏锐地认识到法律解释中的价值判断问题，并且妥善运用各种方法加以解决，其中包括基于其对当下社会问题的深入认识而进行分析。这些意识并非超法律的，而是法律技能的应有之义。"[8]因而在商事部门法的教学目的上，更要培养学生分析案件背后所蕴含的经济、政策问题的能力。

个案教学法虽然已在相当程度上克服了讲授式教学法只重视基础不重视实践的弊端，但该方法更偏向于对法律规范解释技能的锻炼，以训练法官的解释能力为

---

[1] 参见刘燕："法学教学方法的问题与完善途径——以案例教学为例"，载《中国大学教学》2013年第7期。

[2] 参见王泽鉴："法学案例教学模式的探索与创新"，载《法学》2013年第4期。

[3] 参见刘蕾："法学实践教学改革与卓越法律人才培养"，载《教育评论》2013年第2期。

[4] 参见刘燕："法学教学方法的问题与完善途径——以案例教学为例"，载《中国大学教学》2013年第7期。

[5] 葛云松："法学教育的理想"，载《中外法学》2014年第2期。

[6] Thomas W. Swan Anthony T. Kronman, ed., *History of the Yale Law School*, Yale University Press 2004: 82. 转引自胡铭："司法竞技、法律诊所与现实主义法学教育——从耶鲁的法律现实主义传统展开"，载《法律科学（西北政法大学学报）》2011年第3期。

[7] 参见孙笑侠："法学的本相——兼论法科教育转型"，载《中外法学》2008年第3期。

[8] 葛云松："法学教育的理想"，载《中外法学》2014年第2期。

主，[1] 而案例教学的目的不能是纯粹的规则运用，要是需要对法律原理的提升、法律思维能力的培养，避免法学本科教育的完全职业化倾向。[2] 商事部门法尤其是保险法、破产法的司法实践复杂多样，在案例中少有原装、直接的规则适用。"如果问题这样简单，它根本就不会出现在律师面前，出现在他面前的问题需要运用不同的法律单元的组合来解决，而解决问题的能力就是找出并组合适用不同的单元。"[3] 在缺乏仔细挑选且存在套路化判决的情况下，个案学习并不能反映出案件背后的经济背景问题，这难以使学生透视法律规范的问题，也难以培养学生对类案的检索、挑选和适用能力。在教育学中，具有代表性的布卢姆教育目标分类法将学习的认知过程分为知识、理解、适用、分析、归纳、评价六个过程，[4] 而个案教学法显然对于归纳和评析能力的实现仍显乏力。"学院里的教育任务不应是将一切现存内容传授给学生，而是装备他日后终身自学。"[5] 但显然国内个案教学法的适用背景和基础难以实现该种目标。

（三）现实教学模式的对接问题

对法律解释技能的训练已得到了国内法学教育工作者的充分认识，但目前的法学教育却仍面临着尴尬的局面：除了小部分实力较强的院校之外，国内大量的法学院校仍然以讲授式的教学方式为主，大部分学生在一、二年级并没有经受过法律解释的系统训练，[6] 基础部门法的课时也极为不足。[7] 而商事部门法通常作为本科高年级或研究生的课程设置，又不像民法或刑法等基础学科那样能够获得充分的课时，[8] 直接进行个案教学法既没有充分的基础，又缺乏时间进行重复的学习。尤其是在民法本身尚未在国内发展出完善的法教义学体系的情况下，要求本科生直接就商事部门法展开法律解释的个案训练面对着极大的困难。

更大的问题是，学生就商事部门法的学习时间在本科高年级阶段也受到了挤

---

〔1〕 参见葛云松："法学教育的理想"，载《中外法学》2014 年第 2 期。

〔2〕 参见杨会、魏建新："国家统一法律职业资格考试背景下法学本科教育改革研究"，载《社会科学家》2018 年第 2 期。

〔3〕 何美欢："理想的专业法学教育"，载《清华法学》2006 年第 3 期。

〔4〕 参见王小明："布卢姆认知目标分类学（修订版）的核心素养思想探析"，载《现代基础教育研究》2018 年第 1 期。

〔5〕 何美欢："理想的专业法学教育"，载《清华法学》2006 年第 3 期。

〔6〕 参见何美欢："理想的专业法学教育"，载《清华法学》2006 年第 3 期。

〔7〕 参见葛云松："法学教育的理想"，载《中外法学》2014 年第 2 期。

〔8〕 仅就民法而言，除民法总则之外，合同法、物权法以及婚姻与继承法在笔者所考察的高校中通常都占据一学期 16 周（48～64 个课时）的课时，这样的课时量对于此类基础类课程，仅能教授基础的理论问题，距离满足充分地进行案例教学的课程时间仍有很大不足。而笔者所在法学院中对于保险法、破产法课程的设置仅有 12 周的课程，其中差距更为明显。

占。据笔者针对所在法学院本科三年级 40 名本科生的问卷调查显示，所有的学生在三年级期间除选修保险法课程外，尚有至少五门专业课需要学习，且大多专业课需要完成课后作业；有 47.5% 的学生需要进行第二专业的学习，其中超过 60% 的学生所修二专的学分在 9 分以上（3~5 门课程），超过半数的同学每周需要利用 2~7 小时的课后时间进行二专的学习。另外，67.5% 的同学在准备雅思、托福等语言考试，80% 的学生在准备国家司法考试，且每周准备此类重要考试所占用的课后学习时间多在 20 小时以上；此外，学生工作、赛事准备和校外实习等活动也大量占用了学生的课后时间。近 70% 的学生们每周可用于某章节专业课的课外学习时间不足 3 小时。可见，无论是教师还是学生，在案例学习法上能够使用或投入的资源和时间都是有限的。

上述问题使个案教学法在保险法、破产法等商事部门法中难以完全得到应用，但这并不意味着要放弃案例教学法的引入。相反，该方法有着不可替代的作用，只是案例教学法的目标、适用方法和现有基础决定着目前在商事部门法的教学当中不能机械地照搬民法、刑法中的个案教学法，而是应考虑对案例教学法中采取合适的方式，通过整体设计应开课程的种类、课时分配和开设顺序实现对保险法、破产法课程作出全面规划。就保险法、破产法的教学而言，诸多理论的应用和发展均依靠实务及相关案例的推动，其中大多数都未被教科书所涉及，这都意味着引入案例教学法的必要性。

三、引入类案教学法的效果分析：技能训练与能力培养

由上可知，保险法、破产法等商事部门法的教学必须既要考虑课程教学的目标，又要顾及国内法学教育的现状。因而在案例教学的实践中就必须考虑几个问题：首先，案例教学法必须能够超脱于简单司法判决书的桎梏，反映出争议中真正的难题；其次，商事部门法中案例教学法必须使学生能够突破单一案例的枷锁，透视案例背后所反映的问题；最后，案例教学方法也必须能通过适宜的方式向学生传授技能，一方面必须保证获得独立地获取知识、分析问题的能力，另一方面也要兼顾学生规范分析方法尚未纯熟的现状。这些问题决定着在教学当中必须实现从个案到类案的跨越。

（一）类案教学法：从规范解析到问题发现

系统的"案例教学法"最早产生于美国哈佛大学法学院的教学过程中，如今已成为英美法系和大陆法系法学教育中一项重要的教学方法。[1]"案例教学法"是教

---

〔1〕 参见陈庆、赵志梅："案例教学法在法学教学中的运用"，载《教育理论与实践》2011 年第 3 期。

师通过引导学生运用掌握的法学理论和法律规定对案例进行讨论和分析，进而得出对某个问题的结论，从而加深学生对于该法学原理或规则的理解，提高应用能力的教学方法。

根据案例数量和教学模式的不同，可划分为个案教学法和类案教学法两个类型。个案教学法即前文所指通过对于某个具体案例的分析和讨论，加深学生对于某项法律制度的理解，其根本目的在于促进学生对于法律解释技能的学习；类案教学法则是通过对某一类型案件中法律问题的归纳、总结和分析，目的是使学生了解该类问题在司法实务中的处理方法和可能存在的问题，培养学生合理达成"同案同判"的能力。两者虽然均以案例为基础，但在效果上有明显的区别，前者更着重对案例中涉及法律问题的解释以及对案件进行全过程的纵向分析，后者则更多地被应用于对单一问题的横向比较，从而形成对问题观点的对比和总结。两相比较，类案教学法被国内学者更多应用于学术问题的分析中，其似乎是专属于理论问题研究的范畴。但是，在教学过程中这种方法的应用却对商事部门法有着特殊的意义。

（二）引入的必要性：能力的培养与现状的衔接

第一，培养发现问题能力的需要。商事部门法的课时通常较短，很难如核心课程一样系统全面地传授所有知识点，而该领域实践中的问题变化却又异常频繁。因而，就必须对发现问题、解析问题乃至提出新的问题的能力进行培养。"法学院必须提供给学生练习适用、归纳、评价法律及练习'超越'认知能力的机会。练习的含义是在没有告知学生前，让他自己去做，而从做的过程中领悟出希望他学习的内容。"[1] 理解和解决实际问题也正是法学教育的原本出发点与最终落脚点。[2] "只有存在问题，才能使学生不满足现状，去投身于创造活动之中。"[3] 类案教学是在让学生通过练习的方式学习课程内容。例如在讲授承运人为货物购买财产保险、"买卖型担保"在破产程序中效力等，固然都需要学生进行规范解释分析，但其背后隐藏着对经济成本、效益最大化等考量，因而在保险法、破产法中该类问题的教学就不能仅仅停留在规范分析的层面，而是需要对多种形态的司法实践有初步的分析和透视能力，而这些都要求学生必须在对大量案件分析的基础上进行提取和归纳。

第二，克服基础素材缺陷的需要。国内司法判例在说理性上存在着明显的欠缺，但丰富的数量却能使背后的问题得以充分体现。换而言之，在判决书本身的质

---

〔1〕 何美欢："理想的专业法学教育"，载《清华法学》2006 年第 3 期。

〔2〕 参见曹兴权："商法案例教学模式的拓展探索"，载《中国大学教学》2009 年第 9 期。

〔3〕 尹子殊、李昕："高校法学教育立体式教学探索"，载吴高臣主编：《大学教学创新研究》，首都师范大学出版社 2016 年版，第 71 页。

量存在一定问题时，就必须在数量上进行弥补。通过对类案中可能存在的同案不同判之情形的分析论证，培养学生批判式思维，提高其思辨能力，从而引导学生从不同角度认识法律问题。例如在讲授被保险人的如实告知义务时，往往会涉及的一个问题是：依据《保险法》第 16 条之规定，保险人自保险合同成立之日起超过两年的，保险人不得行使合同解除权，但其是否能够依据《合同法》第 54 条行使撤销权？学生在检索过程中就可发现两种不同的判决意见。如在太平洋人寿宁波分公司与杨某人寿保险合同纠纷案中，[1] 法院认为保险人在合同成立两年后不能够再行使合同撤销权。而在"阳光人寿宁夏分公司与金宏公司人身保险合同纠纷案"中，[2] 对类似的情形法院却认为保险人在合同成立两年后仍能通过行使合同撤销权的方式维护自身利益。学生通过对不同判决的分析归纳，进一步拓展到涉及的理论观点以及这些观点背后的法理支撑，就可以促进学生批判辩证思维的形成。

第三，培养基础研究能力的需要。现有教学中对法学本科低年级学生通常采取试卷考试的方式进行考察，但在高年级和研究生阶段相关课程又突然增加课程论文，学生在未经过任何案例分析训练的基础上被迫创造理论的"空中楼阁"，也使得学生在本科教学和研究生学习阶段难以顺利过渡，直接的反映就是在学士甚至硕士学位论文中存在的大量的、令人担忧的质量问题。而该问题的解决即需要在高年级阶段进行大量的、高密度的案例训练，从而一方面使学生可对原有的核心部门法知识进行有效的运用，另一方面为学生应对本科高年级和研究生阶段的初步研究任务提供发现问题能力上的锻炼。可以说，高密度的案例分析训练对学生来说是迫切和必要的，仅有通过对类案的大量研习，才有可能在不断的观察和比较的基础上为基础研究能力提供有效的锻炼平台。

第四，锻炼法律职业技能的需要。在 2020 年 7 月 27 日，《最高人民法院关于统一法律适用加强类案检索的指导意见（试行）》发布，在类案的检索、参考和比较方法上作出了框架性的规定，以统一法律适用、提升司法公信力。该文件直接体现了类案分析的重要性和意义，但如何能在数量庞大的类案中选择适合具体的案件，从中提取规范合理的解释裁判思路，则并非简单的文件即可贯彻，而是需要对类案进行长期大量的研习训练。在这种要求下，法学本科生就必须在其学习阶段对类案的筛选、分析、提取问题的焦点，学习如何在法律规则体系下对相同的问题点进行分析，从而为满足法律职业技能要求打下扎实的基础。

（三）引入的可行性：能力的补充与素材的多样

第一，法律解释能力的补充与衔接。我国法学教育受大陆法系重逻辑演绎、概

---

[1]　参见浙江省高级人民法院（2016）浙民申 1220 号民事裁定书。
[2]　参见宁夏回族自治区银川市中级人民法院（2016）宁 01 民终 1473 号民事判决书。

念和原理分析阐释的影响，讲授式教学法一直占据法学教育的主流。虽然该种方式有着逻辑性强、体系结构相对严谨、知识传播效率高的优点，[1]但就商事部门法，此种教学方式难以保障学生知识获取的充分性，也难以培养其学以致用的能力。又因法律解释技能在本科低年级教学中的缺乏，高级课程的教学方式就必须突破这两个难题。而类案教学模式在效果上能够引导学生通过对于案例的检索、归纳和总结，真正参与到教学过程中，提高知识获取的效率，同时起到课前预习和课后复习巩固的作用，并且相对于在"个案研究法"中的纵向分析，学生仅需要在类案中针对单一问题进行横向对比，更容易掌握和运用。对于那些尚未能掌握法律解释分析方法的学生，这种方法也是在对个案分析技能的基础性训练。通过类型化案例的检索、分析的过程，提升学生法律解释这一基本职业技能，更能够培养发掘问题的能力，实现职业技能与人文素养的结合。[2]

第二，基础材料的多样性。商事部门法现行制度的不完善在实践中产生了大量的适用争议，而这恰为学生的学习提供了丰富的素材。以交强险中保险人免责事由为例，现有规则看似明确，但实际上如果学生对于此问题进行类案检索、归纳就会发现其中各类实践中的争议焦点：被保险人改装车辆是否可能成为保险公司拒绝赔偿之理由？驾校教练未随车导致学员致他人损害，保险公司应否免责？受害人自身的体质原因，能否成为减免保险公司保险责任的依据？车辆未年审是否影响保险人承担责任？无证驾驶等免责条款未做特别说明时能否发生法律效力？[3]显然，这些问题仅从规则字义难以寻找答案，其背后体现了对交强险政策性目的和解释方法的争议，只有通过对这些问题的类案分析，才能发现综合考察实务和理论上对交强险制度的不同认识。

在基础资料和技术支撑上，随着"中国裁判文书网"的公开和"北大法宝""Westlaw"等中英文数据库的普及，为学生自我学习查找案例提供了便利可行的渠道。以"北大法宝"数据库为例，关于保险纠纷的民事案件数量共有 471 656 件，关于破产的民事案件数量共有 58 238 件，[4]庞大的案件数量为学生进行类案分析提

---

[1] 参见尹建国："实践性教学方法及其在传统法学课堂中的运用"，载《法学杂志》2013 年第 1 期。

[2] 参见王晨光："法学教育的宗旨——兼论案例教学模式和实践性法律教学模式在法学教育中的地位、作用和关系"，载《法制与社会发展》2002 年第 6 期。

[3] 体现上述问题的案例可分别参见：浙江省杭州市中级人民法院（2015）浙杭民终字第 355 号民事判决书；浙江省杭州市中级人民法院（2015）浙杭民终字第 2180 号判决书；浙江省杭州市中级人民法院（2015）浙杭民终字第 2826 号民事判决书；浙江省杭州市中级人民法院（2015）浙杭民终字第 2110 号民事判决书；（2015）浙杭民终字第 2605 号民事判决书；浙江省杭州市中级人民法院（2015）浙杭商终字第 730 号民事判决书；浙江省杭州市中级人民法院（2015）浙杭商终字第 2131 号民事判决书。

[4] 案例数量计算的最后访问时间为：2020 年 8 月 11 日。

供了充分的材料，且这些数据库也均可根据法条的设置和问题的类型进行分类检索，能够较好的匹配教学体系。此外，目前国内青年学者在群案研究方法上的深入也为学生进行类案分析也提供了充分的参考范例。

四、类案教学法的基本设置：以保险法、破产法为样本

类案教学法可以使学生对于司法实践中的争议问题形成自我的归纳总结，充分地透视案件背后隐含的社会经济问题，进一步锻炼法律解释技能，初步地训练学术研究的能力。而该种教学方法的应用，也需注重于传统教学方法的配合，并分层次、分学科地逐渐引导学生适应此种学习方法。

（一）讲授式教学法与类案教学法的配合：自我学习、重点讲授与类案分析

虽然传统的讲授式教学法被诸多学者认为僵化呆板、不知创新、效率低下，难以满足法学学科的教学目的，[1]但这忽视了讲授式教学的独特优势。讲授式教学法能够使教师将其多年积累的理论知识、实践经验以及最新研究成果系统地传授给学生，能够培养学生的逻辑推理能力、提升法律基础知识的储备，帮助学生系统掌握基本的法律知识，在较短时间内领会其法律思想和内容要领。[2]而只有对某学科的基础知识有了系统的了解和掌握后，类案教学才能起到理想的效果。因此，类案教学法与讲授式教学法不是相互排斥的，前者是对于后者的修正、弥补和补充，不应当将其作用绝对化，尤其不应把它与其他传统课程对立起来，[3]更不能完全以英美法上的案例教学法取代我国长期沿用的大陆法系学院式教学法，而应当以讲授式教学法为主，同时吸收案例教学法的优点。[4]实际上，真正的问题在于如何在有限的课时内合理地结合讲授式教学法和类案教学法。

以笔者所在学院的课程设置为例，本科生的保险法课程分16周共开设32个学时，研究生的破产法课程分16周共开设48个课时。根据笔者的教学实验，如果能够督促学生在课前进行充分预习，通过全部课程1/3的时间已可以清晰地讲授基础理识和制度框架，余下的时间传统上多用于讲解具体实践争议，但这些问题通过讲授式的教学方式效果并不能使学生充分地认识争议产生的原因。因而，如果学生能

〔1〕　参见王祖书：“案例教学法在法学教学中的引入与实践探微”，载《黑龙江高教研究》2005年第9期。

〔2〕　参见孙国祥、张书琴：“中国法学本科教育的矛盾性展开与破解”，载《当代法学》2009年第2期。

〔3〕　参见王晨光：“法学教育的宗旨——兼论案例教学模式和实践性法律教学模式在法学教育中的地位、作用和关系”，载《法制与社会发展》2002年第6期。

〔4〕　参见郭明瑞、王福华：“创新法学教育推进依法治国——‘现代法学教育论坛’综述”，载《法学论坛》2001年第5期。

提前预习，在授课前对较为简单的概念、特征、原则等有一定的认知，教师就可以仅选取基础理论中的关键点和难点进行讲解。如对保险法中的保险利益原则、最大诚信原则等特殊原则，对破产法中的破产界限、破产财产等重要概念，教师可加以系统讲解，但是，对保险合同的订立、生效、条款解释以及破产程序中的财产分配、取回或合同的解除等关键问题，就需要类案分析以强化学生对理论知识的理解。在教学方法上，可在理论知识讲授环节结束后，通过观点陈述的方式对学生的自学情况进行考察，并将此成绩作为学生期末考核的参考依据，一方面方便对学生的知识体系进行查缺补漏，另一方面也可激励学生主动学习其能力范围内的法律知识，为类案分析的开展做好准备。

（二）类案教学与问题发现能力的引导

商事部门法培养目标不仅限于对类案的归纳与总结，而是应当包括找法、法治原则的内化、解释方法的掌握、社会和政策问题的洞察、检索和评价法律资料的能力、独立思考的习惯以及与不同观点进行交流、书面和口头表达能力七个层次。[1]学生在学习的过程中需要教师在不同层次进行引领，最终形成学生独立学习和思考的能力。对此在教学方法上应当分为三个步骤：其一，教师选取相关案例并对案例进行整理分类，而后由学生在分类的基础上就类似案件的判决结果、思路和适用情形作出具体的归纳、辨别和分析，而后明确地提出自己对某一类问题的最终解答，即培养规范解释的能力；其二，在逐渐熟悉和掌握类案分析法之后，案例的选择和引用就可不再以法院的判决之中所阐述的判决思路为主要依据，而是应当培养学生超脱于现行判例对案件的解析能力，即自我反思问题的能力；其三，在学生熟悉了"类案分析法"的前提下，引导学生通过自己对案例进行检索和分类，通过自己的分析查找争议的焦点，即自我查找问题的能力。

根据上述三个步骤，教师在教学中的作用主要体现在以下几个方面：其一，前期的保险法、破产法理论教学阶段，其仍应当发挥主导作用，此时教师应做好对关键理论知识的筛选工作；其二，类案的选择上，教师应选择具有典型性、争议性且在司法实践中频繁出现的问题供学生检索分析，同时应当充分考虑学生的知识水平，避免过分超出其能力范围；其三，课堂报告与课堂辩论环节，教师则应发挥程序主持者和内容把控者的角色，一方面保证课堂教学过程的有序进行，另一方面在学生讨论中出现知识性错误或方向偏离主题时进行一定指引。而学生应在类案教学的全过程中发挥相对主导的作用，涉及从类案的筛选归纳到案例分析的报告共享，从理论知识的主动摄取到课堂辩论的积极参与等。在学生已对案例分析法有了一定的掌握能力之后，应当开始引导学生自我查找相关的案例，并进行分类和总结，同

---

〔1〕 参见何美欢："理想的专业法学教育"，载《清华法学》2006 年第 3 期。

时考查学生选取案例是否遵循了严格的标准、是否具有代表性、是否能够全面地了解案情和全方位的问题等。[1]

（三）案件的类型化与论证逻辑的归纳

类案分析的重点在于对案件情形尽可能的细致梳理，对此不仅需要对不同案件的观点进行比对，更需要对相似观点的论证逻辑进行归纳。例如对交强险相关案例，分别涉及第三人的认定范围、分项限额的突破问题等，而在这些问题当中也存在着不同的裁判意见以及相同意见中不同的裁判思路。因而，在类案教学法中，首先要作出比较的不仅是案件的裁判的结果，更应当是案件的裁判思路。只有从判决背后探寻裁判者的真实目的，才能使得学生能够真正探求问题的真正原因。例如在笔者整理的 2015 年某省会城市中级人民法院所有关于交强险和商业三者险的 280 个案例中，存在当受害人损害较为严重的情况下法院打破分项限额的倾向；对于被保险人在没有其他资力赔付的情况下，法院也有可能作出预留保险金份额的判决。在这些对现有规则突破的背后，实际上体现了目前交强险分项限额模式本身存在的问题。故通过对相关保险案例进行检索和归纳，以同一主题为范围对类案的样态进行分析，可以引导学生透视在裁判思路和裁判结论背后的问题，有针对性的挖掘立法的不完善之处。而对于立法之外的法律适用方面的问题，则运用"解释论"的方法进行分析，对于制度运作层面的改进空间则采用"制度设计论"的方法进行分析。这无疑会有助于提升学生运用法律思维探讨问题的能力。在具体案例的呈现方式上，还应培养学生通过尽量简单的语言重述整个案件的能力。在具体应用上，可以通过表格等形式对案件进行归纳和总结，将不同层面的问题通过归纳的方式进行体系化梳理，并通过对案例的简化以期实现对裁判思路的重新审视，最终形成系统性的对比。如笔者在教学中所采用的表格结构，根据课程学习的反馈情况，基本可以使得学生较为迅速地培养出对案件的简化、分析归纳的能力（见下表）。

涉及问题	具体问题	案情或争议简介	案号	判决结果（基本理由）
第三者身份的认定问题	车上人员非因本意而脱离车辆遭受损害时，保险人责任之认定	交通事故中被甩出车外的受害人是否为第三者的认定	略	保险人胜诉（理由）
		非载客区域人员从车上摔下受伤情形下保险人赔偿责任的认定	略	保险人败诉（理由）
		启动时尚未离开车辆的人员是否属于"第三者"的认定	略	保险人胜诉（理由）

---

[1] 参见王泽鉴："法学案例教学模式的探索与创新"，载《法学》2013 年第 4 期。

涉及问题	具体问题	案情或争议简介	案号	判决结果（基本理由）
第三者身份的认定问题	车上人员因本意而脱离车辆遭受损害时，保险人责任之认定。	车上人员跳车情形下保险人之责任	略	保险人败诉（理由）
		交强险中标的车与被保险人发生碰撞情形下保险人的赔偿责任	略	保险人败诉（理由）

五、类案教学法的材料选择与课程设计

（一）防止解析思路的固化：材料选择与假定条件设置

在学术研究上，案例的收集通常借助"中国裁判文书网"等常见的数据库，但需要注意，这些案件仅能体现法官的判断，也自然会存在前述掩盖真正焦点、裁判思路固化等问题。因而在案例的选择上来源应该是多方面的。对于保险、破产案件的整理，目前出版的案例集已经相当丰富，而这些案例集多来自于保险公司、破产管理人、行业协会、法官、律师和高校学者等不同的团体，其背后通常代表着某类团体对保险案件的不同认知和看法。例如在笔者教学的过程中，曾针对保险行业协会编纂《保险诉讼典型案例年度报告》第六辑[1]中的 89 例机动车保险案件为样本在课堂上进行讨论。该报告中的案例通常被律师认为存在不合理之处，因而对问题的反应上更加集中和具有争议性，学生也能够较为快速的寻找到问题的争议焦点。此外，对某些案件适用规则单一、规避真正难题的情况，在案例作业的分析当中，可以排除部分在实践中被广泛应用的条款，尤其是保险法中明确说明义务、免责条款无效等条款，避免因此类条款对被保险人过度倾向的保护而误导学生，并要求学生必须在排除这些法条应用的前提下寻找对案件的解决方案，学生们需要探求在不同的事实环境中如何区分同一类型的案件，[2]从而达到进一步发散思维的效果。

（二）研究能力的初步培养：课程作业的设置与指导

"讲课不能培养技能，唯一的培育方法是让学生在教师介入的情况下不断地练习。"[3]基于对研究能力培养的需要，类案教学法中书面形式的案例分析是必不可少的，而这种小论文的设置目的在于让学生练习研究的技能而不强求其"创新"。[4]同时，针对不同学科的设置也需根据该种学科的特征设计不同的教学训练方法。

---

[1] 参见中国保险行业协会：《保险诉讼典型案例年度报告》（第六辑），法律出版社 2014 年版。

[2] 参见［美］Judith A. McMorrow："美国法学教育和法律职业养成"，载《法学家》2009 年第 6 期。

[3] 何美欢："理想的专业法学教育"，载《清华法学》2006 年第 3 期。

[4] 参见何美欢："理想的专业法学教育"，载《清华法学》2006 年第 3 期。

在保险法的教学上，根据该类案例数量较大、案情结构较为明确的特征，笔者在高年级本科生课堂上通常采取自我选取案例自我分析的方法：首先，根据课程设置，笔者对案例进行检索选取，确定多个案例（通常为 5～20 个）在课前发送给供学生进行选择；然后，由学生根据个人兴趣选择进行研习的案例，在此基础上形成研习报告；最后，根据前期案例涉及问题的领域，在课堂上由学生进行分组报告并进行讨论并指导进行进一步修改完善。根据已有的实际效果，在学生保持其他课程学习的基础上，每周通常能完成 2000～4000 字的案例研习报告，因而研习报告的字数应设置在 2000 字以上。需要注意，这种案例研习应确保较大的训练量，案例的难度应注意循序渐进。[1] 在课程考察上，应将试题考试和课程论文相结合，可要求学生在自己的案例分析作业中自由选取，并根据教师在课堂上的评价和指导，进一步作出修改并提交，作为最后课程考察中考量的因素，如此方能保证对案例分析能力的真正提升。[2] 当然，并不能完全否定以考试作为考察方式的合理性，尤其是在民法基础理论学习尚可能较为薄弱的本科生阶段，对于基础知识的考察仍然必不可少，只是在这种考试形式中，可以采取小论文与考试相互结合的形式，综合性地考查学生对于保险法理论的理解程度。

在破产法的教学中，根据该类案例情况复杂、过程繁长的特征，笔者采取了不同的教学方法：首先，由学生自己先进行案例检索，选择并推选若干认为具有代表性的案例；然后，由每个学生对案例进行投票选择，选择出学习小组认为最具有研习价值的破产法案例；继而，在确定研习案例后，由每位学生对该案例进行独立的研习，后由提出该案例的学生作为执笔人在导师的指导下对其他学生形成的研习材料进行归纳总结；最后，在执笔人完成后，由学习小组对完整的研习报告重新进行讨论，查找其中的不足之处，并对报告进行完善。通过此种方式，能够一方面确保学生能够对破产法案例在数量上进行充分的检索、分析，发现司法实务中的问题焦点，并通过反复的修改进行法律技能上的提升，另一方面也能够避免破产法案件程序复杂、过程繁长的特征。更重要的是，该种方法能够帮助学生在选择案例的过程中不断地审视自己对案例选择的技巧和质量，与其他学生选取的案例进行对比，提

---

〔1〕 参见葛云松："法学教育的理想"，载《中外法学》2014 年第 2 期。

〔2〕 笔者教授的上海交大法学院 2013 级本科"保险法"课程中，后半学期采用了由学生在类案选取不同的典型案例进行案例分析，提交最少 3000 字、鼓励 5000 字以上案例分析论文的做法，本人对于 5000 字以上的作业一律批阅反馈。最终，宋杉杉同学的"国内贸易信用保险的免责条款问题"一文，收录于商务印书馆 2017 年出版、季卫东教授总编的"法与风险社会"丛书中《公司经营风险的商法回应》一书。

升类案分析的水平。[1]

（三）综合职业素质的培养：小组合作与课堂讨论

法学教育对职业技能培养的同时也不应忽视对学生基本素质的培养，在案件分析的过程中，无论是法官还是律师都需具备团体合作能力。对此教师可以通过将选课学生分成若干小组，每组 3～5 人，并根据教学内容确定若干专题分配给各小组，要求各小组检索该专题的有关案例，并整理成系统的类案分析报告，在特定时间进行课堂展示。以交强险教学为例，教师可以通过确定"司法实务是否一致承认交强险分项限额这一赔付模式"的主题，要求某一小组同学就此问题进行类案的检索和归纳，以及阐述各判决中的理由，进一步鼓励学生引申到判决背后的理论争议，并说明学生自己支持的观点，在课堂上进行汇报和分享。小组课堂展示的方式可以让学生之间分工配合，一定程度上减轻课业负担，增强团队协作能力，解决因课时有限难以保障以个人为单位使全部同学参与课堂展示的难题。另外，小组成员之间的分析和讨论更有利于拓展该问题的研究思路，并能够让其对某一问题的论述更为严谨、多元和全面。

此外，类案教学法也可采取课堂辩论的形式。通过类案的检索归纳，可就某一问题在司法实践中存在的不同判决组织课堂辩论，这既是报告人分享的过程，也是与其他人交换意见的过程。教师可在每组报告后，要求提出相反观点的学生提出对对方意见的质疑和思考。例如就上文解除权和撤销权的竞合问题，存在着大量的司法案例并持有不同的判决意见，且学界对此也存在着较多的学术研究成果。教师就可以选取此类司法实践中多发、理论上极具争议问题，组织学生对此类问题进行辩论，从而提高学生们的思辨能力、口头表达能力和应变能力。

六、结语

类案教学法对于促进学生了解商事部门法司法实务、深化对法律条文的理解适用具有重要作用。通过与理论教学的有效结合，加以多样化教学模式的丰富和补充，能够最大限度地发挥培养法律思维、提高法学素养的功能，并且能让学生对保险司法领域的法律留白与法律完善有更进一步的认识。当然，将类案教学法应用到保险法教学仍要克服很多障碍，如这种方法的采用会在一定程度上会增加教师的工作量，造成教学计划难以完成等不利后果，而目前重科研轻教学的职称评定

---

[1] 笔者教授的上海交大法学院 2019 级硕士研究生"破产法"课程中，采取了该种教学方法，在单个学期中，学习小组平均每周能够共选择 10 余份具有讨论价值的案例，从中选择 1～2 例进行针对性研习写作的案例，每个学习小组每周共形成 3 万～4 万字的研习报告，最终形成了 20 余篇质量较高的系列研习报告，形成本《破产疑难案件研习报告》。其中收录了 2017 级本科同学的 4 篇研习报告。

标准也无法有效地激励教师实践创新性的教学模式。[1]但这些并不是停止教学改革工作的理由,我们既不能忽视更不能理所当然地用惯常的"国情论"来搪塞问题的存在。[2]"就法学院教师而言,我们首先需要考虑的是,我们是否已经开始了我们的工作。"[3]

---

〔1〕　参见章程:"五位一体实践性教学法初探——对法学教学改革的思考",载《清华大学教育研究》2000 年第 4 期。

〔2〕　参见李其瑞、宋海彬:《比较法导论》,中国政法大学出版社 2016 年版,第 188 页。

〔3〕　李友根:"论基于案例研究的案例教学——以'经济法学'课程为例",载《中国大学教育》2015 年第 3 期。

后　记

在我看来，"教学相长"既是高等教育的一个目标，也是高等教育的一种境界。从 1993 年开始，我先后和多名在校本科生、硕士生合作撰文发表在《法学研究》（2 篇）和《法学》等刊物上。[1]在校生那种活跃的想法和不拘一格的文风给我的印象很深。

但不知道从什么时候开始，不少师生之间的合作研究开始偏离了方向，以至招致诸多刊物对师生合作文章的抵制，这种绝对化抵制的后果便是哪怕是质量很高的学生文章也很难发表出来。2019 年，有家法学 C 刊通过一位保险法教授向我约稿，我就把和硕士生郑洁文同学于 2018 年合作写就的"UBI 车险"一文投了过去，组稿人和责任编辑对文章的质量均表示肯定，但到最后发表环节还是因系合作作品被主编拒掉了。[2]

就我个人的体会而言，一个老师浸润于一个学科数十年之后，固然足以把握这个学科的一切前沿学术和实务动态；但同时也可能会慢慢丧失对学科诸多前沿问题的新奇感，包括难以一直保持足够充沛的精力去从事每一个论题的研究。于此情形，师生之间如果能够在课堂内由老师进行一些启发性的教学，课堂外对学生的思考进行一些实质性的指导和交流，无疑能够利用学生对一门新学科的新奇感，在意外发现相关制度和理论缺陷的同时，促成学生对这种缺陷问题的挖掘和思考，一方面将思考的方向置于老师的指引之下，朝着不偏离学科理念的方向往前推进；另一方面使学生在完成课程学习乃至相关难点思考的同时，促进老师也完成知识的同步更新。这可能就是师生教学相长的合理性所在。

此外，个人认为，基于生源、办学条件、办学层次以及学生兴趣的不同，目前的法学教育可以在不同的目标上展开。撇开把法律思维当成一种思维方式的"想点大事"的法学教育理念不论，仅从实用主义的角度看，三个办学层次的培养目标应

---

[1]　文章包括韩长印、刘庆远（本科生）："浅析破产法上的否认权制度"，载《法学研究》1993年第 3 期；韩长印、吴泽勇（硕士生）："论公司业务执行权之主体归属——兼论公司经理的法律地位"，载《法学研究》1999 年第 4 期；韩长印、楼孝海（硕士生）："建立我国的公司法定清算人制度"，载《法学》2005 年第 8 期。

[2]　该文后经程金华教授审阅推荐，发表在《上海交通大学学报》2020 年第 5 期上。

当是存在差别的。对本科生而言，在完成教材的系统知识的传授基础上，如果能够给学生展现不同章节在实务中的"类案"，以开阔应然法在实然法层面的实务样态，本科部门法教学的目标就算完成了；如果能进一步鼓励一部分本科同学对一些感兴趣的专题进行一些拓展性思考，可以算作一种"因材施教"的范例。对硕士生而言，只需要着重从案例教学和实务操作两个层面完成包括法律检索、案例检索以及案例研习报告在内的训练即可，毕竟他们就业的主要方向是从事法律实务工作。而对博士生而言，则可在教材的编写、专业著作的翻译、高层次论文的发表乃至某种法学观念的形成等多个层次深入展开，因为不同层次的训练目的是有差别的。

当然，在前述训练目标的基础上，如果能够在每年的新生入校之后，组织硕士生和博士生跟导师一起做一些基础性、综合性、实务导向性的交流、思考和研究，对硕士生发现毕业论文的选题、博士生发现日常研究的素材、导师完成日常教学内容的充实，无疑都是有帮助的。

本书就是我这些年在给本科生采用类案教学法[1]、对硕士生采用类案检索加个案研习教学方法的基础上，[2]结合 2020 年春季学期的"破产法"课程进度，针对不同章节的主题，通过对典型疑难案例的筛选及后续专题研习，汇集而成的典型案例的研习报告。本书特地收录了 4 篇由 2017 级本科同学于 2020 年上半年"破产法"课程上撰写的专题研习报告。[3]徐汇区法院张玉标法官参与了部分稿子的修订，本科生张晨怡、胡天皓、蔡创，硕士生李远洋同学也参与部分案例研习的讨论。

本书所选疑难案例系近 3 年内法院裁判的真实案例。从案例的初步筛选、争点提炼到研习报告的撰写与内容的汇总，大多经历了观点碰撞与融合的过程。希望这个过程有助于锻炼学生从现实中发现问题和回归理论解决问题的能力，在鼓励"初生牛犊"的大胆突破的同时，我会要求学生秉持正心诚意，格物致知的基本态度，避免急功近利、浮躁不安的刻意创新。当然，师生之间如果能够在此过程中完成一些人格和学风上的互相启迪和再塑造，那就是一种意外收获了。

就我的个人感受而言，这些研习无论是对论题的把握和筛选，还是研习所能达到的深度和广度，都不乏一些独到的思考。但因疫情隔离对诸多图书著作的利用带来的明显不便，可能在资料的覆盖范围上较多偏颇；加上课程进度的要求，对某些问题的思考尚欠充分的推敲和打磨，甚至流于肤浅和潦草。某种意义上讲，把这些典型的案例和论题尽早提炼出来，以分享给从事破产法理论研习的初学者和实务操

---

[1] 相关教学方法的总结报告见本书附录部分。

[2] 上海交大凯原法学院不对博士生开设专业课程，博士生除每周一次的"法学前沿"讲座之外，可另外选学硕士生课程。

[3] 其中专题一、专题十五、专题二十五分别由曹越、沈博鸿、王文璐单独完成，专题四由张世龙、沈博鸿和张音宜合作完成。

作者用以参考和研判，这本身或许就有一定的实用价值。究竟如何，尚待读者明察和品评。

需要说明的是，有些案件本身就极为复杂和极富争议，加上法官的某些考量因素又无法明确地写进裁判文书之中，研习报告中的"盲人摸象"式品评还请主审法官多多海涵和宽宥。也正是基于这些案例的典型性和复杂性，以及法官在处理这些案例中的展现出来的诸多司法技能和智慧，我们保留了裁判文书之后的主审法官的真实信息。本书定稿之际，适逢《民法典》出台，本书对正文中涉及的原有法条的内容，也在注释中标注了对应的《民法典》条文及其变化情况。

本研习报告系"2019 年上海高校本科重点教改项目"商法学教学中的类案教学法尝试"和"上海交通大学研究生院'双一流'研究生优质课程建设项目"的最终成果，项目成果的教学方法总结已经列入本书附录部分。诚挚感谢上述项目的评审老师给予本人和本课程的信任。

韩长印
2020 年夏末于江西广丰县"山外山"民宿